陈兴良刑法学
CHEN XINGLIANG CRIMINAL LAW

● 陈兴良 /著

刑法研究（第六卷）
刑法总论 I

Research on Criminal Law

中国人民大学出版社
·北京·

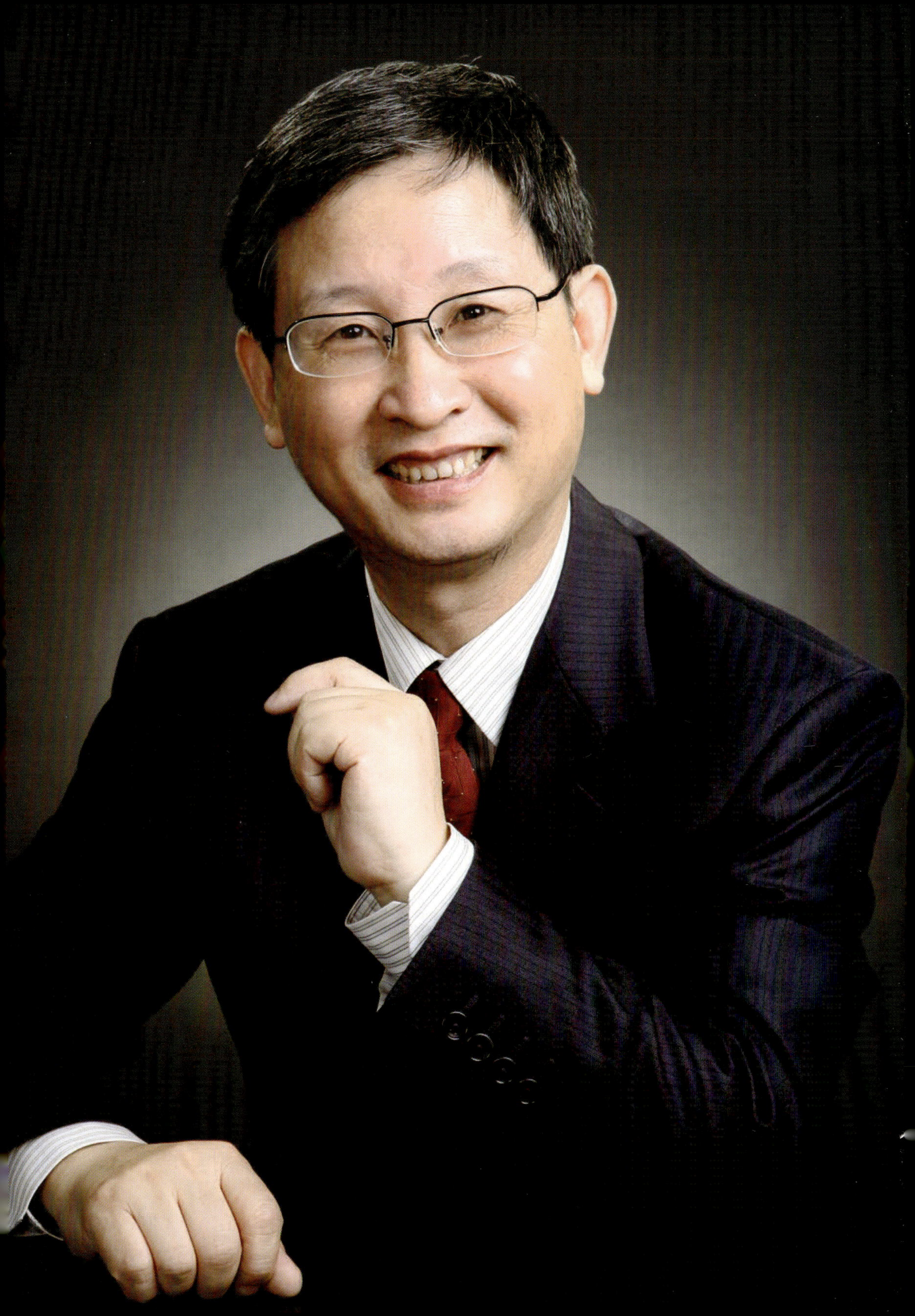

总　目　录

第一卷　刑法绪论 I

第一编　刑法绪论
  一、刑法理念
  二、刑事法治

第二卷　刑法绪论 II

  二、刑事法治（续）
  三、刑事政策
  四、刑法立法

第三卷　刑法绪论 III

  四、刑法立法（续）
  五、刑法原则
  六、刑法人物
  七、刑法随笔

第四卷　刑法理论 I

第二编　刑法理论
　　一、刑法哲学
　　二、刑法教义学
　　三、刑法知识论

第五卷　刑法理论 II

　　三、刑法知识论（续）
　　四、判例刑法学

第六卷　刑法总论 I

第三编　刑法总论
　　一、犯罪概论
　　二、犯罪论体系
　　三、构成要件

第七卷　刑法总论 II

　　三、构成要件（续）
　　四、违法性

第八卷　刑法总论 III

　　四、违法性（续）
　　五、有责性
　　六、未完成罪

第九卷　刑法总论Ⅳ

　七、共同犯罪

　八、单位犯罪

　九、竞合论

第十卷　刑法总论Ⅴ

　十、刑罚概论

　十一、刑罚体系

　十二、刑罚适用

第十一卷　刑法各论Ⅰ

第四编　刑法各论

　一、概述

　二、公共安全犯罪

　三、经济秩序犯罪

第十二卷　刑法各论Ⅱ

　四、侵犯人身犯罪

　五、侵犯财产犯罪

　六、社会秩序犯罪

第十三卷　刑法各论Ⅲ

　六、社会秩序犯罪（续）

　七、贪污贿赂犯罪

本卷目录

第三编　刑法总论

一、犯罪概论 ………………………………………………………… 2
　犯罪概念之比较及其意义 ………………………………………… 3
　犯罪：规范与事实的双重视角及其分野 ………………………… 11
　犯罪概念的形式化与实质化辨证 ………………………………… 33
　刑事法治视野中的犯罪问题 ……………………………………… 48
　犯罪范围的合理定义 ……………………………………………… 72
　犯罪认定论 ………………………………………………………… 76
　定罪之研究 ………………………………………………………… 87
　但书规定的法理考察 ……………………………………………… 106
　但书规定的规范考察 ……………………………………………… 131
　对 68 起无罪案件的实证分析 …………………………………… 152
　法定犯的性质和界定 ……………………………………………… 175
二、犯罪论体系 ……………………………………………………… 207
　犯罪构成的体系性思考 …………………………………………… 208
　犯罪论体系：比较、阐述与讨论 ………………………………… 240

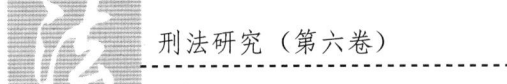

犯罪构成：法与理的紧张关系 ………………………………… 305
犯罪构成论：从四要件到三阶层——一个学术史的考察 ……… 309
犯罪主体的消解——一个学术史的考察 ………………………… 341
犯罪客体的去魅——一个学术史的考察 ………………………… 366
论犯罪构成要件的位阶关系 ……………………………………… 389
犯罪论体系的位阶性研究 ………………………………………… 397
犯罪论体系的去苏俄化 …………………………………………… 437
转型中的中国犯罪论体系 ………………………………………… 467
刑法阶层理论：三阶层与四要件的对比性考察 ………………… 484
对话：刑法阶层理论的中国司法前景 …………………………… 507
论我国刑法中的情节加重犯 ……………………………………… 525
作为犯罪构成要件的罪量要素——立足于中国刑法的探讨 …… 534

三、构成要件 ……………………………………………………………… 545
构成要件的理论考察 ……………………………………………… 546
构成要件：犯罪论体系核心概念的反拨与再造 ………………… 562

第三编
刑法总论

一、犯罪概论

犯罪概念之比较及其意义

大陆法系理论的历史传统与重要特色之一,是重视对概念的研究,由此而与普通法系形成鲜明区别,并经常招致后者的嘲笑。不可否认,过分注重概念容易陷入文牍主义和文字游戏;但完全否认概念的价值也会导致思想理论的偏颇与混乱,产生一些结论性错误。在比较刑法领域,尤其应该注重对概念及其内涵的界定,因为概念的一致性及概念内涵的同一性是对不同国家同类或相似事物进行比较研究的基础。没有这个基础,任何比较及比较的结论都是毫无意义的。本文以刑法中最基本的概念——犯罪为例,对比较刑法中的这一基本方法问题加以说明。

犯罪是一种十分复杂的社会—法律现象,犯罪概念是人们对犯罪的本质属性的抽象概括。无疑,犯罪现象的复杂性增加了对犯罪作出科学界定的困难性。英国著名刑法学家J.W.塞西尔·特纳明确地说:犯罪的定义被视为一大难题。问题的真相似乎在于,至今尚无令人满意的定义可言,而且,也不可能找到一个对英国法有价值的、关于犯罪的法律定义。[1] 也许特纳的话过于绝对,当然,考虑

---

[1] 参见 [英] J.W. 塞西尔·特纳:《肯尼刑法原理》,王国庆等译,1页,北京,华夏出版社,1989。

到普通法的历史传统,特纳的这一说法就完全是可以理解的了。与此相反,大陆法系的刑法典,对于犯罪定义的困难性似乎视而不见,1810年《法国刑法典》第1条开宗明义就是犯罪概念,指出:"法律以违警刑所处罚之犯罪,称违警罪。法律以惩治刑所处罚之犯罪,称轻罪。法律以身体刑或名誉刑所处罚之犯罪,称重罪。"《法国刑法典》开启了规定犯罪的法律概念的先河,并为大陆法系各国刑法典所仿效,例如1937年《瑞士刑法》第9条规定:"犯罪是法律所禁止的、并以刑罚来制裁的行为。"尽管我们可以指责这些犯罪的法律概念是所谓形式概念,但仍然不可否认其在法律上的价值。

从比较刑法的意义上,固然可以对各国刑法典中的犯罪的法定概念进行比较,由于各国刑法典对犯罪概念的表述实际上大同小异,其比较研究的意义十分有限。如果我们不是满足于犯罪的法定概念,而是深入这一概念的具体内涵,即在不同的国家,关于犯罪的具体规定是什么;那么,我们可以较为准确地把握各国犯罪的实际情况,并在一致的基础上加以比较分析,而不致被一些表面现象所迷惑。在这个意义上,我们完全同意特纳的如下观点:"由于给犯罪下定义是一项艰巨的任务,研究者最好对需要下定义的主题有相当的了解后,再着手给其下定义。"[①] 因此,如果没有对各国犯罪具体规定的实际了解,对犯罪概念比较是不可能的,容易导致一些不必要的误解。

以犯罪的法定数量而言,我国远远少于大部分西方国家。在我国,由刑法典及各种单行刑法与附属刑法规定的犯罪总数不会超过二百种,而许多西方国家的则比这大得多,比如英国的犯罪总数就高达七千余种。是否可以由此得出一个结论:西方国家的刑事法律比较完善,而我国的法律漏洞较多呢?我们认为这一结论是欠妥的,至少基于上述数字得出这样的结论是片面的。诚然,从立法技术方面说,我国的刑事法律存在许多亟待完善之处,包括吸收西方国家一些有价值的东西,但实际差异绝不像这组数字所反映的那样简单、直接,有许多具体原因需要我们深入考察。

---

① [英] J. W. 塞西尔·特纳:《肯尼刑法原理》,王国庆等译,1页,北京,华夏出版社,1989。

对于立法规定上的犯罪数量的差异，人们所能想到的最简单的解释是在犯罪化策略方面，即在一个国家中是否把某种或某类行动规定为犯罪，通过刑事手段对其绝对地加以禁止。这方面的因素是存在的，比如堕胎、乱伦在英国是犯罪，在我国则不是。如果这种情况较多、数量较大，自然会直接影响立法上规定的犯罪数量。但我们认为这一因素不是主要的，至少不是决定性的。因为一方面这样的例证不是很多，数量不大；另一方面我们也能找到相反的证据，比如有关亵渎国旗的行为，在我国是犯罪而在英国不是。这样，对于上述差异就需要找出一些更直接、更具体的原因。我们认为下述几点是很重要的。

第一，由于法律体系不同而造成的差异。在我国，存在行政处罚与刑事处罚之分，大量违反行政管理法规的行为都属于行政处罚的范畴，诸如出售伪劣商品、使用虚假商业说明、违反专卖权的出售、无执照营业、伪造公司账目、在鲜奶中兑水等。而在英国，这些都属于刑事范畴，是制定法犯罪，有些还属于严格责任或代理责任犯罪。尤其有关交通方面的犯罪，更能说明问题。在我国，这方面犯罪只有一个罪名，即交通肇事罪，而英国则有上千个。在我国，构成交通肇事罪在客观要件方面必须具备三个要素：违反交通规则、发生交通事故和产生严重后果。三个要素缺一不可。而在英国，所有违反交通方面管理规章的行为都是犯罪，诸如驾驶未经保险的车辆、行车时未系安全带、驾车时血液中酒精含量超过法定标准、闯红灯、错方向、超速、超载等，无一不是犯罪。在我国，这些都属于违反交通管理规章的行为，应给予行政处罚。

第二，犯罪概念的涵盖面不同。在西方国家，通常每个罪名所包含的具体内容范围较窄、划分较细。而我国的罪名概念内涵较宽，有时一个罪名包括了西方国家的数个罪名。比如伤害罪，我国只有故意伤害罪和过失致人重伤罪两个罪名，而在英国则包括攻击罪、殴击罪、加重攻击罪、实际身体伤害罪、严重身体伤害罪等十几个罪名。再如杀人罪，我国只有故意杀人罪和过失杀人罪两个罪名，而英国则包括谋杀、非预谋杀人、非自愿杀人、溺婴、帮助自杀、协议自杀、堕胎、种族灭绝等十几个罪名。性犯罪更明显，我国只有强奸罪、奸淫幼女罪、强迫妇女卖淫罪等数个罪名，而英国则细分为强奸罪、与13岁以下幼女性

交罪、与16岁以下少女性交罪、引诱21岁以下姑娘与他人性交罪、与有缺陷妇女性交罪、引诱有缺陷妇女与他人性交罪、乱伦罪、鼓励妇女卖淫罪、依靠妓女生活罪、妓女在公共场所拉客罪、与16岁以下男孩鸡奸罪、未经同意与16岁以下男孩鸡奸罪、成人之间互相同意的公共场所鸡奸罪、兽奸罪等几十种。英国许多独立的罪名都可在我国强奸罪或流氓罪的罪名下予以处罚。

第三，具体犯罪构成标准不同。在我国，由于存在行政处罚与刑事处罚的区别，一些犯罪，尤其财产犯罪的构成标准较高，从而就排除了某些罪名的存在。比如盗窃、欺诈罪、贪污罪等在我国都属于数额犯，当具备其他要件时，还必须同时侵犯财产数额较大才能构成犯罪。这就决定了在我国很难存在诸如商店盗窃罪、入室盗窃罪、窃电罪、欺诈获取罪、虚假账目罪等独立的罪名，因为这些犯罪往往犯罪次数多，但每次未必数额很大。比如在超级市场盗窃一瓶酒、一盒烟或一副太阳镜等，在英国构成商店盗窃罪，而在我国则不成立盗窃罪，仅仅属于盗窃行为。

这样，有时由于对不同国家犯罪概念内涵缺乏全面、深入了解，就可能产生某些不正确认识。虽然大家都在使用犯罪这个术语，但所指代的具体行为却可能不同，有些还差距甚远。在比较各个国家的犯罪问题时，首先应该弄清不同国家关于犯罪的具体含义，而不能仅仅对各名词、术语、概念进行表面的比较。在评介或者引入某些西方刑法思潮的时候，尤其如此。例如，关于非犯罪化问题。非犯罪化，是指取消某种罪名，即排除某种行为应受到刑法惩处的性质。[①] 当前，非犯罪化成为西方刑事政策的一大特征。我国刑法学界对非犯罪化思潮作了介绍，这完全是必要的。非犯罪化思潮所反映出来的犯罪的相对性观念、刑法的不完整性观念、刑罚的经济性观念和刑法手段的最后性观念，无疑都有其科学合理之处，值得我们借鉴。[②] 但是，对于非犯罪化的借鉴不能脱离中国的国情。这里涉及的一个重要问题，就是西方的犯罪观念与中国的不完全相同。例如，西方国

---

① 参见［法］马克·安塞尔：《从社会防护运动角度看西方国家刑事政策的新发展》，载《中外法学》，1989（2）。
② 参见黎宏、王龙：《论非犯罪化》，载《中南政法学院学报》，1991（2）。

家的违警罪范围十分广泛,在美国的多数司法区把超时停车也规定为违警罪。①因此,非犯罪化(扩大意义上,也是非刑罚化)的内容之一,就是违警罪的非犯罪化。例如德国在1975年进行的一项改革中排除了违警罪(性质不严重的轻微犯罪)的刑事犯罪的性质,把违警罪只视为一般的对法规的违反,因此只处行政罚款,而不处刑事罚金。葡萄牙进行了同样的革新,意大利也受到了很大的影响。②但在中国,相当于西方违警罪的这些危害治安行为并没有作为犯罪来处理,而是作为行政违法行为规定在《治安管理处罚条例》之中。因此,非犯罪化在中国绝不能照搬。恰恰相反,中国的当务之急是犯罪化,尤其是经济犯罪,在经济体制改革以后伴生了大量在商品经济所特有的经济犯罪,而这些经济犯罪在现行刑法中都没有规定,因而应当予以犯罪化。又如,对犯罪概念的不同理解,还涉及对英美法系刑法中的严格责任的评价问题。严格责任(Strict Liability),也称绝对责任(Absolute Liability)或结果责任(Result Liability)。在某些特殊的犯罪中,即使被告的行为不具有对被控犯罪必要后果的故意、放任或过失,即使被告的行为是基于合理的错误认识,即认为自己具有犯罪定义所规定的整个特殊的辩护理由,他也可能被定罪。在这种情况下,被告本人虽然没有任何过错,但也要承担刑事责任,这种责任称为严格责任。③对于这种严格责任,我国刑法学界有两种观点:一种观点认为,严格责任是客观归罪,与我国刑法性质格格不入。另一种观点认为,严格责任有其可取之处,可以为我国所采用。其实,这两种观点均有所不妥。关键还是在于犯罪观念的差异,导致对严格责任评价的偏颇。实际上,英美等国实行严格责任的犯罪大体上有以下三种情况:一是某些并非真正意义上的犯罪,但根据公众利益的需要,而赋予其刑事不法特征;二是一些公害行为;三是某些从诉讼形式上看是刑事的,但实质上是民事责任的简易方

---

① 参见储槐植:《美国刑法》,44页,北京,北京大学出版社,1987。
② 参见[法]马克·安塞尔:《从社会防护运动角度看西方国家刑事政策的新发展》,载《中外法学》,1989(2)。
③ 参见[英]鲁珀特·克罗斯、菲利普·A.琼斯:《英国刑法导论》,赵秉志等译,67页,北京,中国人民大学出版社,1991。

法。简言之，严格责任大多是将行政不法转化为刑事不法。① 这些所谓犯罪行为，在大陆法系国家，包括我国，都不是犯罪，只是可受行政处罚的违反工商行政管理或治安交通管理的行政违法行为或者民事违法行为。而在行政责任与民事责任中，往往有严格责任的存在。正如有人一针见血地指出：绝对责任制度存废之争的关键在于那些同公众利益息息相关的违法行为是否纳入犯罪的范畴。② 我国根本不存在实行严格责任的问题。当然，我们也不能简单地以客观归罪来指责严格责任。实际上，在英美刑法中，实行严格责任也是有限制的。而且，实行严格责任的大多数是行政不法或民事不法，只不过是作为犯罪处理而已。不视为犯罪，仍然可以按照严格责任追究其行政责任或民事责任。

不仅如此，对犯罪概念的某种误解，也可能导致对刑罚适用情况的一些错误评价。因为刑罚是犯罪的法律后果，可否适用刑罚通常也是某一行为是否属于犯罪的评价标准之一。许多法典化国家往往将刑罚的种类或轻重作为区分重罪、轻罪、违警罪的尺度。有时由于我们对这些国家的犯罪分类，尤其每类犯罪的具体内容缺乏正确把握，进而可能对刑罚适用情况作出错误判断。比如，经常有人举出一些资料表明西方国家的罚金适用率很高，诸如达到全部刑罚适用的70%～80%，甚或90%，而监禁适用率较低，往往不到30%，这与我国的刑罚适用情况形成鲜明对比。在我国，罚金刑适用较少，剥夺自由类刑罚的适用占绝对多数。那么是否可以得出西方国家处刑轻，我国处刑重，而且在西方国家罚金刑占绝对主导地位的结论呢？我们的回答是否定的，至少根据上述统计资料不能得出肯定的结论。毫无疑问，罚金刑与监禁类刑罚在我国和西方国家的地位及适用情况是不同的，但这一差别不是简单的统计数字，尤其刑罚适用的统计数字所能反映和解释的。许多人在这个问题上仍然忽略了我国与西方国家犯罪概念具体内涵的差异，没有正确把握不同国家构成犯罪的不同标准。为清楚说明此点，我们举出英国20世纪80年代一些犯罪与判决统计情况作为例证。

---

① 参见郑耀华：《英美法中的严格责任》，载《法学与实践》，1991（4）。
② 参见储槐植：《美国刑法》，85页，北京，北京大学出版社，1987。

以诉讼程序为标准，英国把犯罪分为可起诉罪与简易审判罪，前者由职业法官在王室法院进行陪审审判，后者由治安法官在治安法院进行非陪审审判。简易审判罪相当于一些国家的轻罪或违警罪，通常性质较轻、危害较小，诸如红灯亮时未及时停车、公共场所醉酒、乱扔垃圾、无证养狗等。英国把所有犯罪及判决情况按可起诉罪、简易交通罪、其他简易罪三类进行统计。从有关数据上可看出，简易审判罪（包括简易交通罪和其他简易罪）的发案及判决数占绝对多数。以1986年为例，该年全年犯罪总人次为189.5万人，其中可起诉罪38.5万人，简易交通罪106.63万人，其他简易罪44.37万人。仅简易交通罪一项，就占全部犯罪的56%；整个简易审判罪占全部犯罪的80%。可见犯罪数量之大，在犯罪统计表中地位之重要。再进一步分析具体判决情况，问题会更清楚。仍以1986年为例，该年全部罪犯的罚金适用率为84%，其中可起诉罪为39%，简易交通罪为98%，其他简易罪为90%。而监禁适用率全年总计为4%，可起诉罪为17%，简易交通罪不到19%，其他简易罪约1.5%。二者形成鲜明对照，罚金适用占绝对主导地位。这里，如果不加具体分析，误把简易审判罪的罚金适用率当作全部犯罪的罚金适用率，就会得出英国罚金适用率超过90%的错误结论。即使使用正确的全部犯罪的罚金适用率，也依然高达百分之八十多。但它与我国的刑罚适用情况仍然存在许多不可比因素。因为在全部犯罪人数中，简易审判罪占百分之八十多，罚金适用率高达96%，从根本上制约着全部犯罪的刑罚适用状况。这些犯罪，在我国几乎全部属于行政处罚范畴，通常也主要被科以行政罚款。两个概念内涵存在巨大区别的事物进行对比，显然不能得出正确结论。如果再比较性质较重的起诉罪，结论会更明显。全部可起诉罪的罚金适用率仅为39%，起诉的交通罪的罚金适用率也由简易交通罪的98%猛降至54%，而监禁适用率由不到1%上升至20%。事实上，在起诉罪中，仍然包含许多我国行政处罚范围的行为，诸如某些交通犯罪、数额较小的财产犯罪等。因此，根据一些统计资料简单得出我国处刑重、西方国家处刑轻的结论是片面的，因为我国基本是在一些国家可起诉罪或重罪的意义上使用犯罪这个概念的，处刑相对重些是自然的。同时，纯粹从理论上也能找到许多西方国家处刑重于我国处刑的情况，比如

未遵守防火标准在英国可处监禁罪,在我国则不能;使用不合标准的旧轮胎驾车在荷兰可处 2 个月以下监禁,在我国也不能。

基于以上分析,我们可以理解犯罪概念在比较刑法中的重要意义。这里的概念不是简单的名词表达或抽象结论,而是其具体标准和实际内涵。我们不仅要把握各个国家关于犯罪的一般的规定性,而且要详细考察不同国家关于犯罪的特殊规定与要求,弄清具体的法律标准。只有这样,才能在概念内涵同一性的基础上,比较分析不同国家的相关事物,得出合乎逻辑的、反映实际状况的、具有说服力的正确结论,这应当是比较刑法,乃至于整个比较法的科学方法。

(本文与李贵方合著,原载《法学杂志》,1992(6))

犯罪：规范与事实的双重视角及其分野

犯罪是刑事法的基石范畴，刑事法是围绕着犯罪而展开的实体或者程序的规范体系。同时，犯罪又是一种社会事实，对于犯罪的考察，局限于规范是片面的，应当透过规范对犯罪进行事实分析。规范与事实，作为考察犯罪的双重视角，具有各自的功能，因此而形成刑事法理论的不同语境。本文拟从规范与事实两个视角对犯罪加以考察，以期形成一种二元的犯罪理论。

一

将犯罪视为一种法律现象，从规范的意义上揭示犯罪的性质，使犯罪概念规范化，这是刑事古典学派所做的努力之一，它对于刑法学的建构具有重要意义。刑事古典学派的代表人物贝卡里亚虽然提出了"犯罪对社会的危害是衡量犯罪的真正标尺"[1]这一著名命题，但基于罪刑法定主义的基本立场，贝卡里亚强调犯罪的法定性，其关于犯罪的学说可以概括为"契约侵犯说"。贝卡里亚从社会契

---

[1] ［意］贝卡里亚：《论犯罪与刑罚》，黄风译，67页，北京，中国大百科全书出版社，1993。

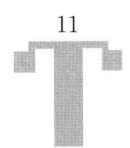

约论出发，把法律视为自由人之间的公约，只有法律才能为犯罪规定刑罚，而司法官员只能判定是否出现了对契约的侵犯。① 只有严格地根据法律规定认定犯罪是否成立，才能不使刑罚成为某人或某些人对其他公民施加的暴行。由此可见，贝卡里亚从社会契约论论证刑罚权的来源，并以法律约束司法权，防止司法权的滥用，从立法与司法两个方面阐述了罪刑法定主义的基本蕴涵——刑法的限制机能，从而实现对人权的保障。

承继贝卡里亚的"契约侵犯说"，费尔巴哈提出了"权利侵害说"，将犯罪视为一种侵害权利的行为。"权利侵害说"是以自然权利论为基础的，自然权利的观念是启蒙时代刑法思想的核心，犯罪就是对自然权利的侵犯。② 由此可见，"权利侵害说"立足于法律揭示犯罪的性质，证明了每一个刑法条款后面作为保护对象的个人与国家的权利。③ 这种权利是由国家法律赋予的，因此，权利侵害行为只能根据法律加以判断。在这个意义上，费尔巴哈的权利侵害说同样强调了犯罪的法定性。

在批评"权利侵害说"的基础上，毕伦巴姆提出了"法益侵害说"。以法益侵害取代权利侵害，首先是因为权利侵害具有形式化倾向。在大陆法系国家，同一个词"法"指代两个绝不相同但又可能互相渗透、紧密联系的概念：客观法和主观权利。客观法指法律规则，即施加于社会中个人的一种行为规则。主观权利指社会中个人的权利。个人有权获得社会对其所追求的结果的认可，条件是其追求目标和行为动机符合客观法。④ 因此，"法"从客观意义上说，指的是规范；从主观意义上说，指的是权利。权利是由规范所确认的，权利侵害只不过是违反规范的另一种说法，对犯罪的理解仍然停留在表面上，而法益侵害则透过规范看到了法律背后支配着权利的利益。法益，就是指法律所保护的利益，这种利益才

---

① 参见［意］贝卡里亚：《论犯罪与刑罚》，黄风译，11页，北京，中国大百科全书出版社，1993。
② 参见［意］帕多瓦尼：《意大利刑法学原理》，陈忠林译，76页，北京，法律出版社，1998。
③ 参见李海东：《刑法原理入门（犯罪论基础）》，13页，北京，法律出版社，1998。
④ 参见［法］狄骥：《宪法学教程》，王文利等译，3页，沈阳，辽海出版社、春风文艺出版社，1999。

是犯罪所侵害的真正客体。因此，法益侵害具有实质性特征。此外，权利侵害难以概括所有犯罪的特征，这也是导致法益侵害说取代权利侵害说的一个直接原因。权利侵害适合于概括那些侵犯个人权利的犯罪，因为权利的主体是个人。而侵犯国家或者社会的犯罪，无法以权利侵害加以涵括。因此，权利侵害说体现的是个人本位的犯罪观念，随着国家与社会的犯罪日益增加，以法益侵害说取代权利侵害说成为势所必然。当然，法益侵害说同样是在规范的意义上界定犯罪的，正如我国学者指出：法益理论一方面向刑事司法机构提出了认定犯罪的实质界限，即没有法益侵害就没有犯罪；另一方面也向司法者划定了认定犯罪的基本步骤：对于刑事违法行为，不能到规范以外去寻找它构成犯罪的实质根据；而只有在首先确定该行为形式违法后，才能在规范内去证明它侵害了立法者所要保护的现实利益内容。① 因此，法益侵害说同样具有对司法权的限制机能。

从规范意义上揭示犯罪性质，在法益侵害说成为通说以后，还有个别学说被提出，这就是"义务违反说"与"规范否认说"。义务违反说是德国纳粹时代的刑法学家夏弗斯塔因提出的，认为犯罪的本质不是法益侵害，而是对义务的违反。这种建立在义务违反说之上的犯罪概念，也被称为"主观的犯罪概念"，即将犯罪的实质归纳为违背忠于国家的义务。义务违反说受到了立法与司法两个方面的批评：从立法上来说，义务违反说认为行为是否体现了行为人违背忠诚义务的意志是判断行为构成犯罪的根本标准，而行为是否在实际上侵害了某种利益，或将某种利益置于危险之中，则无关紧要。如果坚持这种犯罪概念，立法者就不会以法益受侵害为限来确定犯罪的范围，这必然会从根本上导致刑事立法的无限扩张，完全改变刑事责任的看法，即不再以行为人的行为而是以行为人整个的生活方式作为刑事责任的根据。② 从司法上来说，义务违反的观念看似把握了所有犯罪共通的性质，但是，它过于模糊，与法益侵害的观念相比，缺乏具体性，不

---

① 参见李海东：《刑法原理入门（犯罪论基础）》，14页，北京，法律出版社，1998。
② 参见［意］帕多瓦尼：《意大利刑法学原理》，陈忠林译，77页，北京，法律出版社，1998。

能充分发挥作为认识各个罪的具体性质的根据的作用。① 尽管义务违反说具有纳粹的背景，但以义务违反为视角对犯罪加以界定，仍然具有一定的意义。至于这种义务的设立是否符合一般的公正理念，那已经超出了规范的层面，涉及了对法的正当性的考察。规范否认说是德国著名刑法学家雅科布斯的主张，雅科布斯直白地指出：犯罪不是法益侵害（Rechtsgutsverletzung），而是规范否认（Norm-desa-vouierung）。在雅科布斯看来，犯罪行为无非是一种需要排除的东西，因为犯罪行为扰乱了法律上保障其合法性的期待。人们可以"反事实地"坚持其期待。失望通过不是把它自己而是把令人失望的行动定义为缺陷来被弥补。事实没有符合规范的期待。越是一个这样糟糕的事实，越是被解释为错误的，也就是说，尽管是事实，也不属于人们必须适应它的东西，就越是应该从这领域被排除出去，排除的方法是在与行为人的联系上解释它，用法律的语言来说就是：它被归属于行为人。② 在上述论述中，雅科布斯提出了事实与规范这一对范畴，这里的事实是指犯罪，它是"反规范"的；这里的规范是指刑法，它是"反事实"的。因而，在规范与事实之间存在这样一种"反对关系"。规范不因为犯罪的反对而失效，恰恰相反，它通过对犯罪的惩罚来证明规范的有效性，维护社会的同一性。正是在这个意义上，雅科布斯在刑罚机能上提出了规范确证说，认为刑罚的功效在于，从另一方面与对具有同一性的社会规范的对抗相对抗。刑罚确证了社会的同一性……社会坚持这些规范，而且拒绝自己被重新理解。根据这种认识，刑罚不只是一种维持社会同一性的工具，而已经是这种维持本身。③ 从雅科布斯的规范否认说中，可以看到它与黑格尔的犯罪不法说之间的承续关系。黑格

---

① 参见［日］大塚仁：《犯罪论的基本问题》，冯军译，6~7页，北京，中国政法大学出版社，1993。大塚仁同时认为当刑法科于行为人以特别的义务、违反该义务而实施的行为受到刑法的特别评价时，我们不能不承认义务违反说的观念所具有的作用。因此，大塚仁认为，关于犯罪的本质，基本上要根据法益侵害说，并且考虑到各个犯罪中法益侵害的样态来认识。但是，对以行为主体一定的义务违反为中心要素的犯罪，为了补充法益侵害说，有必要并用义务违反说。

② 参见［德］雅科布斯：《行为 责任 刑法——机能性描述》，冯军译，9~10页，北京，中国政法大学出版社，1999。

③ 参见［德］雅科布斯：《行为 责任 刑法——机能性描述》，冯军译，103页，北京，中国政法大学出版社，1999。

尔提出：犯罪行为不是最初的东西、肯定的东西，刑罚是作为否定加于它的，相反地，它是否定的东西，所以刑法不过是否定的否定。现在现实的法就是对那种侵害的扬弃，正是通过这一扬弃，法显示出其有效性，并且证明了自己是一个必然的被中介的定在。① 由此可见，黑格尔也是将犯罪理解为对法的否定，通过扬弃犯罪来显示法的有效性。两者区别只是在于：黑格尔注重的是维护法的有效性，而雅科布斯注重的是维护社会的同一性。

规范意义上的犯罪，是通过刑法所理解与界定的犯罪，这种犯罪具有形式的特征。在刑法理论上，通过犯罪构成要件使犯罪的内容获得实体性存在。犯罪构成要件中的构成要件（Tatbestand），是一种将社会生活中出现的事实加以类型化的观念形象，并且进而将其抽象为法律上的概念。② 因此，犯罪构成要件是一个法律的概念，具有明显的规范性，它根本不同于构成事实，更不同于一般事实。一般事实是指不以法规范为转移客观地存在的社会事实，如社会生活中经常发生的杀人、盗窃、强奸、抢劫等现象。构成事实是指符合犯罪构成要件的事实，这种构成事实已经不是活生生的社会事实，而是在舍弃了大量与规范评价无关的细节特征以后，具有了规范特征的事实。构成要件是指犯罪的法律上的定型概念，它是刑法所确认的犯罪规格。按照小野清一郎的表述，Tatbestand是一种观念形象，虽然它由各个概念性的要素组成，但却是一种将这些要素整体化了的观念。③ 因此，构成要件、构成事实与一般事实，这是三个不同层次的概念，构成要件是评价规范，构成事实是经过评价的规范性事实，而一般事实是未经评价或有待评价的社会事实，是一种"裸"的事实。规范的视角，关注的是如何构造评价规范，以及将一般事实转化为构成事实的评价过程。

---

① 参见 ［德］黑格尔：《法哲学原理》，范扬等译，100 页，北京，商务印书馆，1961。
② 参见 ［日］小野清一郎：《犯罪构成要件理论》，王泰译，6～7 页，北京，中国人民公安大学出版社，1991。
③ 参见 ［日］小野清一郎：《犯罪构成要件理论》，王泰译，7 页，北京，中国人民公安大学出版社，1991。

二

将犯罪视为一种社会现象，从事实的意义上解释犯罪的性质，使犯罪概念事实化，这是刑事实证学派所作的努力之一，它对于犯罪学的建立具有重要意义。

刑事实证学派的代表人物龙勃罗梭首次突破了犯罪的规范概念，通过对犯罪现象的直接观察，得出了天生犯罪人的命题。龙勃罗梭认为，犯罪人是出生在文明时代的野蛮人，他们的生物特征决定了他们从出生时起就具有原始野蛮人的心理与行为特征，这种行为必然不符合文明社会中的传统、习惯和社会规范，必定构成犯罪。由此可见，犯罪人是一种自出生时起就具有犯罪性的人，他们的犯罪性是与生俱来的，是由他们的异常的生物特征决定的，犯罪人就是生来就会犯罪的人。龙勃罗梭看到的不是规范意义上的犯罪行为，而是现实生活中的活生生的犯罪人，并揭示了犯罪的生物性。正如德国犯罪学家施奈德指出：龙勃罗梭把全部注意力集中到考察事实上面，特别是集中到调查犯罪个性上，想从中找到犯罪行为的原因。[①] 以往，对于龙勃罗梭的评价，我们往往关注从犯罪行为到犯罪人的历史性转变。其实，我们更应当关注的是，对犯罪的分析从规范到事实的转换。这一转换，在菲利那里表现得也较为明显。

如果说，龙勃罗梭的犯罪学可以称为犯罪人类学；那么，菲利的犯罪学就是一种犯罪社会学。菲利曾经对刑事古典学派和刑事人类学派对犯罪的研究方法做过一个比较，指出：古典学派学者撇开非常明显可见的具体情况不管，假定罪犯是一个智力和情感状况正常的普通人，研究各种犯罪的抽象特征。而人类学派学者则首先在解剖学和生理学实验室里，在监狱和精神病医院里将罪犯和正常人的一般特征和精神病患者及人格退化者的个性特征从有机和物质的角度进行比较，根据比较直接得出的观察结论进行研究。[②] 在以上两种研究方法中，菲利显然是

[①] 参见［德］施奈德：《犯罪学》，吴鑫涛、马君玉译，110页，北京，中国人民公安大学出版社、国际文化出版公司，1990。

[②] 参见［意］菲利：《犯罪社会学》，郭建安译，7页，北京，中国人民公安大学出版社，1990。

站在龙勃罗梭一边的，他曾经对古典派注重对犯罪的法律分析的方法进行了尖锐的批评，指出：古典派把犯罪看成法律问题，集中注意犯罪的名称、定义以及进行法律分析，把罪犯在一定背景下形成的人格抛在一边，只有在法律书籍中加以明确叙述时的例外情况才有所提及，如犯罪人是否为未成年人或聋哑人，是否为精神病患者，以及在犯罪时是否酗酒等。只是在上述法律具有严格的规定的情况下，古典学派犯罪学才在理论上探讨犯罪人的个性特征。[①] 因此，菲利反对立足于规范对犯罪作法律分析。当然，菲利的立场也不完全与龙勃罗梭的相同，菲利认为人类学派的结论不过是犯罪社会学家的一个出发点，犯罪社会学家只能从这些资料中得出其法律的和社会的结论。犯罪人类学的科学功能对犯罪社会学来说，就像生物学的叙述和实验对临床实践一样。换言之，犯罪社会学家没有义务自己做犯罪人类学的调查，正像临床医生不必要同时是一个生理学家或解剖学家一样。即使直接观察罪犯对犯罪社会学家来说肯定也是一项很有用的研究，其义务也仅仅是将其法律的和社会的结论建立在犯罪人类学关于犯罪的生物学方面的实际资料和有关身体及社会环境影响的统计资料的基础之上，而不满足纯粹抽象的法律演绎推理。[②] 菲利的犯罪社会学真正使犯罪摆脱法条的樊篱，成为一种社会事实。菲利通过对犯罪起源的分析，得出如下结论：犯罪是由人类学因素、自然因素和社会因素综合作用而形成的一种自然的社会现象。[③] 对于社会现象，当然应当采用社会学的分析方法，这就是菲利的结论。

在菲利之后，意大利学者加罗法洛更是直接提出了犯罪的社会学概念。加罗法洛认为，犯罪不完全是一种法律概念，而且法律学者只在外部形式上研究犯罪，却不从心理实验的角度进行分析；犯罪的起源从来不是他考虑的问题，他所关心的是查明各种犯罪和犯罪的外部特征，即按照它们所侵犯的权益对事实分类。他要寻找的是一种均衡而且"抽象"的公正的刑罚，而不是经实验证明能在

---

① 参见［意］菲利：《实证派犯罪》，郭建安译，24页，北京，中国政法大学出版社，1987。
② 参见［意］菲利：《犯罪社会学》，郭建安译，8页，北京，中国人民公安大学出版社，1990。
③ 参见［意］菲利：《实证派犯罪》，郭建安译，35页，北京，中国政法大学出版社，1987。

总体上有效地减少犯罪的刑罚。① 加罗法洛在此所说的犯罪概念，是指犯罪是"法律禁止的行为"之类的规范概念。加罗法洛认为，这是一种恶性循环的犯罪概念。因为按照犯罪的法律概念，任何对法律的违反，事实上也就是对公共权力的法律秩序的不服从，都是犯罪，这样我们便又回到了我们的出发点。任何试图告诉我们法律将什么看作是犯罪的努力都必然等于告诉我们：在法律眼里，犯罪就是做法律本身所禁止的行为。② 因此，在加罗法洛看来，这种犯罪的法律概念是抽象的、模糊的，也是没有任何实际意义的。加罗法洛提出自然犯罪的概念以便消除犯罪的法律概念。犯罪的法律概念被加罗法洛看作是对我们的目标毫无意义的东西而被放在一边，取而代之的是自然犯罪的概念。自然犯罪之要领据以建立的基础不是对权利的侵犯，而是对情感的侵犯。加罗法洛指出：在一个行为被公众认为是犯罪前所必需的不道德因素是对道德的伤害，而这种伤害又表现为对怜悯和正直这两种基本利他情感的伤害。而且，对这些情感的伤害不是在较高级和较优良的层次上，而是在全社会都具有的平常程度上的，而这种程度对于个人适应社会来说是必不可少的。我们可以确切地把伤害以上两种情感之一的行为称为"自然犯罪"③。加罗法洛在犯罪概念中引入了道德因素，以此作为犯罪的决定性因素。这里的道德因素，在加罗法洛看来是一种道德感，即怜悯感与正直感，犯罪就是伤害这两种情感的行为。因此，加罗法洛主张对犯罪进行情感分析。

事实意义上的犯罪，无论这种事实是指生物事实、社会事实、道德事实还是一种综合的事实，都突破法律的界限去分析犯罪，将犯罪视为一种事实的存在而不是法律的存在。因此，形成了一种有别于刑法学的犯罪学视角。犯罪学被认为是一种事实科学。④ 犯罪学不满足于规范的犯罪概念，而是力图在事实意义上把握活生生的犯罪现象并加以分析，揭示犯罪的本质。这种犯罪的本质是犯罪之所

---

① 参见［意］加罗法洛：《犯罪学》，耿伟、王新译，63页，北京，中国大百科全书出版社，1996。
② 参见［意］加罗法洛：《犯罪学》，耿伟、王新译，65页，北京，中国大百科全书出版社，1996。
③ ［意］加罗法洛：《犯罪学》，耿伟、王新译，44页，北京，中国大百科全书出版社，1996。
④ 参见［德］施奈德：《犯罪学》，吴鑫涛、马君玉译，7页，北京，中国人民公安大学出版社、国际文化出版公司，1990。

以成为犯罪的根据，它通过犯罪形成的机制，使犯罪原因得以说明。因此，犯罪学实际上是一种犯罪原因的解释论。这里的犯罪原因，可以在双重意义上理解：一是某一行为被法律规定为犯罪的原因。这个意义上的犯罪原因不能从规范的犯罪概念得以说明，而是以实质的犯罪概念加以解释的。这里的实质犯罪概念，是对犯罪的一种规范性的描述。正如意大利学者指出：各种试图描绘犯罪实质形象的努力，都可归结为为形形色色的犯罪寻找"最小公分母（Mimimo comun denominatore）"，即寻找一个隐藏在刑事制裁措施背后的，可适用于所有犯罪的"常项（cifra）"[1]。这种犯罪的实质概念具有限制国家刑罚权的功能，它为规范意义上的犯罪概念的设置提供了一个实体的根据，将刑罚处罚的对象限制在实质的犯罪概念之内。二是犯罪产生与存在的原因，各种犯罪学理论都对这个意义上的犯罪原因提供了解释，如龙勃罗梭的天生犯罪人论、菲利的犯罪饱和论和加罗法洛的自然犯罪论。当然，上述两种意义上的犯罪原因是具有一定关联性的，因为一个行为应当受刑罚处罚的原因是不可能从规范意义上的犯罪概念中寻得的，而必须求诸事实意义上的犯罪概念。

三

犯罪的规范概念与犯罪的事实概念，形成犯罪分析的双重视角。刑事古典学派坚持犯罪的规范概念，而刑事实证学派则坚持犯罪的事实概念，并形成了所谓学派之争。在我看来，刑事古典学派与刑事实证学派之间的学派之争，实际上是学科之争，即以规范的犯罪概念为基础的刑法学科与以事实的犯罪概念为根据的犯罪学科之争。这种争论，并不能互相否定对方的存在，而只能形成各自的学术语境并互相依存。

规范的犯罪概念是以规范为基础的，可以说，犯罪从其产生之日起就与一定的规范紧密相连。犯罪是一种违反规范的行为，没有规范也就无所谓犯罪。这里

---

[1] ［意］帕多瓦尼：《意大利刑法学原理》，陈忠林译，7页，北京，法律出版社，1998。

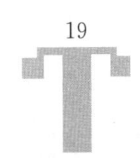

的规范，指的是禁止性规范。禁忌，可以说是一种最初的规范，触犯禁忌的行为，就认为是犯罪。德国学者指出：禁忌是一个波利尼西亚词语，它差不多可以翻译成"神圣又不可触犯的畏惧"①。西格蒙德·弗洛伊德（1940年）曾强调指出这个词语的双重含义，就是说它一方面意味着某种神圣的、圣洁的东西，另一方面意味着阴森可怕的、危险的、被禁止的、不纯洁的东西。禁忌造成的后果是限制和禁止提出某些问题、发表某些看法。它企图让人不合理地接受直觉的反感，其原因大概可以追溯到对超自然力量的恐惧。禁忌的形成受到某种超自然因素的影响，它一旦在社会生活中确定其神圣的地位，就会对人们的行为产生禁止作用。违反这种禁止规范的，必然伴随着一种社会惩罚措施。在某种意义上可以说，刑法就是从这种原始社会的禁忌中发展起来的。正如弗洛伊德指出：在早期，破坏禁忌所遭受的惩罚，无疑地，是由一种精神上的或自发的力量来控制的：即由破坏的禁忌本身来执行报复。稍后，当神或鬼的观念产生以后，禁忌才开始和它们结合起来，而惩罚本身也就自动地附随在这种神秘的力量上了。在其他的某些情况下，可能是基于这种观念，团体负起了惩罚破坏者的责任，因为，这些破坏者的行为已严重地危害到了同伴们的安全了。也因此，对于人类最早的刑罚体制我们可以远溯到禁忌时期。② 在禁忌基础上发展起来的是三种控制社会的规范，这就是道德、宗教与法律。美国学者庞德指出：社会控制的主要手段是道德、宗教和法律。在开始有法律时，这些东西是没有什么区别的。甚至在像希腊城邦那样先进的文明中，人们通常使用同一个词来表达宗教礼仪、伦理习惯、调整关系的传统方式、城邦立法，把所有这一切都看作一个整体。我们应该说，现在我们称为法律的这一名称，包括了社会控制的所有这些手段。③ 这些社会控制手段，无论是道德、宗教还是法律，都具有规范性的特征。道德与宗教都是对

---

① ［德］施奈德：《犯罪学》，吴鑫涛、马君玉译，5页，北京，中国人民公安大学出版社、国际文化出版公司，1990。
② 参见［德］弗洛伊德：《图腾与禁忌》，杨庸一译，33页，北京，中国民间文艺出版社，1986。
③ 参见［美］庞德：《通过法律的社会控制——法律的任务》，沈宗灵、董世忠译，9~10页，北京，商务印书馆，1984。

人的一种内在的控制手段，而法律则是一种外在的控制手段，以人的行为作为其调整对象。刑法就是以规范人的外在行为为特征的，它不涉及人的内心思想与情感。由于道德、宗教和法律这些规范体系的存在，违反规范的行为受到社会的否定性评价，以致制裁。换言之，道德、宗教和法律都是评价标准，没有这种评价标准也就不存在犯罪的概念。当然，随着社会的发展，道德与宗教的控制在逐渐弱化，而法律的控制在日益增强，由此而形成法治社会。贝卡里亚指出：神明启迪、自然法则和社会的人拟协约，这三者是产生调整人类行为的道德原则和政治原则的源泉。① 这里的神明启迪指宗教，自然法则指道德，而社会的人拟协约指的是法律。贝卡里亚指出：在堕落的人脑中，神明启迪和自然法则——尽管这二者是神圣的和不可改变的——早已被虚伪的宗教和无数随意的善恶概念亵渎了，因此，看来需要单独地研究根据共同需要及功利加以表述或设想的纯人类协约的产物。② 所以，在道德、宗教和法律三者之中，贝卡里亚更为重视的是法律，只有它才能正当地调整人与人之间的关系。在这种情况下，犯罪也应当根据刑法的规定加以认定，将道德与宗教的因素从犯罪概念中剔除，这也是一个去魅的过程，从而形成法定的犯罪概念。在这个意义上的犯罪概念，就是法律的产物。根据罪刑法定原则，是法律决定犯罪，而不是犯罪决定法律，即没有法律就没有犯罪，或称法无明文规定不为罪（NulLumcrimen sine lege）。这里所谓没有犯罪，是指不存在规范意义上的犯罪。犯罪具有对于刑法的绝对的依附性，它不能自外于刑法而存在，这是一种从规范视角得出的结论，由此形成刑法学科。毫无疑问，刑法学是一门规范科学，它是以规范为基础的，离开规范也就无所谓刑法。在犯罪的界定上，刑法学也是从规范的视角出发的，关注的是法定的犯罪，即犯罪的规范构成特征。

规范意义上的犯罪，是立法的产物，只能局限在司法的范畴之内。因为从司法层面上说，它是依据法律规定对犯罪加以认定，所以，规范就具有准绳的作

---

① 参见［意］贝卡里亚：《论犯罪与刑罚》，黄风译，2页，北京，中国大百科全书出版社，1993。
② 参见［意］贝卡里亚：《论犯罪与刑罚》，黄风译，2页，北京，中国大百科全书出版社，1993。

用，凡是与之相符的，就确认为犯罪；与之不符的，则不确认为犯罪。因此，在司法的意义上，规范是神圣的、具有决定性的意义，法律不是被嘲笑的对象，而是被适用、真正被信仰的对象。[①] 法官不得在法律之外创制犯罪，从而体现出刑法对司法权的限制机能。刑法是一种司法法，它所追求的是法的安定性。[②] 因此，规范上的犯罪只存在于司法领域。当我们将视角从司法的领域扩展到立法过程时，情形就有所不同。立法是一个设置规范，也就是创制犯罪的过程。这里存在一个如何将事实的犯罪转化为规范的犯罪的问题。在这个意义上，立法权就表现为将某一行为规定为犯罪的权力。那么，立法者是否可以将任何一个行为规定为犯罪呢？这里涉及立法者这种创制犯罪的权力扩展到什么限度的问题。事实上，立法者在创制犯罪的时候不是恣意的，而是被一定的社会物质生活条件所决定的。从表面上看，是刑法产生犯罪，这种犯罪只能是规范意义上的犯罪。而事实意义上的犯罪又是不以刑法为转移的，甚至决定着刑法以及规范上的犯罪。正如苏联学者指出：犯罪活动（和犯罪现象）是客观存在——不以立法者如何评价为转移。它的客观社会性质，是它能给社会带来危害，所以，与这个实质相应的能引起危害行为的法律性质，使作为犯罪活动、行政过失和公民违法行为等危害的官方法律禁止成为必要的和可能的。社会机体在法律禁止方面的实际要求，体现在社会对行为的客观态度方面，形成了像马克思所说的"真正的法"[③]。这里的真正的法是与规范的法律相对而言的：真正的法是应然的法，而法律只是实然的法。由此类推，犯罪也同样存在应然之罪与实然之罪。应然之罪是不以刑法为转移的、客观发生的犯罪，即事实的犯罪。实然之罪是指立法者设置在刑法中的犯罪，即规范的犯罪。事实的犯罪是一种活生生的社会事实，而规范的犯罪则是一种抽象的犯罪构成。在这个意义上，是事实意义上的犯罪决定规范意义上的犯罪，而不是相反。

从司法的视角转向立法的视角，也就是从规范的犯罪概念转换为事实的犯罪

---

① 参见张明楷：《刑法格言的展开》，3页，北京，法律出版社，1999。
② 参见张明楷：《刑法学（上）》，13页，北京，法律出版社，1997。
③ ［苏］斯皮里多诺夫：《刑法社会学》，陈明华等译，85页，北京，群众出版社，1989。

概念。在司法与立法两个领域中，犯罪与刑法的逻辑关系是有所不同的：在司法视界里，法无明文规定不为罪，刑法决定犯罪，这里的犯罪只能是规范上的犯罪。在立法视界里，犯罪不以刑法为转移，犯罪决定刑，这里的犯罪是事实的犯罪。事实的犯罪作为一种应然之罪，决定着作为实然之罪的规范上的犯罪。对于应然之罪的研究，显然就超出了规范刑法学的范畴，而进入理论刑法学的境域。应然之罪，是作为事实存在的犯罪，这种犯罪是规范的犯罪存在的根据。由于事实的犯罪是不以刑法为转移的，具有超规范性，因而这个意义上的犯罪概念是犯罪的实质概念，即对犯罪的本质特征加以揭示与描述。对于犯罪的这种本质特征，理论上的通说是社会危害性说。贝卡里亚最早阐述了犯罪对社会的危害是衡量犯罪的真正标尺这一命题。[1] 此后，这一观点成为社会主义国家刑法的基石范畴，形成所谓社会危害性中公认的刑法学体系。[2] 现在，这种社会危害性理论受到学者的批评。例如，在我国学者对于犯罪本质作为社会危害性说的认识上，无论它受到怎样的言辞至极的赞扬与称颂，社会危害性并不具有基本的规范质量，更不具有规范性。它只是对于犯罪的政治的或者社会道义的否定评价。这一评价当然不能说是错的，问题在于它不具有实体的刑法意义。[3] 在此，我们必须注意到，这种对社会危害性说的批评是从规范刑法学的立场出发的，因而是正确的。在理论刑法学中，社会危害性说仍然具有存在的余地，它能够为规范上的犯罪之设置提供实质根据。[4] 对于应然之罪与实然之罪的关系，尤其使我们对加罗法洛的自然犯罪的概念发生兴趣。在加罗法洛看来自然犯罪中的自然，存在于人类社会之中并独立于某个时代的环境、事件或立法者的特定观点之外。加罗法洛所称自然犯罪是指那些被所有文明国家都毫不困难地确定为犯罪并用刑罚加以镇压的行为。[5] 由此可见，加罗法洛的自然犯罪是一种超规范的犯罪概念，是应然之

---

[1] 参见［意］贝卡里亚：《论犯罪与刑罚》，黄风译，67页，北京，中国大百科全书出版社，1993。
[2] 参见陈兴良：《刑法哲学》，修订版，687页以下，北京，中国政法大学出版社，1997。
[3] 参见李海东：《刑法原理入门（理论性基础）》，8页，北京，法律出版社，1998。
[4] 参见陈兴良：《社会危害性——一个反思性检讨》，载《法学研究》，2000（1），12页。
[5] 参见［意］加罗法洛：《犯罪学》，耿伟、王新译，20页，北京，中国大百科全书出版社，1996。

罪。加罗法洛不是从社会危害性，或者权利侵害中去寻找犯罪的本质，而是从对社会普遍的道德感的伤害中去寻找犯罪的本质的，指出：在一个行为被公众认为是犯罪前所必需的不道德因素是对道德的伤害，而这种伤害又绝对表现为对怜悯和正直这两种基本利他情感的伤害。而且，对这些情感的伤害不是在较高级和较优良的层次上，而是在全社会都具有的平常程度上，而这种程度对于个人适应社会来说是必不可少的。我们可以确切地把伤害以上两种情感之一的行为称为"自然犯罪"①。应该指出，加罗法洛所说的自然犯罪只是犯罪中的一部分，此外还有政治犯罪与经济犯罪，这些犯罪并不具有或者不完全具有自然犯罪的性质。古罗马法中存在自然犯与法定犯之分，自然犯是指其犯罪性质在更大程度上独立于法律评价的犯罪，是一种所谓自体恶；而法定犯是指其犯罪性质更大程度上取决于法律评价的犯罪，是一种所谓禁止恶。加罗法洛的自然犯罪实际上相当于自然犯，具有明显的反道德性。其实不仅自然犯具有独立于法律的实体根据，法定犯同样具有这种独立于法律的实体根据，如政治犯罪对政治关系的侵害、经济犯罪对于经济秩序的侵害。因此，自然犯与法定犯都有应然之罪与实然之罪、事实上的犯罪与规范上的犯罪的区分。

理论刑法学上的犯罪概念，尽管是一种作为应然之罪的事实意义上的犯罪，对这种犯罪的研究仍然是为如何将其转化为规范意义上的犯罪提供根据。因此，这种对事实的犯罪考察具有价值评判的性质。应然之罪作为一种对犯罪的实质上的价值判断，它为实然之罪作为一种对犯罪的形式上的、也就是规范的价值判断提供实体根据，因而对于立法者创制规范上犯罪具有限制机能。然而，当我们不是从价值判断角度，而是从社会存在角度关注犯罪现象的时候，一种犯罪学的立场就展现在我们面前。显然，犯罪学的视角完全不同于规范刑法学，它不是去分析犯罪的规范特征。同样，犯罪学的视角也根本不同于理论刑法学，它不是去分析犯罪的实体内容。犯罪学面对社会上存在的犯罪事实，它所要回答的是：犯罪

---

① ［意］加罗法洛：《犯罪学》，耿伟、王新译，44 页，北京，中国大百科全书出版社，1996。

是如何发生的,为什么这些犯罪事实年复一年地或多或少地在各个国家重复发生?① 不仅如此,如果我们同犯罪学家那样,站在社会防卫的角度来考虑问题,那么,决定什么是犯罪就不再依赖于从法律上审查是否具备犯罪法定条件,而是取决于对发生犯罪的真正原因事先进行分析。犯罪学家所要了解的问题是:依据观察与实验,哪些行为适于看成是犯罪行为,即使这些行为并不符合社会预先已经作出的规定。② 换言之,犯罪学所关注的不是犯罪的规范特征,而是从犯罪的事实存在出发表述犯罪形成的原因,揭示犯罪发展的规律。

四

日本刑法学家西原春夫阐述了从规范的犯罪到规范的犯罪的实体根据,再到事实的犯罪存在的原因这样一条进路,指出刑法是以国家的名义明文规定人的何种行为才构成了何种恶的程度的法律。没有这种刑法就没有犯罪,没有刑法也就没有刑罚。③ 显然,这个意义上的犯罪是规范上的犯罪。西原春夫不满足这种对犯罪的规范解释,进而推敲刑法存在的合理性与正当性。因为在刑法中,有些内容在立法的当初就缺少其合理性和正当性,有些随着时代的变迁已丧失其存在的意义。因此,对刑法的推敲必须经常持续地进行。④ 如果说,对犯罪的规范解释是规范刑法学的立场,那么,对犯罪规范的合理性与正当性的推敲,就是理论刑法学,即刑法哲学的立场。这种对刑法的合理性与正当性的推敲,是要探索制定刑法的原动力,即刑法的基本要素。在西原春夫看来,这种刑法的基础要素是人

---

① 参见[意]菲利:《实证派犯罪学》,25页,北京,中国政法大学出版社,1987。菲利指责古典派犯罪学者没有关注这些问题,而是仅仅把犯罪现象视为一种已经完成的事实,从职业法学家的角度进行分析,把犯罪看成法律问题,集中注意犯罪的名称、定义以及进行法律分析,把罪犯在一定背景下形成的人格抛在一边。这一批评是以犯罪学的立场否定了规范刑法学的立场,有其偏颇之处。规范刑法学应当,也只能是对犯罪进行法律分析。
② 参见[法]卡斯东·斯特法尼等:《法国刑法总论精义》,罗结珍译,107页,北京,中国政法大学出版社,1998。
③ 参见[日]西原春夫:《刑法的根基与哲学》,顾肖荣译,4页,上海,上海三联书店,1991。
④ 参见[日]西原春夫:《刑法的根基与哲学》,顾肖荣译,4页,上海,上海三联书店,1991。

的欲求，指出：刑罚法规之所以需要，是因为存在损害他人利益的人的行为。如果不存在作为社会现象的不良行为，就不会制定刑罚法规。可是，犯人之所以产生企图侵犯他人利益的欲求，是与犯人从侵犯其利益或享受利益中能得到的快乐原则相一致的。因此，在存在侵害他人利益的人的情况下，利益持有人会对自己的利益继续存在感到不安，就会有希望国家来保护自己利益的欲求。当这种希望保护自己利益的欲求达到一定规范时，作为国家，就感到有必要保护该利益，就会有制定刑法的动机。① 犯罪人的欲求→被犯罪侵害人的欲求→刑法的制定，西原春夫作出如此解释。反过来说，刑法制定的动力来自被犯罪侵害人的欲求，而这一欲求又是犯罪人的欲求导致的。因此，犯罪人的欲求就成为刑法制定的原动力。那么，犯罪人的欲求又是如何产生的呢？西原春夫指出：导致不良行为的欲求最深处似乎还有些什么，它必然驱使人产生施行不良行为的欲求。这种臆测不仅存在，而且很难消失。特别是这种臆测，即人的与生俱来的素质与人所存在的环境是否会对欲求产生必然的约束力？具有一定素质的人，在一定的环境下成长，有时处在一定的情况下，是否肯定会犯罪？也就是说，是否能从自然科学角度来解释犯罪的原因，这种研究是犯罪学这一学术领域的任务。② 由此，西原春夫导出犯罪学的立场。尽管可以对西原春夫的具体观点提出种种责难，但上述逻辑演绎是应当成立的。确实，犯罪学对犯罪的研究，是突破了规范的界限，将它视为一种独立于刑法而存在的社会现象，加以原因论的解释。

  对于犯罪这种原因论的解释，是一种事实的解释。由于解释的方法不同，又形成了各种犯罪学的流派。对犯罪原因的解释是从生物学解释开始的。这就是龙勃罗梭的犯罪生物学。这种生物学解释是把犯罪看作一种病理现象，是一种自然科学的解释。犯罪的生物学解释视犯罪人为自然生成的病态现象，犯罪人是通过体形特征从外表上可以识别的；是可以测定、可以预测的。它把全部注意力集中

---

① 参见［日］西原春夫：《刑法的根基与哲学》，顾肖荣译，82页，上海，上海三联书店，1991。
② 参见［日］西原春夫：《刑法的根基与哲学》，顾肖荣译，95页，上海，上海三联书店，1991。

到考察事实上面,特别是集中到调查犯罪个性上,想从中找到犯罪行为的原因。① 犯罪生物学试图从生物学上揭示犯罪原因及其形成机制,具有一定的合理性,但它绝不是犯罪原因的唯一解释。正如美国学者所评价,犯罪的定义复杂而易变异,而且可以说完全依赖于社会条件而定。因此,绝不能说犯罪本身是遗传的。然而,我们无法排除某些秉性的遗传,它们有可能在一定情况下导致犯罪行为。很多方面都表明罪犯确实存在自身缺陷。如果这些缺陷果真来自遗传,那么一个属于有缺陷特征家族的缺陷的个体或许会变成一个罪犯。我们并不否认这种情况存在的可能性。② 犯罪生物学解释是有缺陷的。在此基础上出现了对犯罪的社会学解释,这种社会学解释是对犯罪原因的综合性解释,由此形成犯罪社会学,其代表人物是菲利。菲利指出:一般社会学只能对社会生活作出比较一般和更普通的推论。在这一背景下,社会学的几个分支学科,都是在对各种不同的社会情况进行专门研究的基础上建立起来的。以这种方式,即通过研究个人和集体生活中的一般准则之后研究人类正常社会行为和特殊准则,我们可以建立政治社会学、经济社会学和法律社会学。因此,基于这样一个目标,运用这样一种方法,通过研究人类中异常的或反社会的行为,换句话说,通过研究犯罪和罪犯,我们可以建立犯罪社会学。③ 犯罪社会学将犯罪视为一种社会现象,从犯罪人与社会环境的互动关系上揭示犯罪形成机制,肯定社会环境对犯罪人格的决定性影响。显然,犯罪社会学更适合于对犯罪宏观原因的解释,它并不是犯罪学唯一理论。④ 对于犯罪个体原因的解释,还有赖于犯罪心理学。一般的犯罪心理学仅仅描述犯罪人的个性,而受到西格蒙德·弗洛伊德的影响,犯罪心理学却试图研究犯罪人的遗传动态直至其本能的性冲动,也就是直至深入性格的无意识的情感的

---

① 参见[德]施奈德:《犯罪学》,吴鑫涛、马君玉译,110页,北京,中国人民公安大学出版社、国际文化出版公司,1990。
② 参见[美]博厄斯:《人类学与现代生活》,刘莎等译,79页,北京,华夏出版社,1999。
③ 参见[意]菲利:《犯罪社会学》,郭建安译,2页,北京,中国人民公安大学出版社,1990。
④ 我国学者谢勇认为犯罪学就是犯罪社会学,并且将犯罪学与犯罪心理学相区分。参见谢勇:《犯罪学研究导论》,18页以下,长沙,湖南出版社,1992。

深层。① 可以说，犯罪生物学、犯罪社会学与犯罪心理学都是从不同角度解释犯罪。② 由于上述解释的角度不同，各自视界中的犯罪的理解也是大相径庭的。尽管存在这种差异，但作为犯罪学研究对象的犯罪绝不可能是规范现象，而是一种社会事实，被认为是具有文化意蕴的事实。我国学者指出犯罪不是别的，不过是文化的一个侧面，并且因文化的变化而发生变异。它是依据集体的一般文化而出现的，是文化的产物。如果不借发生犯罪的文化背景，我们也不会懂得犯罪。换言之，犯罪问题只能以文化来充分解释。③ 这里的文化，是一个内涵十分广泛的概念，包括知识、信仰、艺术、道德、习俗，在广义上甚至也包括法律。但是，对犯罪的文化解释显然不同于对犯罪的法律解释。在这个意义上，犯罪的文化解释是一种超规范的解释，这也正是犯罪学的立场与刑法学的立场之间最基本的分野。

五

规范的犯罪与事实的犯罪之间存在明显的区分，这种区分决定了刑法学（这里主要是指规范刑法学）与犯罪学的学科界限，这是本文一再论证的一个命题。至于理论刑法学，它不以规范的犯罪为研究对象，而是对犯罪进行超规范的考察。在这个意义上，理论刑法学与犯罪学都以事实的犯罪而非规范的犯罪为研究对象。两者的区别在于：理论刑法学是对事实的犯罪进行价值评判，建立犯罪的实质概念，为规范的犯罪概念提供实体依据。而犯罪学是对事实的犯罪进行客观描述，揭示犯罪的形成机制及其发展规律。那么，上述规范上的犯罪与事实上的犯罪之间是否存在相关性以及如何理解这种相关性呢？

---

① 参见［德］施奈德：《犯罪学》，吴鑫涛、马君玉译，107页，北京，中国人民公安大学出版社、国际文化出版公司，1990。

② 我国学者谢勇提出了整体主义—个体主义的犯罪学分析框架。整体主义认为，犯罪原因主要应该在宏观的因果层次上加以确定，而不可依赖于对犯罪人个人心理的解释。而个体主义则认为，犯罪原因只能在个人行为及其心理中去寻找。参见谢勇：《犯罪学研究导论》，110页，长沙，湖南出版社，1992。

③ 参见严景耀：《中国的犯罪问题与社会变迁的关系》，2～3页，北京，北京大学出版社，1986。

犯罪：规范与事实的双重视角及其分野

在犯罪学中，一再引起讨论乃至于争论的一个问题是：犯罪学研究的对象是什么？毫无疑问，犯罪学是以犯罪为研究对象的。那么，这里的犯罪又是在何种意义上理解的呢？我国学者在论述犯罪学的研究对象时，通常指出了两种犯罪概念：一是犯罪的法律概念，二是犯罪的社会学概念。上述区分，实际上就是规范的犯罪与事实的犯罪的区分。坚持犯罪法律概念的学者认为，犯罪学的对象是由法律对犯罪的规定所决定，也就是说，犯罪学的研究对象就是法律所规定的犯罪行为。而坚持犯罪社会学概念的学者主张，把犯罪学的对象从研究破坏法律规范的行为扩大到研究破坏一般社会规范的行为。① 显然，上述两种观点是存在分歧的。在我看来，犯罪学研究的犯罪不能脱离犯罪的法律概念，否则无法与社会学加以区分。社会学主要是指越轨社会学，它以越轨行为，即违反社会规范的行为作为研究对象，由此区别于犯罪学。例如，美国学者指出犯罪学家主要是把自己限制在法律问题上，很少讨论法律中尚未正式阐述的越轨形式。而越轨社会学需要一种容量更大的定义，它应使我们能够考察更多种类的行为。② 犯罪学之所以以犯罪的法律概念为参照，是因为犯罪概念本身是随着社会的发展而变化的，犯罪范围也随之而缩小或者扩大，处于一个犯罪化与非犯罪化的持续过程之中。当刑法将自杀、通奸、同性恋等行为规定为犯罪的时候，这些行为当然应当纳入犯罪学的研究视野。当刑法将这些行为非犯罪化以后，它就成为一般越轨行为，从犯罪学的研究视野中隐退。更为主要的是，犯罪学对犯罪的研究，主要目的是为刑事政策的制定，对犯罪反应的科学化提供实证根据。如果犯罪学的研究完全不以犯罪的法律概念为参照，就难以完成犯罪学的这一任务。正如法国学者指出：没有刑法科学的帮助，犯罪学就不可能得到发展。因为，犯罪学家不可能归结出一个有关犯罪的"犯罪学概念"，只能采用法律上有关犯罪的概念。所以，为犯罪学提供"犯罪定义"的始终是刑法。所不同的是，如同犯罪学家皮纳特尔先生所说，犯罪学家认为，从犯罪中主要应当看到的并不是由刑法规定的法律实体，

---

① 参见王牧：《犯罪学》，43页，长春，吉林大学出版社，1992。
② 参见［美］道格拉斯、瓦克斯勒：《越轨社会学概论》，张宁、朱欣民译，13页，石家庄，河北人民出版社，1987。

而是应当看到这一实体所掩盖的"人的现象"与"社会现象"①。在这个意义上说，犯罪学关注的是犯罪的事实特征，而不是法律特征。当然，犯罪学对犯罪的研究，又不完全局限在法律规定的范围之内，这里涉及"前犯罪"的概念。前犯罪是指待犯罪化的行为。德国学者指出犯罪学的对象和任务是分析各种犯罪化和非犯罪化过程。犯罪行为是通过社会的犯罪化与非犯罪化过程来认定的，属于这种过程的除狭义的刑法立法以外，还有刑法立法的社会现实基础和实际社会效果。因此，位于刑法立法前缘和后缘的"社会越轨行为"具有重要意义。犯罪学特别对犯罪行为与越轨行为之间的相互作用感兴趣。通过犯罪化（通过刑法立法）从社会越轨行为中产生犯罪行为，而犯罪行为又可能通过立法者（非犯罪化）降格为越轨行为。② 这里所说的位于刑法立法前缘的社会越轨行为，就是前犯罪、有待于犯罪化的行为。这也是犯罪学家所要研究的，而规范刑法学只能研究法定的犯罪。

关于犯罪学上的犯罪概念，我国学者提出了功能性犯罪定义这一概念，指出：在犯罪学上，并不需要回答什么行为应当判定为犯罪以及如何对之进行惩罚的问题。因为这是一个刑法问题，是刑法的任务所在。犯罪学上的犯罪要回答的是哪些行为应当被视为犯罪来进行研究以便找到预防控制这类行为的有效途径问题，实际上它所解决的是犯罪学所研究的犯罪范围问题。功能性犯罪定义认为，所有具有严重的社会危害性的行为都属于犯罪学所研究的犯罪范围。③ 按照功能性的犯罪定义，犯罪可以分为法定犯罪、准犯罪和待犯罪化的犯罪三种。④ 我认为，这一功能性的犯罪定义对于确定犯罪学研究对象的犯罪是具有一定意义的。

---

① [法]卡斯东·斯特法尼等：《法国刑法总论精义》，罗结珍译，55页，北京，中国政法大学出版社，1998。
② 参见[德]施奈德：《犯罪学》，吴鑫涛、马君玉译，95页，北京，中国人民公安大学出版社、国际文化出版公司，1990。
③ 参见刘广三：《犯罪现象论》，21页，北京，北京大学出版社，1996。
④ 准犯罪是指那些不具有应受到刑罚处罚性因而未被法定为犯罪，却具备严重的社会危害性因而应当被作为犯罪来研究的行为。待犯罪化的犯罪是指具有需要严惩的社会危害性，应当被法定为犯罪但未被法定为犯罪的行为。参见刘广三：《犯罪现象论》，26、28页，北京，北京大学出版社，1996。

犯罪：规范与事实的双重视角及其分野

犯罪学通过对犯罪，尤其是前犯罪的研究，可以为刑事立法提供根据。在这个意义上说，犯罪学在整个以犯罪为研究对象的学科群中，是处于最前沿的一个学科。犯罪学的研究对立法与司法都发生了重大的影响。从立法上来说，犯罪学在18世纪的诞生可以说引发了一种刑法的革命。犯罪学对犯罪原因以及对孕育犯罪的过程所作的阐述，对立法者进行各种改革起着指导作用。由于我们对犯罪现象有了更好的认识，所以才有可能更好地同犯罪现象进行斗争。由此，刑事政策也要受到影响，立法者将扩大社会预防的一般措施的地位（同社会弊病作斗争、保护儿童、对青年运动给予帮助），将更多地依据犯罪人的性格，而不是更多地依据犯罪人所实施的行为，来分别对刑罚与保安处分作出规定。[①] 因此，没有犯罪学的研究成果，就不会有19世纪以降刑事立法的重大进步。从司法上来说，在犯罪学的影响下，法官从单纯地关注犯罪行为到关注犯罪人，尤其是犯罪人的人身危险性，使刑事审判不仅是对犯罪行为的审判，而且是对犯罪人的审判。尤其是在行刑活动中，引入了矫正模式，使刑事司法更具目的性与合理性。

　　论及犯罪学对于刑法的重要作用，往往会涉及犯罪学是否为刑法的辅助学科的问题。辅助学科的名称似乎含有贬义，它仅仅赋予犯罪学次要的与第二位的作用。德国学者指出了把犯罪学作为刑法辅助学科，接受法定的犯罪概念，犯罪学就不可能调整刑法的形成、适用及其效果，而必须作为刑法的"仆从"，把已经确立的刑法规范作为起点，从刑法科学的手中接受研究对象。于是犯罪学就被置于这样一种境地：既不能批判地分析一种邪恶制度下的刑法立法和适用，也不能调整在民主法治国家里刑法立法和适用对犯罪监督所起的作用。[②] 换言之，犯罪学受制于刑法的犯罪概念，丧失了对刑法的批判精神。我认为，辅助学科的说法是功能性的，指犯罪学的研究成果对于刑法理论来说，具有"前见"的性质，离开了犯罪学研究，刑法学拘泥于对抽象法条的注释，是不可能实现其使命的。因

---

　　① 参见［法］卡斯东·斯特法尼等：《法国刑法总论精义》，罗结珍译，56页，北京，中国政法大学出版社，1998。
　　② 参见［德］施奈德：《犯罪学》，吴鑫涛、马君玉译，76页，北京，中国人民公安大学出版社、国际文化出版公司，1990。

此，辅助学科是以刑法为本位的视角。从犯罪学本身来说，它当然是具有独立性与自主性的，相对于刑法学来说，它也可以被认为是一门前沿学科或者基础学科。其实，名称并不重要，关键是如何协调刑法学与犯罪学的关系，厘清规范上的犯罪与事实上的犯罪之间的界限。托尔斯腾·塞林曾说过："犯罪学是没有王国的国王"，因为，其自身几乎是一无所有。医生、社会学家与心理学家各自都占据着自己的领地。各个学科的结论相互不一致，使犯罪学成了真正的匈牙利的"佩内罗普的屋顶"[①]。尽管这一说法有些悲观，但也不无道理。犯罪学如欲改变这种"无国之王"的状况，应当把王国建立在刑事法的领地内，然后再向外扩张。因此，犯罪学家首先应当是刑事法学家。犯罪应当从规范与事实两个视角加以把握，唯有如此，一种规范与事实的二元的犯罪理论才是可期待的。

（本文原载《北大法律评论》第3卷第2辑，北京，北京大学出版社，2000）

---

① ［法］卡斯东·斯特法尼等：《法国刑法总论精义》，罗结珍译，52页，北京，中国政法大学出版社，1998。

犯罪概念的形式化与实质化辨证

随着1979年《刑法》的修改，我国刑法界就现行《刑法》第13条（1979年《刑法》第10条）规定的犯罪概念展开了争论，有的间接质疑了现行犯罪概念的规定[①]，有的为现行犯罪概念进行了辩护[②]，有的主张改为立法概念与司法概念并存的结构。[③] 这些质疑、辩护与建议显然深化了刑法典关于犯罪概念的理论基础，同时为深入讨论提供了共同的语境。本文拟就刑法典中的犯罪概念是应当形式化还是实质化，抑或形式与实质统一的问题加以诘难与辩驳，以期引起进一步的争鸣。

一

犯罪概念的形式化，是随着资产阶级近代刑事立法活动而提出的，犯罪的形式概念，主张刑法典中的犯罪概念仅限于对犯罪的法律特征的描述，从形式方面

---

① 参见樊文：《罪刑法定原则与社会危害性的冲突》，载《法律科学》，1998（1）。
② 参见李立众、柯赛龙：《为现行犯罪概念辩护》，载《法律科学》，1999（2）。
③ 参见王世洲：《中国刑法理论中犯罪概念的双重结构和功能》，载《法学研究》，1998（5）。

即以刑事违法性界定犯罪。1810 年《法国刑法典》第 1 条规定："法律以违警刑所处罚之犯罪，称违警罪。法律以惩治刑处罚之犯罪，称轻罪。法律以身体刑或名誉刑处罚之犯罪，称重罪。"这是最早出现在刑法典中的形式化的犯罪概念。随后大陆法系国家刑法典纷纷采纳此种模式。例如，1871 年《德国刑法典》第 1 条之规定："（一）重罪，指处死刑、重惩役、或超过五年城堡监禁的行为。（二）轻罪，指处五年以下城堡监禁、轻惩役、超过一百五十马克罚金（法律如未规定罚金的一定数额时，或任何数额罚金的行为）。（三）违警罪，指处拘留或一百五十马克以下罚金的行为。"1903 年《俄国刑法典》第 1 条之规定，犯罪是"在现行法上，以刑罚威吓所禁止的行为"；1937 年《瑞士刑法典》第 9 条之规定，"犯罪是法律所禁止的、并以刑罚来制裁人行为"；等等。

上述犯罪概念的立法模式被社会主义法学家们斥为"形式定义"，称其没有也不可能揭示犯罪的阶级实质，因此，社会主义国家刑法典不能采取此种模式。М. А. 切利佐夫别布托夫指出："资产阶级刑法典是从形式上规定犯罪的定义，把犯罪看成是实施时即为法律所禁止并应受惩罚的行为。苏维埃立法则与此不同，它是从实质上，也就是从对法律秩序的损害上、危害上来规定犯罪的定义的。"① 我们认为，社会主义学者揭示出犯罪的阶级特征是应予以肯定的。但是，有些学者对形式化的犯罪概念的驳斥未免武断，可以说误读了当时的历史。资产阶级法学家们之所以提出犯罪概念形式定义，应当说是同他们所处历史时代的要求、同他们民族习惯的思维方式相适应的；而更直接的却是受大陆法系制定法法系方法的制约——严格限定只能以法定的要件形式去判断行为，具体表现为倡导和奉行"无法无罪、无法无刑"的罪刑法定原则。② 具体来说，资产阶级刑法典规定形式化的犯罪概念，主要有以下几方面原因：（1）历史原因。法国大革命前夕，罪刑擅断主义盛行，法官自由裁量权极大，刑罚极其残酷，整个司法体制极其黑暗腐朽。因此，新兴资产阶级提出"罪刑法定主义""严格规则主义""刑罚

---

① ［苏］А. А. 皮昂特科夫斯基等：《苏联刑法科学史》，曹子丹等译，19～20 页，北京，法律出版社，1984。
② 参见冯亚东：《理性主义与刑法模式》，6～7 页，北京，中国政法大学出版社，1999。

人道主义"等原则。(2) 思想原因,启蒙思想家一致认为只有行为才能构成犯罪,犯罪是违反法律的行为。霍布斯指出:"罪行是一种恶行,在于以言行犯法律之所禁,或不为法律之所令。"① (3) 认识原因。法国人狂热崇尚理性主义,在认识论上坚持绝对主义,片面夸大真理的绝对性,否定真理的相对性,否定真理的发展是一个过程,自信仅用理性的力量,人们能够发现一个理想的法律体系。因此很自然,他们都力图系统地归纳出各种各样的自然法的规则和原则,并将它们全部纳入一部法典之中。因此,资产阶级国家刑法所规定的犯罪概念必须是法律形式主义的②,以区别犯罪行为与其他违法行为,明示国家刑罚权之界限,而使刑法具有保障功能。③ 由此可见,对于犯罪形式概念的立法模式如果仅从政治上加以斥责,不从法律文化的背景上加以考察,因而予以简单的否定,很难说是公允之论。

就理论逻辑而言,大陆法系国家刑法学者关于犯罪概念的表述也或多或少地被误解。在大陆法系的刑法学理论中,得到最广泛承认的犯罪概念为"犯罪是符合构成要件的、违法的、有责的行为"。这种表述不仅较清晰地反映了犯罪的外部规范结构及内部价值蕴涵,而且也与采制定法法系的国家刑事审判中的定罪判断过程相一致。④ 正如日本学者所言:然而不管怎么说,以客观的、记叙性的构成要件概念为基础,首先把握住符合构成要件的行为,进而再去考虑它的违法性和责任。这种思考过程,与现代刑事审判中的审理过程是一致的,是反映了构成要件理论的实践品格的。⑤ 显然,此种表述仅从字面上来看确实完全避开了对犯罪的社会危害性的表述问题,而主要是从法律确认犯罪的过程及形式方面来进行概括的。但是,就实质内容而言,此种表述并非仅是纯形式的,而是具有丰富内容的,也即形式与内容达到了完整的统一。因为,其中的违法性质实质上包含了

---

① [英]霍布斯:《利维坦》,226页,北京,商务印书馆,1985。
② 参见高格:《比较刑法研究》,56页,重庆,西南政法学院刑法教研室,1985。
③ 参见林山田:《刑罚通论》,62页,台北,三民书局,1986。
④ 参见冯亚东:《理性主义与刑法模式》,6、7页,北京,中国政法大学出版社,1999。
⑤ 参见[日]小野清一郎:《犯罪构成要件理论》,王泰译,13页,北京,中国人民公安大学出版社,1991。

法益侵害的内容。（刑事）违法性在我国刑法理论与大陆法系刑法理论中的地位是完全不同的。在苏联及我国刑法理论中，（刑事）违法性是被作为犯罪的形式特征在犯罪概念中加以研究的，但由于在犯罪概念中强调社会危害性并将之确定为犯罪的实质特征，因而（刑事）违法性自身缺乏实体内容，仅是社会危害性在刑法上的表现。在大陆法系刑法理论中，违法性不是被确立为犯罪特征，而是犯罪成立条件。违法性包括形式违法性和实质违法性两个层面，形式违法性是指违反法的规范，即违法性的形式概念，实质违法性是指违法性的实质内容。就形式违法性的判断而言，存在客观的违法性与主观的违法性之争①，前者将法的规范的首要作用理解为客观评价规范，凡是违反规范的就是违法，后者将法的规范本质理解为对人的意思的命令禁止（命令说），违反这种命令禁止的就是违法。就实质违法性的内容而言，存在侵害法益说与侵害规范说之争，前者认为违法性的实质在于对法益所造成的侵害，后者认为犯罪并非侵害主观上作为法的权利，而是在客观上侵害法的本身，即违反法秩序。其中，主观违法性致使犯罪成立三大要件体系紊乱，违反规范中"法秩序"本身，内容含混，因此，客观违法性成为形式违法性判断的通说，法益侵犯说成为实质违法性内容的通说。由此可见，我国刑法理论中的刑事违法性只是相当于大陆法系刑法理论中的形式违法性，而大陆法系刑法理论中的实质违法性则相当于我国刑法理论中的"社会危害性"（仅从程度上而言，其实两者的理论体系地位、判断依据等都有本质区别②）。法益概念的确立和引入，使刑法中的犯罪概念实质化，法益侵害成为犯罪的实质内容。正如德国学者宾丁在其规范论的视野中揭示与把握法益的规范机能时所指出的，"规范"处于优先地位，法益只是附体于"规范"并支持其"规范理论"的一个概念：规范基于立法者的意志而制定，其本身具有一定的完整性和体系性，行为人以侵害法益为中介达到了违反规范的结果，犯罪在实质上侵害了法益，在形式上违反了规范，但是这并未削弱规范本身的权威，因为规范先于法益而存

---

① 参见［日］福田平、大塚仁：《日本刑法总论讲义》，李乔等译，81页以下，沈阳，辽宁人民出版社，1986。

② 参见李海东：《刑法原理入门（犯罪论基础）》，代自序，6～9页，北京，法律出版社，1998。

在，受制于立法机关"主观上的决定"①。也就是说，法益即刑法所保护的利益，不仅自身以利益这一实体内容为基础，也作为"规范"（刑法规范——笔者注）的附体而具有突出的刑事法律特征，因此，奠基于法益之上的实质违法性使得大陆法系刑法理论中蕴涵三大要件的犯罪概念成为一个形式层面与实质层面相统一的规范内概念，而不是像我国现行犯罪概念中形式层面与实质层面相脱离的规范外概念。

  由此可见，大陆法系国家刑法典中形式化的犯罪概念并未使注释刑法学堕入形式法学的泥潭。相反，它使法益实质内容有机会受到规范内的重视与关照。其实，国外学者并非"片面主义者"或"形式主义者"，而总是在寻求形式层面与实质层面的统一与平衡。就以"罪刑法定原则"（法制原则）的理解为例，国外刑法学界也存在的形式主义和实质主义两种观点：前者崇拜法律的确定性，忽视法律的内在价值，强调从技术上追求法律的尽善尽美，以达到限制司法权的目的，后者反对将法律视为僵死的教条，主张通过发挥法官的主观能动性来弥补法律与社会现实之间的断裂。显然，前者的极端将导致法律万能主义，后者的极端将导致法律虚无主义。因此，如何寻求两者的平衡就成为刑法学者孜孜以求的目标。

二

  苏俄在批判资产阶级关于犯罪的形式概念的基础上，在刑事立法中确立了犯罪的实质概念。例如，1992年《苏俄刑法典》第6条规定："威胁苏维埃制度基础及工农政权向共产主义过渡时期所建立的法律秩序的一切危害社会的作为或不作为，都认为是犯罪。"最初，这一犯罪的实质概念被认为是社会主义刑法典区别于资产阶级刑法典的根本标志。但是，这一立法模式导致法律虚无主义，在认

---

  ① 丁泽芸：《刑法法益学说论略》，载北京大学《刑事法学要论》编辑组编：《刑事法学要论》，281页，北京，法律出版社，1998。

定犯罪上只根据行为社会危害性，而完全忽视了犯罪的刑事违法性，在这种情况下，随着社会主义国家法制的加强，出现了形式特征与实质特征相统一的犯罪概念，主张犯罪概念的规定应兼顾形式与实质两个层面。1960年《苏俄刑法典》第7条规定："凡本法典分则所规定的侵害苏维埃的社会制度和国家制度，侵害社会主义经济体制和社会主义所有制，侵害公民人身权、政治权、劳动权、财产权以及其他权利的危害社会行为（作为或者不作为），以及本法典分则所规定的其他各种侵害社会主义法律秩序的危害社会行为，都认为是犯罪。"该规定就是典型的形式与实质相统一的犯罪概念。该规定是对反映法律虚无主义的犯罪实质概念的扬弃的结果。此种立法模式得到了许多社会主义国家的认同，例如1952年《阿尔巴尼亚刑法典》第2条规定，"有罪过地实施的为法律所规定的一切危害社会的行为（作为或者不作为），都是犯罪"。1976年《南斯拉夫刑法典》第8条规定，"犯罪是由法律规定为犯罪构成要件的危害社会的行为"。我国1997年《刑法》第13条规定："一切危害国家主权、领土完整和安全，分裂国家、颠覆人民民主专政的政权和推翻社会主义制度，破坏社会秩序和经济秩序，侵犯国有财产或者劳动群众集体所有的财产，侵犯公民私人所有的财产，侵犯公民的人身权利、民主权利和其他权利，以及其他危害社会的行为，依照法律应当受到刑罚处罚的，都是犯罪，但是情节显著轻微危害不大的，不认为是犯罪。"一般认为，我国刑法典中的犯罪概念是犯罪的形式特征（刑事违法性）与实质特征（社会危害性）的统一。

在这种形式特征与实质特征相统一的犯罪概念中，实质特征处于主导地位。按照Н.И.杜尔曼诺夫的观点，犯罪的形式特征就是以违法性——罪过和人的责任能力为条件的应受惩罚性，犯罪的实质特征是行为的社会危害性。[1] 苏俄学者同时认为，法律关于实质的和形式的特征二者兼有的犯罪定义无损于犯罪的实质特征，不仅没有摒弃实质特征，而且还使立法有了改进和发展。[2] 换言之，犯罪

---

[1] 参见［苏］А.А.皮昂特科夫斯基等：《苏联刑法科学史》，曹子丹等译，151页，北京，法律出版社，1984。

[2] 参见［苏］Н.А.别利亚耶夫、М.И.科瓦廖夫主编：《苏维埃刑法总论》，62页，北京，群众出版社，1987。

概念作为矛盾的存在物，其形式特征与实质特征既对立又统一，其中的实质特征又是矛盾的主要方面，居于主导地位，而形式特征是矛盾的次要方面，处在从属地位。因此，社会危害性在刑法典规定的犯罪概念中处于决定性的地位，而刑事违法性只是社会危害性的法律反映，不具有决定性的作用。犯罪的形式特征与实质特征发生冲突时，即行为的社会危害性与刑事违法性不统一时，应以社会危害性为最高的标准。借用韦伯的合理性分析框架①，形式特征与实质特征相统一的犯罪概念在面对形式合理性与实质合理性的冲突时主张选择实质合理性。

我们认为，在我国刑法确定罪刑法定原则的情形下，形式特征与实质特征相统一的犯罪概念会受到多方面的诘难。具体来说，首先，两者的相统一使得《刑法》第13条和第3条不协调。《刑法》第3条规定："法律明文规定为犯罪行为的，依照法律定罪处刑；法律没有明文规定为犯罪行为的，不得定罪处刑。"显然，该规定明显强调刑事违法性具有评判和决定是否构成犯罪的功能，但《刑法》第13条规定的犯罪定义中使用了"危害社会"和"危害不大"的字样，强调了社会危害程度大小对罪与非罪的决定意义。可见，该规定中就同时存在"社会危害性"标准和"刑事违法性"标准。一个定义中同时使用互相冲突、排斥的两个标准来界定犯罪，势必影响罪刑法定原则在犯罪定义中完全彻底体现，使犯罪这个基本定义乃至整个刑法典的科学性大打折扣。② 其次，形式与实质相统一的选择不符合罪刑法定原则的基本要求。其选择的是实质合理性，而罪刑法定原则要求的则是形式合理性。因此，两者必然存在着矛盾。刑法实行罪刑法定原则，是刑事法适应人治社会向法治社会进化的结果。在人治社会，罪刑擅断主义盛行，因而犯罪概念大多是模糊的，犯罪的标准是混乱的，"不确定"被认为是这一时期刑法的主要特征。在法治社会，罪刑法定主义处于主导地位，因而法律成为区分罪与非罪的唯一标准，也就是说，只有法律才能设置犯罪，也只有根据法律规定才能认定犯罪。在人治社会，刑法主要是为镇压犯罪、维护统治而使用

---

① 参见［德］韦伯：《经济与社会》，下卷，401页，北京，商务印书馆，1997。
② 参见樊文：《罪刑法定原则与社会危害性的冲突》，载《法律科学》，1998（1），28页。

的。因而，刑法仅被视为国家统治的工具，刑法没有自身的独立的目的合理性，而只能从工具（手段）的合理性中寻找存在的根据。因而，那些被统治阶级认为具有严重程度的社会危害性的行为，即使没有被刑法所规定，也应被类推作为犯罪处理，否则不能充分保护统治阶级的社会秩序。在法治社会，刑法在维护社会保护机能的同时，重视人权保障机能。刑法不仅是公民大宪章，也是犯罪人的大宪章（李斯特语）。刑法针对的是犯罪人，但规制的主要是国家公权力。立法机关划定犯罪圈和配置法定刑应事先加以明文规定，司法机关只能在法律规定的范围内认定与处罚犯罪，而不能以法律以外的其他因素，如是否道德、是否对社会具有危害性作为认定是否构成犯罪的标准。否则，公民个人的自由社会因标准本身的不确切而处于萎缩状态（刑法规范作为行为规定的功能丧失的结果，公民事先不敢能动地活动）或危险情景（刑法规范作为裁判规范功能丧失的结果，司法机关主观擅断出入人罪）。最后，形式与实质相统一难以处理好法的一般公正与个别公正的关系。刑事法律也存在追求一般公正与个别公正的冲突选择。刑事违法性易于体现一般公正，而社会危害性更易于追求个别公正。刑事法律确定犯罪的一般概念和具体刑法规范时追求的应是一般公正，而司法机关在具体适用刑事法律时则可以考虑犯罪人的人身危险性和反映犯罪行为社会危害性的具体事实以实现个别公正。但是，公正的追求又不是毫无限制的，而只能是相对的。因此，认定犯罪时以法律作为最高标准，以是否具有刑事违法性为根据，尽管可能使个别具有较为严重的社会危害性的行为无法受到法律制裁，但这是为维护法律的尊严、实现一般公正所付出的必要丧失。

由此可见，《刑法》第13条的规定，其实是很难兼顾犯罪形式特征与实质特征的。正如韦伯所说的，"法逻辑的抽象的形式主义和通过法来满足实质要求的需要之间无法避免的矛盾"[①]。两者统一的最后立足点仍然是实质合理性。但是，罪刑法定原则的最终确立，要求犯罪概念必须放弃不受形式合理性限制的实质合理性，转而采纳以实质合理性为支撑的形式合理性，从而真正使理念中的罪刑法

---

① ［德］韦伯：《经济与社会》，下卷，401页，北京，商务印书馆，1997。

定原则成为制度中的罪刑法定原则。

三

正是考虑到犯罪概念在形式特征与实质特征之间的冲突,我国学者提出了分解犯罪概念的观点,主张犯罪概念应当由立法概念与司法概念组成。立法上的犯罪概念,是指具有严重的社会危害性、应当由刑法规定为犯罪,适用刑罚予以处罚的行为;司法上的犯罪概念,是指符合刑法规定的构成要件,应当适用刑罚予以处罚的行为。① 犯罪的立法概念将承担以下功能:(1)揭示犯罪的本质属性,说明某种行为之所以在我国被宣布为犯罪行为就是因为其具有严重的社会危害性,即危害了我国国家和人民在政治、经济文化、道德等方面的利益,因此揭示了把该种行为规定为犯罪的原因。(2)为中国的刑法立法提供了确定犯罪与非犯罪的标准,指出只有具有严重的社会危害性的行为,才能被我国刑法宣布为犯罪。(3)犯罪的立法概念中揭示的社会危害性的程度,为确定刑罚的轻重提供了标准与基础。犯罪的司法概念将承担以下功能:(1)坚持"罪刑法定""禁止类推"。(2)为划分犯罪与非犯罪的界限、此罪与彼罪的界限提供具体的、具有可操作性的法定界限与标准。(3)为分析研究中国刑法理论中的各种基本问题和具体问题,划定了范围并奠定了基础。(4)为刑事立法中确定犯罪的工作,提供了应当考虑的基本构成要素与条件。② 毫无疑问,犯罪概念的双重结构的提出,不失为深化对犯罪概念理解的一条新思路。从刑法规范的功能和刑事一体化中学科分工的角度考察,犯罪概念在刑事立法与刑事司法这两个环节具有不同的功能,在刑法学与犯罪学这两个学科具有不同的意义,不可混为一谈。因此,一种科学的犯罪概念应当区分不同的层面,满足各种不同的理论与实践的需求。

刑法规范的制度(包括立、改、废)是享有刑事立法权的主体将具体的社会

---

① 参见王世洲:《中国刑法理论中犯罪概念的双重结构和功能》,载《法学研究》,1998(5),123页。
② 参见王世洲:《中国刑法理论中犯罪概念的双重结构和功能》,载《法学研究》,1998(5),123页。

关系上升为抽象规定的一个过程。至于立法者具体将哪些危害社会行为纳入刑法典，立法者只能以犯罪的立法概念加以指导，而犯罪的司法概念对立法者来说是"后来"的事，不具有规范功能与作用。同时，刑法规范也只有在立法者根据犯罪的立法概念加以制定后才能具体地存在，因此，刑法规范的功能不是针对立法者的，而只能针对其他主体。此种意义上的刑法规范的功能又是以犯罪的司法概念为指导的。具体来说，刑法规范作为行为规范，普通公民就可以借此预测自己的行动范围、哪些行为是许可的、哪些行为是禁止的、哪些行为是命令的，从而不至于因总是担心自己的行为将被司法机关定罪量刑出现行动萎缩的结果。刑法规范作为裁判规范，司法机关就可以据此正确地定罪量刑，判断哪些行为构成犯罪、哪些行为不构成犯罪、哪些行为构成重罪、哪些行为构成轻罪、哪些行为构成此罪、哪些行为构成彼罪，以及各自应判处何种刑罚或多少刑罚量，从而不至于因没有明确的法律标准而随意出入人罪、侵害公民的合法权益。由此可见，只有犯罪的司法概念才是刑法典之中的概念，而犯罪的立法概念只是刑法典之前的概念，也就是说，刑法典作为立法者制定的关于犯罪、刑事责任与刑罚的规范性文件，其中的所有具体规定（包括犯罪的概念）都不能约束和规范立法者，而只能约束和规范司法机关和普通公民。因此，犯罪的立法概念只能是刑法典之前的概念、理论层面的概念，犯罪的司法概念才是刑法典中的概念、制度（或规范）层面的概念。

刑事一体化的概念来源于李斯特的全体刑法学的理念。随着刑事法的学科分化，作为刑事法本体学科的刑法学越来越演变成为一门规范学科，从而与作为经验（事实）学科的犯罪学分道扬镳，日益疏远。鉴于此种现状，德国著名学者李斯特提出了全体刑法学的概念。李斯特主张把刑事关系的各个部门综合成为全体刑法学，意即真正的整体的刑法学，内容包括犯罪学、刑事政策学、刑罚学、行刑学等。全体刑法学概念的确立，不仅使刑法学这门学科得以充实与膨胀，使之在一定程度上突破注释刑法学的狭窄学术藩篱，而且在此基础上形成刑事法的一体化研究格局，将与刑事相关的学科纳入刑事法的研究视野。[①] 我国著名刑法学

---

① 参见陈兴良主编：《刑事法评论》，第1卷，序言，北京，中国政法大学出版社，1997。

家储槐植教授较早提出建立刑事一体化思想，指出：刑事一体化内涵是刑法和刑法运行处于内外协调，即刑法内部结构合理（横向协调）与刑法运行前后制约（纵向协调）。实现刑法最佳效益是刑事一体化的目的。[1] 显然，刑事一体化是以刑事为中心展开其理论体系的相关学科的有机统一体。这里的刑事也就是犯罪。[2] 但是，刑事一体化中的相关学科又具有相对的独立性，各自并不能相互代替，这是由各学科都有自己的研究对象所决定的，其中，研究对象的不同又具体表现在各自对犯罪概念的理解上。例如，刑法学和犯罪学，虽然都以犯罪作为研究对象，但两者对犯罪的理解就存在重大差别：作为刑法学的研究对象，犯罪是一种法律现象，是法律所规定的犯罪；而作为犯罪学的研究对象，犯罪是一种社会现象，是社会上客观存在的犯罪。借用瑞士学者皮亚杰关于人文学科区分为正题法则科学和法律科学的观点[3]，犯罪学大体上属于正题法则科学，而刑法学属于法律科学。也就是说，刑法学是将犯罪视为一种法律现象，即规范加以研究的，而犯罪学则是把犯罪作为一种规范性事实加以考察的，犯罪学不仅仅以研究作为规范的犯罪为目标，因而其研究总是超越刑法的具体规定。总之，刑法学决定犯罪学的犯罪概念，犯罪学不可能存在完全脱离刑法之外的犯罪概念，但犯罪学又不拘泥于刑法学的犯罪概念。由此推知，犯罪概念是一个多层次的、可作不同学科语境界定的概念。其实，犯罪的立法概念和犯罪的司法概念也是在不同语境中加以界定的。犯罪的立法概念主要是为立法机关按照我国宪法规定的立法程序对某些特定行为的社会危害性作法律评价提供标准，犯罪的司法概念则是为司法机关根据我国刑事诉讼法规定的程序与刑法的规定对具体行为进行认定提供标准。借用我国学者冯亚东关于刑法学三个门类的划分方法，即具体条文规范中的模型形式存在的静态的犯罪是注释刑法学的研究对象，而立法观念上存在的应然

---

[1] 参见储槐植：《刑事一体化与关系刑法论》，294页，北京，北京大学出版社，1997。

[2] "刑事"英文为criminal，因而在西方语言中，刑事法（criminal law）与刑法（criminal law）用语相同。为使两者区分，学界往往将狭义上的刑法，即中文中的刑法称为本体刑法或实体刑法，而把广义上的刑法称为刑事法。参见李海东：《刑法原理入门（犯罪论基础）》，2页，北京，法律出版社，1998。全体刑法学之全体刑法，是指广义上的刑法，即刑事法。

[3] 参见［瑞士］让·皮亚杰：《人文科学认识论》，郑文彬译，2页，北京，中央编译出版社，1999。

的犯罪，则是理论刑法学的研究对象，法律关系中动态存在的实然的犯罪，则是概念刑法学的研究对象。[1] 显然，犯罪的立法概念只能在理论刑法学中生存，而犯罪的司法概念则是注释刑法学与概念刑法学关注的对象。正如刑法学和犯罪学中犯罪概念的关系一样，犯罪的立法概念和司法概念也存在既相联系又相区别的关系。犯罪的立法概念决定着刑法规范的构造，从而也就决定着司法概念的存在，但是犯罪的司法概念一旦表现为立法过程的结果，就具有自身的独立性，司法概念中的犯罪就只局限于刑法规定中的犯罪，是一种法律现象，而不是像立法概念中的犯罪首先作为一种社会现象然后才作为一种法律现象。

由此可见，形式特征与实质特征相统一的犯罪概念未能正确区分立法上的犯罪概念与司法上的犯罪概念、理论刑法学上的犯罪概念与注释（概念）刑法学上的犯罪概念、刑法学上的犯罪概念与犯罪学上的犯罪概念，因此，致使各种犯罪概念的特性混淆，关系紊乱，功能未能最大限度发挥。正如德国学者施奈德在批判犯罪学沦为刑法学的"辅助科学"时所说的，犯罪学不可能调查刑法的形成、适用及其效果，而必须作为刑法的"仆从"，把已经确立的刑法规范作为起点，从刑法科学手中接受研究对象。于是犯罪学就被置于这样一种境地：既不能批判地分析一种邪恶制度（例如纳粹主义）下的刑法立法和适用，也不能调查在民主法治国家里刑法立法和适用对犯罪监督起的作用。[2] 也就是说，犯罪学的犯罪概念如果只局限于刑法学的犯罪概念，就不能充分发挥其应有的社会批判功能。同时，立法中的犯罪概念如不形式化，极易出现如下两种结果：一是不能充分发挥其反指导立法者制定刑法规范和司法者适用刑法规范的功能，二是过分干扰和阻碍司法概念的功能发挥，前者是"该为而不为"，后者是"不该为而为之"，从而致使两者的功能都不能在最佳水平上实现。

四

如前所述，在刑法典中应当确立犯罪的形式概念。对此的担忧是：犯罪的形

---

[1] 参见冯亚东：《理性主义与刑法模式》，197页，北京，中国政法大学出版社，1999。
[2] 参见［德］施奈德：《犯罪学》，76页，北京，中国人民公安大学出版社，1990。

式概念会不会影响司法机关对于犯罪的认定？我们认为，这种担忧是多余的，因为犯罪的立法概念的形式化不仅具有理论上的合理性，是从罪刑法定主义中引申出的必然结论，而且，我国刑法分则条文所采取的"定量模式"也可为此提供制度保障。所谓定量模式是相对于定性模式而言的，是指我国刑法分则的具体犯罪构成中包含了一系列的数量要件。[①] 从定量的角度考察，我国刑法分则中具体条文可以大致分为以下三类：第一类是没有直接的定量限制，如危害国家安全罪、杀人罪、强奸罪、抢劫罪、非法拘禁罪、报复陷害罪、制造贩卖运输毒品罪、盗运珍贵文物出口罪、重婚罪、拐骗儿童罪等。这些犯罪或因其侵害的利益特殊或重要，或因其行为本身具有严重的危害性，所以，立法者不再对这些行为的社会危害性作特殊的量的限制。第二类是直接地规定了数量限制，大多表现为数额（数量）犯。现行刑法中约有 70 项罪名，明确要求以数额大小或数量多少为定罪量刑标准，约有 20 项罪名与数额或数量问题有关[②]，如盗窃罪、诈骗罪、抢夺罪、偷税罪、盗伐林木罪等。这些犯罪的社会危害性主要通过危害行为对具体对象的侵害的数量来加以反映，因此，立法者对这些数额（数量）犯的具体构成要件大都有数额或数量的要求。第三类是在法律条文中写明"情节严重的"、"情节恶劣的"或"造成严重后果的"才应受刑罚制裁的罪，其大都表现为情节犯或情节加重（或减轻）犯。我国刑法中绝大多数条文都含有此种综合性的情节要件。显然，此种刑法分则条文中的定量因素的引入，是我国刑事立法的突出特色。而其他许多国家的刑法典则大多采用定性的模式，具体犯罪定义在外国刑事立法中至今基本上仍停留在定性认识阶段，数量大小和情节轻重一般都不作为犯罪构成要件。[③] 以发案率最高也最易用数额计算的盗窃罪为例，英国早期普通法规定所有盗窃行为都是犯罪，哪怕是偷一个苹果。1871 年德国刑法典和 1976 年联邦德国新刑法典关于盗窃的规定基本未变，盗窃罪的轻重之分主要在于偷盗的手段、场所、物品性质、被害人情况以及犯罪人情况等的不同，没有明确规定数额对犯

[①] 参见储槐植：《刑事一体化与关系刑法论》，269 页，北京，北京大学出版社，1997。
[②] 参见陈兴良主编：《刑事法评论》，第 2 卷，572 页，北京，中国政法大学出版社，1998。
[③] 参见储槐植：《刑事一体化与关系刑法论》，271 页，北京，北京大学出版社，1997。

罪构成的意义。1930年《意大利刑法典》（经1968年修订）规定"窃取他人动产而占为己有者，处三年以下徒刑，并科1.2万至20万里拉罚金"。在此，数量不是盗窃罪的构成要件。1962年美国《模范刑法典》关于盗窃罪的等级规定是：盗窃数额超过500美元或者盗窃发火武器或机动交通工具的构成三级重罪；盗窃数额50美元以下的构成微罪；其他情况属于轻罪。按此法条字面解释，盗窃1美元也是犯罪（微罪也是罪）。

由此可见，定量模式的存在就足以将违反治安管理行为（相当于国外的违警罪）排除在犯罪之外。因此，即使刑法将现行犯罪概念改为形式概念，也不至于因"但书"规定删除而导致如下结论的出现：凡是具备刑事违法性的行为都是犯罪行为。此点恰恰是持实质论者对于犯罪的形式概念将社会危害性排除出犯罪概念所担心的。① 其实，刑法分则条文定量因素的存在，足以保证一般正义和个别正义的最佳平衡与实现，其中，一般正义由具体犯罪构成要件中定性部分来充任，个别正义则由具体犯罪构成要件中定量部分来充任，从而克服了刑法分则条文定性模式只利于确保一般正义而不利于实现个别正义的局限。也就是说，即使社会危害性从犯罪概念（只指刑法典的司法概念）中分离出去，并不必然导致司法机关仅从形式方面考虑行为人违法性而将该行为以犯罪论处，确实维护了法律，但付出了牺牲公民个人的生命、自由、财产的沉重代价。② 因为，立法者的现有规定本身是要求司法机关发挥主观能动性对定量因素也应加以审视的，至于司法者硬是要局限于定性因素之中而不顾及定量因素，则"告徒法不足以自行"，也就不是立法者如何规定犯罪概念与设置具体罪状所能解决的。因此，在我国刑法分则条文具体罪状设计采取定量模式的前提下，刑法典完全只须规定形式化的犯罪概念，就可以解决刑事违法性与社会危害性之间的如下两种冲突：一是行为只具备刑事违法性（仅指具体犯罪构成要件中的定性要件），但不具备社会危害性，则由司法者行使自由裁量权考虑和权衡具体犯罪构成要件中的定量要件，以

---

① 参见李立众、柯赛龙：《为现行犯罪概念辩护》，载《法律科学》，1999（2），57页。
② 参见李立众、柯赛龙：《为现行犯罪概念辩护》，载《法律科学》，1999（2），57页。

实现个别正义；二是行为具备社会危害性，但不具备刑事违法性，则司法者宜直接根据犯罪的形式概念不将其作为犯罪处理，以确保一般正义。也就是说，我国刑法典即使采用形式化的犯罪概念，但由于刑法分则中定性加定量的具体犯罪构成要件的设置，因而可避免西方国家刑法典中形式化的犯罪概念易于导致的不被我国刑法理论语境接受的如下结论出现：凡是具备刑事违法性的都是犯罪（其实，在大陆法系刑法理论中，凡是具备刑事违法性即形式违法的，也并不都构成犯罪，只有在经过实质的违法性判断和有责性判断得到肯定，才最终构成犯罪）。

最后需指出，我们主张刑法典只宜规定形式化的犯罪概念，并不意味着实质化的犯罪概念对刑法典本身就没有什么作用，相反，实质化的犯罪概念时刻在观念上指导、在制度上制约着形式化的犯罪概念。只是在建立社会主义法治国家的宏伟工程中，随着在刑事法领域中实行罪刑法定原则，应首先从立法上倡导形式化的犯罪概念，以诱导刑事司法真正在严格的罪刑法定的轨道进行，不至于偏向"政治上的需要或道德上的促善"等实质层面去追求超法律的目的。刑事司法者总是在探寻立法者的立法意图或立法精神中若隐若现地受到立法者的前导观念的影响的。① 因此，在刑法典中规定犯罪的形式概念，在法律上充分强调刑事违法性对于认定犯罪的重要意义，无疑会诱导司法者的定罪量刑活动。

（本文与刘树德合著，原载《法律科学》，1999（6））

---

① 参见刘树德：《自由刑法抑或权威刑法——二难案件司法的价值取向》，载陈兴良主编：《刑事法评论》，第4卷，北京，中国政法大学出版社，1999。

刑事法治视野中的犯罪问题

刑事法治是从法治这个概念中引申出来的，指的是在刑事法领域的一种法治的状态。对于一个法治国家来说，我认为刑事法治是最基本的，也是最重要的。打个比方来说，正像所谓的水桶理论所表明，一个木桶装水的多少，并不取决于最长的那块板，而是取决于最短的这块板。把法治比喻成一个木桶，那么刑事法治就是最短的这块板。在这个意义上说，刑事法治是法治的底线。因为，在一个社会里面，如果公民的基本权利，包括人身权利、财产权利得不到保障，这样一个社会就很难说是一个法治社会。因此，我认为刑事法治是非常重要的。

犯罪是整个刑法的最基本的概念，也是整个刑事诉讼活动的核心。在刑事法治的视野当中，什么是犯罪？我认为：（1）犯罪是法律有明文规定的；（2）犯罪是有证据证明的；（3）犯罪是经庭审确认的。下面围绕这三个问题，进行一些法理上的分析：

一、犯罪是法律有明文规定的

犯罪是有明文规定的，主要是从刑事法的角度来说的，是从罪刑法定当中引

申出来的一个必然结论。罪刑法定原则是刑法的内在精神。法治国家的刑法和专制国家的刑法一个最根本的区别就在于罪刑法定原则。在我国1997年刑法修订当中，明确地把罪刑法定原则作为刑法的基本原则来加以确认，我认为这是我国刑事法治建设的一个重要的里程碑。

在一般情况下，形式合理性和实质合理性，两者是应当得到统一的。在立法的时候，应当把实质合理性转化为形式合理性。因此，在司法活动当中，严格按照法律规定来认定犯罪，就可以获得实质合理性。但这只是一种理想的状态。在现实生活中，实质合理性和形式合理性两者之间不可能完全得到统一，在很多情况下它们都存在着一种紧张的对立关系。在犯罪的问题上，就像中国古人说的一句话："法有限而情无穷。"因此，难以用有限的法来规范无穷的情。如果说，这里的"情"指的是犯罪的情状，而"法"指的是刑法对犯罪的规定，那么法律上规定的犯罪与现实生活中的犯罪之间就存在着一定的距离。刑法中所规定的犯罪只是社会上存在着的、严重危害社会行为当中的一部分，甚至是一小部分。之所以会出现法和情之间的这样的一种矛盾，主要是由以下两个因素所决定的。

第一个因素是立法者的立法能力。立法者在制定刑法典的时候，由于其理性认识能力有限，因而他不可能把社会上存在着的、各种各样严重危害社会的、需要作为犯罪来处理的行为，都规定在一部刑法典当中。在刑法典当中规定的只是其中的一部分，还有大量的危害社会行为，由立法者的理性认识能力所限，并没有在刑事法中得到反映。

第二个因素是立法的滞后性。犯罪作为一个社会现象，是随着社会生活的不断发展而变化的，而刑法典本身它要求有相对稳定性。刑法典总是滞后于犯罪现象的发展，即使在制定刑法的时候，已经把社会上各种危害行为，都在刑法当中规定下来，但是犯罪现象在社会生活中不断地发展，又会出现一些新的犯罪现象，那么这些犯罪现象在刑法典当中并没有得到规定。

根据以上所讲的两个原因，犯罪实际上可以分为两部分：一部分，法律有明文规定的犯罪；另一部分，法律没有明文规定的犯罪。前一部分我们可以称为法律上的犯罪，后一部分可以称为事实上的犯罪。面对这样一种情况，法律有明文

规定的犯罪，只是这个社会当中存在着的犯罪的一部分，就出现了形式合理性和实质合理性之间的矛盾。我们严格地按照法律规定来认定犯罪，惩治犯罪；而法律没有明文规定的、事实存在着的犯罪现象就得不到依法处置。为了解决法的有限性和情的无穷性之间的矛盾，中国古人曾经设计了一种补救措施，就是"类推"。在两千多年前，中国春秋时期的著名思想家荀况曾经讲过一句话："有法者以法行，无法者以类举。"就是说，如果法律有明文规定，就要依照法律规定来定罪处罚，如果法律没有明文规定，那么就按照类推来定罪处罚。中国古代封建刑法当中，几千年以来，一直流传着所谓的"比附援引"这样一些做法，实际上就是类推。显然，这种类推是扩大法律适用面的一种方法。如果严格按照法律规定来处理某一个案件，那么这个案件事实和法律规定之间就必须具有同一性。但是，类推，却是建立在案件事实和法律规定的事项之间具有类似性的关系之上的。在这种类推情况下不是完全同一，而是最相类似的。通过类似性的这样一个标准，就扩大了法律适用的范围。因此，在类推的情况下犯罪就被分为两部分：一部分是法律有明文规定的，另一部分是法律没有明文规定，按照类推来处理的犯罪。显然，在类推的情况下，它能够把法律规定扩大适用于那些虽然法律没有明文规定，但是和法律规定的事项最相类似的这样一些案件，从而在一定程度上缓解了法的有限性和情的无穷性之间的矛盾，能够最大限度扩大法律的涵括面。类推的这样一种思维方法，实际上在现实生活当中，是得到承认的，也被我们所经常采用。比如说，在《唐律》当中了规定了这样一种法律适用的方法，叫作"入罪举轻以明重，出罪举重以明轻"。所谓"入罪举轻以明重"是指，如果某一行为，虽然法律没有明文规定，但是需要把它作为犯罪来处理，可以采取"举轻以明重"的这样一种方法。也就是说，某一种比较轻的行为被法律规定犯罪，那么重的行为，虽然法律没有规定，也可以作为犯罪来处理。通过这种"举轻以明重"，就把那种重的但是法律没有规定的行为，纳入了法律调整的范围。所谓"出罪举重以明轻"是指，一个行为如果不作为犯罪来处理，那么就可以采用"举重以明轻"方法。也就是说，比这个行为重的行为，在法律上都没有规定犯罪，那比它轻的就更不应该作为犯罪来处理。这样一种"举重明轻，举轻明重"

的思想方法，实际上在我们日常生活中，都是被普遍认可的。例如：某一个公园里面有一个池塘，这个池塘里面养了鱼，公园管理部门就在池塘的旁边立了一块禁示牌，上面写着"禁止垂钓"。现在碰到的一个具体事项是，有一个人，在池塘里面并不是钓鱼，而是张网捕鱼，这时公园的管理人员前来制止。这种情况下，这个张网捕鱼者，他为自己的行为作了这样一种辩解："你上面写的是垂钓，而我没有垂钓，我是捕鱼，而你并没有规定不让捕鱼，因此你不能根据禁止垂钓这样的规定来制止我的捕鱼行为。"面对这样一种辩解，只要是有正常理智的人都会作出一个判断，认为他的这种辩解是一种狡辩，是不能成立的，都会支持公园管理人员，根据"禁止垂钓"的这样一个规定来制止他的张网捕鱼行为。那么，在这样一个判断当中，实际上在不自觉当中运用了一种"举轻以明重"的思维方法，实际上也是一种类推的思维方法。

　　类推的这样一种思维方法，在日常生活中是被普遍采纳的。不仅如此，在其他的法律适用当中，类推也被认为是一种经常采用的法律适用的方法。比如说，在民事审判当中，这种类推是被允许的。因为民法当中有一个基本原则，叫诚实信用原则。这个原则被认为是民法的帝王条款，所有的民法条款都体现了诚实信用原则。因此，在法律有规定的情况下，就应当按照法律规定来适用；在法律没有规定的情况下，就可以将诚实信用原则，作为解决民事纠纷的一个基本原理。所以，这个诚实信用原则，根据有的学者所说的，使得民法典就成为一个相对开放的规范性体系。因此，进行民事审判的法官可能根据诚实信用原则来发展法律，甚至在一定意义上创造法律。在民事审判中这种法官的自由裁量权是比较大的。在拿破仑的民法典当中，曾经有过一个规定：民事法官不得以法律没有明文规定为理由来拒绝受理民事案件，否则的话，就要构成犯罪，予以惩罚。这个规定表明，在民事审判当中，法官对于一切的民事案件都应该强制性地受理，无论是法律有没有规定的，不能以法律没有规定作为理由来拒绝受理民事案件。在刑法当中恰恰相反，刑法采用的一个基本原则是罪刑法定原则，恰恰使刑法典成为一个相对封闭的规范性体系。因此，刑事审判的法官，他在刑事审判活动当中，必须要严格地按照法律规定来认定犯罪，而不得超越法律的规定。所以，罪刑法

定原则作为刑法的基本原则和诚实信用原则作为民法的基本原则，两者在法律当中的功能恰恰是相反的。之所以出现这样一种情况，主要是由民法和刑法这两大部门法不同的性质所决定的。因为在民事审判中，法官的职责是要解决公民之间或者公民和法人之间的民事纠纷。因此民事审判的法官，在这样一个民事审判活动当中，相对来说，是处于一种比较超然的地位，他必然要根据法律的规定，或者民法基本原则来对民事纠纷进行及时解决。但是，在刑事审判当中，如果把一个行为认定为犯罪，予以刑法处罚，那么它涉及对公民的生杀予夺，在这种情况下，为了保障公民个人的自由和权利，必须要对国家刑罚权加以严格限制。罪刑法定原则实际上就意味着，在国家的刑罚权和公民的个人自由和权利之间，划出一条明确的界限，司法机关只能在法律的规定范围之内来认定犯罪，惩治犯罪；而公民的行为，若触犯了法律构成犯罪，就应当受到法律的制裁，但是在他的行为没有触犯法律，不构成犯罪的情况下，他就应该是自由的，不应当受到法律的制裁。因此，罪刑法定原则它所体现的是一种限制机能。这里的限制主要是指对司法权的限制，而这种对司法权的限制恰恰是刑事法治的一个基本要求。

对司法权加以限制，要求司法机关严格地根据法律规定来认定犯罪，这样一个思想方法，实际上是一种形式合理性的一种思维方法。也就是说，某一个行为要被认定为犯罪，必须要有法律明文规定，如果法律没有明文规定的行为，即使它的社会危害性再大，也不能作为犯罪来处理。因此，当我们严格地遵循罪刑法定原则认定犯罪的时候，我们选择了一种形式合理性；同时，必然意味着要付出一定的代价，要有一定的丧失，在一定程度上必须要牺牲某些实质合理性。因此，当实质合理性和形式合理性发生矛盾的时候，到底是选择形式合理性还是选择实质合理性？我认为，这是在刑事法治建设中需要认真解决的问题。例如：某地有个交通规则，禁止牛马通过。如果一个具体事项不是牛马通过，而是有一头骆驼通过，那么禁止牛马通过这条交通规则能不能适用于骆驼？对此就有两种不同的观点。第一种认为，交通规则规定的是禁止牛马通过，那么，这个骆驼既不是牛，也不是马，当然就不禁止。显然，这种观点的基本逻辑思路，是一种形式合理性的观点，也就是看法律是怎么规定的，只是对法律负责，法律有规定的，

就按照法律规定来处理，法律没有规定的，即使它的危害性再大也不能处理。第二种认为，这个交通规则的制定者，之所以禁止牛马通过，而不禁止小鸡、小狗通过，主要是因为牛马的体积和重量都比较大，牛马通过会妨碍交通秩序，这是立法的原意。现在这个骆驼从它的重量和体积来说，都要超过牛马，因此，骆驼显然也在禁止之列。这种观点它所选择的是一种实质合理性，在这种观点当中，实际上引申出一种立法者的立场、立法的意图，因此从制定禁止牛马通过这样一个立法意图考虑，得出结论，在制定禁止牛马通过的立法时，面对骆驼通过这样一个事项，立法者肯定也会作出一个禁止性的规定。而且这种思维方法当中，显然包含一种"举轻以明重"这样一种思维方法，实际上就是类推的方法。

这两种观点，各有各的道理，第一种观点坚持的是形式合理性，必然意味着骆驼通过这样一个事项就不能适用禁止牛马通过的法律禁止，也就是意味着对实质合理性的牺牲。第二种观点所强调的是实质合理性，但是在强调这种实质合理性同时，在一定的程度上，必然要牺牲形式合理性，对法律规定作一种类推的解释。我认为在刑法当中，当涉及对一个人的行为的定罪处罚的时候，根据罪刑法定原则，必须要坚持形式合理性的这样一种观点，要把法律是否有明文规定，作为区分罪与非罪的唯一依据。过去，在刑法当中，有一种社会危害性理论，根据这个理论认为，社会危害性是犯罪的本质特征，社会危害性决定了刑事违法性，决定了应受刑罚惩罚性。这种理论它所包含的实际就是一种实质合理性的观点。因此，某一种具有社会危害性的行为，如果法律有明文规定的，应当依照法律规定来定罪处罚；如果法律没有明文规定的，就可以按照类推来定罪处罚。我认为，随着在刑法中确立罪刑法定原则，那么过去的这种社会危害性理论，可能值得加以反思，因为罪刑法定原则所倡导的这种形式合理性的理论和社会危害性理论所包含的这种实质合理性的理念之间是存在着矛盾和冲突的。面临这种矛盾和冲突，我认为，应当选择形式合理性。只有选择了形式合理性，才能严格地坚持罪刑法定原则。

罪刑法定原则，虽然在刑法中得到了确定，但是并不意味着罪刑法定原则在我国刑法当中就已经实现了，如果不想使罪刑法定原则成为一句法律的口号，那

么罪刑法定原则最关键的问题是要在司法活动当中得到切实的贯彻。我认为罪刑法定原则能否在司法活动中得到切实的贯彻是比刑法上确立罪刑法定原则更为重要的一个问题。因为在司法活动中，罪刑法定没有得到贯彻，那么法律的规定只能是空白。我认为罪刑法定原则在刑法当中确立以后，对于认定犯罪的司法活动，提出更为严峻的考验，也就是说，在罪刑法定原则下，要求司法机关严格按照法律的明文规定来认定犯罪，司法机关一方面要严格按照法律来认定犯罪，另一方面要最大限度地利用法律规定来惩治犯罪。在这种情况下，如何来正确地认定犯罪有一个非常关键的问题，就是对法律的解释。

这种解释法律的活动，在理论上称为找法的活动，这个找法活动在罪刑法定原则下，对于我们正确处理刑事案件来说，是至关重要的。也就是说，在罪刑法定的原则下，要按照法律的明文规定来认定犯罪，关键是如何理解法律的明文规定？法律的明文规定有两种：一种是显形的规定，这种显形规定只要根据法律字面的分析，就可以确立法律规定的内容，在这种情况下，法是比较容易找的；另一种是隐形的规定，这种隐形的规定不是很容易从法律的字面上就看出来，而隐含在法律规定的逻辑当中，需要对法律条文进行逻辑的分析，才能确立法律是否有明文规定。

正确理解法律是否有明文规定，是贯彻罪刑法定原则一个最重要的问题，如果某一个行为法律是有明文规定的，但是没有找到法律的规定，而误认为法律没有规定，这样就放纵了犯罪。反之，某一行为是没有明文规定的，但是我们误认为法律有明文规定，对这种行为按照犯罪来处理，就违反了罪刑法定原则。因此，我们解释法律，就像为了射箭而拉弓一样，要把箭射得远必须要把弓拉得满，但又不能把弓拉断。要对法律作出一个最圆满的解释，使得法律的规定能够得到正确的理解，使得在法律规定之内最大限度地惩治犯罪。这个"度"就要求司法人员具有很高的理论素质。我认为，在司法活动中，法律的规定是很重要的，但也不是唯一的，法律的规定在理论的指导下得到正确的理解。法律的规定只是我们处理刑事案件的一部分规则，还有大量法律没有明文规定，需要通过刑法理论来加以补充的。因此，正确理解法律规定是非常重要的。

我们现在对于法律规定在理解上存在某种误区，例如，什么问题都要有一个法律根据。实际上，法律根据本身就是需要正确理解的问题，如果机械地寻找法律根据，就不能对案件作出正确的处理。例如：一个银行向某一个企业发放贷款1个多亿，在发放贷款当中，就向企业索要了14套住房，这14套住房并不直接过户到银行，而只能先过户到银行开办的一个物业管理公司，然后由这个公司分配到银行职工，银行职工最后按房改政策予以购买。检察机关就指控银行是单位受贿，律师为银行辩护，提出这14套住房不是过户到银行的名下，而是过户到物业管理公司的名下，而物业管理公司和银行在工商登记上是两个独立的法人，凭什么说过户到物业管理公司的这个房，就是银行受的贿，结论就是银行没有受贿。我认为，这种辩解不能成立。因为，比方说，就像我受了贿，受了以后，不是以我的名义存到银行，而是以其他人的名义存到银行，显然不能说，不是我受的贿。关键是如何来理解这里的法律根据，即使证明一个最简单的法律规定，还需要通过一个逻辑推理，才能把这个法律规定和具体案件联系起来，因为法律规定，它总是概括的、抽象的。例如，把张三杀死，定故意杀人罪的法律根据有没有呢？"故意杀张三"，这样的法律根据没有。法律只能规定"故意杀人"。张三是人，杀张三是杀人，由此形成定罪的法律根据。当把一个法律规定适用到具体案件时，中间总是需要一些逻辑推理分析判断，所以要正确地理解法律规定，不能把法律规定绝对化，正是在正确理解法律规定当中，体现出司法人员的理论素质。刑法当中这种理解的问题是大量存在的。这种理解的一个大的原则就是要罪刑法定，在刑法的解释当中，应当是限制解释、严格解释，但并不排除根据法的规定来进行逻辑推理，适用具体案件。比如说，刑法关于走私罪的规定当中，有关于走私黄金的规定，走私黄金是指将黄金走私出口，但现在碰到是有人将黄金从境外走私进口，显然对这样的行为不能按照走私黄金罪来定，它的构成要件指的是走私出口，对于走私进口法律没有规定。在这种情况下，能不能说，将黄金逃避海关监管走私进口，就属于法律没有明文规定，而不能定罪呢？不能。《刑法》第153条规定的走私普通货物、物品罪中的普通货物、物品是指《刑法》第151条、152条、347条规定以外的货物物品，从这个字面上理解，黄金当然是

规定以外的物品，似乎不能对走私黄金进口的行为按照走私普通物品罪来定罪。但是，在这种情况下，我们还是有对法律作出解释的余地，第151条规定以外的货物物品指的是第151条规定为犯罪以外的物品。但是，第151条对黄金的规定只规定了走私出口，因此走私出口黄金这种行为，应该按照第151条来定罪，不能按照第153条以走私普通货物、物品罪论处，但走私进口黄金不属于第151条规定的情况，在这种情况下，我认为，还是可以包含在第153条的走私普通货物、物品当中的，因为这种行为完全符合第153条规定的走私普通货物、物品的行为，是逃避海关监管、偷逃关税的行为。又比如：《刑法》第154条规定的走私保税物品，未补缴关税而在内地予以倒卖，它的性质就属于走私，按照法律规定以走私普通货物物品罪来定。现在在实践中就碰到，不是走私来料加工的保税物品，而是走私进料加工的普通货物物品。那么，来料加工和进料加工它有什么区别呢？来料加工的企业是国内的企业，为境外的企业加工，因此物品保税进来加工完了以后，就直接返销到境外去。对于这种来料加工的原料的保税的，如果没有补缴关税在内地销售了，就相当于偷逃关税，应当定走私普通货物物品罪。进料加工它指的是企业本身就是境外的企业，境外的企业在境内设立加工点，它需要的原料同样从境外保税进来，加工完了以后，再返销到境外去，如果没有补缴关税在境内倒卖，同样是偷逃关税的行为。而第154条规定的是来料加工，对进料加工没有规定，那么对进料加工未补缴关税，私自销售进料加工的税保物品，能不能按照第154条的规定来处理，是否属于法律有明文规定？最高人民检察院认为这种行为就属于应当由立法解释加以明确的问题，也就是说，倒卖进料加工物品的行为，属于法律没有明文规定的行为，如果要处理就需要有立法解释来加以明确。我认为，从理论上说，还是要将之解释到第154条第1项的规定当中，擅自将批准进口的来料加工、来料装配、补偿贸易的原材料、零件、制成品、设备等保税货物，在境内销售牟利的。因此，在境内私自销售进料加工的保税货物，这种行为，可以通过对第154条第1项作解释，包含在里面。这里对法律规定的理解，确实是个很困难的问题，在罪刑法定原则下，一方面需要明确法律是否有明文规定，另一方面又不能机械地来理解这个法律的规定，这个"度"

是相当难把握的。在刑法当中，存在着很多的漏洞，在罪刑法定的原则下如何理解法律规定的这些漏洞，我认为法律规定的这种漏洞应该分为两种：一种是法内漏洞；一种是法外漏洞。法内漏洞可以通过解释或者其他推理的方法来加以弥补。但是，法外漏洞，属于法律没有明文规定，司法机关不能通过司法的手段来加以弥补，必须要由立法来解决的。

所以，正确区分法外漏洞和法内漏洞，这也是一个很重要的问题。例如：《刑法》第 17 条第 2 款，关于未满 16 周岁的人应该承担刑事责任的范围，规定了八种罪，这八种罪当中不包括绑架罪，但是绑架罪中规定，杀害被绑架人的处死刑。在这样的情况下，出现了未满 16 周岁的人绑架他人，并杀害被绑架人的行为，这种行为要不要追究刑事责任？对此有两种观点：第一种观点认为按照法律规定，在绑架过程当中，杀害被绑架人是定绑架罪，而《刑法》第 17 条第 2 款，对已满 14 周岁未满 16 周岁的人应当承担刑事责任范围当中，没有绑架罪，因此，不应该负刑事责任。第二种观点认为这种在绑架当中杀害被绑架人的行为，实际上就是一种故意杀人行为，而《刑法》第 17 条第 2 款中规定了已满 14 周岁不满 16 周岁的人，对故意杀人罪应当承担刑事责任。这两种观点，到底哪种有道理，显然，这里面有个法律漏洞的问题，这个漏洞是由刑法对绑架罪的规定而造成的。刑法在规定绑架罪的时候，把杀害被绑架人这种故意杀人的行为，包含在绑架罪的构成要件当中；在规定《刑法》第 17 条第 2 款已满 14 周岁不满 16 周岁的人，承担刑事责任范围的时候，规定了故意杀人罪，但是没有想到有一部分故意杀人行为是定其他罪，因此就出现了一个法律漏洞。面对这种法律漏洞，能不能通过解释来加以弥补，关键是看这个法律的漏洞，到底是法内漏洞还是法外漏洞？第一种观点，显然是主张从形式合理性的角度来说，认为这种情况是属于法律没有明文规定，是一种法外的漏洞，这种漏洞不是司法机关所能够弥补的，需要通过立法来加以修改。第二种观点，认为这种漏洞是法内的漏洞，可以通过法律解释的办法来加以弥补。关于这个问题，现在还没有明确的司法解释，但司法解释对其他问题的规定对我们还是有参考价值的，这就是关于奸淫幼女罪的规定。因为在《刑法》第 17 条第 2 款，关于已满 14 周岁，不满 16 周岁

的人负刑事责任的范围当中,只有强奸罪,而没有规定奸淫幼女罪。但是,根据最高人民法院所确定的罪名,奸淫幼女是一个独立罪名,法律规定是以强奸论。在这种情况下,既然奸淫幼女是个独立罪名,不定强奸罪,那么就不能包括在《刑法》第17条第2款规定的应当承担刑事责任的范围之内。在这种情况下,最高人民法院就作出司法解释,认为奸淫幼女罪,法律规定是以强奸论,因此已满14周岁未满16周岁的人承担刑事责任的范围之内应当包括奸淫幼女罪,这种解释在一定程度上是一个扩大的解释。

我认为,罪刑法定原则本身它是相对的,并不是绝对的。罪刑法定的程度也是取决于社会的法治环境,取决于社会的接受程度。因为司法活动总是在特定的环境下进行的,所以有一个社会接受问题。很多情况下,司法机关主观上是愿意严格地依照法律来认定犯罪,但实际上往往面临一个社会压力,在这种情况下我们司法机关就面临着一个严峻的选择,在这种情况下,罪刑法定本身它可能也是相对的,有时候不得不屈从社会压力,那么对于法律规定的理解,可能会放开一点,随着法治环境的不断好转,罪刑法定的严格程度可能会逐渐地提高。我认为,罪刑法定原则,它是刑事法治当中的题中应有之义,我们在认定犯罪的时候,必须按照法律有明文规定来认定。反之,就不能作为犯罪来处理。在司法活动中关键的问题是如何正确地理解这里所讲的法律规定,因此须由法官的理论素质的提高来加以解决。

二、犯罪是有证据证明的

犯罪是有证据证明的,这是从证据法的角度来理解犯罪的。这里面涉及的理论问题是客观真实和法律真实的关系。过去在刑事诉讼活动中,一直都强调实事求是的原则,都把客观真实当作刑事诉讼活动的一种证明标准。

客观真实,关键的一个词是"真"。所谓"真"从哲学上来说,指的是人的主观认识和客观的事实情况相一致。对于真的追求,是人的一种永恒的冲动,"真、善、美"被认为是一种最高的价值。在"真、善、美"三者当中,"真"是

列在第一位的,"真"是"善"和"美"的基础。在诉讼活动当中,人们也同样追求真实,这是毫无疑问的。那么,客观真实能不能作为一个具体案件的证明标准?

首先,这里有一个客观真实和法律真实的问题。我认为客观真实,它是一种自在的真实,这种真实是客观存在的。在诉讼活动当中,我们所能达到的这种真实,只能是一种法律真实,而这种法律的真实是一种有证据证明的真实。法律真实是建立在证据证明基础之上,所以在法律真实的概念当中,强调的是证据的观念。在整个诉讼活动当中都需要强调证据,用证据来说话,在证据的基础上作出判断。尤其在刑事诉讼活动当中,涉及一个人的定罪,这种认定犯罪的活动更加应该以证据为基础,所以这种法律真实是证据证明的标准。

在诉讼活动中,它有一个特点,是案件发生在前,再来进行诉讼活动。从侦查到审查起诉到法院判决,司法程序就是要复原过去已经发生的这样一个案件事实,最后作出判决。但是参与刑事诉讼的当事人,包括侦查人员、检察人员、律师、法官,都不是案件的目睹者,但又需要通过他们的这种诉讼活动,最后来复原这样一个案件,由法官作出一个判决。那么,法官的判决结论建立在什么样的一个基础之上,才能最大限度地保证这个判决是正确的呢?我认为,必须要建立在证据的基础上。通过诉讼活动发现案件真相和考古非常类似,通过考古活动可以重现历史上发生的一些事情。我们如何知道在历史上哪一年发生什么事情?如果有历史的原始记载,并且这种记载是真实的,可以根据这个记载来恢复这段历史,还有大量的情况需要通过考古发现来加以证明。比如说:中国四大发明中的纸,过去都说纸是在东汉时期发明的,但后来挖了一个古墓,古墓里面出土了一些纸张,通过对这些纸张进行科学的测试,发现这些纸张在西汉就存在,这样一个考古发现就推翻了以前的结论,又要作出一个新判断。在这种情况下,能不能说过去的那个判断就是错误的呢?从现在的发现来看,过去那个判断是错的,但是在这个新发现出现以前,过去那个判断不能说是错的,因为那是根据当时的证据所能得出的一个结论。现在这个新判断说纸张是西汉时发明的,那么在没有新证据出现之前,这个判断是对的,如果将来出现新证据,那么这样一个结论可能

又会是错的。这种判断的结论是相对的,关键是看在当时情况下有没有证据证明。在有证据证明的情况下,这个判断就是真的。因此,法院判断,所谓有罪判决和无罪判决,不能脱离开一定的环境,对它作一个绝对理解。实际上,法院作出无罪判决,并不是说这个人在客观上有没有犯罪,法院的无罪判决只是表明现有的证据不能证明他犯了罪。而法院的有罪判决也只是说根据现有的证据能够证明这个人犯了罪,而不是说这个人客观上就一定犯了罪。所以,有证据证明的法律真实和客观真实是不能完全等同的。判决只是建立在证据基础上的。

尤其是在刑事诉讼法当中,有一个无罪推定的原则,无罪推定原则在刑事诉讼法当中的地位与作用和罪刑法定原则在刑法中的地位和作用是一样的。可以说无罪推定原则是刑事法治在刑事诉讼法当中的最根本的体现。在刑事诉讼活动中就应该严格地遵循无罪推定的原则。这个原则就意味着证明犯罪的责任在控方;也表明在无罪推定的原则下,法官所做的一种判断,是要对控方有没有证明犯罪成立作出一个判断。提供的证据证明了犯罪成立,那么我就作出一个有罪判决,如果提供的证据没有证明犯罪,那么我就作出一个无罪判决。因此,法院的这种有罪判决或者无罪判决,它绝不是在作出一个客观的判断,而是对有没有证据证明犯罪的一个判断。

过去往往碰到这样一些案件,既有一部分有罪的证据,但是也有大量的无罪证据,因此在这种案件当中既不能证明他有罪,也不能证明他无罪,在这种情况下就存在着一个是错判还是错放的问题。过去对于这种案件往往是久拖不决。那么面临这类案件,是选择错判还是错放?有一位学者说:"在这种情况下,实际上是一个犯一个错误还是犯两个错误的问题。错放是犯一个错误,如果这个罪确是他犯的,现在错放了,只是使这个有罪的人没有得到法律追究,只犯了一个错误;而错判,是犯了两个错误,一是这个罪不是他犯的,而你判他有罪,那么错了,二是使得真正的犯罪者没有得到法律追究,因此是犯两个错误。因此面临是错判还是错放的选择,宁愿错放也不应该错判。"这种观点是有道理的。但是,我仔细思考,这里所说的错判和错放,这两个错当中,只存在错判的问题,不存在错放的问题。为什么呢?因为,根据无罪推定的原则,如果不能证明他有罪,

那么就是无罪，而不是不能证明无罪才是无罪。在这种所谓错放的案件中，实际上既不能证明有罪，也不能证明无罪。按照无罪推定的原则，不能证明有罪就是无罪。在这种情况下，放就是正确的，根本就不存在错放的问题。这里所谓的错放实际上是按照后来新发现的证据来说明当时放错了，但是这种错是一种客观上的错，从法律上来说没有错。

所以，法官面临着放的时候，要证明无罪才放。如果不能够证明无罪，法官在下决心要放的时候，往往有这样一个顾虑，万一新发现证据证明这个罪是他犯的，因此不敢作出放的决定。但是，现在的证据不能证明他有罪，按照无罪推定就应该放，至于将来新发现证据证明这个人确实有罪，我认为法官的这个无罪判决没有错，不能用后发现的新证据来否定前面的判决。一定要把法官从客观事实的束缚中解放出来。

在民事诉讼活动中，这样一种法律真实的观念是很容易接受的。例如：甲向乙借了5万元钱，当时写了借条，但是后来借条乙弄丢了，甲不还，乙就向法院去起诉，要求法院强制甲归还乙的钱，但是在乙拿不出证据证明的情况下，法院当然判驳回。这个驳回的含义是指乙没有证据证明乙和甲之间存在债权债务关系，至于在客观上甲有没有借乙的钱，法院不可能管。因此，在民事审判当中法律真实的概念，证据的概念是很明确的。但是，在刑事审判当中，这种法律真实的观念还比不上民事审判，而从重要性来说，刑事审判比民事审判重要得多，因为刑事审判一旦认定有罪，就还涉及对这个被告人的生杀予夺，所以刑事证据的证明要求就会远远高于民事证据的。例如：美国辛普森案件在刑事案件中判无罪，但在民事审判当中确认有罪，之所以出现这种情况，主要是由民事诉讼和刑事诉讼的不同的证据证明的标准所决定的。在刑事诉讼当中，它的证明标准高，要求排除合理怀疑，但是在民事诉讼当中，只要具有较高的概然性就可以。

但是，在我们国家，在很多情况下恰恰相反，在民事审判当中得到承认的一些基本概念，在刑事审判中要想坚持就会很困难。我认为这种现象是十分不正常的。在刑事诉讼活动中，讲的是实事求是，在法律上讲的是以事实为根据，以法律为准绳，以法律为准绳指的是要根据法律规定来认定犯罪，但是以事实为根

据,在对事实的理解上还需要正确分析。这里的事实有两种事实:一种是案件事实,是指实体法意义上的事实。另一种是证据事实,这是程序法意义上的事实,这个证据事实,是事实的事实,它是案件事实得以成立的基础,如果没有证据事实,则案件事实就不能成立。但是,过去在对以事实为根据的理解上,侧重于把这个事实理解为是一种案件事实,而在很大程度上忽视了证据事实。因此,我们需要强调证据事实,证据事实和案件事实两者实际上是有所不同的。实事求是这样一个思想,作为一种哲学的思想是合理的。但是,能不能把实事求是直接作为刑事诉讼活动当中的一个原则?在诉讼活动当中,法律有一种拟制,这种拟制的情况和客观的事实是不一致的,但是最终是为了追求或者尽可能地符合这种事实。比如说,无罪推定,这种推定本身就是法律上的拟制,如:一个人在众目睽睽之下把人给杀死,在这种情况下为什么还要推定他无罪呢?在客观上不就是犯了罪,为什么还要推定他无罪?但是,我们在诉讼活动当中,这种法律的拟制、法律的推定是非常重要的。因为你在这个案件当中确实有很多人看到他杀人,从事实上说,客观上就是有罪,但是还有大量案件都没有目睹的,尤其是法官没有目睹。如果某一个犯罪的是法官目睹的,那么这样的犯罪是不需要证据来证明的。所以西方有一种犯罪叫藐视法庭罪,这种罪被认为是发生在法官眼皮底下的罪,对这种犯罪不需要任何证据证明,法官可以直接判。但是,99.9%的案件,法官都不是目睹者甚至有的犯罪没有任何一个目睹者,在这种情况下必须要实行推定,通过一系列的这种诉讼程序,最后由法官作出一个判断,因此法官的判断它是建立在对证据的认定的基础之上。这里有一个司法认识论的问题。

这种司法认识论和哲学上的认识论是不完全相同的。司法认识论有它的特点:在认识论上有可知论和不可知论之分,当然我们是反对不可知论,主张可知论的。但是,我们不能简单地把可知论照搬到诉讼活动当中来。恩格斯曾经对人的认识作出这样一个判断,认为人的认识具有至上性,又具有非至上性。所谓至上性,就是说人最终总是能够认识一切客观事物。所谓非至上性,指的一个具体的人,在具体的时空条件下,他的这种认识能力是有限的,这里所谓的认识的至上性,即无限性,是把人当作一个整体来看待,是整个人类的认识,而且把这个

人类的认识放到历史的长河中来考察。从这个意义说，人的认识是至上的，是无限的。但是，在我们的诉讼活动当中，应该强调的是人的认识的非至上性，强调的是人的认识的有限性，因为这种诉讼活动，一方面案件发生在过去，诉讼活动发生在事后，需要通过事后的一种诉讼活动来重现过去发生的案件，由于这种时间上的滞后性，就必然使得这种认识受到客观条件的限制，有很多证据没有得到及时的收集，就可能认识不到；另一方面，这种诉讼活动它是有时间限制的，必须在法定的时间内来作出一个判断。最后，这种认识还受到诉讼目的的限制、诉讼经济的限制。不可能投入一切人力物力光去查清一个案件。我们的案件是大量的，从诉讼经济的原则来考虑，那么我们不可能将每一个案件都查清楚，从这个意义上说，这种司法认知活动也是有限的。因此有学者提出这样一个说法："我们不能主张不可知论，可以主张可不知论。"从哲学上来说，一切事物都可知，但是在诉讼活动当中不能完全达到这种可知，因此存在一种可不知论。应当允许可不知，不能就每个案件都做到完全可知。这种完全可知的观点在客观上也是不现实的，实际上，每时每刻在社会当中发生的犯罪案件是大量的，有些案件客观上发生了，但是根本就没有被发现。还有一些案件被发现了，没有破获，被破获的案件可能只是在整个社会上发生的案件当中的一部分，甚至是一小部分。破获了案件以后，真正能够有证据证明的犯罪，可能又是其中的一部分，所以那种认为每个犯罪都得到追究的观点不是一种实事求是的观点。"天网恢恢，疏而不漏"，"若要人不知，除非己莫为"。这两句话给人的感觉就是：一个人只要犯罪，必然会被发现，必然会被证明，然后必然会被惩罚。这两句话实际上具有一种警诫的意思，但实际上是不可能完全做到的，尤其是在一个诉讼活动中都不可能完全做到。所以，我们应当承认在司法认知活动当中，人的认识能力是有限的，人的思维是非至上的。过去实事求是这样一种观点是建立在乐观主义的认识论的基础上的，在实际司法活动当中不可能真正做到。在这种情况下，我们必须通过法律的拟制性的手段，尽量使法律真实和客观真实相吻合，但是法律真实永远也不可能完全等同于客观真实。因此，当我们面临有罪证据不能排除合理怀疑，不能达到确实充分的这样一种情况时，我们就不能作出有罪判决。例如：某地曾经发

生一起强奸杀人弃尸的案件。案件发生后,公安机关通过侦查,找到一个犯罪嫌疑人,这个犯罪嫌疑人在种种原因下,也作了交代,但是没有找到其他的证据,只有口供。在这种情况下要证明这个犯罪是比较困难的,因此让犯罪嫌疑人去指认弃尸的现场,这个证据就非常重要,公安机关也非常重视这个证据,想把这个证据固定下来。专门派人在指认的过程录了像,但是录了像以后,这个事情反而被弄巧成拙。录像里面看到,前面有两个警察在带路,中间警察押着这犯罪嫌疑人在走,后面跟着一大堆人,然后到了一个地方,警察就问:是不是这里,犯罪嫌疑人就说:"是",就录下这么一段情况。这个案件起诉到法院,一审法院作出无罪判决,认为证据不足。检察分院对这个案件要抗诉,省检察院检察委员会对这个案件进行讨论,要不要支持抗诉?在讨论中就把公安机关的录像放了一遍,看完这个录像以后,检察委员会的委员一致认为,这个案件不应该抗诉。从这个案件当中可以引申出很多思考,首先公安机关注重指认弃尸现场这个证据,这种想法是可取的,但是缺乏一些取证的基本常识规则,因此使这种取证活动的本身就违法,这种违法就导致这种证据的证明力丧失,就不能证明犯罪。在这个案件中,它这种固定证据的做法是极个别的。现在的诉讼活动当中,大量都是书面的材料,假如说在公安机关不是这么兴师动众来录像,而是由两个办案人员,写一个指认弃尸现场的办案笔录,法院很可能就作出有罪判决,因此可以看出,法院的开庭很大程度上是在走过场,因为证人不出庭,鉴定人不出庭,完全是一种书面审理,使得从庭审活动的实质意义大打折扣。所以,取证要有一定的规则,我们现在缺乏这种取证的规则,现在人大常委会正在组织专家,准备起草《证据法》。要建立一套证据规则,包括取证的规则、证明力的规则、证明标准的规则、证据的排除规则等,没有这一套严格的证据规则,那么这种证据取得的随意性,很可能使得这证据是错误的。这一方面有待于从法制的角度来加强建设。证据取得不仅要看证据的本身,而且要看证据是如何取得的。

过去往往强调证据本身的证明力,而不强调证据取得的合法性,证据取得的合法性在很大程度上影响着证据的证明力,所以这里面有一个沉默权的问题。在某种意义上来说,沉默权是无罪推定的题中应有之义,没有沉默权,无罪推定就

大打折扣，这种沉默权意味着一个案件最后得到证明，必须建立在被告人一句话也不说的基础上，但是，我们距离这个要求相当远，首先，我国在刑事诉讼法就规定了被告人有如实回答的义务，就意味着否定了沉默权，所以从法律上来说，没有赋予被告人沉默权。过去甚至把被告人沉默看作是一种抗拒表现。现在的司法活动中，大量案件的破获、犯罪的证明都依赖于口供，如果赋予被告人沉默权，可能有70%左右的案件都破获不了，或者是破获了但证明不了，所以司法机关会面临着很大的压力。因此，对沉默权最敏感的可能是公安机关。因为公安机关大量的案件都是通过口供来破获的，在这个情况下，在实践中的刑讯逼供现象屡禁不止。我国警察权力很大，这是不正常的。在西方，沉默权是非常严格的，而且沉默权在世界有关人权公约里都有规定。我国加入了国际公约，如果不对沉默权持保留的态度，那么这个沉默权在中国的实行，应该说是一个迟早的问题，像美国，有所谓的米兰达规则，它的核心就是要保障犯罪嫌疑人的沉默权，它规定在讯问的时候，必须要有律师在场，如果律师不在场，你所取得的证据就是违法的，违法的证据就不得作为有罪证据，在法庭上来裁决。它有一种毒树之果的理论，树是毒的，毒树上长出的果也是有毒的，因此毒树之果不能吃。例如：在美国，有一个犯罪嫌疑人，有人看见他从精神病院跑出来，看见他把一个不满10周岁的女孩塞到他的车里面，后来这个女孩就失踪了。后来，这个女孩的父母就报了警，正在寻找当中，这个犯罪嫌疑人就向另外一个警察署投案自首，由于管辖上的原因就需要把他从那个警察署接到有管辖权的警察署。当他投案自首以后法官马上就为他指定了一个律师，这个警察署就派两个警官把他押解回来，两个警官到了那里，律师也到场了，律师和他们不是使用同一交通工具回来的，当时就约定在押解途中不得对犯罪嫌疑人进行讯问，当时犯罪嫌疑人承认把这个女孩杀了，但是，这个女孩尚未找到，在这样一个情况下，有一个警官对这个犯罪嫌疑人说了这样一番话："看现在的雨下得很大，过会儿会下雪，等雪一下把大地都给覆盖了，到那时即使你想要带我们找这个女孩的尸体，可能也找不到，不如现在就带我们去把这个女孩的尸体找回来，好把这个女孩安葬了。"犯罪嫌疑人听了他这番话以后就被他说动了，就在押解途中带两个警察去把女孩

尸体找到了。这个案件就以故意杀人起诉到法院，一审法院认定罪名成立，判了30年的监禁，一审判决以后，被告人不服，提出上诉，上诉的理由是：警官在押解途中，对他所说的这番话，构成了法律上所规定的讯问，而这种讯问是在律师没有在场的情况下作出的，因此是无效，而通过违法的行为，所获得的女孩尸体，就不能作为证据来使用。二审法官采纳了他的理由，作出无罪判决。所以，这样一个判决在中国人看来简直是不可理解，这个人确实是被告人杀的，毫无疑问，法官为什么还要作出无罪判决？法官的理由是：在这个案件当中，警官通过违法取证，得到了证据确实证明他犯了罪，但是如果这种有罪判决能够成立，就是肯定这种违法取证行为，就不能避免在其他案件中警方通过违法取证来取得证据。为了避免将来的冤假错案，必须对本案作出无罪判决。因此，从本案的无罪判决来看，在客观上使得一个真正有罪的人逃避了法律追究，但是从总的后果来看，使得将来的警官再不敢违法取证，必须严格按照法律规定取证。违法取证，即使能够证明案件真相，也不被法官采用，实际上是在做无用功。人，谁愿意自己做无用功呢？他们概念当中不仅应当有证据，而且证据还应当是合法取得的，如果是违法取得的，这个证据就无效，就等于没有这个证据，就等于本案的犯罪没有证据证明，这样一种逻辑推理。这种做法有过分地强调保护被告人的利益、忽视对被害人的保护之极端性，但又有其合理性。当然，这种观点目前我国是很难接受的。

在中国，对所谓的违法取证，法律上也是禁止的，刑讯逼供构成犯罪。但是对于违法取得证据，我们采取的是一个实事求是的原则，该处理的处理，该构成犯罪的构成犯罪，但是违法取得的证据本身，如果它是真实的，能够证明案件的事实，那么该采用的采用；当然口供不能采用，但是如果取得的是书证、物证仍然可以采用。在这种情况下，不能有效地遏制这种违法取证，尤其是没有真正地赋予被告人的沉默权，因此在一定的程度上也使得侦查人员去尽可能地走这个捷径，通过口供来证明犯罪。我觉得，一个案件的质量是由证据来保证的，在某种意义上把我们所做案件的质量和法治国家他们所做的案件的质量来作一个比较，我认为这一种差异正如我们国家生产的汽车、彩电、冰箱这样一些工业产品，和

工业发达国家所生产的彩电、冰箱、汽车的差距是一样大的，用他们的产品来衡量我国的产品，70%的产品是不合格的，他们的标准太高，那么在这种情况下，我们应当怎么来看待？

我认为，一方面我们不能机械地照搬他们的标准，因为我国的客观条件不具备，人员素质不具备；另一方面又要看到我们现在法律规定的标准很低，和真正的法治的水平相比还有不少差距，需要通过我们不断的努力来提高司法水平，逐渐地提高办案的标准，最终达到法治的最低的要求。

三、犯罪是经庭审确认的

犯罪是经庭审确认的，这个主要是从程序法的角度来理解犯罪，程序对于法治来说是非常重要的，程序是法律的心脏。一个国家的法治水平很大程度上取决于程序，程序对保障被告人的合法权利是非常重要的。有的人曾经说过这样一段话："有两种选择，一种选择是采用美国的实体法，而采取苏联的程序法接受审判；另外一种选择是采用美国的程序法，而采用苏联的实体法来接受审判。"很多人都说宁愿选后者，而不选择前者，所以程序的完善对被告人的权利保护来说是非常重要的。

实体正义和程序正义的关系这个问题的核心是程序有没有独立于实体的价值，过去往往认为两者的关系是手段和目的关系，只要目的是正当的，无论采取什么手段，只要达到这个正当目的就可以，因此往往是重实体而轻程序。在刑事审判当中，只要有罪无罪这个实体问题是正确的，是不是违反程序都无关紧要，那么我们就需要考虑程序的价值到底在哪儿？如何理解程序独立于实体的价值？

美国著名的哲学家、政治哲学家罗尔斯写过一本《正义论》，在这本书中，就对程序正义问题作了专门研究，他认为程序正义有三种情况：（1）纯粹的程序正义，是指没有独立于程序的实体正义标准。像在赌博和抓阄的情况下，只要程序是正义的，结果肯定是正义的。所以，在这种情况下，程序正义决定实体正义。在赌博和抓阄的情况下，都包含着朴素的公正的观念，所以很多人都乐意采

用。(2) 完善的程序正义，这种场合存在着程序正义标准和实体正义标准，两个不同的标准，可以通过设置一种程序，来百分之百地达到实体的正义标准。罗尔斯也举了一个完善的程序正义的例子：分蛋糕。两个人要分一块蛋糕，各得一半，怎么样才能分得一样多？就需要设置"切蛋糕者后拿蛋糕"这样一个程序。因此，切蛋糕者会努力把两块蛋糕切得一样大。(3) 不完善的程序正义，在这种情况下，有程序正义的标准和实体正义的标准，而且在这种情况下，无论如何设置程序也不能百分之百地实现实体的正义，罗尔斯认为审判就是一个不完全的程序正义，在刑事审判中，它有实体正义的标准，同样有程序正义的标准，但是无论你怎么样设置程序也不可能百分之百地保证实体处理结果的正确。像在刑事审判中，严格地按照程序，最后也可能办成错案，不能说遵循程序案件就必然办好；反之，违反程序也可能办对案件。所以，审判就是不完善的程序正义，因此在审判中，就存在着程序正义和实体正义标准的冲突。从立法上来说，在立法时尽量地设计一种程序来最大限度地保证实体处理结果的公正。所以，在司法活动当中，就存在着程序正义和实体正义的冲突，过去我们在面临这种冲突的时候，往往是选择实体正义，而牺牲程序正义，就是重实体轻程序。我认为在刑事法治的视野当中，程序正义必须得到绝对的遵守，在实体正义和程序正义发生冲突的情况下，宁愿牺牲实体正义，也要坚持程序正义。正如前面所说的违法取证而法院判无罪的例子，在某种意义上也可以说是牺牲实体正义而维护程序正义。

程序正义具有优先于实体正义的一种价值。为什么呢？我认为是由实体正义标准和程序正义标准两者所体现出来的，这两种标准相比较，我认为程序正义的标准，它是比较确定、比较绝对、比较容易遵循的；而实体正义的标准，虽然有一个法律标准，但是相对来说，有一定的模糊性，而且有一定的主观感受性。审判具有决疑的性质，审判不可能使双方满意。我认为，这种满意和不满意也是相对的，关键是怎么让败诉的人也满意？这就只能通过程序来解决。所以，我们现在所说的司法公正，当然有一个实体审理结果是否公正的问题，但更大程度上，司法公正指的是程序公正。像美国的辛普森案件，经过很长时间审理，最后陪审团作出无罪判决，70％左右的美国人都认为这个判决在实体上是错误的。从实体

意义上来说，大家对这个处理结果是不满意的。但是，100%的美国人都认为辛普森受到了公正的审判，从这个意义上说，这个处理结果是令人满意的。那么，这种受到公正的审判，指的是程序上是正当的、正义的，通过这样一个程序正义得出一个结果来，尽管这个结果不满意，但是没有明确的理由说，这个人就是他杀的，所以在美国法院的判决作出了，那么就是有绝对的权威，不可更改，即使将来发现确凿证据证明这个人就是辛普森杀的，那也不能再进行审判，所以程序在这里就起到了很大的作用。就像前面所说的切蛋糕的例子，切蛋糕的人没有把两块蛋糕切得一样大，取了一小块蛋糕，从结果上说，他是取了一块小的，不公正，但他能不满意吗？因为蛋糕是他切的，程序是这样规定的，所以程序能够吸收不满。而实体处理结果在很大程度上具有主观感受性，这种主观感受性，它的这种感受又很大程度上来自程序，如果严格遵循了程序正义，那么对这个结果有一种自然的信赖，认为经过程序所得来的结果应该是正确的，容易接受；即使这个结果很难接受，但是如果是严格按程序走出来的，也只能接受，吸收这种满意。反过来，实体处理结果本来是公正的，但是程序上是违法的，在这种情况下，当事人对此处理的结果是否公正，往往会提出怀疑，即使审理的结果是对的，也不会满意。所以，对于程序吸收不满的功能，我认为是需要非常强调的，所以讲，司法公正，很大程度上指的是程序公正，一种公正程序意味着，这样一个处理结果的有关当事人都参与了这个程序，所以这种参与性非常重要，应当尽量地吸收有关的当事人参与到诉讼当中来，甚至在某些情况下，可以设置一些证据规则。比如说：美国的沉默权，在保障沉默权的情况下，有罪的供述，就具有了绝对的证据价值。美国90%的案件都通过辩诉交易消化了，节省了大量的司法资源。也就是检察官跟你说：如果有两个罪，但是其中一个罪证据不太足，或者两个罪证据都不太足，那你认其中一个罪，那个罪就不起诉了；还有量刑，认罪就只判5年，不认罪，证明有罪了，就判10年，然后来做交易。所以，美国的刑事诉讼跟民事诉讼是非常类似的，完全的当事人主义，当事人主义就把诉讼活动看作一种市场交易活动，在这种情况下就节省了大量的司法资源，真正开庭的案件都是被告人不认罪的案件，但是，一旦开庭审判，那么这个审判活动确实

是非常正规的，确实是把法庭当作一个摆事实、讲道理的场所。大陆法系和英美法系的司法诉讼机构、司法制度有所不同，大陆法系是一种职权主义，而英美法系是当事人主义，所以，英美法系中，控方只要有表面证据，就可以起诉，因此法庭真正是一个认定犯罪的场所。由于大陆法系国家采取的是一种职权主义，因而在开庭以前要大量警察的侦查活动、检察官的审查活动，像日本，检察官被称为是法官之前的法官，法官是坐着的法官，而检察官是站着的法官，因此他们定罪率很高，定罪率是99.9%，他们说，法庭只是确认有罪的场所，而认定有罪，已经由检察官在开庭以前完成。这两种诉讼结构完全不一样，在英美法系，无罪判决达到40%，甚至更多，只要有表面证据就起诉，最后有没有罪，在法庭上说，法院来判，所以，无罪判决比例就非常高，这个做法最大的好处就是节省司法资源，而大陆法系是职权主义，国家要投入很多司法资源，这个是很大的区别。

  英美法系的开庭是非常有意思的，在开庭当中，被告人有沉默权，因此被告人可以在法庭上一句话也不说，要说话的人主要作为证人出庭。1999年1月，香港律政司到北京大学搞了一个模拟法庭，看完香港的开庭给我们感觉是和看内地的开庭完全不同，他们的开庭好像在开一个听证会，不像我们进行审判，他们开庭好像是检察官和律师在互相谈论一件和被告人没有关系的事情，被告人倒像一个旁观者。而我们这儿，被告人是审判对象。他们的法官是对陪审团进行引导，英美法系的陪审团都没有请专家，请的都是普通老百姓，所以法官引导非常重要。比如说：检察官先控告，说完律师发言，提出反驳，两个人说完以后，法官就跟陪审团说了这样一段话："你们刚才听到了检察官和律师的发言，刚才在检察官的发言中，律师如果没有作反驳的这样一个事实，可以作为你们认定的根据。"这个案件是：丈夫因被妻子辱骂性无能，气愤之下殴打妻子，不意致其死亡。最后，法官就把这个案件是否有罪的焦点就集中到这样一个问题上：在当时的情况下，作为一个正常的人，听到他的妻子对他的这种辱骂，他会作出什么样的反应？如果他会作出和被告人一样的反应，那么就是无罪；如果不会作出，不应该作出像被告人一样的反应，那么就是有罪。这个问题不需要懂法，任何一个

只要具有正常理智的人都能作出回答，最后陪审团判无罪，也就是认为在当时的情况下，她丈夫作出这样一种反应，是正常的。陪审团的审判和法官的审判有很大不同，法官的审判在很大程度上是一个法律规定的审判，机械的条文；但陪审团的审判在很大程度上是人的审判，所谓同时代人的审判，所以在这一种审判，这个有罪无罪很大程度就决定于这个陪审团，法律规定只是起个引导作用。因此，犯罪必须经过庭审来确定，程序的正义非常重要，程序正义是刑事法治的一个标志。

社会经过几千年，法治发展了，文明程度提高了，这种法治的发展，在主要意义上是程序法的发展，就实体法而言，这种变化是比较小的，尤其是核心部分、自然犯部分。比如说两千多年前，刘邦入关约法三章，第一条就是杀人者死；两千多年以后，我们刑法里面照样规定杀人者死，就这个刑法条文而言，过去了两千多年还没有变化，但是程序变化了，程序保障被告人的合法权利，所以程序正义恰恰是刑事法治的一个重要标志。

（本文原载《中国律师》，2001（6）（7）（8））

犯罪范围的合理定义

一个行为是被刑法定义为犯罪的,因此犯罪定义是指刑法所确定的犯罪范围,即通常所说的犯罪圈,这是一个刑事政策问题,也是刑事法治的一个基础性问题。

大陆法系和英美法系国家的刑法大多坚持罪分三类的原则,即把犯罪分为重罪、轻罪和违警罪。因此,在这些国家犯罪的范围是较为宽泛的。尤其是除刑法典规定的犯罪以外,还在附属刑法中规定了大量的犯罪。犯罪必须经过司法程序认定,尽管在程序设计上分成普通程序与简易程序等,但只有经过法院审判才能将一个人的行为认定为犯罪,这也是无罪推定原则的必然结论。

我国刑法中的犯罪范围,相对于上述国家而言是大为狭窄的。这主要体现在以下三个方面:(1)我国刑法中的犯罪存在定量因素,即《刑法》第13条关于犯罪概念的但书规定:"情节显著轻微危害不大的,不认为是犯罪。"由此而将大量的轻微犯罪排除在犯罪范围之外,使犯罪圈大为收窄。(2)我国的治安管理处罚,尤其是行政处罚的范围较为宽泛。此外,我国还存在劳动教养制度,将那些不构成犯罪的违法行为纳入其中,由此形成对刑法的重要补充。(3)我国刑法采取一元的立法模式,追求建立一部统一的刑法典,摈弃了附属刑法的立法方式,

将所有犯罪都规定在一部刑法之中。我国刑法的上述特点并非我国法律文化传统的承继，而是引进苏俄体制的结果。例如，犯罪概念的但书规定被我国学者认为是我国刑事立法的创新，但实际上完全是对苏俄刑法的照搬。例如，1958年《苏联和各加盟共和国刑事立法纲要》第7条第2款和1962年《苏俄刑法典》第7条第2款都明文规定："形式上虽然符合本法典分则所规定的某种行为的要件，但是由于显著轻微而对社会并没有危害性的作为或不作为，都不认为是犯罪。"这种"不认为是犯罪"的行为，虽然不受刑罚处罚，但实际上受到治安处罚，在我国甚至受到劳动教养处罚，而在某些情况下劳动教养的处罚比刑罚处罚更为严厉。在刑法典之外，苏俄还有一部罗列详细的行政处罚法典，我国则有治安处罚法以及散在的行政处罚规定。这些治安性与行政性的处罚，相当于西方国家刑法中的违警罚，虽无犯罪之名但实际上受到的处罚却涉及对公民的财产权与人身权的剥夺。

在我国只有范围较小的犯罪才进入司法程序，受司法机关的管辖，而大量的轻微犯罪与治安违法却属于行政机关处罚的对象。在此，司法权之小而行政权之大形成鲜明对照。通过司法程序的刑罚处罚，由于存在公检法三机关的制约以及获得律师辩护，因而被告人的诉讼权利依法受到保障。但是，治安性与行政性的处罚却是行政机关，尤其是公安机关在没有其他机关制约也没有赋予被处罚者以各种程序性权利的情况下独自决定适用的，因而虽有效率却有悖法治的基本要求。在这种情况下，我国的犯罪定义亟待调整，调整的基本思路是犯罪化：扩大犯罪范围，扩张司法权，逐渐取消社会治安的三级制裁体系，实现刑事制裁的一体化，即司法化。为此，可以考虑以下三个方面的改革。

一是取消犯罪概念的但书规定，实现形式上的犯罪化。取消犯罪概念的但书规定，将本来不认为是犯罪的行为纳入犯罪范围，实际上是扩大了司法保障的范围，这是一种形式上的犯罪化而非实质上的犯罪化。从表面上看，犯罪化似乎是国家权力的扩张和公民权利的限缩。但是，对此不能一概而论，因为犯罪化可以分为实质上的犯罪化与形式上的犯罪化。只有实质上的犯罪化，才涉及通过限制公民个人的权利而扩张国家权力的问题，因为它把公民本来可以自由实施的行为

犯罪化而予以禁止。而形式上的犯罪化是指将本来应当受到治安处罚或者劳动教养处罚的行为予以犯罪化，由于这种行为本来就是被法律所禁止的，甚至在某些情况下受到比刑罚更重的处罚，因而并不涉及对公民个人权利的剥夺，它所涉及的是国家的司法权与行政权之间的此长彼消，使国家权力配置更为合理。我国刑法关于犯罪概念的但书规定，提高了刑事处罚的门槛，为行政处罚留下了广阔的空间，除反映了刑法内在结构上的失衡以外，还存在与国际刑事法制的不对接，因而造成一定的法律障碍。例如，我国刑法关于侵犯知识产权犯罪，也同样存在刑事处罚的门槛。《刑法》第 217 条规定的侵犯著作权罪，司法解释规定违法所得 3 万元以上才构成犯罪，《刑法》第 218 条规定的销售侵权复制品罪，司法解释规定违法所得 10 万元以上才构成犯罪。实际上，未达到上述违法所得数额的侵犯知识产权行为并非不受法律处罚，而是留给行政机关处罚，行政机关的处罚也许一点也不比西方国家当作犯罪的处罚轻。但是，西方国家对此还是难以理解，即使我国通过司法解释降低了刑事处罚的门槛，还是难以接受，以至于个别国家起诉到世界贸易组织。这完全是一个法律制度的安排问题，我国目前这种法律制度安排确实存在一定弊端，例如在行政处罚与刑事处罚的衔接上就难免出现空白。笔者认为，取消犯罪概念的但书规定，能够较为妥当地解决这个问题。当然，随着犯罪定量因素的取消，犯罪范围急剧扩张，尤其是大量轻微犯罪涌入司法程序，存在一个司法机关的承受能力问题以及司法资源的负荷能力问题，这些问题需要统筹解决。例如，在刑法中应当设置一些轻刑，尤其是罚金应当设置为主刑，广泛地适用于轻微犯罪。在刑事诉讼法中应当设置更为简易的程序，尽可能地节省司法资源。

二是治安违法行为犯罪化，从而实现治安处罚的司法化。我国的违反治安管理的行为，相当于西方国家刑法中的违警罪，其范围极其宽泛。由于我国的治安处罚涉及对公民的财产权利与人身权利的剥夺，这应当属于司法权限而非行政权所能处分，因此有必要予以犯罪化。应当指出，在目前的治安处罚法中，为与刑法衔接，违反治安管理行为中的相当一部分是情节轻微危害不大、不认为是犯罪的行为。如果取消犯罪概念的但书规定，这部分行为将被涵括在刑法规定的犯罪

之中。除此以外的违反治安管理的行为，大多是破坏社会治安、侵犯财产权利和人身权利的一般违法行为。对于这些治安违法行为，如果不纳入刑法典，笔者认为在重新整合的基础上可以考虑制定《治安犯罪法》，将违反治安管理的行为规定为治安犯，以区别于刑法规定的刑事犯。治安犯属于轻微犯罪，纳入司法程序以后，可以设立治安法院或者治安法庭，采取更为简易的司法程序进行审理。在这种情况下，劳动教养制度也将失去其存在的必要性。

三是采用附属刑法的立法方式，将行政违法行为犯罪化，限制乃至于取消行政处罚权。治安管理处罚，在某种意义上说也是一种行政处罚，但它的处罚主体是公安机关，这里所说的行政处罚是指治安处罚以外的其他行政处罚。我国行政机关享有庞大的行政处罚权，虽然《行政处罚法》对此有所规制，但行政机关行使涉及对公民的财产权利和人身权利的剥夺权力，从根本上来说是不合乎法治精神的。为此，笔者认为应当将这些行政违法行为予以犯罪化，将其规定为行政犯，以区别于刑法典规定的刑事犯以及《治安犯罪法》规定的治安犯。由于行政犯涉及面较为广泛，不可能在一部《行政犯罪法》中加以统一规定，因而可以采取附属刑法的立法方式，规定在相关的行政法规中，通过设置一定的司法程序予以审理。

以上改革，使犯罪范围大为扩大，但被处罚者的司法保障的程度也得到提高，我国的刑事法治水平也相应地提升，因而这是我国刑法改革的必由之路。

（本文原载《法学研究》，2008（3））

犯罪认定论

犯罪认定，简称为定罪。定罪是刑事法律活动的重要环节，它以确认某一行为是否有罪以及构成何罪为主要内容，对于此后的量刑与行刑都具有制约作用，因而具有重要的意义。本文拟对定罪的有关问题略加研讨，以期推进定罪问题的理论研究。

一

自从刑法产生，就存在定罪活动。但在不同的历史时期，定罪的内容与形式都有所不同。回顾历史上的定罪活动，我们可以得出以下结论：定罪经历了一个从擅断到法定，从主观归罪到主客观统一地定罪的历史演变过程。

欧洲启蒙时代，处于封建社会末期，当时盛行所谓罪刑擅断主义，何种行为构成犯罪，何种犯罪应予何种刑罚，完全没有法律规定，取决于法官的自由裁量。随着启蒙运动的兴起，封建的建立在法官个人好恶基础之上的刑事制度受到极大的冲击，正如恩格斯指出：在启蒙学家面前，以往的一切社会形式和国家形式、一切传统观念，都当作不合理的东西扔到垃圾堆里去了；到现在为止，世界

所遵循的只是一些成见,过去的一切只值得怜悯和鄙视。只是现在阳光才照射出来。从今以后,迷信、非正义、特权和压迫,必将为永恒的真理,为永恒的正义,为基于自然的平等和不可剥夺的人权所取代。① 在这种文化氛围下,1764年意大利著名刑法学家贝卡里亚发表了《论犯罪与刑罚》一书,倡导罪刑法定主义,认为犯罪和刑罚都应当法律预先设定,不允许法官自由裁量。刑法既以罪刑法定主义为原则,在规定犯罪时必然注意犯罪事实,因此,客观主义的定罪理论开始勃兴。客观主义重视犯罪人通过其具体行为给现实造成的危害。也就是说,重视犯罪人之所为,重视形之于外的结果,提倡所谓结果无价值的理论,把客观上发生的实际危害看作是犯罪的基本要件。贝卡里亚指出:犯罪对社会的危害是衡量犯罪的真正标尺。② 为了论证这一观点,贝卡里亚批驳了在认定犯罪标准上的两种错误观点:一是意图说,认为犯罪人的意图是衡量犯罪的真正标准。二是罪孽说,认为罪孽的轻重是衡量犯罪的真正标准。这两种观点都是以犯罪人的主观恶性作为衡量犯罪的标准,而犯罪人的主观恶性是通过行为社会危害性表现出来的,离开了行为的社会危害性,犯罪人的主观恶性就无法认识。正如贝卡里亚指出:对客观对象的一时印象和头脑中的事先意念随着思想、欲望和环境的迅速发展,在大家和每个人身上都各不相同。③ 因此,意图不足以成为认定犯罪的标准。至于罪孽说,贝卡里亚认为其错误是显而易见的。因为罪孽的轻重取决于叵测的内心堕落的程度,除了借助启迪之外,凡胎俗人是不可能了解它的,所以,怎么能以此作为惩罚犯罪的依据呢?如若这样做,就可能出现这种情况:当上帝宽恕的时候,人却予以惩罚;当上帝惩罚的时候,人却宽恕。④ 继贝卡里亚之后,费尔巴哈是客观主义定罪理论的代表人物,他具体论述了罪刑法定原则,并创立了以行为为中心的客观主义的犯罪构成理论,指出:"犯罪构成乃是违法的

---

① 参见《马克思恩格斯选集》,2版,第3卷,356页,北京,人民出版社,1995。
② 参见[意]贝卡里亚:《论犯罪与刑罚》,黄风译,67~68页,北京,中国大百科全书出版社,1993。
③ 参见[意]贝卡里亚:《论犯罪与刑罚》,黄风译,67~68页,北京,中国大百科全书出版社,1993。
④ 参见[意]贝卡里亚:《论犯罪与刑罚》,黄风译,67~68页,北京,中国大百科全书出版社,1993。

（从法律上看来）行为中所包含的各个行为的或事实的诸要件的总和。"[1] 费尔巴哈虽然十分肯定地认为行为人的主观因素是刑事责任的条件，但却不将其列入犯罪构成要件。正如苏俄著名刑法学家特拉伊宁指出："古典学派的刑法学家们认为罪过是刑事责任——行为的质，而不是主体的质。古典学派的代表们的犯罪构成学说，就是在这种客观根据上建立起来的。"[2] 因此，特拉伊宁将古典学派的犯罪构成的构造形态称之为犯罪构成的客观结构。

客观主义定罪理论在资本主义上升时期占统治地位，但自19世纪中叶以来，不断受到批评，因为以外部行为为处罚对象的刑法，面对不断增加的罪犯和少年犯罪，越来越感到无能为力。而在此时，自然科学得到长足的进步，生物学、人类学、心理学等自然科学的方法在社会科学中的运用，极大地改变了人类对社会现象的认识。在刑法理论上，意大利刑法学家龙勃罗梭首先将人类学的研究方法引入，创立了刑事人类学派。此后，在菲利、李斯特等人的倡导下，刑事社会学派又应运而生，从而宣告了主观主义定罪理论的产生。主观主义定罪理论认为犯罪的本质特征是实施犯罪行为的意志的强弱，或者不是能认识和控制自己行为的危险性的大小。换言之，主观主义重视的是行为无价值，强调犯人的意志或者易于犯罪的性格，认为这种意志或者危险性，如果表现为外部的行为，就是犯罪。主观主义不重视犯罪人之所为，而是把存在多少危险性作为衡量犯罪与刑罚之间比例的大小而加以确定。

主观主义定罪理论虽然较之客观主义定罪理论更能适应社会的需要，因而有其历史进步意义，但在具体采用上缺乏有效可行的措施，例如人身危险性的测定，就是一个在目前科学条件下难以解决的问题。而如果这个问题不加解决，则主观主义定罪理论潜在地具有侵犯公民权利的可能性。因此，除少数国家刑法（例如古巴刑法、秘鲁刑法）以外，大多数国家仍坚持客观主义，但又非纯粹客观主义，而是以客观主义为主、吸收主观主义思想，即对于犯罪之处罚，重视外

---

[1] ［苏］A.H. 特拉伊宁：《犯罪构成的一般学说》，王作富等译，15页，北京，中国人民大学出版社，1958。
[2] ［苏］A.H. 特拉伊宁：《犯罪构成的一般学说》，王作富等译，46页，北京，中国人民大学出版社，1958。

部行为，对于行为人的内部心理，仅作为认定行为的参考而已，不视其为决定犯罪之根据。而在刑罚规定上适用主观主义，即无行为者不可处罚，但有行为者却未必科以刑罚，可予以缓刑或者减刑与假释的处遇。① 并合主义虽然也是一种主观与客观的统一，但并非有机统一，而是一种折中。

十月革命胜利以后，苏联刑法学家以马克思主义法学理论为指导，摈弃了资产阶级刑法理论中的客观主义与主观主义的定罪原则，初步形成了社会主义刑法主观与客观相统一的原则。例如特拉伊宁在论述犯罪构成时，一方面强调行为在犯罪构成中的重要地位，另一方面指出，社会主义的刑事立法要求考虑犯罪人的政治面貌和道德面貌，要求在确定犯罪构成时必须以罪过和表明犯罪人人身的其他许多因素为依据。特拉伊宁明确指出："社会主义的刑法，不是建立在客观因素与主观因素的脱离或对立的基础上，而是以辩证地结合对主体和他的行为的评价为基础的。"② 当然，苏联刑法学家所主张的主观与客观相统一则存在一个明显的缺陷，就是将主观与客观相统一的问题局限在犯罪构成这样一种狭窄的法律范畴内进行研究，因而使它流于公式化，从而表现为犯罪论与刑罚论之间的严重脱节以及主观与客观相统一的逻辑进程的断裂。

回顾定罪活动的历史演变过程，我们可以发现一条清晰的发展轨迹，这就是客观主义—主观主义—主观与客观相统一，这是一个否定之否定的历史进程，同时也完全符合刑法的内在逻辑，因此是历史与逻辑的高度统一。

二

定罪是指司法机关依据刑事法律确认某一行为是否构成犯罪、构成什么犯罪以及是重罪还是轻罪的一种刑事司法活动。根据这一定义，定罪具有以下特征。

（一）定罪的主体是有关司法机关

根据我国法律的规定，定罪的主体主要是人民法院。人民法院行使审判权，

---

① 参见蔡墩铭：《现代刑法思潮与刑事立法》，2 版，33 页，台北，汉林出版社，1977。
② ［苏］A.H. 特拉伊宁：《犯罪构成的一般学说》，王作富等译，46 页，北京，中国人民大学出版社，1958。

审判权的一个十分重要的内容就是定罪权。人民法院通过自己的职能活动，查明犯罪事实，根据刑法规定认定行为的犯罪性质，这就是定罪活动。除人民法院有权定罪以外，根据现行法律的规定，人民检察院行使免予起诉权，实际上也享有一定的定罪权。免予起诉，是人民检察院审查公安机关侦查终结，移送起诉或者免予起诉的案件以及自行侦查终结的案件，认为被告人的行为虽已构成犯罪，但依法不需要判处刑罚或者应当免除刑罚，决定不将被告人提交人民法院审判的诉讼活动。这种处理决定表明：免予起诉是以被告人有罪为前提的，因而人民检察院也是定罪的主体。对于免予起诉权，我国法学界存在争议，有人认为，免予起诉产生一系列问题：第一，允许人民检察院可以通过免予起诉来决定行为的有罪性，实际是让检察权侵越了审判权的领域。第二，免予起诉制度人为地剥夺了被告人本应享受的许多诉讼权利。第三，免予起诉制度也不利于公、检、法三机关相互制约。[1] 我不同意这种观点。免予起诉是否侵犯了审判权？我认为，检察权与审判权的区别只具有相对的意义，其权力都是由法律赋予的，因而不能认为免予起诉是控审不分。事实上，外国也有起诉便宜主义等制度，类似于我国的免予起诉。当然，免予起诉制度确实存在一些弊端，但我认为是可以改善的。例如，应当赋予被告人更多的诉讼权利，并保证其能够依法享受。关于辩护权，可以考虑律师介入时间的提前，使免予起诉过程中有律师的参与，以便有效地保障被告人的合法权益。又如，只有在被告人认罪的情况下，免予起诉的决定才能生效。被告人不服罪的，不得作出免予起诉的决定，必须向人民法院起诉，以此防止检察机关滥用免予起诉权。总之，人民法院和人民检察院都是定罪的主体。

（二）定罪的内容是对行为是否有罪的确认

定罪的内容表现为对某一行为是否有罪的确认，这里的确认，又称为认定，即确定地认为，指从质的规定性上对一定的现象作出分析、认识、判断和确认。在定罪活动中，所谓确认，主要是指对某一行为与刑法所规定的犯罪构成之间进行相互一致的认定。因此，在定罪过程中，存在三个互相联系而又层层递进的认

---

[1] 参见王勇：《定罪导论》，15页，北京，中国人民大学出版社，1990。

识过程：其一，对案件事实本身的认识。如果案件事实没有查明或未确切查明，法律就不可能被正确适用。其二，对法律规范的认识。法律规范表现为逻辑表达，或可以称之为规范性质的表达。司法人员对于规范内容要有真实的理解。这种真实性表现在：司法人员对法律的理解与法律的内容相符合。如果对法律规范理解错误，即使案件事实已被查明，仍然可能导致错误地适用法律。其三，司法人员关于案件事实与刑法规范之间的联系性质的认识。这是定罪的最后一个环节，也是最为重要的一个环节，就是犯罪的认定。只有在案件事实与某一刑法规范所描述的犯罪构成相吻合的情况下，才能得出有罪的结论。应该指出，在定罪中，某一行为与刑法所规定的犯罪构成之间的这种相互一致的认定，表面上与刑事侦查中的同一认定极为相似，但实际上要比同一认定复杂得多。因为在同一认定中，认定与被认定的客体都是确定的东西，例如指纹、脚印等。但在定罪过程中，一方面是一个人的具体行为，另一方面是法律对某一犯罪构成的规定。由于行为的具体性、独特性，又由于法律规定的抽象性、概括性与不完整性，在定罪过程中始终存在着个别与一般的矛盾，因而定罪是一项极为复杂的工作。定罪的最终目的是解决有罪性问题，这里的有罪性，从狭义上来说，是指罪与非罪的问题；从广义上来说，还包括轻罪与重罪的问题和此罪与彼罪的问题。

（三）定罪的性质是一种刑事司法活动

定罪作为一种刑事司法活动，不同于刑事立法活动。刑事立法活动是创造法律，主要任务是建构刑法规范。刑事司法活动则是实施法律的一种活动，它本身并不创造法律，而只是适用法律。同时，定罪还与量刑、行刑等其他刑事司法也有区别，定罪是罪之个别化，它是量刑与行刑的前提与基础。离开了定罪，就根本说不上量刑与行刑的问题。同时，定罪作为一种刑事司法活动，是司法人员的一种实践活动，它遵循着人的实践活动的一般规律，同时具有法律活动的特殊性。通过定罪活动，有罪的人得以入罪，受到应有的刑事追究；无罪的人得以出罪，保障公民的合法权益。因此，定罪活动关系到对一个人的生杀予夺，是一项严肃的法律活动，应当严格依法进行。

三

定罪活动应当遵循一定的原则，这种原则是对定罪活动中规律性东西的提炼与总结，对于保证定罪活动的科学性具有重要意义。我国刑法中的定罪原则是主观与客观相统一。

我国刑法学界一般认为，刑法上的主客观统一是指主体与客体、主观方面与客观方面的统一。就此而言，主观是指犯罪构成的主观要件，客观是指犯罪构成的客观要件。因此，我国刑法学界明确提出主客观要件相统一是我国犯罪构成理论的核心。① 这种观点本身当然是正确的，但我认为这样的理解是极为肤浅的。主观与客观相统一原则中的主观与客观，不仅仅是指犯罪的主观要件与客观要件，更主要的是指对犯罪的评判标准。主观，指主观标准，以此作为唯一评价标准的就是主观主义。客观，指客观标准，以此作为唯一评价标准的就是客观主义。我主张的主观与客观相统一的定罪原则，就是指对犯罪的评价争取主观与客观的双重参照标准。

在刑法理论上，对主观主义与客观主义的分野评价不一，大体上存在以下三种见解②：其一，关于判断结果之妥当性。从判断结果对何人妥当出发，可以区分为主观主义与客观主义。凡判断结果只对判断者为妥当时，为主观判断，属于主观主义的范畴。反之，判断内容不但对于判断者本身，而且对一般人亦属妥当者，为客观判断，属于客观主义的范畴。例如，关于过失犯罪中预见的判断，以当事人能否预见为标准，属于主观主义；以社会上一般人能否预见为标准，属于客观主义。其二，关于判断内容之价值。价值有属于个人的，也有属于社会与国家的。其中，视个人价值为绝对的，为主观主义；重视社会及国家价值的，为客观主义。对个人价值的尊重，虽然也是间接对社会及国家价值的尊重，但当个人

---

① 参见陈泽杰：《主客观要件相统一是我国犯罪构成理论的核心》，载《法学研究》，1986（4）。
② 参见蔡墩铭：《现代刑法思潮与刑事立法》，2 版，31 页，台北，汉林出版社，1977。

价值与社会及国家价值发生冲突时，重视个人价值者宁可牺牲社会及国家价值而不放弃个人价值，在这意义上，主观主义与客观主义仍有差别。其三，关于价值判断之对象。虽然价值判断的对象限于人的行为，然而所谓人的行为，不仅指人的身体动静，而且指行为主体为实现其意志而外化的外部举动并引起结果的复杂历程。在观察人的行为时，着重主观要素，例如动机、意思、性格与人格的，是主观主义；着重客观的外部动作及外界所引起的结果的，是客观主义。一般来说，刑法上所谓主观主义与客观主义，是就上述第三种见解而言的。也就是说，主观主义侧重于行为人之人格，而客观主义则偏重于犯罪行为与结果的实害。因此，那种以为主观主义完全不考虑人的外部行为，客观主义则毫不关注人的内部精神的认识，纯属误解。以上，我们对主观与客观相统一原则中的主观与客观作了界定，明确指出它们是评判犯罪的主观标准与客观标准的统一，并且对主观主义与客观主义的分野作了评价。只有在这样的前提下，才能对主观与客观相统一的定罪原则进行探讨。

　　主观与客观相统一原则是建立在一定理论基础之上的。为考察主观与客观相统一原则的理论基础，我们首先对客观主义与主观主义的理论基础作一评述。

　　客观主义的理论基础是形而上学的唯心主义，集中表现为意志自由论。意志自由论原是神学教义的一个基本命题，古罗马著名哲学家奥古斯丁曾经竭力倡导意志自由论。奥古斯丁认为，人类是要追求幸福的，但人类又是罪恶深重的，只有赎罪修行才能得到上帝的宽恕，从而得到幸福。但是，人类不能自己得救，因为人类为原罪所决定，已经失去了意志自由，陷入不得不犯罪的状态。然而责任是以意志自由为前提的，没有自由的行为，就无所谓行为的责任。因为罪恶而能惩罚的行为，必然是由自由意志而产生的行为。奥古斯丁宣扬的意志自由论的主体是上帝而不是人，因为上帝是第一原因，它既推动了自然原因，又推动了产生善意志的原因。保护意志自由就必须遵从上帝的意旨弃绝世俗的欲念。刑事古典学派扬弃了中世纪意志自由论中的宗教意蕴，形成一个十分主要的哲学命题。这个命题的核心是自由意志，指人们在自己推理的基础上，在不完全受各种限制的支配的基础上，对各种事物进行选择以及在特定情况中从事活动的力量或能力。

在刑事古典学派中,康德的绝对命令就是建立在意志自由的基础之上的,例如康德指出:意志是有生命东西的一切因果性,如若这些东西是有理性的,那么,自由就是这种因果性所固有的性质,它不受外来原因的限制,而独立地起作用;正如自然必然性是一切无理性东西的因果性所固有的性质,它们的活动在外来原因影响下被规定。① 黑格尔也指出:"法的基地一般说来是精神的东西,它们确定的地位和出发点是意志。意志是自由的,所以自由就构成法的实体和规定性。"② 根据自由意志论,犯罪人基于自由意志而选择了犯罪,每个人的自由意志都是同等的,因此,只能根据自由意志的外部现实行为及其后果为着眼点来确定犯罪行为并以此作为刑事责任的基础。

主观主义的理论基础是机械唯物论,集中体现为行为决定论。行为决定论在哲学上又被称为宿命论,它原是神学教义的一个基本命题,是从宗教所赋予的上帝的特征中衍生出来的,这些特性是全能(权力无限)和全知(知识无穷)。按照这些宗教的说法,由于上帝创造了宇宙和包括人在内的宇宙万物,所以它能够做到一切,而且知道过去、现在和将来的一切。由于这些特征,世界历史上过去、现在和未来的一切事物,可以认为是注定如此、可以预知的。③

在主观主义学派中,龙勃罗梭基于行为决定论,认为犯罪是由生物学的因素和生理学的特征决定的,从而得出天生犯罪人的结论。李斯特则认为犯罪是客观环境条件造成的必然的而且是不可避免的结果,指出:"犯罪是由实施犯罪行为当时行为者的特性,加上周围环境的影响所产生的。"④ 根据行为决定论,犯罪根本不是犯罪人自由选择的结果,因此,应当根据行为人的人身危险性认定犯罪并以此作为刑事责任的根据。

我国的主观与客观相统一的定罪原则是以马克思主义的辩证唯物论为哲学基础的,因而根本不同于客观主义与主观主义的理论基础。马克思主义不仅对于绝

---

① 参见[德]康德:《道德形而上学原理》,100页,上海,上海人民出版社,1986。
② [德]黑格尔:《法哲学原理》,范扬、张企泰译,10页,北京,商务印书馆,1961。
③ 参见[美]蒂洛:《伦理学理论与实践》,110页,北京,北京大学出版社,1985。
④ 甘雨沛、何鹏:《外国刑法学》,上册,119页,北京,北京大学出版社,1984。

对的意志自由论持否定态度,而且对于行为决定论同样予以断然否定。根据马克思主义的观点,人的活动是具有自觉能动性的,但这并不等于意志的绝对自由,人的认识和活动并不是随心所欲的,而是受客观存在和客观规律制约的。人们只有在正确地认识和利用客观规律时才能获得意志的相对自由,这就是马克思主义的相对的意志自由论。根据这一观点,犯罪人的犯罪不是完全被决定的,而是根据本人的意愿选择的,当然这种意愿本身又不能脱离一定的社会物质条件。因此,犯罪人应当对本人的危害社会的行为承担刑事责任,这种刑事责任乃是建立在犯罪人的社会危害性与人身危险性的统一的基础之上的,这是相对意志自由论的必然结论。

在我国刑法的定罪活动中,始终贯穿了主观与客观相统一的原则。主观与客观相统一,首先表现为社会危害性是主观恶性与客观危害的统一。马克思主义认为,人们改造世界,影响客观实在的活动,总是受一定意识的支配,在一定的动机推动之下进行的。犯罪作为一种行为,它离不开主观罪过的指导和支配。因此,罪过通过对事实情况的反映(认识因素)而调节犯罪人的行为,使之按照一定的目的或计划来活动(意志因素)。当然,犯罪行为作为主观罪过的外化,对于主观目的的实现也具有重要意义。主观罪过要实现某一犯罪目的,必须依赖于犯罪行为。毛泽东同志指出:"思想等等是主观的东西,做或行动是主观见之于客观的东西,都是人类特殊的能动性。"[1] 作为主观见之于客观的犯罪行为,它是连接犯罪意图与客观存在,将主观犯意付诸实现的必然桥梁。缺乏客观上的犯罪行为,罪过就只能完全停留在主观活动的状态,而主体的犯罪意图也就无法实现。所以,犯意的实现离不开客观上的犯罪行为。同时,犯罪行为也是确定主观罪过的重要依据,正如马克思指出:除了行为的内容和形式而外,试问还有什么客观标准来衡量意图呢?[2] 以法律根据而论,我国刑法规定了犯罪的故意与过失,并以此作为定罪的主观依据。我国刑法中的犯罪概念规定了危害行为的一般

---

[1] 《毛泽东选集》,2版,第2卷,477页,北京,人民出版社,1991。
[2] 参见《马克思恩格斯全集》,第1卷,138页,北京,人民出版社,1956。

特征，刑法分则对各种犯罪的具体特征作了充分的描述，以此作为定罪的客观根据。我国《刑法》第 13 条还明确规定："行为在客观上虽然造成了客观结果，但是不是出于故意或者过失，而是由于不能抗拒或者不能预见的原因所引起的，不认为是犯罪。"这就充分体现了我国刑法中的定罪，是以主观与客观相统一为原则的。只有坚持主观与客观的统一，才能既防止客观归罪，又防止主观归罪。

主观与客观相统一，还表现为犯罪的本质是社会危害性与人身危险性的统一。社会危害性本身是主观恶性与客观的统一。但是，作为已然之罪，社会危害性是一种客观存在。相对而言，作为未然之罪的人身危险性却是一种主观存在。在这个意义上，社会危害性与人身危险性是主观与客观的统一。我国《刑法》第 63 条规定对犯罪以后自首的可以从轻处罚，我国《刑法》第 61 条规定对累犯应当从重处罚，犯罪的社会危害性是不以犯罪分子具有自首情节或者累犯身份而转移的。那么，为什么自首从轻、累犯从重呢？归根到底是由犯罪人的人身危险性程度决定的。因此，只有从社会危害性与人身危险性的统一上，才能科学地说明一切犯罪现象及其本质，从而为定罪提供事实根据与法律根据，并且正确地指导定罪。

（本文原载《中央检察官学院学报》，1994（1））

定罪之研究

定罪，指犯罪的认定。犯罪论体系主要就是围绕着定罪而展开的。犯罪构成为定罪提供法律模式。① 因此，定罪是犯罪构成要件的动态整合。本文拟对定罪的一般理论问题进行研究，以期深化我国刑法理论。

一、定罪原则

定罪是司法机关依照刑法的规定，确认某一行为是否构成犯罪、构成什么犯罪以及是重罪还是轻罪的一种刑事司法活动。定罪是以犯罪构成为根据的，因而定罪是一个罪体与罪责相耦合的过程。在定罪活动中，应当遵循一定的规则，这就是主观与客观相统一的定罪原则。

（一）主观与客观相统一原则

主观与客观相统一是定罪原则，这里的主观与客观是指对犯罪的评判标准。主观，指主观标准，以此作为唯一评价标准的就是主观主义。客观，指客观标

---

① 定罪模式是对定罪的宏观研究，是指依照哪一种法律模式来解决定罪的问题，相当于现存的刑法学体系中的犯罪构成。因此，对定罪模式的研究，不能不以犯罪构成为出发点。

准，以此作为唯一评价标准的就是客观主义。① 主观与客观相统一，是指在犯罪评价上采取主观与客观的双重标准。

在定罪活动中，之所以应当采取主观与客观的双重标准，是由犯罪本身的性质所决定的。某一行为之所以作为犯罪处理，首先是由于这种行为造成了法益侵害结果，或者至少具有法益侵害危险。因此，犯罪的客观上的法益侵害性是犯罪评价的重要根据。事实上，人的行为是受主观的意识与意志支配的，因而对犯罪的评价，应当从客观上表现出来的法益侵害性，追溯到主观上的违法意识及其可能性，揭示行为人的犯罪人格对于外部身体动作的支配性，从而从主观上评价犯罪。一般来说，刑法上所谓主观主义与客观主义，是就价值判断之对象而言的。也就是说，主观主义侧重于行为人之人格，而客观主义则偏重于犯罪行为与结果的实害。因此，那种以为主观主义完全不考虑人的外部行为，客观主义则毫不关注人的内部精神的认识，纯属误解。人们坚持主观与客观相统一的原则，意味着在犯罪评价上，主观标准与客观标准两者并重。

从历史的角度考察，定罪经历了一个从客观归罪到主观归罪，再到主观与客观相统一的演变过程。客观归罪是以结果责任为特征的，只要发生了危害结果，不问行为人主观上是否具有罪过，均以犯罪论处。中国古代刑法中尽管在商代就有故意与过失之分，对于行为人的主观心理予以重视，然而，这并非意味着中国

---

① 在刑法理论上，对主观主义与客观主义的分配评价不一，大体上存在以下三种见解：其一，关于判断结果之妥当性。从判断结果对何人妥当出发，可以区分为主观主义与客观主义。凡判断结果只对判断者为妥当时，为主观判断，属于主观主义的范畴。反之，判断内容不但属于判断者本身，而且对一般人亦属妥当时，为客观判断，属于客观主义的范畴。例如，关于过失犯罪中预见能力的判断，以当事人能否预见为标准，属于主观主义；以社会上一般人能否预见为标准，属于客观主义。其二，关于判断内容之价值。价值有属于个人的，也有属于社会与国家的。其中，视个人价值为绝对的，为主观主义；重视社会及国家价值的，为客观主义。对个人价值的尊重，虽然也是间接对社会及国家价值的尊重，但当个人价值与社会及国家价值发生冲突时，重视个人价值者宁可牺牲社会及国家价值而不放弃个人价值，在这一意义上，主观主义与客观主义仍有差别。其三，关于价值判断之对象。虽价值判断的对象限于人的行为，然而所谓人的行为，不仅指人的身体动静，而且指行为主体为实现其意志而外化的外部举动并引起结果的复杂历程。在观察人的行为时，注重主观要素，例如动机、意思、性格与人格的，是主观主义；注重客观的外部动作及外界所引起的结果的，是客观主义。参见蔡墩铭：《现代刑法思潮与刑事立法》，2版，131页，台北，汉林出版社，1977。

古代不存在结果责任。《秦律》中"戍边，失期当斩"的规定，是明显的客观归罪。① 即使是在《唐律》中，由于将过失理解为要有故意，因而过失责任具有强烈的客观归罪的色彩。② 在某种意义上说，罪过观的发达程度是以过失概念的发展为标志的。③ 因此，中国古代刑法中过失概念的泛化，实际上是在过失责任中包含客观归罪的内容。在欧洲古代刑法中，存在一个严格责任时期，因而支配着当时刑法的是这样一种观念：当一个人其所实施的行为造成了明显的损害结果时，他就应当对之承担责任。④ 因此，通行的是"无意识地实施了过错行为，则要有意识地去补偿"的原则。⑤ 这种刑法中的结果责任，是以原始朴素的因果观念为基础的，同时体现了古代立法者对于主观罪过认识上的局限性。因为相对于客观上的危害结果而言，主观上的犯罪意图是更为隐蔽而难以认识的。随着社会发展，结果责任衰落，思想意识对于行为的支配性越来越被人们所认识。在这种情况下，客观归罪开始向主观归罪转变。⑥ 主观归罪是以主观责任为特征的，只

---

① 根据《史记·陈涉世家》记载，《秦律》中有"戍边，失期当斩"的规定。我国学者宁汉林指出：秦朝刑律之失，在于不区分情节，只要发生刑律中所规定的后果，一律论处。参见宁汉林：《中国刑法通史》（第二分册），547页，沈阳，辽宁大学出版社，1986。

② 《唐律》规定的过失是指：耳目所不及，思虑所不到。共举重物，力所不制。若乘高履危足跌，及因击禽兽，以致杀伤之类，皆是。《唐律疏议》对此解释云：谓耳目所不及，假有投砖瓦及弹射，耳不闻人声，目不见人出，而致杀伤；其思虑所不到者，谓本是幽僻之所，其处不应有人投瓦及石，误有杀伤；或共举重物，而力所不制；或共升高险，而足蹉跌；或因击禽兽，而误杀伤人者；如此之类，皆为"过失"。我国学者指出：从《唐律》的这一解释中可以看出，中国古代刑法中所谓的过失，只是意味着没有犯罪的故意。对行为所发生的危害结果没有认识，它实际上显然包含了在不可抗力作用下的无过失损害和在无法预见情况下所造成损害结果的意外事件等情况。对这些情况下的损害结果，统统以过失追究刑事责任，即使责任程度较之故意的为轻，仍然不能否定其为结果责任。参见张智辉：《刑事责任通论》，20页，北京，警官教育出版社，1995。

③ 参见姜伟：《犯罪故意与犯罪过失》，23页，北京，群众出版社，1992。

④ 这种观念来自宗教神学。在整个欧洲的古代时期，凡是给他人造成重大损害的行为都要受到神的严厉惩罚。参见［英］J.W.塞西尔·特纳：《肯尼刑法原理》，王国庆等译，6页，北京，华夏出版社，1989。

⑤ 参见李韧夫：《犯罪过错论》，12页，长春，吉林大学出版社，1994。

⑥ 这种从客观归罪到主观归罪的转变，并非简单的取代，而是一个复杂的嬗变过程。在一个国家，往往存在两者并存的情形。我国学者张智辉指出：在结果责任时代的后期，绝对的结果责任逐渐向结果责任与思想责任并存的状态发展。参见张智辉：《刑事责任通论》，24页，北京，警官教育出版社，1995。这里的思想责任，就是指主观归罪。

要行为人具有主观恶意,即使在客观上并未实行一定的危害行为或者这种危害行为并未发生一定的危害结果,也以犯罪论处。在中国古代,主观归罪滥觞于汉初,随着儒家伦理思想统治地位的确立,诛心之说开始主导刑法,对所谓腹诽之罪的追究①,就是主观归罪的典型。诛心之说更为完整的理论表述是原心论罪,这是根据儒家经典《春秋》用于断案直接引申出的原则,即所谓"春秋之治狱,论心定罪。志善而违于法者免,志恶而合于法者诛"②。在这种情况下,有罪与无罪不是根据外在行为来判断,而是根据内心善恶以确定的。在欧洲中世纪,主观归罪主要是宗教神学侵蚀刑法的结果,宗教教义是以恶意为中心的一种思想体系,反映在刑法中,注重人的主观恶性,甚至主张"行为无罪,除非内部邪恶"③。在这种情况下,犯罪不是取决于行为,而是取决于内心邪恶。现代刑法中的主观与客观的关系,在刑事古典学派和刑事实证学派的争论中得以重塑。刑事古典学派以客观主义为特征,主张行为本位的刑法(行为刑法),强调行为在犯罪中的核心地位。例如,贝卡里亚从主观意图的差异性和变异性出发,论证了不能以主观意图作为衡量犯罪的标准。④ 当然,由于贝卡里亚并不否认人的意志自由是构成犯罪的前提,因而其客观主义立场与古代刑法的客观归罪是截然不同的,即使是费尔巴哈,虽然主张犯罪构成的客观结构,即在犯罪构成中不包括犯

---

① 《汉书·食货志》载:"御史大夫张汤与大农令颜异有隙,异与客语,客语初令下有不便者,异不应,微反唇,张汤奏称异九卿见令不便,不入言而腹诽,论死。自是之后,有腹非之法比。"
② 《盐铁论·刑法》。
③ 美国学者伯尔曼论述西方刑事法的神学渊源时指出:法律的破坏者,亦即刑事罪犯,也是一个罪人,他的罪过不只是由他破坏法律的事实构成,更重要的,是由他故意地选择作恶这样的事实所构成。这样,便存在着一种对于他的行为的道德(或更确切地说,是不道德)性质的着力强调,也就是对当他犯罪时心灵的罪过状态的强调。参见[美]伯尔曼:《法律与革命——西方法律传统的形成》,贺卫方等译,223页,北京,中国大百科全书出版社,1993。
④ 贝卡里亚指出:犯罪时所怀有的意图只是对客观对象的一时印象和头脑中的事先意念,而这些东西随着思想、欲望和环境的迅速发展,在大家和每个人身上都各不相同。如果那样的话,就不仅需要为每一个公民制定一部特殊的法典,而且需要为每次犯罪制定一条新的法律。有时候会出现这样的情况,最好的意图却给社会造成了最坏的恶果,或者最坏的意图却给社会带来了最大的好处。参见[意]贝卡里亚:《论犯罪与刑罚》,黄风译,67页,北京,中国大百科全书出版社,1993。

罪的心理因素,但认为犯罪的心理因素仍然是刑事责任的根据之一。① 刑事实证学派以主观主义为特征,主张行为人本位的刑法(行为人刑法),强调行为人的人身危险性在犯罪中的核心地位。这种行为人的人身危险性,是指再犯可能性。因此,刑事实证学派的主观主义立场与古代刑法的主观归罪是有明显区别的。虽然在刑法史上,存在这种主观主义与客观主义的刑法思想的分野,但现代刑法的刑事责任是奠基在主观与客观统一之上的,这种主观与客观的统一体现在犯罪的构成要件上。

犯罪构成要件是罪体与罪责的统一。罪体是犯罪的客观层面,是对犯罪的客观评价;罪责是犯罪的主观层面,是对犯罪的主观评价。因此,在定罪活动中坚持主观与客观相统一的原则,就是要以罪体与罪责作为认定犯罪的标准。

(二)客观的处罚条件、客观的超过要素与超故意

客观的处罚条件(Objektive Bedingung der Strafbarkeit)最初的提出,是为了解决某些与行为及其结果无关,但在刑法上又作为刑罚发动的前提条件的客观事由在法律上的性质问题。因此,客观的处罚条件被认为是犯罪构成之外的其他事由或者客观条件。② 客观的处罚条件的特点在于:它本身不是犯罪的构成要件,缺乏客观的处罚条件,犯罪仍可成立。但是,没有客观的处罚条件,不生刑罚之效果。就此而言,客观的处罚条件是刑罚发动的事由。③ 客观的处罚条件提出以后,大陆法系刑法理论中对于客观的处罚条件是否属于犯罪的构成要件,是

---

① 特拉伊宁指出:古典学派的刑法学家们认为罪过是刑事责任——行为的质,而不是主体的质,古典学派的代表们的犯罪构成学说,就是在这种客观根据上建立起来的。参见[苏] A. H. 特拉伊宁:《犯罪构成的一般学说》,王作富等译,15 页,北京,中国人民大学出版社,1958。

② 我国台湾地区学者指出:所谓客观的处罚条件,一般系指犯罪虽已成立,但必得其他事由(即非行为本身要素所存在之一定的事实或事由)赋予条件始发生刑罚而可以处罚之情形。参见陈朴生、洪福增:《刑法总则》,114 页,台北,五南图书出版公司,1982。

③ 日本学者指出,客观的处罚条件是以某些政策理由为处罚条件的,这对行为或者行为人来说与规范性评价没有关系,而对犯罪的成立是无关系的可罚性条件。所以,客观的可处罚性条件和犯罪的成立没有关系,因而导致了下面这种结局,即(1)是否有客观的处罚条件与行为的违法性没有关系。(2)客观的处罚条件是以事实为象征的,与故意的成立没有关系。(3)客观的处罚条件与完成犯罪,即既遂没有关系。(4)客观的处罚条件与犯罪时间以及场所没有关系。参见[日]木村龟二主编:《刑法学词典》,顾肖荣等译,102~103 页,上海,上海翻译出版公司,1991。

存在争论的，主要有以下四种观点[①]：第一种观点认为，客观处罚条件不是构成要件要素，也不影响行为的违法性与有责性，只是立法者基于刑事政策的考虑而设立的发动刑罚权的条件；行为人不具备客观处罚条件时，仍然成立犯罪，只是不能适用刑罚而已。第二种观点认为，影响违法性的客观处罚条件应属于违法性要素，因而应是构成要件要素；只有不影响违法性的要素，才是客观处罚条件。因此，将客观处罚条件分为纯正的客观处罚条件与不纯正的客观处罚条件。第三种观点认为，所有的客观处罚条件都是构成要件，事实上根本不承认客观处罚条件。第四种观点认为，客观处罚条件也是犯罪成立的外部条件，于是犯罪成立条件便是构成要件符合性、违法性、有责性与客观处罚条件。在上述四种观点中，主要涉及的还是客观处罚条件的性质之争，即它是否属于犯罪的构成要件。否认客观处罚条件是犯罪的构成要件的观点，其主要理由在于这种所谓客观的处罚条件本身不是行为或者行为的结果，而是行为以外的其他事由，包括第三者的行为以及立法者设置的处罚条件。将这些与行为无关的事由归结为犯罪构成要件，从法理上难以成立。但是，将客观的处罚条件与犯罪构成要件相并列，又在很大程度上冲击着犯罪与刑罚的关系。因为犯罪是刑罚的前提，刑罚是犯罪的后果，这是关于犯罪与刑罚的关系的传统观念。在犯罪与刑罚之间插入客观的处罚条件，尽管只是个别情形，也破坏了犯罪与刑罚的对应关系。肯定客观处罚条件是犯罪的构成要件的观点，在一定程度上突破了犯罪构成要件的范围。当然，对于构成要件是否限于行为及其结果本身也不是没有争论。这种行为的前提条件并非行为本身，但它对于行为的性质具有决定意义，将之归入构成要件并无不可。在这种情况下，将客观的处罚条件视为与行为的前提条件具有相同意义的内容，归结为犯罪的构成要件，虽然在一定程度上打破了以行为为中心的构成

[①] 关于这四种观点的详细论述，参见张明楷：《"客观的超过要素"概念之提倡》，载《法学研究》，1999 (3)，24～25 页。

要件的传统观念，但在法理上并非毫无道理。① 更为重要的是，将客观处罚条件归结为构成要件，视为犯罪成立的条件，维持了犯罪与刑罚之间的对应关系。当然，将客观的处罚事由纳入犯罪构成要件，仍然应当看到它与以行为为中心的构成要件的差别。我国刑法以应受刑罚处罚性作为犯罪的特征之一，客观的处罚条件完全可以看作是犯罪的可罚性条件。一般的犯罪构成要件，其功能主要在于从质上区分罪与非罪，即实现无行为则无犯罪这一命题。而客观的处罚条件，其功能主要在于从量上区分罪与非罪，从而实现控制犯罪范围的刑事政策。

客观的处罚条件中的处罚条件如何理解，是一个复杂的问题。大陆法系刑法理论起先承认的客观的处罚条件与行为本身没有直接关系，而通常是第三者行为的结果。例如，职务受贿罪中，将要成为公务员或仲裁人的人，只要是就其将来所担任的职务，接受请托、接受、要求或者约定贿赂的，就可以成立。但是，只有在行为人事后成为公务员或仲裁人时，才能处罚。事后成为公务员或者仲裁人就是客观的处罚条件。后来，这种客观的处罚条件的内容或范围扩大到某些结果。② 将客观的处罚条件扩大到某些结果，将这种结果视为犯罪构成要件，在理论上当然也就不存在任何障碍。但是，在这种情况下，客观的处罚条件转而成为解决主观罪过的问题。即在一些故意犯罪中，将某些客观要素作为客观的处罚条件来对待，从而不要求行为人对这种客观的处罚条件具有故意的态度，从而解决了将其作为构成要件而要求行为人具有故意所带来的问题。对于这个问题的解

---

① 对此，张明楷教授指出：我们不能在犯罪成立之外承认客观处罚条件，因为这样做会导致对我国刑法基本原理的致命打击。我国刑法理论已经公认，犯罪构成是成立犯罪所必须具备的一切主客观要件的总和，认为符合犯罪构成就成立犯罪，故可以说，行为符合犯罪构成是认定犯罪的唯一依据。既然如此，就不能在犯罪构成之外承认所谓客观处罚条件。参见张明楷：《"客观的超过要素"概念之提倡》，载《法学研究》，1995 (3)，25~26页。

② 参见张明楷：《"客观的超过要素"概念之提倡》，载《法学研究》，1999 (3)，24页。

决，意大利刑法理论采用的是超故意的概念。① 我国学者张明楷则从客观的处罚条件中引申出客观的超过要素。② 可以说，上述意义上的客观的处罚条件与超故意、客观的超过要素的性质与功能存在相同之处，其中的事由都包括了某些结果。那么，这些行为客观的处罚条件的结果与结果犯的结果如何区分呢？在结果犯中，结果是犯罪构成的要件；同时，行为人对于结果是具有故意或者过失的主观罪过的。而作为客观的处罚条件的结果，在客观上是否与行为存在因果关系，在主观上是否存在罪过呢？因果关系问题，在客观的处罚条件中是得到承认的，尽管这种因果关系在程度上与结果犯的因果关系可能有所不同，例如大多是间接因果关系。主观罪过问题则是一个复杂的问题，行为人对于这种行为客观的处罚条件没有故意这是肯定的，这也是超故意的应有之义。但是，行为人对这种结果有无过失呢？超故意的理论对此予以否认③，我国学者张明楷教授则认为行为人至少对之具有预见的可能性。④ 这里的预见可能性就是指过失。在这个意义上

---

① 超故意是指当危害的行为或者由作为引起的损害或危害结果比行为人希望的更严重时，重罪为"超故意"。实际上，这里规定的是一种界于故意与过失之间的罪过形式中的"中间形态"：说它有"故意"的成分，因为这里包含一个行为人"希望"的结果；说它有过失的因素，因为它以一个比行为人所希望的"更严重的"、行为人"并不希望的"结果为存在的前提。超故意的罪过形态只能定义为故意和客观责任的混合，其基础是一句古老的法谚：quiinreillicitaversatur, teneturetiamprocasu（即谁冒险违法，就应承担一切后果）。参见［意］杜里奥·帕多瓦尼：《意大利刑法学原理》，陈忠林译，227~229 页，北京，法律出版社，1998。

② 我国学者张明楷从客观的处罚条件与主观的超过要素中受到启示，提倡客观的超过要素，指出：主观的超过要素概念，表明有些主观要素不需要存在与之相对应的客观事实；同样，有些客观要件也可能不需要存在与之相应的主观内容，这便是其要提倡的"客观的超过要素"概念。参见张明楷：《"客观超过要素"概念之提倡》，载《法学研究》，1999（3），27 页。张明楷教授之所以不采用客观处罚条件而主张客观的超过要素的概念，理由在于：客观的超过要素是犯罪构成要件的要素，即仍然属于犯罪构成的内容，而不是犯罪构成要件以外的内容，不是所谓客观处罚条件。于是，犯罪构成为认定犯罪的唯一法律标志的观念仍然得以维持，从而避免体系上的混乱。参见张明楷：《"客观超过要素"概念之提倡》，载《法学研究》，1999（3），28 页。

③ 意大利学者指出：如果承认行为人对超故意中的实际结果必须持过失的心理态度，还可能给刑法理论带来不可克服的矛盾。因为，根本无法确定何为这种过失的根据。参见［意］杜里奥·帕多瓦尼：《意大利刑法学原理》，陈忠林译，22 页，北京，法律出版社，1998。

④ 张明楷指出：故意犯罪中，虽然客观的超过要素不是故意的认识与意志内容，但当客观的超过要素的内容是危害结果以及影响行为的社会危害性的其他客观因素时，行为人至少对之具有预见可能性。参见张明楷：《"客观的超过要素"概念之提倡》，载《法学研究》，1999（3），28 页。

说，超故意与客观的超过要素又是存在性质上的区别的，前者明确承认客观责任，而后者实际上还是罪过责任，但这种对行为故意而对结果是过失的情形，就是刑法理论上的双重罪过。① 张明楷教授是在反对采用双重罪过概念的前提下采用客观的超过要素概念的。我认为，双重罪过只有在结果犯中是不存在的。在结果犯的情况下，如果行为人对行为是明知的，对结果是希望或者放任的，就是典型的故意犯罪。如果行为人对行为是故意的，对结果却是过失的，则应以其对结果的心理态度确定其罪过形式，即认定为过失而非故意犯罪，也不存在双重罪过问题。双重罪过只有在结果加重犯的情况下才存在。② 因此，对于上述客观的超过要素的情形，即所谓行为故意而对结果是过失的③，到底应当如何确定主观罪过形式呢？我认为，在客观上应当坚持行为与结果相统一的观点，行为与结果之间存在刑法上的因果关系，应当统一分析而不应割裂因果之间的关系。在主观上应当坚持认识因素与意志因素相统一的观点，将罪过当作一个有机的心理过程而不应割裂认识与意志的关系。在上述主观与客观相统一的情况下，确定其罪过形

---

① 双重罪过，又称为混合罪过，是苏联刑法理论中的一个概念，认为在许多实质的犯罪构成中，罪过总是有两个形式：一个同行为有关，另一个同行为的结果有关，并把这种构成称为罪过混合形式的犯罪构成。这种观点受到苏联刑法学者的广泛批评，认为确定某个犯罪是故意犯罪，不仅需要确定某人对自己的行为或者行为的心理态度，还需要确定他对犯罪结果的心理态度。过失的观念也是如此。所以，任何把对结果的心理态度置于故意和过失之外的观点都是人为地将其分为两个独立的部分（一部分是对待行为的心理态度，另一部分是对待结果的心理态度），虽然法律认为它们是罪过统一形式中的两个组成部分。苏联学者认为，只有在客观方面的特征是发生两个结果——直接结果和遥远结果的情况下才具有双重罪过。在这种犯罪构成中，应根据行为人对含有直接结果和遥远结果的犯罪所抱的态度单独确定罪过的形式。否则，遥远结果应受的处罚性就会在客观归罪的基础上产生，而这同苏维埃刑法是格格不入的。这种犯罪构成可以被称为具有罪过形式的构成，即具有两个罪过形式的犯罪构成。参见［苏］H. A. 别利亚耶夫、M. И. 科瓦廖夫主编：《苏维埃刑法总论》，马改秀等译，160 页，北京，群众出版社，1987。

② 结果加重犯系"故意与过失之竞合"（Culpadolodeterminata）或"故意犯与过失犯之复合形态"，谓因犯基本犯罪行为（故意犯）所发生之重结果，除其间具有因果联络关系外，所发生之重结果须经行为人之过失者（过失犯），始能令负加重结果之责任。参见陈朴生、洪福增：《刑法总则》，107 页，台北，五南图书出版公司，1982。

③ 张明楷教授认为，在这种情况下都存在双重结果，因而具有对两种结果不同的心理态度。参见张明楷：《"客观的超过要素"概念之提倡》，载《法学研究》，1999（3），24 页。我认为，只有在结果加重犯的情况下才存在双重结果，其他场合只有一个结果。

95

式为故意（包括对结果持希望态度的直接故意和对结果持放任态度的间接故意），而不存在所谓对行为是故意而对结果是过失的情形。例如，在丢失枪支不及时报告，造成严重后果的情形下，丢失枪支是过失，但并非本罪的罪过心理；而且丢失枪支也不是本罪的犯罪行为，至多不过是行为的前提条件。不及时报告才是本罪的行为，这是一种不作为，不报告造成严重后果的才负刑事责任。这种情况即是一种典型的不作为的故意犯罪。对于严重后果，行为人需要认识到会发生这种严重后果而仍然不及时报告，才足以表明行为人对于后果的故意心理。至于这种后果的具体内容，并不要求行为人确切地认识。至于意大利刑法理论中的超故意，其中明显包含客观责任的内容。① 我认为，客观责任是和主观与客观相统一的定罪原则相冲突的，其提出是基于意大利刑法典的规定，因而不能成为刑法理论上的一般结论。

讨论至此，有必要论及我国刑法中的数额犯与情节犯。这里的数额犯是指以一定的数额作为构成犯罪要件的情形。情节犯是指以一定的严重或者恶劣之情节作为构成犯罪要件的情形。② 关于数额犯之数额与情节犯之情节的法律性质，在我国刑法理论中就存在构成要件说与处罚条件说之争。③ 通行的观点认为，数额与情节是犯罪的构成要件，它是一个符合性的构成要件，因而不同于一般的构成

---

① 对超故意中包含的那种较轻的结果，行为人的心理态度应属于故意。但是，对那种较严重的结果，到底应以什么理由或什么名义归罪于行为主体？这个问题是在理论和实践上如何认定超故意的关键。对此，意大利刑法理论上存在争论。有些学者认为，这里的责任就是客观责任，或者说超故意就是故意和客观责任混合而成的责任罪过形态。但是，另一些学者认为，超故意的内容应是故意与过失相加而形成的混合罪过形态。按后一种理解，对那种比行为人希望发生的结果更严重的实际结果，行为人必须是过失，即只有这种结果是行为人可以预见的结果时，才可能要求行为人对这种结果负责。意大利学者杜里奥·帕多瓦尼则坚持认为超故意的罪过形态是故意和客观责任的混合。参见［意］杜里奥·帕多瓦尼：《意大利刑法学原理》，陈忠林译，227～229页，北京，法律出版社，1998。

② 关于数额犯与情节犯的详细论述，参见陈兴良：《刑法哲学》，修订版，574页以下，北京，中国政法大学出版社，1997。

③ 关于数额较大认定盗窃犯罪的作用，构成要件说强调数额是定罪条件，是盗窃罪必不可少的构成要件，盗窃数额较小的财物便不能构成盗窃罪；处罚条件说认为数额是量刑条件，并不是构成盗窃罪必不可少的条件。参见高铭暄、王作富主编：《新中国刑法的理论与实践》，593页，石家庄，河北人民出版社，1988。

要件。应当指出，数额犯与情节犯中，数额与情节的性质问题上的构成要件说与处罚条件说之争，与客观上处罚条件的争论既有相似之处又存在着性质上的区分。相似之处在于：数额与情节也不同于行为、行为客体、结果等这些一般的构成要件，而是在此基础上反映行为的违法性程度。相异之处在于：数额与情节都与行为具有直接关联，数额是行为之数额，情节是行为之情节，因而归为构成要件是顺理成章的；而客观的处罚条件则与行为及其结果没有关联，是第三者的行为或者立法机关设定的处罚事由，将之纳入犯罪构成要件需要特别说明。

综上所述，我认为客观的处罚条件只应限于与行为及其结果无关的其他事由，对此行为人不必具有主观上的故意与过失，将这种客观的处罚条件作为犯罪的构成要件并不违背主观与客观相统一的定罪原则。

（三）严格责任、模糊罪过与复合罪过

严格责任（strict liability），又称为绝对责任（absolute liability），是英美刑法特有的一种制度，是无罪过责任（liability without fault）的一种[1]，指在某些特殊的犯罪中，即使被告的行为不具有对被控犯罪必要后果的故意、放任或过失，即使被告的行为是基本合理的错误认识即认为自己具有犯罪定义所规定的某个特殊的辩护理由，他也可被定罪。在这种情况下，被告人虽然没有任何过错，但却被要求承担刑事责任，这种责任称为严格责任。[2] 英美刑法实行严格责任的理由，可以归结为两点：一是出于预防英美特殊犯罪的需要，二是出于惩处这些

---

[1] 在英美刑法中，无罪过责任是指在某种特殊情况下，某种行为构成犯罪并对其追究刑事责任并以本人具有罪过或犯罪的心理状态为必要条件，只要本人或他人具备一定的危害行为并造成一定的危害结果的，就要负刑事责任。英美刑法中的无罪过责任，一般包括以下三种：(1) 严格责任；(2) 代理责任；(3) 法人责任。参见陈兴良：《刑法哲学》，修订版，197页以下，北京，中国政法大学出版社，1997。

[2] 参见[英]鲁珀特·克罗斯、菲利普·A. 琼斯：《英国刑法导论》，赵秉志等译，67页，北京，中国人民大学出版社，1991。

犯罪的诉讼需要。① 这里的特殊犯罪，主要是指违反工商管理和交通管理的规定的犯罪。这些在我国均不属于犯罪，而只是行政不法或者民事不法。② 由此可见，英美刑法实行严格责任是有限制的，在罪名上限于轻微犯罪，排除重罪的适用；在刑罚上限于适用罚金等轻刑；等等。

我国学者对于英美刑法中的严格责任颇感兴趣，引入严格责任的观点时有提出。有些学者甚至认为，从我国刑事立法与司法实践看，实际上存在着追究严格责任的情况。③ 我认为，这种所谓严格责任的情况是不能成立的，是理解上的失误。④ 值得注意的是，我国学者还从严格责任中引申出模糊罪过的概念，认为刑法中的严格责任，是指在行为人主观罪过具体形式不明确时，仍然对其危害社会并触犯刑法的行为追究刑事责任的制度。因此，严格责任并不与罪过责任相对立，而是罪过责任的一种，只是具体形式究竟是故意还是过失不明确而已。此谓

---

① 英国学者指出：在违反管理法规的犯罪中，大多数对公众有很大危害性，而且，要证明被告的行为是否出于故意或过失，是非常困难的。因此，若把犯罪意图作为犯罪构成的必要条件，往往会使被告逃脱惩罚，使法律形同虚设。另外，如果对事实的无知或认识错误总是可以作为辩护理由而被接受，那么，许多虚假的辩护都可以成功。当前的初级刑事法院的工作任务十分繁重，要对每个触犯管理法规的犯罪案件的起诉进行关于犯罪意图的调查是行不通的。实行严格责任，可以有助于保证社会团体或组织的负责人采取一切可行的措施去贯彻执行有关社会福利方面的重要法规。不考虑犯罪意图也给予定罪，可以制约或迫使人们不去做不允许做的事，同时保证了人们可以去做允许做的事。参见〔英〕鲁珀特·克罗斯、菲利普·A. 琼斯：《英国刑法导论》，赵秉志等译，77页，北京，中国人民大学出版社，1991。

② 我国学者指出：类似美国刑法中的绝对责任罪，在大陆法系一些国家都不是犯罪，只是可受行政处罚的违反工商行政管理或治安交通管理的违法行为。行政处罚是未必要求主观罪过要件的，所以，绝对责任制度的存废之争的关键在于那些同公众利益息息相关的违法行为是否被纳入犯罪的范畴。参见储槐植：《美国刑法》，2版，87页，北京，北京大学出版社，1996。

③ 这些情况是：(1) 由于酒精的麻醉作用，行为人完全不能辨认自己行为的性质和不能控制自己的行为，但又排除了病理性醉酒的可能性。我国刑法规定对这种行为追究刑事责任，就是一种严格责任。(2) 在奸淫幼女罪中，由于刑事案件的复杂性，并不能排除在某些情况下行为人确实不知对方是幼女或确信对方不是幼女，在这种情况下，行为人显然缺乏奸淫幼女的故意。依照我国刑法的规定，对这些与幼女发生性行为者追究相应的刑事责任，也是一种严格责任。(3) 一般刑事犯罪中对法律的认识错误，其中在法律上是犯罪行为，行为人自己不认为是犯罪的，也涉及严格责任方面的问题，例如，正当防卫中的防卫过当。参见刘生荣：《论刑法中的严格责任》，载《法学研究》，1991 (1)，44页。

④ 对所谓严格责任的情况的辩证，参见陈兴良：《刑法哲学》（修订版），202～203页，北京，中国政法大学出版社，1997。

模糊罪过。① 在罪不明确的意义上采用严格责任一词，我认为是与英美刑法中严格责任的本意相悖的。因为英美刑法中的严格责任，就是无罪过责任，尽管在某些情况下罪过是难以查明的。以模糊罪过为特征的严格责任，排除了无罪过责任，用以解释我国刑法中"罪过形式的存疑条款"，即刑法条文没有规定罪过形式，并且从立法用语和以往的知识也无从推断，此时，如果某人的客观行为符合刑法条文对犯罪客观方面的描述，并且不属于无罪过事件或者无刑事责任能力人所为之事，就可以对行为依法定罪处刑，主观罪过的具体形式在此已不必详加区分，不区分也不会影响定罪量刑。② 我认为，这种故意与过失合一的罪过是否存在值得讨论，至少对于这种罪过不明确的所谓模糊罪过以严格责任加以概括，在学理上是难以成立的，因为严格责任是以无罪过为内容的英美刑法中的一个特定概念，在使用上应当遵循其本意。因此，对于罪过不明确的观念可以径直称为模糊罪过，而没有必要冠之以严格责任，否则容易引起误解。

对上述论者所称的模糊罪过，我国学者还称之为复合罪过形式，与通行的一个罪名只能有一种罪过形式的单一罪过形式相对应。复合罪过形式是指同一罪名的犯罪心态既有故意（限间接故意）也有过失的罪过形式。③ 这里涉及故意与过失的区分以及间接故意与过失是否可以合一等法理上的问题。我认为，故意与过失是两种完全不同的责任形式，刑法上一般以处罚故意为原则、以处罚过失为例外。因此，故意与过失界线无论在立法上还是在司法上都应当明确而不应模糊。

---

① 参见李文燕、邓子滨：《论我国刑法中的严格责任》，载《新刑法施行疑难问题研究与适用》，80页，北京，中国检察出版社，1999。

② 根据这种观点，在某些情况下，罪过形式不明确时，既包含故意，又包含过失，无须加以区分。参见李文燕、邓子滨：《论我国刑法中的严格责任》，载《新刑法施行疑难问题研究与适用》，82~83页，北京，中国检察出版社，1999。

③ 复合罪过形式是为了解读现行刑法的规定而创造的一个新术语，参见储槐植、杨书文：《复合罪过形式探析——刑法理论对现行刑法的新法律现象之解读》，载《法学研究》，1999 (1)，50页以下。复合罪过、模糊罪过、客观的超过要素的提出，基本上都是为了解读现行刑法中同类规定。这不禁使我想到：如果立法上是有缺陷的，对此有解释，只能是掩饰这种缺陷，同时使理论牵强。因此，这种解读是否必要大可质疑。

即使在立法上模糊,也应当通过解释使之清楚,而不是维持与认可这种模糊。尤其是,刑法对于故意犯罪与过失犯罪的处罚是有所不同的,不能将间接故意与过失合一,否则,刑法将丧失区分功能。

综上所述,我认为,在定罪过程中,不仅应当坚持主观与客观相统一的原则,防止客观归罪,而且这种主观与客观相统一,还必须是精确的,而不是模糊的,是对应的,而不是合一的。唯此,定罪才能适当。

二、定罪方法

定罪是法律规定与案件事实的耦合过程,是对某一行为是否有罪的确认。这里的确认,又称为认定,即确定地认为,指从质的规定性上对一定的现象作出分析、认识、判断和确定。定罪活动中的所谓确认,主要是指对某一行为与刑法所规定的犯罪构成之间进行相互一致的认定。贝卡里亚曾经提出司法三段论,认为法官对任何案件都应进行三段论式的逻辑推理。大前提是一般法律,小前提是行为是否符合法律,结论是自由或者刑罚。[①] 在贝卡里亚的司法三段论中,法官的自由裁量是不存在的,因而定罪被看作是一个机械地适用法律的过程。尽管如此,贝卡里亚的司法三段论对定罪的逻辑过程作了描述。[②] 我认为,定罪的主体是人,确切地说是法官。法官在定罪活动中的主观能动性是不可否认的。当然,定罪又必须受到法律规定与案件事实这两个客观因素的限制。法官的作用只是将法律规定与案件事实加以同一性认定,因此,定罪可以分为以下步骤并相应地采取以下方法。

---

① 参见[意]贝卡里亚:《论犯罪与刑罚》,黄风译,12页,北京,中国大百科全书出版社,1993。
② 定罪是法律的适用过程,而法律的适用,是指将法律规范适用于具体案件以获得判决的全过程。按照概念法学的理解,法律适用过程为通过三段论法的逻辑推论获得判决的过程。法官必须严格按照三段论法作逻辑推演,遇有法律意义不明的,只能探求立法者明示的或可推知的意思。参见梁慧星:《民法解释学》,191~192页,北京,中国政法大学出版社,1995。由此可见,司法三段论是法律适用的内容,因而被概念法学所承认。

(一) 法的吸纳：解释方法

法律规定是定罪的根据，因此，法的吸纳是定罪的前提。法的吸纳表现为一种找法的活动。[①] 法之所以需要寻找，这是由立法的特点所决定的。立法有一个从个别性立法到一般性立法的演进过程。在个别性立法的情况下，个别性法律规定可以直接适用于案件，两者之间具有简单的对应关系，因而法不需找。这种情况下的法律适用，是一个对号入座的过程。个别性立法使得法律缺乏涵括力，在人们认识能力低与社会生活简单的古代社会才有其存在的余地。在古代刑法中，存在大量一事一立法的刑规范，诸如"弃灰于道者斩手"之类均是。随着人们概括能力的提高与社会生活的日益复杂化，个别性立法式微，取而代之的是一般性立法，这种立法具有抽象性与概括性，因而具有相当的涵括力。在刑法中，从侵犯财产的个别现象中概括出"取非其物谓之盗"的内容，然后根据盗的手段是秘密窃取还是公然强夺，区分为窃盗与强盗（即现行刑法中的盗窃与抢劫）。由此形成一般性的罪名。随着立法的日益复杂与抽象，法律适用不再是机械的对号入座，而需要寻找。因而，找法就成为法律适用的前提。

法律规定有两种情形：一是显形规定，二是隐形规定。显形规定是指字面上的直观规定，例如杀人，指非法剥夺他人生命。只要实施非法剥夺他人生命的行为的，即为杀人。在这种情况下，可以直接依照法律规定予以认定。隐形规定是指内容上的包容规定，法律规定的内容一般难以通过字面确定，而须通过对内容的过程分析才能确定。例如，抢劫之"其他方法"，对于这种方法法律并未列举，而是以不确定概念加以规定的，其内容有待法官填补，因而是刑法上的一种概括规定或者空白要件。对此，应当予以具体化，使之成为可适用之法。在某些情况下，法律规定不仅不明，而且有疑，因而需要决疑。法律的疑惑往往是立法缺陷的表现。在理论上可以批评法律，但在司法中，法律不是嘲笑的对象，应当通过

---

① 找法是指探寻可得适用之法律规范。参见梁慧星：《民法解释学》，192 页，北京，中国政法大学出版社，1995。

合理化解释，使之成为可适用之法。①

找法的结果还可能找不到法律，即没有可适用的法律规范，这种情形即存在法律漏洞。② 在法律适用中，对于法律漏洞可以予以补充。法律解释学中，公认的法律漏洞补充方法包括依习惯补充、依法理补充、依判例补充。在依法理补充中，包括类推适用，即对于法无明文规定之讼争事件，比附援引与其具类似性的案型之规定。③ 刑法具有特殊性，尤其在罪刑法定原则规制下的刑法，如何处理法律漏洞是一个十分复杂的问题。我认为，不可否认在刑法中存在法律漏洞，例如在我国刑法关于数罪并罚的规定中，只规定了同种自由刑采取限制加重原则，而对异种自由刑如何合并处罚未作明文规定，这就是一个明显的法律漏洞，有待补充。④ 因为异种自由刑同时判处的情形是客观存在、司法机关无法回避的，对此应予以合理弥补。但在关涉某一行为是否构成犯罪的问题上，应当否认法律漏洞之存在。不能将法律未将某一行为规定为犯罪，视为一种法律漏洞。这种情形，就是法无明文规定，依照罪刑法定原则，不为罪。

---

① 法律不是嘲笑的对象（Lexnondebetesseludibrio），而是法学研究的对象；法律不应受裁判（Non-suntjudicandaeleges），而应是裁判的准则。法律必须被信仰，否则它将形同虚设。既然信仰法律，就不要随意批评法律，不要随意主张修改法律，而应当对法律进行合理的解释，将"不理想"的法律条文解释为理想的法律规定。对于法学家是如此，对于裁判者更是如此。参见张明楷：《刑法格言的展开》，3页，北京，法律出版社，1999。我同意上述观点，当然，这种观点只有在刑法解释学的语境中才能成立。从刑法法理学的意义上说，法律不可能是永远正确的，立法缺陷是客观存在的，善意地解释法律的前提是要承认立法上的这种缺陷，更应该弥补这种缺陷，而不是掩饰这种缺陷。因此，法律永远是正确的，错误的只能是理论，立法永远是科学的，错误在于我们没有正确地解释法律，从这种态度出发，讳言对法律的批评，甚至通过曲解理论以迁就错误的法律，则是我所不能同意的。否则，刑法理论将成为法律的附庸，丧失独立的品格，法学家将丧失学者的自尊。

② 所谓法律漏洞，含义如下：其一，指现行制定法律体系上存在缺陷即不完全性；其二，此缺陷的存在影响现行法应有功能；其三，此缺陷之存在违反立法意图。可将法律漏洞定义为，现行法律体系上存在影响法律功能，且违反立法意图之不完全性。参见梁慧星：《民法解释学》，251页，北京，中国政法大学出版社，1995。

③ 法律漏洞的补充方法之详尽论述，参见梁慧星：《民法解释学》，270页以下，北京，中国政法大学出版社，1995。

④ 参见陈兴良：《刑法适用总论》，下卷，535页以下，北京，法律出版社，1999。

(二) 事实的识别：确认方法和推定方法

事实的识别，是指案件事实的确认。这种某件事实的确认，包括两个层次：一是事实本身的认定，二是指事实意义的认定。① 无论是事实本身还是事实意义，都属于刑事司法认定的对象。这里还应指出，作为司法认定对象的案件事实，并非所有与案件有关的情况，而只是与法律适用相关的案件事实。在定罪活动中，主要是指构成要件的事实。②

定罪的事实并非一种裸的客观事实，而是一种法律事实。客观事实只有转化为法律事实，才能成为定罪的根据。在我国司法活动中，实事求是的原则一再得以强调，表现在司法认定中就是"以事实为根据"。上述原则中的事实，是一种哲学意义上的客观事实，它是一种客观的、全部的、绝对的事实，它独立于人的认识而存在，不以人的认识为转移。对于这种客观事实的查证，就成为司法活动的全部目标。我认为，将司法认定中的事实直接等同于哲学上的事实是不科学的。哲学上的事实是一种独立于主观认识的客观实在，而在司法活动中，案件事实虽然同具客观性，但它不是一种自在的客观事实，而是一种法律事实。这里的法律事实，是指经过法定程序确认、具有法律意义的案件事实。这种案件事实获得合法证据的支持，因而具有法律效力。法律事实并不能等同于客观事实，法律事实只是对客观事实的一种复原或者再现。由于人的认识能力的有限性与司法活动的事后性，法律事实只能接近于客观事实，是现有证据下所能够查明的事实。

在案件事实的认定中，有些事实是可以直接予以确认的，例如一具尸体，表示人的死亡这一事实的存在。更多的事实无法直接确认，还需要进行间接确认。

---

① 苏联学者指出，在适用法律规范中，与法律案件有关的客观现实的一切事实都是真相判断的对象。客观现实的概念不仅包括单纯的事实本身，而且包括事实的社会法律意义（特别是违法行为的社会危害性）。客观现实的事实，也包括法律本身、主体的权利和义务。总之，我们认识中的构成适用法活动内容的理性方面的所有客观事实，在适用法时，都是真相判断的对象。参见［苏］C.C.阿列克谢耶夫：《法的一般理论》，下册，黄良平、丁文琪译，706～707页，北京，法律出版社，1991。上述论述，将法律本身也归入客观事实，从司法认识角度来说是正确的，但它与案件事实是有区分的，两者不可混淆。

② 英国学者指出，法律只关心基本事实，其他的一切都因与法律规则的适用无关而被置之不理。参见［英］彼得·斯坦、约翰·香德：《西方社会的法律价值》，黄子平等译，111页，北京，中国人民公安大学出版社，1989。

这里的间接确认是指尽管没有直接证据可以证实，但各种间接证据形成了证据锁链，因而可以认定某一事实的存在，在定罪中，案件事实不仅包括行为事实，而且还包括心理事实。行为事实具有客观外在表现，而心理事实是行为人的一种主观心理活动。对于心理事实在认定上更为困难。① 这里存在一个根据客观事实加以推断的问题。这种推断，在理论上称为推定。推定是指根据已知的事实推断未知的事实的一种逻辑推理。在定罪活动中，推定的方法也是经常采用的，尤其在主观罪过的认定中更是如此。在我国刑法中，被论及的是事实的推定。例如，故意推定，即依据一定的证据推定行为人具有故意，行为人若否定自己具有此种故意，必须提出反证。此外，在过失中，还有注意义务的推定、注意能力的推定、违反注意义务的推定等。② 由此可见，推定是定罪的方法之一。

（三）法律规定与案件事实的耦合：演绎方法

在找法与事实识别的基础上，应当在法律规定与案件事实之间求得同一性，这就是法律规定与案件事实的耦合过程。在这耦合过程中，存在一个从法之一般到案件之个别的逻辑演绎过程。这个过程，称为"Subsumtion"。所谓 Subsumtion，通常译为归摄或涵摄，指将待决案件事实置诸法律规范构成要件之下，以获得特定结论的一种逻辑思维过程。③ Subsumtion 实际上是一种演绎方法。在法条中包含了可适用于个别案件的法意图，通过演绎，就能够将个别案件包摄在法条之中，从而实现法意图。在定罪活动中，刑法关于构成要件的规定，是对犯罪现象的理论概括，个别案件事实只有该当构成要件的，才能被视为犯罪。因此，

---

① 英国学者指出，在多大程度上能够证明被告过去的心理状态？这是一个很容易使学者产生烦恼的问题。参见 [英] 鲁珀特·克罗斯、菲利普·A. 琼斯：《英国刑法导论》，赵秉志等译，57 页，北京，中国人民大学出版社，1991。

② 关于故意与过失的推定，详见姜伟：《犯罪故意与犯罪过失》，211 页以下、346 页以下，北京，群众出版社，1992。

③ 若以法律规范（T）为大前提，以待决案件事实（S）为小前提，以特定法律效果（R）之发生为其结论，则此法律的逻辑思维结构可表示如下：T→R（具备 T 构成要件者应适用 R 法律效果）。S=T（待决案件事实符合于 T 构成要件）。S→R（该待决案件事实应适用 R 法律效果）。概言之，所谓法律的适用，指将法律规范适用于具体案件以获得判决的全过程。参见梁慧星：《民法解释学》，191 页，北京，中国政法大学出版社，1995。

将个别案件事实归属于一定的构成要件,通过演绎方法获得了定罪的正确性。

在定罪活动中,由于法律规定与案件事实并非简单对应关系,因而法官的自由裁量发挥着重要作用。定罪的自由裁量是指在犯罪的认定上法官可以依据法律对于介乎于罪与非罪之间的所谓临界行为的性质加以确定。在定罪过程中,凡是行为事实符合法定的构成要件的,为罪;凡是行为事实不符合法定的构成要件的,为非罪。在这个意义上说,法官并没有自由裁定的余地。但是,法律对于犯罪构成要件的规定并不都是十分明确的,有时存在一些评价要件。[①] 评价要件的实质是立法者将决定权授予法官。当这些评价要件关乎罪与非罪时,法官就具有了定罪的自由裁量权。因此,定罪中的演绎,绝非像贝卡里亚所认为的那样,只是一个机械的逻辑演绎,而是包含着法官的主观能动性的运用。

(本文原载《河南省政法管理干部学院学报》,2000(1))

---

① 苏联学者认为,评价要件是一种可变要件,以区别于那些内容确定的不可变要件,它们的内容在很大程度上取决于运用法律的法律工作者的法律意识同时考虑到刑法的要求和具体案件的情节。这些可变要件更接近于侦查机关、检察机关和法院所评价的变化着的情况,所以可有条件地称它们为评价要件。参见〔苏〕B. H. 库德里亚夫采夫:《定罪通论》,李益前译,141页,北京,展望出版社,1989。

但书规定的法理考察

我国《刑法》第13条分为前后两个半段，前半段是犯罪概念；后半段是但书规定："犯罪情节显著轻微危害不大的，不认为是犯罪。"这一规定（以下简称但书规定），被认为是我国刑法中一项具有特色的内容。对于但书规定，我国学者以往是在犯罪定量要素的名义下进行研究的，但它远不是刑法理论中的热点问题。在《刑法修正案（八）》设立了危险驾驶罪以后，围绕着醉驾行为是否一律入罪展开了争论，由此引起我国刑法学界对但书规定的持续关注。对于醉驾行为是否一律入罪，可以分为肯定说与否定说。[①] 其中，否定说以《刑法》第13条的但书规定作为情节显著轻微危害不大的醉驾行为的出罪根据，以此否定醉驾行为必须一律入罪。而肯定说则认为，在刑法分则对于醉驾行为构成危险驾驶罪未规定定量要素的情况下，根本不存在情节显著轻微危害不大的醉驾行为，因此醉驾行为应当一律入罪，而不能援引《刑法》第13条的但书规定予以出罪。以上争论，虽然是以醉驾行为为中心而展开的，却关系到对《刑法》第13条但书规定

---

① 关于醉驾入罪，也被称为醉驾入刑，但入罪与入刑虽是一字之差，含义却有所不同。入罪是一个罪与非罪的问题，出罪则无刑；但入刑是一个是否受到刑罚处罚的问题，根据我国刑法规定，入罪未必入刑，因为存在免予刑罚处罚的规定。因此，应当区分入罪与入刑。本文采用入罪的表述。

的理解和适用,由此将但书规定这一课题摆在了我国刑法学者面前。应该指出,在我国司法实践中,但书规定的适用存在一定的混乱,甚至滥用。这一规定几乎成为出罪的总括性根据,而对情节显著轻微危害不大的司法判断又缺乏明确的标准。在我国目前入罪容易出罪难的司法背景下,但书规定的积极意义被学者所强调。然而,对于刑法中的但书规定,还是需要从法理上进行深入的探讨。

一、但书规定的历史沿革

但书规定是我国刑法关于犯罪的法定概念的重要组成部分,因此,只有结合犯罪的法定概念才能对但书规定作出正确的解读。对于犯罪的法定概念,在大陆法系国家刑法中存在不同的立法例。在此引入比较法的分析工具,揭示我国刑法关于但书规定的渊源。

(一)从1810年《法国刑法典》中的犯罪分类到1926年《苏俄刑法典》的犯罪实质概念

刑法规定犯罪的法定概念,始自《苏俄刑法典》。此前,在大陆法系刑法中只有犯罪分类的规定而无犯罪法定概念的规定。被誉为大陆法系刑法典摹本的1810年《法国刑法典》第1条规定:"法律以违警刑处罚之犯罪,称违警罪;法律以惩治刑处罚之犯罪,称轻罪;法律以身体刑或者名誉刑处罚之犯罪,称重罪。"这就是大陆法系刑法典罪分三类的肇始。在此,《法国刑法典》只是以所受刑罚为标准将犯罪分为重罪、轻罪和违警罪,并没有对犯罪的实体内容作出定义性的规定。大陆法系另一著名刑法典1871年的《德国刑法典》在犯罪规定上与《法国刑法典》如出一辙,将犯罪分为重罪、轻罪和违警罪。[①]《瑞士刑法典》则较为正面地规定了犯罪的形式概念:"犯罪是法律所禁止的,并以刑罚制裁的行为。"大陆法系国家的刑法典之所以在其总则中对犯罪概念不作规定,与其实行

[①] 现行《德国刑法典》取消了违警罪(轻微犯罪),对犯罪从三分法改采两分法,即重罪与轻罪。参见〔德〕冈特·施特拉腾韦特、洛塔尔·库伦:《刑法总论Ⅰ犯罪论》,杨萌译,65页,北京,法律出版社,2006。

的罪刑法定主义有着一定的关联性。基于罪刑法定主义,法无明文规定不为罪。这里的法,是指刑法分则。刑法分则通过设置构成要件,对具体犯罪加以规定,为司法机关定罪提供规范根据。在这种制度设计下,大陆法系国家刑法将立法重心放在刑法分则,刑法分则的规定对于刑法总则来说具有优先性,并且在定罪思维上确立了刑法分则与总则之间的位阶性。尤其是德国学者贝林提出了构成要件的概念,并将构成要件确立为犯罪成立的第一个要件,就为在定罪过程中从刑法分则到刑法总则的思维方法提供了逻辑进路。因此,在传统的大陆法系国家刑法中既未规定具有实体内容的犯罪一般概念,也不可能存在出罪性质的但书规定。

犯罪概念的但书规定是伴随着《苏俄刑法典》具有阶级内容的犯罪实质概念应运而生的,其逻辑基础是犯罪的社会危害性理论。1919年《苏俄刑法指导原则》(以下简称《指导原则》)是苏俄第一部具有刑法典性质的刑事法律,它只规定了总则而没有分则。《指导原则》第6条规定了犯罪概念:"犯罪是危害某种社会关系的作为或不作为。"这就是所谓犯罪的阶级概念。1922年《苏俄刑法典》第6条又规定了一个更加扩张的、实质的和阶级的犯罪概念:"威胁苏维埃制度基础及工农政权在向共产主义制度过渡期间所建立的法律秩序的一切危害社会的作为或不作为,都被认为是犯罪。"1926年《苏俄刑法典》第6条关于犯罪概念的规定,基本上复制了1922年《苏俄刑法典》第6条。苏俄学者从20世纪20年代开始对犯罪概念进行研究,注意到了苏维埃刑法中犯罪概念与所谓资产阶级刑法中犯罪概念的区别,由此而把《苏俄刑法典》第6条规定的犯罪概念称为犯罪的实质概念,而把所谓资产阶级刑法中的犯罪概念称为犯罪的形式概念。在这种情况下,社会主义刑法典的犯罪实质概念与资产阶级刑法典的犯罪形式概念作为对应关系被建立起来。其实,犯罪的实质概念是一种为类推提供实体根据的理论。在苏维埃国家建立初期,为了有效地打击犯罪,《苏俄刑法典》没有采用罪刑法定原则,而是在刑法中规定了类推制度。显然,在类推制度的法律语境下是不可能采用犯罪的形式概念的,正是犯罪实质概念的开放性为类推定罪提供了空间。而且,犯罪的实质概念也是在社会主义国家建立初期,关于是否需要制定刑法典的争议中产生的犯罪概念。1917年十月革命胜利以后,对社会主义国家是

否应当制定刑法典始终存在争议,这种争议一直持续到20世纪30年代。在这种情况下,犯罪的实质概念就成为入罪的唯一根据。由此可见,《苏俄刑法典》中的犯罪实质概念具有为更为宽泛的行为提供入罪根据的功能。

在以上犯罪实质概念的历史背景下,再来考察但书规定的功能,就会具有不同于拘泥其字面表述的深刻认知。苏俄学者在论及但书规定的产生时,将其追溯到1919年《指导原则》第16条的规定,并对但书规定的产生过程作了以下描述:"这种情形在《指导原则》第十六条,亦曾予以规定。'当构成某种行为成为现制度的危险行为的条件,消逝之后,实行该种行为者即不复被处刑。'……在一九二四年,全俄中央执行委员会会议即命令中央委员会主席团研究关于交付裁判之细小过失案件之停止审理问题。据此,一九二五年二月九日全俄中央主席团对苏俄刑事诉讼法第四条加以补充。根据此补充条文,检察官与法庭有权'拒绝提起刑事追诉,并有权停止刑事案件的审理——在以下场合:被诉追之行为虽具备刑法法典所规定之犯罪要件,但因其结果细微、不足道,而不能认为具有社会危险性时,或提起刑事诉追或继续实行审理已觉不适宜时。'虽然此第四条附一(即前述之补充条文)系包含于苏俄刑事诉讼法之内,然就实质言,此条绝不是诉讼法规范,而是实体刑法规范。这一条例在一九二六年苏俄刑法典中列于第六条的附注内。第六条的附注写道:'形式上虽符合于本法典分则某一条文犯罪要件之行为,但因其细微不足道且因其无损害结果,而缺乏社会危险性者,不为罪。'"[1] 由此可以看出,苏俄刑法典中的但书规定经历了一个从刑事诉讼法规范到刑法规范的演变过程。在以社会危害性为中心的犯罪实质概念中,在赋予社会危害性入罪功能的同时,也使其具有出罪功能。但书规定所出之罪,主要是指那些轻微之罪,即具备刑法分则某一条文规定的构成要件,但因行为细微不足道或者未发生结果,而予以出罪。毫无疑问,但书规定的这种出罪功能是对实质犯罪概念所具有的强大入罪功能的一种救济与纠偏,这是其所具有的正面意义。当

---

[1] [苏] 苏联司法部全苏法学研究所主编:《苏联刑法总论》,下册,彭仲文译,308~309页,上海,大东书局,1950。

然，也必须看到，但书规定毕竟是苏俄刑事法治尚不发达背景下的产物，对其出罪功能不宜夸大。

（二）从犯罪实质概念到犯罪混合概念的转变

苏俄刑法学界关于犯罪概念的理论经历了一个从犯罪的实质概念到犯罪的混合概念的转变过程。在这当中，苏俄学者杜尔曼诺夫对犯罪概念的研究成果产生了重要的影响。杜尔曼诺夫首次把犯罪的实质特征同形式特征结合起来研究，指出："如果说犯罪的实质特征是行为的社会危害性，那么形式特征就是以违法性、罪过和人的责任能力为条件的应受惩罚性。"[①] 此后，随着法律虚无主义思想受到清算，犯罪的实质概念逐渐被废弃，直到1958年《苏联和各加盟共和国刑事立法纲要》（以下简称《立法纲要》）第7条第1款首次确立了犯罪的混合概念："凡是刑事法律规定的危害苏维埃社会制度或国家制度，破坏社会主义经济体系和侵犯社会主义所有制，侵犯公民的人身、政治权利、劳动权利、财产权利和其他权利的危害社会的行为（作为或不作为），以及刑事法律规定的违反社会主义法律秩序的其他危害社会的行为，都是犯罪。"这一犯罪概念不仅揭示了犯罪的社会危害性，而且指出了犯罪的刑事违法性，因而被称为是犯罪的混合概念。从犯罪的实质概念到犯罪的混合概念，这是苏联社会主义法制建设进步的表现。对此，苏俄学者比较了1919年《指导原则》、1922年《苏俄刑法典》和1926年《苏俄刑法典》关于犯罪概念的规定与1958年《立法纲要》关于犯罪概念的规定，认为前者都强调对苏维埃制度、对工农政权和劳动人民的国家建立的法律秩序有危害的行为是犯罪，在犯罪的定义中并没有指出形式的因素——按照刑事法律之行为应受惩罚性。这种情况可用刑法中存在类推制度来解释，也就是说，对法律没有直接规定的危害社会行为可以比照刑法典同这种犯罪最相类似行为的规定追究刑事责任。这种在刑法典中没有明文规定的行为也属于犯罪。《立法纲要》首次提出了实质和形式的特征兼备的犯罪定义，并指出：犯罪就是刑事法律所规

---

① 转引自[苏]A.A.皮昂特科夫斯基等：《苏联刑法科学史》，曹子丹等译，22页，北京，法律出版社，1984。

定的行为。这就意味着抛弃了过去刑法中的类推制度。然而,《立法纲要》不仅没有摒弃实质特征,还使立法有了改进和发展。①

由此可见,从犯罪的实质概念到混合概念的演变是以类推制度的存废为背景的,这是一个逐渐向罪刑法定原则接近的过程。当然,苏俄学者还是习惯性地推崇犯罪概念的实质特征,或多或少地贬低犯罪概念中的形式特征。这一思维定势也表现在犯罪概念的但书规定上,在苏俄刑法典采用犯罪的混合概念以后,但书规定也被保留下来。例如,1962年《苏俄刑法典》第7条规定:"形式上虽然符合本法典分则所规定的某种行为的要件,但是由于显著轻微而对社会并没有危害性的作为或者不作为,都不认为是犯罪。"这一规定被认为是区分罪与非罪的根据,由此防止了刑法被形式地适用。苏联解体以后的《俄罗斯联邦刑法典》关于犯罪概念的规定承袭了《苏俄刑法典》的犯罪混合概念,同样也承续了犯罪概念的但书规定。《俄罗斯联邦刑法典》第14条第2款规定:"行为(包括不作为)虽然在形式上具有本法典规定的某一行为要件,但由于情节显著轻微而不具有社会危害性的,不是犯罪。"情节显著轻微是一个危害性程度的问题,而且,因为情节显著轻微而不构成犯罪的,并不意味着该行为不受任何处罚。正如俄罗斯学者指出:"情节显著轻微的行为本身没有达到构成犯罪本质的社会危害程度(刑法典第14条第2款),但这种行为可以引起除刑事责任以外的法律责任(如行政责任等)或道德责任。"② 由此可见,但书规定并非实质上的非犯罪化规定,而只是形式上的非犯罪化规定。

(三)但书规定在犯罪论体系中的地位

《苏俄刑法典》的但书规定在犯罪论体系中的地位如何确定,是一个值得研究的问题。苏俄刑法学采用四要件的犯罪论体系,那么,但书规定在四要件中归属于哪一个要件呢?根据苏俄学者的解释,法律所规定的情节显著轻微而对社会

---

① 参见[苏]参见 H. A. 别利亚耶夫、M. N. 科瓦廖夫主编:《苏维埃刑法总论》,马改秀、张广贤译,61~62页,北京,群众出版社,1987。

② [俄]B. 伊诺加莫娃-海格主编:《俄罗斯联邦刑法(总论)》,第2版,黄芳等译,30页,北京,中国人民大学出版社,2010。

没有危害性的行为可表现为：未产生危害性的后果和产生的后果危害性不严重；后果显著轻微；后果遥远；行为在产生后果中的作用不大以及其他一些情况。①由于《苏俄刑法典》对于通过但书规定出罪的情形主要以否定犯罪结果的形式体现出来，因此，苏俄学者特拉伊宁在论及犯罪结果时曾经批判那种将犯罪划分为以结果为构成要件的实质犯罪与不以结果为构成要件的形式犯罪的观点，主张对犯罪结果作实质解释，指出："把结果的实质（对客体所造成的损害）和特点（多样性，相对性）揭示出来以后，便可以明显地看到，它是犯罪构成的必要因素。理论原理是这样。法律上的规定，也是这样。如'苏俄刑法典'上具有十分重大的原则意义与实践意义的第6条附则规定着'由于轻微不足道和缺乏损害结果'而失去社会危害性质的行为。"②由此可见，特拉伊宁是把但书规定作为缺乏犯罪构成要件中的实质结果要件而出罪的情形看待的。因此，但书规定在四要件的犯罪论体系中并没有独立的体系性地位。这一规定也为苏联解体以后的俄罗斯学者所接受，只不过他们将但书规定纳入犯罪行为的要件中考察，作为犯罪行为的实质判断标准而出现。例如，俄罗斯学者指出："所谓行为的社会危害性，是指行为给法律所保护的利益造成损害或者有造成损害的可能性。任何犯罪行为都给刑法保护的客体带来损害。从这个意义来看，任何犯罪都有后果，没有无后果的犯罪。正是行为给社会利益造成的损害大小及损害性质决定了该行为的社会危害性程度和性质；也正是某种行为可能造成严重损害社会的后果，才是判断该行为是否构成犯罪的基础。所以，《俄罗斯联邦刑法典》第14条第2款中专门强调：'行为（不作为）虽然形式上具有本法典规定的某一行为的要件，但由于情节显著轻微而不构成社会危害性的，不是犯罪'。"③以上将但书规定视为行为社会危害性程度判断标准的观点，与特拉伊宁将但书规定作为犯罪结果的判断标准

---

① 参见［苏］参见 H. A. 别利亚耶夫、M. N. 科瓦廖夫主编：《苏维埃刑法总论》，马改秀、张广贤译，66页，北京，群众出版社，1987。

② ［苏］A. H. 特拉伊宁：《犯罪构成的一般学说》，王作富等译，120页，北京，中国人民大学出版社，1958。

③ ［俄］B. 伊诺加莫娃-海格主编：《俄罗斯联邦刑法（总论）》，第2版，黄芳等译，67页，北京，中国人民大学出版社，2010。

的观点,对于但书规定在四要件的犯罪论体系中的归属并不完全相同;但在都将但书规定纳入犯罪构成的客观要件这一点上,二者是一致的。在这种情况下,符合但书规定的情形要么是缺乏犯罪结果而无罪,要么是缺乏行为而无罪。

(四)但书规定与实体法上的定量要素

如同犯罪概念立法例一样,我国刑法中的但书规定也来自苏俄,这是毋庸置疑的。当然,学者也指出了我国刑法但书规定与《苏俄刑法典》但书规定之间的重大差别:"附则"规定"缺乏损害结果而失去危害社会的性质"(对社会没有危害性);"但书"规定的是"危害不大"。根据一些苏联学者的解释,"附则"主要是指犯罪预备行为。而且苏俄刑法典分则中的具体犯罪构成没有一个规定"数量"要件,包括"情节严重"或"造成严重后果"这类内含定量因素要件的具体罪状也为数不多。所以,苏俄刑法典总则关于犯罪概念的"附则"不具有定量含义。① 在《苏俄刑法典》中,其附则的规定具有区分犯罪与其他违法行为的功能,这是没有问题的。例如,俄罗斯学者指出:"犯罪与其他违法行为的主要区别在于行为的社会危害的程度。所有违法行为都是危害社会的行为,但是,从本质上看,犯罪具有更为严重的社会危害性质,这是与其他违法行为的主要区别,可以从实施违法行为造成的后果的严重性、行为人的罪过形式、实施危害社会行为的特殊手段等情况来认定行为的社会危害程度。例如,非法捕捞水生动物和植物造成巨大损失的,构成犯罪(《俄罗斯联邦刑法典》第256条第1款第1项),而实施相同行为,没有造成巨大损失的,只是行政违法行为。"② 由此可见,《俄罗斯联邦刑法典》并非没有对具体犯罪规定数量因素,事实上存在一个包罗万象的《俄罗斯联邦行政违法行为法典》,对各种行政违法行为作了明文规定,由此而与《俄罗斯联邦刑法典》的规定相衔接。例如,俄罗斯学者在论及上述《俄罗斯联邦刑法典》第256条第1款第1项规定时指出:"应该根据犯罪的对象和行为的客观方面,其中包括实施犯罪的地点、手段和工具、发生的后果、刑法典第

---

① 参见储槐植:《我国刑法中犯罪概念的定量因素》,载《法学研究》,1988(2),28页。
② [俄] B. 伊诺加莫娃-海格主编:《俄罗斯联邦刑法(总论)》,第2版,黄芳等译,31页,北京,中国人民大学出版社,2010。

256 条第 3 款规定的加重责任要件去区分本条规定的犯罪构成与《行政违法行为法典》第 85 条'违反狩猎和捕鱼规则以及捕鲸规则'规定的行政违法行为。"[1] 因此,《俄罗斯联邦刑法典》中的但书规定并非没有定量含义。

其实,犯罪概念的定量要素并非我国刑法所独创,不仅过往的《苏俄刑法典》和现今的《俄罗斯联邦刑法典》存在这种定量要素,而且其他国家刑法典中也有类似规定。例如,《奥地利刑法典》第 42 条被认为是与我国刑法第 13 条但书极为相似的出罪条款。该规定指出:"如果一个依职权应予以追诉的行为仅需以罚金刑、三年以下自由刑或以这样的罚金刑与自由刑的总和相威吓,则其在满足以下条件时,不可处罚:1. 行为人的罪责微小;2. 行为未造成后果或造成的后果不显著,或者行为人至少严肃认真地试图从根本上排除、矫正或补救行为后果,以及 3. 以判处刑罚为手段力图实现让行为人远离可罚的行为之目的,或力图实现与由他人所犯之可罚行为作斗争的目的是不适当的。"该条作为一个实体法规范,为那些轻微犯罪行为的出罪提供了法律根据。即使没有在刑法典中规定但书的国家,在其司法过程中也需要将那些情节明显轻微的行为排除在犯罪概念之外。例如,我国学者在论及德语国家刑法中的定量要素时指出:"德语国家并非不关注'量'的问题,无论是从实体法还是程序法的角度,德语国家都对刑法中的定量问题给予了高度关注,并从自身的理论、实践等情况出发,为合理解决这样一个问题而付出了不少值得肯定的努力,也获得了不少值得外来文化学习的成果。"[2] 需要注意的是,在德日等国家因其情节轻微而出罪的行为,因为警察没有行政处罚权,因此也就根本不再受到来自公权力的任何处罚,是一种实质上的非犯罪化。

基于以上分析可以看到,对于情节轻微的犯罪行为之出罪,是各国面临的共同问题,只不过采取的法律途径不同而已:有的采取实体法的途径出罪,有的采取程序法的途径出罪。但书规定只不过是采取实体法途径出罪的一种立法例。因

---

[1] [俄] 斯库拉托夫、列别捷夫主编:《俄罗斯联邦刑法典释义》,下册,黄道秀译,714 页,北京,中国政法大学出版社,2000。

[2] 熊琦:《德国刑法问题研究》,59 页,台北,元照出版公司,2009。

此，对于但书规定应该将其还原为一个刑法规范问题，采用刑法教义学的方法对其进行分析。

二、但书规定的内容界定

对但书规定的"情节显著轻微危害不大的，不认为是犯罪"该如何正确理解，是在对但书规定进行法理分析时首先要解决的问题。

（一）情节

但书规定的情节，是指与犯罪有关的情节，但因为但书规定的是"不认为是犯罪"的情形，因此该情节不能称为犯罪情节。尽管如此，该情节与犯罪的相关性仍是不容否定的。值得注意的是，《苏俄刑法典》没有采用情节一词，而是把但书规定的适用条件描述为"形式上虽然符合本法典分则所规定的某种行为的要件"。在这种情况下，为了适用但书规定，必须具备"行为在形式上符合刑法典分则条文之规定"这一要件。如果某一行为在刑法典分则中没有规定，就不能引用但书规定出罪。① 由于"形式上符合刑法分则所规定的某种行为的要件"这一用语容易引起犯罪构成形式化的误解，我国刑法的但书规定没有采用这一表述，而是使用"情节"一词。《刑法》第 13 条的但书规定在情节一词的前面又没有"犯罪"的限定，同样容易产生误解，需要从理论上加以厘清。例如，这里的情节是指客观要素还是也包括主观要素，就是一个需要界定的问题。就情节而言，一般来说是指客观要素，例如近亲盗窃情况下所窃取的财物系家庭财物或者近亲属财物、已满 14 周岁不满 16 周岁的未成年人与幼女偶尔发生性行为等；但也不排除主观要素，例如走私珍贵动物制品不以牟利为目的等。应该说，以上主客观要素纳入但书规定的情节是合理的，但从适用但书规定的司法解释来看，纳入情节的内容仍然过于宽泛。例如，（1）主体的责任能力状况，即又聋又哑的人；

---

① 参见［苏］参见 H. A. 别利亚耶夫、M. N. 科瓦廖夫主编：《苏维埃刑法总论》，马改秀、张广贤译，66~67 页，北京，群众出版社，1987。

(2) 全部退赃；(3) 被害人谅解；(4) 为生活所迫；等等。这些情形，有些是违法性要素，有些是责任要素，从逻辑上说，不能完全纳入情节的范畴。这些要素已然不是构成要件要素，并且使但书规定的出罪事由模糊化。

对于但书规定的这种模糊性，我国学者认为将引起执法中认识的混乱，造成执法的不统一，即可能出现有罪不罚，让徇私舞弊的人钻空子，不利于打击犯罪的情况，也可能会对不应当构成犯罪的人定罪处刑，扩大打击面。[1] 概言之，但书规定的模糊性给区分罪与非罪的界限造成了一定的困难。我国也有学者虽然承认但书规定的模糊性，但又认为这种模糊性具有不可避免性，因为要将但书的内容明确化几乎是不可能的。不构成犯罪有两种可能：行为违法但不构成犯罪；行为既不违法也不构成犯罪。违法但不构成犯罪是一个介乎犯罪与合法行为之间的层次，违法达到什么程度算是犯罪，立法者很难给出一个标准，所以只能用模糊的语言来表述。[2] 关于犯罪成立条件的规定应当具有明确性，这是罪刑法定原则的必然要求，当然这种明确也是相对的。至于但书规定，其属于出罪事由的规定而并非具体犯罪的罪与非罪的划分标准，在立法上有模糊性并不是一个特别严重的问题。但是，还是应当通过对但书规定的解释使其尽可能保持一定的明确性。这种立法规定的模糊性和法律解释的明确性是可以共存的。我国学者曾经指出，大陆法系国家根据法益侵害说或者规范违反说进行实质违法性的判断本身也是模糊的。但是，无论是法益侵害说判断标准的不够明确性，抑或规范违反说的极度抽象性，都没有改变人们对实质违法性理论的承认及对相应判断标准的运用，也没有妨碍法益侵害说成为今日普遍承认之学说。既然如此，也就没有必要因为但书判断的模糊性而否认其价值。[3] 在我看来，这里存在对德国刑法体系中的出罪判断的误解，需要加以澄清。我国学者揭示了德国刑法中数量要素判断的明确性，指出："在德国刑法体系中，对'量'的因素的判断，时刻也离不开构成要件，法益价值判断因此而转化为一个构成要件归纳的技术问题。因此，在德国刑

---

[1] 参见王尚新：《关于刑法情节显著轻微规定的思考》，载《法学研究》，2001 (5)，24～25 页。
[2] 参见张永红：《我国刑法第 13 条但书研究》，98 页，北京，法律出版社，2004。
[3] 参见张永红：《我国刑法第 13 条但书研究》，99 页，北京，法律出版社，2004。

法体系中，量的判断一般只考虑构成要件明确规定的因素，不得考虑与构成要件无关的事物（如犯罪分子对所犯罪行的认罪态度等），又由于相对于大而无当的'情节轻微'等刑事政策学的概念而言，构成要件用语精确，稳定性强，有明确的标准，所以德国刑法体系中定量因素的考虑范围相对较窄，但也较为明确。"①可见，只有将法益侵害性等实质性的判断根据与构成要件这样一些类型化的要素结合起来，才能对出罪事由进行正确的判断。

（二）显著轻微

显著轻微是但书规定中对情节的定量要素。在我国刑法中，对情节根据其轻重可以进行阶梯式排列：情节显著轻微、情节轻微、情节较轻、情节严重（恶劣）、情节特别严重。在以上情节的阶梯式排列中，只有情节显著轻微是非罪的情节，其法律后果是不认为是犯罪。情节轻微，一般是免除刑罚处罚的情节。例如《刑法》第 37 条前半段规定："对于犯罪情节轻微不需要判处刑罚的，可以免予刑事处罚。"免予刑事处罚是一种犯罪的法律后果，它与但书规定的"不认为是犯罪"，在性质上不同。情节较轻，是一种刑罚减轻事由；情节严重（恶劣）在不同的犯罪中具有不同的性质：在情节犯中是构成犯罪的条件，在基本犯中则是加重处罚的事由。同样，情节特别严重也是一种特别加重刑罚事由。由此，就我国刑法规定的犯罪而言，犯罪情节轻重不仅是罪与非罪的界限，而且也是轻罪与重罪的界限。

那么，这里的显著轻微如何判断呢？在我看来，显著轻微是指行为本身的微不足道，应当以构成要件的行为所具有的轻微性为标准进行考察。例如，非法拘禁罪中的拘禁行为是一种继续犯，要求在一定的时间内对被害人的人身自由加以剥夺。显然，时间要素是拘禁行为的内容之一。但是，如果拘禁的时间过短，虽然不影响拘禁行为的成立，却可以认为是非法拘禁的情节显著轻微。此外，在近亲盗窃的情况下，其所盗窃的财物属于家庭或者近亲属的财物这一性质，也使盗窃行为的危害性质降低，成为判断情节显著轻微的一个要素。

---

① 熊琦：《德国刑法问题研究》，52 页，台北，元照出版公司，2009。

(三) 危害不大

如果说，显著轻微是对行为而言的，那么，危害不大就是对结果而言的，是指没有造成较大的危害结果。我国刑法中的犯罪可以分为行为犯与结果犯：行为犯并不要求一定结果的发生，结果犯则要求发生一定的结果。对于结果犯来说，没有结果则构成要件要素没有完全具备，在这种情况下，可能构成未遂。对于符合犯罪未遂要件的，当然应当按照未遂犯的规定处理。但书规定中的危害不大，并不是指没有发生结果，而是说这种结果的危害不是很大。例如，2010年3月15日最高人民法院、最高人民检察院、公安部、司法部《关于依法惩治拐卖妇女儿童犯罪的意见》第17条规定："对私自送养导致子女身心健康受到严重损害，或者具有其他恶劣情节，符合遗弃罪特征的，可以遗弃罪论处；情节显著轻微危害不大的，可由公安机关依法予以行政处罚。"这是对遗弃行为危害不大的规定。遗弃行为的结果是对子女的身心健康造成损害，因此遗弃行为的危害不大是指没有对子女的身心健康造成严重的损害。

这里存在一个值得研究的问题，就是我国《刑法》第13条规定的"情节显著轻微"和"危害不大"之间到底是一种并列关系还是递进关系。如果是并列关系，则显著轻微和危害不大只要具有其一就可以适用但书规定；但如果是递进关系，则不仅要求具备情节显著轻微，而且还必须具备危害不大的要件。对于这个问题，从有关司法解释来看是将情节显著轻微与危害不大相提并论，没有特别加以区分。在我看来，但书规定的情节显著轻微与危害不大，其含义是有所不同的，它不是同义反复；但同时必须注意，但书规定的适用条件是一个整体，情节显著轻微危害不大是一种综合判断，而不是根据单一的指标得出的结论。正如我国学者指出："在适用刑法第13条但书时，必须同时具备情节显著轻微和危害不大这两个条件，仅仅情节显著轻微或者仅仅危害不大是不能适用但书的。"[①] 例如2006年1月11日最高人民法院《关于审理未成年人刑事案件具体应用法律若干问题的解释》第6条规定："已满十四周岁不满十六周岁的人偶尔与幼女发生

---

① 张永红：《我国刑法第13条但书研究》，7~8页，北京，法律出版社，2004。

性行为，情节轻微、未造成严重后果的，不认为是犯罪。"根据这一规定，适用但书需要具备以下四个条件：（1）行为人必须是已满14周岁不满16周岁的人；（2）行为人是偶尔与幼女发生性行为；（3）情节轻微；（4）未造成严重后果。这里的情节轻微，虽然不是但书规定中的情节显著轻微，但因为其前提已经是与幼女发生性行为具有偶然性，在此基础上的情节轻微，就可以理解为情节显著轻微，即偶尔＋情节轻微＝情节显著轻微。这里的未造成严重后果，就是指危害不大。有学者指出：以上司法解释中的"情节轻微""未造成严重后果"的规定暗含着经幼女同意的条件，也就是说，是专门针对未成年的少男经幼女同意或自愿而与之发生性关系的情况，即少男与幼女谈恋爱或熟识自愿发生性关系的情形。① 由此可见，对于适用但书规定来说，情节显著轻微与危害不大必须同时具备。

（四）不认为是犯罪

但书规定中的不认为是犯罪，是情节显著轻微危害不大的法律后果，这是一种有利于行为人的出罪后果。如何理解这里的不认为是犯罪？高铭暄教授在论及1979年《刑法》第10条时曾经指出："本条'但书'的表述，究竟是解决罪与非罪的界限，还是解决论处不论处的界限？二十二稿的写法是：'情节显著轻微危害不大的，不以犯罪论处'；三十三稿的写法是：'情节轻微危害不大的，不以犯罪论处'；现在刑法的写法是'情节显著轻微危害不大的，不认为是犯罪'。看来这条'但书'的任务是从原则上划分罪与非罪的界限，而不是划分论处不论处的界限，否则与第三十二条就不好区分了。"② 高铭暄教授在此所说的是1979年《刑法》第32条，也就是现行《刑法》第37条关于免予刑事处罚的规定，这一规定也被称为是定罪免刑。不以犯罪论处与不认为是犯罪之间是存在区别的，那么，能否像某些学者所说的那样，不以犯罪论处的行为仍然构成犯罪，只是不以犯罪处理而已呢？③ 恐怕不能如此理解。不以犯罪论处还是不构成犯罪的意思，

---

① 参见方鹏：《出罪事由的体系和理论》，49页，北京，中国人民公安大学出版社，2011。
② 高铭暄：《中华人民共和国刑法的孕育与诞生》，37页，北京，法律出版社，1981。
③ 参见马克昌主编：《犯罪通论》，第3版，31页，武汉，武汉大学出版社，1999。

而定罪免刑并非对某一行为不以犯罪论处,而是在行为已经构成犯罪的基础上免予刑罚处罚。但书规定中的"不认为是犯罪"与"不是犯罪"也是不同的,"不是犯罪"是指其行为根本就不具有任一犯罪的构成要件该当性。而情节显著轻微危害不大的情形,仅仅是不"认为"是犯罪而已。在这个意义上说,但书规定中的不认为是犯罪,其含义就是不以犯罪论处。

这里涉及不认为是犯罪的情形与犯罪之间的逻辑关系。我国学者一般认为,犯罪概念是从正面对犯罪进行定义的,但书是从反面规定不是犯罪的情况的,以使犯罪的概念更加明确。① 按照这一界定,犯罪概念与但书规定就是犯罪的正面与反面的关系,也就是犯罪与不是犯罪的关系。这种对犯罪概念与但书规定关系的理解值得商榷。根据刑法关于犯罪概念及但书的规定,我国刑法中的非罪存在以下两种情形:一是纯正的非罪,即没有实施刑法所规定的构成要件的行为,也就是法无明文规定的行为。这种情形称为"不是犯罪",即行为性质与犯罪不相符合。二是不纯正的非罪,即已经实施了刑法所规定的构成要件的行为,只不过情节显著轻微危害不大从而不以犯罪论处。这种情形称为"不认为是犯罪",即行为性质虽与犯罪相符合,但没有达到犯罪成立所要求的危害程度。在这个意义上,应该把但书规定的"不认为是犯罪"理解为"不以犯罪论处"。正如有学者指出:"我国刑法中犯罪圈的划定是由刑法第13条的前段和但书两段相结合共同完成的。根据前段,一切具有社会危害性、刑事违法性和应受刑罚惩罚性的行为都是犯罪;但框入圈内的行为有些并非犯罪;根据但书,那些已被框入圈内但情节显著轻微危害不大的行为,不认为是犯罪,就将一部分行为排除出去,这才是最终划定的犯罪圈。"② 只有这样,才能把"不认为是犯罪"的情形与"不是犯罪"的情形区分开来。可以说,"不认为是犯罪"是一种介乎于犯罪与不是犯罪之间的非罪情形。

---

① 参见马克昌主编:《犯罪通论》,第3版,31页,武汉,武汉大学出版社,1999。
② 张永红:《我国刑法第13条但书研究》,107页,北京,法律出版社,2004。

三、但书规定的价值评判

我国《刑法》第 13 条但书规定的正当性,素来存在争议,这里主要探讨这一规定是否违反罪刑法定原则的问题。

（一）积极罪刑法定原则的否定及但书规定本身的正当性

我国《刑法》第 3 条规定了罪刑法定原则:"法律明文规定为犯罪行为的,依照法律定罪处刑;法律没有明文规定为犯罪行为的,不得定罪处刑。"这一规定的后半段是指"法无明文规定不为罪",对此没有争议。对于前半段,我国学者将其称为积极的罪刑法定原则,即只要法律明文规定为犯罪行为的,就应当依照法律定罪处刑。例如,何秉松教授指出:"对于一切犯罪行为,都要严格地运用刑法加以惩罚,做到有法必依,违法必究。其基本精神是严肃执法,惩罚犯罪,保护人民。从这个基本点出发,积极的罪刑法定原则要求:1. 法律明文规定为犯罪行为的,要依法追究其刑事责任,任何机关或个人,不得违反刑法的规定,任意出入人罪,宽纵罪犯。2. 对犯罪分子定罪和处刑,都必须严格遵守刑法的规定,该定什么罪就定什么罪,该判处什么样的刑罚就判处什么样的刑罚,不得违反刑法的规定,重罪定为轻罪,轻罪定为重罪或者重罪轻判,轻罪重判。"[①] 根据这种所谓积极的罪刑法定原则,只要刑法规定为犯罪行为的,就一律定罪处刑,但书规定的正当性因此遭到质疑。例如,有学者指出:"我国刑法第 3 条的规定不仅包含了罪刑法定原则中的法无明文规定不为罪的一般规定,而且还包含了法律规定为犯罪行为的,就要依法定罪处刑,要严格执法。但是,根据'情节显著轻微危害不大的,不认为是犯罪'的规定,刑法分则已规定为犯罪的行为有可能被司法机关确定为不是犯罪,不予刑事处罚。罪刑法定原则要求刑法对个罪构成的规定要具体、确定,而'情节显著轻微危害不大的,不认为是犯罪'的规定则使刑法个罪的罪与非罪的标准永远处于一个不确定的状态,从而与

[①] 何秉松主编:《刑法教科书》,2000 年修订·上卷,68 页,北京,中国法制出版社,2000。

罪刑法定之确定性要求相悖。"① 显然，这一对但书规定的批判是基于对积极的罪刑法定原则的理解，认为但书规定使那些刑法明文规定为犯罪行为的情形得以出罪，因而不妥。

那么，积极的罪刑法定原则能够成立吗？回答是否定的。在我看来，《刑法》第3条前半段不能理解为"只要法律明文规定为犯罪行为的，就应当依照法律定罪处刑"，而应当理解为"只有法律明文规定为犯罪行为的，才能依照法律定罪处刑"②。因此，不能认为但书的出罪规定是违反罪刑法定原则的。这里涉及一个至关重要而过去没有引起我国刑法学界充分关注的问题，即入罪必须要有法律根据，难道出罪也必须有法律根据吗？

回答也是否定的。概言之，出罪根本就不需要法律根据。正如有学者指出："入罪必须法定，出罪无须法定，这是本书一贯强调的理念，也是世界各国刑法实践所一致赞同的。例如，超法规的违法阻却事由，即是没有法律规定却能出罪的范例。而作为罪刑法定之派生原则的禁止类推，也只是禁止不利于被告人的类推（即入罪类推），而允许有利于被告人的类推（即出罪类推）。因此，法定原则，亦即只有法有明文规定才可作出有效裁判的原则，只是限制入罪判断的原则，而不是限制出罪判断的原则。'但书'规定，其本意即是出罪，是对纯粹形式理性作出的实质正义修正，并不受法定原则的限制，当然也不违背罪刑法定原则保障人权的主旨。"③ 对于这一观点，我是完全赞同的。在此，学者论及了出罪事由的法定性与非法定性。例如，所谓超法规的正当化事由就是一种非法定性的出罪事由。我国刑法规定了某种出罪事由，这是法定的出罪事由，包括正当防卫、紧急避险等法定的违法阻却事由。但是，除了法定的出罪事由以外，还存在非法定的出罪事由，可以说，出罪事由是一个开放的体系。

---

① 王尚新：《关于刑法情节显著轻微规定的思考》，载《法学研究》，2001（5），21页。
② 关于这一问题的深入讨论，参见陈兴良：《罪刑法定主义》，57～63页，北京，中国法制出版社，2010。
③ 方鹏：《出罪事由的体系和理论》，306页，北京，中国人民公安大学出版社，2011。

（二）但书规定的滥用危险与顺畅的出罪机制的建立

但书规定并不违反罪刑法定原则，这就为但书规定的正当性提供了法理根据。与此同时，也必须指出，但书规定在司法实践中确实存在善意的滥用。这种善意滥用的根源还是在于"出罪须有法律规定"的思想在作祟。如果树立起"出罪无须法定"的理念，但书规定或者可以作为提示性规定而存在，或者只限于那些确属情节显著轻微危害不大的行为的出罪根据。

根据但书规定出罪，是否会导致任意出罪，这也是对但书规定被滥用的一种担忧。例如，学者指出："认定某一行为是否具有较为严重的社会危害性或者说认定某一行为是否社会危害不大，这个社会危害性在具体的执法者那里往往具有较大的主观色彩，没有法律上的或者客观上的参照系。将这种'不认为是犯罪'的认定权交予司法机关行使，是不是会使司法机关的权力过大？这种不认为是犯罪的认定，不仅限于人民法院的认定，也包括侦查机关认为情节显著轻微不予立案或者中止侦查，包括人民检察院不起诉。多个司法机关行使这一权力会使这一规定的执行具有更大的随意性。"① 这种担忧是没有必要的。司法机关的定罪权本身就包括了两个方面的内容：一是入罪权，二是出罪权。前者是将某一行为根据刑法规定予以入罪的权力，后者是将某一行为予以出罪的权力。这种出罪，又包括了两种情况：一是对根本就不符合构成要件的行为予以出罪的权力，这些行为原本就不是犯罪；二是对虽然符合构成要件但情节显著轻微危害不大的行为予以出罪的权力，这些行为不认为是犯罪。在世界各国，都不是某一行为只要符合刑法规定就一律入罪，对于那种情节显著轻微危害不大的行为，都是采取各种途径予以出罪。一个公正的刑事诉讼程序，不仅入罪的渠道是畅通的，而且出罪的渠道同样应当是无阻的。从我国目前的司法实践情况看，入罪容易出罪难，入罪的动力远远大于出罪。在这种情况下，强调顺畅的出罪机制具有重要的理论价值与现实意义。应该指出，强调司法出罪的重要性，并不意味着鼓励出罪权的滥用，尤其是要防止贪赃枉法，放纵犯罪，但这个问题与建立顺畅的出罪机制之间

---

① 王尚新：《关于刑法情节显著轻微规定的思考》，载《法学研究》，2001 (5)，22页。

并不矛盾。

在我国刑法学界，对于能否直接援引但书规定作为司法个案的出罪根据，存在较大的分歧。其中肯定说认为，但书规定可以成为司法个案的出罪根据，不仅法院是适用但书规定的主体，而且公安机关和检察院也是适用但书规定的主体。[①] 应该说，这是通说，也为司法机关所采纳。但是，否定说则认为，但书规定不能成为司法个案的出罪根据。例如，张明楷教授指出："犯罪概念不是认定犯罪的具体标准，同样，刑法第 13 条的但书也不是宣告无罪的具体标准。司法机关只能根据刑法规定的犯罪成立条件认定行为是否成立犯罪，而不是直接以社会危害性的大小认定犯罪。如果行为符合犯罪成立条件，当然构成犯罪；如果行为不符合犯罪成立条件，自然不成立犯罪。如果行为符合犯罪成立条件，却又根据刑法第 13 条但书宣告无罪，便使刑法规定的犯罪成立条件丧失应有的意义，也违反了刑法第 3 条的规定。"[②] 张明楷教授在此论及的并不仅仅是一个能否直接引用《刑法》第 13 条但书作为出罪根据的问题，而且涉及定罪思维的方法论问题，即：刑法规定的犯罪成立条件只是入罪条件呢，还是同时也是出罪条件？根据他的观点，犯罪成立条件既是入罪条件，又是出罪条件：在符合犯罪成立条件的情况下，犯罪成立条件是入罪条件；在不符合犯罪成立条件的情况下，犯罪成立条件就是出罪条件。因此，正如不能在犯罪成立条件之外根据犯罪概念入罪一样，也不能在犯罪成立条件之外根据但书规定出罪。对于这一观点，我是完全赞同的。但这并不是说，目前司法实践中根据但书规定出罪的情形不应当出罪；而只是说这些情形本来就不符合犯罪成立条件，应当根据不具备犯罪成立条件出罪，而不是根据但书规定出罪。当然，刑法学界也有一种较为折中的观点，把出罪根据分为实质的出罪根据和形式的出罪根据。例如，有学者指出："将'但书'定位为不可罚出罪事由的法条提示，亦即是我国刑法中反映不可罚出罪事由的法条规定，而未将其作为出罪事由本身。言下之意，不可罚的出罪事由以及不可罚

---

① 参见张永红：《我国刑法第 13 条但书研究》，76 页，北京，法律出版社，2004。
② 张明楷：《刑法学》，第 4 版，93 页，北京，法律出版社，2011。

性只是理论层面的归纳和说理,'但书'才是实定法层面的法条规定。从法条解释的角度来看,可以将'但书'规定的具体内容解释为不可罚的出罪事由(学理解释)。而从司法运用的角度来看,如果在司法实务中运用不可罚的出罪事由时必须援引法条,那么就应当援引刑法第13条'但书'规定。"① 这种主张试图将不可罚的出罪事由分为实质性的解释论根据与形式性的实定法根据,由此两全其美,其折中意味是十分明显的,在目前我国司法语境下,也不失其现实的合理性。当然,从法理上说,主张但书规定只具有提示性意义而不能直接作为出罪根据加以援引,更加符合立法理性与司法逻辑。

四、但书规定的司法适用:以醉驾为例

刑法学界以往对于但书规定虽然存在一些争议,但醉驾行为是否一律入罪的讨论才使这一争议浮上台面,引起广泛的社会关注。在上文中,已经对但书规定在司法实践中的适用情况,从司法解释和司法个案两个方面展开了述评。我的看法是:在我国司法实践中存在但书规定被善意地滥用的情况。这里所谓善意滥用,是指将某些虽然应当出罪,但不应当按照但书规定出罪的情形,都适用了但书规定予以出罪。在这种情况下,虽然不能否定出罪的正当性,然而但书规定的适用范围却被无限制地扩张。根据但书对所谓情节显著轻微危害不大的醉驾行为进行出罪,就是但书规定被滥用的一个绝佳例证。不仅如此,由于刑法规定醉驾行为构成危险驾驶罪的特殊性,使得这种但书规定的滥用不具有正当性与合理性,由此成为但书规定被善意滥用的一个例外。

(一)酒后驾驶与醉酒驾驶的严格区分

醉驾行为是否一律入罪的主要争点在于如何解读法律文本。《刑法》(2011年修正)第133条之一规定:"在道路上驾驶机动车追逐竞驶,情节恶劣的,或者在道路上醉酒驾驶机动车的,处拘役,并处罚金。"从该规定看,追逐竞驶行

---

① 方鹏:《出罪事由的体系和理论》,303页,北京,中国人民公安大学出版社,2011。

为构成犯罪要求具备情节恶劣的要件,但醉酒驾驶行为构成犯罪并没有情节严重的要件。对此,可以还原立法过程,以便准确地理解立法本意。参与立法的有关人员在解说这一规定时,指出:"对在草案审议中有人提出对醉驾增加'情节严重'的限制条件的建议,经公安部、国务院法制办等部门研究后认为,醉酒驾车标准是明确的,与一般酒后驾车的区分界限清晰,并已执行多年,实践中没有发生大的问题。如果再增加规定'情节严重'等限制条件,具体执行中难以把握,也不利于预防和惩治这类犯罪,建议维持草案的规定,立法采纳了这个意见。"[①]在这种情况下,根据立法本意,追逐竞驶和醉酒驾驶这两种行为构成犯罪的条件不同:在道路上驾驶机动车追逐竞驶,情节恶劣的才构成犯罪;而醉酒驾车行为构成犯罪无须再具备任何其他要件。[②] 基于对《刑法》第133条之一的以上理解,学者认为醉驾行为应当一律入罪。应该说,醉驾行为一律入罪是符合立法本意的。那些反对醉驾行为一律入罪的学者则认为,对于情节显著轻微危害不大的醉驾行为,应当适用但书规定予以出罪。例如,有学者指出:"不能因为《刑法修正案(八)》第22条没有为醉酒驾驶机动车设定情节限制,就突破刑法总则第13条关于犯罪概念的相关规定;刑法总则对分则所有条文都起着制约作用,刑法总则第13条'但书'的规定和分则关于醉驾入罪的规定并没有矛盾。而'醉驾不能一律入罪'正是承认刑法总则效力的必然结果,也是其应有之义。"[③] 这种主张是基于对刑法总则与分则的关系而得出了但书规定适用于醉驾行为的结论。应该说,这是符合司法逻辑的。因为在以往的司法解释和司法个案中,并非刑法分则对某一犯罪没有规定定量要素,就不能适用但书规定。因此,最高人民法院于2011年5月发布了《关于正确适用刑法修正案(八)依法追究醉酒驾车犯罪案件的紧急通知》。该《通知》指出:"刑法第133条之一规定在道路上醉酒驾驶机

---

① 黄太云:《〈刑法修正案(八)〉解读(二)》,载《人民检察》,2011(7),56页。
② 参见全国人大常委会法制工作委员会刑法室编:《中华人民共和国刑法修正案(八)条文说明、立法理由及相关规定》,72页,北京,北京大学出版社,2011。
③ 赵秉志、赵远:《危险驾驶罪研析与思考》,赵秉志主编:《"醉驾入刑"专家谈》,162页,北京,法律出版社,2011。

动车予以追究刑事责任,虽然没有规定情节严重或情节恶劣的前提条件,但根据刑法第13条的规定,危害社会行为情节显著轻微危害不大的,不认为是犯罪。根据刑法和修改后道路交通安全法的规定,对在道路上醉酒驾驶机动车的行为需要追究刑事责任的,应当是具有较恶劣的情节、较严重的社会危害性的情形。要避免不加区别,一律入罪。"这一规定为情节显著轻微危害不大的醉驾行为出罪提供了根据。之所以对情节显著轻微危害不大的醉驾行为出罪,其理由之一是为了使醉驾行为的刑事处罚与行政处罚衔接。但是,恰恰在这一点上,刑法对醉驾行为的规定无法与行政处罚衔接。根据《刑法》第133条之一的规定,醉酒驾驶行为构成危险驾驶罪;而酒后驾驶行为应当按照《道路交通安全法》的有关规定予以行政处罚。在此,醉酒驾驶与酒后驾驶的区分就在于血液中检测出的酒精浓度:酒精浓度超过80毫克/100毫升的,就是醉酒驾驶,没有达到80毫克/100毫升的,则是酒后驾驶。《道路交通安全法》(2011年修正)第91条规定:"饮酒后驾驶机动车的,处暂扣六个月机动车驾驶证,并处一千元以上二千元以下罚款。因饮酒后驾驶机动车被处罚,再次饮酒后驾驶机动车的,处十日以下拘留,并处一千元以上二千元以下罚款,吊销机动车驾驶证。醉酒驾驶机动车的,由公安机关交通管理部门约束至酒醒,吊销机动车驾驶证,依法追究刑事责任;五年内不得重新取得机动车驾驶证。饮酒后驾驶营运机动车的,处十五日拘留,并处五千元罚款,吊销机动车驾驶证,五年内不得重新取得机动车驾驶证。醉酒驾驶营运机动车的,由公安机关交通管理部门约束至酒醒,吊销机动车驾驶证,依法追究刑事责任;十年内不得重新取得机动车驾驶证,重新取得机动车驾驶证后,不得驾驶营运机动车。饮酒后或者醉酒驾驶机动车发生重大交通事故,构成犯罪的,依法追究刑事责任,并由公安机关交通管理部门吊销机动车驾驶证,终生不得重新取得机动车驾驶证。"根据上述规定,对于醉酒驾驶行为,除了吊销驾驶执照以外,只规定了依法追究刑事责任;而对于酒后驾驶行为,规定再犯的可以处10日以下拘留,并处1 000元以上2 000元以下罚款。因此,对于醉酒驾驶的,如果血液中的酒精浓度刚刚达到醉驾标准,可以认为是醉驾行为情节显著轻微危害不大,不认为是犯罪。那么,这种行为同时也不能作为酒后驾驶予以行政

处罚。因此，可能就会出现这种情况：醉酒驾驶行为没有受到任何法律处罚，而酒后驾驶行为却受到行政处罚，这显然是不合理的。可见，我国刑法规定的醉驾行为构成的危险驾驶罪具有其特殊性，这就是根据血液中酒精浓度之高低，在立法上将饮酒后的驾驶行为在性质上区分为醉酒驾驶与酒后驾驶：醉酒驾驶行为构成犯罪，酒后驾驶行为则不构成犯罪。在这种情况下，从酒精含量来说，逻辑上并不存在情节显著轻微的醉酒驾驶行为。只要是醉酒驾驶的，一律构成危险驾驶罪。就此而言，认为醉驾行为可以通过但书规定出罪，在逻辑上是有问题的。

（二）抽象危险犯概念与醉酒驾驶一律入罪

学者在讨论醉驾行为是否一律入罪的时候，都论及醉驾构成的危险驾驶罪是抽象危险犯，对此没有异议。然而，从抽象危险犯却得出一律入罪与不能一律入罪两种不同的结论。抽象危险犯是相对于具体危险犯而言的，具体危险犯的危险是需要司法认定的危险，而抽象危险犯的危险是类型性存在的危险或者拟制的危险。[1] 所谓类型性存在的危险，是指这种危险是依附于行为而存在的，只要实施了某种行为，则其危险自在其中。拟制的危险则是指因为某种损害程度无从具体把握，因此拟制性地将一定的行为与某种法益侵害结合在一起。两种抽象危险犯之危险的共同特点是：这是一种立法推定的危险，无须司法认定，这也正是抽象危险犯与具体危险犯的根本区分。基于此，有学者指出："醉酒驾驶机动车的行为已构成（醉酒型）危险驾驶罪，其性质是抽象的危险犯，司法中无须证明醉驾行为的危险程度，行为人只要实施醉酒后驾驶机动车的行为即构成危险驾驶罪。"[2] 这种观点主张，正因为醉驾型危险驾驶罪是抽象危险犯，因此应当一律入罪，没有适用但书规定的余地。而同样基于抽象危险犯概念，另有学者则得出了不能一律入罪的结论。例如，有学者指出："由于抽象危险犯不以法律所保护的社会利益受到实际侵害或存在具体危险为要件，行为的危险性由立法者拟制，

---

[1] 参见［日］西田典之：《日本刑法总论》，刘明祥、王昭武译，63页，北京，中国人民大学出版社，2007。

[2] 殷磊：《论刑法第13条功能定位——兼论（醉酒型）危险驾驶罪应一律入刑》，载《政治与法律》，2012（2），139页。

一旦该种法律拟制与事实情况不符，且行为人有证据证明实际上不存在任何风险，完全可能产生形式上符合抽象危险犯的构成要件但实质上没有制造成立抽象危险犯所要求的法律禁止的风险。作为抽象危险犯构成要件形式化表现的法条与作为实质内涵的风险便无法形成统一解释。与此同时，危险行为在社会现实中也会出现拟制风险与实际风险的明显背离。"① 根据这种对抽象危险犯之危险的理解，该学者认为，对于不可能对道路交通安全制造风险的醉驾行为应当适用但书规定予以出罪。这种观点把醉酒型危险驾驶罪视为拟制的抽象危险犯，当这种拟制的危险不存在时，应当予以出罪。在我看来，拟制的危险主要是针对侵害法益的损害无从确定的情形，醉酒型危险驾驶罪的危险并非法律拟制的危险，而是类型性的行为危险。这种危险存在于行为之中，无须司法认定。因此，不存在情节显著轻微危害不大，需要借助但书规定予以出罪的情形。②

更为重要的是，可以分析一下，实践中醉酒型危险驾驶罪的情节显著轻微危害不大而根据但书规定予以出罪的到底是哪些情形。根据目前掌握的资料，这些情形可以归纳为以下八种：（1）夜深时分在人车稀少的道路上醉酒驾驶的；（2）醉酒驾驶距离较短的；（3）因没有找到代驾而醉酒驾驶的；（4）初次醉酒驾驶，被查获后后悔莫及态度真诚的；（5）血液中的酒精浓度刚刚超过80毫克/100毫升的标准的；（6）因食用含有酒精的食物、药物导致血液中的酒精含量超过80毫克/100毫升的；（7）醉酒情况下在停车场或者地下车库开动机动车的；（8）为送病人去医院而醉酒驾驶的。在以上情形中，第（1）（2）（3）（4）种情形属于醉酒驾驶行为中较为轻微的情形，但在一律入罪的情况下，这些情形只能作为量刑情节考虑。如果确实存在以上一个或者数个较轻情节的，可以适用《刑法》第37条的规定，予以定罪免刑的处理。第（5）种情形是一个醉酒的标准问题，如

---

① 谢杰：《"但书"是对抽象危险犯进行适用性限制的唯一根据》，载《法学》，2011（7），31页。
② 另有学者认为，醉酒型危险驾驶罪属于抽象危险犯，其中的抽象危险属于构成要件要素，在现实中确实不存在相应危险时，行为不符合法律的实质规定，从而不构成犯罪，而无须引用但书规定。参见付立庆：《应否允许抽象危险犯反证问题研究》，载《法商研究》，2013（6），79页。但是，这种观点的问题在于，如何能够论证抽象危险犯的危险属于构成要件要素。

果认为以血液中的酒精浓度 80 毫克/100 毫升作为醉酒的标准过低，应当适当修改醉酒的标准。在标准没有修改之前，则应当坚持这一标准。第（6）种情形属于非饮酒引起的酒精浓度超过醉酒的标准问题，在这种情况下，可以通过将醉酒解释为饮酒引起的醉酒而将其出罪。第（7）种情形是醉酒驾驶是否必须发生在交通道路上的问题，可以通过解释将停车场和地下车库排除在交通道路之外，只有醉酒行驶在交通道路上才属于醉酒驾驶而将该情形出罪。至于第（8）种情形，明显属于能否成立紧急避险的问题。对于这种情况下的醉驾行为，符合紧急避险要件的，应当援引刑法关于紧急避险的规定予以出罪。

通过以上分析可以看出，所谓醉驾行为一律入罪，是指对其不能以情节显著轻微危害不大而予以出罪，但其他不属于《刑法》第 133 条之一所规定的醉驾行为，仍然可以通过构成要件的解释予以出罪。在这种情况下，立法公正与个案公正之间是可以获得统一的。

（本文原载《法学家》，2014（4））

但书规定的规范考察

但书规定是指我国《刑法》第13条关于犯罪概念的规定中对于出罪事项的规定:"但是情节显著轻微危害不大的,不认为是犯罪。"这一规定以"但是"一语为引导,在刑法理论上称为但书。应该说,但书在我国《刑法》中是极为常见的一种规定方式。但犯罪概念中的但书规定最为著名,因此本文所称但书规定,仅指我国《刑法》第13条关于犯罪概念中的但书规定。但书规定作为我国刑法规范的重要组成部分,对于刑事立法与刑事司法都具有指导意义。本文拟从我国刑法分则、司法解释和司法个案三个层面,对但书规定进行规范考察。

一、但书规定在刑法分则中的涵括

我国《刑法》中的但书规定对于刑法分则的制定具有总括性的指导意义,这是由刑法总则与分则的逻辑关系决定的。《刑法》第13条的但书规定表明,我国《刑法》中的犯罪存在定量要素,因此在刑法分则中关于具体犯罪的规定也必然贯彻这一原则。从我国刑法分则关于具体犯罪的规定来看,主要可以分为两种情形。

(一) 具有罪量要素的犯罪

具有罪量要素的犯罪在构成要件上就有情节严重、数额较大或者其他限制性规定，立法者不仅规定了这些犯罪的构成要件该当的行为（犯罪的定性要素），而且规定这种行为必须达到情节严重、数额较大或者其他限制性程度（犯罪的定量要素）。只有同时具备以上两个方面的要素，才能构成犯罪。对于这些犯罪来说，罪量要素已经体现了但书规定的立法精神，因此不存在直接适用但书规定的问题。例如，我国《刑法》第270条规定的侵占罪，以数额较大、拒不退还或者拒不交出为罪量要素。因此，在不具备以上罪量要素的情况下，就不构成本罪。反之，如果具备了以上罪量要素，就构成本罪，而不能以犯罪情节显著轻微、危害不大而出罪。我国学者将具有罪量要素的犯罪称为绝对不能适用但书规定的犯罪，指出："刑法分则将'情节较重'、'情节严重'作为某些行为构成犯罪的必要条件，是考虑某些行为中具有情节较轻，包括情节显著轻微情形的，社会危害性不大，不应当规定为犯罪。据此，'情节显著轻微'当然不属于情节较重或者情节严重，不能在具备较重情节或者严重情节的犯罪行为中再去认定'情节显著轻微危害不大'的情况。"[1] 应该说，以上解释是符合立法逻辑的。因为罪量要素的规定本身就是具体犯罪的可罚性条件，已经将但书规定的情形排除在外，当然也就没有适用但书规定的余地。正如我国学者指出："刑法分则中基本罪状的定量因素起着过滤和筛选所有符合具体构成定性要件中已不属于'情节显著轻微危害不大的不是犯罪'的作用，从而使总则第13条的规定在分则中有具体的依托。"[2] 但是，这只是逻辑上对法条的分析，在司法实践中并非完全如此。

(二) 没有罪量要素的犯罪

没有罪量要素的犯罪又可以分为两种情形：（1）法定最低刑在有期徒刑3年以上的，这是一些性质严重的犯罪，例如故意杀人罪等。对于这些犯罪来说，只要实施了构成要件的行为，就构成犯罪，而没有罪量的限制。因此，在逻辑上这

---

[1] 张永红：《我国刑法第13条但书研究》，82页，北京，法律出版社，2004。
[2] 刘树德：《论刑法第十三条"但书"规定》，载游伟主编：《华东刑事法评论》，第7卷，98页，北京，法律出版社，2004。

些犯罪也不存在适用但书规定的问题。(2) 虽然没有规定罪量要素，但法定最低刑是拘役或者管制的，这是一些性质较轻的犯罪。这些犯罪从逻辑上看，既然没有罪量要素的规定，那么只要实施了构成要件的行为，就应该构成犯罪。但是，在司法实践中，也并非只要实施了上述行为即构成犯罪，仍然需要考量其行为是否达到应受刑罚处罚的程度。在这种情况下，对于这些犯罪能否适用但书规定予以出罪，在我国刑法学界存在较大的争议。肯定说认为，这些性质较轻而分则条文又没有定量因素限制的犯罪，属于可以适用但书规定的犯罪。例如非法侵入住宅罪，我国《刑法》第245条规定，非法侵入他人住宅的，处3年以下有期徒刑或者拘役。但是，从我国的国情来看，一般情节的非法侵入住宅的行为还不具有严重的社会危害性，司法机关也只是将情节严重的非法侵入他人住宅的行为当作犯罪处理。而且，我国《治安管理处罚法》第40条第3项也将"非法侵入他人住宅"的行为规定为违反治安管理的一般违法行为，所以，对于情节一般的非法侵入他人住宅的行为可以适用但书认定为非罪。① 按照这一观点，如果非法侵入他人住宅的行为一律追究刑事责任，则无法与《治安管理处罚法》的规定相衔接。在这种情况下，对于情节显著轻微危害不大的非法侵入他人住宅的行为，就应当适用但书，不认为是犯罪；同时，对这种行为按照《治安管理处罚法》予以处罚。以上理解在逻辑上还是能够成立的，是对刑法关于非法侵入他人住宅罪没有规定情节严重的一种补救。否定说认为，即使是对这些性质较轻而分则条文又没有定量因素限制的犯罪也不能适用但书作为出罪根据，但可以通过对其构成要件行为进行实质解释而予以出罪。例如，张明楷教授指出："刑法的解释者、适用者在解释和适用刑法规定的犯罪成立条件时，也必须从实质上理解，只能将值得科处刑罚的违法、有责的行为解释为符合犯罪成立条件的行为。因此，邮政工作人员私拆一封并无重要内容的信件、且并未造成严重后果的行为，并不是符合《刑法》第253条所规定的犯罪成立条件的行为；应以行为不符合犯罪成立条件

---

① 参见张永红：《我国刑法第13条但书研究》，93页，北京，法律出版社，2004。

为由宣告无罪,而不是直接以《刑法》第 13 条的但书为根据宣告无罪。"① 应当指出,我国《刑法》第 253 条规定的私自开拆、隐匿、毁弃邮件、电报罪也没有规定罪量要素,因此存在对于情节轻微的私拆他人信件的行为是否可以适用但书规定予以出罪的问题。从以上肯定说与否定说的分歧来看,只是表现在能否援引但书规定予以出罪的问题上。但是,对于这种情节轻微的行为不应当作为犯罪来处理这一点上,两者的观点是相同的,笔者还没有见到对于这种情节轻微的行为应当一概入罪的极端观点。当然,危险驾驶罪是一个另外需要专门讨论的问题。

要而言之,从立法逻辑来看,但书规定在刑法分则具有罪量要素规定的犯罪中已经得到体现;在刑法没有规定罪量要素的犯罪中,性质严重的犯罪排斥了但书规定的适用;而性质较轻的犯罪是否可以适用但书规定,尚有讨论的余地。这是我们对但书规定和刑法分则规定的罪量要素之间关系的一个逻辑上的考察。当然,在司法实践中如何适用法律,这是另外一个问题。正如笔者将在下文分析司法解释和司法个案如何按照自身的逻辑对但书规定作出了解释或者适用。

二、但书规定在司法解释中的体现

司法解释在我国司法实践中起着重要的作用,在某种意义上可以说是一种准法律,甚至在判决书中可以作为判决根据加以援引。司法解释虽然是对《刑法》规定的一种解释,但这种解释具有二次立法(细则化立法)的性质。在我国司法解释中,存在大量不认为是犯罪的规定,这些规定涉及但书的适用,有些规定甚至直接规定按照但书出罪。具体在以下这些司法解释中进行列举。

(一)关于非法制造、买卖、运输枪支、弹药、爆炸物罪的出罪规定

2001 年 5 月 15 日最高人民法院颁布了《关于审理非法制造、买卖、运输枪支、弹药、爆炸物等刑事案件具体应用法律若干问题的解释》,对非法制造、买卖、运输枪支、弹药、爆炸物罪的定罪量刑的具体标准作了明确规定。因为我国

---

① 张明楷:《刑法学》,第 4 版,93 页,北京,法律出版社,2011。

《刑法》第125条第1款没有规定本罪的罪量要素，因此定罪量刑的标准较为严格。在该司法解释颁行后不久，即发现在司法适用中存在对于某些因生产、生活所需非法制造、买卖、运输枪支、弹药、爆炸物行为处罚过于严苛的情况，因此2001年9月17日最高人民法院又颁布了《对执行〈关于审理非法制造、买卖、运输枪支、弹药、爆炸物等刑事案件具体应用法律若干问题的解释〉有关问题的通知》(以下简称《通知》)。该《通知》第1条规定："对于《解释》施行前，行为人因生产、生活所需非法制造、买卖、运输枪支、弹药、爆炸物没有造成严重社会危害，经教育确有悔改表现的，可以依照刑法第十三条的规定，不作为犯罪处理。"这是明确按照但书规定予以出罪的司法解释，其出罪根据是没有造成严重社会危害。社会危害显然是一种客观评价，但之所以没有造成严重社会危害，又是因为行为人因生产、生活所需而实施了非法制造、买卖、运输枪支、弹药、爆炸物的行为，这其实是一个犯罪动机问题，属于主观的范畴。按照我国传统的主客观相统一的社会危害性观念，当然可以把主观动机包含在社会危害性范畴之内。但是，按照这一司法解释的逻辑，即使行为人实施了刑法分则规定的构成要件行为，也还需要再进一步进行社会危害性的实质判断，这就存在将我国刑法分则规定的犯罪构成形式化之嫌。尤其是，根据我国学者的解释，非法制造、买卖、运输枪支、弹药、爆炸物罪是抽象危险犯，其成立并不要求发生具体危险。[①] 既然是抽象危险犯，那么只要实施了本罪的构成要件行为即构成犯罪，怎么还能进行是否造成严重社会危害的具体危险判断呢？这显然是自相矛盾的。其实，这里更好的解决办法是采取目的性限缩的解释方法，即对于构成本罪来说，行为人主观上要求不以生产、生活为目的。如果采用这种目的性限缩的解释方法，就不需要引用《刑法》第13条的但书规定即可出罪。当然，必须注意的是，上述《通知》只适用于该司法解释施行前的行为，而该司法解释施行后的行为，根据《通知》第2条"对于《解释》施行后……行为人确因生产、生活所需而非法制造、买卖、运输枪支、弹药、爆炸物，没有造成严重社会危害，经教育确有

[①] 参见张明楷：《刑法学》，第4版，621页，北京，法律出版社，2011。

悔改表现的,可以依法免除或者从轻处罚"的规定可见,对以上情形适用但书规定只是某一特定时期的补救措施,是对司法解释溯及力的一种限制适用。

(二)关于非法制造、买卖、运输、储存危险物质罪的出罪规定

2003年9月4日最高人民法院、最高人民检察院《关于办理非法制造、买卖、运输、储存毒鼠强等禁用剧毒化学品刑事案件具体应用法律若干问题的解释》第5条规定:"本解释施行以前,确因生产、生活需要而非法制造、买卖、运输、储存毒鼠强等禁用剧毒化学品饵料自用,没有造成严重社会危害的,可以依照刑法第十三条的规定,不作为犯罪处理。"这一司法解释同样适用于其施行前的行为,也是对司法解释溯及力的一种限制适用。

(三)关于走私珍贵动物制品罪的出罪规定

2002年7月8日最高人民法院、最高人民检察院、海关总署《关于办理走私刑事案件适用法律若干问题的意见》第7条规定:"走私珍贵动物制品的,应当根据刑法第一百五十一条第二、四、五款和《最高人民法院关于审理走私刑事案件具体应用法律若干问题的解释》(以下简称《解释》)第四条的有关规定予以处罚,但同时具有下列情形,情节较轻的,一般不以犯罪论处:(一)珍贵动物制品购买地允许交易;(二)入境人员为留作纪念或者作为礼品而携带珍贵动物制品进境,不具有牟利目的的。"我国《刑法》第151条第2款关于走私珍贵动物制品罪并没有规定罪量要素,只是规定"情节较轻的,处五年以下有期徒刑,并处罚金"。但以上司法解释则对于具备其所列举的两种情形的,规定一般不以犯罪论处,这是对走私珍贵动物制品罪的一种限缩解释。当然,司法解释在此采用的是"情节较轻"一词,这与但书规定的"情节显著轻微危害不大"的适用条件有所不同。在这种情况下,上述出罪规定是否属于但书规定的体现,有待进一步厘清。

(四)关于非法吸收公众存款罪的出罪规定

2010年12月13日最高人民法院颁布了《关于审理非法集资刑事案件具体应用法律若干问题的解释》,该司法解释第3条第4款规定:"非法吸收或者变相吸收公众存款,主要用于正常的生产经营活动,能够及时清退所吸收资金,可以免

予刑事处罚；情节显著轻微的，不作为犯罪处理。"这里的出罪是以但书规定为根据的。上述司法解释列举了适用但书规定的以下两项条件：一是主要用于正常的生产经营活动，这是指非法吸收公众存款的主观目的；二是能够及时清退所吸收资金，这是指对行为危害后果的消除。具备这两项条件且情节显著轻微的，可以适用但书规定，不认为是犯罪。

（五）关于信用卡诈骗罪的出罪规定

2009年12月3日最高人民法院、最高人民检察院《关于办理妨害信用卡管理刑事案件具体应用法律若干问题的解释》第6条第5款规定："恶意透支数额较大，在公安机关立案前已偿还全部透支款息，情节显著轻微的，可以依法不追究刑事责任。"这里的不追究刑事责任就是不认为是犯罪的意思，它以情节显著轻微为条件，可以看作是但书规定的体现。

（六）关于（奸淫幼女型）强奸罪的出罪规定（一）

2003年1月17日最高人民法院《关于行为人不明知是不满十四周岁的幼女双方自愿发生性关系是否构成强奸罪问题的批复》规定："行为人确实不知对方是不满十四周岁的幼女，双方自愿发生性关系，未造成严重后果，情节显著轻微的，不认为是犯罪。"这是一个存在重大争议的司法解释，主要表现在奸淫幼女构成强奸罪是否以明知幼女的年龄为条件。对此，司法解释作出了肯定性的规定。不知对方是不满14周岁的幼女，这是一个主观故意不存在的问题，与情节是否严重无关。而上述司法解释却把主观故意的问题与客观后果的问题混为一谈。根据上述司法解释，虽然不知对方是不满十四周岁的幼女，双方自愿发生性关系，如果造成严重后果，就仍然应当追究刑事责任。那么，这里是按照强奸罪追究刑事责任还是按照其他犯罪追究刑事责任？司法解释没有给出明确的答案。可以说，将缺乏主观故意作为情节显著轻微不认为是犯罪的情形，这是对但书规定的错误适用。

（七）关于（奸淫幼女型）强奸罪的出罪规定（二）

2006年1月11日最高人民法院《关于审理未成年人刑事案件具体应用法律若干问题的解释》第6条规定："已满十四周岁不满十六周岁的人偶尔与幼女发

生性行为,情节轻微、未造成严重后果的,不认为是犯罪。"这是所谓"两小无猜条款",表现了对未成年人的宽宥。但是,在表述上称"情节较轻"而不是"情节显著轻微",因此这一出罪规定是否属于但书规定,也还值得推敲。

(八)关于遗弃罪的出罪规定

2010年3月15日最高人民法院、最高人民检察院、公安部、司法部《关于依法惩治拐卖妇女儿童犯罪的意见》第17条规定:"不是出于非法获利目的,而是迫于生活困难,或者受重男轻女思想影响,私自将没有独立生活能力的子女送给他人抚养,包括收取少量'营养费'、'感谢费'的,属于民间送养行为,不能以拐卖妇女、儿童罪论处。对私自送养导致子女身心健康受到严重损害,或者具有其他恶劣情节,符合遗弃罪特征的,可以遗弃罪论处;情节显著轻微危害不大的,可由公安机关依法予以行政处罚。"这是关于民间送养的规定,因为送养行为没有出卖的目的,所以不构成拐卖儿童罪。情节严重的,可以定遗弃罪。但是,如果送养构成的遗弃行为情节显著轻微危害不大的,不认为是犯罪,这是但书规定的体现。在以上司法解释中,对不认为是犯罪的情形,规定可以予以行政处罚,这是值得注意的,它体现了刑事处罚与行政处罚的衔接。

(九)关于收买被拐卖的妇女、儿童罪的出罪规定

2010年3月15日最高人民法院、最高人民检察院、公安部、司法部《关于依法惩治拐卖妇女儿童犯罪的意见》第31条规定:"多名家庭成员或者亲友共同参与出卖亲生子女,或者'买人为妻'、'买人为子'构成收买被拐卖的妇女、儿童罪的,一般应当在综合考察犯意提起、各行为人在犯罪中所起作用等情节的基础上,依法追究其中罪责较重者的刑事责任。对于其他情节显著轻微危害不大,不认为是犯罪的,依法不追究刑事责任;必要时可以由公安机关予以行政处罚。"这是关于共同犯罪中从犯的出罪规定。根据《刑法》第27条的规定,对于从犯,应当从轻、减轻或者免除处罚。但上述司法解释则规定对收买被拐卖的妇女、儿童罪中的从犯,如果情节显著轻微危害不大的,可以不认为是犯罪。对于从犯适用但书规定予以出罪,这是对但书规定的一种扩张适用。

(十)关于重婚罪的出罪规定

1986年3月24日最高人民检察院《关于〈人民检察院直接受理的法纪检察

案件立案标准的规定（试行）中一些问题的说明〉》第 9 条规定："由于以下几种情况而重婚的，可以认为不构成重婚罪：1. 对主动解除或经劝说、批评教育后解除非法婚姻关系的；2. 因自然灾害、被拐卖或者其他客观原因而流落外地，为生活所迫而与他人结婚的；3. 因强迫、包办婚姻或因遭受虐待，与原配偶没有感情，无法继续维持夫妻生活而外逃，由于生活无着，又与他人结婚的；4. 因配偶长期外出下落不明，造成家庭生活严重困难，又与他人结婚的。"以上司法解释虽然没有采用"情节显著轻微危害不大"的但书用语，但还是可以确定是以但书规定为依据的。当然，上述规定中为生活所迫而与他人结婚，实际上是一个缺乏期待可能性的问题，这是一个责任的问题，司法解释将其以但书规定出罪是不妥的。

（十一）抢劫罪的出罪规定（一）

2006 年 1 月 11 日最高人民法院《关于审理未成年人刑事案件具体应用法律若干问题的解释》第 7 条规定："已满十四周岁不满十六周岁的人使用轻微暴力或者威胁，强行索要其他未成年人随身携带的生活、学习用品或者钱财数量不大，且未造成被害人轻微伤以上或者不敢正常到校学习、生活等危害后果的，不认为是犯罪。已满十六周岁不满十八周岁的人具有前款规定情形的，一般也不认为是犯罪。"在以上司法解释中虽然没有采用"情节显著轻微危害不大"的但书用语，但其不认为是犯罪的根据也还是但书规定。

（十二）抢劫罪的出罪规定（二）

2005 年 6 月 8 日最高人民法院《关于审理抢劫、抢夺刑事案件适用法律若干问题的意见》第 7 条第 3 款规定："为个人使用，以暴力、胁迫等手段取得家庭成员或近亲属财产的，一般不以抢劫罪定罪处罚，构成其他犯罪的，依照刑法的相关规定处理；教唆或者伙同他人采取暴力、胁迫等手段劫取家庭成员或近亲属财产的，可以抢劫罪定罪处罚。"这是对近亲抢劫的出罪规定，虽然没有采用"情节显著轻微危害不大"的但书用语，其实还是但书规定的体现。

（十三）盗窃罪的出罪规定（一）

1998 年 3 月 17 日最高人民法院《关于审理盗窃案件具体应用法律若干问题

的解释》第1条第4项规定:"偷拿自己家的财物或者近亲属的财物,一般可不按犯罪处理;对确有追究刑事责任必要的,处罚时也应与在社会上作案的有所区别。"上述司法解释第6条第2项还规定:"盗窃公私财物虽已达到'数额较大'的起点,但情节轻微,并具有下列情形之一的,可不作为犯罪处理:1.已满十六周岁不满十八周岁的未成年人作案的;2.全部退赃、退赔的;3.主动投案的;4.被胁迫参加盗窃活动,没有分赃或者获赃较少的;5.其他情节轻微、危害不大的。"以上司法解释规定的出罪事由较为混杂,其中全部退赃、退赔是一个犯罪后的认罪态度问题、主动投案是一个自首的问题、被胁迫参加盗窃是一个胁从犯的问题,而且采用了"情节较轻"的用语,而且也没有采用"情节显著轻微危害不大"的但书用语。因此,这一规定是否属于但书规定的体现也是存在疑问的。

(十四)盗窃罪的出罪规定(二)

2006年1月11日最高人民法院《关于审理未成年人刑事案件具体应用法律若干问题的解释》第9条规定:"已满十六周岁不满十八周岁的人实施盗窃行为未超过三次,盗窃数额虽已达到'数额较大'标准,但案发后能如实供述全部盗窃事实并积极退赃,且具有下列情形之一的,可以认定为'情节显著轻微危害不大',不认为是犯罪:(一)系又聋又哑的人或者盲人;(二)在共同盗窃中起次要或者辅助作用,或者被胁迫;(三)具有其他轻微情节的。已满十六周岁不满十八周岁的人盗窃未遂或者中止的,可不认为是犯罪。已满十六周岁不满十八周岁的人盗窃自己家庭或者近亲属财物,或者盗窃其他亲属财物但其他亲属要求不予追究的,可不按犯罪处理。"以上司法解释规定的出罪事由也较为混杂,包括了《刑法》中已有明文从轻、减轻和免除处罚规定的又聋又哑的人犯罪和从犯、胁从犯的情形。对上述情形按照但书规定不认为是犯罪,是对刑法总则有关减免规定的进一步宽宥。

(十五)诈骗罪的出罪规定

2011年3月1日最高人民法院、最高人民检察院《关于办理诈骗刑事案件具体应用法律若干问题的解释》第4条规定:"诈骗近亲属的财物,近亲属谅解的,

一般可不按犯罪处理。诈骗近亲属的财物,确有追究刑事责任必要的,具体处理也应酌情从宽。"

以上司法解释都是对具备特殊事由情况下的出罪规定,是宽严相济刑事政策从宽精神在司法解释中的体现,对其价值上的正当性是应该肯定的。当然,这里也存在一些值得研究的问题,例如这些出罪规定与但书规定之间的关系就是一个重要问题。从出罪规定来看,司法解释是将这些出罪的根据都归结为但书规定,其中个别司法解释直接指明是依据但书规定作出的,其他司法解释虽然只是泛泛地称"不认为是犯罪",但其根据仍然在于但书规定。但书规定是对"不认为是犯罪"的情形的一种类型化规定,而某些出罪事由并不符合但书规定的出罪类型。就此而言,并不能认为这是但书规定的逻辑演绎的结果。当然,也有一些出罪司法解释是但书规定的具体化。在以上规定中,可以明显地看出,司法解释制定者是把但书规定作为出罪的唯一法律根据的。当然,过分扩张但书规定适用范围,将所有的宽宥事由都通过但书规定予以出罪,虽然具有法律上的根据,却使通过刑法教义学知识的运用而提供出罪的通道被窒息,对此将在后文探讨。

既然司法解释已经规定了各种不认为是犯罪的情形,那么,在司法实践中遇到这些情形的时候,人民法院不就可以直接援引相关司法解释的条款作为出罪的法律根据吗?其实不然。1989年11月4日最高人民法院《关于一审判决宣告无罪的公诉案件如何适用法律问题的批复》规定:"对被告人有违法行为,但情节显著轻微,危害不大,不认为是犯罪的,可在宣告无罪判决的法律文书中,同时引用刑法第十条(现行刑法为第十三条)……"因此,这些宣告无罪的案件的法律根据仍然是但书规定。

三、但书规定在司法个案中的适用

"不认为是犯罪"的出罪司法解释,为司法个案适用但书规定提供了法律根据,由此可以判断在司法实践中根据但书规定而出罪的情形之存在。为了使我们具体了解但书出罪的实际状况,以下选择具有代表性的三个援引但书出罪的司法

个案,从法理上对其出罪的实质根据进行分析。

(一) 文某盗窃案①

被告人文某,男,1982年5月15日生,无业。法定代表人王某(本案失主),系被告人文某之母。

江西省南昌市西湖区人民检察院以被告人文某犯盗窃罪,向南昌市西湖区人民法院提起公诉。

南昌市西湖区人民法院经不公开审理查明:

被告人文某之母王某是文某的唯一法定监护人。1999年7月,文某因谈恋爱遭到王某反对,被王某赶出家门。之后,王某换了家里的门锁。数日后,文某得知其母回娘家,便带着女友撬锁开门入住。过了几天,因没钱吃饭,文某便同女友先后三次将家中康佳21寸彩电1台、荣事达洗衣机1台、容声冰箱1台、华凌分体空调4台变卖,共得款31 500元。案发后,公安机关将空调1台和洗衣机1台追回发还其母,其余物品获得退赔14 500元。

南昌市西湖区人民法院认为:法定代理人王某是被告人文某的唯一法定监护人,在文某成年以前有抚育义务。文某过早谈恋爱,固有不对,但王某把他赶出家门,不给生活费,管教方法不当,有悖我国《婚姻法》和《未成年人保护法》的规定,没有正确履行监护人的职责。被告人文某尚未成年,是家庭财产的共有人,偷拿自己家中物品变卖,不属非法占有。公诉机关指控被告人文某犯盗窃罪不能成立,辩护人的辩护意见予以采纳。依照《刑法》第13条、最高人民法院《关于审理盗窃案件具体应用法律若干问题的解释》第1条第4项、《刑事诉讼法》(1996年)第162条第2项的规定,于2000年3月13日判决如下:

被告人文某无罪。

宣判后,文某服判,未上诉,检察机关亦未抗诉,判决发生法律效力。

以上是对未成年人近亲盗窃宣告无罪的案件,其无罪的法律根据包括但书规定和司法解释。但是,该无罪判决的裁判理由却是"被告人文某尚未成年,是家

---

① 参见最高人民法院主编:《刑事审判参考》,第13辑,24~29页,北京,法律出版社,2001。

庭财产的共有人,偷拿自己家中物品变卖,不属非法占有"。在这种情况下,法律根据与裁判理由之间出现了矛盾。按照法律规定,被告人文某属于犯罪情节显著轻微危害不大,因而不认为是犯罪。但是,根据裁判理由,文某的行为不具备盗窃罪的构成要件,根本就不是犯罪。对此,我国学者评论如下:"此案件的判决结论显然是正确的,但其判决理由却未为恰当。南昌市西湖区人民法院判决文某无罪的理由有两点:其一为被害人有过错,其二为盗窃对象为共有财产。但其援引法条内容却是另外两条:其一为《刑法》第 13 条'但书''情节显著轻微危害不大不认为是犯罪',其二为上述盗窃罪司法解释'盗窃自己家的财物不按犯罪处理'。显然,援引法条与判决理由牛头不对马嘴:判决理由将文某的行为性质界定为盗窃共有财产,不属非法占有,自然其行为也不构成盗窃行为;而援引法条之含义却是认可文某的行为是非法盗窃行为,只是因情节显著轻微危害不大或者属于'盗窃'自己家的财物才不按犯罪处理。前后显然相矛盾。"[①] 笔者认为,这一评论是正确的。但这里仍然存在一个值得研究的问题,即在盗窃自己家庭财物的情况下,其无罪的根据到底是盗窃罪的构成要件不具备而不构成犯罪呢,还是盗窃的情节显著轻微危害不大而不认为是犯罪?裁判理由将文某盗窃自己家庭财物的行为认定为盗窃共有财产,因而认为其行为不构成盗窃罪。笔者认为,裁判理由在这里是把共同所有关系与共同占有关系混为一谈了。在家庭成员之间,存在财产共同所有关系。但是,未成年人由于是家庭的被抚养者,因此其不属于家庭财产的共有者。而财产的共同所有与共同占有又是存在区分的,换言之,共同所有不等同于共同占有。即使是在共同占有的情况下,也不能排除盗窃行为的成立。因此,盗窃罪中窃取他人财物之他人性,是在法律上具有严格限制的。就此而言,本案被告人文某不是家庭财产的共有人,其窃取家庭财物的行为仍然符合盗窃罪的构成要件。只是因为盗窃自己家庭财物的行为社会危害性较小,属于情节显著轻微危害不大的情形,不认为是犯罪。

  文某盗窃案表明我国司法机关对于如何适用但书规定存在一些理解上的偏

[①] 方鹏:《出罪事由的体系和理论》,45 页,北京,中国人民公安大学出版社,2011。

差。其实，在司法解释明文规定对于盗窃家庭财产和近亲属财产一般可以不作为犯罪处理的情况下，可以径直引用司法解释的相关规定予以出罪，没有必要另行阐述理由。如果要阐述理由，也应围绕文某盗窃家庭财物为什么不属于确有追究刑事责任必要的情形展开，而不是对盗窃家庭财物的法律性质再作分析。

（二）蒲连升、王明成故意杀人案[①]

被告人蒲连升，男，46 岁，陕西省汉中市传染病医院住院部肝炎科医士。

被告人王明成，男，36 岁，陕西省第三印染厂销售科职工。

被告人蒲连升、王明成被控故意杀人一案，由陕西省汉中市人民检察院提起公诉，陕西省汉中市人民法院经公开审理查明：

被告人王明成之母夏素文长期患病，1984 年 10 月曾经被医院诊断为"肝硬变腹水"。1987 年年初，夏病情加重，腹胀伴严重腹水，多次昏迷。同年 6 月 23 日，王明成与其姐妹商定，将其母送汉中市传染病医院住院治疗。被告人蒲连升为主管医生。蒲对夏的病情诊断结论是：1. 肝硬变腹水（肝功失代偿期、低蛋白血症）；2. 肝性脑病（肝肾综合征）；3. 渗出性溃疡 2～3 度。医院当日即开出病危通知书。蒲连升按一般常规治疗，进行抽腹水回输后，夏的病情稍有缓解。6 月 27 日，夏素文病情加重，表现痛苦烦躁，喊叫想死，当晚惊叫不安，经值班医生注射了 10 毫克安定后方能入睡，28 日晨昏迷不醒。8 时许，该院院长雷某查病房时，王明成问雷某其母是否有救。雷回答说："病人送得太迟了，已经不行了。"王即说："既然我妈没救，能否采取啥措施让她早点咽气，免受痛苦。"雷未允许，王明成坚持己见，雷仍回绝。9 时左右，王明成又找主管医生蒲连升，要求给其母施用某种药物，让其母无痛苦死亡，遭到蒲的拒绝。在王明成再三要求并表示愿意签字承担责任后，蒲连升给夏素文开了 100 毫克冬眠灵，并在处方上注明是家属要求，王明成在处方上签了名。当该院医护人员拒绝执行该处方时，蒲连升又指派陕西省卫校实习学生蔡某、戚某等人给夏注射，遭到蔡、戚

[①] 参见最高人民法院中国应用法学研究所编：《人民法院案例选（1992～1999 年合订本）》（刑事卷）》，上，387～390 页，北京，中国法制出版社，2000。

等人的回绝。蒲连升生气地说:"你们不打(指不去给夏注射),回卫校去!"蔡、戚等人无奈便给夏注射了75毫克复方冬眠灵。下班时,蒲连升又对值班医生李某说:"如果夏素文12点不行(指夏还没有死亡),你就再给打一针复方冬眠灵。"当日下午1时至3时,王明成见其母未死,便两次去找李某,李又给夏开了100毫克复方冬眠灵,由值班护士赵某注射。夏素文于6月29日凌晨5时死亡。经陕西省高级人民法院法医鉴定,夏素文的主要死因为肝性脑病。夏素文两次接受复方冬眠灵的总量为175毫克,用量在正常范围,并且患者在第二次用药后14小时死亡,临终表现无血压骤降或呼吸中枢抑制。所以,冬眠灵仅加深了患者的昏迷程度,促进了死亡,并非其死亡的直接原因。

上述事实,有死者生前病史病历记载、证人证言、死因鉴定结论证实,被告人蒲连升、王明成也已供认,足以认定。

公诉人认为,被告人蒲连升身为主管医生,故意对肝硬变病人夏素文使用慎用或忌用药物复方冬眠灵,并强令实习学生进行注射,指示接班医生继续使用该药,促进夏素文死亡。被告人王明成不顾医院领导人劝阻,坚决要求对其母夏素文注射药物促其速死,并在医生用药处方上签字,表示对其母的死亡承担责任。被告人蒲连升、王明成的行为均已触犯我国(1979年)《刑法》第132条的规定,构成故意杀人罪。

辩护律师认为,被告人蒲连升、王明成的行为与死者夏素文的死亡之间没有直接的因果关系,不具备犯罪构成的四个要件,故二被告人的行为不构成犯罪,应当宣告无罪。

陕西省汉中市人民法院经过公开审理认为,被告人王明成在其母夏素文病危濒死的情况下,再三要求主管医生蒲连升为其母注射药物,让其母无痛苦地死去,虽属故意剥夺其母生命权利的行为,但情节显著轻微,危害不大,不构成犯罪。被告人蒲连升在王明成的再三请求下,亲自开处方并指使他人给垂危病人夏素文注射促进死亡的药物,其行为属故意剥夺公民生命权利,但其用药量属正常范围,不是造成夏素文死亡的直接原因,情节显著轻微,危害不大,不构成犯罪。依照《刑法》(1979年)第10条和《刑事诉讼法》(1979年)第11条的规

定,于 1991 年 4 月 6 日判决,宣告被告人蒲连升、王明成无罪。

宣判后,被告人蒲连升、王明成对宣告他们无罪表示基本满意,但对判决书中认定他们的行为属于故意剥夺他人的生命权利表示不服,提出上诉,要求二审法院改判。

汉中市人民检察院认为,蒲、王两被告人在主观上有非法剥夺他人生命权利的故意,在客观上又实施了非法剥夺他人生命权利的行为,社会危害性较大,符合我国《刑法》规定的故意杀人罪的基本特征,已构成故意杀人罪。据此,该院以原判定性错误、适用法律不当为理由,向陕西省汉中地区中级人民法院提出抗诉,要求对蒲、王二被告人予以正确判处。

陕西省汉中地区中级人民法院二审审理后认为,原审人民法院对本案认定的事实清楚,证据确实、充分,定性准确,审判程序合法,适用法律和判决结果是适当的,应予维持,抗诉和上诉的理由不能成立。该院于 1992 年 3 月 25 日依法裁定,驳回汉中市人民检察院的抗诉和蒲连升、王明成的上诉;维持汉中市人民法院对本案的判决。

蒲连升、王明成故意杀人案,被称为是我国安乐死第一案,但判决书中并没有出现安乐死一词,因此本案不能认为确认了安乐死的违法阻却事由。对此,1991 年 2 月 28 日《最高人民法院给陕西省高院的批复》明确指出:"你院请示的王明成、蒲连升故意杀人一案,经高法讨论认为:'安乐死'的定性问题有待立法解决,就本案的具体情节,不提'安乐死'问题,可以依照(1979 年)《刑法》第 10 条的规定,对王、蒲的行为不作犯罪处理。"最高人民法院对于安乐死的谨慎态度当然是正确的,但在不以安乐死作为蒲连升、王明成的出罪事由的情况下,以但书规定作为其出罪根据,带来了说理上的困难。其实,本案是完全符合安乐死的特征的:王明成作为夏素文之子,为了减少其母死前的痛苦,要求医生对其母采用药物使其速死,这就是一种典型的安乐死。而蒲连升作为医生,接受王明成的要求,给夏素文开出复方冬眠灵的处方,并指使他人给夏素文注射,致其死亡,是安乐死的实际施行者。按照三阶层的犯罪论体系,上述行为当然是符合故意杀人罪的构成要件的该当性的,其行为是否构成犯罪应当在违法性阶层

考察，即是否属于违法性阻却事由。如果不承认安乐死是违法性阻却事由，则在有责性阶层考察是否存在免责事由。由此可见，三阶层犯罪论体系处理此类问题的逻辑思路是十分清晰的。但是，按照四要件的犯罪论体系，对本案的考察是在具备了犯罪构成四要件的前提下展开的，因此只能纳入社会危害性的思路，即以情节显著轻微危害不大而不认为是犯罪，引用但书规定予以出罪。判决书在本案的论证中，试图将蒲连升、王明成的故意杀人行为界定为是情节显著轻微的，因此从客观和主观两个方面进行了说理。从客观上来说，一审判决认为："夏素文两次接受复方冬眠灵的总量为175毫克，用量在正常范围，并且患者在第二次用药后14小时死亡，临终表现又无血压骤降或呼吸中枢抑制。所以，冬眠灵仅加深了患者的昏迷程度，促进了死亡，并非其死亡的直接原因。"这一理由是难以成立的，所谓用药在正常范围，那么还能将蒲连升、王明成的行为定性为杀人行为吗？所谓注射冬眠灵并非夏素文死亡的直接原因，这是否意味着判决认为蒲连升、王明成的行为是夏素文死亡的间接原因，由此而确认间接原因是情节显著轻微的表现？从主观上来说，一审判决确认王明成在主观上是为了"让其母无痛苦地死去"，能否以此认为王明成的主观恶性较小，由此而认为主观恶性较小是情节显著轻微的表现？即便如此，那又怎么理解剥夺他人生命是危害不大呢？对此，我国学者指出："安乐死的实质就是故意杀人，即侵害他人生命权，生命权是至为重大最为珍贵的法益，一旦故意杀人，就是情节极其严重。根本不存在所谓'情节显著轻微'的杀人行为，故意杀人不像盗窃、诈骗还有情节轻微与否之别。"① 概言之，故意杀人无论出于何种原因，都不存在适用但书规定的余地。勉强适用的结果，是对"情节显著轻微，危害不大"作过于宽泛的界定。因此，本案还是因为安乐死而出罪，并非情节显著轻微危害不大而出罪。

（三）张美华伪造居民身份证案②

被告人张美华，女，42岁，上海市人。

---

① 方鹏：《出罪事由的体系和理论》，79页，北京，中国人民公安大学出版社，2011。
② 参见最高人民法院办公厅编：《中华人民共和国最高人民法院公报（2004年卷）》，347～350页，北京，人民法院出版社，2005。

上海市静安区人民检察院以被告人张美华犯伪造身份证罪,向上海市静安区人民法院提起公诉。

上海市静安区人民法院经审理查明:

被告人张美华不慎遗失居民身份证,因其户口未落实,无法向公安机关申请补办居民身份证,遂于2002年5月底,以其本人照片和真实的姓名、身份证号码和暂住地地址,出资让他人伪造了居民身份证一张。2004年3月18日,张美华在中国银行上海市普陀支行使用上述伪造的居民身份证办理正常的银行卡取款业务时被银行工作人员发现而案发。

上海市静安区人民法院认为:被告人张美华伪造居民身份证,其行为违反了《居民身份证条例》的规定,应承担法律责任。但从查明的事实看,张美华是在客观上无法补办身份证、又不知道可以申办临时身份证的情况下,以本人的照片和真实的姓名、身份证编码等伪造了本人的居民身份证,且本案也是因张美华持伪造的居民身份证在为自己办理正常的银行业务时而案发。综上,张美华伪造居民身份证的行为情节显著轻微,危害不大,不认为是犯罪。据此,上海市静安区人民法院依照《刑事诉讼法》(1996年)第162条第2项的规定,于2004年4月29日判决:被告人张美华无罪。

一审宣判后,上海市静安区人民检察院提出抗诉,理由是:无论是1985年颁布的《居民身份证条例》,还是2004年开始实施的《居民身份证法》,都规定伪造居民身份证的,依照刑法处罚。刑法规定的伪造居民身份证罪,犯罪客体是国家对居民身份证的管理制度。行为人只要侵犯了国家对居民身份证的管理制度,就构成此罪;至于行为人主观上是否有从事违法或犯罪活动的动机,不影响犯罪构成。被告人张美华伪造的居民身份证,虽然内容是真实的,但不能改变其伪造的犯罪性质。张美华出资让他人伪造身份证,并在办理银行业务时使用这个伪造的证件,显然不属于情节显著轻微,应当受到刑法处罚。故一审对张美华作出无罪的判决,确有错误,应当纠正。上海市人民检察院第二分院在支持抗诉时认为,张美华用伪造的身份证申领信用卡并在银行透支现金,其行为具有潜在的社会危害性,上海市静安区人民检察院的抗诉理由成立,应当支持。

上海市第二中级人民法院经审理,除确认了一审查明的事实外,另查明:张美华在用伪造的身份证申领中国银行长城信用卡时,据实填写了本人信息情况及联系人的联系电话。张美华还用该身份证在上海银行申领信用卡一张,并曾多次透支消费后存款入账。

上海市第二中级人民法院认为:我国《刑法》第13条的规定揭示了犯罪应当具有社会危害性、刑事违法性和应受刑罚惩罚性等基本特征,其中社会危害性是犯罪的本质特征,这是认定犯罪的基本依据。某种符合刑法分则规定的犯罪构成要件的行为,只要它属于《刑法》第13条规定的对社会危害不大不认为是犯罪的行为,则也就不具有刑事违法性和应受刑罚惩罚性。因此,把握行为的社会危害性程度是界定罪与非罪的关键。《居民身份证法》第1条规定:"为了证明居住在中华人民共和国境内的公民的身份,保障公民的合法权益,便利公民进行社会活动,维护社会秩序,制定本法。"第8条规定:"居民身份证由居民常住户口所在地的县级人民政府公安机关签发。"由此可见,居民身份证是公民维护自己合法权益和进行社会活动时不可或缺的身份证明。张美华的户口从原址迁出后,一直无法落户。由于缺乏"常住户口所在地"这一要件,其身份证丢失后,户籍管理机关不能为其补办,使其在日常生活中遇到困难。在此情况下,张美华雇佣他人伪造一张身份证,仅将此证用于正常的个人生活。张美华使用的居民身份证虽然是伪造的,但该证上记载的姓名、住址、身份证编码等个人身份信息却是真实的,不存在因使用该证实施违法行为后无法查找违法人的情况。张美华在使用银行信用卡时虽有透支,但都能如期如数归还,且在日常生活和工作中无违法乱纪的不良记录。法庭调查证明,张美华伪造并使用伪造居民身份证的目的,是解决身份证遗失后无法补办、日常生活中需要不断证明自己身份的不便。张美华伪造居民身份证虽然违法,但未对社会造成严重危害,属于情节显著轻微危害不大。一审法院根据《刑法》第13条的规定认定张美华的行为不是犯罪,并无不当。抗诉机关以张美华用伪造的居民身份证申领银行信用卡并在银行透支现金,推定张美华的行为具有潜在的社会危害性,没有事实根据,其抗诉理由不充分,不予支持。据此,上海市第二中级人民法院依照《刑事诉讼法》(1996年)第

189条第1项的规定，于2004年7月22日裁定：驳回抗诉，维持原判。

张美华伪造居民身份证案，上海市静安区人民法院对其作出无罪判决，上海市第二中级人民法院驳回抗诉，这是相当令人敬佩的。本案被《最高人民法院公报》刊载，表明最高人民法院对此案也是持肯定态度的。但是，在本案中，判决以但书规定作为张美华的出罪根据，这是难以接受的。伪造身份证罪本身是一种抽象危险犯，对于抽象危险犯来说，判断危害大小几乎是不可能的，因此根本就不存在适用但书的前提条件。笔者认为，张美华之出罪的根据在于对伪造一词的理解。关于伪造，在日本刑法学界存在形式主义与实质主义之争。例如，日本学者大塚仁教授曾经对文书伪造犯罪中的形式主义与实质主义做过以下论述："关于文书伪造的犯罪中的现实的保护对象，形式主义认为是文书制作名义的真正性即形式的真实，实质主义认为是文书内容的真实即实质的真实。形式主义提出，只要确保文书制作名义的真正性，就自然会保护其内容的真实；而实质主义则提出，属于文书内容的事实关系违反真实的话，就会侵害社会生活的安全。刑法以形式主义为基调，也并用着实质主义。为了保护对文书的公共信用，首先有必要尊重文书的形式的真正性，不应允许因为内容是真实的就违反制作权人的意思而冒用其名义制作文书。不过，也存在应该特别保护文书内容的真实的情形，可以认为，刑法正是在这种认识之下规定了文书伪造的犯罪。"① 大塚仁教授以上论述虽然是针对日本刑法中的文书伪造犯罪而言的，但笔者认为也完全可以适用于对我国伪造犯罪的理解。伪造居民身份证罪是我国刑法规定的伪造犯罪之一种。关于这里的伪造，张明楷教授认为，伪造不仅包括无权制作身份证的人擅自制作居民身份证，而且包括有权制作人制作虚假的居民身份证。② 在此，张明楷教授指出了伪造居民身份证罪之伪造既包括有形伪造（无权制作者的非法制作），也包括无形伪造（有权制作者制作虚假文书）这两种情形③，这是正确的。但是，

---

① ［日］大塚仁：《刑法概说（各论）》，第3版，冯军译，477页，北京，中国人民大学出版社，2003。
② 参见张明楷：《刑法学》，第4版，925页，北京，法律出版社，2011。
③ 参见［日］大塚仁：《刑法概说（各论）》，第3版，冯军译，495页，北京，中国人民大学出版社，2003。

在有形伪造的情况下，是按照形式主义还是按照实质主义来判断伪造，张明楷教授并未论及。笔者的观点是，应该按照实质主义来判断伪造居民身份证罪的伪造。因此，像本案中张美华的行为虽然是一种无权制作居民身份证而非法制作居民身份证的行为，违反了《居民身份证法》的规定，但按照实质主义理解，不能认为其行为构成了伪造居民身份证罪。当然，实际的制作人在不知委托人提供的个人信息是否真实的情况下非法制作行为可以构成伪造居民身份证罪，而在明知委托人提供的个人信息是真实的情况下，能否构成伪造居民身份证罪尚可商榷。

值得注意的是，张明楷教授将伪造居民身份证罪的实行行为界定为具体的制作行为，而将类似本案被告人张美华的行为解释为是购买伪造的居民身份证的行为，对于这种购买居民身份证的行为，张明楷教授认为不构成伪造居民身份证罪。例如，张明楷教授在论及将这种行为认定为伪造居民身份证罪的共犯的观点时指出："刑法并不处罚购买居民身份证的行为，而提供照片、预付现金等只是购买伪造的居民身份证不可或缺的行为，易言之，提供照片与预付现金，没有超出购买的范围，既然如此，就不宜认定为犯罪。"[1] 据此，张美华的行为当然也是不构成伪造居民身份证罪的，其根据在于这种行为根本不是伪造居民身份证罪的构成要件行为。应当指出，这里的购买，既包括购买个人信息真实的伪造的居民身份证，又包括购买个人信息不真实的伪造的居民身份证。对于张明楷教授的这一观点，还是可以进一步讨论的。在对于类似张美华的行为不能根据但书规定出罪这一点上，笔者和张明楷教授的观点是完全一致的。在笔者看来，对于本案被告人张美华的行为不能简单地套用但书规定予以出罪，而是应当通过对伪造的实质主义的解释将其出罪。

(本文原载《法学杂志》，2015（8））

---

[1] 张明楷：《刑法学》，第4版，925页，北京，法律出版社，2011。

对 68 起无罪案件的实证分析

目前，书肆上各种案例分析的书籍不说充斥其间，至少也是随处可觅，我本人也主编过不少类似的书。不过，还是有一本案例分析的书吸引了我的眼球，这就是康为民主编的《罪与非罪——典型无罪案例分析》（人民法院出版社2004年版）。从该书出版说明中获知该书的写作背景是"江西省高级人民法院组织了一批刑事审判业务精通、刑法理论功底扎实的一线法官对该省近5年来的无罪案件情况进行了专项的调查研究，并且调阅了140余件案件，从中择取了68件典型案例，立足案情，结合法理，进行逐个点评与剖析，力图展现一线法官对罪与非罪的认知、分析和判断过程，展现其审判思路及刑事司法价值理念，以期对审判、起诉或律师辩护等诉讼活动起到一定的实践指导意义"（该书第1页，下同）。[①] 该书的主编康为民是江西省高级人民法院院长，该书的68件无罪案件是从140余件中择取出来的，能够反映一个省司法区内5年中无罪判决的真实情况。阅完全书，激起我写作本文的欲望。以该书为研究客体，对68起无罪案件进行实证分析，也许能够得出一些有益的结论。

---

① 本文中的页码，只要未标明出处的，均为该书页码，特此说明。

一、68 起无罪案件简述

为研究方便，我先将 68 个无罪案件的案由及无罪理由作一个简述，见下表。

序号	案由	无罪理由	诉讼过程
案 1	姚银宗放火案	证据不足	一审无罪，二审维持
案 2	肖群英放火案	证据不足	一审无罪
案 3	张楠单位走私案	法无明文规定	一审无罪
案 4	戴龙全等故意杀人案	证据不足	一审有罪，发还后判无罪
案 5	夏建庆故意杀人案	证据不足	再审无罪
案 6	熊忠重故意杀人案	证据不足	一审无罪
案 7	辛祖莲故意杀人案	证据不足	一审有罪，发还后无罪
案 8	吴省泉故意杀人案	证据不足	一审无罪
案 9	闵学林故意杀人案	证据不足	一审无罪，发还后无罪
案 10	叶祥权故意杀人案	证据不足	一审无罪，二审维持
案 11	谢美恩故意杀人案	证据不足	一审无罪
案 12	姚才媛故意杀人案	证据不足	一审无罪
案 13	潘孝礼故意伤害案	定性错误	一审无罪，二审维持
案 14	刘高等故意伤害案	定性错误	一审无罪
案 15	王全民故意伤害案	情节显著轻微	一审无罪
案 16	汤明旭故意伤害案	情节显著轻微	一审无罪
案 17	曾宪钧故意伤害案	情节显著轻微	一审无罪
案 18	徐某强奸案	定性错误	一审无罪，二审维持
案 19	孙大仟诬告陷害案	定性错误	一审有罪，二审无罪
案 20	谭涛强奸案	证据不足	一审有罪，二审无罪
案 21	秦松根强奸案	证据不足	一审有罪，发还后无罪
案 22	叶祥仁非法拘禁案	情节显著轻微	一审无罪
案 23	罗生平非法拘禁案	定性错误	一审无罪
案 24	吴建刑讯逼供案	情节显著轻微	一审无罪，二审维持
案 25	余荣华等抢劫案	定性错误	一审无罪
案 26	王斌等抢劫案	证据不足	一审无罪
案 27	简雪明盗窃案	证据不足	一审有罪，发还后无罪
案 28	徐建华诈骗案	定性错误	一审无罪

续表1

序号	案由	无罪理由	诉讼过程
案 29	陈学能诈骗案	定性错误	一审无罪
案 30	万泉根等诈骗案	定性错误	一审有罪,二审无罪
案 31	阮水珠合同诈骗案	定性错误	一审无罪
案 32	邓建明诈骗案	定性错误	一审无罪,二审维持
案 33	刘卫平合同诈骗案	定性错误	一审无罪,二审维持
案 34	王爱民职务侵占案	证据不足	一审有罪,发还后无罪
案 35	邓员福职务侵占案	定性错误	一审无罪
案 36	彭华隆挪用资金案	证据不足	一审无罪,二审维持
案 37	邹茶秀妨害公务案	证据不足	一审无罪
案 38	金洋彬寻衅滋事案	情节显著轻微	一审无罪,二审维持
案 39	王一民等伪造证件案	法无明文规定	一审无罪
案 40	朱小明贩卖毒品案	证据不足	一审无罪
案 41	郁美华贪污案	证据不足	一审无罪,二审维持
案 42	李钢铁等贪污案	证据不足	一审无罪,二审维持
案 43	周子仪贪污案	证据不足	一审有罪,二审无罪
案 44	齐桂林贪污案	定性错误	一审有罪,二审无罪
案 45	周吉云贪污案	定性错误	一审无罪,二审维持
案 46	汪光海贪污案	定性错误	一审无罪
案 47	周启才挪用公款案	定性错误	一审无罪,二审维持
案 48	王宝宗挪用公款案	定性错误	一审无罪,二审有罪,再审无罪
案 49	汪虹贪污、受贿案	证据不足	一审有罪,二审无罪
案 50	蒙在恒挪用公款案	证据不足	一审无罪,二审维持
案 51	祝某挪用公款案	证据不足	一审无罪,二审维持
案 52	应道才贪污、受贿案	定性错误	一审有罪,二审无罪
案 53	吴菊梅受贿案	定性错误	一审无罪,二审维持
案 54	周贺元受贿案	证据不足	一审有罪,二审无罪
案 55	吴光辉受贿案	证据不足	一审有罪,二审有罪,再审无罪
案 56	伍林玖受贿案	证据不足	一审无罪,二审维持,再审无罪
案 57	吕小军受贿案	定性错误	一审有罪,二审无罪
案 58	顾明洪受贿案	定性错误	一审有罪,二审有罪,再审无罪
案 59	黎征受贿案	证据不足	一审有罪,再审无罪
案 60	白省魁受贿案	定性错误	一审有罪,二审无罪
案 61	王小林受贿案	定性错误	一审无罪,发还后无罪,二审维持

续表2

序号	案由	无罪理由	诉讼过程
案62	楼小龙受贿案	情节显著轻微	一审无罪，二审维持
案63	刘华清单位行贿案	情节显著轻微	一审有罪，二审无罪
案64	权木火玩忽职守案	证据不足	一审无罪
案65	刘立荣玩忽职守、私分国有资产案	法无明文规定	一审无罪，二审维持
案66	胡儒林等玩忽职守案	情节显著轻微	一审无罪，二审维持
案67	刘某玩忽职守案	情节显著轻微	一审无罪，二审维持
案68	廖某等玩忽职守案	定性错误	一审有罪，二审无罪

二、实体法的分析

在68起无罪案件中，有40起的无罪理由是与法律适用有关的。由此可见，对于无罪原因首先需要从实体法上进行分析。从实体法的角度分析，无罪理由包括以下三种情形。

（一）定性错误

定罪错误是最主要的无罪理由之一，它指公诉机关在法律适用上发生错误，法院以此为由作出无罪判决。从罪名来看，发生定性错误最多的罪名是诈骗案，共计6件；是受贿案，共计6件。其次是贪污案，共计4件。上述统计数据表明，经济犯罪在定性上最容易发生错误，因此对经济犯罪的法律适用问题应当予以高度重视。

1. 诈骗罪之无罪案件

在我国刑法中，诈骗罪是指以非法占有为目的，采用虚构事实或者隐瞒真相的方法，骗取公私财物数额较大的行为。在1979年《刑法》中，只设立了一个诈骗罪；在1997年《刑法》中，除普通诈骗罪以外，还另设金融诈骗罪和合同诈骗罪，从而形成法条竞合关系。特殊诈骗罪，在广义上也包括在诈骗罪之中。在被判无罪的案件中，主要在客观上是否存在诈骗行为，主观上是否具有非法占有的目的这两个问题上容易出现错误。就客观上是否存在诈骗行为而言，例如案

30：万泉根等诈骗案，一审法院经审理后认为，被告人万泉根和喻敏明知自己在1995年7月与浙江省江山煤矿合作制造出来的两台氢柴油制造机无效的情况下，为了收回在江山煤矿的投资，于1995年11月与于祥磊签订合作办氢柴油制造机厂的协议，于祥磊出资2万元将被告人被江山煤矿扣留的两台氢柴油制造机赎回，其中11 000元给江山煤矿，其余9 000元被万泉根、喻敏、熊某某三人瓜分。被告人在经过试制仍未成功的情况下，借故离开于祥磊家。因此，认定被告人万泉根构成诈骗罪。而二审法院经审理认为：万泉根具有生产制造氢柴油机技术，且投资与江山煤矿合作试制并生产出两台半成品氢柴油机，后转为与于祥磊合作生产，双方签订了合同。从合同的签订到合同内容，双方均在平等自愿的基础上反映了双方的真实意思表示，并未有隐瞒、欺骗的行为。合同签订后双方依法履行，后因添加剂技术出让人范某某赴考未及时赶回，导致试制中断。之后，万泉根还主动返赴于祥磊处，但因于祥磊的不当行为影响合同的继续履行。为此，双方发生纠纷，因此纠纷应由经济合同法调整解决。故原审人民法院对本案定性不当，适用法律错误，应予改判。据此，二审法院改判被告人万泉根无罪（第179~180页）。由此可见，本案被告人万泉根的行为是否构成诈骗罪，就在于客观上是否实施了诈骗行为。从法院认定的事实来看，双方签订了合同，最终合同未能履行，但关键在于合同未能履行的原因是什么？到底是被告人的诈骗所致还是另有他因？二审法院认为本案中没有隐瞒、欺骗行为，合同未能履行是由其他客观原因所致。因此，二审的无罪判决是正确的，一审的有罪判决则混淆了合同诈骗与合同纠纷的界限。就主观上是否具有非法占有目的而言，例如案31：阮水珠合同诈骗案，被告人阮水珠以新余市城南东亚物资公司（后更名为新余市东亚物资有限公司）的名义与新钢金属制品有限责任公司签订了一份购销合同。被告人阮水珠以一本已公告失效的《国有土地使用证》提供给新钢金属制品有限责任公司作为抵押凭证，且未按协议提供交款发票，后贷款一直未能归还。对于本案，人民法院经审理后认为，被告人主观上没有非法占有的目的，本案属新余市东亚物资有限公司与新钢金属制品有限责任公司之间的购销合同纠纷。被告人阮水珠的行为不构成合同诈骗罪，因而判决被告人阮水珠无罪（第185页）。在

这一案件中，被告人阮水珠在签订合同中存在一定的欺诈行为，即以失效的国有土地使用证作为抵押凭证，但仅此还不构成诈骗罪，还要看被告人主观上是否具有非法占有的目的。根据法院认定的事实，被告人不存在这种目的，因而作出无罪判决是完全正确的。

2. 受贿罪之无罪案件

在我国刑法中，受贿罪是指国家工作人员利用职务上的便利，索取他人财物或者非法收受他人财物为他人谋取利益的行为。在受贿罪的认定中，如何正确认定利用职务便利为他人谋取利益是一个重大问题，受贿罪之罪与非罪界限的混淆往往由此生发。例如案60：白省魁受贿案，一审判决受贿罪成立，二审则认为不能认定被告人白省魁利用职务为他人谋取利益。二审判决指出：上诉人白省魁作为分管城建的县委副书记，在步行街工程中极力主张给地区物资局承建，反对由私人承建。虽然请托人邱全发有请托，但白未许诺为其承接步行街工程给予关照，也没有为邱、曾承接该工程和在该工程施工建设过程中实施任何具体行为，为其谋利益。在以后玉山县其他工程开发项目上，白亦未许诺更未实施任何行为为曾家河谋取利益。因而，二审法院对本案作出无罪判决（第315~352页）。尽管在刑法理论上对利用职务上的便利为他人谋取利益如何理解存在争议，但它是受贿罪成立不可或缺的要件。在司法实践中，已有利用职务上的便利为他人谋取利益的事实，当然可以认定为受贿罪；如果虽然没有这一事实，但已经承诺利用职务上的便利为他人谋取利益，从而表明被告人主观上具有利用职务上的便利为他人谋取利益的意图的，同样也可以认定为受贿罪。但如果既无利用职务便利上的便利为他人谋取利益的事实，又无利用职务上的利益为他人谋取利益的意图，则不能构成受贿罪。本案就属于后者，因而二审法院判决无罪是完全正确的。

3. 贪污罪之无罪案件

在我国刑法中，贪污罪是指国家工作人员利用职务上的便利，侵吞、窃取、骗取或者以其他手段非法占有公共财物的行为。从当前司法实践的情况来看，贪污罪在定性上之所以发生错误，名为国有实为个人的企业性质未能正确认定是一个重要原因。例如案45：周吉云贪污案就涉及公司性质及其资产所有权的认定

问题。对于该案,一审法院判决认为,被告人周吉云在1994年承包萍乡市百货纺织品总公司下属多经公司时,百货公司对多经公司并未投入资金,而是周吉云自筹资金,自主经营、自负盈亏。因此,对多经公司剩余的所创利润,被告人周吉云有权处分。被告人周吉云将这部分财产作为其个人出资投入新都公司,因此,不能否认周吉云已实际出资这一事实。萍乡市房管局未拨付现金出资,也未将八一食堂作价入股,而是每年与新都公司签订房屋租赁合同,且收取了租金。因此,新都公司的资本中没有房管局资本这一国有资产存在,而只有周吉云以实物等出资的公司资产,公司财产不属公共财产,被告人周吉云不论以何方式占有、处分新都公司财产,其行为都不构成贪污罪(第266页)。在本案中,贪污罪之能否成立,取决于案件事实的正确认定,例如被告人对形式上的国有企业——多经公司有无实际投入?多经公司中房管局的食堂是作价入股还是实质上的房屋租赁关系?这些事实对本案被告人的行为是否构成贪污罪具有决定性的影响。对此的认定,我认为不能只看形式,而应从实质上分析。对此,法院作出了正确的认定。应该说,本案是一起十分典型的涉及贪污罪的罪与非罪区分的案件。公诉机关之所以对本案作出错误指控,就是因为未能就名为国有实为个人的企业性质作出正确的认定。

认定犯罪,归根到底还是一个适用法律的问题。法律适用当然是十分复杂的一个司法过程,但基本上可以视为检验认定的案件事实是否满足犯罪构成的过程,这种检验在法学方法论上称为"涵摄"(Subsumtion)。例如,德国学者在论述法律适用时指出:"如果生活事件(事实)满足相关规范的事实构成并且不违背整个法律程序的其他规范(例如宪法),就应当宣布被规定的法律后果。因此,法律适用可以分为四个步骤:认定事实;寻找相关的(一个或若干)法律规范;以整个法律程序为准进行涵摄;宣布法律后果。"[1] 在上述任何一个步骤发生错误,定罪就会发生错误。从以上我们讨论的无罪案件来看,有的是事实认定上有问题,有的是找法上有问题,有的是涵摄上有问题。因此,为避免混淆罪与非罪

---

[1] [德]伯恩·魏德士:《法理学》,丁小青、吴越译,296~297页,北京,法律出版社,2003。

的界限,应当对法律适用的每一个环节都严格把关。

（二）情节显著轻微

根据我国《刑法》第 13 条关于犯罪概念的但书规定,情况显著轻微危害不大的,不认为是犯罪。因此,情节是否显著轻微,是否危害不大,就成为区分罪与非罪的界限。在 68 起无罪案件中,有 6 起案件的无罪理由是情节显著轻微,其中涉及故意伤害罪、非法拘禁罪、寻衅滋事罪、受贿罪、玩忽职守罪等罪名。这些犯罪,大多是以情节严重作为罪体要件的,也有的以犯罪数额达到一定要求作为罪体要件的,凡没有具备罪体要件的,人民法院以情节显著轻微、危害不大,不认为是犯罪为由作出无罪判决。例如案 22：叶祥仁非法拘禁案,1996 年 11 月,被告人叶祥仁因做古币生意先后与陈玉平、李功灿相识,陈玉平委托其收购古币,结果受骗从李功灿处收购了一些假古币,陈玉平以无现金为由拒绝接收。为此,叶祥仁到公安局报案,公安局未抓到陈玉平。后叶祥仁找到陈玉平,因害怕其逃走,便委托肖某、杨某跟随陈玉平,又安排在外贸招待所 201 房间住宿,三人一起吃饭、行走、睡觉,时间达 48 个小时。其间,对陈玉平无捆绑、殴打行为,也没有完全控制陈的行动自由。对于本案,法院经审理后认为,被告人叶祥仁在发觉自己上当受骗后,为挽回经济损失,派人对陈玉平进行跟随,其行为应属非法,但事先向公安机关报了案,叶祥仁主观上没有非法拘禁他人的故意,也没有造成损害后果。公诉机关指控被告人叶祥仁犯有非法拘禁罪,虽有部分事实,但因情节显著轻微,指控不能成立。据此,人民法院判决被告人叶祥仁无罪(第 137 页)。应该说,本案判决无罪是正确的,情节显著轻微、危害不大的无罪理由也是能够成立的。但是,在裁判理由中认为被告人主观上没有非法拘禁他人的故意,则与其情节显著轻微的判决结论相矛盾。情节显著轻微是以行为具备罪体与罪责为前提的,只是从罪量角度考察,尚不足以成立犯罪。如果没有非法拘禁的故意,其行为就不属于非法拘禁的性质,又谈何情节是否显著轻微呢?由此可见,对于情节显著轻微与犯罪构成要件之间的关系尚需厘清。

（三）法无明文规定

法无明文规定不为罪,这是罪刑法定原则的基本要求。对此,我国《刑法》

第 3 条作了明文规定。因此，对于刑法没有明文规定为犯罪行为的，不得定罪处罚。在 68 起无罪案件中，有两起的无罪理由是法无明文规定。例如案 39：王一民等伪造证件案，该案经江西省波阳县人民法院审理认为，被告人石香娥趁医护人员不备，在空白证明书上偷盖波阳县妇幼保健所疾病诊断专用章，交由被告人王一民模仿结扎医生笔迹，伪造节育手术证明并出卖给他人获取非法利益，其行为是违法的。虽然，被告人王一民、石香娥的行为已触犯1979年《刑法》第167条之规定，构成伪造证件罪，但根据现行《刑法》第 280 条第 1 款之规定，伪造证件罪的客观行为是被告人伪造了国家机关的证件，而波阳县妇幼保健所并非国家机关，故被告人的行为不构成现行《刑法》规定的伪造证件罪（第 229～230 页）。本案被告人的行为根据1979年《刑法》的规定是构成犯罪的，但根据1997年《刑法》则不构成犯罪，尽管本案被告人的行为发生在 1997 年《刑法》生效以前，但根据我国刑法关于溯及力的从旧兼从轻之规定，本案被告人的行为不构成犯罪。

三、证据法的分析

在 68 起无罪案件中，有 29 起的无罪理由是证据不足。因此，因证据不足而判决无罪的案件占有相当大的比重。从证据法的角度分析，证据不足又可以分为以下三种情形。

（一）只有口供没有其他证据

口供，是犯罪嫌疑人、被告人供述和辩解的简称，它是我国刑事诉讼法规定的 7 种证据之一种。但是，我国《刑事诉讼法》第 46 条同时对口供定案作了专门规定只有被告人供述，没有其他证据的，不能认定被告人有罪和处以刑罚；没有被告人供述，证据充分确实的，可以认定被告人有罪和处以刑罚。因此，单凭口供是不能定罪的，由此而判无罪，是完全正确的。例如案 1：姚银宗放火案，该案江西省万年县人民法院曾两次对被告人姚银宗作出有罪判决，两次均因被告人上诉，被上饶市中级人民法院以事实不清、证据不足为由发回重审。江西省万

年县人民法院于 2001 年 3 月 2 日经重审审理认为,本案只有被告人姚银宗的大部分供述供认其放火,公诉举证的其他证据尚不能证明被告人到了唐海家,更不能证明被告人到唐海家实施了放火行为。因公安机关查实姚道兴、吕学千等人的证词证明被告人借打火机离桌出去仅 10 分钟左右,不可能有作案时间。被告人供述其使用打火机点燃席梦思床上的床单与现场勘查笔录及现场遗留痕迹和附带民事诉讼原告人唐海妻子周月娥的证词以及气象部门的证明不相符。因本案的着火点不可能在席梦思床的位置,且席梦思床上只有毛毯没有床单。被告人与原告人家没有矛盾,其供述在席梦思床上没有翻到钱就放火,而不到其他地方找与常理不符,其放火动机不明。故辩护人关于公诉指控不能有效地证明被告人有作案时间的意见以及关于本案被告人作案动机不明,行为的因果关系不明的意见和指控犯罪不能成立的意见,与事实和法律相符。本案事实不清,证据不足,因而判决无罪(第 4~5 页)。

(二)未能排除合理怀疑

根据我国刑事诉讼法的规定,刑事诉讼的证明标准是要求"犯罪事实清楚,证据确实、充分"。这里的证据确实,是指每个证据都必须真实,具有证明力;证据充分,是指证据必须达到足以认定犯罪事实的程度。因此,证据确实,是对证据的质的要求;而证据充分,则是对证据的量的要求。只有两者同时达到要求,犯罪才能成立。如果虽然有部分证据,但证据之间的矛盾不能排除,则同样不能认定为犯罪。在无罪案件中,这样未能排除合理怀疑的情况是较多的,它表明这些案件的事实尚未查清。例如案 10:叶祥权故意杀人案,江西省九江市中级人民法院于 2003 年 1 月 22 日的判决认为,起诉书指控被告人叶祥权以非法剥夺他人生命为目的,以毒药残害儿童,造成了一死两伤的严重后果,其行为构成故意杀人罪。经查,起诉书指控的作案情节主要是依据被告人叶祥权在公安机关所作的有罪供述,在法庭审查时叶祥权又全部翻供。关于本案中老鼠药从何而来,证据间矛盾点很多,难以作出起诉书所指控的认定。关于投毒的过程,目击证人叶莎娜的证词不稳定,相互矛盾,且其所陈述被告人叶祥权将毒物投放在饭盒里,与事实上毒物投放在菜缸里不符。综上,本案现有证据不能形成环环相扣

的证明锁链，故起诉书指控被告人叶祥权犯有故意杀人罪，证据不足，指控的犯罪不能成立（第69页）。

（三）间接证据未能形成证据链

在刑事诉讼法中，依据证据与案件事实的关系，即证据能否单独、直接证明案件主要事实，可以将证据区分为直接证据与间接证据。其中，间接证据就是不能单独直接证明案件主要事实，而需要与其他证据相结合才能证明的证据。间接证据由于不能单独直接证明案件主要事实，只有与其他证据相结合，形成证据链，才具有证明力。在司法实践中，间接证据虽然能够证明犯罪，但必须严格遵守间接证据的采用规则，形成证据链，否则同样不能证明犯罪。例如案12：姚才媛故意杀人案，江西省抚州市中级人民法院经审理查明，被告人姚才媛的有罪供述不具有唯一性；证人郑金亮的证言，在证明2002年9月20日上午有哪几个人在他摊位上购买了毒鼠药上存在矛盾，且其陈述的毒鼠药袋内包毒米的是报纸，虽能与公安机关在案发后从郑家提取的"气死猫"等灭鼠药的提取笔录、物证检验报告相吻合，但与被告人姚才媛在郑金亮的摊位上买了毒鼠药无关。公诉机关指控被告人姚才媛"将自己曾想自杀用的调呋喃丹的塑料瓶调好的老鼠药药水倒入何鑫奶瓶内"，在无法查清该塑料瓶的来源和去向的情况下，间接证据之间不能形成证据锁链；尽管有间接证据证实被告人姚才媛在案发前目击过被害人何鑫，但这并不能证明被告人姚才媛实施了杀人行为。综合上述事实与理由，江西省抚州市中级人民法院认为无直接证据证实，而间接证据又无法形成完整的证据锁链，故证据不足，罪名不能成立，判决被告人姚才媛无罪（第81页）。

在司法实践中，虽然绝大部分案件事实都能查清，但我们还是必须承认，存在着极少数案件的事实是难以查清的，这是由于司法认识能力的局限性和司法资源的有限性所决定的。这种事实难以查清的案件，就是我们通常所说的疑案。对于疑案如何处理，恰恰是刑事诉讼制度的野蛮与文明的分野。在有罪推定原则下奉行罪疑从有，因为在这种情形下不能证明无罪，而不能证明无罪就是有罪，这是有罪推定的必然结论；在无罪推定原则下坚持罪疑从无，因为在这种情形下不能证明有罪，而不能证明有罪就是无罪，这是无罪推定的必然结论。我国《刑事

诉讼法》第 162 条第 3 项规定:"证据不足,不能认定被告人有罪的,应当作出证据不足、指控的犯罪不能成立的无罪判决。"这一规定实际上确认了罪疑从无原则,体现了无罪推定的基本要求。因此,江西省各地法院遵照这一规定,对证据不足的案件作出无罪判决,表明刑事诉讼法关于罪疑从无的原则在司法活动中得到了贯彻。

四、程序法的分析

从程序法上对 68 起无罪案件的诉讼经过进行分析,也是极有意义的,它使我们真实地了解一起无罪案件的诉讼历程。从程序法的角度分析,无罪案件的诉讼经历可以分为以下三种情形。

(一)一审无罪

这里的一审无罪,是指一审法院作出无罪判决,被告人没有上诉、公诉机关没有抗诉,直接发生法律效力的情形。在 68 起无罪案件中,这种一审无罪的案件有 23 起,占 1/3 左右。这里的一审法院,既有基层人民法院,又有中级人民法院。在一审作出无罪判决以后,江西省有的是检察机关没有抗诉,有的是提起抗诉,但在二审审理期间又撤回了抗诉。例如案 3:张楠单位走私案,江西省南昌市中级人民法院一审作出无罪判决以后,江西省南昌市人民检察院提出抗诉。在江西省高级人民法院审理此案过程中,江西省人民检察院于 1998 年 1 月作出赣检诉赣抗(1998)02 号撤回抗诉决定书,认为江西省南昌市人民检察院抗诉不当,申请撤回抗诉。江西省高级人民法院经审查认为,该撤回抗诉符合法律规定,并作出(1998)赣刑二终字第 12 号裁定,准予撤回抗诉,原审判决即发生法律效力(第 18 页)。一审程序是刑事诉讼中的一个重要程序,通过一审查清案件事实并正确适用法律,无疑是十分重要的。在 68 起无罪案件中,大多数案件在一审就作出了无罪判决,其中 22 起一审无罪判决发生法律效力,表明一审程序对于实现刑事诉讼目的的重要性。

(二)二审无罪

这里的二审无罪,是指一审法院作出无罪判决,公诉机关提起抗诉,二审法

院维持无罪判决,以及一审作出有罪判决,被告人上诉,二审改判无罪的情形。在 68 起无罪案件中,二审维持一审无罪判决的有 19 起,表明二审法院对于一审无罪判决的支持。此外,二审改判无罪的有 12 起。例如案 68:廖某等玩忽职守案,江西省龙南县人民法院审理认为:被告人廖某,蔡某身为国有资产管理部门的负责人,不正确履行职责,不学习有关法规,未经请示报告,违反《江西省国有小型工业企业试行国有民营暂行规定》第 6 条第 2 项"民营者必须确保国有资产的完整,不得以租赁的国有资产进行抵押"的规定,在未审查《国有民营合同书》的情况下,擅自出具证明,致使国家财产遭受重大损失,其行为构成玩忽职守罪。鉴于本案国有资产损失的后果系多因一果,可依法从轻处罚。依据《刑法》第 12 条第 1 项、第 397 条第 1 项、第 72 条第 1 项的规定,判决:1. 被告人廖某犯玩忽职守罪,判处有期徒刑 1 年,缓刑 2 年;2. 被告人蔡某犯玩忽职守罪,判处有期徒刑 6 个月,缓刑 1 年。被告人廖某、蔡某不服,向江西省赣州市中级人民法院上诉,认为其行为不构成犯罪,其主要理由是:证明与汽运公司的损失没有法律上的因果关系。证明并不是贷款合同生效的条件,有没有这份证明贷款合同照样生效,且证明的时间在第一份 5 月 20 日的贷款合同之后,在出具证明之前贷款合同就已签订。在出具证明时还未签订《国有民营合同书》,不存在审查合同的问题。江西省赣州市中级人民法院经审理认为:被告人廖某、蔡某违反行政规章及有关文件的规定,为国有民营企业出具证明,同意以国有固定资产作抵押贷款,其行为主观上存在过失。但是,借款合同属诺成性合同,双方意思达成一致,合同则依法成立,证明不是借贷抵押成立的条件。抵押借贷合同签订在前,且合同中也未约定必须有国有资产管理局同意抵押贷款的证明,同时证明出具的时间在后。依据 1994 年 2 月 16 日国资企业函发(1994)36 号文件的规定,龙南县国有资产管理局已不负有为国有企业的财产设定抵押权进行审批和签署意见的职权。两被告人出具的证明与汽运公司的损失没有必然的因果关系,不具备犯罪构成的全部要件,其行为不构成玩忽职守罪。根据《刑事诉讼法》第 189 条第 2 项、第 162 条第 2 项的规定,判决:1. 撤销江西省赣州市龙南县人民法院(1999)龙刑初字第 17 号刑事判决;2. 上诉人廖某、蔡某无罪(第 404~

405 页)。

根据我国《刑事诉讼法》第 189 条第 2 项规定,第二审人民法院对不服第一审判决的上诉案件,经过审理后,认为原判决认定事实没有错误,但适用法律有错误的,应当改判。对于一审判决有罪的案件,二审经审理后之所以直接改判无罪,就是因为一审判决在适用法律上有错误。例如在上述案例中,就基本事实而言,一审与二审并无重大改变,唯对于被告人的行为与损失结果之间是否存在因果关系,两级法院存在意见分歧。二审法院承担的是上诉审,在刑事诉讼法中,上诉程序具有某种纠错功能,通过上诉审,可以发现一审中的适用法律上的错误并及时予以改判。从 68 起无罪案件来看,多达 12 起案件是在一审错判有罪的情况下由二审改判无罪的。在此,上诉程序的纠错功能体现得十分明显。

(三) 重审无罪

这里的重审无罪,是指一审判决有罪,被告人上诉以后二审发还,一审再次审理时判决无罪的情形。在 68 起无罪案件中,属于这种情形的共有 7 起。根据我国《刑事诉讼法》第 189 条第 3 项的规定原判决事实不清楚或者证据不足的,可以在查清事实后改判;也可以裁定撤销原判,发回原审人民法院重新审判。这种发还重审,大多是因为证据不足。例如案 27:简雪明盗窃案,一审法院认定简雪明犯盗窃罪,判处有期徒刑 10 年,并处罚金人民币 1 万元。简雪明不服,提出上诉。二审法院经审理,以事实不清、证据不足,撤销原判,发回重审。原审法院经重审后认为,主要证据不具排他性,只能证明简雪明具有重大盗窃嫌疑,因而以证据不足,判决被告人简雪明无罪(第 162~164 页)。如前所述,我国 1996 年修改后的《刑事诉讼法》第 162 条第 3 项规定:"证据不足,不能认定被告人有罪的,应当作出证据不足、指控的犯罪不能成立的无罪判决。"但是,这一规定针对的是一审判决,对二审判决则无此规定。这就出现了一个问题:在一审程序中,人民法院经过审理,认为证据不足的,可以作出无罪判决,但在二审程序中,人民法院经过审理,认为证据不足的,只能在查清事实后改判,或者发回重审,而没有规定可以径行作出无罪判决。我认为,这是一个重大的法律漏洞。既然一审法院认为证据不足可以判决无罪,二审法院认为证据不足却不能判

决无罪，岂非矛盾？这是由于在 1996 年修改刑事诉讼法时，只在一审判决中增加了证据不足、指控的犯罪不能成立的无罪判决，而对二审判决却未加修改，由此形成两者之间的不协调。在这种情况下，重审以后判决无罪的，当然没有问题，但如果重审以后仍然判决有罪的，则二审法院要么默认予以维持，要么再次发还重审，使案件在两级法院反复审理，从而导致审理时间的延长。在上述 7 起重审无罪案例中，就有经多次发还的。例如案 9：闵学林故意杀人案，本案刑事附带民事诉讼由江西省南昌市中级人民法院于 2001 年 6 月 12 日和 2001 年 11 月 27 日进行了两次公开开庭合并审理，判决后被告均提起了上诉。江西省高级人民法院两次都以事实不清、证据不足为由，撤销原判，发回重审。江西省南昌市中级人民法院以（2003）赣刑一初字第 11 号判决宣告被告人无罪（第 56~61 页）。

（四）再审无罪

这里的再审无罪，是指一审有罪，二审有罪，经再审以后作出无罪判决的情形。在我国刑事诉讼法中，再审程序又称为审判监督程序，是指对已经发生法律效力的判决、裁定，经当事人及其法定代理人、近亲属申诉，或者各级人民法院院长发现在认定事实上或者在适用法律上确有错误，经审判委员会决定，或者各级人民检察院发现在认定事实上或者在适用法律上确有错误提出抗诉，而对案件进行的重新审判。一般认为，再审程序的设计反映了有错必纠的原则。在 68 起无罪案件中，有 6 起属于再审无罪的情形。有的案件，从有罪到无罪经历了相当复杂的审理过程。例如案 5：夏建庆故意杀人案，江西省南昌市中级人民法院于 1996 年 5 月 17 日作出一审判决，认定被告人夏建庆犯故意杀人罪，判处死刑，剥夺政治权利终身。夏建庆不服，以无罪为由提出上诉。江西省高级人民法院二审确认了一审认定的事实，认为夏建庆构成故意杀人罪，情节严重，手段残忍，根据本案具体情节，对夏建庆判处死刑，但可不立即执行，从而以故意杀人罪改判夏建庆死刑，缓期 2 年执行，剥夺政治权利终身。江西省两级人民法院根据夏建庆的申诉对该案进行了复查，认为该案定罪证据不足，于 1999 年 9 月 16 日作出（1998）赣高法刑监字第 16 号刑事裁定，撤销原判，发回江西省南昌市中级人民法院重审。江西省南昌市中级人民法院重审后，于 2000 年 5 月 24 日作出

(1999)洪刑再字第 27 号刑事判决,认为原判认定夏建庆杀害段冬兰的主要事实清楚,证据确实充分,以故意杀人罪判处夏建庆无期徒刑,剥夺政治权利终身。夏建庆不服,提出上诉。江西省高级人民法院于 2000 年 8 月 25 日作出(2000)赣高法刑再上字第 1 号刑事判决,认定上诉人夏建庆犯故意杀人罪的证据不足,改判无罪(第 35~38 页)。本案历经一审、二审,再审的一审、二审等程序,判决结果从死刑立即执行到死刑缓期执行,再到无期徒刑,最终判决无罪,可谓一波三折。应该说,本案从 1996 年作出一审死刑判决,到 2000 年改判无罪,时间还是较短的。在此期间,江西省高级人民法院的严格把关起到了较大的作用,同时反映出江西省高级人民法院从罪疑从轻到罪疑从无的思想转变。

五、刑讯逼供的处理

68 起无罪案件,也可以说是 68 起错案。错案之形成,原因当然是多方面的,但罪魁祸首之一是刑讯逼供,这是值得我们重视的。那么,这 68 起无罪案件中,有 8 起在叙述中涉及非法取证的情形。其中,大多数是被告人指称侦查机关对其进行了刑讯逼供,也有个别指称诱供等。从涉及罪名来看,主要是放火、故意杀人等严重的刑事犯罪,经济犯罪中刑讯逼供情形较为少见。在涉及刑讯逼供的案件中,在侦查期间被告人作过有罪供述,但在法院审理期间均翻供,翻供的理由即是刑讯逼供。因此,刑讯逼供往往是与被告人的翻供相联系的。在 68 起无罪案件中,涉及刑讯逼供等非法取证的有 8 起,占 12%。应该说,这个数字比一般人想象的要小一些。当然,由于并非对刑讯逼供的专项调查,有些刑讯逼供的真实情况未必在材料中反映出来。即使存在刑讯逼供的案件,刑讯逼供也未必是导致错案的唯一原因。但是,通过分析,我认为刑讯逼供与错案形成还是直接相关的。引起我关注的是,当被告人指称刑讯逼供以后,我们的法院是如何对待的?这里涉及刑讯逼供的举证责任问题。关于这一点,在大部分案件中都未对刑讯逼供问题作进一步查证,只是在案 5 中,江西省高级人民法院在再审判决中确认夏建庆被关押期间存在被体罚现象(第 38 页)。在评析中,作者指出:夏建

庆有受到刑讯逼供的明显迹象。夏建庆在侦查期间被先后关押于5个不同的地点，其中一个是非正常羁押场所的铁路警校。夏建庆的有罪供述正是在这所学校里形成的。综上所述，夏建庆的供述存在重大疑点，不能据以认定杀人事实。由于对侦查审讯缺乏有效的监督，犯罪嫌疑人又很难保存被刑讯逼供的证据，刑讯逼供的事实很难由法院直接查证。这是对被告人供述审查中的一个难点。因此，判决中没有明确认定刑讯逼供的事实（第40页）。应该说，这一叙述基本上反映了法院对侦查机关刑讯逼供的一种无奈心理。在目前定案十分依赖于口供的情况下，刑讯逼供为法律所禁止，但却在现实中大量存在，这与侦羁合一、缺乏律师在场的监督机制、犯罪嫌疑人没有沉默权以及非法证据排除规则的不完善等制度上的缺陷有重要关系。

当然，他们也看到，在一些案件中，个别法官对刑讯逼供非法取证问题的一些做法是值得赞赏的。例如案42，评析意见认为，如果被告人当庭翻供，称公诉机关的证据是通过刑讯逼供、诱供等手段非法取得时，如公诉机关不能以证据证明其合法性，人民法院应该认定公诉机关举证不能，对该类证据不予采信。即在此情况下，应该实行举证责任倒置。本案中，袁春苟、李钢铁在庭审过程中翻供，认为其在公诉机关所作的供述系侦查人员以诱供、指名问供的手段取得，而公诉机关又不能用证据加以证明，两级法院均认定公诉机关当庭出示的证据不具有合法性（第253页）。由此可见，对于非法证据的排除应当在司法活动中彻底地贯彻。

刑讯逼供是刑事司法活动中的一个顽症，它不仅仅造成了错案，更为重要的，它是一种折磨人的野蛮残酷的司法制度的残余，与法治文明是格格不入的。我国刑法中规定了刑讯逼供罪，且并无罪量的要求，但在司法实践中并非只要进行刑讯逼供即构成犯罪，而是设置了罪量要件。根据最高人民检察院《关于人民检察院直接受理立案侦查案件立案标准的规定（试行）》规定，刑讯逼供涉嫌下列情形的，应该立案：手段残忍、影响恶劣的；致人自杀或者精神失常的；造成冤、假、错案的；3次以上或者对3人以上进行刑讯逼供的；授意、指使、强迫他人刑讯逼供的。由此可见，对刑讯逼供行为构成犯罪作了严格限制，这在相当

程度是对刑讯逼供的放纵。在 68 起无罪案件中，即使指称刑讯逼供的，在案件作出无罪判决以后，也没有一起案件有人因刑讯逼供而被追究刑事责任。

耐人寻味的是，在 68 起无罪案件中，有一起被指控刑讯逼供而被法院判决无罪的案件，即案 24：吴建刑讯逼供案。1998 年 1 月 3 日下午 3 时许，江西省横峰县公安局"110"公安指挥中心干警汪晓林向带班队长徐云群报告称：黄树山举报黄华山在浙江盗窃了 10 余万元人民币，准备外逃。徐云群遂向被告人吴建（该局原党委委员、巡警大队队长兼"110"指挥中心负责人）作了汇报，吴听后带领徐云群等 4 人前往抓捕。据黄树山指认，找到黄华山并带到县局巡警队办公室之后，吴建安排徐等人审讯便离去。经审讯，黄华山供述了盗窃事实，并交代钱已让被害人黄春山带回葛源给母亲周冬梅了。下午 4 时许，徐向吴建作了汇报。晚上被告人吴建带徐等 5 人搜查黄春山、周冬梅的住处未果，吴便让人铐黄春山，黄春山质问吴时，吴打了其两耳光，并将黄春山与周冬梅带到葛源派出所。因审讯时黄春山否认盗窃事实，吴又打了黄春山两耳光，其他几名干警也对黄春山实施了不同程度的拷打，黄春山仍未承认。吴又找到黄春山之父黄桐华，连同周冬梅、黄春山一起带到县公安局办公室，让黄春山与黄华山对质，黄春山始终否认。吴建说你哥都供认了，你还不老实，并打了他两耳光。后周冬梅、黄桐华被分别铐在长凳、楼梯栏杆上，吴还用警棍朝黄春山背部打了两下。黄春山说不要为难我父母，答应交出钱并去取赃。接着，黄春山带吴建等 5 人到葛源岭大岭村九担坦采石场，顺着采石场悬崖边小路攀登，来到一棵杉树旁，黄春山刚说钱就埋在那里，便坠下山崖。吴等随后将黄春山抬到医院，抢救时黄春山已死亡。经对尸体检查：死者黄春山系从高处坠落导致重度闭合性颅脑出血，颅内高压压迫中枢神经死亡；左右腕关节处擦伤淤血，左大腿中上段前外侧……系生前钝器作用所致，损伤为轻微伤乙级；其余部位损伤系高坠时形成。在案件审理过程中，被告人吴建辩称：被害人的死亡系被害人自己失足坠崖，与本人审讯行为无因果关系，不构成刑讯逼供罪。江西省横峰县法院将黄桐华、黄华山列为被害人参加诉讼，公开开庭审理后认为：被告人吴建在带领干警执行公务过程中，刑讯致人轻微伤乙级，但吴建在本案中只是打了被害人几耳光，其手段及情节一

般,被害人死亡与被告人吴建刑讯行为无因果关系,系意外事件,故被告人吴建行为情节显著轻微,危害不大,属一般刑讯逼供,根据《刑法》第 13 条之规定,宣告被告人吴建无罪。江西省横峰县检察院以一审片面认定本案事实、错误理解适用法律向江西省上饶市中级人民法院提起抗诉。

江西省上饶市中级人民法院二审认为,黄桐华等人作为被害人参加诉讼,没有事实及法律依据,裁定撤销原判,发回重审。江西省横峰县法院重审时,黄桐华、周冬梅以附带民事诉讼原告人参加诉讼。审理后判决:第一,被告人吴建无罪;第二,由被告人赔偿附带民事诉讼原告人黄桐华、周冬梅经济损失 300 元。判决后,附带民事诉讼原告人提起上诉,江西省上饶市中级人民法院维持重审判决。

这起案件可以使我们了解刑讯逼供的真实情况以及司法机关对刑讯逼供罪的认定。从案情来看,被告人吴建身为公安人员,在讯问犯罪嫌疑人黄春山时,因其否认盗窃事实,先后 3 次打黄春山 6 个耳光,并纵容其他几名干警对黄实施了不同程度的拷打,造成轻微伤乙级。该案如果不是黄春山坠崖死亡,根本不可能案发,其刑讯逼供行为也不会受到任何处罚。在本案中,黄春山坠崖死亡与刑讯逼供当然没有因果关系,但坠崖死亡是意外造成还是自杀?恐怕难以查清。如果是自杀,就不好说与刑讯逼供没有因果关系。即使并非自杀,其刑讯逼供行为也不能说不具备"手段残忍、影响恶劣"的要件。由此可见,刑讯逼供案件,即使被查处,起诉到法院,也往往被判无罪,这与因刑讯逼供造成口供难以认定情况下法院的无奈恰好形成一种鲜明的对照。

六、司法理念的转变

最高人民法院副院长沈德咏在为本书写的序中指出:"1996 年、1997 年我国先后修改了刑事诉讼法和刑法,摒弃了'类推'制度,否定了'疑罪从有或从轻'的司法习惯,确立了罪刑法定、疑罪从无等一系列现代司法原则,由此引发了一场刑事司法观念的革命性变化,最直接的一个事实是,判决无罪案件逐年增

多并引起了社会的广泛关注。以江西省为例，1998年至2002年，全省法院生效判决被告人数为69 441人，其中判决无罪912人，占1.31%，较两法修改前5年上升了0.66个百分点，判决无罪的人数较前5年上升了118.18%。"（序第2页）。无罪案件，尤其是证据不足、指控不能成立的无罪判决的增加，确实反映了刑事司法理念的重大转变，称之为革命性变化也不为过。尤其值得重视的是，无罪案件的评析意见集中展现了法官在作出无罪判决时的现代司法理念。这些现代司法理念，表现在以下三个方面。

（一）罪刑法定原则

罪刑法定原则是1997年《刑法》规定的刑法基本原则，根据罪刑法定原则，一个行为是否构成犯罪，应以法律是否有明文规定为准。对于法无明文规定的行为，即使该行为具有再大的社会危害性，也不应认定为犯罪。从68起无罪案件的判决来看，罪刑法定的理念开始被司法人员所接受。例如案3：张楠单位走私案，该案进口生活废塑料的行为发生在1993年6月至1994年4月，江西省南昌市人民检察院于1997年3月23日提起公诉，江西省南昌市人民法院经审理后以被告人逃避监管的行为情节显著轻微，根据1979年《刑法》第10条之规定，判决华隆化工有限公司及张楠无罪。对此，评析者指出：行为当时没有法律明确规定为犯罪，这也是准确认定本案罪与非罪的关键问题之一，遗憾的是原审法院在裁判时未从此角度予以说理。在本案中，尽管华隆公司用篡改的批文欲进口废塑料，系逃避海关监管的行为，但指控认定被进口的废塑料为法国IPK公司无偿提供，即无价额的废物，而从行为当时全国人大常委会《关于惩治走私罪的补充规定》中可知，单位走私达30万以上价额的才构成犯罪，对于走私无价额的废物没有规定为犯罪。此后颁布的有关法律规定和司法解释尽管对此类问题已逐渐规范，但按照从旧兼从轻的原则，不能适用，所以华隆公司的上述行为，因法律无明文规定而不应认定为犯罪（第21页）。对本案作出一审判决时是在1997年，当时刑法修订刚完成，罪刑法定原则在刑法中刚得到确认，因此对于本案是根据情节显著轻微的但书规定宣告无罪的。但是，评析者则认为，本案被告人的行为属于法无明文规定的情形，应以罪刑法定原则为其无罪的裁判理由。这种认识上

的进步,十分生动地反映了罪刑法定的司法理念在审判实践中的认同过程。

(二) 无罪推定原则

无罪推定是现代法治社会刑事诉讼法的基本原则,我国 1996 年《刑事诉讼法》第 12 条规定了无罪推定原则。从无罪推定原则必然引申出罪疑从无的原则,根据罪疑从无原则,应当对事实不清、证据不足的案件,作出指控不能成立的无罪判决。在 68 起无罪案件中,有 29 起是证据不足而判决无罪的,这些无罪判决都体现了罪疑从无原则,在评析意见中,对罪疑从无原则都作了较为深刻的分析,表明评析者对于罪疑从无原则的认识达到了相当水平。例如案 61:王小林受贿案,涉及 1 万元钱是受贿款还是借款的认定。本案经过了两次一审、两次二审,最终对被告人王小林作出无罪判决。评析者在分析本案时指出:那么,在没有确凿证据证明犯罪事实的时候,究竟是"错放"还是"错判"? 从司法公正的角度考虑,宁可错放也不要错判。因为错放只是把一个有罪者错误地放到社会上,而"错判"则在错误地处罚了一个无罪者的同时,对其他很多案件而言,还会放纵真正的罪犯。刑罚权的指向并不只是国家对于破坏公共生活秩序的公民的一种单向的镇压和惩罚,而更是在限定刑罚权的范围和强度,从而使其为暴力赋予正义的光环。我们的传统是为了社会利益牺牲个人利益。立法公正主要追求的是整体公正,即法律的普遍公正;司法公正主要追求的是个体公正,即法律个案的公正。在具体的个案中,当刑罚权的施予所依据的事实与法律存在模糊时,应作出有利于被告人的判断,正是为了提升在国家机器面前作为弱者的被告人的地位,从而验证国家刑罚权的正当性。根据这一原则,如果案件的证据未能达到法律规定的证明标准,即"证据确实充分、犯罪事实清楚"的标准,即便有一定的证据,也不能作出指控不足、犯罪成立的判决。本案中,公诉机关指控被告人王小林犯受贿罪只有被告人王小林在接受检察机关讯问时的有罪供词,若仅凭被告人翻供的有罪供词这一孤证,就认定被告人构成受贿罪,不仅不足以使被告人服判息诉,而且与我们所倡导的公平、正义的司法理念是背道而驰的。无罪推定的诉讼理念强调的是对犯罪嫌疑人、被告人人权的保障,它体现了司法的文明和进步(第 365 页)。具备了对罪疑从无原则的正确认识,法院面对这种事实不清、

证据不足的疑案,才能严格按照法律规定作出无罪判决。

(三)证据排除规则

我国《刑事诉讼法》对证据的合法性作出了明确的规定,指出严禁刑讯逼供和以威胁、引诱、欺骗以及其他非法的方法收集证据。因此,证据不仅必须是确实、充分的,而且必须是经合法程序取得的。以往,我们是十分强调证据的客观性的,但对于证据的合法性则关注不足。在刑事诉讼法中也未对证据排除规则作出规定。但是,最高人民法院和最高人民检察院的司法解释规定了以非法方法获得的犯罪嫌疑人、被告人的供述、证人证言、被害人陈述,不得作为定案的依据。长期以来,我国刑事诉讼活动中受到追求实体真实的诉讼目的观的影响,对证据排除规则难以认同。在案12:姚才媛故意杀人案中,被告人在公安人员的威胁下违心地作了有罪供述,但经法院审理查明,被告人姚才媛的有罪供述存在作案时间的毒鼠药形状及投放毒鼠药的方式上的矛盾,其有罪供述不具有唯一性。最终,法院认为无直接证据证实,而间接证据又无法形成完整的证据锁链,故证据不足,罪名不能成立,判决被告人姚才媛无罪(第81页)。在这一无罪判决中,法院运用了证据排除规则。评析者在对本案的无罪判决进行评价时指出:这一排除规则是出于为了达到保障诉讼的公民的人身自由、财产权利的目的,是基于宪法对人身自由与财产的保护而确立的。这样的规则体现了诉讼中实质真实与程序合法之间的价值发生冲突时,作出的宁愿牺牲实质真实而维护正当程序进而维护公民自由权利的价值选择。这种规则虽然使一些案件付出了牺牲实质真实的代价,但最终可以促使通过正当程序达到发现案件真实的目的。在某种程度上,这是一种交换,虽然它的价值体现一直受到人们的质疑,但是这种牺牲所换来的健全的刑事诉讼程序已成为不争的事实。本案中,被告人声称自己系出于对审讯人员的威逼害怕而作了有罪供述,其后在看守所一直喊冤屈,通过检察机关与审判机关的讯问,虽然并没有发现被告人所称的是否属实,但是,从一定程度上,我们可以看出,江西省抚州市中级人民法院在审理此案时认真研窥了这一情况,并制作了有关这一方面的调查函,表明法院对于此类证据的慎重态度。在最终定案时,审判人员也没有对被告人的供述加以认定,这也正是基于其没有合法

或者真实的来源,不能作为证据使用这一原则而作出的。所以,通过此案,我们也能够认识到刑事诉讼中证据使用的某些规则,这也是我们"两高"的司法解释的精神要旨所在(第85页)。通过对非法证据的排除,才能保证对案件的正确认定。当然,我国刑事诉讼法中的证据排除规则是不完善的,但至少说明非法证据应当予以排除的现代司法理论已经得到司法人员的认同。

(本文原载陈兴良主编:《刑事法评论》第18卷,北京大学出版社,2006)

法定犯的性质和界定

法定犯是相对于自然犯而言的，它是犯罪的一种特殊类型。法定犯的构成要件具有不同于自然犯的特点，因而有必要对法定犯进行刑法教义学的深入考察。本文以我国刑法关于法定犯的规定为根据，借鉴行政法原理，对法定犯的性质和界定进行法理探究。

一、法定犯的概念

法定犯又称为行政犯，是指违反行政法规，侵害刑法保护的法益，情节严重的行为。法定犯具有行政和刑事的双重违法性：法定犯首先具有对行政法规的违反性，因而具有行政违法性。其次，法定犯侵害刑法保护的法益，因而具有刑事违法性。

法定犯并不是一个孤立的概念，它是与自然犯相伴生而存在的。而且，法定犯作为一种立法现象，它的产生远晚于自然犯的。如果说，自然犯从刑法诞生之日就已经存在；那么，法定犯则迟至近现代行政法产生以后才问世。随着政府职能急遽扩张，行政法调整范围遍及工商、税务、海关、质检、警察、金融规制、物

价等公共行政领域。① 在这种情况下，以行政违法为内容的行政犯成为行政处罚的对象，在行政犯的基础上法定犯现象应运而生，并且在刑法中占据越来越重要的位置。当然，尽管法定犯是近现代社会的犯罪现象，然而其思想渊源却可以追溯到古罗马时代。

（一）法定犯与禁止恶

法定犯的初始观念来自古罗马的禁止恶，在古罗马存在自体恶与禁止恶的范畴。所谓自体恶是指某种行为的恶是与生俱来，该行为本身自带的。所谓禁止恶是指某种行为的恶是法律的禁止性规定而产生的，并非该行为自身所天然具有的。自体恶与禁止恶的性质有所不同：自体恶是基于伦理道德的评价，因而这种犯罪是超越法律的，即使法律没有规定，也是一种恶。而禁止恶则不具有伦理上的恶，只是由于法律的禁止性规定，而将某种行为规定为犯罪。显然，法定犯是建立在禁止恶的思想基础之上的，由此而与建立在自体恶思想基础之上的自然犯之间得以明确区分。

自体恶与禁止恶的观念来自以恶作为犯罪本质的犯罪观，这种犯罪观具有强烈的伦理色彩，并且没有完全厘清道德与法律的关系。当然，自体恶具有更为明显的伦理违反性，而禁止恶则更具有法律违反性。应该说，自体恶和禁止恶的观念与古罗马的法律形态发展之间具有密切的关联性。在罗马法中，存在着市民法和人定法的二元区分。罗马法的最初形态是市民法。意大利学者在论及罗马社会的市民法的渊源时指出：这种"法"（ius）本身就是一种活生生的习俗；在这种习俗中，法律秩序同宗教成分紧密地联系在一起。② 市民法是一种自然形成的法，相对于市民法的法律是人定法，这种法律是由人制定和颁布的，因此，它也可以说是人定法。人定法分为私人法律（leges privatae）和公共法律（lex publicae）。此后还出现了官定法律（leges datae）。③ 因此，自然犯是市民法的产物，而法定犯则是人定法的作品。显然，自体恶与市民法相关联，而禁止恶则与人定

---

① 参见余凌云：《行政犯讲义》，第2版，6页，北京，清华大学出版社，2014。
② 参见［意］朱塞佩·格罗索：《罗马法史》，黄风译，96页，北京，中国政法大学出版社，1994。
③ 参见［意］朱塞佩·格罗索：《罗马法史》，黄风译，104页，北京，中国政法大学出版社，1994。

法相勾连。

禁止恶对于法律具有更大的依存性，这种犯罪是法律创制的而不是如同自然犯那样是自然形成的，只是被市民法所确认而已。这里应当指出，禁止恶虽然依赖于法律的规定，但它与我们现在所说的法定犯还不是同一个概念。因为禁止恶所创制的法律仍然是刑法，而不是其他法律。无论是自体恶还是禁止恶，都具有刑法违反性。两者的差别只是在于：犯罪所具有的恶是在刑法规定之前就已然存在，还是在刑法规定之后才赋予。

禁止恶的观念对于理解法定犯具有一定的启迪性。根据自体恶与禁止恶的观念，我们可以将刑法中的犯罪区分为自然犯和法定犯。例如，杀人罪和盗窃罪是建立在自体恶基础上的自然犯，而非法经营罪是建立在禁止恶基础上的法定犯。法定犯的行为本来是经营行为或者社会行为，只是因为国家为实现某种政策目的或者经济目的而通过行政法规予以禁止，并在刑法中规定为犯罪。因此，自然犯和法定犯的性质有所不同。

（二）法定犯与自然犯

在罗马法中虽然已经存在自体恶和禁止恶的观念，但当时还没有衍生出自然犯和法定犯的概念。自然犯和法定犯概念的真正诞生是意大利著名学者加罗法洛的贡献。[①] 加罗法洛提出了自然犯罪和法定犯罪这对范畴，其理论的核心是自然犯罪，也就是自然犯。加罗法洛从社会防卫的刑事政策出发提出了所谓自然犯罪原理。加罗法洛从龙勃罗梭的犯罪的生理异常论转向犯罪的道德异常论，认为犯罪人是道德异常的人，将犯罪人定义为缺乏怜悯和正直这两种基本利他情感的人。加罗法洛认为，自然犯就是侵害上述两种道德情感而实施犯罪行为的人。

严格来说，加罗法洛并没有明确提出法定犯这个概念，只是在与自然犯相对应的意义上，论及那些未被列入自然犯范畴的犯罪。这种犯罪的特征是：它们与特定国家的特定环境有关，它们并不说明行为人的异常，及不证明他们缺少社会进化几乎普遍为人们提供的道德感。这些犯罪通常只是侵害了偏见或者违反了习

---

① 参见米传勇：《加罗法洛自然犯与法定犯理论研究》，北京，法律出版社，2017。

惯，或者只是违背了特定社会的法律，而这些法律根据国家的不同而不同，且对社会的共同存在并非必不可少。① 加罗法洛所说的这些自然犯以外的犯罪，可以概括为法定犯。法定犯并没有侵害上述两种道德情感，只是与社会相冲突而被立法者规定为犯罪。因此，自然犯和法定犯的根本区分就在于是否具有道德异常。只有自然犯才是真正的犯罪，法定犯并不是真正的犯罪。

根据加罗法洛的观点，刑法真正要惩罚的是自然犯，刑法应当以自然犯为中心。由此可见，加罗法洛对于自然犯和法定犯的论述，尤其是对法定犯的理解，和现在所说的法定犯还不是同一个概念。当然，加罗法洛对自然犯和法定犯的论述对于今天理解法定犯具有参考意义。

（三）法定犯与行政犯

近现代刑法中的法定犯概念，主要来自德国。德国 18 世纪存在从警察国到法治国的转变，在警察国的背景下，警察在一定范围内行使刑罚权，由此产生了所谓警察犯概念，警察犯的违法行为和犯罪的违法行为之间存在一定的区分。例如，德国刑法学家费尔巴哈认为犯罪可以分为两类：这就是刑法上的犯罪和民法上的犯罪。这里所谓民法上的犯罪，实际上就是指警察犯。费尔巴哈指出：国家有权用警察法间接地对其目的施加影响，认可国家对违反特定的警察法的行为以刑罚加以威慑，也就自然产生了违法、违警这一概念。② 因此，根据费尔巴哈的论述，所谓警察不法不是刑法意义上的违法行为，而是因为国家目的的间接作用的结果。警察犯后来演变为违警罪，1810 年《法国刑法典》和 1871 年《德国刑法典》都对此做了规定，违警罪成为与重罪、轻罪相对应的一种犯罪类型。

进入 20 世纪以后，随着行政管理范围的不断扩大，国家行政职能的不断增加，大量行政法规出台，因而违反行政法规的行为随之涌现，对此需要进行行政处罚。在行政处罚的基础上，就出现了所谓行政刑法，而行政犯的概念就是随着行政刑法而产生的。应当指出，在我国法律的语境中，行政处罚和刑事处罚是两

---

① 参见［意］加罗法洛：《犯罪学》，耿伟、王新译，53 页，北京，中国大百科全书出版社，1996。
② 参见［德］安塞尔姆·里特尔·冯·费尔巴哈：《德国刑法教科书》，第 14 版，徐久生译，35 页，北京，中国方正出版社，2010。

种不同的处罚：行政处罚的主体是行政机关，而刑事处罚的主体是司法机关，因而行政处罚和刑事处罚具有完全不同的性质。然而，在其他国家的法律语境中，行政机关并没有剥夺和限制人身权利和财产权利的处罚权，只有司法机关才有这种处罚权。因而，违反行政法规的行政犯，是在刑法中加以规定并作为犯罪予以处罚的，这就是所谓行政犯。行政犯被认为和刑事犯是存在区分的，当然，如何区分两者始终是一个理论观点聚讼的问题。此后，行政犯的概念逐渐和法定犯的概念合二为一，不再区别。①

应当指出，在现代刑法中，法定犯主要是经济犯罪，经济犯罪也可以称为经济犯。因此，法定犯与经济犯这两个概念之间存在密切关系。经济犯是一种独立的犯罪类型，而经济犯一般都是首先在经济行政法规中加以规定。这里所谓经济行政法规，是指以调整经济关系为主要内容的行政法规。因此，就实质而言，经济行政法规是行政法规的一种特殊形态，在这个意义上说，经济犯具有法定犯的性质。就法定犯和经济犯之间的关系而言，经济犯都是法定犯，反之则不然，即法定犯不都是经济犯。所谓经济犯都是法定犯是说经济犯都是以违反行政法规为前提的，因为我国虽然实行市场经济，但还存在对市场经济的行政规制。这种行政规制是以行政法规为根据的，例如专营、专卖制度，就是在一定程度上维护对某些物品的国家垄断经营，未经许可经营法律、行政法规规定的专营、专卖物品，根据我国《刑法》第225条的规定，构成非法经营罪。此外，我国对大量的经济活动设立了行政许可，未经许可从事这些经济活动，也被规定为非法经营罪。由此可见，经济犯都具有法定犯的性质。但是，反过来说，法定犯却不都是经济犯罪。法定犯除了经济犯以外，还包括其他类型的犯罪。因为行政法规的含义是十分广泛的，除了调整经济关系的行政法规以外，还包括调整其他法律关系的行政法规，例如调整社会管理秩序的行政法规、调整国家管理秩序的行政法规

---

① 关于法定犯和行政犯这两个用语，在一般意义上是通用的，然而在特定意义上又是两个不同的概念。这里存在一个使用习惯问题。例如，德国和日本刑法理论通常都采用行政犯和行政刑法的用语，我国行政法学者亦大多采用行政犯一词。而我国刑法学界更为通行的是法定犯一词。关于法定犯和行政犯的概念辨析，参见郭晶：《刑事领域中法定犯问题研究》，16页以下，哈尔滨，黑龙江人民出版社，2009。

等。因此，在经济领域以外的其他社会生活中，违反行政法规构成犯罪的，也是法定犯，但却不是经济犯。例如，《刑法》第 286 条之一规定的拒不履行信息网络安全管理义务罪，是指网络服务提供者不履行法律、行政法规规定的信息网络安全管理义务，经监管部门责令采取改正措施而拒不改正，情节严重的行为。这是一种妨碍社会管理秩序的犯罪，在网络空间会发生各种违法犯罪行为，对此，行政法规对网络服务提供者，也就是网络营运商设定了一定的监管义务，如果网络服务提供者不履行这种义务，造成严重后果的，就构成本罪。因此，本罪属于典型的义务犯，这种义务就是行政法规设定的，本罪是以违反这种网络安全监管义务为前提的，因而本罪属于法定犯。此外，在渎职罪中涉及国家管理秩序，同样也存在法定犯。我国学者将这种由国家机关工作人员为主体构成的法定犯称为国家机关法定犯，指出："国家机关是行使国家立法、行政、司法等各项职权的拥有者和实施者，在行政法律关系中处于主导地位。国家机关构成法定犯都是基于行使特定管理国家的职权而产生行政违法性，进而成立犯罪。"[1] 例如，《刑法》第 407 条规定的违法发放林木采伐许可证罪，是指林业主管部门的工作人员违反森林法的规定，超过批准的年采伐限额发放林木采伐许可证或者违反规定滥发林木采伐许可证，情节严重，致使森林遭受严重破坏的行为。该罪也是以违反法律规定为构成要件的规范要素，具有法定犯的性质。

随着现代社会中，法律对社会生活的各个方面干预程度越来越大，因而公民个人或者法人组织，在社会生活中违反法律、行政法规的情况也越来越普通。刑法将那些严重的行政违法行为规定为犯罪，就成为法定犯。法定犯在整个犯罪的占比越来越多。可以说，法定犯的大量增加是现代刑法的一个重要特点。我国学者储槐植教授曾经提出"法定犯的时代已经到来"的命题[2]，对于我们正确理解法定犯的时代意义具有重要参考价值。

现代刑法典是法定犯与自然犯合于一体的，法定犯和自然犯在刑法中各有一

---

[1] 李莹：《法定犯研究》，85 页，北京，法律出版社，2015。
[2] 参见储槐植：《要正视法定犯时代的到来》，载《检察日报》，2007 - 06 - 01。

席之地，同样受到重视，甚至法定犯更受到关注。不可否认，现在的刑法教义学更多的是以自然犯为对象而形成的，无论是行为理论还是归因与归责理论，都是如此。随着法定犯在刑法中数量和地位不断增加，亟待发展法定犯的刑法教义学原理。

二、法定犯的特征

法定犯具有不同于自然犯的特征，对于法定犯的特征可以从犯罪学和刑法学的双重视角进行论述，由此从事实和规范两个层面加深对法定犯性质的理解。

（一）法定犯的变动性

在某种意义上说，自然犯具有稳定性，无论是哪个社会，诸如杀人、放火、强奸、抢劫这样的犯罪都会被刑法规定为犯罪，它的犯罪性质不以法律的变更为转移，也不受政治体制变化的影响。然而，法定犯则与之不同，它本身不具有伦理恶的性质，之所以成为犯罪，完全是因为法律的禁止性规定。因此，法定犯的犯罪性质具有变动性。

不可否认，自然犯和法定犯都是会发生变化的，不可能一成不变。相对而言，自然犯的变化是十分缓慢的。例如，通奸行为在我国古代刑法中是奸罪的一种，亦称和奸。"不以义交谓之奸。"也就是说，违反礼教规范的男女之间的性行为就是奸。通奸是相对于强奸而言的，它是一种和奸。这里所谓"和奸"，谓彼此和同者，也就是基于男女双方的合意而发生性行为。[①] 奸罪是古代礼制社会的产物，现在社会的婚姻制度，赋予男女性自主决定权，除了有配偶而通奸的行为，是违反婚姻法的，一般意义上的通奸就不复存在了，因而除了极个别国家或者地区的刑法中还规定通奸罪以外，大多数国家和地区刑法中的通奸罪已经废除。由此可见，自然犯在一定条件下也会发生变化。而法定犯的变化则要比自然犯的迅速得多，如果说自然犯的变化可能是以百年计，那么，法定犯的变化有时

---

① 参见《唐律疏议》，刘文俊点校，534页，北京，法律出版社，1999。

甚至以年计。例如,买卖外汇,在我国1997刑法修订之前是犯罪,1997年刑法取消了买卖外汇罪,但1998年在亚洲金融危机爆发以后又在1998年12月29日颁布的《关于惩治骗购外汇、逃汇和非法买卖外汇犯罪的决定》中,将买卖外汇规定为犯罪,以非法经营罪论处。因此,买卖外汇从1997年刑法该年10月1日生效,从有罪变成无罪,到1998年12月29日又从无罪变成有罪,其法律上无罪的时间短暂到只有1年2个月的时间,可能一个无罪案件都来不及判处,就恢复有罪。这个罪名的频繁变动,生动地说明了法定犯的犯罪性质的变动不居。

在世界各国或者各个地区,自然犯的差异并没有那么大。然而,法定犯在国家或者地区之间的差异却是十分巨大的。例如,对于公民持枪,世界各国存在合法化和非法化两种政策。在实行合法化国家,允许公民持枪,持枪是宪法规定的公民权利,并且枪支是可以合法买卖的,因而持枪和买卖枪支都不是犯罪,当然没有持枪证而持有枪支或者没有经营许可而买卖枪支也是违法的。在实行非法化的国家,禁止公民持枪,并且刑法将未经许可的持枪行为规定为犯罪。至于买卖枪支更是刑法规定的严重犯罪。由此可见,在公民持枪和买卖枪支问题上,实行枪支合法化的国家和实行枪支禁止化的国家之间的差距是十分巨大的,这就是在不同国家之间而产生的法定犯的差别。

(二)法定犯的竞合性

应该指出,自然犯和法定犯虽然是两种不同的犯罪类型,然而两者之间并没有决然可分的界限。而且在一定条件下,自然犯和法定犯之间是会发生转化的,这种转化既可能是自然犯的法定犯化,也可能是法定犯的自然犯化。当然,这种自然犯和法定犯之间的互相转化需要漫长的时间,在我国刑法中较为常见的是自然犯和法定犯的竞合。

这里应当指出,自然犯和法定犯的竞合涉及自然犯和法定犯的区分标准问题。自然犯与法定犯的区分,实际上存在两个标准:第一是形式标准,第二是实质标准。所谓形式标准是指以是否违反行政法规作为区分自然犯与法定犯的标准:法定犯存在构成要件的规范要素,以违反行政法规为前提,而自然犯则不存在构成要件的规范要素,由此区别于法定犯。所谓实质标准是指以是否具有伦理

违反性作为区分自然犯与法定犯的标准：自然犯具有伦理违反性，而法定犯则不具有伦理违反性。如果只根据以上形式标准或者实质标准之一，还难以区分自然犯和法定犯。只有同时根据以上两种标准，才能准确地区分法定犯和自然犯。也就是说，法定犯是存在构成要件的规范要素并且不具有伦理违反性的犯罪，而自然犯是指具有伦理违反性并且不存在构成要件的规范要素的犯罪。根据上述形式标准和实质标准，就能够将法定犯和自然犯加以彻底区分。

然而，伦理标准本来就是随着社会发展而变迁的，而不是一成不变的，因此，某些本来没有伦理违反性的行为随着伦理观念的变化而获得了伦理违反性，因而就出现了某些存在构成要件规范要素的犯罪，同时具有伦理违反性。换言之，这种犯罪虽然具有法定犯的形式要件但却同时又具有自然犯的实质特征，因而将这些犯罪划入自然犯的范畴，这就是所谓法定犯的自然犯化。例如，污染环境等公害犯罪，是以违反环境管理法规为前提的，具有法定犯的性质。然而公害犯罪不仅具有伦理违反性，而且其具体行为无异于自然犯。[①] 例如，我国《刑法》第338条规定的污染环境罪，是指违反国家规定，排放、倾倒或者处置有放射性的废物、含传染病病原体的废物、有毒物质或者其他有害物质，严重污染环境的行为。在以上污染环境罪的概念中，行政违法性特征依然存在，然而却已经具备一定的自然犯特征，因而属于自然犯和法定犯的竞合。对于污染环境罪来说，违反国家规定属于构成要件规范要素，因而可以将该罪归入法定犯。而该罪的排放、倾倒或者处置有毒、有害物质行为，又明显具有自然犯的性质，因而具有法定犯和自然犯的双重属性。

同样，行政法规也不是一成不变的，尤其是随着经济行政法规的扩展，某些传统的自然犯也会改头换面，因具备行政违法性而以法定犯的形式出现，这就是所谓自然犯的法定犯化。例如，我国《刑法》第266条规定的诈骗罪，属于财产

[①] 日本学者藤木英雄认为公害存在广义和狭义之分，广义上的公害包括食品、药品等对生命和健康造成的损害和威胁。而狭义上的公害是指环境破坏对生命和健康造成的损害和威胁。藤木英雄论述了公害犯罪的行政犯和刑事犯的双重属性。参见［日］藤木英雄：《公害犯罪》，丛选功等译，1页以下，北京，中国政法大学出版社，1992。

犯罪，这是一种自然犯。同时，我国《刑法》又在刑法分则第三章破坏经济秩序罪中规定了经济诈骗罪，例如合同诈骗罪。根据《刑法》第 224 条的规定，合同诈骗罪是指在经济活动中，违反经济合同法的规定，以签订、履行合同为欺骗手段，骗取合同相对人的合同项下财物的行为。合同诈骗罪是以违反经济合同法为前提的，因而具有行政违法性，属于法定犯。同时，合同诈骗罪又是一种诈骗类犯罪，具有自然犯的性质。因此，合同诈骗罪是法定犯和自然犯的竞合。

（三）法定犯的规范性

犯罪成立以构成要件为条件，而构成要件是指刑法分则规定的犯罪基本架构。无论是自然犯还是法定犯，构成要件都是犯罪成立的基本条件。然而，自然犯和法定犯在构成要件上存在重大区分，这就是自然犯的构成要件一般都是由事实要素构成的，而法定犯的构成要件则不仅存在事实要素，更为重要的是还存在规范要素。

德国刑法教义学中的构成要件，存在从古典的事实的构成要件到新古典的规范的构成要件的转变。古典学派学者认为构成要件具有事实性，是价值无涉的。而新古典派学者则"发现"了构成要件的规范性，因而提出了规范的构成要件要素的概念，以此对应于事实的构成要件要素。所谓规范的构成要件要素是指需要由社会规范或者法律规范来确定的特征。① 例如，我国刑法中侮辱、诽谤等要素，这些要素本身包含了价值评判，因而不同于妇女、财物等纯粹描述性的事实要素。我国学者认为，规范的构成要件要素具有三种类型：第一，法律的评价要素。第二，经验法则的评价要素。第三，社会的评价要素。② 应该说，无论是自然犯还是法定犯，都存在这种规范的构成要件要素。然而，法定犯则更进一步，它的构成要件中不仅存在规范的构成要件要素，而且存在以违反行政法规为内容的规范要素，笔者称之为构成要件的规范要素。③ 构成要件的规范要素不同于规

---

① 参见蔡桂生：《构成要件论》，283 页，北京，中国人民大学出版社，2015。
② 参见张明楷：《规范的构成要件要素》，载《法学研究》，2007（6）。
③ 笔者曾经将这种法定犯的构成要件规范要素称为刑法分则归的规范要素，在规范的构成要件的题目下进行论述，而没有独立出来。参见陈兴良：《教义刑法学》，198 页，北京，中国人民大学出版社，2017。

范的构成要件要素，规范的构成要件要素是对构成要件事实因素中的价值评判要素的描述，仍然属于构成要件的事实因素。而构成要件的规范要素则是独立于构成要件的事实因素的，只有在法定犯中才存在构成要件的规范要素。这也正是法定犯的构成要件构造不同于自然犯的特点之所在。

　　法定犯构成要件的规范要素，在通常情况下，都是在刑法中有明文规定的，例如违反国家规定或者违反法律、行政法规等，还有的法定犯以未经许可等形式标示其行政违法性。然而，某些法定犯在刑法条文的罪状中并没有表述违反行政法规，从该罪的构成要件内容考察，它是以违反某种行政法规为前提的，因而也可以归之于法定犯。因此，从刑法条文是否明文规定违反行政法规为标准，法定犯可以区分为显形的法定犯和隐形的法定犯。之所以将某些刑法条文的罪状没有明文规定违反行政法规的犯罪也归属于法定犯，是因为对于这些犯罪来说，行政法规是前置法，违反行政法规是该罪构成要件的规范要素。例如，根据我国《刑法》第223条的规定，串通投标罪是指投标人互相串通投标报价，损害招标人或者其他投标人利益，情节严重的行为。对于该罪，刑法条文的罪状虽然并没有规定违反投标法这一行政违法要素。然而，投标法是串通投标罪的前置法，如果没有违反投标法，则其行为不可能构成串通投标罪。因此，我国刑法中的串通投标罪属于隐形的法定犯。

　　这里应当指出，法定犯的规范要素是刑法条文的罪状所规定的，然而，并非所有罪状所规定的规范要素都是法定犯的标示。例如，我国《刑法》第245条规定的非法侵入住宅罪，是指非法侵入他人住宅的行为。在此，就有"非法"这一规范要素。那么，能不能说，非法侵入住宅罪是法定犯，这里的"非法"是该罪构成要件的规范要素呢？答案是否定的。非法侵入住宅罪中的"非法"，虽然从文字上来看，是指违反法律规定，似乎属于构成要件的规范要素。不过，这里的非法侵入他人住宅是相对应合法进入他人住宅而言的。因此，非法侵入住宅罪的"非法"并不是构成要件规范要素，而是进入他人住宅行为的评价要素。

三、法定犯的双重违法性

任何犯罪都具有违法性,如果仅仅把违法性作为法定犯的特征,那么,自然犯也是法定犯,因此不能把自然犯和法定犯区分开来。自然犯和法定犯所共同具有的违法性,是指违反刑法,即刑事违法性。法定犯除了刑事违法性,还具有行政违法性。因此,法定犯的违法性具有双重性,并且在双重违法性之间存在位阶关系:刑事违法性以行政违法性为前提,刑事违法性却并不是行政违法性的必然后果。

(一)法定犯的行政违法性

法定犯是和自然犯相对应的概念,法定犯这个概念容易引起混淆,好像只有法定犯才是法律规定的,而自然犯是法律没有规定的。其实,根据罪刑法定原则,无论是法定犯还是自然犯都只有在刑法有明文规定的情况下,才能构成犯罪。当然,如果我们把法定犯的"法"理解为行政法而不是刑法,这个误解就不复存在了。也就是说,法定犯所谓"法定"是指行政法规的规定。

法定犯是指以违反行政法规为前置条件的犯罪,如果没有违反行政法规,也就不存在法定犯。与之不同,自然犯则并不存在违反行政法规的内容,它在刑法中被直接规定为犯罪。因此相对于自然犯,法定犯具有双重违法性,首先违反行政法,然后才是违反刑法。自然犯则只有刑事违法性而没有行政违法性。例如,我国《刑法》第225条规定的非法经营罪,以违反国家规定为构成要件规范要素。这里的国家规定,主要是指违反行政许可、金融外汇或者其他工商管理法规。如果没有违反上述行政法规,则不能构成非法经营罪。而我国《刑法》第114条、第115条规定的放火罪则并不存在违反行政法规的问题。那么,在与放火罪对应的失火罪中,需要根据是否违反相关行政法规,以确定行为人主观上是否存在过失。在这种情况下,能不能说失火罪也是法定犯呢?答案是否定的。因为法定犯构成要件的行为本身违反行政法规,而在过失犯认定中,尤其是业务过失犯的司法认定中,也要考察是否违反行政法规,这里的行政法规只是过失犯的

预见义务的判断根据，而不是过失行为具有行政违法性。

此外，不作为犯的司法认定也要判断作为义务的来源，因而也会涉及考察是否违反行政法规，是否存在作为义务的问题。同样，不能据此得出结论说不作为犯的行为具有行政违法性。因此，在过失犯和不作为犯的司法认定中，因为过失和作为义务的判断需要考察违反行政法规的问题，因而把过失犯和不作为犯都归入法定犯的范畴，这显然是不能成立的。

过失犯和不作为犯到底是属于法定犯还是属于自然犯，取决于与之相对应的故意犯和作为犯。如果故意犯和作为犯属于法定犯，则相对应的过失犯和不作为犯也属于法定犯。因为放火罪属于自然犯，因此，失火罪也属于自然犯。而我国《刑法》第159条规定的虚假出资罪是法定犯，这里的虚假出资是指公司发起人、股东违反公司法的规定，未交付货币、实物或者未转移财产权的行为。这是一种公司发起人、股东不履行公司法规定出资义务的行为，因而虚假出资罪是不作为犯的法定犯。

（二）法定犯的刑事违法性

法定犯虽然具有行政违法性，然而并非所有行政违法行为都必然构成法定犯，只有情节严重，应当受到刑罚处罚的行为才能被立法机关规定为法定犯。因此，法定犯作为一种犯罪类型，具有刑事违法性。如前所述，自然犯是与法定犯相对应的，自然犯也称为刑事犯。刑事犯也是一个容易产生误解的概念，好像只有自然犯才具有刑事性，而法定犯则没有刑事性。其实，不仅自然犯是刑法规定的，具有刑事性；法定犯也是刑法规定的，同样具有刑事性。因此，自然犯和法定犯都具有刑事违法性。

在当今世界各国，刑法的立法方式主要存在以下三种模式：一是刑法典，二是单行刑法，三是附属刑法。其中，刑法典规定的是普通犯罪，绝大多数是自然犯，而单行刑法规定的是特定主体、特定地域或者特定领域的犯罪，至于附属刑法规定的基本上是法定犯。因此，从世界各国的刑法规定来看，法定犯主要规定在附属刑法。附属刑法是指规定在经济行政法规中的刑罚法规，例如侵犯专利犯罪规定在《专利法》中，侵犯商标犯罪规定在《商标法》中，侵犯专利犯罪和侵

犯商标犯罪就属于典型的法定犯。然而，我国刑法采用了统一刑法典的立法模式，除了刑法典以外，没有附属刑法，甚至单行刑法较为罕见。所有犯罪都毫无例外地规定在刑法典之中。在这种情况下，刑法典就成为法定犯和自然犯共同的载体。

我国刑法中的法定犯，主要分布在刑法分则第二章、第三章、第六章和第九章。其中，第二章规定的危害公共安全罪是以危险方法或者破坏手段构成的犯罪，都是自然犯，但在责任事故犯罪中存在某些法定犯。第三章规定的经济犯罪基本上都是法定犯。第六章规定的社会管理秩序犯罪包含了一定数量的法定犯。第九章规定的渎职罪，存在某些法定犯。因此，从我国刑法分则的规定来看，除了第三章经济犯罪都是法定犯，其他章节规定的犯罪同时包括法定犯和自然犯。例如，在刑法分则第六章第七节走私、贩卖、运输、制造毒品罪中，大多数是自然犯，但包含个别法定犯。《刑法》第355条规定的非法提供麻醉药品、精神药品罪，就属于法定犯。该罪的主体是依法从事生产、运输、管理、使用国家管制的麻醉药品、精神药品的人员，在该罪的构成要件中，包含了违反规定这一构成要件的规范要素。这里的违反规定，就是违反国家麻醉药品、精神药品管理法规的规定。

我国刑法对自然犯和法定犯在立法的时候，还是注意将其区分的。在某些情况下，立法机关甚至对同一种行为，根据是否违反行政法规，分别设立自然犯和法定犯。例如，《刑法》第125条规定的非法制造、买卖枪支罪是自然犯，而《刑法》第126条规定的违规制造、销售枪支罪则是法定犯，它以违反枪支管理规定为前提。

四、法定犯的构成要件

法定犯作为一种犯罪，在司法实践中应当依照刑法和行政法规的规定进行认定。然而，犯罪论体系在法定犯的认定中具有方法论的意义。因此，法定犯的认定应当以犯罪论体系为指导。笔者主张三阶层的犯罪论体系，根据三阶层的犯罪

论体系，犯罪成立条件可以分为构成要件该当性、违法性和有责性，其中，构成要件该当性是最为基础和最为重要的成立条件。法定犯于自然犯之区别，主要就表现在法定犯的构成要件具有复合性。因此，本文对法定犯的构成要件双重构造进行刑法教义学的分析。

（一）法定犯构成要件的规范要素

法定犯的构成要件规范要素是指违反法律或者行政法规。以行政违法性作为构成犯罪的前提条件，因而考察行政违法性对于法定犯的认定具有十分重要的意义。对于法定犯的行政违法性，一般在刑法分则条文中都有明文规定，因而它是具体犯罪的构成要件要素，在刑法教义学中称为构成要件的规范要素，由此区别于构成要件的事实要素。大多数犯罪的构成要件，都是由事实性要素构成的，当然这里的事实性要素在通常情况下都是客观要素，在个别情况下还包括主观要素，例如目的、明知等。但是，在法定犯的情况下，其构成要件中不仅包含事实性构成要件要素，而且还包含规范性构成要件要素，这就是指违反行政法规的内容。构成要件的规范要素是构成要件中的评价性要素，其具有不同于事实性要素的特殊性。一般来说，刑法分则对法定犯构成要件规范要素的规定具有以下这些情形。

1. 违反国家规定

违反国家规定是我国刑法中法定犯的构成要件规范要素常见的表述方法。例如，《刑法》第 225 条关于非法经营罪的规定就采用了违反国家规定的表述，因为违反国家规定的范围较为宽泛，因而适合于非法经营罪这样具有一定的口袋罪特点的法定犯。对于这里的违反国家规定，我国《刑法》第 96 条做了明确定义，是指违反全国人民代表大会及其常务委员会制定的法律和决定，国务院制定的行政法规、规定的行政措施、发布的决定和命令。简言之，违反国家规定就是违反法律、行政法规的规定，至于地方性法规和国务院的部门规章都不属于国家规定的范畴。应当指出，国家规定可以分为命令性规定和禁止性规定。因此，这里的违反国家规定既包括违反命令性规定，又包括违反禁止性规定。在违反命令性规定的情况下，构成不作为犯的法定犯；在违反禁止性规定的情况下，构成作为犯

的法定犯。前者例如逃税罪，根据《刑法》第 201 条的规定，逃税罪是指纳税人采取欺骗、隐瞒手段进行虚假纳税申报或者不申报，逃避缴纳税款数额较大并且占应纳税额百分之十以上的行为。因此，逃税罪的本质是不履行纳税义务，逃避缴纳税款，属于不作为的法定犯。后者例如走私国家禁止进出口的货物、物品罪，根据《刑法》第 151 条第 3 款的规定，走私国家禁止进出口的货物、物品罪是指走私珍稀植物及其制品等国家禁止进出口的其他货物、物品的行为。该罪违反的是进出口的禁止性规定，因而属于作为犯的法定犯。

2. 违反国家具体规定

违反国家具体规定是指违反国家的某个领域或者行业的规定。相对于违反国家规定的表述，违反国家具体规定更为明确具体。例如，我国《刑法》第 228 条规定的非法转让、倒卖土地使用权罪，刑法明文规定违反土地管理法规。全国人大常委会于 2001 年 8 月 31 日还专门对这里的违反土地管理法规做了立法解释，指出：违反土地管理法规是指违反土地管理法、森林法、草原法等法律以及有关行政法规中关于土地管理的规定。由此可见，这里的土地管理法规是广义上的而不是狭义上的土地管理法。随着上述立法解释对土地管理法规进行扩张解释，本罪土地使用权的范围也有所扩大，不仅是指农用地的使用权，而且包括林业用地和草原用地的使用权，因而本罪构成范围也随之扩张，因而对本罪的认定带来重大影响。

3. 违反行政许可

行政许可是由法律和行政法规所设定的，因而违反行政许可，实际上就是违反国家规定。具体地说，违反某个领域或者行业的行政许可，就是违反某个领域或者行业的法律规定。在法定犯的构成要件规范要素中，违反行政许可是一个较为复杂的问题。根据《行政许可法》第 2 条规定，行政许可是指行政机关根据公民、法人或者其他组织的申请，经依法审查，准予其从事特定活动的行为。我国《行政许可法》中的行政许可一般可以分为普通许可、特许、认可、核准和登记。在这些行政许可中，和法定犯有关的主要是普通许可和特许这两种情形。其中，普通许可是指行政机关经过审查确认自然人、法人或者其他组织是否具备从事特

定活动条件的活动。根据《行政许可法》第12条第1项的规定，直接涉及国家安全、公共安全、经济宏观调控、生态环境保护以及直接关系人身健康、生命财产安全等特定活动，需要按照法定条件予以批准的事项，应当设定的是普通许可。根据《行政许可法》第12条第2项的规定，有限自然资源开发、公共资源配置以及直接关系公共利益的特定行业的市场准入等，需要赋予特定权利的事项，应当设定的是特殊许可，简称为特许。一般许可和特许这两种行政许可的性质与功能都是不同的：一般许可的功能在于控制危险，它是一种事前监督管理的方式，通过设定一定的准入条件，增加某种经济社会活动的安全性。而特许的功能在于配置资源，同时具有保护国家对某些资源的垄断，从而达到对资源配置的行政干预。由此可见，普通许可和特许在性质上是不同的。普通许可只是单纯对某种社会行为或者经济行为的适格性审查，只要具有一定的条件，都会获得许可。但是，特许则具有分配资源的内容，因而存在数量限制。我国学者曾经对特许的物权属性进行了阐述，指出："特许是行政机关基于其对资源的所有或垄断而将资源的开发使用权或经营权有偿出让给组织或个人的许可。无论是自然资源、公共资源的使用权还是涉及公共利益的特定行业的排他经营权都是具有财产权性质的权利，因此，特许是国家向组织或个人出让财产权利的许可行为。"① 由此可见，违反普通许可行为具有破坏国家管理秩序的性质，而违反特许行为则在破坏国家管理秩序的同时，还具有侵犯国家或者他人财产权的性质。在刑法中，对于上述两种行为都设置了相关罪名。例如，违反特许的规定就有非法采矿罪。根据我国《刑法》第343条的规定，非法采矿罪是指违反矿产资源法的规定，未取得采矿许可证擅自采矿，擅自进入国家规划矿区、对国民经济具有重要价值的矿区和他人矿区范围采矿，或者擅自开采国家规定实行保护性开采的特定矿种，情节严重的行为。在上述犯罪的构成要件中，立法机关不仅规定了违反矿产资源法的规定，而且明确规定了未取得采矿许可证，因而是一种未经行政许可的采矿行为。采矿许可是一种特许，非法采矿罪侵犯了国家对矿山资源的特许制

---

① 王克稳：《行政许可中特许权的物权属性与制度构建研究》，22页，北京，法律出版社，2015。

度，因而被规定为法定犯。在我国刑法中，违反普通许可被规定为犯罪的情形也是常见的，例如非法行医罪。《刑法》第336条的规定，非法行医罪是指未取得医生执业资格的人非法行医，情节严重的行为。根据2008年4月29日最高人民法院《关于审理非法行医刑事案件具体应用法律若干问题的解释》第1条的规定，这里的"未取得医生执业资格的人非法行医"是指具有下列情形之一：（1）未取得或者以非法手段取得医师资格从事医疗活动的；（2）个人未取得《医疗机构执业许可证》开办医疗机构的；（3）被依法吊销医师执业证书期间从事医疗活动的；（4）未取得乡村医生执业证书，从事乡村医疗活动的；（5）家庭接生员实施家庭接生以外的医疗活动的。因此，非法行医罪中的各种行为都以未经许可从事医疗活动为其内容。值得注意的是，我国《刑法》第225条规定的非法经营罪，虽然在其构成要件中包含违反国家规定的规范要素，但具体的非法经营行为，都具有违反行政许可的性质。例如，第1项是未经许可从事专营、专卖或者限制买卖物品的非法经营行为，第3项是未经许可从事证券、保险等金融业务的非法经营行为。在一定程度上可以说，非法经营罪成为违反行政许可行为的刑事罚则。

（二）法定犯构成要件的事实要素

在构成要件事实要素上，法定犯和自然犯之间存在一定的差异。自然犯的行为具有伦理违反性，因而其构成要件的事实要素通常都是十分明确的，立法机关在罪状中对此具有具体的描述。因此，自然犯的构成要件事实要素往往采用叙明罪状。例如，《刑法》第259条规定的破坏军婚罪，是指明知是现役军人的配偶而与之同居或者结婚的行为。这一罪状对破坏军婚罪构成要件的客观要素和主观要素都做了具体描述，为该罪的司法认定提供了明确的法律根据。

法定犯的构成要件不同于自然犯的，由于存在规范要素，因而立法机关对其构成要件的事实要素往往采用空白罪状，甚至采用堵截的构成要件，致使在法定犯的构成要件事实要素的司法认定上依赖于行政法规的内容。法定犯的空白罪状可以分为两种情形。

1. 部分空白的构成要件

在某些法定犯的立法中,构成要件虽然采用了空白罪状的立法方式,但其构成要件事实要素并非完全空白,而是规定了部分构成要件事实要素。例如,我国《刑法》第 133 条规定的交通肇事罪,是指违反交通运输管理法规,因而发生重大事故,致人重伤、死亡或者使公私财产遭受重大损失的行为。在该罪的构成要件中,立法机关规定了违反交通运输管理法规这一规范要素,对构成要件事实要素则只规定了结果,而最为重要的构成要件行为则付之阙如。因此,这是一种部分空白的构成要件,需要根据违反交通运输管理法规的具体内容进行填补。

2. 完全空白的构成要件

完全空白的构成要件是指法定犯的构成要件表现为兜底条款,这是一种全部空白的构成要件。例如,《刑法》第 225 条规定的非法经营罪,除了第 1 项"其他限制买卖的物品",第 2 项"其他法律、行政法规规定的经营许可证或者批准文件"等部分空白构成要件以外,立法机关还在第 4 项规定:"其他严重扰乱市场秩序的非法经营行为。"这是一种兜底条款,即完全空白构成要件,属于堵截构成要件的典型立法例。我国学者在评论非法经营罪的构成要件时指出:"堵截构成要件是刑法的概念,源自德语'Auffangtatbestand'或'Aufgreiftatbestand',本意是为堵截刑法规范列举、描述无法充类至尽而在刑法中予以概括规定的内容。该构成要件具有堵塞拦截犯罪人逃漏法网的功能,是立法上对未尽事宜所进行的技术性处理,表现为概括性的字眼或泛化的文义,允许在较大范围内进行解释。非法经营罪的堵截构成要件涵盖了不同的兜底性特征,具有复杂性和更强大的堵漏功能。"[①] 这种堵截构成要件的规定与罪刑法定原则之间存在一定的紧张关系,如果处理不当,兜底条款就会成为一个无底洞,也就是我们通常所说的口袋罪。因此,对于法定犯来说,如何在发挥兜底条款的堵截功能的同时能够有效限制空白构成要件的边界,这是一个需要智慧和技术的

---

① 王安异:《非法经营罪适用问题研究》,94 页,北京,中国法制出版社,2017。

难题。

当前在我国司法实践中,非法经营罪的第4项如何与《行政许可法》衔接就是一个值得关注的问题。在2003年颁布了《行政许可法》以后,我国在法律和行政法规中设定了大量的行政许可,数量在几十个、甚至上百个。如果违反这些行政许可的行为都纳入《刑法》第225条第4项规定的"其他严重扰乱市场秩序的非法经营行为"这一兜底条款之中,则非法经营罪就会变成涵括了数十种、甚至数百种行为的口袋罪,这是难以想象的。对此,必须加以严格限制。在行政许可中,主要可以区分为普通许可和特许这两种类型。其中,普通许可,又称一般许可,是指对申请人无特殊限制、特定要求,申请人的申请符合法定条件的,有关机关就应发放许可证批准其申请的行政许可。而特许,也称为特别许可,是指当事人除了要符合一般的法定条件以外,还对申请人特别限制的许可。[1] 显然,这两种行政许可在性质上是有所不同的,违反上述两种许可构成犯罪的条件也不同,不能等同视之。

特许制度中的特许权具有物权属性,我国学者指出:"在特许许可中,受特许人取得的是本不属于自己的权利,因此,如果未获特许而从事了特许项下的活动,其行为不仅从形式到实体都是违法行为,应受到行政甚至刑事的处罚,而且还是侵犯国家所有权的行为。"[2] 因此,我国刑法对违反特许的行为通常都规定为犯罪,例如《刑法》第343条第1款规定的非法采矿罪,就是违反矿山开采特许权的行为,其构成要件是违反矿产资源法的规定,未取得采矿许可证擅自采矿,擅自进入国家规划矿区、对国民经济具有重要价值的矿区和他人矿区采矿,或者擅自开采国家规定实行保护性开采的特定矿种。由此可见,该罪具有实体上的违反性,因而刑法规定为犯罪。除此以外,《刑法》第225条第1项、第3项规定的非法经营行为都具有违反特许的性质。因此,违反特许的非法经营行为认定为《刑法》第225条第4项的"其他严重扰乱市场秩序的非法经营行为",这

---

[1] 参见应松年主编:《行政许可法教程》,35页,北京,法律出版社,2012。
[2] 王克稳:《行政许可中的特许权的物权属性与制度建构研究》,36页,北京,法律出版社,2015。

是没有问题的。然而,违反普通许可行为是否一概认定为"其他严重扰乱市场秩序的非法经营行为",则值得考量。我认为,违反普通许可的行为是否属于非法经营行为,应当根据不同情况区别对待。普通许可存在形式违反和实质违反之分。所谓形式违反是指符合普通许可的条件,只是没有申请行政许可而从事某种活动的,这是一般违反行政管理秩序的行为,不可能具有实质的法益侵害性,不能认定为"其他严重扰乱市场秩序的非法经营行为"。即使是不符合普通许可条件而且没有办理行政许可而从事某种活动的,也不能简单地认定为"其他严重扰乱市场秩序的非法经营行为",而是应当考察是否具有实质上的法益侵害性。如果没有实质的法益侵害性,同样不能认定为"其他严重扰乱市场秩序的非法经营行为"。这里还应当指出,违反行政许可本身只是非法经营罪的构成要件规范要素,而不能等同于该罪的全部构成要件,因此在司法认定中,应当进一步考察非法经营的具体行为及其对市场秩序造成的社会危害性。

五、法定犯的行政从属性

在法定犯的构成要件中,包含违反行政法规的内容,在这个意义上,也可以将法定犯称为行政犯。应该说,法定犯中包含了行政要素。在一定意义上说,在法定犯的情况下存在行刑竞合,即行政违法和刑事犯罪的竞合。[1] 这种行刑竞合现象也可以说是在法定犯的构成要件中植入了行政要素,因而不同于自然犯构成要件的单一构造,法定犯的构成要件属于行政要素和刑事要素相结合的复合构造。

(一)行政从属性的概念

这里存在一个法定犯的行政从属性问题。我国学者认为,行政从属性是指从属于行政法规或行政行为的性质。而法定犯的行政从属性是指在判断犯

---

[1] 关于行刑竞合案件的刑法解释,参见蔡道通:《体系解释与目的限缩:行刑竞合案件解释规则研究》,载《南京师大学报(社会科学版)》,2020(3)。

罪成立与否时，需要依附、根据、参考相关行政法规的规定或行政行为的实施。简言之，即犯罪行为的认定取决于行政规范或行政行为。[1] 对于法定犯来说，行政从属性是客观存在的，只有承认行政从属性才能科学地揭示法定犯的性质。

法定犯中的行政法是前置法，只有违反前置法的行为，才有可能进入刑法的评价。因而，法定犯具有的行政从属性表明它的罪与非罪的性质在一定程度上取决于行政法规。在对行政法的司法认定中，行政法规的内容对于法定犯的构成要件行为的性质判断具有重要意义。这里应当指出，行政法规是根据一定时期的经济目的制定的，具有较强的政策性，因而就会随着经济政策的变更而发生变化。行政法规的变更对于法定犯的犯罪性质会带来重大影响。例如，我国《合同法》规定了公司注册资本实缴制，因而《刑法》第159条将违反《合同法》关于注册资本实缴制的规定，虚假出资或者抽逃出资的行为规定为犯罪，这就是虚假出资、抽逃出资罪。然而，根据新修订的《公司法》和全国人大常委会立法解释，自2014年3月1日起，除依法实行注册资本实缴登记制的公司以外，对于申请公司登记的单位和个人改为注册资本认缴登记制。在这种情况下，对于实行注册资本认缴登记制的单位和个人，就不再存在虚假出资和抽逃出资的问题。随着《合同法》的修订，虚假出资、抽逃出资罪的前置法规定发生重大变化，受到这一变化的影响，虚假出资、抽逃出资罪的范围仅限于依法实行注册资本实缴制的公司，而实行注册资本认缴登记制的公司发起人、股东就不再构成该罪。这就是我国学者所说的因为失去行政违法的前提而实质上被除罪化。[2] 这是法定犯认定中，行政从属性的生动写照。

（二）刑法的独立性和从属性

法定犯的行政从属性中，可以引申出刑法与其他部门法之间的关系问题。刑法在整个法律体系中的地位是十分独特的，其他部门法之间都是根据其所调整的

---

[1] 参见刘夏：《犯罪的行政从属性研究》，9页，北京，中国法制出版社，2016。
[2] 参见孙国祥：《行政犯违法性判断的从属性和独立性研究》，载《法学家》，2017（1）。

社会关系的性质划分的,例如行政犯调整具有隶属性质的主体之间的社会关系,例如政府与公民之间的管理与被管理的行政关系。而民法则调整具有平等关系的主体之间的民事关系,例如公民之间的财产关系。而刑法在一定意义上说,是其他部门法的制裁规范,它没有独立的调整对象,而以犯罪与刑罚为其内容。刑法所规定的犯罪行为,都是违反其他法律法规的,因为具有严重的法益侵害性而被作为犯罪进行刑罚处罚的行为。因此,刑法与其他部门法不是平行的并列关系,而是前后的位阶关系。刑法总是居于其他部门法之后,对其他部门法规范的效力起到强制维持的功能。因此,关于刑法与其他部门法的关系,就存在刑法从属性和刑法独立性这两种不同的观点。

刑法独立性说认为,不能将刑法简单地归结为其他法律的制裁措施,当一个法律规范因规定了刑事制裁而成为刑法规范时,它就与其他刑法规范结成一个整体,该规范的适用对象和范围,都要随着刑法特有的性质和需要而变化。刑法从属性说则认为,作为制裁措施,刑法规范的确具有增强其他法律规定的禁止性命令的作用。为了能理性地防止在刑法方面滥用立法权,必须对实际上是否有必要规定刑事制裁进行评估,或者说必须坚持刑法的辅助性原则。[1] 现在刑法学界的通说是刑法独立性说,尽管刑法与其他法律之间存在密切的关联性,但还是认为刑法对犯罪的规定具有独立于行政法规的性质。

那么,刑法的从属性和独立性与行政从属性之间又是什么关系呢?换言之,刑法独立性说是否意味着对行政从属性的否定?笔者认为,刑法的从属性和法定犯的行政从属性是两个不同的范畴,因此,刑法的独立性和从属性与法定犯违法性判断的从属性和独立性也是两个不同的命题,不能混为一谈。刑法的独立性还是从属性是就附属刑法规范的法归属性而言的:它究竟是属于刑法规范还是所在的行政法规范。刑法独立性说认为附属刑法属于刑法,而刑法从属性说则认为附属刑法属于行政法,这是一种附属刑法的归属之争。而法定犯的行政从属性则是

---

[1] 参见 [意] 杜里奥·帕多瓦尼:《意大利刑法学原理》,注评版,陈忠林译评,4页,北京,中国人民大学出版社,2004。

指法定犯的行政违法性应当根据其所违反的行政法规的内容进行判断。因此，刑法独立性说也并不排斥在法定犯中存在行政从属性，这是在刑法独立性框架下的行政从属性。由此可见，刑法独立性和行政从属性都是相对的而不是绝对的，它们并非势不两立。

（三）行政从属性的功能

法定犯的行政要素对于法定犯来说具有限制机能。因为法定犯以行政违法性为前提，因而行政要素具有限制入罪的机能，它将那些没有违反行政法规的行为或者情节轻微的行政违法行为排除在犯罪之外。在行政法规中，一般都有刑事责任追究的提示条款，对于法定犯具有犯罪标识作用。在存在行政违法性的情况下，行政要素具有对法定犯构成要件的规制机能。行政法规为法定犯的认定提供了行政违法标准，从而充实法定犯的构成要件。因此，法定犯的行政从属性从功能上可以分为消极的行政从属性和积极的行政从属性。

1. 消极的行政从属性

法定犯消极的行政从属性也可以称为出罪的从属性，即没有违反行政法规，就不能构成法定犯。在这个意义上，法定犯的成立具有对行政法规的依赖性。对此，我国学者指出："行政犯以行为违法作为刑法前置法的行政法律规范存在为前提，因此，行政犯的刑事不法就必然依赖于行政不法的规定作为基础。表现之一就是，如果在前置法中，没有行政不法的规定，那么，经济犯罪的行政犯认定就没有基础。"[①] 就法定犯而言，其所违反的行政法规对于犯罪成立具有至关重要的作用。但是，不能反过来说，只要违反行政法规就一定构成法定犯。一个违反行政法规的行为，是否构成法定犯，还是应当根据刑法和司法解释的规定。就法定犯的行政从属性而言，只能说，如果没有违反行政法规，就不可能构成法定犯。正如德国学者指出："法秩序仅仅承认统一的违法性概念。在各个部门法的

---

① 蔡道通：《体系解释与目的限缩：行刑竞合案件解释规则研究》，载《南京师大学报》（社会科学版），2020（3）。

领域里所不同的，只是违法行为的法律效果。因此，合法化事由也应当是从整体法秩序中归纳出来的。法秩序的统一性（Einheit der Rechtsordnung）原则是适当的。"① 这就是所谓法秩序统一原理。不可能说，某一行为在行政法上是合法的，在刑法中却是犯罪。例如，以转让公司股权的方式转让土地使用权的行为，公司法上对此并没有禁止性规定，因而是合法行为。在这种情况下，就不能把这种转让行为认定为《刑法》第228条规定的非法转让土地使用权罪，否则就违反了法秩序统一原理。正如周光权教授指出："民事审判上的通行观念是公司股权转让与作为公司资产的土地使用权转让系两个独立的法律关系，现行法律并无强制性规定禁止房地产项目公司以股权转让形式实现土地使用权或房地产项目转让的目的。基于法秩序统一性原理，在刑事司法上就不能无视民法立场和公司法律制度，对于以股权转让方式转让土地使用权的行为，不能认定为非法转让倒卖土地使用权罪。本罪的适用范围必须严格限定为股权转让之外的、行政法规上严格禁止的非法转让倒卖土地使用权的行为，从而对本罪的客观构成要件要素进行限制解释。"② 在这个意义上说，行政法规具有限制法定犯入罪的机能。即使某一行为在行政犯上是违法的，也不能直接构成法定犯，还要根据刑法和司法解释的规定进行独立判断。例如，具有香烟销售许可的人员跨地域或者超品种销售香烟，是否属于违反烟草管理法规的行为，就应当根据具体的烟草管理法规进行判断。而且，还要结合相关司法解释进行评判。上述具有香烟销售许可的人员跨地域或者超品种销售香烟是违反烟草管理规定的，但对于这种行为，2011年5月6日最高人民法院《关于被告人李明华非法经营请示一案的批复》指出："被告人李明华持有烟草专卖零售许可证，但多次实施批发业务，而且从非指定烟草专卖部门进货的行为，属于超范围和地域经营的情形，不宜按照非法经营罪处理，应由相关主管部门进行处理。"这一规定对于正确理解本案的违反行政管理法规具有重要指导意义。

---

① ［德］汉斯·海因里希·耶赛克、托马斯·魏根特：《德国刑法教科书（上）》，徐久生译，438页，北京，中国法制出版社，2017。
② 周光权：《非法倒卖转让土地使用权罪研究》，载《法学论坛》，2014（5）。

2. 积极的行政从属性

法定犯积极的行政从属性也可以称为入罪的行政从属性，是指法定犯的构成要件具有对其所违反的行政法规的依赖性，这就是构成要件从属性。[①] 如前所述，在法定犯的构成要件中存在规范要素，即违反行政法规。因此，行政法规在一定程度上形塑了法定犯的构成要件。而且，法定犯构成要件中的概念也应当依照行政法规进行解释，这是所谓概念上的从属性。当然，概念从属性也存在例外，例如我国刑法中信用卡的概念就和金融法规中信用卡的概念不同。只有在法律或者司法解释对此明文规定的情况下，才能做这种不同的理解，否则法定犯的概念必须遵从行政法规的理解。法定犯还往往采用空白构成要件的立法技术，这种空白构成要件需要行政法规予以填补。因此，行政法规起到填补规范的功能，只有通过这些填补规范，才能真正地了解该犯罪构成的全部要件——这就是所谓空白刑法之立法技术[②]，这是法定犯的构成要件从属性的应有之义。

六、法定犯的行政认定

法定犯的犯罪构成要件行为具有专业性，这一点完全不同于自然犯。因此，在法定犯的构成要件认定上，相关主管的行政部门具有一定的话语权。在法定犯的认定中，一般都存在所谓行政认定。这里的行政认定，是指行政部门在刑事诉讼中向司法机关移送或者出具的、对案件专业性问题所做的结论或者意见。行政认定成为指控犯罪的根据之一。

（一）行政认定的概念

行政认定是一个行政法的概念，但其行政法上的归属并没有定论，反而是在刑事诉讼法中对此讨论较为热烈。在有关司法解释中，例如，2014 年 3 月

---

① 关于行政从属性的分类，参见刘夏：《犯罪的行政从属性研究》，19 页以下，北京，中国法制出版社，2016。

② 刘夏：《犯罪的行政从属性研究》，21 页，北京，中国法制出版社，2016。

25日最高人民法院、最高人民检察院、公安部《关于办理非法集资刑事案件适用法律若干问题的意见》第1条是关于行政认定问题的规定，指出："行政部门对于非法集资的性质认定，不是非法集资刑事案件进入刑事诉讼程序的必经程序。行政部门未对非法集资作出性质认定的，不影响非法集资刑事案件的侦查、起诉和审判。"这里的行政认定就是指行政部门对行政违法行为的性质认定，这一司法解释明确了司法机关对非法吸收公众存款罪的认定不以行政认定为前置条件。

行政认定在行政法中属于行政确认。[1] 所谓行政确认是指行政主体依法对一定的法律事实、法律关系、权利、资格、法律地位等加以甄别，最终将某种原本不明确的事实或状态予以明确的行政行为。[2] 因此，行政确认是行政部门对某种事实或者状态加以确认的一种行政行为，具有一定的行政效力。在司法实践中，行政认定所确认的事实及其性质具有专业性和权威性，对于司法机关认定法定犯具有重要意义。例如，《道路交通安全法》第73条规定："公安机关交通管理部门应当根据交通事故现场勘验、检查、调查情况和有关的检验、鉴定结论，及时制作交通事故认定书，作为处理交通事故的证据。交通事故认定书应当载明交通事故的基本事实、成因和当事人的责任，并送达当事人。"这里的交通事故认定书，就是对交通事故的责任所作的一种行政认定。如果该交通事故涉嫌交通肇事罪，公安机关就会将交通事故处理材料，连同具体事故认定书一同移送检察机关和审判机关，它对于交通肇事案件的审理具有重要作用。

应当指出，对于行政认定的范围，我国学者在理解上存在分歧。有些学者认为，刑事领域应将行政认定限定为行政主管部门为解决相关刑事案件中的专业性问题而出具的认定意见。此类行政认定的特点在于不属于行政主管部门依职权必

---

[1] 对于行政认定能否等同于行政许可中的行政确认，在刑事诉讼学者中存在不同观点，反对的观点参见刘玫、胡逸恬：《行政认定的证据能力——依刑事庭审实质化为视角》，载《甘肃政法学院学报》，2018（6），136页。

[2] 参见应松年主编：《行政许可法教程》，7页，北京，法律出版社，2012。

须作出的事项,只是应司法机关的要求或下级单位的请求而提出的认定意见。[①]笔者认为,这个行政认定概念对行政认定做了较为狭窄的界定,并不符合司法实践情况。

(二)行政认定的种类

行政认定可以分为依职权的行政认定和依请求的行政认定。在行政法中,行政确认根据行政机关是否主动进行,可分为依职权的确认和依请求的确认。[②]因此,在司法实践中,刑事诉讼中的行政认定包括两种情形:第一种是行政部门在前期行政执法过程中形成的对案件事实认定的结论,这就是依职权的行政认定;第二种是行政部门应司法机关要求对涉及刑事案件的法律问题所提供的专业意见,这就是依请求的行政认定。

1. 依职权的行政认定

依职权的行政认定,是指行政部门在行政执法活动中,基于其职权而作出的行政认定。例如公安交通管理部门在办理交通事故案件中,根据《道路交通事故处理办法》第 17 条的规定,具有对道路交通事故进行责任认定的职责。[③]因此,道路交通管理部门作出的《交通事故认定书》是道路交通管理部门依职权作出的行政认定。此外,在走私案件的刑事诉讼中,用以证明被告人偷逃税款金额的主要依据是海关出具的《涉嫌走私的货物偷逃税款核定证明书》(以下简称《核实证明书》)。该文件列明了涉案货物应缴税款数和漏缴税款数,其附件《计核资料清单》则详细罗列了用以计算涉案走私货物逃税金额的各项要素,以及据此计算核定的逃税总金额,如果法院认定该份证明书的效力,则将根据该《核实证明书》确定的逃税金额对被告人进行定罪量刑。因此,该《核实证明书》属于依职权的行政认定。对应依职权的行政认定,在刑事诉讼中同样应当进行实质审查,

---

[①] 参见李莹:《法定犯研究》,186 页,北京,法律出版社,2015。
[②] 参见姜明安主编:《行政犯与行政诉讼法》,第 2 版,285~286 页,北京,北京大学出版社、高等教育出版社,2005。
[③] 参见姜明安主编:《行政犯与行政诉讼法》,第 2 版,282 页,注释 1,北京,北京大学出版社、高等教育出版社,2005。

只有这样才能保证刑事判决的公正性。

2. 依请求的行政认定

依请求的行政认定，是指司法机关在办理刑事案件过程中，就案件涉及的专业问题，向相关行政部门进行咨询，行政部门根据司法机关的要求提供解答性意见，这种意见具有行政认定的性质。这种解答一般可以分为对行政违法事实和行政违法性质所做的认定。

第一，行政违法事实的行政认定。

刑事程序中的行政认定，较为常见的是对行政违法事实的行政认定。例如在涉及证券犯罪的刑事案件中，证券监督管理部门就相关专业问题，例如"价格敏感期""内幕信息""知情人"等事实问题出具的认定函。此外，在重大责任事故犯罪中，安全生产主管行政部门经过事故调查以后作出的责任事故认定书，也属于事实性的行政认定。

第二，行政违法性质的行政认定。

在司法实践中，司法机关往往就某些行政违法的性质，向相关行政部门进行咨询，这种解答虽然可以作为司法机关办理刑事案件的参考，然而并没有拘束力。例如，于润龙非法经营案[①]，被告人于润龙在未获取黄金经营许可证的情况下大量收购、贩卖黄金。在案件审理期间，国发〔2003〕5号文件取消了黄金收购许可制度。为此，当地公安机关请示到公安部，公安部办公厅就现阶段如何认定非法经营黄金行为向中国人民银行办公厅发函征求意见。2003年9月19日中国人民银行办公厅对公安部办公厅发出的《（关于对"非法经营黄金行为"现阶段如何认定的函）的复函》（银办函〔2003〕483号），提出三点意见："一、中国人民银行发布的《关于调整携带黄金有关规定的通知》（银发〔2002〕320号）不适用于个人。二、国发〔2003〕5号文件后，企业、单位从事黄金收购、黄金制品生产、加工、批发、黄金供应、黄金制品零售业务无须再经中国人民银行的

[①] 于润龙非法经营案，参见最高人民法院刑事审判第一、二、三、四、五庭主办：《刑事审判参考》，第92辑，39页以下，北京，法律出版社，2014。

批准。三、《中华人民共和国金银管理条例》与国发〔2003〕5号文件相冲突的规定自动失效。但在国务院宣布《中华人民共和国金银管理条例》废止前，该条例的其他内容仍然有效。"正是参照上述复函，一审法院对于润龙作出了有罪判决。二审判决则认为，国务院发布的国发〔2003〕5号文件，取消了中国人民银行关于黄金经营许可的规定。按照现行规定，其经营对象不属于"未经许可经营法律、行政法规规定的专营、专卖物品或者其他限制买卖的物品"，不构成非法经营罪，因而改判上诉人于润龙无罪。① 从于润龙非法经营案可以看出，中国人民银行办公厅对公安部办公厅《〈关于对"非法经营黄金行为"现阶段如何认定的函〉的复函》在一审判决中，对于本案性质的认定起到了重要作用，成为有罪判决的主要根据。然而，这一意见并没有被二审法院所采纳，二审判决对取消黄金收购许可制度对非法经营罪成立的影响作出了独立的司法判断，因而于润龙才被改判无罪。因此，在法定犯的认定中，相关行政部门虽然对行政违法性质具有一定的确认权，至于最终是否采纳，还是应当由司法机关自主决定。

（三）行政认定的证据效力

关于行政认定在刑事诉讼中的证据归属，在我国存在争议。司法机关一般将行政认定归属于刑事证据中的书证，而学者则倾向于将行政认定归属于言词证据，确切地说是言词证据中的意见证据。② 值得注意的是，我国学者陈瑞华教授则完全否定行政认定在刑事诉讼中的证据效力。基于行政不法事实与刑事不法事实的层次性理论，陈瑞华教授认为行政机关在"认定函"中所认定的专业意见，经常涉及对"案件事实"的认定，它们所依据的通常都是公安机关等方面提交的

---

① 在该案中，于润龙被判无罪以后，多次上访要求返还被扣押的黄金。吉林市相关部门要求复查此案，决定由吉林市中级人民法院启动再审程序。再审一审法院（吉林市丰满区人民法院）经再审认为，被告人于润龙构成非法经营罪。再审一审判决后，检察机关以量刑畸轻为由提出抗诉，于润龙以其无罪为由再次向吉林市中级人民法院提起上诉。再审二审法院（吉林市中级人民法院）审理查明的事实与再审一审查明的基本一致。经审理，再审二审法院基于与原审二审裁定基本相同的理由，改判再审上诉人于润龙无罪。

② 参见刘玫、胡逸恬：《行政认定的证据能力——依刑事庭审实质化为视角》，载《甘肃政法学院学报》，2018（6），137页。

案卷材料。这些案卷材料只是公安机关的一面之词，并且都属于传来证据材料，无法在证据能力和证明力方面接受全面的审查和验证。更何况，行政机关不可能采取司法裁判的方式，给予行为人一方提出证据、进行质证和作出辩解的机会。通过这种书面的、秘密的和间接的证据审查方式，行政机关就作出不利于行为人的"行政认定函"，这既无法保证所认定的"案件事实"的真实性，也难以维护认定函出具程序的公正性。[①] 陈瑞华教授的以上观点具有其一定的合理性和正当性。因为这种行政认定具有明显的控方证据的特点，是为指控犯罪提供支撑的。如果不经严格审查和质证而被法院直接采用，就会使得法定犯的刑事审判完全形式化，这对于被告人来说是有失公允的。

  这里涉及行政权和司法权的关系问题，值得进行深入考察。行政权和司法权是两种不同的国家权属，具有不同的性质。对于行政违法的认定和处罚，这当然是行政权的应有之义。行政机关在行政执法活动中发现某种行政违法行为已经构成犯罪的，应当及时移送司法机关处理。[②] 如果徇私舞弊不移交，则可能构成我国《刑法》第 402 条规定的徇私舞弊不移交刑事案件罪。当然，行政执法活动中发现刑事案件而移交司法机关，可以分为两种情形：第一种情形是行政执法部门没有进行行政处罚而直接移交；第二种情形是行政执法部门对行政违法行为进行行政处罚以后再移交。在第一种直接移交的情况下，因为行为已经超越了行政违法的界限而构成犯罪，因而随着司法权直接介入，案件进入刑事程序。在第二种行政处罚后再移交的情况下，前期的行政处罚必然会对司法认定产生一定的影响。然而，司法权是一种独立于行政权的判断权，它并不受行政权的约束。无论是对行政法规的理解还是对案件事实的认定，司法机关都应当进行独立审理和裁判。本文在前面提及司法解释关于行政部门未对非法集资作出性质认定的，不影响非法集资刑事案件的侦查、起诉和审判的规定，表明司法活动对于行政权的独立性。因此，在对法定犯的审理过程中，在行政执法部门已经作出行政处罚的情

---

  ① 参见陈瑞华：《行政犯之行政不法事实与犯罪事实的层次性理论》，载《中外法学》，2019（1）。
  ② 关于法定犯的司法衔接问题，参见郭晶：《刑事领域中法定犯问题研究》，133 页以下，哈尔滨，黑龙江人民出版社，2009。

况下，对行政违法的事实和性质的认定，都不能成为司法机关认定法定犯的直接根据。否则，司法机关对法定犯的审理就会沦为对行政执法结果的简单确认，这是应当避免的。

当然，对于行政认定也要具体分析，例如在行政案件办理过程中形成的某些行政认定，交通事故认定书等，以及作为行政执法结论的行政处罚决定书，都对行政违法事实做了认定，虽然它不能直接作为法定犯的刑事不法事实的认定根据，但对于法定犯的案件事实还是具有较大的参考性，对此还是应当归属于刑事诉讼的证据，只不过作为控方证据应当接受庭审的实质审查。

（本文原载《中外法学》，2020（6））

二、犯罪论体系

犯罪构成的体系性思考

犯罪构成是指犯罪成立的条件,因而又称为犯罪构成要件。尽管各国刑法对于犯罪的规定有所不同,但犯罪成立必须具备的要件是相通的,这些要件对于区分犯罪与非罪的界限具有重要意义。

一、犯罪构成的理论

犯罪构成是犯罪论的基石。由于各国刑法理论的历史嬗进与逻辑结构上的差别,形成了各具特色的犯罪构成的理论体系。

(一)犯罪构成的概念

论及犯罪构成,首先需要对犯罪构成的概念作出说明。因为犯罪构成虽然是刑法理论中的一个通用概念,但在理解与使用上又显得十分混乱。

犯罪构成概念中,构成是关键词,这里的构成通常又称为构成要件。构成要件一词,虽然来自刑法学,但已经形成法学理论中的通用概念。[1] 在大陆法系刑法理论中,犯罪构成与构成要件虽然经常混用,但并非如同我们通常所理解的那

---

[1] 日本学者指出:构成要件不仅是一个刑法学概念,而且超出了刑法学的领域,成为一般法学的概念,在哲学、心理学等文献中偶尔可看到这个词。在一般法学上,则把为使一定的法律效果发生而在法律上所必要的事实条件的总体,称为"法律上的构成要件"。参见〔日〕小野清一郎:《犯罪构成要件理论》,王泰译,6页,北京,中国人民公安大学出版社,1991。

样，是指犯罪成立的条件。其所谓构成要件（Tatbestand）是指某种行为具备犯罪构成事实，仅是犯罪构成要件之一——构成要件的该当性。① 具备这一要件并不意味着构成犯罪，因而该要件与我们所说的犯罪构成有别。这种区别，是整体与部分的关系，或者说是种属关系，两者不可混用。② 大陆法系刑法理论中相当于犯罪成立要件的犯罪构成，一般称为犯罪要件，更为经常使用的是犯罪论体系。犯罪论体系是指犯罪成立要件整体，包括构成要件该当性、违法性和有责性。在英美法系刑法理论中，不存在构成要件这一概念。③ 我国学者通常将英文中的 the material elements of a crime，或 the premises of a crime, constitution of a crime，或 ingredients of a crime 译为犯罪构成要件，这不能不说是一种意译。可以说，犯罪构成在英美刑法中不是一个严格的专业术语。

我们现在所理解的犯罪构成，即犯罪成立条件意义上的犯罪构成，来自苏俄刑法理论，苏俄刑法学家 A. H. 特拉伊宁根据主观与客观相统一的观点，将犯罪构成整合为犯罪的主观要件与客观要件的统一，是刑事责任的唯一根据。④ 这样，从大陆法系刑法理论中以构成要件为核心的犯罪构成论到苏联及我国刑法理论中的犯罪构成论，就发生了一个从形式意义上的犯罪构成到实质意义上的犯罪

---

① 构成要件的该当性也被译为符合性，指应受处罚的行为与法律规范中对某个具体犯罪所描述的全部特征完全吻合。参见李海东：《刑法原理入门（犯罪论基础）》，41 页，北京，法律出版社，1998。
② 我国台湾地区学者韩忠谟指出：所谓犯罪成立要件者，乃刑法学就犯罪之结构，依分析所得之诸种构成要素是也，与法国、日本两国学者一般用"构成要件 Tatbestand"一词未可混同。参见韩忠谟：《刑法原理》，修订 14 版，81 页，台北，台湾大学，1981。
③ 日本学者指出，Corpus delicti 这一具有诉讼法性质的概念传到英美法中后，直到现在，在有关口供、辅助证据方面，仍然使用这一概念。参见［日］小野清一郎：《犯罪构成要件理论》，王泰译，2 页，北京，中国人民公安大学出版社，1991。但是，我国学者认为，英美刑法中犯罪构成的表述大体上来自拉丁文 Corpus delicti，可见与大陆法系构成的同源关系。参见刘生荣：《犯罪构成原理》，11 页，北京，法律出版社，1997。
④ 特拉伊宁指出："犯罪构成乃是苏维埃法律中认为决定具体的、危害社会主义国家的作为（或不作为）犯罪的一种客观要件和主观要件（要素）的总和。"参见［苏］A. H. 特拉伊宁：《犯罪构成的一般学说》，王作富等译，48~49 页，北京，中国人民大学出版社，1958。

构成的转变①，犯罪构成成为定罪根据。这种转变，是犯罪构成概念的嬗变，同时是刑法理论的演进。如果对于大陆法系刑法理论中的犯罪构成概念与苏俄及我国刑法理论中的犯罪构成概念之间的这种内涵与外延上的差别不加注意，就会出现理论上的混乱。显然，我们是在犯罪成立条件的意义上采用犯罪构成这一概念的，尽管在论及大陆法系刑法理论时，也可能是指构成要件该当性意义上的犯罪构成。总之，我们可以将犯罪构成定义为：刑法规定的、为构成犯罪所必需的客观要件（罪体）与主观要件（罪责）的有机统一。

（二）犯罪构成的沿革

在厘清犯罪构成概念的基础上，我们还需要进一步描述犯罪构成的学说史。犯罪构成的概念，最早可以追溯到13世纪。当时的历史文献中出现过Constare de delicto（犯罪的确证）的概念，它是中世纪意大利纠问式诉讼程序中使用的一个概念。在这种纠问式诉讼程序中，法院首先必须调查是否有犯罪存在（一般审问，或称一般纠问）。在得到存在犯罪的确证后，才能对特定的嫌疑人进行审问（特定审问，或称特别纠问）。后来从Constare de delicto一词又引申出Corpus delicti，即"犯罪事实"，这是1581年意大利刑法学家法利斯首先采用的，用以指示已被证明的犯罪事实。这个概念后来传到德国，适用于整个普通法时代，其意义是用于证明客观犯罪事实的存在。如果没有Corpus delicti，就不能进行特别审问。因此，作为诉讼法上的概念，Corpus delicti所表示的是与特定的行为人没有联系的外部的客观实在（罪体），如果不能根据严格的证据法则对这种客观的犯罪事实的存在进行确证，就不能继续进行特别审问，包括拷问在内。Corpus delicti这一概念所包含的基本意义，为此后犯罪构成理论的产生奠定的基础。

1796年，法国刑法学家克拉因首先把Corpus delicti译成德语Tatbestand，

---

① 我国学者认为，大陆法系刑法理论中，构成要件该当性本身无非是"中性"的被评价对象，决定了犯罪构成学说的形式主义色彩。苏联刑法理论明确揭示了犯罪构成的社会政治内容，无论在内容上，还是在性质上，都使犯罪构成理论发生了一次根本性的变革，使形式主义的概念转化为实质意义的概念。参见姜伟：《犯罪构成比较研究》，载《法学研究》，1989（3）。

即犯罪构成,但当时仍然只有诉讼法的意义。直到19世纪初,德国著名刑法学家费尔巴哈才明确地把犯罪构成引入刑法,使之成为一个实体法概念。① 费尔巴哈从罪刑法定主义出发,要求在确认任何行为为犯罪并对之课以任何刑罚时,都必须根据法律的规定来确定。从这一原则出发,费尔巴哈把刑法原则上关于犯罪成立的条件称之为犯罪构成,指出:犯罪构成乃是违法的(从法律上看)行为中所包含的各个行为的或事实的诸要件的总和。费尔巴哈强调:只有存在客观构成要件的场合,才可以被惩罚。② 因此,费尔巴哈从法律规定出发,强调犯罪的违法性,并将这种违法性与构成要件统一起来,形成了犯罪构成的客观结构论③,对于犯罪构成理论的形成与发展产生了深远的影响。费尔巴哈的同代人斯求贝尔在1805年出版的《论犯罪构成》一书中提出并论述了犯罪构成问题。根据斯求贝尔的观点,犯罪构成就是那些应当判处法律所规定的刑罚的一切情况的总和。这个概念是从刑罚出发,把构成要件作为判处刑罚的条件来确定的。它反映出当时刑罚理论的特点,因为这个时代的刑法理论,一般都是从论述刑罚的本质及其正当性出发的。在整个19世纪,犯罪构成理论主要集中在研究犯罪构成要件的概念、一般构成要件与特别构成要件的区别、主观的构成要件与客观的构成要件的区别等问题上,这个时期的犯罪构成理论还没有形成一个系统完整的理论体系。

现代大陆法系犯罪构成理论是20世纪初期开始建立的。一般认为,大陆法

---

① 日本学者指出:费尔巴哈从一般预防、客观主义的立场出发,主张犯罪结果也属于构成要件。我们读起斯求贝尔的书来,觉得诉讼法的味道十分浓厚,所以,直到费尔巴哈时,构成要件才明确地被当作实体刑法上的概念来使用。参见[日]小野清一郎:《犯罪构成要件理论》,王泰译,370页,北京,中国人民公安大学出版社,1987。

② 这一思想在费尔巴哈主持制定的1813年《巴伐利亚刑法典》中得以体现,该刑法典第27条规定:"当违法行为包括依法属于某甲概念的全部要件时,就认为他是犯罪。"参见樊凤林主编:《犯罪构成论》,370页,北京,法律出版社,1987。

③ 苏联学者认为费尔巴哈的理论是犯罪构成的客观结构论。参见[苏]A. H. 特拉伊宁:《犯罪构成的一般学说》,王作富等译,15页,北京,中国人民大学出版社,1958。我国学者认为,这种概括是不确切的,起码是不全面的。费氏并不绝对排斥主观因素,只是主张属于犯罪构成的那些因素取决于法律的明文规定。由此,费氏的犯罪构成学说与其说是客观结构论,毋宁说是法定结构论。参见姜伟:《犯罪构成比较研究》,载《法学研究》,1989(3)。

系刑法理论中的犯罪构成理论在20世纪的发展,经历了从古典派的犯罪构成论到新古典派的犯罪构成论,再到目的主义的犯罪构成论的历史演进过程。古典派的犯罪构成论以德国著名刑法学家贝林(Emst Beling)为代表,贝林是根据犯罪构成理论建立犯罪论体系的第一人,其理论基础是宾丁(Karl Binding)的规范论。宾丁认为规范是法规的前提,应与法规之本身相区别;以刑法而论,犯罪并非法规之违反,而是对法规上所示构成要件予以充足之行为。在法规之后隐藏着一定的规范,才是犯罪人所违反的对象。例如,刑法规定"杀人者处死刑",是法规;而该项法规包含"勿杀"的含义,是规范,两者应予区别。贝林根据宾丁的这一观念,认为通常所谓犯罪乃违法(即违反规范)的行为,其意义尚不明确。事实上,这种违反规范的行为还必须符合刑法的内容规定,才能构成犯罪。关于这种刑法的内容规定,贝林以Tatbestand一语称之,就文义而言,本为"行为情况"之义,用以表示刑法分则上所规定的抽象的犯罪行为事实,亦即所谓犯罪类型。贝林指出:犯罪不只是违法有责之行为,而且是相当于刑法的规定的犯罪类型,亦即构成要件之行为。因此,任何行为成立犯罪应以构成要件该当性为其第一属性,此外并须具备违法性及有责性。① 贝林关于犯罪构成要件的理论前后存在一个变化的过程,在早期,贝林认为构成要件系客观的概念,构成要件的要素只限于记述性要素和客观性要素。所谓记述性要素是在确定其存否时只需要认识判断而无须特别的价值判断的要素;而所谓客观性要素是不涉及行为人的内心的、在外表上能够认识其存在的要素。因为贝林是脱离违法性和责任来理解构成要件的观念的,所以认为成为构成要件内容的要素,不是像违法性的要素那样包含评价的规范性要素,也不是像责任的要素那样包含主观的要素。贝林的

---

① 日本学者有论及贝林时指出:贝林在其1896年出版的《犯罪的理论》(Die Lehre Vom Verbrechen)一书中开始展开其构成要件理论,其后他在1930年所著的《构成要件的理论》(Die Lehre Vom Tatbestand)的论文中,虽然同样使用了"构成要件"一词,但所指的内容完全不同于前。即从前在指相当于构成要件的东西时,使用了"犯罪类型"(Deliktsiypus)的观念,认为构成要件是给刑法各本条中犯罪类型的统一性提供基础的观念上的指导形象(Leitbild);其后提出的新的构成要件的内容则是指客观性要素和论述性要素。参见[日]大塚仁:《犯罪论的基本问题》,冯军译,51页,北京,中国政法大学出版社,1993。

这种构成要件概念，是以罪刑法定主义为背景的，期求犯罪类型的明确化。[①] 贝林主张的这种构成要件的概念，具有下列特征：（1）构成要件乃刑法所预定的犯罪行为的客观轮廓，与主观要素无关，在价值上是中性无色的。（2）构成要件与违法性亦无直接关系，构成要件该当的行为与违法行为之间的关系，恰如一部分相交的两个圆周。（3）构成要件该当性与有责性之概念相异，例如，有杀人行为的，其行为虽与杀人罪之构成要件该当，然其是否有责尚不能因此确定。如果是出于正当防卫杀人，仍属无责。贝林较为系统地论述了构成要件，并把它与犯罪类型相等同，这一思想有其深刻之处，即将各种各样、形形色色的犯罪行为抽象概念为一定的行为类型，并在法理上予以阐述。这对于刑法理论来说是一大深化。当然，贝林将构成要件与犯罪类型混为一谈的观点是不妥的，受到不少刑法学家的批评。因为犯罪类型应该是对犯罪的分类，而犯罪是主观要件与客观要件的统一。因此，犯罪类型的概念不止于客观上的行为状况，而且应该包括主观上的违法要素。对于这一点，贝林本人也意识到了，因而发生了大塚仁所说的对于构成要件在理解上从犯罪类型到指导形象的转变。贝林在其晚年对其学说进行了修正，将犯罪类型与构成要件加以区别。例如，刑法上的盗窃罪是一种犯罪类型，含有主观的及客观的诸种要素。而此要素必经"窃取他人之物"之指导形象，加以整理总合，而后始有盗窃之犯罪类型可言。按照贝林的理解，构成要件乃在逻辑上前置于各种犯罪类型之指导形象。

站在古典派立场上对贝林的观点进行修正的是德国著名刑法学家麦耶尔（Max Ernst Mayer）。麦耶尔在1915年出版的刑法教科书中虽然沿袭了贝林的犯罪论体系，但对贝林的构成要件概念作了修正，主要体现在阐述了构成要件与违法性的关系。麦耶尔认为，在构成要件中存在规范性因素，例如盗窃罪中"他人之物"的"他人性"，伪证罪中证言的"不真实性"等，均与价值中立的构成要件要素有别，属于评价因素。在这种情况下，麦耶尔把构成要件要素分为两种：一是通常的构成要件要素（即纯客观的要素），二是含有评价因素的不纯正构成

[①] 参见［日］大塚仁：《犯罪论的基本问题》，冯军译，51页，北京，中国政法大学出版社，1993。

要件要素。麦耶尔虽然把评价性的规范要素称为"违法性的纯正要素",但基于刑法条文已将他们作为"行为情况"考虑在内,所以只能在构成要件概念领域才能把他们表达出来,因而又将之与违法性区别开来。在这个意义上说,麦耶尔虽然发现了构成要件中的规范性要素,但仍然没有将构成要件与违法性的关系从理论上理顺,反而发生了混杂。当然,麦耶尔对于构成要件中规范性因素的见解,形成了对贝林关于构成学体系中性无色的理论的冲击,为此后新古典派的犯罪构成论的阐述奠定了基础。

新古典派是建立在对古典派的构成要件理论的批判的基础上的。其中,代表人物是德国著名刑法学家迈兹格(Edmund Mezger)。迈兹格在1926年发表的《刑法构成要件的意义》一文中首次将"不法"引入构成要件概念。迈兹格不同意贝林关于构成要件系中性无色之说,认为构成要件是可罚的违法行为而由刑法加以类型性的记述,凡行为与构成要件相符合的,除因例外的情形,有阻碍违法原因者外,即系具有违法性。因为刑事立法对于构成要件该当之行为规定刑罚效果,就是为了明确宣示该行为之违法。因此,构成要件的作用在于:(1)表明一定的法律禁止对象,从而建立客观生活秩序。(2)表明评价规范,作为法律准绳。迈兹格反对贝林所主张的构成要件中性无色的见解,将客观的构成要件与违法性相结合,形成客观的违法性论,这成为其学说的一大特色。迈兹格认为,在客观方面,犯罪乃"构成要件的违法",亦即"构成要件的违法行为",而不是"该当于构成要件"并且"违法"的行为。因此,迈兹格不同意贝林将构成要件该当性视为犯罪成立之第一属性的观点,认为构成要件该当性并非独立的犯罪成立要件,而只是限制修饰各种成立要件的概念,如构成要件该当的行为、构成要件该当的违法以及构成要件该当的责任。而行为、违法、责任三者构成其犯罪论的核心。

除主张客观的违法性论以外,还倡导主观的违法要素之说,这说明迈兹格的客观主义立场并不彻底,这也是迈氏构成要件学说区别于贝林的一个重要标志。迈氏认为,可罚的违法虽系客观之状态而由刑法上之构成要件加以明白宣示,然而人类之外部行为无一不起源于内在的精神活动。法律固然不

能单纯支配人的内心，而成为心情的规则，但当规范外部行为的时候，对于内在的心理状态，自然不能不予以关注。因此，在法律上确定何者为违法，有时如不兼从行为以及行为之内在根源——主观的因素并加以判断，当无从明其真谛。这种主观因素为刑法上违法评价所不可或缺者即称为"主观的违法要素"[1]，因此，迈兹格的构成要件中已经（虽然例外地）包含了主观违法要素。

如上所述，迈兹格从贝林纯客观的构成要件论，转向主观违法要素的构成要件论。但是，迈兹格仍将主观违法要素限于目的犯等个别情况，而对于一般犯罪之违法，仍然认为可以离开主观的犯罪心理而单就客观行为方面予以评价。许多德国刑法学者不满足于迈兹格的保守态度，而主张扩大主观的违法要素的概念，认为一切犯罪之构成要件中均有其主观的因素，在这种情况下，目的主义的犯罪构成论应运而生。目的主义的犯罪构成论以德国著名的刑法学家威尔泽尔（H·Welzel）为首创者。威尔泽尔在否定因果行为论的基础上，提出目的行为论。根据威尔泽尔的见解，作为犯罪论基石的刑法上的行为，是人的有预定目的、并根据预定目的选择手段加以实现的举止，而不是像因果行为论所认为的那样，仅是纯粹的因果历程。由此，威尔泽尔提出构成要件的主观性要素的观点，并把故意与过失作为构成要件的要素。在此基础上，目的主义的犯罪构成论的另一代表人物墨拉哈（Maurauh）亦力主此说。墨拉哈认为刑事立法设立犯罪构成要件，并非仅机械禁止法益之侵害而已，而且注意侵害行为的种类、方式及其附随环境事实等，并将其列入构成要件之中，由此形成各种构成要件的类型并予以不同的刑法评价，以区别刑罚轻重。现代刑法在评价犯罪的时候，不仅注意结果无价值，而且注意行为无价值。墨拉哈特别强调行为之无价值，将其与结果无价

---

[1] 日本学者指出：迈兹格更积极地认为规范性要素、主观性要素是构成要件的要素。主观性构成要素通常是被构成要件类型化了的称为主观性违法要素的东西，例如，目的犯中的目的、倾向犯中行为人的主观性倾向、表现犯中引导表现的行为人的内心状态主观性要素；规范性构成要件要素是窃盗罪（《德意志刑法》第 242 条）中"他人的"财物那种伴随着法律评价的要素、猥亵罪（《德意志刑法》第 1767 条等）中"猥亵"行为那种伴随着文化性评价的要素等。参见［日］大塚仁：《犯罪论的基本问题》，冯军译，52 页，北京，中国政法大学出版社，1993。

值相对比,意在排斥以往狭隘的法益侵害因果论,认为目的行为才能洞察反社会的意识与违背法律秩序的真相。构成要件既是刑法上类型化的行为,其违法性并不仅因其侵害法益,而且与违背法律秩序的意思密切相关。这种违背法律的意识包括犯罪目的、故意、倾向等因素。从而,墨拉哈将构成要件的内容区分为两方面:一为行为之要素,包括目的意思及意思活动。二为结果之要素,因为犯罪当然亦涉及对法益的侵害,所以构成要件中又常包含刑法上认为重要之某种侵害法益结果。申言之,墨拉哈创立了目的行为论,而与以往的因果行为论相区别,发展了构成要件的学说。

通过以上刑法学家的努力,大陆法系的构成要件从诉讼法引入实体刑法,从客观结构发展到主观结构,形成一种综合的构成要件论,成为犯罪论体系的理论框架。

苏俄刑法学家在批判地借鉴大陆法系刑法理论中的构成要件论的基础上,创立了独具特色的犯罪构成理论。在苏俄犯罪构成理论形成过程中,著名刑法学家 A. H. 特拉伊宁起到了重要作用。特拉伊宁揭示了刑事古典学派的犯罪构成的客观结构和刑事实证学派的犯罪构成的主观结构之间的对立性。刑事古典学派认为,罪责的存在是刑事责任的必要前提。但是,刑事古典学派在这一点上,不是把主观要素而是把客观要素摆在前面,也就是说,不是把行为者的特征而是把行为的特征摆在前面的。古典学派的犯罪构成要件论,就是在这样客观的基础上形成的。早期刑事古典学派的代表费尔巴哈认为,从法律观点来说,犯罪构成要件就是包括违法行为在内的各种事实,或者是个别行为一些标志的总和。也就是说,费尔巴哈只将行为性质的标志作为构成要件。但是,费尔巴哈并不忽视责任的主观意义,即罪责存在的意义,而是把它置于构成要件范围之外。因此,符合犯罪构成要件的,首先是刑事责任,其次才是行为者承担刑事责任。刑事人类学派与刑事社会学派相互之间存在相当大的差异,尽管如此,在反对刑事古典学派客观结构论这个重大问题上,还是有共同观点的。在批判资产阶级主观与客观相割裂的犯罪构成要件论的基础上,特拉伊宁指出:苏维埃刑法理论,从马克思列宁主义关于犯罪的阶级性这一根本原理出

发，主张把犯罪构成要件的客观因素和主观因素辩证地统一起来。而近代资产阶级的犯罪构成要件论，却总是纠缠在究竟犯罪构成要件的两种结构——客观结构与主观结构——当中何者占据优势地位的问题上，这就是两者的不同点。由此可见，在苏维埃刑法体系中，刑事责任不是与主观要素和客观要素处于对立和分裂的地位，而是以其所具有的客观性质作为一切标志的，也就是说，必须根据犯罪主体与犯罪的所有情况，辩证地研究犯罪行为。① 这种主客观相结合的犯罪构成就成为刑事责任的唯一根据。特拉伊宁于1946年出版了《犯罪构成的一般学说》一书，这是苏联关于犯罪构成理论的第一部专著，它全面地、系统地论述了犯罪构成的概念、意义和犯罪构成理论的内容体系结构，研究了与犯罪构成有关的各种问题。

这种犯罪构成理论的特点是，赋予犯罪构成以社会政治的实质内容，在社会危害的基础上建构犯罪构成，使犯罪构成成为社会危害性的构成。尤其是将大陆法系刑法理论中作为犯罪成立条件之一的构成条件论改造成犯罪条件之全部的犯罪构成论②，形成了完整的犯罪构成理论。

（三）犯罪构成的性质

犯罪构成作为刑法理论的基石范畴，需要从理论上进一步对其性质加以界定。对此，存在以下几个值得研究的问题。

1. 犯罪构成是法律规定还是理论命题

犯罪构成是一个理论色彩十分浓厚的概念，在刑法条文中一般难寻其踪迹。这样，就提出了一个问题：犯罪构成究竟是一种法律规定还是一个理论命题？换

---

① 参见［日］上野达彦：《批判资产阶级犯罪构成要件论——从批判资产阶级犯罪构成要件论向苏维埃犯罪构成要件论的转变过程》，康树华译，载《国外法学》，1979（6）。

② 我国学者将大陆法系刑法理论中的犯罪构成称为异体论构成，这种犯罪构成仅记述行为的事实特征，是犯罪论体系的出发点，是犯罪成立条件之一，即使行为人的行为符合某罪的构成条件，也未必成立犯罪。我国学者还将苏联及我国刑法理论中的犯罪构成称为一体论构成，这种犯罪构成是负刑事责任的根据，犯罪构成本身就是犯罪成立的条件，二者同一化，只要行为人的行为具备某罪的犯罪构成，就意味着成立犯罪。参见姜伟：《犯罪构成比较研究》，载《法学研究》，1989（3）。

言之，犯罪构成是否具有法定性？对这个问题，在我国刑法理论上存在争论。[①]即使是从刑法理论的构造上来说，其也有进一步研究之必要。

在大陆法系刑法理论中犯罪构成的起源看，构成要件是在罪刑法定主义的基础上建立的一个观念，具有无可辩驳的法定性。从犯罪构成理论的演变来看，犯罪构成之所谓构成要件最初是对刑法分则规定的具体犯罪的各种行为特征加以概括的结果，是一种特殊的构成条件。只是随着刑法总则与分则的分体例的形成，才从特殊的构成条件发展为一般构成条件。当然也不可否认，在犯罪构成的发展过程中，刑法理论起了相当大的推动作用。可以说，没有刑法学家的努力，就不会有犯罪构成理论，更不会有以犯罪构成为基础的犯罪论体系。[②]由此，我们首先应当把犯罪构成当作一种法律规定，充分肯定犯罪构成的法定性。在此基础上，我们还可以把犯罪构成当作是对刑法规定的构成要件的一种理论概括。那种将犯罪构成的法定性与理论性割裂的认识，显然是不可取的。

犯罪构成的法定性，表明犯罪构成是不能离开法律规定而存在的，对于犯罪构成的分析，应当以各国的刑法规定作为其法律根据。只有这样，才能在犯罪构成的法定上贯彻罪刑法定原则。可以说犯罪构成的法定性是罪刑法定原则中罪的

[①] 我国刑法学界主要存在以下几种观点：(1) 法定说，认为犯罪构成是刑法所规定的、决定某一具体行为的社会危害性及其程度而为该行为构成犯罪所必需的一切客观和主观要件的总和，根据这一观点，犯罪构成是一法律概念，是犯罪的规格，它是由法律加以明文规定的。(2) 理论说，认为犯罪构成是根据刑法规定并结合司法实践，对法律条文所作的学理性解释。根据这一观点，犯罪构成是一种理论，有些学者明确指出，犯罪构成不是刑法条文中规定的概念，而是一个较系统、较详尽地研究刑法条文中规定的构成犯罪的各种条件的理论概念。(3) 折中说，认为犯罪构成既是由法律规定的一系列事实要件的总和，又是一种理论。例如，有些学者指出，犯罪构成是依照刑法应受刑罚制裁的危害社会行为的主客观条件的总和，是刑法理论的重要组成，是定罪量刑的基本理论依据。参见高铭暄主编：《新中国刑法科学简史》，冯军译，84 页，北京，中国人民公安大学出版社，1993。

[②] 日本学者小野清一郎描述了这一理论的演变过程：Tatbestand 的概念从诉讼法转向实体法，进而被作为一般法学的概念使用，而且，已经从事实意义的东西变为抽象的概念。特别是在刑法学中，它被分成一般构成要件和特殊构成要件两个概念，这主要是因为，在刑法中，从罪刑法定主义原则出发，将犯罪具体地、特殊地加以规定是非常重要的。然而，着眼于这种特殊化了的构成要件（亦即具体构成要件）的重要性，产生了把它不仅仅视为刑法各论上的东西，而且可以作为构筑刑法总论即刑法一般理论体系的基石的努力，这一努力从贝林开始由 M. E. 麦耶尔大体上完成。而这就是所说的构成要件理论。参见 [日] 小野清一郎：《犯罪构成要件理论》，王泰译，4 页，北京，中国人民公安大学出版社，1991。

法定性的直接体现。犯罪构成的理论性，表明犯罪构成的存在发展都离不开理论概括。这种理论性，揭示了犯罪构成的共同特征，从而为各国刑事立法提供了理论指导，更为重要的是，犯罪构成理论也为罪刑法定原则的实行奠定了理论基础。如果没有在刑法学中对犯罪构成要件组成的分析，罪之法定也就无从谈起，因此，我们应当从法定性与理论性的统一上理解犯罪构成。

2. 犯罪构成是法律标准还是构成事实

犯罪构成作为一种法律规定与理论命题，是在对各种犯罪事实加以抽象与概括的基础上形成的，但能否将犯罪构成等同于构成事实呢？显然，我们的回答是否定的。

犯罪构成，如前所述，是从诉讼法引入实体法的。不可否认，在诉讼法中使用的构成要件一词，指的是构成事实，例如，杀人罪的构成要件是尸体、杀人工具等这样一些足以证明杀人案件确已发生的事实情况。但是，当构成要件引入刑法中时，犯罪构成存在一个从以构成事实逐渐地演变成为法律规定的行为构成犯罪的标准的过程，在一个时期，德语中的构成要件 Tatbestand 一词既包含构成要件也包含构成事实的意义。为了区别两者，一般要加上一定的形容词。例如，构成要件理论的创始人贝林在指构成要件时使用了概念的构成要件（Begrifflicher Tatbestand），在指构成事实时则使用了具体的构成要件（Konkreter Tatbestand）。M. E. 麦耶尔也区别了抽象的构成要件（Abstrakter Tatbestand）和具体的构成要件（Konkreter Tatbestand）、法律的构成要件（Gesetzlicher Tatbestand）和事实的构成要件（Faktischer Tatbestand）。抽象的或者法律的构成要件指的是构成要件，具体的构成要件或者事实的构成要件则指的是构成事实。[①] 构成要件一词传入日本，在日语中，为了避免混淆而把一个叫作构成要件，把其他的叫构成事实。这样的构成要件是一种将社会生活中出现的事实加以类型化的观念形象，并且进而被抽象为法律上的概念。如此一来，它就不是具体事实。[②] 由此可见，现在刑法理论中的犯罪构成要件是指犯罪的规格，这是一种

---

① 参见［日］大塚仁：《犯罪论的基本问题》，冯军译，51页，北京，中国政法大学出版社，1993。
② 参见［日］小野清一郎：《犯罪构成要件理论》，王泰译，7页，北京，中国人民公安大学出版社，1991。

法律标准，与构成事实是有所不同的，这已达成共识。① 因此，我们只能在法律关于犯罪的规格或者标准的意义上界定犯罪构成的性质。

3. 犯罪构成是纯客观性要素还是包括主观性要素

在构成要件理论产生过程中，贝林认为构成要件仅限于客观要素，即不涉及行为的内心的、在外表上能够认识其存在的要素，是一种纯客观的构成要件论。贝林的这种观点是脱离责任来理解构成要件的结构。及至麦耶尔，开始考虑到主观性的要素即行为人内心要素在构成要件中的意义，因而转向主观的构成要件论。当然，麦耶尔的构成要件的主观性要素仍然只限于目的犯、倾向犯等特殊场合。在这种情况下，构成要件与责任仍然是犯罪构成的两个不同要件。我们现在所说的犯罪构成，已经不是与责任并列意义上的构成要件，而是指犯罪成立条件。因此，犯罪构成是客观性要素与主观性要素的统一，这就是所谓主观与客观相统一的原则。② 主观与客观相统一，是苏俄及我国刑法中犯罪构成理论的特点之一，受到充分强调。其实，现代刑法中的任何犯罪构成都是以主观客观统一为前提的，关键在于如何统一，犯罪构成理论构造上的差别，是统一的形式大同而已。大陆法系刑法理论呈现的是一种从客观到主观相递进式统一，而苏俄及我国刑法理论呈现的是一种客观与主观相对应式统一。无论如何统一，犯罪构成既包括客观性要素又包括主观性要素，这都是一个不争的事实。

---

① 我国学者何秉松认为应把刑法上规定的犯罪构成与社会现实生活中的犯罪构成事实严格加以区别，在需要这两者加以区别的地方可以把刑法上规定的犯罪构成称为法定的犯罪构成，把社会生活中客观存在的犯罪构成称为现实的犯罪构成或犯罪构成事实。在对犯罪构成的论述中，作者对两种犯罪构成混用，认为无论是现实生活中的犯罪构成事实，还是法定犯罪构成，都处在产生、发展和不断变化之中。参见何秉松：《犯罪构成系统论》，109、129页，中国法制出版社，1995。由此造成逻辑上的混乱，并且也与作者关于犯罪构成的概念相矛盾。参见莫志强：《也论用系统论改造犯罪构成——与何秉松教授商榷》，载《刑法论丛》，第2卷，45页，北京，法律出版社，1998。

② 我国学者认为，主观与客观相统一原则的基本含义是：对犯罪嫌疑人、被告人追究刑事责任，必须同时具备主客观两方面的条件，如果缺少其中主观或者客观任何一个方面的条件，犯罪就不能成立，不能令该人承担刑事责任，论者虽然将该原则表述为刑事责任原则，但在刑法理论体系中，仍将其纳入刑法的基本原则。参见高铭暄主编：《新编中国刑法学》，31页，北京，中国人民大学出版社，1999。

4. 犯罪构成是纯记述性要素还是包括规范性要素

记述性要素与规范性要素是有所不同的。前者包括在确定其存否时只需要认识判断而无须特别的价值判断的要素。例如杀人,就是一种记述性要素,杀人是一种剥夺生命的行为,而人是一种生命性存在,对于这种记述性要素的理解,无须经过价值判断。后者是指伴随着规范评价的构成要件。这种规范评价,一般情况下是社会评价,例如非法持有枪支,这里的"非法"就需要通过关于枪支管理法来判断这种持有枪支行为是否具有非法性。同时,在某些情况下,规范评价还包括文化评价,例如猥亵妇女,这里的猥亵在不同文化背景的社会里,理解是全然不同的。此外,淫秽物品中的淫秽,也是一种文化评价因素。

那么,犯罪构成是纯记述性要素还是包括规范性要素?对此,贝林坚持一种纯记述性的要素,体现了一种法律实证主义的立场。[1] 而麦耶尔在构成要件中承认包括规范要素,日本学者小野清一郎认为,即使在不明显地应当属于规范要素的场合,在判断是否有符合构成要件的事实之际,也不可否认地有判断背后的法的、伦理的评价。表面看来是记述性的法律概念,可是在社会适用它的时候,往往也伴有规范的评价性的判断。[2] 我们认为,构成要件当然首先是对客观事实的记述,因而在刑法分则中的构成要件一般都是记述性或者描述性的,通过对这种客观事实的认识就可以认定犯罪。但是,在某些情况下,离开规范评价就无从对行为性质加以判断,为此就需要通过规范性要素规定这种构成要件。更为重要的是,任何法律规定,都是在一定的文化的、伦理的环境中存在的,因而无不打上这种文化的、伦理的烙印。

---

[1] 日本学者认为,这种法律实证主义背后,存在自由主义的法治国的思想,认为在刑事司法中必须以法律保障个人自由的罪刑法定主义,必然地要求着纯客观的记述性构成要件。参见[日]小野清一郎:《犯罪构成要件理论》,王泰译,29页,北京,中国人民公安大学出版社,1991。

[2] 参见[日]小野清一郎:《犯罪构成要件理论》,王泰译,32页,北京,中国人民公安大学出版社,1991。

二、犯罪构成的体系

犯罪构成是由主观与客观的一系列要件组成的,这种要件按照一定的逻辑建构形成犯罪构成的体系。由于各国的刑法文化传统和法律规定上的差别,因而决定了犯罪构成的体系上的不同。分析起来,以德国为代表的大陆法系的犯罪构成体系、以英美为代表的英美法系的犯罪构成体系和苏俄及其他国的犯罪构成体系,是三大具有代表性的犯罪构成体系,在此分别加以叙述与比较。

（一）递进式的犯罪构成体系

以德日为代表的犯罪构成体系,由构成要件该当性、违法性和有责性构成,由于这三个要件之间具有递进式的逻辑结构,因而我们称之为递进式的犯罪构成体系。[①]

1. 构成要件该当性

构成要件该当性是指行为符合刑法分则所规定的某个具体特征。构成要件该当性中,包括以下内容:(1)构成要件的行为。该当构成要件的行为称为实行行为。行为又可以分为作为与不作为,由此构成作为犯与不作为犯。作为犯是指把作为构成要件内容的作为加以规定的犯罪,如杀人罪或盗窃罪都属于这类犯罪。不作为犯则可分为两种:一是纯正的不作为犯,即把作为构成要件内容的不作为规定为犯罪。二是不纯正的不作为,即以不作为实现作为构成要件内容的作为加以规定的犯罪。(2)因果关系,指行为与结果之间是否存在刑法上的重要因果问题,也就是构成要件该当性的问题。(3)构成要件的故意,指在认识符合构成要件的外在客观事实之后并企图实现的意思。一般认为,构成要件的故意不包括违法性意识,因而与作为责任要素的故意在内容上存在差别。(4)构成要件的过失,指不认识也不容忍

[①] 构成要件该当性、违法性、有责性形成的三分理论,是大陆法系理论中犯罪构成的通说。此外,还有一种犯罪构成多样说,不同意对所有犯罪都毫无差别地适用同一犯罪理论进行分析。从上述理由出发,犯罪构成多样说认为,犯罪应分为四种类型:即以作为形式实施的故意犯罪、以作为形式实施的过失犯罪、以不作为形式实施的故意犯罪和以不作为形式实施的过失犯罪,而每一类犯罪都应有自己独立的犯罪构成。意大利学者指出:这种犯罪构成多样说包含某些科学的成分,是一个不能否认的事实;但是,它将犯罪构成理论肢解为独立的片段,因而阻碍人们对于犯罪的构成形成统一的认识。综合比较上述学说,传统的三分理论似乎更合理一些。它不仅能清楚地展示犯罪的构成要素,同时为我们提供了一种清晰而透彻的理论指南。参见［意］杜里奥·柏多瓦尼:《意大利刑法学原理》,陈忠林译,99页,北京,法律出版社,1998。

构成要件的结果,由不注意,即由违反注意义务引起结果的发生。

2. 违法性

行为具备构成要件该当性还不属于犯罪,是否构成犯罪,还须考察行为是否具有违法性。构成要件是违法行为的类型,如果行为符合构成要件,一般可以推定该行为属于违法。但是,如果行为具有刑法上所规定或者法秩序所认可的违法性阻却事由,则该行为就不属于犯罪。这种违法性阻却事由包括正当防卫、紧急避险等法定的违法性阻却事由和自救行为、义务冲突等超法规的违法性阻却事由。

3. 有责性

有责性是指能对行为人的犯罪行为进行谴责。某一行为构成犯罪,除行为该当构成要件并属于违法之外,行为人亦必须负有责任。在有责性中,包括以下要素:(1) 责任能力,即成为谴责可能性前提的资格。凡是具有认识能力和控制能力的人,就认为具有责任能力。(2) 故意责任,作为责任要素的故意是指在认识构成要件事实的基础上,具有违法性意识以及产生这种意识的可能性。(3) 过失责任,作为责任要素的过失是指违反主观注意义务而具有谴责可能性。(4) 期待可能性,是指在行为当时的具体情况下,期待行为人作出合法行为的可能性。尽管对于期待可能性在责任中的地位存在不同见解,但期待可能性作为责任要件是大陆法系刑法理论的共识。

(二) 耦合式的犯罪构成体系

以苏俄及我国为代表的犯罪构成体系,由犯罪的客体、犯罪的客观方面、犯罪的主体、犯罪的主观方面构成。由于这四个要件之间具有耦合式的逻辑结构,因而我们称之为耦合式的犯罪构成体系。①

---

① 四要件说是苏联及我国刑法理论中犯罪构成的通说。我国刑法中的犯罪构成体系与苏联的犯罪构成体系具有明显的承继关系。此后,随着对犯罪构成研究的不断发展,我国学者不满足于20世纪50年代从苏联移植过来的犯罪构成理论,开始进行理论上的突破与探索。犯罪构成是由一系列事实要件构成的,对于这一点,我国刑法学界基本上认识是一致的。但是,在犯罪构成要件包括哪一些以及它们如何排列问题上,存在相当大的分歧,主要存在二要件说、三要件说、四要件说、五要件说等各种观点。由此可见,我国刑法学界在犯罪构成体系问题上进行了充分的和广泛的探讨,但在研究的深度上还有所欠缺。因此,在犯罪构成问题上,我国刑法学界虽然经过一阵轰轰烈烈的讨论,但积淀下来的思想内容并不多,对于刑事立法与刑事司法的影响也不大。现在,我国仍然保持着犯罪构成四要件的传统理论模式。参见高铭暄主编:《新中国刑法科学简史》,85页以下,北京,中国人民公安大学出版社,1993。

1. 犯罪客体

犯罪客体是指刑法所保护而为犯罪所侵害社会主义社会关系。刑法总则条文在规定犯罪的概念时概括列举了刑法所保护的社会关系的各个方面，分则条文则规定了各个具体犯罪所侵犯的社会关系的某一方面。由于犯罪的社会危害性集中表现在犯罪对社会关系造成或可能造成的侵害上，因而，犯罪客体是任何犯罪成立都不可缺少的要件，只不过不同的犯罪所侵犯的具体客体有所不同而已。由于犯罪对社会关系的侵犯通常通过对一定的物或人即犯罪对象的侵犯体现出来，因而犯罪对象也是许多犯罪成立的必备条件。当然，犯罪分子的行为作用于犯罪对象只是一种表面现象，其背后体现的仍是具体的社会关系。

2. 犯罪客观方面

犯罪客观方面是指犯罪活动的客观外在表现，包括危害行为、危害结果以及危害行为与危害结果之间的因果关系。因此，犯罪客观方面是表明犯罪活动在客观上的外在表现的要件。说明犯罪客观方面的事实特征是多种多样的，概括起来，首先包括危害行为。只有通过危害行为，社会关系才会受到侵犯。犯罪本身就是具有严重社会危害性的行为，犯罪构成的其他要件其实都是说明行为的社会危害性及其严重程度的事实特征，因此，危害行为是犯罪构成的核心要件。其次，犯罪客观方面包括危害结果。危害结果即危害行为对社会造成或可能造成的危害。行为如果不可能给社会造成危害，不属于犯罪行为。危害行为和危害结果是任何犯罪成立必须具备的犯罪客观方面要件，除危害行为和危害结果外，有些行为必须在特定的时间、地点实施或采取特定的方法、手段实施才能构成犯罪。因此，特定的时间、地点、方法成为犯罪构成客观方面的选择要件。这些选择要件对某些犯罪的成立具有决定性的意义。

3. 犯罪主体

犯罪主体是指达到法定刑事责任年龄、具有刑事责任能力、实施危害行为的自然人与单位，因此，犯罪主体是表明行为必须由什么人实施才能构成犯罪的要件。犯罪主体主要是指达到刑事责任年龄，具备刑事责任能力，实施了危害行为的自然人。除自然人外，单位也可以构成一些犯罪的主体。根据刑法规定，未达

到法定刑事责任年龄或不能辨认、不能控制自己行为的自然人不具备犯罪主体资格，达到相对负刑事责任年龄的自然人只能成为刑法所列举的某些特别严重犯罪的主体。达到刑事责任年龄、具备刑事责任能力的自然人称为一般主体。此外，有些犯罪还需要行为人具有特定的身份或职务才能构成，这类犯罪的主体称为特殊主体。

4. 犯罪主观方面

犯罪主观方面是指行为人对于危害社会的结果的主观心理状态。因此，犯罪主观方面是表明在实施危害行为时行为人所抱的主观心理状态的要件。犯罪主观方面首先包括罪过，即犯罪的故意或过失。根据刑法规定，主观上既无故意又无过失，即使行为在客观上造成了损害结果，行为人也不负刑事责任。因此，罪过是一切犯罪成立所必备的主观方面要件。此外，刑法规定某些犯罪必须具备一定的目的才能构成，因此犯罪目的是部分犯罪主观方面不可缺少的内容。

（三）双层次的犯罪构成体系

以英美为代表的犯罪构成体系，具有双层次性的特点。英美刑法的犯罪构成分为实体意义上的犯罪要件和诉讼意义上的犯罪要件。实体意义上的犯罪要件是指犯罪行为和犯罪意图，这种意义包含在犯罪定义之中。犯罪定义之外的责任要件是诉讼意义上的犯罪要件，通过合法抗辩事由体现出来。[①] 由于这种构成要件具有双层次的逻辑结构，因而我们称之为双层次的犯罪构成体系。

1. 犯罪行为

犯罪行为（actus reus）是英美法系犯罪构成的客观要件。犯罪行为有广义与狭义之分：广义上的犯罪行为，指犯罪心理以外的一切犯罪要件，也就是犯罪构成的客观要件，包括犯罪行为、犯罪结果和犯罪情节等。狭义上的犯罪行为指

---

① 我国学者指出：犯罪行为和犯罪心态，是犯罪本体要件。要成立犯罪，除应具有犯罪主体要件外，还必须排除合法辩护的可能，即具备责任充足条件。在理论结构上，犯罪本体要件（行为和心态）为第一层次，责任充足条件为第二层次，这就是美国刑法犯罪构成的双层模式。参见储槐植：《美国刑法》，第2版，51页，北京，北京大学出版社，1996。

有意识的行为，它由行为（aut）和意识（voluntariness）构成。犯罪行为是法律予以禁止并力求防止的有害行为[①]，它是构成犯罪的首要因素。

2. 犯罪意图

犯罪意图（mens rea），又称为犯罪心理（guilty mind），是英美法系犯罪构成的主观要件。"没有犯罪意图的行为，不能构成犯罪"（Actus non facit reum, nisi mens sit rea）是英美法系刑法的一条原则，它充分体现了犯罪意图在构成犯罪中的重要意义。在美国刑法中，犯罪意图分为以下四种：（1）蓄意（mention），指行为人行动时自觉目的就是引起法律规定为犯罪的结果，或者自觉目的就是实施法律规定为犯罪的行为。（2）明知（knowingly），指行为人行动时明知道他的行为就是法律规定为犯罪的行为或者明知道存在法律规定为犯罪的情节。（3）轻率（recklessly），指行为人轻率地对待法律规定为犯罪的结果或情节，当行动时他认识到并有意漠视可能发生此种结果存在此种情节的实质性的无可辩解的危险。（4）疏忽（negligence），指行为人疏忽地对待法律规定为犯罪的结果或情节，当行为时他没有察觉到可能发生此种结果或者存在此种情节的实质性的无可辩解的危险。从犯罪意图的内容来看，它主要是行为人对于其犯罪行为的一种心理状态。[②] 它是构成犯罪的基本因素。

3. 合法抗辩

合法抗辩（Legal defense），又称为免责理由，它具有诉讼法的特点，它是在长期司法实践中，通过对刑事诉讼中的辩护理由加以理性总结形成的，并从诉讼原则上升为实体上的总则性规范。内容包括：未成年、错误、精神病、醉态、

---

① 英国学者指出：actus 一词意味着一种"行为"，人在行动的有形结果。当刑事政策把某种行为视为十分有害时，就对之加以禁止并通过对违犯它的人施以刑罚的方式来防止它的出现。长期以来，法学家们惯用 actus reus 一词来描述这类法律禁止的行为。因此，actus reus 可以定义为法律力求防止的、本身包含着危害结果的人类行为。参见［英］塞西尔·特纳：《肯尼刑法原理》，王国庆、李启家等译，18 页，北京，华夏出版社，1989。

② 英国学者指出：犯罪意图是指在被指控的犯罪的定义中有明示或默示规定所要求的那种心理状态。它在不同的犯罪中是不同的，一般情况有故意、放任和明知故犯。在我们考察典型的心理状态的过程中，有必要提到过失，尽管几乎不能把过失说成是一种心理状态。参见［英］鲁珀特·菲利普·A. 琼斯：《英国刑法导论》，赵秉志等译，40 页，北京，中国人民大学出版社，1991。

胁迫、圈套、安乐死、正当防卫、紧急避难等。

(四) 犯罪构成的比较

从三大具有代表性的犯罪构成体系的内容分析，尽管在体系结构上各不相同，但其构成要件上又有相通之处。至少，以下要件是不可缺少的：(1) 行为要件。这一要件在递进式的犯罪构成体系中，往往放在构成要件该当性中[①]；在耦合式的犯罪构成体系中则是犯罪客观方面的首要内容；在双层次的犯罪构成体系中，是犯罪要件。"无行为则无犯罪"，几乎是各国刑法的通例。(2) 罪过要件。这一要件在递进式的犯罪构成体系中，放在有责性中，属于责任条件；在耦合式的犯罪构成体系中则是犯罪主观方面的基本内容；在双层次的犯罪构成体系中，是犯罪本质要件。如果说上述两个要件是无可辩驳的，在三大具有代表性的犯罪构成体系中，都作犯罪构成的要件加以确立，那么，犯罪客体、犯罪主体以及违法性是否是犯罪构成要件在刑法理论上存在争论。对此，有必要加以专门讨论。

1. 犯罪客体是否属于犯罪构成要件

犯罪客体是苏俄刑法理论中的一个独特概念，犯罪客体被确定为是犯罪行为所侵害的社会关系，从而将其与犯罪对象相区分。犯罪客体确立的理论根据是马克思在1842年所说的《关于林木盗窃法的辩论》一文中的下述论述："犯罪行为的实质并不在于侵害了作为某种物质的林木，而在于侵害了林木的国家神经——所有权本身，也就是在于实现了不法的意图。"[②] 应该说，马克思深刻地揭示了犯罪行为的实质：林木只是所有权的载体，所有权才是犯罪所侵害的实质内容。但是，这种所有权在法律上表现为一种权利，其进一步的本质又在于利益。侵害林木的国家神经实际上是触犯了法律保护的某种利益。那么，从马克思的上述论

[①] 大陆法系刑法理论中的犯罪构成体系，也往往在构成要件之前讨论行为，例如在迈兹格的体系中，行为被看成是犯罪成立的第一要件，是先于其他犯罪成立要件的，在这个意义上，日本学者把行为特征"作为犯罪概念基底的行为"。参见 [日] 大塚仁：《犯罪论的基本问题》，冯军译，24页以下，北京，中国政法大学出版社，1993。因此，行为论与构成要件论并列并先于构成要件论的犯罪论体系，也是一种刑法理论的叙述方式。参见李海东：《刑法原理入门（犯罪论基础）》，北京，法律出版社，1998。

[②] 《马克思恩格斯全集》，第1卷，168页，北京，人民出版社，1956。

断能否引申出作为犯罪构成要件的犯罪客体呢？我们的回答是否定的。因为马克思在上述论断中论述的是犯罪的本质而不是犯罪构成的问题，这种对犯罪本质的理解与利益侵害的观点是一致的。

在我国刑法理论中，在引入苏俄的犯罪构成体系的同时引入了犯罪客体的概念，犯罪客体是刑法所保护而为犯罪所侵害的社会关系的表述，长期以来占统治地位。社会关系又进一步确定为是人们在生产过程和生活过程中形成的人与人之间的相互关系，并将犯罪客体与犯罪对象加以区分，认为犯罪对象是社会关系的主体和物质体现[①]，由于犯罪客体具有抽象性，个别学者对此指出质疑，并以社会利益取代之，认为犯罪客体是犯罪主体的犯罪活动侵害的，为刑法所保护的社会主义社会利益。[②] 应该说，这种利益侵害说与大陆法系刑法理论的法益侵害说已经相当接近。尽管如此，这种观点仍然把犯罪客体作为犯罪构成的要件。在大陆法系递进式的犯罪构成体系和英美法系双层次的犯罪构成体系中，都没有犯罪客体这一要件。即使有称为客体的，一般也是将客体分为行为客体与保护客体。这里的行为客体就是我国刑法理论中的犯罪对象，而保护客体是指法益，行为客体是构成要件，保护客体不是构成要件，两者具有性质上的区别。[③] 在

---

① 参见高铭暄主编：《中国刑法学》，87页以下，北京，中国人民大学出版社，1989。这是我国刑法理论中的通说，在论及研究犯罪客体的意义时指出：它有助于我们认识犯罪，揭示犯罪的阶级性，使我们看到犯罪的危害性表现在哪里，从而更深刻地认识同犯罪作斗争的意义。同上书，89页。由此可见，犯罪客体的功能与概念的功能具有重合性。

② 之所以用社会利益取代社会关系，主要理由在于：(1) 社会利益的内容广泛，几乎涵盖了整个社会，无论犯罪侵害的是生产力、生产关系、上层建筑还是自然环境，都可以归结为对社会利益的侵害。(2) 社会利益具有多样性，能适应犯罪客体具体化和多样化的要求，对犯罪客体的内容作出科学界定。(3) 社会利益可以通过利益主体的特点，揭露犯罪客体的社会属性和阶级属性，从而揭露犯罪的社会政治意义。(4) 社会利益的含义深刻而又通俗易懂，早已为人们所接受和广泛使用。参见何秉松：《犯罪构成系统论》，172~173页，北京，中国法制出版社，1995。

③ 日本学者指出：多数构成要件都有行为的客体，诸如杀人罪的"人"，盗窃罪的"他人财物"，等等。行为的客体与各类刑罚法规中的保护客体（即法益）是有区别的，行为的客体是行为所指向的有形的人或物；而保护客体（法益）则是法律依据构成要件进行保护的利益或价值，例如妨害执行公务罪中的行为客体是公务员，保护客体（法益）却是公务本身。这样，行为的客体与法益就未必是一致的，法益虽未被直接规定为构成要件要素，但在解释构成要件上，它却具有极为重要的作用。参见[日]福田平、大塚仁：《日本刑法总论讲义》，李乔等译，46~47页，沈阳，辽宁人民出版社，1986。

我国刑法学界，尽管通说将犯罪客体作为犯罪构成要件，但我国已经有越来越多的学者对犯罪客体是否为犯罪构成的要件提出质疑。[①] 在此，以下三个问题确实值得研究：（1）作为犯罪构成的要件，应当是犯罪的实体性存在。而犯罪客体不属于犯罪的实体内容本身，而是在犯罪之外的某种社会构成要素。无论是把这种社会要素视为犯罪所侵害的社会关系（利益）还是视为刑法所保护的价值，虽然都与犯罪相关联，但不能纳入犯罪要件的体系之中。（2）犯罪客体与犯罪对象的区分是没有哲学根据的，将客体与对象赋予不同的蕴含，缺乏理论根据。（3）犯罪客体的功能在于揭示犯罪的本质特征，这一功能不是犯罪构成要件所要承担的，而是犯罪概念的功能。因此，在功能上，犯罪客体与犯罪对象具有重合性。由此可见，犯罪客体的存在是不必要的，它不是犯罪构成要件。

2. 犯罪主体是否为犯罪构成要件

任何犯罪都离不开一定的主体，犯罪是人实施的，这是一个不可推翻的事实。但是，是否把犯罪主体作为犯罪构成的要件，却仍然是一个值得研究的问题。

在大陆法系犯罪构成理论中，并没有我们通常所说的犯罪主体这样一个犯罪构成要件。犯罪主体的内容被分解为两部分。在构成要件该当性中，论述行为的主体，将其与行为客体相对应，这里的行为主体是指"人"，没有其他特殊限定。在一般情况下，这里的"人"是指自然人。在某些领域（通常所说的行政刑法）中，"人"也指法人。由于构成要件该当性只是犯罪成立的第一个要件，因而无论什么人，只要实施了构成要件该当的行为，就具备了行为主体这一要件。在有责性中，论述责任能力。责任能力是责任的前提，如果没有责任能力，就不存在

[①] 我国学者张文最早提出否认犯罪客体是犯罪构成要件的观点。参见张文：《关于犯罪构成理论的几个问题探索》，载《法学论文集》（续集），北京，光明日报出版社，252页以下，1985。此外，张明楷在《犯罪论原理》（武汉大学出版社1991年版）、刘生荣在《犯罪构成原理》（法律出版社1997年版）、杨兴培在《犯罪构成的反思与重构》（载《政治论坛》1999年第2期）中均认同这一观点，并从不同角度作了论证。

罪过问题。在责任能力中，以否定要件的形式论述无责任能力的情形。[①] 从否定要件这一点看，大陆法系犯罪构成中的责任能力要件与英美法系犯罪构成中作为合法抗辩内容的未成年、精神病等要件具有性质上的同一性。

在苏联的犯罪构成中，犯罪主体是犯罪构成主观方面的要件。[②] 但是，将犯罪主体纳入犯罪构成要件，即使是苏俄著名刑法学家 A. H. 特拉伊宁也持有不同观点，他认为责任能力不应放在犯罪构成的范围内解决，而应当置于犯罪构成的范围之外[③]，然而，通说仍然把犯罪主体作为犯罪构成要件，即使特拉伊宁也不例外。我国刑法理论也将犯罪主体列为犯罪构成，通说的排列顺序是犯罪客体—犯罪客观方面—犯罪主体—犯罪主观方面。个别学者甚至认为应将犯罪主体列为犯罪构成的首要要件，按照犯罪主体—犯罪主观方面—犯罪客观方面—犯罪客体的顺序排列。尽管如此，我国学者也对犯罪主体是否属于犯罪构成要件问题提出质疑，或者从行为构成与行为人构成的区分，认为将犯罪主体作为犯罪构成要件是行为人构成，而犯罪构成应当是行为构成，所以不应包括犯罪主体[④]；或者将刑事责任的基础与刑事责任的条件加以区分，认为犯罪构成是刑事责任的基础，

---

① 我国学者指出：刑事立法通常是以人具有责任能力为立法的出发点的，因此，责任要件常见的是否定要件的规范形式。也就是说，刑法首先规定的是应当承担责任，然后在但书中列出不具有责任能力的情况。参见李海东：《刑法原理入门（犯罪论基础）》，110 页，北京，法律出版社，1998。

② 苏俄学者指出：苏维埃刑法认为，实施了危害社会的行为并达到刑法规定年龄的有责任能力者是犯罪主体。苏联学者还区分了犯罪主体和犯罪人的个人情况，认为这是互不相同的两个概念。犯罪主体是说明犯罪人个人情况最起码的总和，没有这些要件，表现犯罪行为法律特征的犯罪构成就不会存在。犯罪人的个人情况是构成个性的社会特征的总和。犯罪人的个人情况对于认定他是否是最危险的罪犯以及免除犯罪人的刑事责任而将其交付担保或判处低于法律所规定的刑罚都具有重要意义。参见［苏］H. A. 别利亚耶夫、M. H. 科瓦廖夫主编：《苏维埃刑法总论》，马改秀、张广贤译，106～107 页，北京，法律出版社，1987。

③ 特拉伊宁指出：关于无责任能力的问题，可以在解决是否有杀人、盗窃、侮辱等任何一个犯罪构成的问题之前解决。责任能力通常在犯罪构成的前面，它总是被置于犯罪构成的范围之外。参见［苏］A. H. 特拉伊宁：《犯罪构成的一般学说》，王作富等译，61 页，北京，中国人民大学出版社，1958。在 20 世纪 30 年代，特拉伊宁认为犯罪主体不是犯罪构成要件的因素，只是作为它的前提条件，从而把主体排除于犯罪构成要件之外，直到 20 世纪四五十年代，特拉伊宁改变初衷，肯定了犯罪主体的构成要件地位。参见刘生荣：《犯罪构成原理》，68 页，北京，法律出版社，1997。

④ 参见李守芹：《论犯罪构成的要件》，载《河北学刊》，1983（3）。该文是最早对犯罪主体提出质疑的论文，由此引起我国刑法学界对犯罪主体的关注。

而犯罪主体是刑事责任的条件,前者解决是否犯罪的问题,后者解决是否刑罚的问题①;或者把行为人的刑事责任年龄和刑事责任能力视为阻却刑事责任的事由,不是犯罪构成的事由。② 由此可见,对于犯罪主体的构成要件地位否定的理由各有不同。尤其值得注意的是,我国学者提出主体资格与主体身份相分离的观点③,认为作为犯罪的资格主体或主体资格,是行为的实施并是否构成犯罪的物质基础,从而是产生犯罪构成的前提。而作为犯罪的现实主体或主体身份,则是建立在资格主体所实施的行为已经符合某种犯罪构成因而构成犯罪的基础上,从而是具备犯罪构成的必然结果。由此得出结论:无论上述哪一种主体都不是也决不应该是犯罪构成的必要要件。在我看来,资格主体与身份主体之分,就是犯罪前的主体与犯罪后的主体之别。犯罪前,主体只是一种犯罪的动机(可能性);犯罪后,主体是一种犯罪的结果(现实性);上述对于刑法中的主体在逻辑上的区分虽然对于解决主体先于犯罪构成还是犯罪构成先于主体的问题有所裨益,但这种区分的定义是技术性的而非实质性的。当然,在犯罪主体不属于犯罪构成要件这个结论上,我的观点与前述观点是一致的。

根据我国通行的犯罪构成理论,犯罪主体不作为犯罪构成要件,会引起对现行犯罪概念的重大理论颠覆。犯罪构成是区分罪与非罪的标准,难道不具备犯罪主体的人也能构成犯罪吗?即使是将犯罪主体作为刑事责任条件,也仍然存在犯罪构成与刑事责任的关系如何处理的问题。根据通说的观点,犯罪构成是刑事责任的根据,只有具备犯罪构成才能承担刑事责任。在这种情况下,犯罪构成与刑

---

① 参见付家绪:《犯罪主体不应是犯罪构成的一个要件》,载《法学评论》,1984(2)。我国学者张智辉在关于刑事责任的研究中,将危害行为确定为刑事责任的基础,罪过确定为刑事责任的根据,犯罪主体确定为刑事责任主体,认为责任主体是刑事责任不可或缺的因素,并将其称为刑事责任的第三要素。惜乎未论及刑事责任与犯罪构成的关系。参见张智辉:《刑事责任通论》,266页,北京,警官教育出版社,1995。

② 参见刘生荣:《犯罪构成原理》,72页,北京,法律出版社,1997。

③ 我国学者指出:刑法上的主体实际上包含着两种含义:一是犯罪的主体的资格(即资格主体);二是犯罪的主体身份(即事实主体)。犯罪的主体资格的本质表明了人具有可以实施犯罪的一种能力,它是就人可以成为犯罪主体的可能性而言的;犯罪的主体身份的本质属性表明了人存在的已经实施了犯罪的一种事实,它是就人已经成为犯罪主体的现实性而言的。参见杨兴培:《犯罪主体的重新评价》,载《法学研究》,1997(4)。

事责任是承转关系，换言之，只要行为具备犯罪构成，行为人就应当承担刑事责任。因此，将犯罪主体排斥在犯罪构成的范围之外就会得出结论：精神病人等不具备刑事责任能力的人实施的该当构成要件的行为也是犯罪，只是其不负刑事责任而已。显然，这种对犯罪概念的理解是我国刑法理论所难以接受的。因为通常都把应受刑罚处罚性作为犯罪的特征之一，不具备这一特征的行为就不应认为是犯罪。

根据我国通行的犯罪构成理论，将犯罪主体作为犯罪构成要件，同样会引起逻辑上的矛盾：到底是犯罪主体作为犯罪构成的一个要件先于犯罪行为而独立存在，还是符合犯罪构成的犯罪行为先于犯罪主体被评价？[1] 如果是犯罪主体作为犯罪构成的一个要件先于犯罪行为而独立存在，那么，每一个达到法定刑事责任年龄、具备刑事责任能力的人都是犯罪主体。如果是符合犯罪构成的犯罪行为先于犯罪主体被评价，则不具备刑事责任能力的人也有可能实施犯罪行为。这是一个两难的推理，将犯罪主体是犯罪构成要件的观点推到一个尴尬的境地。

面对这一两难问题，寻求理论上的出路，笔者认为：不是把资格主体与身份主体相区分，而是把主体与责任能力相剥离。这里的主体是行为主体，属于行为的不言而喻的逻辑前提。而这里的责任能力是与罪过相联系的，属于罪责，即刑事责任的范畴。责任是主观的，这里的主观，包括主观上的责任能力与这种责任能力支配下的主观心理态度。因此，责任能力与罪过是紧密相连的，前者是后者的前提[2]，只有将责任能力与罪过相贯通，才能对行为人进行主观归责。

---

[1] 我国学者认为这个矛盾就像是先有鸡还是先有蛋的历史之谜。参见杨兴培：《犯罪主体的重新评价》，载《法学研究》，1997（4），87页。

[2] 意大利学者指出：根据一部分理论界的看法，刑事责任能力的问题与罪过无关，而应属于犯罪人的范畴；或者更确切地说，刑事责任能力是适用刑罚的个人条件。按照这种理解，刑事责任能力为存在的前提，而不是构成犯罪的条件。采用这种观点，意味着只能在严格的心理概念的意义上理解罪过的内容，因为只有将罪过视为纯粹的心理联系，才可能认为即使没有刑事责任能力的人，主观上也可能有罪过。然而，没有刑事责任能力的人的确也可能故意或者过失地实施违法事实，但在认定刑事责任问题上，这种故意与过失的定义与有刑事责任能力的人的故意与过失有根本的区别，事实上，离开刑事责任能力，就无罪过可言。参见［意］杜里奥·帕多瓦尼：《意大利刑法学原理》，陈忠林译，189～190页，北京，法律出版社，1998。

3. 违法性是否属于犯罪构成要件

在大陆法系刑法理论中,通常将违法性作为犯罪构成要件,是一个承前(构成要件该当性)启后(有责性)的排除要件。在违法性中,主要研究违法阻却事由,例如正当防卫、紧急避险。与此相似,在英美法系刑法理论中,虽然没有违法性这一实体要件,但正当防卫、紧急避险也是合法辩护事由,在犯罪构成内加以论述。

在苏俄及我国的刑法理论中,违法性不是作为犯罪构成要件,而是作为犯罪的特征而确立的,至于违法阻却事由,也不是放在犯罪构成的范围内,而是作为排除社会危害性行为加以确立的①,因而两者存在重大差别。

这里首先涉及违法性在刑法理论体系中的地位问题,同时还涉及在犯罪构成中是否需要设置否定要件的问题。我们认为,违法性不是犯罪构成的一个要件,而是犯罪的特征。整个犯罪构成实际上是刑事违法的构成。因此,将违法性作为犯罪构成的一个具体要件,降低了违法性在刑法体系中的意义。而且,犯罪构成作为一种定罪模式,主要解决什么行为构成犯罪的问题,而违法阻却事由主要是解决什么行为不构成犯罪的问题。显然,什么行为构成犯罪与什么行为不构成犯罪,这是两个有联系又有区别的问题,不可混为一谈。因此,犯罪构成要件,应当是肯定要件(或是积极要件)而不是否定要件(或是消极要件)。②

(五)犯罪构成体系的比较

犯罪构成体系是指按照一定的逻辑结构和建构方式而形成的犯罪构成要件的总和。三大具有代表性的犯罪构成体系,其组合逻辑结构不同,因而呈现出各自的体系性特征。

---

① 苏俄学者指出:在犯罪构成学说的范围内,没有必要而且也不可能对正当防卫和紧急避险这两个问题作详细的研究。参见[苏]A. H. 特拉伊宁:《犯罪构成的一般学说》,王作富等译,272页,北京,中国人民大学出版社,1958。

② 我国学者提出了犯罪构成论体系性特征的概念,认为犯罪构成论的体系性特征,是解决犯罪论的形式性的问题。对不同体系的犯罪构成论内容的理论来说,搞清形式性的特征,即了解其体系性特征,是了解内容实质的必不可少的前提,没有对形式特征的了解,对实质内容的讨论就会出现偏差。参见李洁:《三大法系犯罪构成论体系特征比较研究》,载陈兴良主编:《刑事法评论》,第2卷,415页,北京,中国政法大学出版社,1998。

大陆法系的犯罪构成体系是一种递进式结构，在对犯罪的认定上采取排除法。构成要件的该当性、违法性和有责性，环环相扣，层层递进，各要件之间的逻辑关系明确，这种递进式结构将某一行为认定为犯罪须进行三次评价：构成要件该当性是事实评价，为犯罪提供行为事实的基础；违法性是法律评价，排除正当防卫等违法阻却事由；有责性是主观评价，为追究刑事责任提供主观根据。以上三个要件，形成一个过滤机制，各构成要件之间具有递进关系，形成独特的定罪模式。

英美法系的犯罪构成体系是一种双层次结构，本体要件与合法抗辩形成犯罪认定的两个层次，在犯罪构成中介入诉讼要件，是英美法系刑法中所特有的，由于合法抗辩的存在，这种双层次的犯罪构成体系在认定犯罪的活动中，引入了被告人及其辩护人的积极性，利用这一民间资源使犯罪认定更注重个别正义的实现。[①] 英美法系的这种犯罪构成体系的形成，与其实行判例法有着极大关系，合法辩护事由主要来自判例的总结与概括。由于这种双层次的犯罪构成体系具有这种法系特征背景，成文法国家是难以效仿的。

苏俄及我国的犯罪构成体系是一种耦合式结构，将犯罪构成的四大要件分而论之，然后加以整合，在这种情况下，犯罪构成要件之间的关系成为一种共存关系，即一有俱有，一无俱无，只有四个要件全都具备了，才说得上是犯罪构成的要件。

以上三种犯罪构成体系可以说是各具特色，其体系性特征都十分明显。[②] 如

[①] 我国学者指出，英美刑法犯罪构成理论的形式特色在于将一般与个别一分为二，二元对立，此消彼长，行为是否构成犯罪取决于合法辩护能否成立，采用这种排除法表明司法活动更具主动性，例外情况随时可能被作为合法辩护理由而得到认可。从形式意义上比较，英美犯罪构成理论似乎更注意个别、例外情况，其结构形态为例外情况作非罪认定提供了更大的可能性。参见宗建文：《刑法立法思想及其运用》，载陈兴良主编：《刑事法评论》，第2卷，124～125页，北京，中国政法大学出版社，1998。

[②] 我国学者对各犯罪构成理论的体系性特征作了概括，指出：中国犯罪构成理论的体系性特征是：(1) 将行为的不同构成部分划分为各个构成要件。(2) 体系内部各要件的相互依存性。(3) 综合评价的犯罪构成理论体系。(4) 法定化的犯罪构成。德日犯罪构成理论的体系性特征：(1) 将行为整体的不同意义划分为不同的犯罪构成要件。(2) 多次评价的犯罪构成理论体系。(3) 体系内部的层次性与各犯罪构成要件的相对独立性。(4) 超法规的违法评价标准。英美犯罪构成理论的体系性特征：(1) 以积极要件与消极要件的结合方式构建犯罪构成理论体系。(2) 直接反映刑法总则体系的犯罪构成理论体系。(3) 构成要件的法定化与超法规合法辩护事由的存在。(4) 保护客体的超构成要件。参见李洁：《三大法系犯罪构成论体系性特征比较研究》，载陈兴良主编：《刑事法评论》，第2卷，440页以下，北京，中国政法大学出版社，1998。

果从理论上对犯罪构成体系加以考察，以下问题值得研究。

1. 犯罪发生的逻辑结构与犯罪构成的逻辑结构的关系

犯罪是人的一种行为，人在实施犯罪行为的时候，犯罪行为的发展自有其逻辑发展结构。犯罪发生的逻辑结构是一个从主观到客观的演变过程，即首先存在具有刑事责任年龄的人，该人产生罪过心理，在这种罪过心理的支配下实施一定的犯罪行为，然后造成法益侵害的结果。这个过程，是一个主观性外化为客观危害的过程。但是，犯罪构成的逻辑结构却恰恰相反，因为犯罪构成的目的是为司法机关提供定罪模式。对于司法机关来说，首先进入视野的是犯罪行为，因而确定构成要件该当的行为是定罪的逻辑。只有在对构成要件该当的行为作出肯定性判断的基础上，才能进一步查明该行为是否在具有责任能力的人出于故意或者过失的心理状态下所实施，从而为定罪提供主观根据。因而，定罪是一个从客观行为到主观罪过的逻辑过程。上述犯罪发生的逻辑结构与犯罪构成的逻辑结构的区别，恰如马克思所说的思维方法与叙述方法的区别。总之，犯罪构成作为定罪模式，其逻辑展开不是从主观要件到客观要件[①]，而恰恰相反，应当是从客观要件到主观要件。

2. 犯罪客观要件与犯罪主观要件的关系

犯罪具有其外在的客观方面特征，同时具有内在的主观方面的特征。对此，

[①] 关于犯罪构成要件的排列，我国刑法学界通常的排列顺序是：犯罪客体——犯罪客观方面——犯罪主体——犯罪主观方面。我国个别学者认为犯罪构成四方面要件在实际犯罪中发生作用而决定犯罪成立的逻辑顺序却不是这样的，其实际逻辑顺序是：犯罪主体——犯罪主观方面——犯罪客观方面——犯罪客体。即符合犯罪的条件的人，在其犯罪心理态度的支配下实施一定的犯罪行为，危害一定的客体即社会主义的某种社会关系。可见，在决定实际犯罪逻辑顺序上，犯罪主体要件与其他要件相比，是处于第一位的，由此得出结论，犯罪主体要件是犯罪构成诸要件中的第一要件，它是犯罪构成其他要件乃至犯罪构成整体存在的前提条件，也是主客观相统一的定罪原则的基础。参见赵秉志：《犯罪主体论》，49～50页，北京，中国人民大学出版社，1989。此外，还有学者提出犯罪构成的主体性，认为：犯罪构成的主体性是指犯罪主体对犯罪构成的控制和决定作用。在犯罪构成的最高级层次中犯罪主体是最具有主动性和能动性的要件，是整个犯罪活动过程的发动者、驾驶者和控制者。所有的犯罪构成，无一不打着犯罪主体的烙印，无一不是犯罪主体的人身危险的表现和实现。因此，主张将犯罪主体列为犯罪构成的第一要件。参见何秉松：《犯罪构成系统论》，160页，北京，中国法制出版社，1995。上述观点都在一定程度上以犯罪发生的逻辑结构取代犯罪构成的逻辑结构，因而不足取。

各国犯罪构成理论都是一致认同的。但是，在两者关系上，存在不同的处理方法。英美法系的犯罪构成体系以犯罪行为与犯罪心理作为犯罪构成的本质要件，两者是一种并存关系。苏俄及我国的犯罪构成体系以犯罪客观方面与犯罪主观方面作为犯罪构成的两个基本要件，两者也是一种并存关系。而大陆法系的犯罪构成体系的构成要件该当性与有责性，实际上相当于犯罪的客观要件与主观要件，是一种递进关系。在这种递进关系中，构成要件该当的行为并非一种犯罪的行为，只有在具备有责性要件的情况下，才能被认为是一犯罪行为。笔者认为，犯罪是一个整体，将犯罪分为客观要件与主观要件是一种理论上的需要。因而，犯罪客体要件与犯罪主观要件是一个事物的两个侧面，是对犯罪进行分析的结果。在这个意义上，我们可以把犯罪的客观要件与犯罪的主观要件视为一种对合关系。在这种对合关系中，两者互相依存，互相印证，同时并存。

3. 犯罪构成的积极要件与消极要件的关系

犯罪构成理论是为某一行为构成犯罪提供法律标准，因而其功能应当由积极要件来完成。但是，犯罪构成的积极要件本身又具有过滤机能，对于不具备这一要件的行为自然排除在犯罪构成之外。在苏联及我国的犯罪构成理论中，不存在专门性的消极要件。在英美法系的犯罪构成要件中，以犯罪构成的积极条件（犯罪行为与犯罪心理）为原则，以消极要件（合法抗辩）为例外。在消极要件中，主要是免责条件，这种免责条件被认为与遗嘱、合同、结婚之类的民事行为无效的心理条件之间具有类似之处。[①] 尽管如此，在英美法系的犯罪构成理论中，犯罪构成的积极要件是基本的，违法性基本上是以违法阻却为内容的，意在将正当防卫、紧急避险等正当行为排除在犯罪构成之外，因而可以说是一种纯粹的消极要件。笔者认为，犯罪构成要件应当是积极要件，而不应当包括消极要件。因此，不构成犯罪的情形作为构成犯罪的例外，不应在犯罪构成体系中考虑，而应当在犯罪构成体系之外，作为正当化事由专门加以研究。

根据上述论述，笔者认为犯罪构成应当采取二分体系，即罪体与罪责。罪体是

---

① 参见〔英〕哈特：《惩罚与责任》，王勇等译，43页，北京，华夏出版社，1989。

犯罪构成的客观要件，罪责是犯罪构成的主观要件，两者是客观与主观的统一。

三、犯罪构成的分类

在现实中犯罪现象是多种多样、表现各异的。与之相适应，法律对其规定的犯罪构成也各不相同。根据各种犯罪构成的不同性质、特点，从不同角度，依据不同标准，大致可以把犯罪构成作以下分类。

（一）基本的犯罪构成与修正的犯罪构成

基本的犯罪构成，是指刑法条文就某一犯罪的基本形态所规定的犯罪构成；修正的犯罪构成，是指以基本的犯罪构成为前提，适应犯罪行为的不同形态，对基本的犯罪构成加以某些修改变更的犯罪构成。① 由于刑法分则条文都是以单个人犯既遂罪为标准规定某一具体犯罪的犯罪构成的，因而，单独犯的既遂状态的犯罪构成即属于基本的犯罪构成。以此为前提，预备犯、未遂犯、中止犯等未完成形态的犯罪构成以及共同犯罪的犯罪构成则属于修正的犯罪构成。由于犯罪的未完成形态以及共同犯罪的内容都在刑法总则部分规定，因而修正的犯罪构成要以刑法分则规定的基本的犯罪构成为基础，结合刑法总则的有关规定加以认定。

（二）普通的犯罪构成与派生的犯罪构成

普通的犯罪构成，又称独立的犯罪构成，是指刑法条文对具有通常社会危害

---

① 日本学者小野清一郎把未遂犯和共犯当作构成要件的修正形式来对待，指出：关于未遂犯和共犯，一般都当作犯罪的"现象形式"或"态样"来对待，但是，与其说是"现象形式"或"态样"，倒不如首先承认他们都是"特殊的"构成要件，未遂犯和共犯都是这一前提下的被修正了的"现象形式"或"态样"。参见［日］小野清一郎：《犯罪构成要件理论》，王泰译，69页，北京，中国人民公安大学出版社，1991。我国刑法理论的通说认同基本的犯罪构成与修正的犯罪构成这一分类。参见马克昌主编：《犯罪通论》，88页，武汉，武汉大学出版社，1995年修订版。但是，我国也有个别学者否定基本的犯罪构成与修正的犯罪构成的分类，认为这种犯罪构成的分类必然造成理论上的混乱。例如，故意杀人罪这一罪名包括了未遂、中止、预备、既遂等不同形态。而根据上述分类，死亡结果在刑法分则规定的故意杀人罪中是构成要件，而在未遂等场合则不是构成要件。参见张明楷：《刑法学（上）》，100页，北京，法律出版社，1997。我认为，基本构成与修正构成是一种科学的分类，关键是要正确认识这两种构成形式的关系：前者是犯罪构成的常态，后者是犯罪构成的变态。基本构成与修正构成的内容上是存在差别的，承认这种差别并不会带来理论上的混乱。恰恰相反，否认这种差别才会造成理论上的混乱。

性程度的行为所规定的犯罪构成;派生的犯罪构成,是指以普通的犯罪构成为基础,因为具有较轻或较重社会危害性程度而从普通的犯罪构成中衍生出来的犯罪构成,它包括加重的犯罪构成和减轻的犯罪构成两种情况。[①] 普通的犯罪构成与派生的犯罪构成是相对而言的,有的具体犯罪,既有普通的犯罪构成,又有加重的犯罪构成或减轻的犯罪构成;有的具体犯罪,则只有普通的犯罪构成而没有派生的犯罪构成。

(三) 简单的犯罪构成与复杂的犯罪构成

简单的犯罪构成,即单纯的犯罪构成,是指刑法条文规定的犯罪构成要件均属于单一的犯罪构成,具体来说,是指出于一种罪过实施一个行为的犯罪构成。复杂的犯罪构成,是指刑法条文规定的犯罪构成诸要件具有选择或者复合的性质。它包括:(1) 选择的犯罪构成[②],即法律规定有供选择的要件的犯罪构成,包括手段可供选择、对象可供选择、主体可供选择、目的可供选择、时间可供选择、地点可供选择等。(2) 复合的犯罪构成包括行为复合、罪过复合等。

(四) 叙述的犯罪构成与空白的犯罪构成

叙述的犯罪构成是指刑法分则条文对犯罪构成的要件进行了详细叙述的犯罪构成。在采取叙明罪状的情况下,刑法分则条文对于犯罪构成的一切特征都进行了明确规定,从而为认定犯罪提供了直接的法律根据。

空白的犯罪构成是指刑法分则条文对犯罪构成要件没有明白地规定的犯罪构成。[③] 在采取空白罪状的情况下,某一犯罪的构成要件不是由法直接规定的,而

[①] 加重构成又可分为各种形态,通常具有以下形态:结果加重、情节加重、数额加重、身份加重、对象加重、时间加重等。减轻构成一般是情节减轻。

[②] 我国学者认为,选择的犯罪构成还可以进一步划分为同质的选择构成与不同质的选择构成、单层次的选择构成与多层次的选择构成等。参见马克昌主编:《犯罪通论》,92 页,武汉,武汉大学出版社,1995 年修订版。

[③] 我国学者认为,空白罪状具有以下意义:(1) 稳定性,使用空白罪状的规范的范围可以随其他法律法规的变化而扩大或缩小,但规范本身却无须修改与补充。(2) 包容性,指使用空白罪状的刑法规范可以包容其他法律、法规的内容。(3) 超前性,指使用空白罪状的刑法规范既可以适用于已经产生的犯罪,也可以适用于将来可能出现的犯罪。参见陈兴良主编:《刑法各论的一般理论》,211 页,呼和浩特,内蒙古大学出版社,1992。上述空白罪状的意义同样适用于空白犯罪构成。

是需要通过参照法律、法规才能得以明确。

（五）封闭的犯罪构成与开放的犯罪构成

封闭的犯罪构成是指某一犯罪的构成特征在刑法条文中都作了确切规定的犯罪构成，在认定这种封闭的犯罪构成的时候，司法官只需依照刑法条文之规定，而无须另外加以补充。开放的犯罪构成是指某一犯罪构成特征在刑法条文中只作了抽象的或者概括的规定的犯罪构成。[①] 在认定这种开放的犯罪构成的时候，司法官须对抽象的或者概括的规定加以补充。例如，刑法分则中关于"情节严重"等抽象性规定和关于"其他方法"等概括性规定，由此形成的犯罪构成就属于开放的犯罪构成。此外，有的刑法条文指明某种行为的"不法"性，不法的认定须参照相关法律，这也属于开放的犯罪构成。[②] 总之，开放的犯罪构成不具有犯罪构成的自定性，其犯罪构成处于一种待补充状态，因而给司法裁量留下了充分的余地。[③] 由于开和的犯罪构成具有这种对司法官的授权性，为防止司法权的滥用，这种开放的犯罪构成在设置上应当采取慎重的态度。

（本文原载《法制与社会发展》，2000（3））

[①] 德国学者威尔泽尔认为在犯罪构成要件的分类上，并不只是存在"封闭的构成要件"（Der geschlossone Tatbestand），而在有些情形，可以说，就是由于立法者对在构成要件中的禁止物质（Verbotsmaterie）并非已竭尽所能，而透过"物本质的、客体的要素"（Sachlich gengenstandliche Markmate）来加以描述。对于这种构成要件，则称之为"开放性构成要件"（Derffene Tatbestand）。参见陈志龙：《开放性构成要件论——探讨构成要件与违法性的关系》，载《台大法学论丛》第21卷第1期，142～143页。

[②] 我国学者把这种开放的犯罪构成要件称为空白要件，并将其与空白罪状（亦即由此形成的空白的犯罪构成）加以区分。空白要件，是指某一犯罪构成要件的具体内容取决于另一法律规范。空白罪状与空白要件的区别主要在于：空白罪状是描述某一具体犯罪构成特征时，引用其他法律、法规来作解释与说明，而空白要件是在确定某一具体犯罪构成要件的内容时，引用其他法律、法规要件解释与说明。参见陈兴良主编：《刑法各论的一般理论》，211～212页，呼和浩特，内蒙古大学出版社，1992。

[③] 某些学者主张经济刑法的立法应有意地定出一些界限不明确的行为构成要件（randundcharfe Tatbestaende），而使潜伏性的犯罪行为人不能明确地知道刑罚的范围，在此等情况下，可使具有犯罪意图者的行为，止于合法的领域里。我国台湾地区学者林山田认为，此乃似是而非之论，因为这种论调乃是不明经济罪犯专门研究法规漏洞，而得周旋规避于法网之间的特性所作的论调。此外这种立论亦与罪刑法定原则大相违背，因为不法行为的可罚与否应由法律明定。因此，经济犯罪行为的可罚性及其范围必须具有"可识别性"（Erkenatbarkeit）与"可预计性"（Berechenbarkeit）。参见林山田：《经济犯罪与经济刑法》，修订3版，103页，台北，台湾三民书局，1981。

犯罪论体系：比较、阐述与讨论*

犯罪论体系是刑法理论中的一个重要问题，刑法中一切问题的解决，都在一定程度上与犯罪论体系有关。我对犯罪论体系始终抱有强烈的学术兴趣。在2002年10月在西安举行的中国刑法学研究会年会上，"犯罪构成与犯罪成立基本理论"就是首要议题之一，收到论文近百篇[①]，大会对此议题进行了颇有成效的讨论。最近一段时间以来，好几家法学刊物都在以专题或者笔谈的形式讨论犯罪论体系问题，例如，《法商研究》2003年第3期是关于犯罪构成理论的笔谈，《环球法律评论》2003年秋季号"不断走近犯罪构成理论"的主题研讨，《政法论坛》2003年第6期关于犯罪构成理论的专题研讨等。可以说，犯罪论体系越来越引起刑法学界的重视。在我看来，以往的刑法理论之所以裹足不前、没有大的突破，与我国现行犯罪构成体系的束缚有着一定的关系。因此，我国刑法理论的发展，在很大程度上取决于犯罪论体系的创新。就此而言，犯罪论体系是我国刑法理论的一个重要的知识增长点。在本专题中，我想就犯罪论体系问题略抒己

---

* 本文是在北京大学法学院2003级刑法学专业博士生刑法专题讲授（2003年11月24日）录音整理稿的基础上修订增补而成。

① 参见陈明华等主编：《犯罪构成与犯罪成立基本理论研究》，北京，中国政法大学出版社，2003。

见，并与同学们进行讨论。

一、犯罪论体系的比较

犯罪论体系，是大陆法系国家通行的一种称谓，是关于犯罪论的知识体系。那么，什么是犯罪论呢？关于犯罪论，日本刑法学家大塚仁先生有过一个定义，指出：刑法学上，把以有关犯罪的成立及形式的一般理论为对象的研究领域称为犯罪论（Verbrechenslehre）。① 在犯罪论中，主要讨论犯罪成立条件。这里的犯罪成立条件，按照日本学者大塚仁的定义，是指某一行为成立刑法上所规定的犯罪时所必须具备的要素，也即犯罪构成要素。② 在大陆法系刑法理论中犯罪成立条件，通常是指构成要件该当性、违法性和有责性。此外，犯罪论体系还包括未遂、共犯、并合罪等犯罪特殊形态。因此，犯罪论体系相当于我国刑法理论中的犯罪总论的内容，但重点在于对犯罪成立条件的理论阐述，由此形成一定的知识体系。

我国现行刑法理论，将犯罪成立条件的一般学说称为犯罪构成理论。犯罪构成理论的称谓来自苏联。苏联刑法学家特拉伊宁、布拉伊宁等对大陆法系的犯罪论体系进行改造，形成了犯罪客体、犯罪客观方面、犯罪主体和犯罪主观方面有机统一的犯罪构成体系。在大陆法系犯罪论体系中，构成要件只是犯罪成立的一个条件，但苏联刑法学家将犯罪构成条件扩充为犯罪成立条件的总和。这一改造是如何完成的呢？日本学者上野达彦曾经对苏维埃犯罪构成要件论发展史进行过考察，尤其是论述了从批判资产阶级犯罪构成要件论向苏维埃犯罪构成要件论的转变过程③，这一过程可以勾画为刑事古典学说的犯罪构成的客观结构—刑事实证学说的犯罪构成的主观结构—苏维埃的犯罪构成的主客观统一结构，这样一条

---

① 参见［日］大塚仁：《刑法概说（总论）》，冯军译，104 页，北京，中国人民大学出版社，2003。
② 参见［日］大谷实：《刑法总论》，黎宏译，66 页，北京，法律出版社，2003。
③ 参见［日］上野达彦：《苏维埃犯罪构成要件论发展史》，康树华译，载《国外法学》，1979（5）；［日］上野达彦：《批判资产阶级犯罪构成要件论》，康树华译，载《国外法学》，1979（6）。

发展线索。关于犯罪构成的客观结构,是指将犯罪分为:(1)符合犯罪构成要件的才为犯罪;(2)属于有责任能力的犯罪行为,才为犯罪。刑事古典学派这种犯罪两部分的主张,并不是说要将一个构成要件分为两个,而是说要通过对刑事责任的两项基本要求,即犯罪构成要件的罪责的存在这两方面的要求,实现个人权利的双重保证。例如,特拉伊宁引述费尔巴哈关于犯罪构成的定义:"犯罪构成乃是违法的(从法律上看来)行为中所包含的各个行为的或事实的诸要件的总和。"对此,特拉伊宁评论道:费尔巴哈虽然十分肯定地认为行为人的主观因素是刑事责任的要件,但却不将其列入犯罪构成要件。古典学派的刑法学家们认为罪过是刑事责任——行为的质,而不是主体的质。古典学派的代表们的犯罪构成学说,就是在这种客观根据上建立起来的。[①]

其实,特拉伊宁在这里说的犯罪构成,就是指大陆法系刑法理论中的构成要件正当性。构成要件在大陆法系刑法理论中,只是犯罪成立的一个条件,而在苏联刑法理论中,构成要件被理解为犯罪构成,成为犯罪成立条件的总和。例如,苏联学者在论及犯罪构成概念时指出:犯罪构成的概念(Corpus delicti)在中世纪的刑法学中即已成立,在当时是仅具有诉讼法上的意义。犯罪构成的概念在当时是包含着那些客观征象的总和,由这些客观征象的存在,证明犯罪行为的确实发生。Corpus delicti(犯罪构成)的确定乃是一般审判的任务。例如,被害人尸首、杀人器具、血迹等的存在,乃是杀人的犯罪构成,因为这些征象的存在证明了有杀人之事发生,而且它们可以作为审问犯罪者、进行侦查的充分根据。在18世纪末19世纪初,由于刑法法典的编制,而且因为在刑法法典中要规定出各种个别罪行,犯罪构成的概念乃移置于实体刑法之内。为了予以刑事处分的可能,需要在罪犯的行为中确定有刑法法典所规定的一定征象的存在。犯罪构成的概念(Corpus delicti)乃成为各该具体犯罪的必要征象的总和的名称。不过在刑法的著作中,对于犯罪构成的征象的认识,并不是完全一致的。有一派刑法学者

[①] 参见[苏]A.H.特拉伊宁:《犯罪构成的一般学说》,王作富等译,15页,北京,中国人民大学出版社,1958。

只把那些说明犯罪行为自身的客观征象,列入犯罪构成之内。在这样的认识之下,关于罪过问题,关于行为实行的主观因素问题,都将被剔除于犯罪构成的征象之外。因此之故,刑法学教程并不把关于罪过及其形式的学说,放进关于犯罪构成的学说之内。另一派刑法学者认为犯罪构成乃是犯罪的一切因素的总和,其中不仅包含着客观的,而且有主观的犯罪征象,有了这些征象的存在,对犯罪者加以刑事处分的问题,才能提出。因此之故,此派刑法学者把关于罪过及其形式问题的研究,也放进关于犯罪构成的学说之内。[1]

从上述引文当中可以看出,这类的犯罪构成实际上是构成要件,将构成要件误读为犯罪构成,并将之理解为犯罪成立条件总和,是苏俄犯罪构成理论的逻辑起点。对此,我国学者进行了批评,指出:那种误认德文中 Tatbestand 即是"犯罪成立"之意的观点,确实有着实质的误导性,不能不予以认真的检讨。这种观点,在我国有关大陆法系犯罪构成理论的历史发展的论述中比较突出。究其根源,在于我国对苏联犯罪构成理论著作(以 A. H. 特拉伊宁所著的《犯罪构成的一般学说》为代表)将 Tatbestand 误译为"犯罪构成"未作原始的考证甄别而以讹传讹地沿袭。[2] 在这种情况下,所谓犯罪构成的客观结构,实际上是指古典的构成要件论。例如,贝林认为,构成要件是纯客观的、记叙性的,也就是说,构成要件是刑罚法规所规定的行为的类型,但这种类型专门体现在行为的客观方面,而暂且与规范意义无关。[3] 因此,犯罪构成的客观结构应指构成要件的客观结构。而所谓犯罪构成的主观结构,是指新古典学派的构成要件论。迈兹格开始在构成要件中引入主观要素,尤其是威尔泽尔创立的目的主义构成要件论,确立了故意与过失在构成要件中的地位。但是,这里的故意与过失是构成要件的故意与过失,不能简单地等同于罪过,它自然是纯事实的,与责任的故意与过失

---

[1] 参见苏联司法部全苏法学研究所主编:《苏联刑法总论》,下册,彭仲文译,320~321 页,上海,大东书局,1950。

[2] 参见肖中华:《犯罪构成及其关系论》,3 页,北京,中国人民大学出版社,2000。

[3] 参见[日]小野清一郎:《犯罪构成要件理论》,王泰译,22 页,北京,中国人民公安大学出版社,2004。

是两个不同的概念。我国刑法理论,全盘接受了苏俄的犯罪构成理论,把构成要件这个概念改造成为犯罪构成要件,然后又把它提升为犯罪成立条件总和的概念。

在苏俄犯罪构成理论形式当中,存在严重的意识形态化的倾向。其实,犯罪成立条件是一个纯学理问题,是对刑法关于犯罪成立法定条件的理论概括,是技术性的、工具性的概念。但是,苏俄刑法学家在批判大陆法系犯罪论体系的时候,充满政治上的敌对性、意识形态上的否定性。例如,日本学者在论述 A. H. 特拉伊宁批判近代资产阶级犯罪构成要件论时,谈到了分析批判的方法论问题,指出:特拉伊宁首先是通过资产阶级民主发展与崩溃的过程来把握近代资产阶级犯罪构成要件论的历史发展过程。在资本主义社会不断加强和资产阶级民主极盛时期出现的刑事古典学派确立了罪刑法定主义原则,并根据罪刑法定主义原则发展的要求,确立了犯罪构成要件,从而促进了它的客观结构论。客观结构论是一种特殊形态,法治国家的加强,在刑法领域里就是通过这一形态来实现的。它的任务在于限制审判及行政专横,加强保障个人自由。在帝国主义阶段初期,资本主义国家的基础与资产阶级民主的基础开始崩溃。在这一时期出现的刑事人类学派与刑事社会学派,以构成要件的主观结构论攻击了刑事古典学派的客观结构论。这种主观结构论也是一种特殊形态,它在刑法领域里,主张解放法权的惩罚职能,借以巩固资本主义已经动摇的基础,规定了没有犯罪的刑罚,并以社会防卫手段的形式规定了超级刑罚。[①] 这种政治批判代替学术评论的风气,是苏俄特定的历史环境下才有的,它从一种政治偏见出发,妨碍了对大陆法系犯罪论体系的科学认识。在此基础之上建立起来的所谓主客观相统一的犯罪构成论,获得了政治上的正确性。

苏俄犯罪构成理论不仅存在意识形态化的倾向,而且在对犯罪论体系的评价上也存在简单化的做法。例如,特拉伊宁在其论著中把古典派的犯罪论体系与刑事古典学派相等同,而把新古典派和目的主义的犯罪论体系与刑事实证学派相等

---

① 参见[日]上野达彦:《批判资产阶级犯罪构成要件论》,康树华译,载《国外法学》,1979 (6)。

同，在此基础上结合政治教条加以粗暴地批判。其实，刑事古典学派与刑事实证学派之争和古典派犯罪论体系与新古典派及目的主义的犯罪论体系之间并无直接的关联。从时间上来说，犯罪构成理论的演进晚于刑法学派之争。刑事古典学派出现在 18 世纪中叶至 19 世纪初，刑事实证学派出现在 19 世纪中期至 20 世纪初；而犯罪构成理论在 19 世纪末 20 世纪初才正式诞生，并不断发展。因此，正如我国学者指出：古典派的犯罪构成论并不像我国一些学者所认为的那样，是指刑事古典学派费尔巴哈、斯求贝尔等人的犯罪构成理论，而是指德国刑法学者李斯特、贝林所提出的犯罪论体系。李斯特站在实定法的角度探讨犯罪概念与犯罪行为的刑罚要件，从而认为犯罪乃违法、具有罪责、应处以刑罚的行为。其后，贝林认为，行为是否构成犯罪，需要经过实定法明文规定，在"法无明文规定不为罪、法无明文规定不处罚"的罪刑法定原则要求下，只有与实定法明定的构成要件相符合的行为，才能视为犯罪，所以犯罪概念应补充"构成要件该当性"。1906 年，贝林在其《犯罪论》一书中，以"构成要件"概念为基础，即以形式的构成要件作为构成要件理论的出发点，构筑了新的犯罪论体系，"构成要件"概念在理论上始从犯罪概念中分离出来，由此形成了现代意义上的犯罪论体系之雏形。[①] 从刑法学派角度来说，李斯特属于刑事实证学派。但在犯罪构成理论上，李斯特属于古典派。如果说，刑法学派的演进与社会变迁有着较为密切的联系，具有一定的社会政治背景，那么，犯罪构成理论的发展更多的是与理论逻辑的演绎相关的，并不能直接与社会政治发展相等同。苏联学者机械地将资本主义自由竞争时期与资本主义帝国主义时期的政治教条套用来评价刑法学派，把刑事古典学派看作是自由竞争时期的资产阶级刑法理论，而把刑事实证学派看作是帝国主义时期的资产阶级刑法理论。以此类推，古典派犯罪论体系是刑事古典学派理论，因而反映自由竞争时期资产阶级的法制要求；而新古典派及目的主义犯罪论体系是刑事实证学派理论，因而反映了帝国主义时期资产阶级对法制的破坏；等等。这种评价，正如我国学者所批评的那样，是根据既定的公式或结论去

[①] 参见肖中华：《犯罪构成及其关系论》，13、15 页，北京，中国人民大学出版社，2000。

剪裁历史事实或评价客观事物①,因而是完全不能成立的。

由上可知,苏联及我国的犯罪构成理论虽然是从大陆法系的犯罪论体系改造而来,但已经形成自身的逻辑结构,它与大陆法系的犯罪论体系是有重大差别的,我们应当正视这种差别,否则的话,就会引起逻辑上的错位。例如,我们现在的刑法教科书论述的犯罪构成分类,诸如基本的犯罪构成与修正的犯罪构成、普通的犯罪构成与派生的犯罪构成、简单的犯罪构成与复杂的犯罪构成、叙述的犯罪构成与空白的犯罪构成、封闭的犯罪构成与开放的犯罪构成等,在大陆法系的犯罪论体系中指构成要件的分类。如果我们对犯罪构成与构成要件这两个概念不加辨析,直接把大陆法系犯罪论体系中构成要件该当性的内容照搬到我国犯罪构成理论中,用来说明犯罪构成的一般内容,就会出现逻辑上的误差。

既然犯罪论体系与犯罪构成理论这两个概念是有所不同的,那么这两个概念哪一个好?我们应当采用哪一个概念?我们过去都是采用犯罪构成的概念,犯罪构成之下再分四个要件,这一概念已经在我国约定俗成。随着晚近大陆法系刑法教科书越来越多地引入我国,大陆法系的犯罪论体系这一概念在我国也逐渐地流行起来。在我看来,采用犯罪构成理论的概念表述大陆法系构成要件该当性、违法性、有责性这样一种犯罪成立条件,是存在一定矛盾的,会混淆犯罪构成与构成要件之间的关系。在这种情况下,应当采用犯罪论体系的概念或者径直称为犯罪成立条件。因此,如果我国直接引入大陆法系犯罪论体系,犯罪构成这个概念本身也要摈弃,改为犯罪论体系更为贴切一些。如果我们不是直接采用大陆法系的犯罪论体系,犯罪构成的概念还是能够成立的。这里的犯罪构成是指犯罪成立条件。相对于犯罪构成而言,犯罪论体系的范围相对要宽泛一些,它不仅是指犯罪成立条件,而且包括了犯罪的特殊形态,也就是未遂、共犯等内容。在我们今天的讲课中,对犯罪论体系与犯罪构成体系这两个概念未作严格区分,为讨论方便,有时是混用的,对此应作出特别说明。

我国犯罪构成体系是从苏俄引进的,和大陆法系的犯罪论体系之间存在相当

---

① 参见何秉松:《犯罪构成系统论》,24~25页,北京,中国法制出版社,1995。

大逻辑的差别。正是这种逻辑差别存在，在相互之间的交流中存在一定的沟通上的困难。关于这一点，当我们自说自话的时候是感觉不到的，而在进行学术交流的时候就会发现。例如，2002年10月12日至14日在武汉大学举行了第八次中国刑事法学术研讨会，讨论会的主题为"共同犯罪"（含有组织犯罪），下分6个题目，即共犯的分类、共同过失与共犯、间接正犯、共犯与身份、有组织犯罪的概念和有组织犯罪的对策。每一题目由中、日学者各写一篇论文，亦即每一题目都有两篇论文。论文事前印刷成册，送与会者阅读，以便有所准备。每次论文会上，先由两位作者作内容概要的报告，报告完毕，互相提问和回答。随后由其他与会者提问、评论或补充，彼此进行讨论。应该说，这是一种很好的学术交流形式，可以深入地了解彼此之间在学术上的差异并互相学习。

我和日本早稻田大学法学部教授高桥则夫共同准备的题目是间接正犯。高桥则夫在论及利用无责任能力人，特别是利用刑事法上的未成年人的行为是否构成间接正犯时指出：对此，判例并未作简单划一的判决，而是在对背后者有无实施强制性行为及强制程度、有无压制未成年人的意思及压制程度等作了实质性考察之后，才作判决的。针对这种情况，有三个判例值得注意：第一个是1983年9月21日刑集37卷7号第1070页所登载的最高法院判例。对于被告人让12岁的养女实施盗窃的行为，判决认定构成间接正犯，对此可以理解为是判决肯定了被告人存在强制性支配。当然，对此案情也还存在可以探究被告人与其养女之间是否存在共谋的余地。认定本案所应采取的顺序是，只有在否定了被告人与其养女之间存在共谋之后，才可以去研究是否构成犯罪现象的中心形态，而在认定不构成教唆犯后，即可转而探讨是否构成间接正犯。第二个是1995年11月9日判决明报1569号第145页所登载的大阪高等法院判例。被告人指示、命令10岁的少年将因交通事故而倒地的被害人的提包拾来并自己拿走。对此行为，判例认定构成间接正犯，但辩护人则主张构成共谋共同正犯。判例可能是基于以下考虑：从单纯的命令的支配力强度以及少年当时瞬间的机械的行为来考察，可以认定存在意思压制，该少年只是一种作条件反射的运动的工具而已。指示型、支配型的共谋共同正犯与意思压制型的间接正犯之间的区别非常微小。理论上，对共同正犯

采用限制从属性说的观点（违法连带性说），对可能构成刑事法上的未成年人的共同正犯持肯定态度。但是，由于对共同正犯是适用"部分实行全部责任之法理"，因而，从这一角度考虑，就有必要对刑事法上的未成年人作实质的判断。第三个是登载在 2001 年 10 月 25 日刑集 55 卷 6 号第 519 页上的最高法院判例。母亲指示、命令 12 岁零 10 个月的长子实施抢劫行为，对此，判决判定既不构成抢劫罪的间接正犯，也不构成抢劫罪的教唆犯，而是构成共同正犯。在本案中，该长子本身具有是非辨别能力，母亲的指示、命令也不足以压制长子的意思，长子是基于自己的意思而决意实施抢劫行为，并且还随机应变地处理问题而最终完成了抢劫。判例正是以此为理由而判定构成共同正犯。①

我在准备间接正犯论文的时候，知道日本学者喜欢在论文中引用判例，并以此作为研究的基础。虽然中国没有判例，但我也尽可能地引一些案例。我论文的题目是"间接正犯：以中国的立法与司法为视角"。在写作过程中，引了一个保险诈骗间接正犯的案例。其实，当时我已经记起最高人民法院《刑事审判参考》上有过一个间接正犯的案例，但怎么也找不到。因此，论文第一部分为"引言：从案例开始"，第六部分为"结语：以案例结束"。在论文提交以后，我找到了最高人民法院《刑事审判参考》上的间接正犯案例，并对论文作了修改。修改以后论文第一部分为"引言：从一个基层法院的案例开始"，第六部分为"结语：以一个最高法院的案例结束"。当我将修改后的论文提交过去的时候，由于为交流方便，提前半年已经将论文翻译完毕，因而在交流中采用的是修改前的论文，文中未引最高人民法院《刑事审判参考》中的案例。② 这样，就出现了一个相同题目而有两个不同文本的咄咄怪事。③ 在讨论会上，我介绍了最高人民法院《刑事审判参考》刊登的这个案例。

---

① 参见马克昌、莫洪宪主编：《中日共同犯罪比较研究》，78～80 页，武汉，武汉大学出版社，2003。

② 参见马克昌、莫洪宪主编：《中日共同犯罪比较研究》，89 页以下，武汉，武汉大学出版社，2003。

③ 修改后的论文，发表在《法制与社会发展》，2002 (5)，以及许玉秀主编：《刑事法的基础与界限——洪福增教授纪念专辑》，429 页以下，台北，学林文化事业有限公司，2003。

被告人刘某因与丈夫金某不和，离家出走。一天，其女（时龄 12 周岁）前来刘某住处，刘某指使其女用家中的鼠药毒杀金某。其女回家后，即将鼠药拌入金某的饭碗中，金某食用后中毒死亡。因其女没有达到刑事责任年龄，对被告人刘某的行为如何定罪处罚，有不同意见：一种意见认为，被告人刘某授意本无犯意的未成年人投毒杀人，是典型的教唆杀人行为，根据《刑法》第 29 条"教唆不满十八周岁的人犯罪的，应当从重处罚"的规定，对被告人刘某应按教唆犯的有关规定来处理；另一种意见认为，被告人刘某授意未成年人以投毒的方法杀人，属于故意向他人传授犯罪方法，同时，由于被授意人未达到刑事责任年龄，不负刑事责任，因而对被告人刘某应单独以传授犯罪方法罪论处。关于本案，最高人民法院刑一庭审判长会议经过讨论，得出如下结论：构成教唆犯也必然要求教唆人和被教唆人都达到一定的刑事责任年龄，具备刑事责任能力。达到一定的刑事责任年龄、具备刑事责任能力的人，指使、利用未达到刑事责任年龄的人（如本案刘某的女儿）或精神病人实施某种犯罪行为，是不符合共同犯罪的特征的。因为在这种情况下，就指使者而言，实质上是在利用未达到刑事责任年龄的人或精神病人作为犯罪工具实施犯罪。就被指使者而言，由于其不具有独立的意志，或者缺乏辨别能力，实际上是教唆者的犯罪工具。有刑事责任能力的人指使、利用未达到刑事责任年龄的人或者精神病人实施犯罪，在刑法理论上称为"间接正犯"或"间接的实行犯"。"间接正犯"不属于共同犯罪的范畴。因被指使、利用者不负刑事责任，其实施的犯罪行为应视为指使、利用者自己实施，故指使、利用者应对被指使、利用人所实施的犯罪承担全部责任，也就是说，对指使、利用未达到刑事责任年龄的人或精神病人犯罪的人，应按照被指使、利用者实行的行为定罪处罚。本案被告人刘某唆使不满 14 周岁的人投毒杀人，由于被唆使人不具有刑事责任能力，因而唆使人与被唆使人不能形成共犯关系，被告人刘某非教唆犯，而是"间接正犯"，故对刘某不能直接援引有关教唆犯的条款来处理，而应按其女实行的故意杀人行为定罪处刑。[1]

---

[1] 参见最高人民法院刑一庭、刑二庭：《刑事审判参议》，第 3 卷·上，382～383 页，北京，法律出版社，2003。

在听完我介绍的案例后，高桥则夫问：最高人民法院案例中被告人的女儿是多少岁？我回答：12 岁。高桥则夫问：我刚才的报告中也有一个母亲唆使 12 岁的儿子抢劫的案例，结论是共同正犯，中国不能这样吗？我回答：日本法院不仅考虑刑事责任年龄，还具体判断其刑事责任能力吗？此时，小孩是否构成犯罪？如不构成，是否意味着日本法院采用行为共同性，即使一方不构成犯罪，仍成立共犯？如 12 岁小孩单独实施抢劫，是仅判断其刑事责任年龄，还是要具体判断其刑事责任能力？高桥则夫回答：单独犯罪时不满 14 周岁不构成犯罪。在日本，这是共犯从属性问题。原来要求具备构成要件符合性、违法性、有责性才成立共犯，现在具有构成要件该当性和违法性即可，有责性是不要求的。例子中，小孩知道毒药情况吗？我回答：是。高桥则夫回答：此例在日本会判母亲与女儿构成共谋共同正犯。

对于这一讨论，西北政法学院贾宇教授发言：我感觉两人没有讨论到一起。陈教授说利用 12 岁的人杀人，12 岁的人有故意时构成共同犯罪①，无故意时构成间接正犯。我认为，这是由于中国刑法的判断体系不同。日本首先考虑共犯成立，本例中两者均有故意、有行为，故不成立间接正犯。至于刑事责任年龄，是有责性的判断问题。我国犯罪的成立与责任的认定是一致的，是否成立犯罪与刑事责任能力的判断同步，如已经知道其无刑事责任年龄，就不会去判断有无故意，在中国只能按照间接正犯处理。不知我的理解对不对？针对贾宇教授的发言，我说：贾教授作了非常重要的补充。间接正犯中，是先判断共犯是否成立，排除这种情形，故成立间接正犯。利用有故意无目的的工具犯罪，如工具成立犯罪，就说不上间接正犯了，那是共同正犯。②

这一讨论，虽然是围绕间接正犯展开的，但实际上与中日两国的犯罪成立条件的判断有关。在大陆法系刑法理论中，关于共犯，存在犯罪共同性与行为共同

---

① 这里有点误解。根据我国共同犯罪理论，利用 12 岁的人杀人，即使 12 岁的人是有故意的，也是间接正犯，而非共同犯罪。

② 以上讨论的实况记录，参见马克昌、莫洪宪主编：《中国共同犯罪比较研究》，291 页以下，武汉，武汉大学出版社，2003。

性、共犯从属性说与共犯独立性说等各种学说，这些学说都是建立在其犯罪论体系的逻辑基础之上的。例如关于共犯从属性说，存在从属性程度问题。根据德国刑法学家麦耶尔关于从属性程度的公式，可以分为以下四种情形：一是最小限度从属形式，认为共犯的成立，只要正犯具备构成要件的该当性就够了，即使缺乏违法性及有责性，也无碍于共犯的成立。二是限制从属形式，认为正犯具备构成要件的该当性和违法性，共犯才能成立，即使正犯缺乏有责性也不受影响。三是极端从属形式，认为正犯必须具备构成要件的该当性、违法性与有责性，共犯始能成立。四是最极端从属形式，认为正犯除具备构成要件该当性、违法性与有责性外，还以正犯本身的特性为条件，正犯的刑罚加重或者减轻事由之效力亦及于共犯。日本通常采用限制从属形式，因而利用12周岁的人去故意杀人，若12周岁的人具有构成要件该当性、违法性，两者之间成立共同正犯，利用者不是间接正犯。而在我国的犯罪构成理论中，则不存在这种共犯从属性程度上的区别，对于间接正犯与共同正犯的区分也就没有那么复杂。不明确在犯罪成立条件判断上的区别，对于同一个问题为什么会得出不同结论，实在是难以理解的。

犯罪成立条件，无论是我国及苏联的犯罪构成体系，还是德日的犯罪论体系，都是要为犯罪的认定提供一种法律模型。这里可以引入一个类型学的概念。因为在现实生活中犯罪总是具体的，它是一种活生生的社会事实。所谓认定犯罪，就是把某一种社会事实用法律来加以评价，把它评价为犯罪。这个评价过程就是定罪，定罪活动是一个从社会事实转化为法律上的犯罪事实的过程，在这个过程中，为了使定罪活动法治化与规范化，就要提供一个统一的犯罪规格。这个犯罪规格是由法律加以规定，并由刑法理论加以阐述的，它为定罪提供了一个模型。这个模型就是犯罪的母体，具体的犯罪就是从这个母体克隆出来的。关于犯罪构成是一种模型的观点，我国学者冯亚东教授曾经作过深刻的阐述，指出：犯罪构成不管在刑法上还是在刑法理论上都只是一种模型，它显然不是犯罪行为本身。作为模型的意义就在于需要将其同实在的行为相比较：行为符合总体的犯罪构成模型就可以得出行为构成犯罪的结论；该行为又符合某一具体的犯罪构成模型就可以知道行为具体触犯什么样的罪名——不同的罪名有不同的具体犯罪构

成。我们头脑中有了犯罪构成的模型，执法中就获得了将刑法付诸具体行为的操作程式，将刑法的条文转化成犯罪构成的观念和理论，其唯一的实在之处就在于具有运用刑法去识别犯罪的方法论的意义。[①] 因此，作为类型化的、模式化的犯罪，它本身属于法律规定，是一个犯罪的标准，和那些具体的犯罪是有所不同的，具体的犯罪是根据这个模型生产出来的产品而已。如果把定罪过程看作是一个生产犯罪这种产品的活动，那么犯罪构成所提供的这个犯罪模式是在定罪活动之前存在的，它对于认定犯罪的活动具有准据的意义。在这个意义上说，我国及苏联的犯罪构成体系和大陆法系的犯罪论体系为认定犯罪提供标准这一功能是相同的，关键是哪一种模型更有利于完成犯罪认定活动，这就是对不同犯罪成立条件理论的评价根据。我们可以确定这样一个评价标准：一个犯罪构成模式，如果更有利于对犯罪的司法认定，那就是一种优的模式，否则就是一种劣的模式。以下，我想从整体（宏观）与部分（微观）两个方面，对我国及苏联的犯罪构成理论与大陆法系的犯罪论体系加以比较。

从整体上来说，大陆法系递进式的犯罪构成体系具有动态性，能够科学地反映认定犯罪的司法过程。而我国及苏联的耦合式的犯罪构成体系具有静态性，它不能反映定罪过程，而只是定罪结果的一种理论图解。大陆法系递进式的犯罪构成体系，在构成要件该当性、违法性与有责性这三个要件之间的关系上，呈现出一种层层递进的逻辑进程。其中，构成要件该当性是一种事实判断，它不以法律判断与责任判断为前提，是先于后两种判断的。事实判断不成立，自然也就无所谓法律判断与责任判断。只有在事实判断的基础上，才能继续展开法律判断与责任判断。因此，递进式的犯罪构成体系中三个要件之间的关系是十分明晰的。三个要件的递进过程，也就是犯罪认定过程。在这一犯罪认定过程中，犯罪行为不断被排除，因而给被告人的辩护留下了较大的余地。就此而言，大陆法系的递进式的犯罪构成体系，三个要件之间的位阶是固定的，反映了定罪的司法逻辑。而

[①] 参见冯亚东：《理性主义与刑法模式》，172 页，北京，中国政法大学出版社，1999。关于这一问题晚近的论述，参见冯亚东、胡东飞：《犯罪构成模型论》，载《法学研究》，2004（1），72 页以下。

我国及苏联的耦合式的犯罪构成体系，在四个要件之间的关系上是一存俱存、一损俱损的共存关系。各个要件必然依附于其他要件而存在，不可独立存在。例如，没有主观上罪过的支配，客观上的行为不可能是犯罪行为。因此，如果主观上罪过成立，客观上的犯罪行为必然同时成立，反之亦然。我国学者将各种犯罪构成的结构模式形象地称为"齐合填充"式的犯罪构成理论体系。在这种理论体系中，一个行为，只要同时符合或齐备这四个方面的要件，就成立犯罪；缺少任何一个方面的要件，犯罪便无存在的余地；而且，撇开论述上的逻辑顺序不说，这四个方面的要件是谁也不会独立在先、谁也不会独立在后，任何一个方面的要件，如若离开其他三个方面的要件或其中之一，都将难以想象；要件的齐合充分体现出要件的同时性和横向联系性。①

在耦合式的犯罪构成体系中，四个要件之间是耦合关系而非递进关系。两者的根本区别就在于：在耦合关系中，犯罪成立的判断先于犯罪构成要件的确立。在已经作出有关判断的情况下，把反映犯罪的四个要件耦合而成。而在递进关系中，犯罪构成要件的确立先于犯罪成立的判断，经过三个要件层层递进最终犯罪才能成立。可以说，耦合式的犯罪构成体系是不能反映认定犯罪的司法逻辑进程的。四个要件之间虽然存在顺序之分，但这种顺序并非根据认定犯罪的逻辑进程确立的，而是根据其对于犯罪成立的重要性确立的。因此，在同是主张四个要件的观点中，四个要件的顺序在排列上是有所不同的。

我国刑法学界的通说是将犯罪构成的四个要件按照以下顺序排列：犯罪客体、犯罪客观方面、犯罪主体、犯罪主观方面。但是，有的学者指出，以犯罪构成各共同要件之间的逻辑关系作为排列标准，犯罪构成共同要件应当按照如下顺序排列：犯罪主体、犯罪主观方面、犯罪客观方面、犯罪客体。由犯罪构成要件在实际犯罪中发生作用而决定犯罪成立的逻辑顺序是这样的：符合犯罪主体条件的行为人，在其犯罪心理态度的支配下，实施一定的犯罪行为，危害一定的社会关系。在这四个要件中，犯罪主体排列在首位，因为离开了行为人就谈不上犯罪

---

① 参见肖中华：《犯罪构成及其关系论》，44 页，北京，中国人民大学出版社，2000。

行为，也谈不上为行为所侵犯的客体，更谈不上人的主观罪过。因此，犯罪主体是其他犯罪构成共同要件成立的逻辑前提，在具备了犯罪主体要件以后，还必须具备犯罪主观方面。犯罪主观方面是犯罪主体的一定罪过内容。犯罪行为是犯罪主体的罪过心理的外化，因而在犯罪主观方面下面是犯罪客观方面。犯罪行为必然侵害一定的客体，犯罪客体是犯罪构成的最后一个要件。[①] 这种观点对犯罪构成的四个要件按照犯罪发生的逻辑排列，因而不同于按照构成要件重要性的逻辑排列。但是，犯罪发生逻辑并不能等同于犯罪认定逻辑，这一排列顺序的改变对于犯罪构成的实用性并无重大改进。

此外，还有的学者从系统论出发，指出：如果我们把一个具体的犯罪过程视为一个动态系统结构，那么，犯罪主体和犯罪客体就是构成这个系统结构的两极，缺少其中任何一极都不可能构成犯罪的系统结构，不可能产生犯罪活动及其社会危害性。实际上，任何犯罪都是犯罪主体的一种侵害性的对象性活动，在这种对象性活动中，犯罪主体和犯罪客体是对立统一的关系，它们必然是相互规定、互为前提的。离开犯罪客体就无所谓犯罪主体，离开犯罪主体也无所谓犯罪客体。因为去掉其中任何一方，都不可能形成侵害性的对象性活动的系统结构，无从产生相互作用的功能关系。无主体的对象性活动与无客体的对象性活动都是不可思议的。同样，如果缺乏侵害性的对象性活动，犯罪主体和犯罪客体的对立统一关系不仅不可能形成，而且，它们俩都会丧失其作为犯罪主体和犯罪客体本身的性质，而成为单纯的互不相干的客观存在物。再从犯罪活动本身看，作为连接犯罪主体与犯罪客体的中介，它是一个既包括犯罪行为等客观方面诸要素，又包括犯罪思想意识等主观方面诸要素的统一体。这两个方面同样是不可分割地联系在一起的，缺少其中任何一个方面都不可能形成统一的犯罪活动过程。综上所述，传统的犯罪构成理论认为犯罪构成要件包括犯罪主体、犯罪客体、犯罪主观方面、犯罪客观方面四个方面的要件是合理的，但是，必须根据唯物辩证法的系统观，把它们视为一个统一的不可分割的有机整体，才能作出科学的解释。犯罪

---

① 参见赵秉志主编：《新刑法教程》，88~89 页，北京，中国人民大学出版社，1997。

构成这个有机整体，是一个具有多层结构的复杂社会系统。根据这种观点，犯罪构成四个要件应当按照以下顺序排列：犯罪主体、犯罪客体、犯罪主观方面、犯罪客观方面。[①] 这种观点在犯罪构成理论中引入系统论，但系统论并不能从根本上解决犯罪构成理论的科学性问题，反而使犯罪构成体系混乱。这种四个犯罪构成要件可以随意地根据不同标准重新组合排列的情况，生动地表明耦合式犯罪构成体系在整体上缺乏内在逻辑的统一性。

从部分上来说，大陆法系递进式犯罪构成体系的三个要件具有各自的功能：构成要件该当性作为一种事实判断，为犯罪认定确定一个基本的事实范围。违法性作为一种法律判断，将违法阻却事由排除在犯罪之外。有责性作为一种责任判断，解决行为的可归责性问题。因此，这三个要件的功能是不可替代的，缺一不可。而我国及苏联的耦合式犯罪构成体系的四个要件，则存在功能不明的问题。例如，犯罪客体是耦合式犯罪构成体系中的一个重要概念，也是我国及苏联的犯罪构成体系与大陆法系犯罪论体系的重要区别之一。在大陆法系犯罪论体系中，不存在犯罪客体，但存在行为客体和保护客体。行为客体是指犯罪行为具体指向或者作用的人或者物，而保护客体是指法益，即刑法保护的某种利益；保护客体是在犯罪概念中阐述的，而作为犯罪构成要件的是行为客体。苏联的犯罪构成体系中的犯罪客体理论是在批判所谓资产阶级犯罪客体理论的基础上形成的。例如，苏联刑法学家曾经批判了资产阶级在犯罪客体上的两种观点——规范说与法益说，指出：犯罪客体的规范学说，是在与社会利益的隔离中研究规范，而此种社会关系却正是该规范所表现与调剂者。在犯罪客体的规范学说中，取消了在资产阶级刑法中对犯罪客体之实际社会内容的一切规定。因此，他们在解释犯罪时，并不以犯罪在统治阶级的观点上是危害社会关系制度的危险行为，而只是单纯的违反规范的行为。犯罪的法律形式在这里被刑法学者诈称为犯罪自身的实质了。他们并不能使人看到犯罪之实际社会内容，不能使人看到资产阶级社会中犯罪之实际客体，不能看到存在于该社会中的社会关系，他们把犯罪的阶级性隐藏

[①] 参见何秉松主编：《刑法教科书》，188页，北京，中国法制出版社，1997。

起来了。而犯罪客体的法益学说，被认为是一种浅薄的经验论与拙劣的机械论的理论，它把资产阶级社会指称为人类的总和，其中每一个人为自己而活动，也为他人而活动。它认为法律所保障的利益，乃是各个人生存的必要条件，乃是各个人的利益。在这里，他们自然竭力掩蔽资产阶级社会的阶级分化与阶级冲突。因此，以法益为犯罪客体的学说，乃是对资产阶级社会犯罪行为的犯罪客体真实概念的曲解。[1]

实际上，大陆法系犯罪论体系中并无犯罪客体之说，只是在其犯罪概念中有法益学说。因此，苏俄学者的机制是建立在假设基础之上的。更为重要的是，这一批判是以阶级学说为根据的，其结果是将犯罪客体实质化，以显示犯罪的阶级性。在这当中，马克思关于《关于林木盗窃法的辩论》的评论中的以下论述——"……犯罪行为（指盗窃林木的行为——引者注）的实质并不在于侵害了作为某种物质的林木，而在于侵害了林木的国家神经——所有权本身……"[2]成为社会主义刑法犯罪客体理论的经典根据。在大陆法系递进式犯罪构成体系中，犯罪客体并非犯罪构成要件，而仅仅在违法性中，不存在法益侵害的可以作为违法阻却事由被论及，即是实质违法的内容。那么，在苏俄的耦合式犯罪构成体系中，犯罪客体是如何成为犯罪构成的独立的并且是首要的要件呢？在此，除了经典著作的根据以外，刑法理论上的根据是，犯罪客体对于任何一个犯罪来说具有不可或缺性。例如，特拉伊宁就持这样的观点，指出："每一个犯罪行为，无论它表现的作为或不作为，永远是侵犯一定的客体的行为。不侵犯任何东西的犯罪行为，实际上是不存在的。"[3]当然，在苏俄当时也存在否定犯罪客体是犯罪构成要件的观点，例如布拉伊宁指出："犯罪客体，被留在犯罪构成之外，因而它不是犯

---

[1] 参见［苏］苏联司法部苏法学研究所主编：《苏联刑法总论》，下册，彭文仲译，326～327页，上海，大东书局，1950。
[2] 《马克思恩格斯全集》，第1卷，168页，北京，人民出版社，1956。
[3] ［苏］А. Н. 特拉伊宁：《犯罪构成的一般学说》，王作富等译，101页，北京，中国人民大学出版社，1958。

罪构成的特征，而只是它的成分。"① 这种否认犯罪客体是犯罪构成要件的观点在当时只是个别的，而且这种观点本身也是不彻底的，存在自相矛盾之处：一方面犯罪客体不是犯罪构成的特征，另一方面只是它的成分。其实，把犯罪客体分解为保护客体与行为客体，上面的话就好理解了：保护客体不是犯罪构成要件，而行为客体是犯罪构成要件的成分。但是，由于布拉伊宁未对犯罪客体作上述区分，因而出现了逻辑上的混乱。

在我国刑法学界关于犯罪构成体系的讨论中，犯罪客体也是最早受到质疑的一个要件，并且越来越多的学者主张犯罪客体不是犯罪构成要件。例如，张明楷教授在将保护客体与行为客体加以区分的基础上，主张作为保护客体的犯罪客体不是犯罪构成要件，并列举了六点理由。在这六点理由中，我认为最重要的还是第五点：主张犯罪客体不是要件，并不会给犯罪定性带来困难。一个犯罪行为侵犯了什么法益，是由犯罪客观要件、主体要件与主观要件以及符合这些要件的事实综合决定的；区分此罪与彼罪，关键在于分析犯罪主客观方面的特征。如果离开主客观方面的特征，仅仅凭借犯罪客体认定犯罪性质，难以甚至不可能达到目的。② 从实际情况来看确实如此，在现行的刑法教科书中，对犯罪客体的论述，不论是在刑法总论还是在刑法各论，都是最空洞的，犯罪客体对于犯罪成立来说可有可无。因此，取消犯罪客体要件并不影响犯罪构成的功能。

除犯罪客体以外，犯罪主体也是一个受到质疑较多的问题。在犯罪主体问题上，特拉伊宁本身就说过一些模棱两可、自相矛盾的话："责任能力是刑事责任的必要的主观条件，是刑事责任的主观前提：刑事法律惩罚犯罪人并不是因为他心理健康，而是在他心理健康的条件下来惩罚的。这个条件，作为刑事审判的一个基本的和不可动摇的原则规定在刑法典总则中，而在描述犯罪的具体构成的分则中，是不会有它存在的余地的。正因为如此，在任何一个描述构成因素的苏联刑事法律的罪状中，都没有提到责任能力，这是有充分根据的。所以关于责任能

---

① 中国人民大学刑法教研室编译：《苏维埃刑法论文选译》，第 2 辑，18 页，北京，中国人民大学出版社，1956。
② 参见张明楷：《刑法学》，2 版，134 页，北京，法律出版社，2003。

力的问题,可以在解决是否有杀人、盗窃、侮辱等任何一个犯罪构成的问题之前解决。责任能力通常在犯罪构成的前面讲,它总是被置于犯罪构成的范围之外。"[1]刑法分则在具体犯罪的规定中之所以不规定责任年龄与责任能力问题,是因为刑法总则已经作出规定,这一规定适用于刑法分则各个犯罪。因此,这里的置于犯罪构成的范围之外,似乎应当理解为置于罪状之外,它对于犯罪成立来说仍是不可或缺的。但是,责任年龄与责任能力是犯罪成立条件之一,与犯罪主体是否为犯罪构成要件并非一个问题。我国现行的犯罪构成体系,把犯罪主体作为犯罪构成的要件,就出现了一个不好说清楚的问题,即一个人在没有犯罪之前就是一个犯罪主体,还是在犯罪之后才是一个犯罪主体?有的学者认为犯罪主体可以脱离犯罪而成立,而有的学者说犯罪成立之后才有犯罪主体,没有犯罪怎么能有犯罪主体?这样就出现了"先有鸡后有蛋还有先有蛋后有鸡"的争论。我认为,犯罪主体并不是一个独立的犯罪构成要件。犯罪主体的内容包括两部分:一是行为主体,即行为人,这是在犯罪成立之前就有的,是先于犯罪而存在的。二是刑事责任能力,责任年龄只是责任能力的一个要素,它与责任能力是不能相提并论的。刑事责任能力是和犯罪密切相连的,是不能独立于犯罪而存在的,它是归责性要件,没有刑事责任能力也就无所谓犯罪。因此,刑事责任能力是犯罪成立条件。

在我国及苏俄的耦合式犯罪构成体系中,对于犯罪客体与犯罪主体这两个要件存在争议。正是这种争议,表明我国及苏俄的犯罪构成体系存在一种内在缺陷,不利于在司法活动中正确地认定犯罪。

日本学者大塚仁曾经提出犯罪论体系判断的两个标准:一是逻辑性,二是实用性。也就是说,判断犯罪论体系的优劣,就在于逻辑是否清晰、应用是否方便。大塚仁指出:"在这些错综的体系中,哪种立场是妥当的呢?必须根据其逻辑性和实用性对体系进行评价。犯罪论的体系应该是把握犯罪概念的无矛盾的逻

---

[1] [苏]A. H. 特拉伊宁:《犯罪构成的一般学说》,王作富等译,60~61页,北京,中国人民大学出版社,1958。

犯罪论体系：比较、阐述与讨论

辑，并且是在判断具体犯罪的成否上最合理的东西。"① 从逻辑性和实用性两个方面比较苏俄及我国的犯罪构成理论和大陆法系刑法理论中的犯罪论体系，孰优孰劣是十分明显的。通过比较，我们可以得出结论，我国犯罪构成理论发展的方向是，应当彻底清算或者推翻我国现行的犯罪构成理论，这是一个必然的趋势。

二、犯罪论体系的阐述

犯罪论体系的构造，涉及刑法中的一系列理论问题，对此需要从学理上加以探讨。在此我想论述以下三个问题。

（一）犯罪构成的哲理之维

犯罪构成并不仅仅是一个法律概念的问题，甚至不仅仅是一个法律制度的问题，而且是一种思维方法。对于犯罪构成概念的这种多义性，我国学者已经关注到，认为犯罪概念通常具有三重指涉含义：一是指理论层面上的抽象的犯罪构成理论；二是刑法中作为抽象化、类型化存在的一般犯罪构成，这种意义上的犯罪构成既是一种刑法制度，又是一个概念体系；三是等同于规范层面的具体的犯罪构成要件。② 我个人认为，犯罪构成可以从形而下与形而上两个方面加以把握。形而下的犯罪构成，指的就是犯罪成立条件，这种犯罪成立条件，在罪刑法定原则下，是由刑法加以规定的，因而总是具体的。其实，像行为、结果、故意、过失等这样一些要素，无论在何种犯罪构成理论中，对于犯罪成立来说都是不可或缺的条件。但是，仅在这个意义上理解犯罪构成还是不够的。我认为，应当提出形而上的犯罪构成的概念。形而上的犯罪构成，是指作为一种定罪的思维方法的犯罪构成，对于正确定罪具有指导意义。在某种意义上说，犯罪构成体系是一种刑法的认知体系。对此，我国台湾地区学者许玉秀曾经精辟地论述了其所谓犯罪阶层体系，也就是我们所说的犯罪构成体系的认识论意义："犯罪阶层体系可以

---

① ［日］大塚仁：《刑法概说（总论）》，冯军译，107 页，北京，中国人民大学出版社，2003。
② 参见劳东燕：《罪刑法定视野中的犯罪构成》，载陈兴良主编：《刑事法评论》，第 8 卷，1~2 页，北京，中国政法大学出版社，2001。

算是刑法学发展史上的钻石,它是刑法学发展到一定程度的结晶,再透过它,刑法学的发展才能展现璀璨夺目的光彩。它是刑法学上的认知体系,认知体系的建立必然在体系要素——也就是个别的概念——澄清到一定程度的时候,方才会发生,而认知体系建立之后,会使得概念体系的建立更加迅速,更加丰富。"[1] 正因为犯罪构成体系是一种刑法的认知体系,它起到的是一种刑法思维方法论的作用。尽管法官在具体犯罪的认定中,不需要逐一地对照犯罪构成要件而确认某一行为是犯罪,但这并不能成为犯罪构成无用的证据。事实上,犯罪构成理论作为刑法教义学的重要内容,在大学本科学习中已经被掌握。一旦学成,它就转变为一种法律思维方法实际地发生着作用,无论我们认识到还是没有认识到。在这个意义上说,犯罪构成作为一种思维方法可以类比为形式逻辑,学习形式逻辑有助于提高我们的思维能力。但是,在我们进行思维活动的时候,并未有意识地去考虑我们的思维是否符合形式逻辑。因此,我们应当在定罪的思维方法的意义上肯定犯罪构成理论的重要性。

在犯罪构成的思维方法中,我认为涉及三个重大问题:一是主观与客观的关系问题;二是事实与法的关系问题;三是形式与实质的关系问题。下面分别加以论述。

1. 主观与客观

主观与客观的关系问题,在犯罪论体系中是首先需要处理的。事实上,各种犯罪论体系不包含犯罪的主观与客观这两个层面。最初的犯罪论,就是建立在对犯罪的主观与客观的区分基础之上的,在刑法学上称为古典的二分理论。例如,意大利学者指出:对犯罪进行分析的方法最初源于18世纪的自然法理论,古典学派的大师们(如 G. Carmignari 和 F. Carrara)对其发展作出了极大的贡献。从犯罪是一个"理性的实体(ente di ragione)"前提出发,古典大师们认为犯罪由两种本体性因素构成,他们称这些因素为"力(forza)",包括犯罪的"物理力(forza fisica)"和"精神力(forza morale)"。尽管有不尽然之处,这两种"力"

---

[1] 许玉秀:《犯罪阶层体系及其方法论》,2~3页,台北,成阳印刷股份有限公司,2000。

大致相当于现代刑法学中犯罪的"客观要件"和"主观要件"。根据古典学派的理解,这两种"力"又各包含一个客观方面和主观方面:"物理力"的主观方面即主体的行为,而其客观方面则是指犯罪造成的危害结果;"精神力"的主观方面指的是行为人的意志,而其客观方面表现为犯罪造成的"精神损害"。在这种"力"的二分模式中,犯罪的本体性因素与评价性因素结合成了一个整体。① 尽管这种二分法的犯罪论体系存在简单法之嫌,但它基本上涉及了犯罪成立的两个最基本要素:犯罪行为与犯罪心理。

在主观与客观的关系上,我国及苏联的犯罪构成理论都以主观与客观相统一相标榜,并将大陆法系犯罪构成理论斥责为主观与客观相分离的。例如,日本学者在评论苏维埃犯罪构成论时指出:"苏维埃刑法理论,从马克思列宁主义关于犯罪的阶级性这一根本原理出发,主张把犯罪构成要件的客观因素和主观因素辩证地统一起来。而近代资产阶级的犯罪构成要件论,却总是纠缠在究竟犯罪构成要件的两种结构——客观结构与主观结构,当中何者占据优势地位的问题上,这就是两者的不同点。由此可见,在苏维埃刑法体系中,刑事责任不是与主观要素和客观要素处于对立和分裂的地位,而是以其所具有的客观性质作为一切标志的。也就是说,必须根据犯罪主体与犯罪的所有情况,辩证地研究犯罪行为,显然,两者之间只是名词相同,而在实质上却无任何联系。"② 这一批判实际上是建立在对大陆法系犯罪构成理论的误解之上的。关于所谓客观结构论与主观结构论,我在前面已经作过辨析。在此,就要进一步观察,在犯罪构成中如何处理主观要件与客观要件之间的关系?在大陆法系犯罪论体系中,最初确实存在客观的构成要件论,例如贝林就认为构成要件是客观的概念,构成要件的要素只限于记述性要素和客观性要素。但这里的构成要件并不是我们现在所说的犯罪构成,而且客观的构成要件论也并不等于客观的犯罪构成论。实际上,当时在刑法理论上

---

① 参见[意]杜里奥·帕罗瓦尼:《意大利刑法学原理》,陈忠林译,95~96页,北京,法律出版社,1998。
② [日]上野达彦:《批判资产阶级犯罪构成要件论——从批判资产阶级犯罪构成要件论向苏维埃犯罪构成要件论的转变过程》,康树华译,载《外国法学》,1979(6)。

通行的是心理责任论，因而在有责性中讨论构成要件的主观要素。此后，迈兹格在客观的违法性论的基础上，倡导主观的违法要素说，从贝林纯客观的构成要件论转向主观违法要素的构成要件论。当然，迈兹格仍将主观违法要素限于目的犯等个别情况，而对于一般犯罪的违法，仍然认为可以离开主观的犯罪心理而单就客观行为方面予以评价。只有在威尔泽尔提出目的主义以后，才在构成要件中引入主观要素，把故意与过失作为构成要件的要素。至于有责性，随着规范责任论的确立，它只研究归责要素，例如期待可能性等规范性要素。由此，不能认为大陆法系犯罪构成体系是主观与客观相分离的。只不过在犯罪成立条件方面，主观要件与客观要件的处理方式有所不同而已。

主观与客观的逻辑关系也是一个值得研究的问题。这里涉及主观要件与客观要件的排列顺序问题。在我国及苏联的犯罪构成理论中，按照犯罪客体、犯罪客观方面、犯罪主体、犯罪主观方面这样一个顺序，自然是犯罪客观要件排列在犯罪主观要件之前的。而现在我国主张否认犯罪客体是犯罪构成事件的学者中，对于三要件按照什么顺序排列又存在两种观点：第一种观点是以客观要件、主体要件与主观要件的顺序排列。① 第二种观点是按照犯罪主体、犯罪主观要件与犯罪客观要件的顺序排列。② 在这两种观点中，引起我关注的是客观要件与主观要件孰先孰后的问题。我认为，这并不仅仅是一个顺序问题，而是一个关系到犯罪构成功能发挥的问题。主观要件先于客观要件，是按照犯罪发生过程的逻辑排列的；而客观要件先于主观要件，是按照犯罪认定过程的逻辑排列的。两者存在重要区别。我主张客观要件先于主观要件的观点，理由有三：第一，客观要件是有形的、外在的，更容易把握；主观要件是无形的、内在的，不容易认定。在这种情况下，客观要件先于主观要件的犯罪构成模式更能够限制刑罚权的发动，从而具有人权保障的积极意义。第二，客观要件先于主观要件的观点更符合定罪的司法逻辑。定罪过程，总是始于客观上的行为及其后果，以此追溯行为人的主观可

---

① 参见张明楷：《刑法学》，2版，136页，北京，法律出版社，2003。
② 参见肖中华：《犯罪构成及其关系论》，217页，北京，中国人民大学出版社，2000。

责性。犯罪构成模式应当具有实用性，符合实用性的构成要件排列顺序是正确的。第三，客观要件先于主观要件的观点是建立在对客观与主观之间逻辑关系的正确理解之上的。在犯罪构成体系中，主观内容是依附于客观内容而存在的，也只有通过客观特征才能认定认为人的主观心理。因此，客观要件是在逻辑上先于主观要件的，两者的顺序不能颠倒。

2. 事实与价值

在犯罪构成理论中，事实与价值也是一个十分重要的问题。在大陆法系的犯罪构成体系中，事实与价值始终是相分离的。这种事实与价值的分离，就是哲学上所谓事实与价值的二元论。我国学者在阐述大陆法系犯罪论体系的方法论意义时指出：对大陆法系犯罪论体系中所包含的完整的方方面面的意义，绝非简单地依靠逻辑推理所能理解的——必须将其置于欧陆国家的民族思维方法、哲学背景和司法运作基本模式的大环境下，才有可能真正揭示其事实性或底蕴性的东西。可以认为，自18世纪以来盛行于欧洲的事实—价值二元论和实证主义哲学思潮必然会潜移默化地进入立法者、法学家和司法者的头脑，从而成为刑事立法、刑法学说乃至个案处断自觉或不自觉的宏大参照系。[①] 此言不虚。大陆法系的犯罪论体系确实是按照事实—价值二元论的方法建构起来的理论大厦。在构成要件该当性、违法性和有责性这三个要件中，构成要件该当性是事实判断，而违法性和有责性是价值判断。这里的价值判断，也可以说是一种规范判断。从大陆法系犯罪论体系形成过程来看，贝林将构成要件看作纯客观的、记叙性的事实要件，与规范意义无关。规范评价是由违法性与有责性这两个要件完成的，正如小野清一郎指出：所谓违法性和道义责任问题，指的是从刑法的制裁性机能出发，如何对业已发生了的行为进行评价的问题。违法性的评价，是从行为的客观方面，即它的外部对行为进行评价的。道义责任的评价，是对于已被客观地、外部地判断为违法的行为，进一步去考虑行为人主观的、内部的一面，亦即行为人精神方面的能力、性格、情操、认识、意图、动机等，而来评价其伦理

[①] 参见冯亚东、胡东飞：《犯罪构成模型论》，载《法学研究》，2004 (1)，79页。

的、道义的价值。① 尽管在大陆法系的犯罪论体系中，后来麦耶尔承认在构成要件中有规范性要素的存在，如盗窃"他人的财物"、陈述"虚伪的事实"，都不是纯客观要素，离开规范意义是无从判断的。但是，三要件格局的维持，仍然使不同要件分担事实判断与价值判断的职能，因而坚持了事实与价值相分离的立场。

但是，在我国及苏俄的犯罪构成体系中，事实与价值是合而为一的，甚至否认构成要件中的评价要素。例如，苏俄学者指出："德国刑法学者贝林，以新康德主义的唯心哲学为基础，发挥了关于犯罪构成的'学说'；根据这种'学说'，即使有犯罪构成，仍不能解决某人是否犯罪的问题。照这种观点看来，犯罪构成只是行为诸事实特征的总和；说明每一犯罪的行为的违法性，乃是犯罪构成范围以外的东西；法律上所规定的一切犯罪构成，都带有纯粹描述的性质，其中并未表现出把行为当作违法行为的这种法律评价。说到行为的违法性，它好像是属于原则上不同的另一方面，即'当知'的判断方面。法院并不根据法律，而是依自己的裁量来确定行为的违法性。这样，关于某人在实施犯罪中是否有罪的问题，也就由法院裁量解决了。法院可以依自己的裁量来规避法律，如果这样做是符合剥削者的利益的话。"② 如果我们真实地理解贝林的观点，就会感到上述批判是建立在曲解之上的。贝林所说的构成要件只是犯罪成立的条件之一，与我们现在所说的犯罪构成是不同的，犯罪构成是作为犯罪成立条件总和使用的概念。因此，违法性判断在贝林那里，是构成要件该当性的事实判断基础上的价值判断，而不是犯罪构成范围以外的东西。苏俄学者还对罪过评价论进行了严厉批判，指出："唯心主义的罪过'评价'理论，也是为破坏犯罪构成服务的。根据这种'理论'，法院对被告人行为的否定评价，和对被告人行为的谴责，被认为是罪过。罪过的评价概念是以新康德主义的'存在'和'当为'的对立为前提的。新康德派刑法学者们否认人的罪过是实际现实世界的确定的事实。按照他们的'理

---

① 参见［日］小野清一郎：《犯罪构成要件理论》，王泰译，31～33页，北京，中国人民公安大学出版社，2004。
② ［苏］A.A.皮昂特科夫斯基：《社会主义法制的巩固与犯罪构成学说的基本问题》，载《苏维埃刑法论文选译》，第1辑，孔钊译，77页，北京，中国人民大学出版社，1955。

论'，当法院认为某人的行为应受谴责时，法院就可以以自己否定的评断，创造出该人在实施犯罪中的罪过。主观唯心主义的罪过评价理论，使得资产阶级的法官们可以任意对所有他们认为危险的人宣布有罪。"[1] 这里所批判的罪过评价论，就是规范责任论。规范责任论是在心理责任论基础上形成的。它以心理事实与规范评价相分离为特征。只有在规范责任论确立以后，有责任才真正成为一个规范评价的要件。苏俄学者的上述批判并没有真正理解规范责任论，因而是对规范责任论的歪曲。规范责任论并不是离开罪过心理进行规范评价，而是将规范评价建立在心理事实基础之上。因此，规范评价论根本不存在唯心主义的问题。

苏俄学者对大陆法系犯罪构成体系中事实判断与价值评判相分离的观点的批判表明，苏联的犯罪构成体系是以事实判断与价值评判的合一为特征的，我国的犯罪构成体系同样具有这一特征。正如我国学者提出：在我国刑法学中，事实判断和价值评价同时地、一次性地完成。事实评价主要通过犯罪主客观方面要件的讨论来完成。一般地说，这里的事实包括危害社会的行为（作为及不作为）、危害社会的结果及犯罪的时间、地点、犯罪所使用的方法等附随情况。此外，与犯罪的客观情况（犯罪事实）紧密相关的其他要件，例如犯罪心理，也是构成事实的一个组成部分。行为事实符合构成要件的同时，就可以得出结论——这样的行为可以受到否定的价值评价。所以，事实判断与价值评价均在同一时间完成，没有先后之分。[2] 在这样一种犯罪构成体系中，必然出现重事实判断轻价值评价，甚至以事实判断代替价值评价的倾向。没有正确地处理好事实判断与价值评价的关系，是我国及苏俄的犯罪构成体系的一个重大缺陷。我认为，犯罪构成体系应当坚持事实判断与价值评价分离的原则，至于在犯罪构成要件上如何容纳两者，那是另一个需要深入讨论的问题。

3. 形式与实质

犯罪构成到底是形式的还是实质的？这也是在犯罪构成理论中需要讨论的一

---

[1] ［苏］A. A. 皮昂特科夫斯基：《社会主义法制的巩固与犯罪构成学说的基本问题》，载《苏维埃刑法论文选择》，第1辑，孔钊译，77页，北京，中国人民大学出版社，1955。

[2] 参见周光权：《犯罪构成理论与价值评价的关系》，载《环球法律评论》，2003年秋季号，297页。

个问题。这里的形式与实质是指在犯罪认定上，符合犯罪构成是否就成立犯罪。这个问题，在一般性的讨论中并无问题，当涉及正当防卫、紧急避免等行为与犯罪构成的关系时就成其为一个问题。

在大陆法系递进式的犯罪构成体系中，对行为的犯罪性质的认定是通过三个层次完成的。三个要件全部具备，即意味着某一犯罪的成立。在这个意义上说，大陆法系递进式的犯罪构成体系具有实质性，只要符合犯罪构成即成立犯罪。尤其是在违法性判断中，已经把正当防卫、紧急避险等行为以违法阻却事由的方式从犯罪中予以排除。但是，在我国及苏俄的犯罪构成体系中，正当防卫和紧急避险行为是在犯罪构成之外研究的。对此，苏联学者特拉伊宁指出："在犯罪构成学说的范围内，没有必要而且也不可能对正当防卫和紧急避险这两个问题作详细的研究。"[1] 至于为什么不在犯罪构成学说的范围内研究正当防卫和紧急避险，特拉伊宁并没有说明。我想，这主要和我国及苏俄的犯罪构成体系中的要件都是积极的构成要件，而没有包括消极的构成要件有一定关联。在这种情况下，就出现了一个问题，即犯罪构成体系中形式与实质的矛盾。例如，我国学者在评论俄罗斯刑法理论时指出：在俄罗斯刑法理论中，都主张排除行为犯罪性的情形是表面上符合犯罪的特征，但实质上却是对社会有益的行为。换言之，该行为形式上符合犯罪的构成要件，但实质上却不能构成犯罪。从形式上符合犯罪构成要件但实质上却不构成犯罪这一结论中也可以推出另一个结论：俄罗斯刑法理论是在犯罪成立要件的体系之内解决一系列的排除行为犯罪性的问题的，同时反映了俄罗斯刑法理论在犯罪成立条件这一问题上自相矛盾——形式要件与实质内容的分离。[2]

这种犯罪构成的形式与实质的矛盾在我国刑法理论中同样存在，并且在一定程度上影响我国刑法理论的科学性。例如，我国传统刑法教科书在论及排除社会危害性的行为时指出：我国刑法中犯罪构成的理论阐明，犯罪行为的社会危害性

---

[1] [苏] А. Н. 特拉伊宁：《犯罪构成的一般学说》，王作富等译，272页，北京，中国人民大学出版社，1958。

[2] 参见赵微：《俄罗斯联邦刑法》，128～129页，北京，法律出版社，2003。

反映在犯罪构成诸要件的总和上。当一个人的行为具有犯罪构成的诸要件,就说明这个人的行为具有社会危害性,即构成某种犯罪。但是,在复杂的社会生活中,往往有这样的情况:一个人的行为在外表上似乎具有犯罪构成的诸要件,然而在实际上却完全不具有犯罪概念的本质属性,相反,这种行为对国家、社会、他人或本人都是有益而无害的,因而它实质上不具有犯罪构成。① 在此,正当防卫、紧急避险等行为就被描述为形式上符合犯罪构成而实质上不具有犯罪构成的情形。因此,正当防卫、紧急避险等行为之所以不构成犯罪,并不是根据犯罪构成所得出的结论,而是行为不具有社会危害性这一实质判断的结果。在这种情况下,正如我国学者批评的那样:"这种观点实际上认为犯罪构成是'形式'或'外表'的东西,不一定具有实质内容,不能作为认定犯罪的最后依据;要确定行为构成犯罪,还必须在犯罪构成之外寻找犯罪的社会危害性。"② 这一批评是有道理的,但接下去的一句话我就不能苟同了:"这种观点来源于资产阶级的刑法理论,与我国的刑法理论是不协调的。"③ 我认为,这种观点恰恰是我国犯罪构成体系自身的问题,与大陆法系的犯罪构成体系没有任何关系。大陆法系的犯罪构成体系在违法性这一要件中已经将正当防卫、紧急避险等行为排除在犯罪之外。只有在我国及苏俄的犯罪构成体系中,才会出现这种形式上符合犯罪构成与实质上符合犯罪构成之间的矛盾,需要用犯罪构成之外的没有社会危害性这一实质判断来解决正当防卫、紧急避险等行为的犯罪问题。

(二) 犯罪构成的法律视野

犯罪构成是一个法律的概念,与法律有着密切的关联性,因而必须从法律角度对犯罪构成加以考察。

1. 立法考察

犯罪构成是对法律规定的一种理论解释,因而犯罪构成本身具有法定性。我认为,近代罪刑法定原则的确立,与犯罪构成理论的发展是有着密切联系的。可

---

① 参见高铭暄主编:《刑法学》,2版,162页,北京,法律出版社,1984。
② 张明楷:《犯罪论原理》,319页,武汉,武汉大学出版社,1991。
③ 张明楷:《犯罪论原理》,319页,武汉,武汉大学出版社,1991。

以说，犯罪构成使刑法对犯罪的规定实体化，从而为罪刑法定原则提供了基础。同时，犯罪构成理论发展过程中，罪刑法定原则也起到了积极的推动作用，例如日本学者小野清一郎指出：Tatbestand 的概念从诉讼法转向实体法，进而又被作为一般法学的概念使用，而且，已经从事实意义上的东西变为抽象的法律概念。特别是在刑法学中，它被分成一般构成要件和特殊构成要件两个概念。这主要是因为在刑法中，从罪刑法定主义原则出发，将犯罪具体地、特殊地加以规定是非常重要的（在民法中也有特殊的构成要件——如买、卖、凭、贷、借、不法行为等——但这种特殊化与刑法相比显得松散得多，尤其是契约，内容是可以变更的）。[①] 可以想象，如果没有犯罪构成使刑法关于犯罪的规定实体化，罪刑法定原则的明确性与确定性的要求都是无法实现的。因此，对于罪刑法定原则与犯罪构成关系的以下论述，我是极为赞同的：罪刑法定原则的诞生和现代犯罪构成的形成在刑法的发展史上具有同样的里程碑意义。如果说罪刑法定原则奠定了刑法现代化的基石，那么犯罪构成就是牢牢撑起现代刑法大厦的大梁。缺失了罪刑法定的基石，刑法的现代化固然无从谈起，没有犯罪构成作为支撑的大梁，刑法大厦也将在瞬间倾倒成一堆碎砾。[②] 当然，罪刑法定与犯罪构成之间也并不是一种机械的对应关系，犯罪构成具有某种纯罪刑法定原则实体化，甚至填补法律空白的积极功能，对此不能不予以充分关注。

尽管犯罪构成与法律规定有着密切联系，不可否认的是，犯罪构成作为一种理论具有对法律规定的相对独立性。这是因为，犯罪构成理论作为对法律规定的解释方法，有着自身的逻辑，这一逻辑有别于法律规定的逻辑。正如世界只有一个，然而解释世界的方法却有各种，由此形成的哲学理论也是多种多样的。尽管大陆法系的犯罪构成体系与我国及苏联的犯罪构成体系在逻辑上是存在重大差别的，但在刑法规定上并无太大的区别。以下，我列举中国、俄罗斯、德国、日本关于犯罪成立条件的法律规定加以比较。

---

① 参见［日］小野清一郎：《犯罪构成要件理论》，王泰译，北京，中国人民公安大学出版社，2004。
② 参见劳东燕：《罪刑法定视野中的犯罪构成》，载陈兴良主编：《刑事法评论》，第 8 卷，2 页，北京，中国政法大学出版社，2001。

（1）关于犯罪概念的规定。

1）中国刑法。

第13条 一切危害国家主权、领土完整和安全，分裂国家、颠覆人民民主专政的政权和推翻社会主义制度，破坏社会秩序和经济秩序，侵犯国有财产或者劳动群众集体所有的财产，侵犯公民私人所有的财产，侵犯公民的人身权利、民主权利和其他权利，以及其他危害社会的行为，依照法律应当受刑罚处罚的，都是犯罪，但是情节显著轻微危害不大的，不认为是犯罪。

2）俄罗斯联邦刑法典。

第14条（犯罪的概念）

a. 有罪过地实施本法典以刑罚相威吓而禁止的危害社会的行为，是犯罪。

b. 行为（或不作为）虽然在形式上它包含了本法典规定的某一犯罪的特征，但由于情节轻微不能认定为具有社会危害性的，即没有对个人、社会或国家造成损害或构成损害威胁的，不是犯罪。

3）德国刑法典（无）

4）日本刑法典（无）

（2）关于犯罪构成客观要件的规定。

1）中国刑法（无）

2）俄罗斯联邦刑法典（无）

3）德国刑法典。

第13条（不作为犯罪）

a. 依法有义务防止犯罪结果发生而不防止其发生，且其不作为与因作为而实现犯罪构成要件相当的，依本法处罚。

b. 不作为犯罪可依第49条第1款减轻处罚。

4）日本刑法典（无）

（3）关于犯罪构成主观要件的规定。

1）中国刑法。

第14条 明知自己的行为会发生危害社会的结果，并且希望或者放任这种

结果发生，因而构成犯罪的，是故意犯罪。

故意犯罪，应当负刑事责任。

第 15 条 应当预见自己的行为可能发生危害社会的结果，因为疏忽大意而没有预见，或者已经预见而轻信能够避免，以致发生这种结果的，是过失犯罪。

过失犯罪，法律有规定的才负刑事责任。

第 16 条 行为在客观上虽然造成了损害结果，但是不是出于故意或者过失，而是由于不能抗拒或者不能预见的原因所引起的，不是犯罪。

2）俄罗斯联邦刑法典。

第 24 条（罪过的形式）

a. 故意实施犯罪或过失导致犯罪的人，是有罪过的人。

b. 过失行为，只有在本法典分则相应条款有专门规定时，才可认定为犯罪。

第 25 条（故意犯罪）

a. 直接故意或间接故意实施犯罪行为的，是故意犯罪。

b. 行为人意识到自己行为（或不作为）的社会危害性，预见到社会危害结果发生的必然性或可能性并且希望这一结果发生的，是直接故意犯罪。

c. 行为人意识到自己行为（或不作为）的社会危害性，预见到社会危害结果发生的可能性，不希望但有意识地放任这一结果的发生，或者对这一结果的发生与否漠不关心的，是间接故意犯罪。

第 26 条（过失犯罪）

a. 因轻信或疏忽而导致的犯罪，是过失犯罪。

b. 行为人预见到自己行为（或不作为）导致危害社会结果的可能性，但却没有充足根据地自信能够避免该结果发生的，是轻信的过失犯罪。

c. 行为人如果在必要的注意和审慎的态度下应该且能够预见到自己行为（或不作为）导致危害社会结果的可能性却没有预见的，是疏忽的过失犯罪。

第 27 条（两种罪过形式下的实施犯罪的刑事责任）

如果实施故意犯罪却导致了更为严重的依法应处以更严厉刑罚的且非行为人故意之中的结果，则只有在行为人预见到这种结果发生的可能性却没有充分根据

地自信能够避免这一结果的发生，或者行为人应该且能够预见这种结果的发生却未预见时，才对其负刑事责任。这样的犯罪在总体上被认定为故意犯罪。

第28条（无罪过致害）

a. 如果行为人实施该行为时没有意识到，且根据案情也不可能意识到自己行为（或不作为）的社会危害性，或者没有预见到且根据案情也不应当或不可能预见到可能发生危害社会的结果的，则该行为是无罪过的。

b. 如果行为人实施行为时尽管预见到了自己行为（或不作为）可能发生危害社会的结果，但由于自己的生理心理素质不符合应急条件的需要或者超过了精神负荷而未能防止这种危害结果发生的，其行为也是无罪过的。

3）德国刑法典。

第15条（故意和过失行为）

本法只处罚故意行为，但明文规定处罚过失行为的除外。

第16条（事实上的认识错误）

a. 行为人行为时对法定构成要件缺乏认识，不认为是故意犯罪，但要对其过失犯罪予以处罚。

b. 行为人行为时误认为具有较轻法定构成要件的，对其故意犯罪只能依较轻之法规处罚。

第17条（法律上的认识错误）

行为人行为时没有认识其违法性，如该错误认识不可避免，则对其行为不负责任。如该错误认识可以避免，则依第49条第1款减轻处罚。

第18条（对特别结果的加重处罚）

本法对特别结果的加重处罚，只有当正犯和共犯对特别结果的产生至少具有过失时，始适用。

4）日本刑法典。

第38条 没有犯罪故意的行为，不处罚，但法律有特别规定的，不在此限。

实施了本应属于重罪的行为，但行为时不知属于重罪的事实的，不得以重罪处断。

即使不知法律，也不能按此认为没有犯罪的故意，但可以根据情节减轻刑罚。

(4) 关于犯罪构成主体要件的规定。

1) 中国刑法。

第17条　已满十六周岁的人犯罪，应当负刑事责任。

已满十四周岁不满十六周岁的人，犯故意杀人、故意伤害致人重伤或者死亡、强奸、抢劫、贩卖毒品、放火、爆炸、投毒罪的，应当负刑事责任。

已满十四周岁不满十八周岁的人犯罪，应当从轻或者减轻处罚。

因不满十六周岁不予刑事处罚的，责令他的家长或者监护人加以管教；在必要的时候，也可以由政府收容教养。

第18条　精神病人在不能辨认或者不能控制自己行为的时候造成危害结果，经法定程序鉴定确认的，不负刑事责任，但是应当责令他的家属或者监护人严加看管和医疗；在必要的时候，由政府强制医疗。

间歇性的精神病人在精神正常的时候犯罪，应当负刑事责任。

尚未完全丧失辨认或者控制自己行为能力的精神病人犯罪的，应当负刑事责任，但是可以从轻或者减轻处罚。

醉酒的人犯罪，应当负刑事责任。

第19条　又聋又哑的人或者盲人犯罪，可以从轻、减轻或者免除处罚。

2) 俄罗斯联邦刑法典。

第19条（刑事责任的一般条件）

只有依据本法的规定具有刑事责任能力、达到刑事责任年龄的人，才能承担刑事责任。

第20条（刑事责任的起始年龄）

a. 犯罪时年满16周岁的人，承担刑事责任。

b. 犯罪时年满14周岁的人，应对杀人罪（第105条）、故意重伤罪（第111条）、故意中等严重伤害罪（第112条）、绑架罪（第126条）、强奸罪（第131条）、性暴力行为罪（第132条）、盗窃罪（第158条）、抢夺罪（第161条）、抢

劫罪（第 162 条），勒索罪（第 163 条），非盗窃目的不法侵占汽车和其他交通工具罪（第 166 条），附加重情节的毁灭或损坏财产罪（第 167 条第 2 款），恐怖主义犯罪（第 205 条），劫持人质罪（第 206 条），明知而虚报恐怖主义行动罪（第 207 条），附加重情节的流氓罪（第 213 条第 2 款、第 3 款），野蛮行径罪（第 214 条），盗窃勒索武器、弹药、爆炸物和爆破装置罪（第 226 条），盗窃或勒索麻醉物或精神药品罪（第 229 条），破坏交通工具或道路设施罪（第 267 条）承担刑事责任。

c. 如果未成年人达到了本法条第 1 款、第 2 款规定的年龄，但由于非精神病的心理发育滞后，在实施社会危害性行为时不能充分认识自己行为（或不作为）的实际性质和社会危害，或者不能控制自己的行为的，不是犯罪。

第 21 条（无刑事责任能力）

a. 实施社会危害性行为时处于无刑事责任能力状态的人，即由于慢性精神病、间歇性精神病、智障者或其他病态心理而不能认识自己行为（或不作为）的实际性质和社会危害性程度的，不负刑事责任。

b. 对于在无刑事责任能力状态下实施了刑法规定的社会危害性行为的人，法院可以判处本法典规定的医疗性强制措施。

第 22 条（不排除刑事责任能力的精神病人的刑事责任）

a. 具有刑事责任能力的人，实施犯罪时由于精神病发作而不能完全认识自己行为（或不作为）的实际性质和社会危害性，或者不能完全控制自己行为的，应承担刑事责任。

b. 法院在裁量刑罚时应考虑不排除刑事责任的精神病的状况，这一状况可以作为判处医疗性强制措施的根据。

第 23 条（醉酒的人的刑事责任）

行为人在服用了乙醇、麻醉品或其他迷幻药物而导致的麻醉状态下实施犯罪的，应承担刑事责任。

3）德国刑法典。

第 19 条（儿童不负刑事责任）

行为人行为时不满 14 岁的，不负刑事责任。

第 20 条（精神病患者不负刑事责任）

行为人行为时，由于病理性精神障碍、深度的意识错乱、智力低下或其他严重的精神反常，不能预见其行为的违法性，或依其认识而行为的，不负刑事责任。

第 21 条（限制责任能力）

因第 20 条规定的各项原因，行为人行为时由于认识能力显著减弱，或依其认识而行为的，可依第 49 条第 1 款减轻其刑罚。

4）日本刑法典。

第 39 条（心神丧失和心神耗弱）

心神丧失的人的行为，不处罚。

心神耗弱人的行为，减轻处罚。

第 41 条（责任年龄）

不满 14 岁的人的行为，不处罚。

(5) 关于正当法事由的规定。

1）中国刑法。

第 20 条　为了使国家、公共利益、本人或者他人的人身、财产和其他权利免受正在进行的不法侵害，而采取的制止不法侵害的行为，对不法分割人造成损害的，属于正当防卫，不负刑事责任。

正当防卫明显超过必要限度造成重大损害的，应当负刑事责任，但是应当减轻或者免除处罚。

对正在进行行凶、杀人、抢劫、强奸、绑架以及其他严重危及人身安全的暴力犯罪，采取防卫行为，造成不法侵害人伤亡的，不属于防卫过当，不负刑事责任。

第 21 条　为了使国家、公共利益、本人或者他人的人身、财产和其他权利免受正在发生的危险，不得已采取的紧急避险行为，造成损害的，不负刑事责任。

紧急避险超过必要限度造成不应有的损害的，应当负刑事责任，但是应当减轻或者免除处罚。

第一款中关于避免本人危险的规定，不适用于职务上、业务上负有特定责任的人。

2）俄罗斯联邦刑法典。

第 37 条（正当防卫）

a. 为了保护防卫人本人或他人的人身和权利、保护社会和国家的合法利益免受社会危害性行为的侵害，而对侵害人造成的没有超过正当防卫界限的损害的，不是犯罪。

b. 任何人，不管其职业性质或其他专业技能和职务状况如何，无论其能否逃避社会危害性行为的侵害及其能否向他人或权力机关求得救助，均享有同等的正当防卫权。

c. 与侵害的社会危害性及其程度明显地不相当的故意行为，是防卫过当。

第 38 条（拘捕人犯时造成的损害）

a. 为了将犯罪人押送到权力机关以排除犯罪人实施新犯罪的可能性，在拘捕犯罪人时给犯罪人造成损害的，如果不能采取其他手段拘捕犯罪人且使用的手段及造成的后果没有超出拘捕人犯的必要限度的，则不是犯罪。

b. 如果犯罪人所犯罪行的性质和社会危害性程度与拘捕后情形明显地不相当，而对被拘捕人造成的不必要的明显过分的非情势所致的损害的，则是超过拘捕必要限度的方法。只有故意造成损害的，才对这种过分的行为承担刑事责任。

第 39 条（紧急避险）

a. 在紧急避险的情况下，即为了排除直接威胁到避险者本人或他人的人身和权利、社会和国家受法律保护的利益的危险，而对受刑法保护的利益造成损害的，如果该危险不能用其他手段排除，且该手段没有超过紧急避险的必要限度的，则不是犯罪。

b. 如果所造成的损害明显与危险威胁的性质和程度及排除危险的状况不相当，当对上述利益造成的损害等于或大于所防止的损害时，是避险过当。只有在

故意造成损害的情况下，才应就避险过当承担刑事责任。

第 40 条（身体或心理受到强制）

a. 如果行为人因身体受到强制而不能控制自己的行为（或不作为）的，则由此而对刑法保护的利益造成损害的，不是犯罪。

b. 因心理受到强制而对刑法保护的利益造成损害的，以及在身体受到强制下但仍然能够控制自己的行为却对刑法保护的利益造成损害的，依据本法典第 39 条的规定承担刑事责任。

第 41 条（正当风险）

a. 为了达到有益于社会的目的，在正当风险的前提下对刑法保护的利益造成损害的，不是犯罪。

b. 如果不采用风险的行为（不作为）上述目的便不能达到，且风险人已采取足够的措施防止对刑法保护的利益造成损害的，则风险是正当的。

c. 如果风险明显地对许多人的生命构成威胁，明显地具有生态或社会灾难的危险，则风险不是正当的。

正当风险作为排除行为犯罪性的一种情形最早曾经规定在尚未生效的 1991 年《苏联和各加盟共和国刑事立法纲要》中，但当时的所谓正当风险权限于"正当的职业和经济风险"这两种。

第 42 条（执行命令或指令）

a. 行为人为了执行义务性的命令或指令，而对刑法保护的利益造成损害的，不是犯罪。造成损害的刑事责任应由发出不法命令或指令的人承担。

b. 对于执行明显是不法命令或指令的行为人，按照一般原则承担故意犯罪的刑事责任。不执行明显是不法的命令或指令的，不负刑事责任。

3）德国刑法典。

第 32 条（正当防卫）

a. 正当防卫不违法。

b. 为使自己或他人免受正在发生的不法侵害而实施的必要的防卫行为，是正当防卫。

第 33 条（防卫过当）

防卫人由于惶恐、害怕、惊吓而防卫过当的，不负刑事责任。

第 34 条（阻却违法性的紧急避险）

为使自己或他人的生命、身体、自由、名誉、财产或其他法益免受正在发生的危险，不得已而采取的紧急避险行为不违法。但要考虑到所要造成危害的法益及危害程度，所要保全的法益应明显大于所要造成危害的法益，而该行为实属不得已才为之的，方可适用本条的规定。

第 35 条（阻却责任的紧急避险）

a. 为使自己、亲属或其他与自己关系密切者的生命、身体或自由免受正在发生的危险，不得已而采取的紧急避险行为不负刑事责任。如行为人根据情况，尤其是危险因自己引起，或该人面临危险但具有特定法律关系的，则不适用本款之规定。如该人面临危险没有考虑到特定法律关系，则可依第 49 条第 1 款减轻处罚。

b. 行为人行为时，误认为有第 1 款规定不负责任的情况，且其错误认识是可以避免的，应处罚。可依第 49 条第 1 款减轻处罚。

4）日本刑法典。

第 35 条（正当行为）

依照法令或者基于正当业务而实施的行为，不处罚。

第 36 条（正当防卫）

为了防卫自己或者他人的权利，对于急迫的不正当侵害不得已所实施的行为，不处罚。

超出防卫限度的行为，可以根据情节减轻或者免除刑罚。

第 37 条（紧急避难）

为了避免对自己或者他人的生命、身体、自由或者财产的现实危难，而不得已实施的行为，如果所造成的损害不超过其所欲避免的损害限度时，不处罚，超过这种限度的行为，可以根据情节减轻或者免除刑罚。

对于业务上负有特别义务的人，不适用前项规定。

从以上中、俄、德、日四国关于犯罪成立条件的规定来看，确实存在较大差别，但这种差别与采用不同的犯罪构成体系并无关系。首先，关于犯罪概念，在中国与俄罗斯的刑法中有规定，而德、日刑法则无规定。尤其是1997年生效的俄罗斯联邦刑法典将形式与实质相统一的犯罪概念修改为犯罪的形式概念，这是值得我们注意的。联系到中、俄两国的刑法都没有关于犯罪构成客观要件的规定，可以看出犯罪概念中实际上包含了对一般犯罪行为的规定。而在德国刑法典中只有不作为的规定，日本刑法典则对作为与不作为都没有规定，从刑法角度来看，犯罪行为的规定是由刑法分则的罪状完成的，一般犯罪行为在法律上没有规定，完全由刑法理论根据罪状规定加以概括，这里面本身也显现出构成要件该当性是指行为合乎刑法分则规定的特殊构成要件之蕴含。其次，犯罪故意与过失，是中、俄、德、日四国的刑法都有规定的，只是中、俄的刑法规定稍繁，德、日的刑法规定略简而已。从刑法关于犯罪故意与过失的规定上，我国及苏联的犯罪构成理论中关于罪过的学说似乎更接近法律规定，即将心理事实与价值评价合而为一。而德、日刑法的犯罪构成理论，将心理事实放在构成要件该当性中论述，将规范评价放在有责性中讨论，是对法律规定作了某种"分解"，它是根据理论逻辑对于法律规定的一种重新构造。再次，关于犯罪主体条件的规定，中、俄、德、日四国的刑法规定也相差不多，我国及苏联的犯罪构成理论将其归结为一个独立的犯罪成立条件，而德、日刑法的犯罪构成理论将犯罪主体要件的内容——刑事责任能力纳入有责性要件，也完全是一种理论上的归类。最后，关于正当化事由，虽然四国刑法规定的种类或多或少有所不同，但内容几乎相同，尤其是正当防卫，四国刑法都对正当防卫成立的条件作了规定。至于我国及苏联的刑法理论将正当化事由放在犯罪构成范围之外研究，而德、日刑法理论将其作为违法阻却事由在违法性事件中论述，也完全是一个理论构造的问题。

综上所述，尽管犯罪构成体系与各国刑法规定有一定联系，但从刑法规定大体上相同而犯罪构成体系却存在重大差别的情形来看，理论还是起到了至关重要的作用。就此而言，在我国现行刑法不予修改的情况下，直接采用大陆法系递进式的犯罪构成体系并不存在法律上的障碍。

2. 司法考察

犯罪构成体系是司法人员用来认定犯罪的,因而犯罪构成体系是否科学,必须经过司法实践的检验。那么,我国现行的犯罪构成体系是否适应司法实践的需要呢?对此,我国学者指出:从司法实践来看,可以毫不夸张地说,目前我国从事司法实践工作的同志,不管其他法学知识掌握得如何,一般都对犯罪构成的基本理论包括犯罪构成的四方面要件有一个基本的了解,并自觉以该理论为指导,去认定现实生活中的各种犯罪。可以说,犯罪构成理论已植根于司法工作人员的思想中,对这样一个既成的、已被广大理论工作者和司法实际工作者接受的犯罪构成理论,有什么理由非要予以否定呢?否定或者随意改变之后,怎么能不给理论界和司法实际部门造成极大的混乱呢?[①] 这是一种为现行的犯罪构成体系辩护的观点,也代表了相当一部分学者对这一问题的认识。不可否认,现行的犯罪构成体系具有通俗易懂性。在我国目前司法人员学历层次较低且有大批未经法律专业训练的人员的历史背景下,现行的犯罪构成体系确实发挥了一定作用。只要经过数月培养,转业军人也可以掌握四个要件,并以此作为定罪的理论根据。但是,现行的犯罪构成体系显然是不能解决一些复杂疑难问题的,甚至可以说破绽迭出,容易造成错案。以下引一个真实案件加以说明。

【邵建国诱发并帮助其妻自杀案】[②]

【案情】

被告人:邵建国,男,29岁,宁夏回族自治区银川市人,原系银川市公安局城区分局文化街派出所民警。1991年8月29日被逮捕。

1990年4月30日,被告人邵建国与本所部分干警及联防队员沈××(女),应邀到苏××家喝酒。喝完酒后,几个人一起在返回派出所的途中,与邵建国的妻子王彩相遇。王彩原来就怀疑邵建国与沈××关系暧昧,看到邵与沈又在一

[①] 参见高铭暄主编:《刑法学》,第1卷,457页,北京,中国人民大学出版社,1993。
[②] 参见最高人民法院中国应用法学研究所编:《人民法院案例选》,刑事卷·1992年—1996年合订本,275页以下,北京,人民法院出版社,1997。应当注意本案发生在刑法、刑事诉讼法修改之前,案中所引刑法、刑事诉讼法条文均指1979年刑法、刑事诉讼法。

起,更加怀疑邵、沈的关系不正常,便负气回家。当晚7时许,邵建国与王彩在家中为此事争吵不休。争吵中邵建国说:"我不愿见到你。"王彩说:"你不愿见我,我也不想活了,我死就是你把我逼死的。"邵说:"你不想活了,我也不想活了,我们两个一起死。"邵把自己佩带的"五四"式手枪从枪套里取出,表示要与王彩一起自杀。王彩情绪激动地说:"要死我就死,你别死,我不想让儿子没爹没妈。"王彩两次上前与邵夺枪没有夺到手,邵即持枪进入卧室。王彩跟进去说:"要死我先死。"邵说:"我不会让你先死的,要死一块死,你有什么要说的,给你们家写个话。"王彩便去写遗书,邵在王快写完时自己也写了遗书。随后,王对邵说:"你把枪给我,我先打,我死后你再打。"邵从枪套上取下一颗子弹上了膛,使手枪处于一触即发的状态。王彩见此情景,便从邵手中夺枪。在谁也不肯松手的情况下,邵建国把枪放在地上用脚踩住。此时,王彩提出和邵一起上床躺一会,邵表示同意,但没有把地上的枪捡起。邵躺在床里边,王躺在床外边,两人又争执了一会。大约晚10时许,王彩起身要下床做饭,并说:"要死也不能当饿死鬼。"邵建国坐起来双手扳住王彩的双肩,不让王捡枪。王说把枪捡起来交给邵,邵便放开双手让王去捡枪。王彩捡起枪后,即对准自己的胸部击发。邵见王开枪自击后,发现王胸前有一黑洞,立即喊后院邻居贾××等人前来查看,同时将枪中的弹壳退出,把枪装入身上的枪套。王彩被送到医院,经检查已经死亡。经法医尸检、侦查实验和复核鉴定,王彩系枪弹近距离射击胸部,穿破右心室,导致急性失血性休克死亡,属于自己持枪击发而死。

【审判】

宁夏回族自治区银川市人民检察院以被告人邵建国犯故意杀人罪向宁夏回族自治区银川市中级人民法院提起公诉,王彩之父王善宽提起附带民事诉讼,要求被告人邵建国赔偿其为王彩办理丧葬等费用共计1 100元。

宁夏回族自治区银川市中级人民法院经过公开审理认为,被告人邵建国身为公安人员,明知其妻王彩有轻生念头而为王彩提供枪支,并将子弹上膛,对王彩的自杀在客观上起了诱发和帮助的作用,在主观上持放任的态度,其行为已构成故意杀人罪,应负刑事责任。由被告人邵建国的犯罪行为所造成的经济损失,邵

建国确无赔偿能力。该院依照《刑法》第 132 条的规定，于 1992 年 11 月 17 日作出刑事附带民事判决，以故意杀人罪判处被告人邵建国有期徒刑 7 年。

宣判后，被告人邵建国和附带民事诉讼原告人王善宽均不服，提出上诉。邵建国的上诉理由是："主观上没有诱发王彩自杀的故意，客观上没有帮助王彩自杀的行为。"王善宽的上诉理由是：邵建国有赔偿能力。

宁夏回族自治区高级人民法院对本案进行了二审审理。对附带民事诉讼部分，经该院主持调解，邵建国赔偿王善宽 1 100 元已达成协议，并已执行。对刑事诉讼部分，该院认为，上诉人邵建国在与其妻王彩争吵的过程中，不是缓解夫妻纠纷，而是以"一起死""给家里写个话"、掏出手枪等言词举动激怒对方。在王彩具有明显轻生念头的情况下，邵建国又将子弹上膛，使手枪处于一触即发的状态，对王彩的自杀起了诱发和帮助作用。邵建国明知自己的行为可能发生王彩自杀的结果，但他对这种结果持放任态度，以致发生了王彩持枪自杀身亡的严重后果。邵建国诱发、帮助王彩自杀的行为，已构成故意杀人罪。原审判决事实清楚，证据确实充分，定罪准确，量刑适当，审判程序合法。邵建国的上诉理由不能成立，应予驳回。据此，该院依照《刑事诉讼法》第 136 条第 1 项和《刑法》第 132 条的规定，于 1993 年 1 月 14 日裁定如下：驳回邵建国的上诉，维持原审刑事附带民事判决中的刑事判决。

【评析】

本案在审理过程中，对被告人邵建国的行为是否构成犯罪的，构成什么罪，有四种意见。

第一种意见认为，邵建国的行为不构成犯罪。王彩是自杀身亡的，邵建国没有杀人的故意，也没有杀人的行为。而且邵、王二人属于相约自杀，王彩自杀，邵建国没有自杀，不应追究邵建国的刑事责任。

第二种意见认为，邵建国在与其妻王彩争吵的过程中，拿出手枪，将子弹上膛，对王彩拿枪自杀制止不力，并非故意杀人。但是，邵建国违反枪支佩带规定，造成了社会危害，后果严重，应比照《刑法》第 187 条的规定，类推定"违反枪支佩带规定致人死亡罪"。

第三种意见认为,邵建国的行为与刑法规定的故意杀人罪最相类似,应比照《刑法》第 132 条的规定,类推定"提供枪支帮助配偶自杀罪"或"帮助自杀罪"。

第四种意见认为,邵建国的行为构成故意杀人罪。邵建国、王彩夫妇在争吵的过程中,王彩说"我不想活了",这是王出于一时激愤而萌生短见,并非一定要自杀,更没有明确的自杀方法。此时,邵建国不是设法缓解夫妻矛盾,消除王彩的轻生念头,而是用"两人一起死""给家里写个话"和掏出手枪等言词举动,诱使和激发王彩坚定自杀的决心。当王彩决意自杀,情绪十分激动,向邵建国要手枪的时候,邵又把手枪子弹上膛,使之处于一触即发的状态,这又进一步为王彩自杀提供了便利条件,起到了帮助王彩自杀的作用。尽管王从邵手中夺枪时,邵没有松手,随后把枪放在地上用脚踩住,但当王彩提议两人上床躺一会的时候,邵没有拾起手枪加以控制,反而自己躺在床里,让王彩躺在床外,使她更接近枪支。邵建国明知自己的上述一系列行为可能造成王彩自杀的后果,但他对此持放任的态度,终于发生了王彩持枪自杀的严重后果。邵建国诱发和帮助王彩自杀的行为,其实质是非法剥夺他人的生命,符合故意杀人罪的构成要件。在我国刑法对这类行为没有另定罪名的情况下,以故意杀人罪追究邵建国的刑事责任是适当的,无须类推。持这种意见的人还认为,邵、王二人的行为并非相约自杀。相约自杀必须是双方都有真实自杀的决心,如果一方虚伪表示愿与另一方同死,实际上却不愿同死,就不能认为是相约自杀。从本案的情况看,邵建国虽然表示要与王彩一起自杀,继王彩之后自己也写了遗书,但事实表明他并没有真实自杀的决心。王彩自杀之前,手枪基本上控制在邵建国手中,邵如果真的要自杀,完全有可能用手枪自杀,他并没有这样做。当他发现王彩自杀之后,他也没有自杀,而是把手枪收起装入枪套,破坏了现场。因此,认为邵、王二人属于相约自杀的观点是难以成立的。

二审法院采纳了上述第四种意见,对被告人邵建国的行为定故意杀人罪,是正确的。

这一案件,根据我国现行的刑法理论,并不能认为是错判。因为对于这种教

唆或者帮助自杀行为,我国刑法教科书一般都认为是构成故意杀人罪的,只是认为情节较轻而已。[①] 因此,在本案处理中,虽然存在四种分歧意见,但很快统一于第四种意见。根据我国现行犯罪构成体系,被告人邵建国在客观上存在实施诱发和帮助王彩自杀的行为,其实质是非法剥夺他人生命的故意杀人行为,主观上明知自己的行为可能发生王彩自杀的结果,但他对这种结果持放任态度,以致发生了王彩持枪自杀身亡的严重后果,符合故意杀人罪的构成事件。但是,被告人实施的诱发和帮助他人自杀行为是一种杀人行为吗?杀人,无论是作为还是不作为,都必须具备构成要件该当性,但这种诱发和帮助他人自杀的行为,不能直接等同于故意杀人。在刑法没有明文规定的情况下,不宜作为故意杀人处理。[②] 在日本刑法中,有自杀关联罪,因而教唆或帮助自杀行为构成犯罪,但并不构成故意杀人罪。[③] 由此可见,教唆或帮助自杀等自杀关联行为,不能等同于故意杀人行为。按照递进式的犯罪构成体系,教唆或帮助自杀行为不具有构成事件该当性,因而也就不可能具有违法性与罪责性,就不会评价为犯罪。而根据耦合式的犯罪构成体系,只要将教唆或帮助自杀行为错误地理解为杀人行为,接下来杀人故意也有,因果关系也有,杀人结果也有,主体要件也符合。因此,一存俱存必然导致一错俱错。由此可见,在司法实践中,耦合式犯罪构成体系比递进式犯罪构成体系出错的概率要大一些。当然,错案的发生也并不能仅归咎于犯罪构成体系,但至少与之有关。

综上所述,从司法实践的角度考察,随着我国刑事法治的发展,司法人员素质的逐渐提高,现行的犯罪构成体系已经不适应司法实践的需要。犯罪构成理论必须更新,这是一个不争的事实。

(三) 犯罪构成的理论发展

基于以上分析,我认为犯罪构成理论亟待发展。这种理论发展具有以下两种可供选择的途径。

---

① 参见高铭暄、马克昌主编:《刑法学》,470 页,北京,北京大学出版社、高等教育出版社,2000。
② 参见陈兴良:《规范刑法学》,449~450 页,北京,中国政法大学出版社,2003。
③ 参见 [日] 大谷实:《刑法各论》,黎宏译,15 页,北京,法律出版社,2003。

1. 犯罪构成体系之引入

从上文的叙述中可以看出，我国及苏联的犯罪构成体系是在对大陆法系犯罪构成体系进行改造以后形成的。但是，改造以后的犯罪构成体系存在内在逻辑上的某些缺陷，而且也不利于对犯罪的正确认定。在这种情况下，直接引入大陆法系递进式的犯罪构成体系，是一条简便易行的出路。在我主编的《刑法学》一书中[①]，我就试图将大陆法系的犯罪论体系引入我国刑法教科书。在该书的序中，我指出："刑法教科书可以有多种写法，犯罪构成体系也可以进行多种尝试性的建构，而不能将某一种模式视为金科玉律。即使是在递进式犯罪成立理论占主流地位的德、日等大陆法系国家，刑法教科书中对犯罪论体系的写法也不太相同，例如有学者按行为论、构成要件该当性、违法性、有责性的次序处理犯罪论问题，有学者则按照不法、责任的两重结构讨论犯罪成立条件，多种模式并行不悖。刑法教科书在犯罪论体系上的多元化探索，既有助于刑法学教学改革的推进，也对促进刑法学理论的繁荣和发展、刑事司法的民主和公正，具有积极意义。"[②] 这段话虽然是针对刑法教科书而说的，但同样适合于犯罪构成理论研究。我认为，引入大陆法系递进式的犯罪构成体系，对于我国刑法理论的发展具有积极意义。

在《刑法学》一书中，我认为，在犯罪的认定上必须采用排除法，构成要件的该当性、违法性和有责性之间，应环环相扣、层层递进，各要件之间的逻辑关系必须明确。根据这种递进式结构，在将某一行为认定为犯罪时，须进行三次评价，构成要件该当性是事实评价，为犯罪提供行为事实的基础；违法性是法律评价，排除正当防卫等违法阻却事由；有责性是主观评价，为追究刑事责任提供主观根据。以上三个要件，形成一个过滤机制，各构成要件之间具有递进关系，形成独特的定罪模式。构成要件该当性、违法性、有责性三者之间的关系是：构成要件该当性具有推定功能，只要行为符合构成要件，原则上可推定构成犯罪；存

[①] 参见陈兴良主编：《刑法学》，上海，复旦大学出版社，2003。
[②] 陈兴良主编：《刑法学》，23页，上海，复旦大学出版社，2003。

在违法性，原则上可推定行为人有责任。构成要件该当性、违法性是考虑一般情况，其评价标准对所有人平等适用，违法阻却、责任是考虑特殊、例外情况，当存在例外情况时，递进式推理即中断。① 以递进式犯罪构成体系为框架的犯罪论体系能够在一定程度上克服我国现行犯罪构成理论的缺陷。当然，引入大陆法系递进式犯罪构成体系并非简单地照搬与机械地套用，还应根据我国刑法规定与司法实践加以融合。

2. 犯罪构成体系之创新

除直接引入大陆体系的递进式犯罪构成体系以外，还可以在犯罪构成体系上进行创新。在《本体刑法学》一书中，我提出了犯罪构成的二分体系，即罪体与罪责。罪体是犯罪构成的客观要件，罪责是犯罪构成的主观要件，两者是客观与主观的统一。② 在《规范刑法学》一书中，我根据中国刑法规定的犯罪概念中存在罪量因素这样一个特点，进一步提出了罪体—罪责—罪量三位一体的犯罪构成体系。其中，罪体相当于犯罪构成的客观要件，罪责相当于犯罪构成的主观要件，两者是犯罪的本体要件。罪量是在罪体与罪责的基础上，表明犯罪的量的规定性的犯罪成立条件。③ 在我国这一犯罪构成体系中，罪体是指刑法规定的、犯罪成立所必须具备的客观外在特征，包括主体、行为、客体、结果、因果关系等要素。罪责是指具有刑事责任能力的人在实施犯罪行为时的主观心理状态，包括责任能力、责任形式等要素。罪量是指在具备犯罪构成的本体要件的前提下，表明行为对法益侵害程度的数量要件，包括数额、情节等要素。

三、犯罪论体系的讨论

犯罪论体系是刑法理论中的一个重大问题，需要经过深入的研究才能真正掌握它的真谛。以上说了我个人晚近对犯罪论体系问题的一些思考。现在开始讨

---

① 参见陈兴良主编：《刑法学》，50 页，上海，复旦大学出版社，2003。
② 参见陈兴良：《本体刑法学》，220~221 页，北京，商务印书馆，2001。
③ 参见陈兴良：《规范刑法学》，58 页，北京，中国政法大学出版社，2003。

论。同学们既可以发表自己的评论性见解，也可以提出问题，我将予以解答。

车浩（北京大学法学院博士研究生）：

德、日的递进式犯罪构成体系比我国现在通行的耦合式的犯罪构成体系在逻辑上更为严谨，在内涵上也更为深厚。因此，从推动学术进步的角度说，我赞成陈老师舍弃旧的学说，引进德、日的犯罪构成体系的观点，也更期待我国学者自己的、富于个性的犯罪构成体系不断涌现。但是，我还是有一点忧虑：一方面由于我国耦合式的犯罪构成体系长期以来以在司法实践部门也有很大影响，在某种意义上取得了一定的现实合理性；另一方面，也是由于传统，我国刑法学界对于德、日理论的研究还很不深入，加之语言工具的障碍，我很担心这样的一个学习和引进的过程会不会是"路漫漫其修远兮"。我们什么时候能够追赶上刑法理论发达国家的脚步呢？

陈兴良：

你对引入大陆法系的犯罪构成体系的赞同和对我国学者在犯罪构成体系上的创新所持有的期待态度，我深以为然。你提出了两个问题，我分别加以回答。

第一个问题：大陆法系的犯罪构成体系能否顺利地替代我国现在通行的耦合式的犯罪构成体系，你表示担忧。因为耦合式的犯罪构成体系毕竟在我国已经通行多年。你的这种担忧当然不是没有由来的，但我并不认为耦合式的犯罪构成体系已经在我国取得了一定的现实合理性。我国是在20世纪50年代初期从苏俄引入耦合式的犯罪构成体系的，尤其是特拉伊宁的《犯罪构成的一般学说》于1958年在我国的翻译出版，对此后这一犯罪构成体系的发展提供了理论根据。何秉松教授将我国犯罪构成理论的发展分为三个时期：一是移植期：1949年至1956年；二是沉寂期：1957年至1978年；三是发展期：1979年至今。[1] 从以上时间表可以看出，移植期实际上很短，当然主要是苏俄专家来华传授苏俄的犯罪构成理论，同时翻译了一些苏俄刑法教科书。特拉伊宁的《犯罪构成的一般学说》一书在1958年出版时，我国已经进入反右派斗争，这本书对当时并没有发

---

[1] 参见何秉松：《犯罪构成系统论》，45页以下，北京，中国法制出版社，1995。

生影响。甚至可以说，这本书在反右派斗争的背景下能够正式出版本身就是一个奇迹。从现在已经发现的资料来看，在反右运动中，犯罪构成理论已经成为禁区。我国学者对这段历史有以下描述：我国刑法中犯罪构成理论，早在 1957 年前已有了一定的研究，在一些刑法论著中阐述了犯罪构成理论的重要性及在司法实践中的作用。广大司法干部运用这一理论分析和解决各类案件，对于正确运用法律和政策分析犯罪，分清犯罪与非犯罪的界限，起了积极的作用。但是后来，这一正确理论遭到了批判，在犯罪理论问题上出现了严重的混乱现象。"犯罪构成"一词不能再提了，犯罪构成各个要件不能再分析了，不准讲犯罪必须是主客观的统一，等等。理论上的混乱，必然导致实践上的错误。① 因此，对犯罪构成理论的真正研究，实际上始于 20 世纪 80 年代初期。当时，是由高铭暄教授主编的统编教材《刑法学》和杨春洗教授等编著的《刑法总论》等教科书确立了这一犯罪构成体系在我国刑法学界的主导地位。但从一开始，对于这一犯罪构成体系的争鸣、质疑以及突破的努力就没有停止过。对此，何秉松教授作过以下描述：十一届三中全会（1978 年）以后，特别是我国第一部刑法典颁布后，刑法理论进入了繁荣发展时期。犯罪构成理论作为刑法理论的核心和基础，更是受到人们的青睐。对犯罪构成理论的研究逐步深入，并取得不少可喜的成果。但是，这时期，在如何对待传统的犯罪构成理论和如何发展犯罪构成理论上，也开始出现了严重的意见分歧。一部分学者提出要打破传统犯罪构成理论的束缚，创立具有中国特色的犯罪构成理论；另一部分学者则认为，我国目前的犯罪构成理论是科学合理的，因而，不应当破除，而应当维护。由此展开了关于犯罪构成理论发展的两条道路和两种方向的争论。② 因此，尽管从苏联引入的犯罪构成体系在我国占统治地位，成为刑法理论上的通说，但对其的批评从来没有停止过。在这种情况下，破除耦合式的犯罪构成体系不是空穴来风，而是有其理论积累的。

第二个问题：我们对大陆法系的犯罪构成体系将会深入研究，引入这一理论

---

① 参见杨春洗等：《刑法总论》，108 页，北京，北京大学出版社，1981。
② 参见何秉松：《犯罪构成系统论》，46~47 页，北京，中国法制出版社，1995。

是否存在困难？我们如何才能赶上刑法理论发达国家的脚步？大陆法系的犯罪构成理论早在20世纪30年代就已经在我国通行，大家可以看一看民国时期的刑法教科书，都是按照这一犯罪构成理论建构犯罪论体系的。只是在20世纪50年代全盘接受苏联的犯罪构成体系，大陆法系犯罪构成体系被视为资产阶级法学理论被弃用，从而使这一学术传统中断。20世纪80年代以后，随着德、日刑法专著和刑法教科书不断地被引入我国，我国学者对大陆法系犯罪构成体系有了更为系统而深入的理解。我相信，只要在我国全面推行大陆法系的犯罪构成体系，这一理论被我国法律人接受是不困难的。当然，我国犯罪构成理论的研究水平距离德、日刑法理论发达国家还有很大的距离，我参加过两届中日刑事法交流会，对此更有深切的体会。我曾经说，德、日的犯罪构成理论经过一百多年发展，已经建成理论大厦，完成装修，正在处理一些细节，犯罪构成理论，已经发展到极致。而我国引入苏俄的犯罪构成体系，就像建造了一座歪歪斜斜的大厦，需要推翻重建，现在旧屋还未推翻，距离大厦建成还很遥远，要想在短时间内赶上德、日，是不可能的。时不我待，我们现在如果不努力，差距将会更大。

方鹏（北京大学法学院博士研究生）：

你在《规范刑法学》中提出罪体—罪责—罪量的犯罪构成体系，具有独特性。请你说明，你的这一犯罪构成体系与我国及苏俄的犯罪构成体系和大陆法系的犯罪构成体系在逻辑上有什么区别？你在提出这一犯罪构成体系的同时主张引入大陆法系的犯罪构成体系，在这两者之间，你到底选择哪一种犯罪构成体系？

陈兴良：

你的问题涉及我所提出的罪体—罪责—罪量的犯罪构成体系。你也提出了两个问题，我分别予以回答。

第一个问题：我的犯罪构成体系到底有何独特性？在回答这一问题前，我想回顾一下我这一犯罪构成体系形成的过程。这一犯罪构成体系并非即兴之作，而是在长期研究犯罪构成理论过程中逐步形成的学术成果。大家都看过我的《刑法哲学》一书，该书出版于1991年。这本书虽然不是犯罪构成的理论专著，但对犯罪构成体系有较大篇幅的论述，包含了当时我对这一问题的一些想法。在《刑

法哲学》一书中，关于犯罪构成理论，我至少作了以下学术工作：

第一，在定罪模式的题目下，对我国及苏俄的犯罪构成体系与大陆法系的犯罪构成体系作了比较。将我国及苏俄的犯罪构成体系称为耦合式的逻辑结构，将大陆法系的犯罪构成体系称为递进式的逻辑结构。第二，在主观恶性与客观危害的题目下，研究了犯罪成立的主观要件与客观要件。第三，在犯罪成立的主观要件与客观要件的论述中，将事实判断与价值评价相分离，提出主观恶性是心理事实与规范评价的统一、客观危害是行为事实与价值评判的统一的命题。当然，在犯罪构成体系上，认为犯罪客体不是犯罪构成要件，但仍将犯罪主体包括在犯罪构成体系之内，指出：犯罪构成归根到底是要解决定罪的法律模式问题。所以，静态的犯罪构成研究应该纳入动态的定罪论体系，因而确定如下的定罪模式：犯罪主体是定罪的前提，犯罪的客观要件是定罪的客观依据，犯罪的主观要件是定罪的主观依据。[①] 上述研究，我是想用定罪模式替代犯罪构成体系，现在看来是不成熟的，但为后来的犯罪构成体系的创新奠定了基础。

在《本体刑法学》一书中，我提出了犯罪构成的二分体系，首次采用罪体与罪责的概念。及至《规范刑法学》，又将罪体与罪责的二分体系根据我国刑法的规定，确定为罪体—罪责—罪量三位一体的犯罪构成体系，尤其是在罪量概念提出之后，该体系更加符合我国的刑法规定。对于我国刑法中犯罪的数量要素，例如数额较大、情节严重等，到底是否是犯罪构成要件，我国刑法学界存在否定说与肯定说之争。否定说认为，刑法规定"情节严重"才构成犯罪，只是一种提示性规定，而不是构成要件。犯罪情节有的属于客观方面的，有的属于主观方面的，还有的属于客体或者对象的，有的属于主体的。既然犯罪构成的四个方面都有情节，就不好把情节作为一个独立的要件。[②] 而肯定说则认为，"情节严重"中的情节不是特定的某一方面的情节，而是指任何一个方面的情节，只要某一方面情节严重，其行为的社会危害性就达到了应受刑罚处罚的程度，应该定为犯

---

① 参见陈兴良：《刑法哲学》，修订2版，697页，北京，中国政法大学出版社，2000。
② 参见高铭暄主编：《中国刑法学》，83页，北京，中国人民大学出版社，1989。

罪。正因为如此，应把这种"情节严重"称为犯罪构成的综合性要件。[①] 我认为，情节严重之犯罪情节是犯罪成立的条件之一，否定其为犯罪构成要件是没有道理的。但是，把它作为犯罪构成的综合性要件，它与犯罪构成的共同要件之间的关系也难以说清。我认为，应当把罪量看作是与"罪体—罪责"相并列的犯罪构成要件，它是表明犯罪数量界限的一个构成要件。

那么，我的上述犯罪构成体系到底有何独特性呢？

首先，我的犯罪构成体系与耦合式的犯罪构成体系存在不同之处。犯罪客体要件不复存在，行为客体归入罪体。犯罪主体要件也不复存在，刑事责任能力归入罪责。更为重要的是，在耦合式的犯罪构成体系中，由耦合性特征所决定，四个要件是一种共存共生关系。而我的犯罪构成体系中，在罪体与罪责之间是一种对合关系。在这种对合关系中，罪体是可以独立于罪责而存在的，例如精神病人的杀人行为，是具有罪体的，只是没有罪责而已。正是这种对合性，决定了我的犯罪构成体系是客观要件先于主观要件的。换言之，罪体与罪责的顺序是由其内在逻辑所确定的，不可随意变动。此外，在耦合式的犯罪构成体系中，犯罪情节和犯罪数额（量）在犯罪构成中的体系性地位也是一个没有得到圆满解决的问题。我将其归结为犯罪构成的一个独立要件——罪量，就较为圆满地解决了这个问题，使罪体—罪责—罪量的犯罪构成体系，不仅是客观与主观相统一的犯罪构成体系，而且是质与量相统一的犯罪构成体系。

其次，我的犯罪构成体系与递进式的犯罪构成体系也是有所不同的。在递进式的犯罪构成体系中，事实评价与价值评价是分为不同要件进行的。构成要件该当性只是事实评价，违法性是客观的价值评价，有责性是主观的价值评价。相对来说，这种犯罪构成结构较为复杂，理解起来困难一些。而我的犯罪构成体系中，罪体与罪责都是事实评价与价值评价的统一，将事实评价与价值评价统一在一个要件之中。另外，对于正当防卫、紧急避险等行为的处理可能是两个体系之间的最大区别。在大陆法系递进式的犯罪构成体系中，正当防卫、紧急避险是作

---

① 参见张明楷：《刑法学》，2版，140页，北京，法律出版社，2003。

为违法阻却事由，在违法性这一要件中讨论的。在我的犯罪构成体系中，正当防卫、紧急避险等行为是作为正当化事由，在犯罪构成体系之外讨论的。这时就存在一个问题，正当防卫、紧急避险等行为与犯罪构成到底是一种什么关系？过去我国及苏俄的犯罪构成理论说其是形式上符合犯罪构成而实质上不具有社会危害性因而不构成犯罪，这一观点使犯罪构成形式化，与犯罪构成是社会危害性的构成、犯罪构成是刑事责任的唯一根据等通论相矛盾，显然是不足取的。有鉴于此，张明楷教授将正当化事由称为排除犯罪的事由，指出：有些行为，虽然在客观上造成了或者可能造成一定的损害结果，客观上与某些犯罪的客观方面相似，但由于具有特别的理由、根据，并未被刑法禁止，因此并不符合刑法规定的犯罪构成（因为刑法通过犯罪构成禁止犯罪行为，既然未被刑法禁止，就不可能符合刑法规定的犯罪构成），进而排除犯罪的成立，这便是排除犯罪的事由。① 在此，张明楷教授明确指出正当化事由不符合犯罪构成，但与犯罪的客观方面相似。由此，在将正当化事由放在犯罪构成之外的同时，保持了犯罪构成的实质化意蕴。对此，我是深表赞同的。在《本体刑法学》一书中，我以肯定与否定的分析框架解决犯罪构成与正当化事由之间的关系：定罪是一种肯定性判断，行为符合犯罪构成即为犯罪。这一肯定判断依据的是刑法的禁止性规范。例如，刑法禁止杀人，违反此禁令而杀人者，即为杀人罪。应当指出：刑法中绝大多数规范是禁止性的，这也正是刑法作为一种制裁法的特征之一。但是，刑法也存在个别的允许规范，以限制禁止规范的内容。正当化事由就是此类允许规范。在这个意义上说，正当化意味着合法化。当然，这种允许规范不是一般意义上的允许规范，而是作为禁止规范之例外的允许规范。因此，允许规范具有高于禁止规范的效力，形成对禁止规范的否定，使禁止规范失效。② 这样一种解释，我认为是能够成立的，也是我的犯罪构成体系与递进式的犯罪构成体系的重要区别之所在。

第二个问题：我在提出罪体—罪责—罪量的犯罪构成体系的同时主张引入大

---

① 参见张明楷：《刑法学》，2版，254页，北京，法律出版社，2003。
② 参见陈兴良：《本体刑法学》，422页，北京，商务印书馆，2001。

陆法系的犯罪构成体系，在这两者之间如何进行选择？我的观点是，应当提倡犯罪构成体系的多元化。各种犯罪构成体系可以并存，互相竞争，逐渐形成通说。这里应当提出，大陆法系的犯罪构成理论经过长达百年的历史发展，从古典派到新古典派，从贝林、麦耶尔到迈兹格、威尔泽尔，对这段历史，大家有兴趣不妨看一看小野清一郎的《犯罪构成要件理论》一书。应该说，日本的小野清一郎也是对犯罪构成理论发展作出了重大贡献的重要学者之一，我们都是通过他的著作了解大陆法系犯罪构成理论的历史发展的。因此，大陆法系的犯罪构成体系是十分精致的和成熟的并且具有合理性的犯罪成立理论。而我提出的罪体—罪责—罪量这一犯罪构成体系，只是个人的见解，当然是存在不足的，需要在研究中不断地加以完善。

葛磊（北京大学法学院博士研究生）：

1. 犯罪论体系或者说犯罪构成体系，是判断行为是否为刑法调整的标准，实际上无论是大陆法系包括德、日刑法中各类型的递进式犯罪构成体系，英美法系的双层次构成体系，还是我国的犯罪构成体系，都是由几个基本的构成要件要素所组成，这些要素包括行为、危害结果、因果关系、违法性要素、责任能力、责任形式、期待可能性等，区别只在于不同体系中诸要素的排列组合结构，以及各要素在组合结构中的地位不同。然而，这种区别实际上是和各国的传统思维方式、产生时的哲学基础相适应的。欧洲大陆各国文明起源于古希腊文明，古希腊人的并不优厚的自然生存环境，导致了他们粮食不能自给自足，不得不通过交换活动来维持生存，逐渐形成了一种农工商结合的综合型经济，与之相适应的文化是一种多源头、多元化的开放式文化。这使得古希腊人不像中国古人那样，喜欢推崇古人来印证自己正确，而往往是以否定前人来证明自己正确。而要否定前人，自然要提出与众不同的观点，于是逐渐形成了以演绎为主的理性思维，即通过一种积累性的个人探索，提出定义、公设、公理，然后进行逻辑推导，最后得出结论、构建体系的思维模式。这种在演绎基础上构建体系的思维方式对西方文化影响至今，因此他们崇尚思辨，习惯于逻辑推理，具有强烈的个人主义精神。同时，现代大陆法系的犯罪构成理论被认为是在20世纪初建立的，而其时欧洲

哲学建立在主客体对立基础上的传统认识论在康德那里发展到了极致，但暴露了内在的困难——主客体的鸿沟无法真正跨越，因此产生了分析主义哲学，并成为西方哲学最主要的流派，延续了整整一个世纪。这种分析主义哲学与其他流派哲学比较起来，特别强调的就是逻辑分析。不难看出，构成要件符合性—违法性—有责性这种层层递进的、从一般到特殊的递进式的结构或体系，和大陆法国家的传统文化、思维方式、哲学基础有着天然的联系。而且，也是因为这种多元化的文化特征，大陆法系的犯罪论体系非常个性化，几乎每个刑法学家都有自己的犯罪构成体系。而英美特别是美国崇尚自由主义，以实用主义哲学为基础，产生了强调实践的实体意义上和诉讼意义上的双层次的犯罪构成体系。

而在中国，古代中国自然环境优越，适合农业生产，产生了自给自足的农业经济，与之相适应的是一种封闭式的农耕文明。在年复一年的春种秋收大同小异的规律生活中，形成了一种归纳为主、注重实用的经验理性思维方式，即通过总结前人的经验、观点，通过归纳论证的方式，得出自己的见解和观点。同时，儒道的思想根深蒂固，道家学说的太极模式，阴阳观念（诸如一阴一阳谓之道，孤阴不生，独阳不长，负阴而抱阳，负阳而抱阴，阴中有阳，阳中有阴）对中国人的思维方式有深远的、潜移默化的影响，也导致中国人习惯的思维方式与西方思维方式有重大区别，具有以归纳为主、求实重用、强调整体和统一、习惯于从阴阳两方面考虑问题等特征。从哲学基础来看，新中国成立后的正统哲学为马克思主义的辩证唯物主义，这种哲学也强调矛盾对立、主客观一致。因此，耦合式的犯罪构成体系非常适应中国人的思维方式和哲学基础。第一，耦合式的犯罪构成体系在结构上是耦合式的结构，主观和客观、主体和客体互相对应，统一在一个整体之中；第二，在适用过程中，分别从四个要件对应的角度去评价一个行为，通过归纳论证得出整体性结论来判断该行为是否属于犯罪行为，这与中国人习惯于从大量的个别事实情节出发形成对咨询事物全貌认识的归纳型思维方式很吻合；第三，这种犯罪构成理论非常实用，只要知道了四个构成要件就可以断案，不需要进行复杂的逻辑论证，也不需要掌握学者们提出的林林总总的犯罪论体系，这也很符合中国人的求实重用的思维方式。因此，中国人传统的思维

方式和哲学基础导致了苏联的耦合式的犯罪构成体系广为接受，并在实践中长期适用。因此，理论体系更应该理解为一个国家或者民族在某一领域内的思维模式，而且刑法理论体系本来应该为刑事立法、司法实践服务的，应为其提供指导。因此，虽然耦合式的犯罪构成体系有一定的理论缺陷，但我们彻底地抛弃它，完全引进大陆法系的构成体系而不考虑到中国人的文化传统和思维方式特征，犯罪论体系在司法适用过程中会不会出现问题，是否能得到真正的贯彻和遵循？

2. 大陆法系犯罪构成体系确实有逻辑性强、开放性强的优势，但是也存在许多理论上的问题。大陆法系的构成要件学说可以分为行为类型构成要件说、违法构成要件说和违法责任构成要件说，前者强调形式解释，后二者强调实质解释。行为类型构成要件说的问题在于：（1）仍然要在构成要件符合性之外寻求违法性的基础，不利于贯彻罪刑法定。（2）强调构成要件该当性的客观性、形式性，不引入价值判断，不能区别具体的犯罪，如故意杀人、过失杀人、故意伤害致人死亡。（3）不能判断违法程度，必然要求引入可罚的违法性要件，存在理论体系上的缺陷。违法性判断，通说是消极判断，即使是行为类型构成要件说，也承认构成要件该当性具有表征机能，原则上符合构成要件该当性就推定违法，但是对于符合构成要件该当性的行为，又不得不在违法性中积极判断行为的违法程度是否属于可罚性违法行为。违法性构成要件说没有把责任纳入构成要件该当性中，同样存在难以判断具体犯罪的问题，如故意杀人、过失杀人、故意伤害致人死亡。团藤重光认为，藏匿伪造证件、使用伪造证件罪中，如果伪造对犯罪人自己有利的证据，就不具有期待可能性，不符合构成要件该当性。而违法责任构成要件说，我认为实际上并不具有思维经济性。因为责任的评价是一种道义评价，是将行为作为"行为人的行为"作出的评价，主要是对主观因素进行判断，是个别性的、最具体的评价，因此在责任的判断中，不能像在违法性判断中一样，仅仅根据无责任阻却事由来推定责任，推定是没有意义的，必须具体判断，以确定责任的有无和程度。因此，在构成要件该当性中考虑了责任，又不得不在有责性中重新判断，这就不具有思维经济性了。事实上，考察各构成要件学说的产生时

间，可以看出由行为构成要件说到责任违法构成要件说是一个发展过程，虽然各类型的学说在西方仍然有自己的地位。这种发展过程体现了一种整合的趋势——逐步地在该当性中讨论违法性和有责性要素。这种整合的趋势是非常明显的。彻底坚持违法构成要件学说会导致抹杀构成要件该当性与违法性的区别和界限，也就是说会将构成要件该当性和违法性完全整合在一起，如德国学者鲍姆加腾、日本学者中义胜就提出构成要件体系不需要三段式，仅构成要件该当性（=违法性）和有责性两个阶段就可以了。而坚持违法责任构成要件学说，把违法性和有责性放到构成要件该当性中考察，在大多数情况下，出于思维经济性考虑，都推定了违法性和责任性，除非存在违法阻却事由和责任阻却事由，在后两个阶段中不再分析违法性和责任性，在这种情况下，大陆法系的犯罪论体系实际也就与我国的四构成要件说不具有排除社会危害行为的情况相类似了。这时，仅需考虑的构成要件该当性中，同样存在行为、故意或过失等所有的犯罪构成要件要素，然而构成要件该当性内部却并不存在逻辑性。这种整合趋势说明了耦合式的犯罪构成具有一定的内在合理性，它的整体性考察机制避免了各类型的三段式构成要件说可能出现的问题，而且具有很强的思维经济性。当然，这个合理性仅仅是以把犯罪构成分为客体、客观方面、主体、主观方面四个要件的结构体系安排上来说的，并不是说苏俄的和作为我国目前通说的耦合式的犯罪构成体系没有问题。但是，是否有必要彻底否定耦合式的犯罪构成体系，而引入目前尚无定论、理论界存在各种相对自成体系的大陆体系的犯罪论体系呢？

3. 谈一谈耦合式的犯罪构成体系存在的问题及对其进行必要的改造。苏联的耦合式的犯罪构成体系是对大陆法系递进式的犯罪构成体系进行改造而产生的：将违法性改造为犯罪客体，将构成要件该当性改造为客观方面，将有责性分解为主体和主观方面。按理说符合四构成要件的行为都应该属于犯罪行为，但是苏俄和我国的通说并不这样认为，而是认为符合犯罪构成要件并不一定说明行为具有社会危害性，诸如正当防卫、紧急避险等正当化事由的社会危害性需要在构成要件之外判断。这就架空了犯罪构成要件的实质内容，使构成要件成为一种形式上的法律记述。这是因为在苏俄和我国目前的构成要件理论中，犯罪客体仅仅

视为形式上"侵犯了刑法所保护的社会主义社会关系或者利益",而没有对其进行实质上的解释。这样一来,正当化事由在构成要件中就没有任何位置了,只有在构成要件之外再另行判断行为的社会危害性。我认为这是耦合式的犯罪构成体系在理论上最大的问题。为了解决这个问题,应该对客体作实质上的解释。同时我倾向于将其改变为法益,因为社会危害性概念是一个抽象的、超规范的概念,不利于保障罪刑法定原则。这样,不仅正当防卫等正当化事由就可以纳入构成要件之中而不至于游离于构成要件之外,还可以把刑法规定的犯罪真正限制在侵害法益程度非常严重、值得处以刑罚的行为之内,从两方面加强我国的构成要件理论的出罪的机能。

但是,我并不赞成将客体排除在犯罪构成要件之外,因为构成要件是决定一个行为是否属于犯罪、是此罪还是彼罪的法律标准,法益显然具有这个功能。林山田指出:"法益不但是构成要件的基础,而且也是区别各种不法构成要件的标准。"只有透过法益,才能掌握一个行为是否构成犯罪,精确地界定出各罪的区别。林山田以伪造文书罪和诬告陷害罪为例作出了说明:伪造文书罪所要保护的法益,是法律交往之安全性和可靠性,因此伪造自己名义的文书,因为没有破坏该法益,不构成犯罪。再如,诬告陷害罪保护的法益是公民的人身权利,那么得到诬告人承诺的诬告行为就不成立,而认为诬告罪保护的法益是国家司法机关的作用,那么即使得到诬告人承诺的行为,也成立本罪。

另外,我觉得有必要在构成要件中引入否定的构成要件,也就是在四个构成要件每一个构成要件之中,增设一对下位概念:肯定要件和否定要件。虽然陈老师在《本体刑法学》中认为犯罪构成的积极要件本身具有过滤机能,不具有积极要件的行为自然被排除在犯罪构成之外,因此构成要件只能是积极构成要件,而不能包含消极构成要件。但是,我认为引入消极(否定)构成要件有以下意义:(1)加强构成要件的出罪功能,保障人权。(2)使得期待可能性、正当防卫、紧急避险以及其他的正当化事由可以纳入构成要件中,从而消除理论上的矛盾,解决理论上一方面宣称考察一个行为是否构成犯罪,仅需要判断其是否符合构成要件,另一方面又不得不在犯罪构成要件之外进行正当化的判断。(3)使构成要件

理论体系显得更合理、更明确，有利于指导司法实践。此外，还应该注意到四个构成要件并不是随意组合的，而具有内在的逻辑结构，这种逻辑结构体现了认定犯罪从客观到主观的思想。不过我认为将四个构成要件的排列顺序由客体、客观方面、主体、主观方面调整为客观方面、客体、主体和主观方面更为恰当。首先，这种结构更符合司法实际中认定犯罪的方法和过程。司法实践中认定犯罪首先是针对行为，考察行为及其后果、因果关系，只有在行为和后果的基础上才能判定其是否侵害法益、侵害的是何种法益，然后具体地判断行为人的责任。其次，如果引入了消极构成要件，在考虑行为之前就分析阻却违法的事由，缺乏分析的基础，显然是不恰当的。最后，更重要的是，这种顺序可以强调将行为作为定罪的根据，有利于防止主观归罪、保障人权。

陈兴良：

你对犯罪构成理论有一定的思考，发表了你的见解，这是值得肯定的。我想回答你的一个问题，就是完全引进大陆法系的犯罪构成体系而不考虑到中国人的文化传统和思维方式特征，犯罪论体系在司法适用过程中会不会出现问题，是否能得到真正的贯彻和遵循？换言之，大陆法系的犯罪构成体系是否具备本土化的可能性？我不打算正面回答你的这个问题，如果要正面回答，我的答案当然是肯定的。我想说的是，中国古代虽然有发达的律学，但却从来没有过犯罪构成理论，犯罪构成理论无论是苏联的还是德、日的，对于我国来说都是舶来品，为什么？是中国传统文化之故还是中国思维方式之故？这个问题确实是值得我们思考的。

中国古代有十分发达的律学，这是一个不争的事实，但中国古代的律学，只限于对法律条文的注疏，即文字解释。例如，晋代的张斐注律，对法律中的一些核心用语作了注释，指出："其知而犯之谓之故，意以为然谓之失，违忠欺上谓之谩，背信藏巧谓之诈，亏礼废节谓之不敬，两讼相趣谓之斗，两和相害谓之戏，无变斩击谓之贼，不意误犯谓之过失，逆节绝理谓之不道，陵上僭贵谓之恶逆，将害未发谓戕，唱首先言谓之造意，二人对议谓之谋，制众建计谓之率，不和谓之强，攻恶谓之略，三人谓之群，取非其物谓之盗，货财之利谓之赃。凡二

十者,律义之较名也。"① 这些法律用语的定义对于中国古代法言法语乃至于法律文化的形成当然是有意义的,但它的作用也仅限于此。诸如六杀、六赃之罪等,只是一种罪名上的分类,而没有对这些犯罪的更一般的理论概括。及至清代,律学达到相当精致之程度,也只是解释之学。例如,清代学者王明德提出读律八法:一曰扼要,二曰提纲,三曰寻源,四曰互参,五曰知别,六曰衡心,七曰集义,八曰无我。王明德还提出八字之义:律有以、准、皆、各、其、及、即、若八字,各为分注,冠于律首,标曰八字之义,相传谓之律母。② 王明德对于八字作出十分精确的解释,对于解读刑法之精义十分有益。但是,正如我国学者指出:中国古代的刑法理论,仅仅局限于对律条进行注疏和解释,对具体的犯罪作一些说明和阐发,而没有提出对任何犯罪都适用的犯罪构成的概念及要件问题。③ 我认为,中国古代律学之所以没有形成犯罪构成理论,与中国古代的思维方式与法律文化都是有关系的。犯罪构成是一种理论模型,是建立在对犯罪成立条件的理论概括基础之上的,需要具备相当程度的逻辑水平与思维能力,尤其是刑罚上的抽象思维能力。而这一点恰恰是中国人所缺乏的,中国人擅长的是语言而非逻辑,尽管这两者有着密切的联系。因此,中国古代是没有犯罪构成理论的,犯罪构成都是由外国传入的。在这种情况下,我们应当明确一点,也就是需要使我们的思维去适应法治化所带来的更为精细的法律技术。在犯罪构成上也是如此,犯罪构成并不仅仅是一种法律技术,这种法律技术背后起作用的是思维方法。只有思维方法的变革,才能真正实现犯罪构成理论的本土化。

我国学者晚近从知识论角度对犯罪构成体系进行了颇有新意的探讨,我认为是极有价值的,也有利于我们对我国犯罪构成体系与大陆法系犯罪构成体系在哲学层面上进行对照。刑法理论的知识构成,它绝不是对事实现象的简单描述,也不是对法律规范的机械诠释,而是从概念出发对经验知识进行体系化的思维过程。这一思维的起始是概念,概念是知识的原点,是认识之网络上的网结。概念

---

① 高溯、马建石主编:《中国历代刑法志注释》,92 页,长春,吉林人民出版社,1994。
② 参见[清]王明德:《读律佩觿》,何勤华等点校,1 页以下,北京,法律出版社,2001。
③ 参见钱大群、夏锦文:《唐律与中国现行刑法比较论》,86 页,南京,江苏人民出版社,1991。

是与语言联系更为紧密的思维方式,中国古代律学达到了对法律现象的概念化,但也仅止于此而已。关键问题在于,这种概念必须被体系化建构,而从概念到体系的过渡必须借助于类型化。因此,类型化对于刑法学知识的整合是十分重要的思维工具。我国学者指出:类型化方法将极有成效地加强刑法的体系化与科学化。一方面,在横向层面上,类型化不但有利于刑法总则的条分缕析、前后承继,而且通过对各种法益和行为样态的类型化处理,刑法分则亦变得分门别类、井井有条。另一方面,在纵向层面上,类型化处理妥当地连接了基本原则与具体个案,构成刑法上下衔接的必要中介。正是借助类型化这一桥梁,刑法体系才变得错落有致、层次分明。[1] 犯罪构成要件正是这样一种类型化思维方式的知识产物,是近代大陆法系犯罪论体系的逻辑起点。犯罪论体系将所有刑事可罚条件体系化,更有助于对裁判者的约束,便于检验裁判过程与结果的合法性,即有利于裁判规范性能的充分发挥。[2] 而这一切,确实与一个民族的理性思维能力有关。当然,中国不长于理性思维,在历史上未能创造出大陆法系引以为自豪的犯罪构成体系,这是毋庸讳言的事实。但是,我们也绝不悲观到这样一种程度:即使引入大陆法系的犯罪构成体系,我们也在思维习惯上适应不了、接受不了。绝不至于如此。

叶慧娟(北京大学法学院博士研究生):

我的第一个问题是:大塚仁先生提出,犯罪论体系应具备两个特征,一是逻辑性,二是实用性。就逻辑性而言,西方国家见长于逻辑思辨,尤其是德国。中国人不擅长逻辑思辨,但却注重功利,我们现有的耦合式的犯罪构成体系虽有种种弊端,但因其适用起来比较简便,所以为实践部门所接受。我们现在改革现有的犯罪构成体系,因为同为成文法国家的缘故,更多地学习大陆法系国家,其犯罪构成要件理论集中体现了逻辑性(这并不是说其实用性就差)。但是,就实用性来说,或许英美法系更注重法律的实用性,霍姆斯大法官就曾说过:"法律的

---

[1] 参见张文、杜宇:《刑法视域中"类型化"方法的初步考察》,载《中外法学》,2002(4),246页。
[2] 参见刘凤科:《两种犯罪观念形象的斗争与沟通》,载《中外法学》,2003(6),645页。

生命不在于逻辑,而在于经验。"在此种观念指导下的英美法,其实用性我们是不是可以说要超出大陆法理论的呢?但是,实际上我们在学习时很少谈到对英美法系的借鉴。陈老师,您能谈一下对这个问题的看法吗?英美法系的犯罪构成体系对我们构建中国的犯罪构成体系有什么借鉴意义吗?

我的第二个问题是:刚才您说应该允许大家提出各种不同的犯罪构成体系,不断碰撞,逐渐达成共识,这是不是可以看作是一种渐进的过程?理论是用来指导实践的,犯罪构成理论也终将体现于我们的法律之中。那么法律怎样来因循这种渐进的理论变革形式?是等到理论彻底定型、成熟了再吸纳进来呢,还是像新中国成立初期在立法问题上采取"成熟一项立一项"的原则那样,理论上成熟一部分就规定一部分呢?如果采取第二种方法的话,现有的犯罪构成体系与引入的犯罪构成体系之间必定有冲突,那又怎样去协调?

陈兴良:

关于第一个问题,涉及对英美法系的犯罪构成理论的借鉴问题。英美法系的犯罪构成体系,被储槐植教授形象地称为双层次的犯罪构成体系。储槐植教授指出:在英美刑法中,犯罪行为和犯罪心态是犯罪本体要件。犯罪成立,除应具有犯罪主体要件外,还必须排除合法辩护的可能,即具备责任充足条件。在理论结构上,犯罪本体要件(行为和心态)为第一层次,责任充足条件为第二层次,这就是美国刑法犯罪构成的双层模式。[①] 英美法系的这种犯罪构成体系之形成,与其判例法的特点和对抗制的诉讼程序有着十分密切的关系。在《本体刑法学》一书中,我曾经对英美法系的双层次犯罪构成体系作过以下评述:英美法系的犯罪构成体系是一种双层次结构,本体要件与合法抗辩形成犯罪认定的两个层次,在犯罪构成中介入诉讼要件是英美刑法中所特有的,由于合法抗辩的存在,这种双层次的犯罪构成体系在认定犯罪的活动中引入了被告人及其辩护人的积极性,利用这一民间司法资源使犯罪认定更注重个别正义的实现。英美法系的这种犯罪构成体系的形成,与其实行判例法有着极大关系,合法辩护事由主要来自判例的总

---

① 参见储槐植:《美国刑法》,2 版,51 页,北京,北京大学出版社,1996。

结与概括。由于英美刑法中的双层次的犯罪构成体系具有这种法系特征背景，成文法国家是难以效仿的。① 当然，这里的难以效仿，并非否定英美法系的犯罪构成体系对于我们的借鉴意义。实际上，我的罪体—罪责—罪量的犯罪构成体系，就受到英美法系的犯罪构成体系的影响。我在《刑法哲学》中，按照主观恶性与客观危害这样一种两分法讨论犯罪成立条件：把心神丧失、意外事件和不可抗力作为主观恶性的阻却事由，又把正当防卫、紧急避险作为客观危害的阻却事由。在《本体刑法学》中，罪体—罪责—正当化事由的犯罪认识模式中，虽然正当化事由未纳入犯罪构成体系，但还是存在英美法系犯罪构成体系的思维痕迹。

关于第二个问题，涉及立法与理论两个层面。就立法而言，如前所述，犯罪构成体系主要是一种刑法理论上的构造，与立法关系不大。因此，引入大陆法系的犯罪构成体系或者创立犯罪构成的新体系，都不需要修改刑法。至于理论，它是一个整体，不可能成熟一部分吸收一部分。至于是否定型、成熟了再吸纳进来，我认为不能以等待的态度对待这个问题。时不我待，不应永远等下去。吸收进来，再根据我国立法与司法加以磨合，这是应有的态度。

米传勇（北京大学法学院博士研究生）：

第一个问题：我们为什么要思考犯罪论体系这一问题？或者说思考犯罪论体系问题的价值在哪里？我认为，刑法始终是存在于一定的社会中的，刑法必然要回应自己所处时代的需求。因此，我们现在思考犯罪体系问题，也应该考虑到未来中国社会可能对刑法提出的要求。我的这点想法，是受到日本学者大谷实的启发。在法律出版社新近出版的大谷实教授的《刑法总论》一书的中文版序言中，大谷实教授指出：中国1997年刑法修订的特征，简单地加以概括的话，就是在维持旧刑法所固定的传统刑法体系的同时，加入了尊重自由主义或者个人主义的理念。如果这种理解正确的话，那么，在刑法的适用或解释上，中国迄今为止的犯罪论体系能否被维持下来，就应当成为问题，或者肯定会成为问题。这大概就

---

① 参见陈兴良：《本体刑法学》，216~217页，北京，商务印书馆，2001。

是最近在中国的年轻学者当中,对重新建立犯罪论体系表现出强烈兴趣的原因。[①] 大谷实教授的这段话,实际上指出了犯罪论体系可能具有价值蕴含的问题。那么,未来中国社会需要一个什么样的犯罪论体系?未来中国刑法的价值取向会是怎样的?我认为,现在的中国社会还不是一个个人权利优位的社会,事实上,我们的社会依然是社会本位的。但是,我们可以看到,个人权利的保护越来越受到重视,由孙志刚案件引起的收容遣送被废除,反映了社会以及政府对于人权保障的重视。市场经济的发展,也必将带来人权观念的勃兴。因此,对犯罪论体系问题的思考也应该考虑到社会的这种发展趋势。我们现有的犯罪论体系继受自苏联,其实基本上也是照搬的。而苏俄的这种犯罪构成理论形成于20世纪的三四十年代。在那个年代产生的犯罪构成理论很难说具有人权保障的意蕴,相反,社会保护可能是它更偏重的功能。因此,我们的犯罪构成理论可能难以承担人权保障的任务。这样,我们思考犯罪论体系问题就具有了一定的价值。改造现有的犯罪论体系就带有必然性。

第二个问题:我们怎样改造现有的犯罪构成体系?从理论上来说,我倾向于同意陈老师的观点,即彻底接受德、日的犯罪构成体系。这种犯罪构成体系,可以反映定罪的过程,逐步收缩刑事责任的范围因而具有强大的出罪机制,因此,可能具有更多的人权保障的机能。从这点来看,大陆法系的犯罪构成体系可能会更符合未来中国社会的要求。

陈兴良:

你的两个问题都是自问自答,似乎不需要我来回答。在此,我只想作一点评论:正如你所说,犯罪构成体系的演变与刑法价值观念的发展是具有密切关系的。犯罪构成理论在近代的出现,当然存在思维方法和法律演进等各种原因,但是我认为不可忽视的一个背景,就是以罪刑法定原则为核心的人权保障思想的兴起。犯罪构成以一种制度化、技术化的形式将法律关于犯罪的规定实体化与定型化,以此限制法官的恣意裁量,使被告人的人权得以保障。对于我国犯罪构成理

---

① 参见 [日] 大谷实:《刑法总论》,黎宏译,中文版序,北京,法律出版社,2003。

论的发展,也应当在这样一个大的背景下来看待。我始终有这样一个观点:一个国家的法学理论的发达程度取决于这个国家的法治发达程度。很难想见,一个无法无天、采取法律虚无主义的国家,它的法学理论是会繁荣发展的。刑法理论,包括犯罪构成理论也是如此,其发展的原动力来自法治实践。只有刑事法治发展到一定水平,对定罪提出了更加精细化的要求,犯罪构成理论才有发展的实际可能。我相信,随着罪刑法定原则在我国刑法中的确立,更为重要的是,随着罪刑法定原则司法化进程的启动,犯罪构成理论必定会有进一步的发展。

最后,我还想强调一点,就是犯罪构成体系并不仅仅是犯罪成立条件的问题,而是关乎整个刑法理论的发展。引入大陆法系递进式的犯罪构成体系,我个人认为能够使我们的刑法理论更好地加以整合,因为我们现行的刑法理论存在种种矛盾,它是一些不同时期引进的不同理论体系的知识、概念的简单的组合,这些知识、概念之间往往存在一种不匹配的现象,用一句形象的话来说,就像一辆车发动机可能是桑塔纳的,而我们的轮胎可能是夏利的,我们的操作系统可能又是捷达的,所以它就像一辆杂牌车,是由不同的零件组装起来的。所以大家可以想象这样一辆车也许能跑,但肯定跑不快,经常出毛病,可能抛锚,因为它不匹配。我们的现行刑法理论体系就有点像这样一辆杂牌车。我觉得我们的刑法理论面临着一个整合的任务,也就是说消除不同知识、概念之间的矛盾,使得它们之间建立一种内在的逻辑关系。在这里最重要的可能就是犯罪构成,因为它是这个体系的基础,就像汽车的发动机一样,它直接决定这辆车的性能,其他的零件要与发动机相匹配,而不是让发动机去支配其他的零件。我们首先要把最重要的犯罪构成体系确定下来,然后再来整合其他刑法知识。

直接引入大陆法系的递进式的犯罪构成体系,我觉得也便于和大陆法系国家的刑法理论之间的交流与沟通。从整个大陆法系的范围来看,我们过去的犯罪客体、犯罪客观方面、犯罪主体、犯罪主观方面的犯罪构成体系是非常特殊的,和大陆法系的犯罪构成体系是有很大差别的,这种差别就造成了沟通上的障碍。但是,我们又不断从大陆法系的理论体系中吸引一些概念和知识放到我们这个知识体系中来,因为犯罪构成体系不同,所以你把它的那套概念吸收进入以后就会形

成矛盾。就像两辆汽车发动机不一样，你把它的零件配到一起就不合适，它那个零件只能配它那个发动机，配你这个发动机就是不匹配的。我们的犯罪构成体系和大陆法系国家的完全不一样，就影响了吸收它的知识，就像铁轨，我们是窄的，它们是宽的，所以这个火车想开到它们的那个铁轨上就开不过去，它们的火车也开不过来，"铁轨"的宽窄就限制了沟通。直接引用大陆法系的递进式的犯罪构成体系，我觉得能够解决知识体系上的沟通问题。大陆法系的递进式的犯罪构成理论有很长的历史，基本上已经定型。在这种情况下，采取"拿来主义"是最简便也是最经济的方式。在这个基础上，再来进行研究就意味着站在一个较高的理论平台上能够和他们进行对话，否则就没有办法进行对话。正如冯军教授所说的：学了中国的犯罪构成理论的这些学生到德国、日本去留学，你这套理论算是白学了，到那里还得重新学习他们的犯罪构成理论。因为你学的这一套与他们的是两回事，没有办法沟通。我们过去的自然科学强调国际通用性，但人文社会科学知识现在也要强调国际通用性，你不要另创一套，直接采用他的那套构成要件理论，学了之后就可以直接和他们沟通，在这个基础上再去进行理论探讨，就可以减少很多麻烦。要不然就会走很多弯路，因为一入学就讲耦合式的犯罪构成体系，然后学完了去看日本的、德国的刑法教科书，而他们的又是与所学不一样的，我们还是得再学习他们的犯罪构成体系，这里就有大量的重复劳动。所以我个人觉得直接引入大陆法系的递进式的犯罪构成体系应当是一种比较简便的方法。

过去我们对于大陆法系的犯罪论体系已经有了不少的介绍，包括直接翻译的刑法教科书。但是，我们过去是把它当作外国刑法知识来介绍和学习的。如果我们要把这一套犯罪构成理论引进来，就不是再把它当作外国刑法理论来学习，而是当作中国刑法理论来学习，并在将来用这套犯罪构成体系来指导定罪活动，这是一个重大的转变，当然这个转变是要逐渐地来完成，而不可能一朝一夕完成。在这个过程中，我们学者需要做很大的努力。今天和大家共同讨论这个问题，也可以说是这种努力的一部分，谢谢同学们参与讨论。

（本文原载陈兴良主编：《刑事法评论》，第14卷，北京，中国政法大学出版社，2004）

犯罪构成：法与理的紧张关系

犯罪构成理论被认为是刑法理论王冠上的宝石，是刑法理论水平的重要标志。我国学者对目前通行的犯罪构成理论的不满由来已久，但在犯罪构成理论上始终难有突破。个中原因当然是复杂的，我认为，如何处理法与理之间的对应与紧张关系，是一个值得研究的问题。

犯罪构成到底是一种法律规定，还是一种理论建构，也就是犯罪构成的法定性与理论性问题，曾经引起我国学者的思考。目前的通说认为，犯罪构成是法定性与理论性的统一，也就是法与理的统一。应该说，这一观点本身并没有错误，而且充满辩证法。问题在于，我们不能满足于法与理的统一这样一个简单的命题，而应当进一步深入地分析法与理之间的对应与紧张关系。

就犯罪构成的法定性而言，作为犯罪成立的条件，犯罪构成无疑具有法定性。这里的法定，既包括刑法总则的规定，又包括刑法分则的规定。犯罪构成的法定性，是罪刑法定原则的必然要求。从犯罪构成理论的产生来看，它也起源于对刑法分则条文规定的解释。日本刑法学家小野清一郎对此曾经作过正确的描述：Tatbestand 的概念从诉讼法转向实体法，进而又被作为一般法学的概念使用，而且已经从事实意义上的东西变为抽象的概念。特别是在刑法学中，它被分

成一般构成要件和特殊构成要件两个概念,这主要是因为在刑法中,从罪刑法定主义原则出发,将犯罪具体地、特殊地加以规定是非常重要的。然而,着眼于这种特殊化了的构成要件(亦即具体构成要件)的重要性,产生了把它不仅仅视为刑法各论上的东西,而且可以作为构筑刑法总论即刑法一般理论体系的基石的努力,这一努力从贝林开始由麦耶尔大体上完成,而这就是所说的构成要件理论。[①] 由此可见,犯罪构成理论本身是罪刑法定原则的产物,它必然要以法律规定为根据。但是,犯罪构成的法定性并不意味着刑法对各个犯罪构成要件都需要明确而直接地作出规定。例如,不作为的概念,在刑法中并未出现,而是从刑法规定中推导出来的。就此而言,我们更应当强调犯罪构成的理论建构性。如果犯罪构成理论中的每一个概念都要寻找其法律出处,显然是不可能的。因此,犯罪构成理论虽然与法律规定具有对应性,但它又超然于法律规定。

我国目前的犯罪构成理论体系是从苏联引进的,这与我国刑法深受苏俄刑法的影响是相同的。我国《刑法》虽然是于1979年颁行的,但它是于1950年开始起草的,无论是《刑法》的体例还是内容,都与1962年的《苏俄刑法典》极为相似。而犯罪构成理论的基本框架,也是20世纪50年代初期学习苏俄的结果,当时翻译了大量的苏维埃刑法教科书,直接作为我国政法院(系)学习刑法的教科书。于1958年翻译出版的 A. H. 特拉伊宁的《犯罪构成的一般学说》一书,更是对我国犯罪构成理论的研究产生了重要的影响。20世纪80年代,我国刑法理论在恢复重建阶段仍然以苏俄的犯罪构成理论为蓝本。至今我国通行的刑法教科书所采用的仍然是苏俄四大要件的犯罪构成模式。在这期间,我国刑法学界也始终存在对犯罪构成理论进行改造的努力。但是,这种改造基本上是对苏俄的犯罪构成理论体系的修补,例如取消一个要件或者增加一个要件等。由于这种改造没有跳出苏俄的犯罪构成理论的思维模式,因而难以撼动苏俄的犯罪构成理论在我国的垄断地位,改造的努力基本上以失败而告终。在这种情况下,我国刑法学

---

① 参见[日]小野清一郎:《犯罪构成要件理论》,王泰译,4页,北京,中国人民公安大学出版社,1991。

界越来越多的学者主张直接采用大陆法系的犯罪构成理论体系。显然,大陆法系的犯罪构成理论体系在思维逻辑上是完全不同于苏俄的犯罪构成理论体系的。我曾经进行了两者的比较,认为大陆法系的犯罪构成理论体系由构成要件该当性、违法性和有责任性构成,这三个要件之间具有递进式的逻辑结构,因而是一种递进式的犯罪构成体系。而苏俄的犯罪构成体系由犯罪客体、犯罪客观方面、犯罪主体、犯罪主观方面构成,这四个要件之间具有耦合式的逻辑结构,因而是一种耦合式的犯罪构成体系。通过比较不难发现,递进式的犯罪构成体系有其优越性。尤其是大陆法系的整个犯罪论体系都是以犯罪构成为核心而展开的,因而其刑法理论都与递进式的犯罪构成体系具有密切联系。实际上,我国从 20 世纪 80 年代开始,在坚持苏俄的犯罪构成理论的同时,已经大量地引入了大陆法系的刑法理论,例如法益理论、共犯理论、罪数理论等,但这些引入的刑法理论与我国目前的苏俄式的犯罪构成理论之间存在着逻辑上的不相容性,因而引起种种矛盾,从而严重地阻碍了我国刑法理论的发展。在这种情况下,如果直接采用大陆法系的递进式犯罪构成体系,则可以直接消除这种不融合性。

在直接引入大陆法系的递进式的犯罪构成理论体系的动议中,存在一种担忧,那就是大陆法系的递进式犯罪构成理论体系与我国刑法的规定是否相容?如前所述,我国刑法的规定与犯罪构成理论基本上是苏俄刑法与苏俄犯罪构成理论的翻版,因而两者之间是具有兼容性的。而在我国刑法规定并未修改的情况下,直接采用大陆法系的犯罪构成理论体系,两者是否能够兼容呢?这个问题不解决,很难清除在我国直接采用大陆法系犯罪构成理论体系的顾虑。我认为,这里关系到刑法规定与犯罪构成理论之间的相关性问题。在我看来,直接采用大陆法系的犯罪构成理论体系的法律障碍是不存在的或者至少没有我们想象的那么大。在此,需要强调的是犯罪构成理论本身对于刑法规定的相对独立性。正如世界只有一个,但解释世界的方法却有不同,因而对世界的理解也必然不同一样,刑法规定与犯罪构成理论之间的关系也是如此。刑法规定只有一个,对它解释不同而形成的犯罪构成理论体系却是多元的。实际上,即使是在大陆法系国家,犯罪构成理论体系也并不是只有一个,而是存在多个犯罪构成理论体系。例如,在意大

利刑法理论中,就存在二分的犯罪理论、三分的犯罪理论与犯罪构成多样说等各种犯罪构成理论体系。① 上述各种犯罪构成理论体系在互相竞争中共存,并不妨碍对刑法规定的司法适用。将我国的刑法规定与大陆法系的刑法规定相比较,我认为差异并不是很大,因而刑法规定不能成为我国直接采用大陆法系犯罪构成理论体系的障碍。

当然,主张直接引入大陆法系的犯罪构成理论体系,并不是否认目前我国通行的耦合式的犯罪构成理论体系存在的必要性,也不是要浇灭对犯罪构成理论进行积极探索的各种热情。尽管耦合式的犯罪构成理论体系遭到一些学者的批评,但它在我国现实的司法活动中已经产生了深远的影响,因而在对这一犯罪构成理论体系进行不断修正与完善的前提下,耦合式的犯罪构成理论体系仍然具有存在的必要。此外,我们还应在犯罪构成理论体系上进行各种理论创新,尤其是要结合中国的刑法规定建构犯罪构成理论体系。就我本人而言,是大陆法系递进式的犯罪构成理论体系的积极倡导者,同时是具有中国特色的犯罪构成理论体系的努力探索者。我曾经在《本体刑法学》(北京,商务印书馆,2001)一书中提出罪体与罪责的对合性的犯罪构成理论体系。这一体系在逻辑进路上既不同于大陆法系的递进式的犯罪构成理论体系,也不同于苏联的耦合式犯罪构成理论体系。在即出的《规范刑法学》一书中,我将进一步结合我国刑法的规定,提出罪体—罪责—罪量的三分法的犯罪构成理论体系。这里的罪量是指犯罪的数量界限,例如刑法分则规定的数额较大、情节严重、情节恶劣等各种犯罪成立条件。犯罪概念中存在数量要素,这是我国刑法规定的特点,这一特点也应当在犯罪构成理论体系中得以体现。

犯罪构成的体系性建构,对于刑法理论的发展具有某种象征意义。因此,我们应当充分关注犯罪构成理论的发展,这是我们这一代刑法学人义不容辞的历史使命。

(本文原载《法商研究》,2003(3))

---

① 参见[意]杜里奥·帕多瓦尼:《意大利刑法学原理》,陈忠林译,95页以下,北京,法律出版社,1998。

犯罪构成论：从四要件到三阶层

——一个学术史的考察

犯罪构成是刑法学的核心问题，它是犯罪论的基础，亦是刑罚论的前提，甚至是刑事诉讼法的前置性问题。我国的犯罪构成体系经历了一个复杂的演变过程，一如我国刑法学所遭受的坎坷命运。20 世纪 50 年代初期，在刑法知识苏俄化的背景下，我国引入了苏俄刑法学中的四要件的犯罪构成体系。从 20 世纪 80 年代以来，我国学者摆脱这一四要件的犯罪构成体系的努力从来没有停止过。进入 21 世纪以后，随着德日刑法学中的三阶层的犯罪论体系越来越多地介绍到我国，三阶层的犯罪论体系作为四要件的犯罪构成体系的替代物，更多地受到我国学者的青睐。在这种历史背景下，四要件的犯罪构成体系与三阶层的犯罪论体系之争，正在成为我国刑法学界的学术热点问题。本文采用知识考古的方式，对我国刑法学界从四要件的犯罪构成体系逐渐嬗变为三阶层的犯罪论体系的轨迹加以勾勒，并对四要件的犯罪构成体系略作置评。

一

对于三阶层的犯罪论体系如何从古典派的犯罪论体系到新古典派的犯罪论体

系，从目的行为论的犯罪论体系再到目的理性的犯罪论体系，我们已经耳熟能详，在此不再作历史的叙述。① 但是，我还是要给出一个大致的时间表，以便在对苏俄及我国的四要件的犯罪构成体系的考察时作为参照。构成要件（Tatbestand）一词正式在刑法中的采用，应当追溯到费尔巴哈在1801年出版的《现行德国普通刑法教科书》。此后经过一百年的发展，以构成要件为核心概念的犯罪论体系才正式形成。首先登台的是古典派的犯罪论体系，古典派的犯罪论体系又称为贝林—李斯特体系（Beling-Lisztsches system）。虽然李斯特的《德国刑法教科书》第一版的出版时间是1881年，我们还是以贝林1906年出版《犯罪论》一书作为古典派的犯罪论体系的标志。至于新古典派的犯罪论体系，则以麦耶尔1915年在《德国刑法总论》一书中提出主观的违法要素理论为象征。而目的行为论的犯罪论体系则应以威尔泽尔于1931年在《因果性与行为》一文中提出目的行为论的基本思想为起始，并在1940年出版的《刑法总则纲要》一书系统地总结了目的行为论，随后在此基础上建立了目的行为论的犯罪论体系。目的理性的犯罪论体系是罗克辛在1970年代提出的，如今在德国具有较大影响。可以说，三阶层的犯罪论体系在德国经历了大约一百多年的演变，数代刑法学家为之倾注心血，由此形成被称为刑法学发展史上的钻石的三阶层的犯罪论体系，刑法学通过它才能展现灿烂夺目的光彩。②

我国在清末刑法改革中，引入大陆法系刑法，同时也引入了大陆法系的刑法理论，包括犯罪构成理论。当然，德国的犯罪论体系之传入我国，是以日本为中介的。③ 民国刑法学中犯罪构成的理论在很大程度上是对日本的模仿，这样一种在学术上的被殖民化可以说是历史的宿命。在民国初期的刑法教科书中，尚未形成阶层式的犯罪构成体系，甚至犯罪构成一词也并未出现，而是称为犯罪之要素。而且，民国刑法学关于犯罪要件的论述，大多局限于罗列犯罪成立的各种要

---

① 参见［德］克劳斯·罗克辛：《德国刑法学总论》，第1卷，王世洲译，182页以下，北京，法律出版社，2005。
② 参见许玉秀：《当代刑法思潮》，543页，北京，中国民主法制出版社，2005。
③ 参见何勤华：“中国近代刑法学的诞生与成长”，《现代法学》，2004（2），17页。

素，尚未顾及各种要素之间的逻辑关系。对此，我国学者指出：总的来看，这一时期（指民国时期——引者注）中国刑法学，在引进和吸收日本刑法理论的基础上，开始关注犯罪成立的一般性要素。主体、客体、违法性、责任等近现代刑法学关于犯罪构成理论的一些关键性和普遍性的要素都已经开始从具体的、特殊的分则条文中被抽象出来；但是，对于这些要素之间的关系研究仍然付之阙如，整体上也没有形成有内在逻辑关系的理论。概言之，犯罪成立的条件就是包括主体、客体、律有正条等各种要素都具备，因此这种犯罪构成理论的实质其实就是要素集合。① 正如前文所言，我国民国时期的刑法学在很大程度上与日本刑法学之间存在传承关系，在犯罪构成体系上亦如此。前述民国刑法学者，均深受日本影响，例如郗朝俊在自序中所列参考书计52本，除德国学者李斯特以外，其他51本均为日本刑法学者的著作，包括大场茂马、牧野英一、冈田朝太郎、泉二新熊等著名学者的著作。而前述犯罪要件的体系，也可以从汉译日本著名刑法学家牧野英一的著作中找到摹本。日本的三阶层的犯罪论体系的最终定型，应当以小野清一郎在1953年出版的《犯罪构成要件理论》一书为标志。此时，距离贝林1906年出版《犯罪论》一书，已经50年之遥。也就在此时，我国刑法学开始了一段苏俄化的历史，三阶层的犯罪论体系的演进过程为之中断，四要件的犯罪构成体系定于一尊。

20世纪50年代初，我国经历了一个刑法知识的苏俄化过程。随着共和国的建立，国民党六法全书的废除，在司法界肃清旧法思想，而民国时期的犯罪构成要件理论也随之遭到清算与废弃。与此同时，随着政治上全面倒向苏联，苏俄刑法学理论，包括犯罪构成理论也大规模地引入，占据了我国刑法学界的绝对统治地位。其中，翻译介绍到我国的苏俄刑法教科书、论文和论著，对于传播苏俄的犯罪构成体系起了重要作用。在此，不能不提到的是一部苏联刑法教科书和一部苏联犯罪构成理论专著。

---

① 车浩："犯罪构成理论：从要素集合到位阶体系"，载陈兴良主编：《犯罪论体系研究》，70页，北京，清华大学出版社，2005。

苏联刑法教科书是指苏联司法部全苏法学研究所主编的《苏联刑法总论》（上、下册），该书由彭仲文译，上海大东书局1950年印行。《苏联刑法总论》一书的总编辑是孟沙金教授，其中犯罪构成部分的撰稿人是当时苏联著名刑法学家皮昂特科夫斯基。该书分别于1938年、1939年和1943年出过三版，在第一版中，教科书还只将罪过看作是犯罪主体的要件，而没有作为主观方面的要件。① 由此可见，虽然从一开始就把犯罪构成确定为"构成犯罪诸要件的总和"，但四要件的犯罪构成体系还是逐渐形成的。在我国1950年翻译出版的应当是该书第三版，其对犯罪构成体系作了以下论述："每一犯罪构成系由以下四种基本因素形成起来的：一、犯罪的客体，二、犯罪的客观因素，三、犯罪的主体，四、犯罪的主观因素。这四种犯罪构成的要件，缺少一种犯罪构成即不能成立。"② 这就是最初传入我国的四要件的犯罪构成体系。20世纪40年代末50年代初，正是苏俄的犯罪构成体系基本定型的阶段，尤其是经过20世纪30年代的大屠杀和此后的二次世界大战，开始重视法治，犯罪构成理论逐渐成熟。在此，不能不提到特拉伊宁的《犯罪构成的一般学说》一书，该书可以说是对我国的四要件的犯罪构成体系具有重大影响的一本专著。对于特拉伊宁的上述著作，苏俄学者作过以下评价：最著名的苏维埃刑法学家、苏联科学院通讯院士A. H. 特拉伊宁教授于1946年问世的专著《犯罪构成学说》（中文版译为《犯罪构成的一般学说》——引者注），是专门论述犯罪构成学说的第一部基础性的著作。A. H. 特拉伊宁在苏维埃刑法学家中第一个综合地研究了犯罪构成学说中的所有问题，指出了犯罪构成在整个苏维埃刑法体系中的作用，并从破坏资产阶级法制的角度对资产阶级犯罪构成理论进行了认真的批判。A. H. 特拉伊宁的专著还研究了犯罪构成的分类，指出了犯罪构成要件与犯罪要件的相互关系。③ 引起我注意的是，上述论断

---

① 参见［苏］A. A. 皮昂特科夫斯基等：《苏联刑法科学史》，曹子丹等译，43页，北京，法律出版社，1984。
② ［苏］苏联司法部全苏法学研究所主编：《苏联刑法总论》，下册，彭仲文译，315页，上海，上海大东书局，1950。
③ 参见［苏］A. A. 皮昂特科夫斯基等：《苏联刑法科学史》，曹子丹等译，43～44页，北京，法律出版社，1984。

涉及特拉伊宁关于犯罪构成要件与犯罪要件的相互关系。换言之，特拉伊宁把犯罪构成要件与犯罪要件加以区分。特拉伊宁所说的犯罪构成要件，亦被译为犯罪构成因素，它从属于犯罪构成，而犯罪要件则从属于犯罪概念。特拉伊宁在批评前引刑法教科书把犯罪构成要件分为犯罪客体、犯罪构成的客观方面、犯罪主体与犯罪构成的主观方面的观点时，指出："可见，教科书走的是中间路线：它把主体和客体同犯罪放在一起讲，而把客观方面和主观方面同犯罪构成放在一起讲。这样一来就造成了这样一种情况，每个犯罪构成都有构成的客观方面和构成的主观方面等等作为要件。十分显然，没有统一根据的两重划分法——时而是犯罪的要件，时而是构成的要件，使人不能对构成因素进行正确的分类。"[1] 以上这段话，如果不了解苏联十月革命前后的犯罪构成理论，是不容易读懂的：何以前引刑法教科书的四要件体系是混淆了犯罪构成要件与犯罪要件的关系？甚至是重复了革命前著作中的错误？原来，革命前的体系是：犯罪主体、犯罪客体和侵害行为，而侵害行为又分为主体对犯罪行为所持的态度和主体的外部活动及其结果。在以上内容中，犯罪主体与犯罪客体属于犯罪要件，而侵害行为才是犯罪构成要件。在此，特拉伊宁认为，这个意义上的犯罪构成要件仍然是狭义上的，还不能等同于犯罪成立条件的总和。只有把犯罪主体与犯罪客体也纳入犯罪构成要件，才能使犯罪构成完全转化为犯罪成立条件。因此，特拉伊宁认为，犯罪构成的四要件应当是指：(1) 表明犯罪客体的构成因素；(2) 表明犯罪客观方面的构成因素；(3) 表明犯罪主体的构成因素；(4) 表明犯罪主观方面的构成因素。[2]这样，特拉伊宁就把犯罪主体和犯罪客体都纳入构成要件，从而与革命前的犯罪构成理论彻底划清了界限。

值得注意的是，特拉伊宁的《犯罪构成的一般学说》的中译本是1958年7月由中国人民大学出版社出版的。此时，我国已经进入一个法律虚无主义的时

---

[1] ［苏］A.H. 特拉伊宁，《犯罪构成的一般学说》，王作富等译，99～100页，北京，中国人民大学出版社，1958。
[2] 参见［苏］A.H. 特拉伊宁，《犯罪构成的一般学说》，王作富等译，100页，北京，中国人民大学出版社，1958。

代,它以反右派斗争为标志。可以说,特拉伊宁的著作对我国20世纪50年代初期的犯罪构成体系的引入并没有发生真正作用,其实质影响力是在20世纪80年代初期才发生的,这也是一段历史的阴差阳错。在20世纪50年代初期,真正发生影响的还是苏俄刑法教科书,尤其是全苏法学研究所主编的《苏联刑法总论》一书。在1957年前后,我国学者已经开始编写中国刑法教科书,虽然当时我国并没有颁布刑法。其中,唯一正式出版的刑法教科书,是中央政法干校刑法教研室编著的《中华人民共和国刑法总则讲义》(法律出版社1957年9月版),该书已经开始论述四要件的犯罪构成体系。[①] 关于当时法律虚无主义思想对犯罪构成理论的冲击,我们只要看一看中国人民大学法律系刑法教研室在1958年编写的《中华人民共和国刑法是无产阶级专政的工具》(中国人民大学出版社1958年10月版)就可以切身感受。该书在"怎样认定犯罪"一节中指出:我国刑法确定什么是犯罪,是以无产阶级利益为基础的。在我们国家里,犯罪的行为就是严重危害无产阶级专政的国家和全体劳动人民的利益,依照党和国家的政策、法令应当受刑事惩罚的行为。这就是在我们国家里犯罪的阶级实质。对于这一点,我们从来不加掩饰。因为我们同犯罪作斗争是正义的,而且只有公开揭露犯罪的实质,才能抒发群众对犯罪的愤恨,才能动员广大人民群众同犯罪进行坚决的斗争。[②]

在1979年《刑法》颁布以后,我国进入了一个法治发展的黄金时代。在20世纪80年代初期,我国开始恢复刑法学研究,主要就是对20世纪50年代从苏俄引进的犯罪构成理论的复活。其中,以高铭暄教授主编的司法部统编教材《刑法学》(法律出版社1982年版)一书影响最大,该书在回顾犯罪构成在我国的不寻常经历时,将20世纪50年代对犯罪构成的研究与当下的犯罪构成理论之间的渊源关系作了十分明确的说明:犯罪构成的理论获得了新的生命,又开始活跃在

---

① 在该书的基础上,群众出版社1980年出版了《中华人民共和国刑法总则讲义》一书,从出版时间来看,这是1979年《刑法》颁布以后出版的第一本刑法教科书。
② 参见中国人民大学法律系刑法教研室编:《中华人民共和国刑法是无产阶级专政的工具》,21~22页,北京,中国人民大学出版社,1958。

刑事科学的领域中。① 统编教材《刑法学》在回答什么是犯罪构成时，指出："犯罪构成就是我国刑法所规定的，决定某一具体行为的社会危害性及其程度而为该行为构成犯罪所必需的一切客观和主观要件的总和。"② 统编教材《刑法学》把犯罪构成分为以下四个要件：（1）犯罪客体，我国刑法所保护而为犯罪行为所侵犯的社会主义社会关系；（2）犯罪客观方面，行为人所实施的一定的危害社会的行为、危害社会的结果、行为的方法、时间、地点等；（3）犯罪主体，达到法定责任年龄、具有责任能力（认识和支配自己行为的能力）实施危害社会行为的人；（4）犯罪主观方面，行为人主观上的罪过（故意或过失）、特定的目的等。此后我国刑法教科书基本上都是以上述论述为蓝本的，由此形成我国的四要件的犯罪构成体系。从这个意义上说，将统编教材《刑法学》关于四要件的犯罪构成体系的论述视为我国犯罪构成学术史上的里程碑，亦不过分。该四要件的犯罪构成体系一经刑法教科书的传播，刑法学界与司法实务界无不受其影响，在1979年《刑法》的司法适用中发挥了重要作用，对此应当予以充分肯定。当然，四要件的犯罪构成体系，在我国刑法学界的地位也并不是毫无争议的。在20世纪80年代初期，伴随着四要件的犯罪构成体系在我国刑法学中地位的确立，对其的挑战就随之开始。

在20世纪80年代，对四要件的犯罪构成体系发起最猛烈攻击，并试图以新体系取而代之的是何秉松教授。可以说，何秉松教授是近30年来持续地关注并研究犯罪构成体系的一位重要学者。早在1986年，何秉松教授就提出了建立具有中国特色的犯罪构成理论新体系的命题，其新体系是把犯罪构成要件分为行为要件和行为主体要件。其中，行为要件又分为行为的主观要件（故意过失、目的动机等）和行为的客观要件（行为的方式方法及其所造成的结果或可能造成的结果，行为侵害的客体或对象，行为的情况等）。行为主体要件分为行为主体的一般要件（责任年龄、责任能力）和行为主体的某些特殊要件（身份犯、首要分子

---

① 参见高铭暄主编：《刑法学》，修订本，96页，北京，法律出版社，1984。
② 高铭暄主编：《刑法学》，修订本，97页，北京，法律出版社，1984。

和惯犯)。① 在这一犯罪构成新体系中,何秉松教授指出了犯罪构成符合性是新体系的一个特点,这里的犯罪构成符合性与三阶层的犯罪论体系中的构成要件该当性十分接近,构成要件该当性也经常汉译为构成要件符合性。如果把主观要件与行为主体要件相合并,那么,这一体系类似于二阶层的犯罪论体系:不法与责任。但是,何秉松教授的这一所谓犯罪构成新体系主要做了一些构成要件的归并工作,对于各构成要件之间的逻辑关系并没有厘清。例如,在行为要件中,把行为的主观要件放在行为的客观要件之前,完全没有考虑客观要件对于主观要件的优先性。

对于犯罪构成体系上的这种探索,站在维护四要件的犯罪构成体系的立场上,我国学者进行了辩驳与辩护,认为这种探索不是致力于深入研究我国的犯罪构成理论中的实质问题,从根本上促其发展与完善,而是津津乐道于其花样的变换上。② 构成要件的花样变换,这一概括是极为传神的。在没有厘清构成要件之间的逻辑关系之前,构成要件的增删确实只不过是一种花样翻新而已。当然,上述论断对于四要件的犯罪构成体系的辩护又是乏力的、空洞的,未能以理服人。不过,我国学者提出的在犯罪构成体系上要正确处理"破"与"立"的关系的观点,又是值得我们深思的:要求"破除"现成犯罪构成理论的同志,是否又给我们树立起一种新的犯罪构成理论呢?没有。无论是把犯罪的主观要件和客观要件合而为一,还是把犯罪客体或犯罪主体排除在犯罪构成之外,都是经不起推敲的。有的只是简单的花样的变换,有的又回到了资产阶级刑法理论之中,有的又重弹起了苏联五十年代某些刑法学家早已弹过的老调,如此而已。

总之,我们认为,在目前我国犯罪构成理论研究中,要注意根据正确的研究方法,切不要重复早已被各国法学界所抛弃的论调,也不要离开我国的刑法规定,异想天开地创立一套毫无意义的脱离实际的犯罪构成理论。③ 问题在于:抛

---

① 参见何秉松:"建立具有中国特色的犯罪构成理论新体系",《法学研究》,1986 (1)。
② 参见高铭暄、王作富主编:《新中国刑法的理论与实践》,171 页,石家庄,河北人民出版社,1986。
③ 参见高铭暄、王作富主编:《新中国刑法的理论与实践》,172~173 页,石家庄,河北人民出版社,1986。

开意识形态的偏向，我们为什么不可以回归资产阶级（大陆法系国家的政治化表达形式）的犯罪构成理论？而这一点要等到 20 年后我们才觉醒。当然，异想天开地创立一套犯罪构成体系，其学术探险的精神十分可嘉，其理论价值却颇为可疑。例如，何秉松教授此后创立了犯罪构成系统论，又回到四要件上来，只不过采用所谓系统论的方法，在《犯罪构成系统论》（中国法制出版社 1995 年版）一书中，对四要件进行重新阐述，指出：传统的犯罪构成理论认为犯罪构成要件包括犯罪主体、犯罪客体、犯罪主观方面、犯罪客观方面四个方面的要件是合理的，但是，必须根据唯物辩证法的系统观，把它们视为一个统一的不可分割的有机整体，才能作出科学的解释。

犯罪构成这个有机整体，是一个具有多层结构的复杂社会系统。犯罪主体、犯罪客体、犯罪主观方面、犯罪客观方面是它的四个基本的子系统，其中每个子系统，又有各自的复杂结构，自成系统。深入分析这些子系统的要件和结构，对正确认识和把握犯罪构成这个有机整体，是非常重要的。[①] 系统论作为新三论之一，在 20 世纪 80 年代曾经风靡我国学术界，以作为对教条式的传统哲学的一种反动。现在，所谓新三论已经销声匿迹。新三论遗留的后果之一，就是在各学科的机械套用，犯罪构成系统论就是这种系统论在犯罪构成理论中简单套用的产物。除了引入一些系统论的名词以外，基本上不能说明任何问题。对此，我国学者指出："《犯罪构成系统论》一书虽然引用了许多系统论的原理来解说犯罪构成，但由于作者在基本研究对象上的错误界定以及犯罪构成等众多基本问题的错误理解，不仅没有能使犯罪构成的研究进一步发展，反而使已有的理论更加支离破碎，犯罪构成在何教授的笔下已完全失去了原有的含义。"[②] 上述批评，可谓一针见血，直指要害。以此为标志，我国 20 世纪 80 年代开始的对四要

[①] 参见何秉松：《犯罪构成系统论》，113 页，北京，中国法制出版社，1995。

[②] 莫志强："也论用系统论改造犯罪构成——与何秉松教授商榷"，载高铭暄、赵秉志主编：《刑法论丛》，第 2 卷，55～56 页，北京，法律出版社，1999。对犯罪构成系统论的批判性评价，又参见肖中华："我国现行犯罪构成（成立）理论总置评——为我国现行犯罪构成（成立）理论的辩护"，载刘宪权主编：《刑法学研究》，第 4 卷，108 页，北京，北京大学出版社，2007。

件的犯罪构成体系的挑战，因为缺乏学术资源，遂以失败而告终。

二

随着20世纪80年代的改革开放，不仅经济上打开了对外开放的窗口，学术上也同样如此，在自我封闭了30年之后，学术上的对外开放使我们摆脱了苏俄刑法知识的单一视角，可以从容地面对来自德日的、英美的以及其他国家的刑法知识，在犯罪构成体系上亦如是。在此，不能不提到20世纪80年代中期翻译出版的两本刑法教科书。

第一本是苏俄学者别利亚耶夫和科瓦廖夫主编的《苏维埃刑法总论》（马改秀、张广贤译，群众出版社1987年版）。该书是1958年汉译版特拉伊宁的《犯罪构成的一般学说》以后，时隔30年才翻译出版的第一部介绍苏俄当代刑法学理论的教科书。但是就犯罪构成体系而言，与30年前的情形几无差别。例如，把犯罪构成界定为关于某种犯罪的法律概念，即从法律和社会——政治的本质及其危害程度说明作为危害社会行为的犯罪的那些要件的总和。[①] 而这些要件就是：犯罪客体、犯罪客观方面、犯罪主体、犯罪主观方面。该书仍然充斥着政治教条，只不过不再引用斯大林的语录，而改为引用勃列日涅夫的报告。从犯罪构成体系上来说，当时我国刑法统编教材与这本《苏维埃刑法总论》几乎一模一样。我国刑法知识的苏俄化从20世纪50年代一直沿继到80年代，虽然中间有一个30年的隔绝，但刑法知识的品格可以说是一体化的，深刻地打上了苏俄刑法学的烙印。

第二本是日本福田平、大塚仁的《日本刑法总论讲义》（李乔等译，辽宁人民出版社1986年版）。该书虽然只有区区20万字，但却是改革开放以后翻译出版的第一部外国刑法教科书，它使我们有机会直接接触到日本的刑法知识。在此

[①] 参见［苏］H. A. 别利亚耶夫、M. N. 科瓦廖夫主编：《苏维埃刑法总论》，马改秀、张广贤译，81页，北京，群众出版社，1987。

之前，我们只能通过影印的我国台湾地区学者的刑法著作间接地了解德日刑法学。《日本刑法总论讲义》给我留下深刻印象的是犯罪的一般成立要件与构成要件之间的区分，书中指出："要使犯罪成立，必须具备构成要件该当性、违法性与责任这三个要素。这三个要素形成了理论的结合，责任以违法性为前提，违法性以构成要件该当性为前提。就是说，只有该当构成要件的行为，才可以把它提到刑法上来评价其违法性与责任，构成要件则是犯罪论体系的基础。"① 在以上论述中，我第一次接触到了犯罪论体系的称谓，第一次看到构成要件该当性、违法性与责任的递进式排列，也第一次看到对构成要件该当性、违法性与责任这些要件之间关系的界定，尤其是强调构成要件是犯罪论体系的基础。这里的构成要件与苏俄及我国刑法学中的犯罪构成到底是一种什么关系，当时虽然没有能力深刻地理解，但还是像发现新大陆一样，看到了刑法知识的另一种面向，打破了苏俄刑法学知识对我国刑法学知识的垄断。

当然，这仅仅是开始，紧闭的大门才打开一丝缝隙，但透进来的光线已经使我们习惯了黑暗的眼睛不太适应。可以想见，大门能打开一条缝，它的全部敞开是迟早的事。使我们对德日犯罪论体系真正理解的一些经典性著作，是在进入20世纪90年代以后才翻译介绍到我国来的，像日本学者小野清一郎的《犯罪构成要件理论》（王泰译）是1991年由中国人民公安大学出版社出版的，而德国学者贝林的《构成要件理论》（王安异译）则迟至2006年才由中国人民公安大学出版社出版。在此期间，李斯特的刑法教科书、耶赛克的刑法教科书、罗克辛的刑法教科书、野村稔的刑法教科书、大塚仁的刑法教科书、大谷实的刑法教科书、西田典之的刑法教科书都先后在我国翻译出版，使我们能够系统地了解德日的犯罪论体系。

随着德日犯罪论体系传入我国，借此对我国四要件的犯罪构成体系加以反思性考察，当时是以盛行一时的比较研究的名义进行的。例如，姜伟的《犯罪构成比较研究》一文，就是力作之一。在该文中，姜伟对德日犯罪论体系中的"构成

---

① ［日］福田平、大塚仁：《日本刑法总论讲义》，李乔等译，40页，沈阳，辽宁人民出版社，1986。

要件"（Tatbestand）一词与我国的犯罪构成一词作了比较，并创造了一体论构成与异体论构成这一对范畴，指出：我国的犯罪构成是负刑事责任的根据，犯罪构成本身就是犯罪成立的要件，二者同一化，只要行为人的行为具备某罪的犯罪构成，就意味着成立犯罪。在此意义上，为了叙述方便，我们暂且将这种学说称为一体化构成。大陆法系的犯罪构成仅记述行为的事实特征，是犯罪论体系的出发点，是犯罪成立要件之一，即使行为人的行为符合某罪的构成要件，也未必成立犯罪。在此意义上，我们姑且将这种学说称为异体论构成。[①] 上述一体论构成与异体论构成是一种结构上的对比，对于我们从构造上把握四要件的犯罪构成体系与三阶层的犯罪论体系当然是具有一定参考价值的。当然，仅仅比较结构本身，还难以说明一体化构成与异体论构成的优劣所在。从姜伟的研究中，我们可以看到对于三阶层的犯罪论体系不再当作异端邪说，而是采用一种理性的与客观的学术态度加以分析，表明了对三阶层的犯罪论体系一种容认的立场。尤其值得我们关注的是，姜伟通过以上比较得出的结论：当前，我国刑法学界正在进行一场方兴未艾的犯罪构成体系的热烈讨论。人们热衷于对犯罪构成内部要件的重构，欲冲破苏联犯罪构成四要件论的束缚，主张建立具有中国特色的犯罪构成体系。但是，通过上述对犯罪构成的不同层次的比较研究，可以看出，中外犯罪要件理论无论存在何种差异，构成犯罪的基本要件经过千百年的检验，在不同的刑法体系中是相通的，是必不可少的，也是无法取代的。所以，仅仅对我国犯罪构成的要件重新进行排列组合或若干调整，如将责任年龄、责任能力视为犯罪构成的前提，或者把主、客观综合为行为要件等，无非是一种换汤不换药的改革。我们认为，坚持中国特色固然无可非议，但建立科学的犯罪构成体系应是我们的主要价值追求，仅仅注重形式上的特色是不足取的。要弥补我国犯罪构成体系的现有缺陷，应该借鉴外国刑法理论的精华，为我所用。[②] 在中国特色与科学价值之间如何保持平衡？如何对待苏俄的四要件的犯罪构成体系与德日的三阶层的犯罪

---

① 参见姜伟："犯罪构成比较研究"，《法学研究》，1989（3）。
② 参见姜伟："犯罪构成比较研究"，《法学研究》，1989（3）。

犯罪构成论：从四要件到三阶层

论体系？如何借鉴外国刑法理论？对于这些问题姜伟的回答有些模棱两可。但在当时的历史背景下，能够提出这些问题本身，已经是一个重大的学术贡献。

如果说，姜伟对四要件的犯罪构成体系和三阶层的犯罪论体系，主要从结构上作了比较，那么，我在《刑法哲学》（中国政法大学出版社1992年版）一书中，则对上述两种体系进行了功能上的比较，指出：苏联和我国现存的犯罪构成体系是犯罪客体、犯罪客观方面、犯罪主体、犯罪主观方面这四大要件的总和，这是一种耦合式的逻辑结构。而德国、日本等大陆法系国家的犯罪构成体系将构成要件分为以下三个：一是构成要件的该当性，二是违法性，三是有责性，这三个要件基本上是采取一种递进式的逻辑结构。显然，这两种犯罪构成体系是有所不同的。用通俗的话来说，耦合式结构用的是加法（整合法），而递进式结构用的是减法（排除法）。这两种犯罪构成体系都是要为司法实践中正确地认定犯罪提供一个法律模式，那么从认识论或者方法论上来说，哪一种法律模式更有利于认定犯罪呢？对此，有必要对这两种定罪模式进行功能上的比较。[①] 在功能比较中，我揭示了耦合式结构的主要缺陷是将犯罪构成要件之间的关系确定为一种共存关系，即一有俱有、一无俱无。只有四要件全部具备了，才说得上是犯罪构成的要件。在具体论述时，又分别作为犯罪构成的要件加以阐述。这样，在部分与整体的关系上存在逻辑混乱的现象。应该说，在当时的历史条件下，虽然对四要件的犯罪构成体系与三阶层的犯罪论体系进行了功能上的比较，但四要件的犯罪构成体系还是作为主导性理论，并没有对它的地位提出根本性的挑战。

在整个20世纪90年代，随着学术上的对外开放进一步发展，我国学者的理论视野进一步拓展，尤其是随着英美刑法教科书翻译介绍到我国，其双层次的犯罪构成体系也受到我国学者的重视。[②] 在这种情况下，三大法系的犯罪构成体系的比较成为当时我国刑法学界的研究重点之一。例如，李洁教授对三大法系犯罪构成的体系性特征进行了比较，指出：对犯罪构成的理论体系优劣的评价，应以

[①] 参见陈兴良：《刑法哲学》，549页，北京，中国政法大学出版社，1992。
[②] 参见关于英美双层次的犯罪构成体系，参见储槐植：《美国刑法》，51～52页，北京，北京大学出版社，1996。

这种体系能否完成刑法所赋予的任务为标准。只要能够完成其应有的任务，且体系内部协调一致，就有存在的根据，没有必要强求一致。但是，在借鉴其他理论体系之优长时，则必须搞清其体系性特征，具体的意欲借鉴的内容在原体系中的地位与基本内涵，并搞清与自己体系的哪部分内容具有对应关系，这种注重体系性的研究方法，可以避免因体系性思路不清，各种内容的具体对应关系不明而导致的失误。[①] 对于犯罪构成的体系性特征的比较，使我们能够更加深刻地根据各种犯罪构成体系的内在属性，寻找不同犯罪构成体系的要素之间的对应关系，因而比较优劣、作出评判，而这恰恰是犯罪构成体系创新的基础。随着对犯罪构成理论研究的不断深入，四要件的犯罪构成体系的权威地位受到撼动。当然，在1997年《刑法》修订以后，对于刑法的适用解释在很大程度上吸引了更多学者的关注，因而在20世纪90年代后半期，犯罪构成体系的讨论并没有突破性进展。

进入21世纪以后，犯罪构成问题又成为刑法学界讨论的热点问题，尤其是成为学术研讨会的议题，这就从个别的、书面的探讨演变成为共同的、当面的讨论。在这当中，不能不提及的是2002年10月在西安举行的中国法学会刑法学研究会年会，将"犯罪构成与犯罪成立基本理论"作为三大议题之一。在这一议题中，犯罪构成与犯罪成立之间的关系，引起与会者的关注。而这一问题的提出，正是看到了四要件的犯罪构成体系尚不能包含所有的犯罪成立条件，由此形成对四要件的犯罪构成体系的重大冲突。例如，王政勋教授指出："传统的犯罪构成理论（指四要件的犯罪构成体系——引者注）将犯罪构成理解为形式与实质的统一，无法科学解释正当行为与犯罪构成的关系，也无法解决正当行为的地位问题。"[②] 如果说，以往对四要件的犯罪构成体系的批评，大多集中在犯罪客体或者犯罪主体是否属于犯罪构成的要件，或者犯罪客观方面与犯罪主观方面是否合

---

① 参见李洁："三大法系犯罪构成体系性特征比较研究"，载陈兴良主编：《刑事法评论》，第2卷，464页，北京，中国政法大学出版社，1998。
② 王政勋："犯罪构成与犯罪成立条件"，载陈明华等主编：《犯罪构成与犯罪成立基本理论研究》，3页，北京，中国政法大学出版社，2003。

并为一个行为要件等这些要件的减删合并上,并没有涉及四要件的犯罪构成体系的结构性缺陷,那么,正当行为,也就是三阶层的犯罪论体系中的违法阻却事由在犯罪成立条件中体系性地位问题的提出,对于四要件的犯罪构成体系是一个致命的打击。在四要件的犯罪构成体系中没有违法性的要件,刑事违法性是犯罪特征之一,它与违法性是两个完全不同的概念。① 在苏俄刑法学中,违法性的实质评价功能被社会危害性所取代,而为保持社会危害性的至尊地位,没有把它当作犯罪构成的具体要件,而是视为犯罪构成的核心之所在。从这一方面说,四要件的犯罪构成体系是充满实质主义色彩的。但另一方面,正当防卫等所谓排除社会危害性行为又没有纳入犯罪构成,而是游离于犯罪构成体系之外,这样,就会出现行为虽然符合犯罪构成但却因为存在排除社会危害性的情形而不构成犯罪的现象,又使犯罪构成具有明显的形式主义特征。在这种情况下,四要件的犯罪构成还不能完全等同于犯罪成立条件。因此,王政勋教授提出了犯罪构成的消极要件的概念,并将这种由犯罪构成的积极要件与消极要件构造的理论称为对称式的犯罪成立条件理论。王政勋教授指出:应该区分"犯罪成立条件"与"犯罪构成"这两个概念。"犯罪构成"指反映行为的社会危害性及其程度的一系列主客观要件的总和,是犯罪成立的积极条件;"犯罪成立条件"包括犯罪成立的积极条件与消极条件在内。"犯罪构成"的内容决定于行为的社会危害性的有无及大小,定罪时,应当最终考察具备犯罪成立积极条件——犯罪构成的行为是否具有犯罪的社会危害性,如果不具有犯罪的社会危害性,形式上符合犯罪构成的行为自然不能成立犯罪。"犯罪构成"既具有形式的特征又具有实质的特征,具备了犯罪成立条件的行为既有刑事违法性又有社会危害性,且其社会危害性已达到应受刑罚的程度。② 把犯罪构成仅仅当作犯罪成立的积极条件,只有排除犯罪成立的消极条件——正当行为,犯罪才能成立。在这种情况下,犯罪构成已经开始向构成要件

---

① 关于我国的刑事违法性与三阶层的犯罪论体系中的违法性之间的区别,参见陈兴良:"违法性理论:一个反思性检讨",《中国法学》,2007(3),156页以下。

② 参见王政勋:"犯罪构成与犯罪成立条件",载陈明华等主编:《犯罪构成与犯罪成立基本理论研究》,3页,北京,中国政法大学出版社,2003。

该当性回归。当然，把正当行为当作犯罪成立的消极条件也还值得进一步推敲。

在我国犯罪构成理论的学术史上，2003年是具有标志性的一个年份。在这一年，三份我国重要的法学刊物不约而同地以犯罪构成为题举办了笔谈，展开对犯罪构成的理论争鸣，从而进一步活跃了学术空气。① 例如，在《政法论坛》2003年第6期设立了一个"犯罪理论体系研究"的专题，编者按指出：犯罪理论体系是刑法理论体系最重要的组成部分。各国刑法学者对犯罪理论体系的研究已有近二百年的历史。在我国，20年前刑法学界开始探索建立符合中国国情的犯罪理论体系。近年来，这一探索方兴未艾，各种见解见仁见智，异彩纷呈，有力地促进了刑法理论的深化与学术的繁荣。在此，我们编发一组犯罪理论体系研究的专题论文，向广大读者集中展示这一领域研究的最新成果。希望以此为契机，催生更多更有见地的犯罪理论体系研究成果问世，进一步繁荣我国的刑法学理论研究。② 上述编者按所说的犯罪理论体系，就是指犯罪构成体系或者犯罪论体系。应该说，在这一年关于犯罪构成体系的讨论中，涉及形式判断与实质判断、客观判断与主观判断等关涉犯罪构成体系功能的重大问题，因而使我们更加深刻地认识各种犯罪构成体系的优劣。此外，2003年还举行了各种国际性的或者全国性的犯罪构成体系的研讨会。例如，2003年11月在山东大学法学院由何秉松教授主持召开了关于犯罪论体系的国际研讨会，来自日本、德国、俄罗斯的学者与会。而在2003年12月北京大学法学院举办的刑事政策与刑事一体化论坛上，组织了关于犯罪论体系的专题讨论会。在这次讨论会上，关于是坚持四要件的犯罪构成体系还是引入三阶层的犯罪论体系，在学者之间展开了激烈的观点交锋③，给我留下深刻的印象。

当然，在2003年最值得关注的一个标志性事件还是由我担任主编、周光权

---

① 这三份法学刊物是：《政法论坛》（2003年第6期）、《法商研究》（2003年第3期）、《环球法律评论》（2003年秋季号）。
② 参见《政法论坛》，2003（6），3页。
③ 本次讨论会实录，参见王世洲等："犯罪论体系的整体性反思"，载陈兴良主编：《刑事法评论》，第14卷，67页以下，北京，中国政法大学出版社，2004。

担任副主编的《刑法学》（复旦大学出版社 2003 年版）一书的出版，该书在我国刑法教科书中第一次直接采用三阶层的犯罪论体系，该书的出版具有标志性，表明三阶层的犯罪论体系开始进入我国的刑法知识谱系，它不再为德日刑法学所专属。以此为标志，我国在犯罪构成体系上真正进入一个多元的学术争鸣时代。在该书的序中，我指出：犯罪论体系，也就是我国刑法理论中的犯罪构成，它是整个犯罪论的核心。目前，我国刑法教科书通行的是来自苏联的、以闭合式四大要件（犯罪客体、犯罪客观方面、犯罪主体、犯罪主观方面）为内容的犯罪构成体系，这种犯罪构成体系自有其简便易懂的特点，但是也存在内在逻辑上的某些缺陷，受到刑法理论界越来越多的批评和质疑。随着大陆法系递进式犯罪成立理论和英美双层次的犯罪构成体系引入我国，我国在犯罪构成理论上的研究日益深入。尤其是大陆法系递进式的犯罪成立理论体系，反映了定罪的逻辑过程，也使得被告人获得了较多的辩解机会，具有理论上的优越性。在这种情况下，我们在刑法学教科书中首次直接采用了大陆法系的递进式犯罪成立理论。①

　　如果以 2003 年作为一个开端，此后的五年间，我国刑法学界关于犯罪构成的讨论达到了一个更为激烈的程度，由此形成了所谓维持论、改良论与重构论之争。② 其实，我认为只有四要件的犯罪构成体系与三阶层的犯罪论体系之争。在主张维持四要件的犯罪构成体系的观点中，黎宏教授的《我国犯罪构成体系不必重构》（载《法学研究》2006 年第 1 期）、肖中华教授的《我国现行犯罪构成（成立）理论总置评——为我国现行犯罪构成（成立）理论辩护》（载刘宪权主编：《刑法学研究》第 4 卷，北京大学出版社 2007 年版）和高铭暄教授的《论四要件犯罪构成理论的合理性暨对中国刑法学体系的坚持》（载《中国法学》2009 年第 2 期）这三篇论文值得重视，作者的观点得以十分鲜明地展开，对于理解其学术立场具有重要意义。值得注意的是，肖中华教授虽然专门发文为四要件的犯罪构成辩护，但他在先前的论著中，是明确否认犯罪客体要件，因而主张犯罪构

---

① 参见陈兴良主编：《刑法学》，序，1 页，上海，复旦大学出版社，2003。
② 参见付立庆："犯罪构成理论体系改造研究的现场叙事——兼对一种改良论主张的若干评论"，《法律科学》，2009（2），63 页以下。

成的三要件说。① 这本身就是对四要件的犯罪构成体系的一种改造，也可以说是一定意义上的否定。在主张引入三阶层的犯罪论体系的观点中，我的《犯罪论体系：比较、阐述与讨论》（载陈兴良主编：《刑事法评论》第 14 卷，中国政法大学出版社 2004 年版）和周光权教授的《违法性判断的独立性——兼及我国犯罪构成理论的改造》（载《中外法学》2007 年第 6 期）这两篇论文值得关注，作者旗帜鲜明地主张引入三阶层的犯罪论体系，摈弃四要件的犯罪构成体系。四要件的犯罪构成体系与三阶层的犯罪论体系的争论，对于刑法教科书具有重大影响。虽然主流的刑法教科书仍然采用四要件的犯罪构成体系，但也出现了采用不同于传统的四要件的犯罪构成体系的刑法教科书，由此动摇了四要件的犯罪构成体系的一统天下。其中，张明楷教授的代表作《刑法学》一书 1997 年、2003 年和 2007 年三个版本对犯罪构成体系的修改，可以看出作者对于犯罪构成体系与时俱进的理论演变轨迹。

在 1997 年第 1 版的《刑法学》中，张明楷教授采用的是四要件的犯罪构成体系，指出："在关于犯罪构成共同要件尚存争议的情况下，作为教科书，本书采取'四要件说'，即犯罪客体要件、犯罪客观要件、犯罪主体要件和犯罪主观要件。"② 张明楷教授是我国较早提出犯罪客体不是犯罪构成要件的学者之一，并提出了犯罪论新体系，即将犯罪构成的共同要件确定为犯罪客观要件、犯罪主体要件与犯罪主观要件，认为犯罪客体不是犯罪的构成要件，而犯罪对象则是犯罪客观方面的一个内容。③ 考虑到《刑法学》作为刑法教科书的通用性，张明楷教授采用了四要件的通说。但是，张明楷教授还是留下了伏笔，指出："各种教科书均采取'四要件说'，但这并不意味着该说完美无缺，理论上仍有必要对犯罪构成的共同要件进行研究。这种研究应以刑法规定为依据，以具体要件为基础，以有利于认定犯罪和保护合法权益为原则，同时应照顾到刑法理论的体系性

---

① 参见肖中华：《犯罪构成及其关系论》，155 页，北京，中国人民大学出版社，2004。
② 张明楷：《刑法学（上）》，109 页，北京，法律出版社，1997。
③ 参见张明楷：《犯罪论原理》，36 页，武汉，武汉大学出版社，1991。

与协调性。"① 及至《刑法学》第 2 版，张明楷教授采用犯罪客观要件、犯罪主体要件和犯罪主观要件的三要件说，否认犯罪客体是犯罪构成要件，可以说是对此前所主张的三要件说的一种回归。值得注意的是，张明楷教授在《刑法学》第 2 版提出了"情节严重"是犯罪构成的综合性要件的观点。② 但是，并没有把它列为上述三要件以外的一个独立要件。在《刑法学》第 3 版中，张明楷教授对犯罪构成体系作了重大调整，改采二要件说，指出：根据本书的观点，犯罪构成有两个共同要件：一是客观构成要件，或称犯罪客观要件，是表明行为的违法性的要件，其内容为违法性（法益侵害性）奠定基础、提供根据，因而也可以称为违法构成要件。二是主观构成要件，或者犯罪主观要件，是表明行为的有责性的要件，其内容为有责性（非难可能性）奠定基础、提供根据，因而也可以称为责任构成要件。③ 如果说，犯罪客观要件、犯罪主体要件和犯罪主观要件的三要件说还采用四要件的犯罪构成体系的话语系统对犯罪成立条件进行叙述。那么，客观构成要件与主观构成要件的二要件说则已经转为采用阶层式的犯罪论体系的表述方法。例如，在客观构成要件中分别讨论客观构成要件符合性与违法性阻却事由，相当于三阶层的犯罪论体系中的前两个要件，主观构成要件则相当于三阶层的犯罪论体系中的有责性要件。在德日刑法学中，始终存在三阶层与二阶层之分，三阶层是通说，二阶层也有个别学者主张。例如，日本学者前田雅英教授就是二阶层的有力主张者，其犯罪论体系的构造图示如下④：

	客观面	主观面
原则	客观的构成要件	主观的构成要件
例外	违法阻却事由	责任阻却事由

---

① 张明楷：《刑法学（上）》，110 页，北京，法律出版社，1997。
② 参见张明楷：《刑法学》，第 2 版，140 页，北京，法律出版社，2003。
③ 参见张明楷：《刑法学》，第 3 版，140 页，北京，法律出版社，2007。
④ 参见［日］前田雅英：《刑法总论讲义》，第 4 版，39 页，东京，东京大学出版社，2006。

张明楷教授曾经受业于前田雅英教授，其《刑法学》第 3 版的犯罪构成二要件说与前田雅英教授的二阶层说是极为相似的。这表明，张明楷教授从三要件到二阶层，在犯罪构成体系上并非量的增减，而是存在质的变化：这是一种刑法话语的改变。

三

学术的特点是可论辩性，它不同于信仰。信仰是唯一的、绝对的、无可置疑的。犯罪构成体系作为一种理论，当然是可论辩的，正如俗语所言："灯不拨不亮，理不辩不明。"到底是四要件还是三阶层，并不像哈姆雷特的永恒问题"生存还是死亡"那么非此即彼地绝对。这里涉及对犯罪构成体系的功能性认知，因而有必要赘言一二。犯罪构成体系，也就是犯罪成立条件理论，以贝林 1906 年出版《犯罪论》一书为标志，也才不过 100 年。但是，人类的定罪活动已经具有数千年的历史：从刑法诞生之日，定罪活动也随之产生。除去犯罪构成体系产生以后这 100 年，数千年来的定罪活动，都是在没有犯罪构成体系的理论指导下度过的。正如在电发明前，人类也并不就是在黑暗中生存，还有蜡烛可照亮黑夜。在电发明以后，蜡烛的照明用途则几乎不复存在，电取代烛是科技进步之必然。犯罪构成体系也是如此，它作为一种理论形态，对于定罪活动具有引导功能，能够在更大程度上保证定罪的准确性。因此，犯罪构成体系也只不过是一种定罪的工具而已。正因为犯罪构成体系具有工具性特征，对四要件的犯罪构成体系与三阶层的犯罪论体系，我们应当破除意识形态的遮蔽，秉持理性的态度对其功能进行比较考察，择其优者为我所用。在进行这种比较的时候，我以为四要件的犯罪构成体系存在以下四个难以克服的根本性缺陷，因而成为其应当被摒弃的充足理由。

（一）没有构成要件的犯罪构成

三阶层的犯罪论体系是以构成要件（Tatbestand）为中心而建构起来的。关于构成要件，存在一个从 Constare de delicti（犯罪的确证）到 Corpus delicti（犯罪的事实），再到 Tatbestand（构成要件）的逐渐演变过程，俄罗斯学者将 Corpus delicti 称为 Tatbestand 的"胎痣",是极为传神的一种比喻。① 构成要件之引入刑法学,也还只不过一百多年的历史。这一历史基本上是从事实意义上的概念到法律意义上的概念,从诉讼法的概念到实体法的概念的转变过程。日本学者小野清一郎把构成要件看成是一个具体的、特殊的、类型化的概念。② 在这里,尤其需要强调的是构成要件本身所具有的类型性特征,它所体现的是一种类型化的思维方法。例如,贝林揭示了类型性是犯罪的一个本质要素,而构成要件是一种观念形象,也称为指导形象。该观念形象表达了某一犯罪类型的共性,如果没有该观念形象,犯罪要素就会失去其作为类型性要素的意味。在论及作为一种指导形象的构成要件与犯罪类型的关系时,贝林指出:"每个法定构成要件肯定表现为一个'类型',如'杀人'类型、'窃取他人财物'类型等。但是,并不是意味着这种——纯粹'构成要件'的——类型与犯罪类型是一样的。二者明显不同,构成要件类型绝不可以被理解为犯罪类型的组成部分,而应被理解为观念形象(Vorstellungsgebild),其只能是规律性的、有助于理解的东西,逻辑上先于其所属的犯罪类型。"③ 我以为,贝林对构成要件之类型性的理解是极为深刻的,它将杂乱的犯罪要素凝聚成为一个客观的构成模型,为犯罪认定提供某种引导,因而赋予构成要件的概念以特定化的蕴含。古典的犯罪论体系之所以坚持构成要件的客观性与叙述性,就是担心将过多的内容装入构成要件,容易破坏它的特定性,使之一般化。

在沙俄刑法学中,当 Tatbestand 一词引入以后,就在广义上被解释为犯罪成立的客观要件与主观要件,苏俄学者承袭了这一对 Tatbestand 的理解。在这种情况下,构成要件丧失了特定性,同时也就丧失了类型性,演变成为犯罪成立条件总和意义上的犯罪构成。日本学者把这种犯罪构成理论称为"全构成要件"

---

① 参见[日]小野清一郎:《犯罪构成要件理论》,王泰译,6 页,北京,中国人民公安大学出版社,2004。

② 参见何秉松、[俄]科米萨罗夫·科罗别耶夫主编:《中国与俄罗斯犯罪构成理论比较研究》,4 页,北京,法律出版社,2008。

③ [德]恩施特·贝林:《构成要件理论》,王安异译,5~6 页,北京,中国人民公安大学出版社,2006。

的理论①,是十分妥切的。实际上,构成要件与犯罪构成,绝不是一个称谓的问题,而是一个思维方法的问题。我国学者曾经对刑法学的类型化方法进行了探讨,对刑法类型化方法追溯到构成要件的观念,真正为类型化观念提供思想契机的是构成要件理论的发展。我国学者指出:从贝林到小野清一郎,构成要件理论从萌芽发展到极致。伴随构成要件理论的成熟,构成要件"类型化"的思维亦逐步成熟。无论是行为类型、违法类型抑或责任类型,无论是犯罪的外部轮廓抑或价值定型,无疑都是一种类型化思维的过程和结果。……可见,刑法上类型化观念的生成与拓展,在实质意义上倚赖于构成要件理论的催生。脱离了构成要件,刑法类型化的观念就根本性缺乏了借以萌生的思想资源与理论契机,从而无由产生。因此,无论怎样评价构成要件理论在"刑法类型观"发生学上的意义,都不为过。②可以说,现代刑法学之区别于前现代刑法学,在思维方法上的根本标志就是类型化方法在刑法学中的采用,而这又以构成要件为基础载体。没有构成要件,也就没有刑法学中的类型化观念。而在苏俄四要件的犯罪构成体系中,随着构成要件被改为犯罪构成,成为一个犯罪成立条件总和的概念,类型化观念也就随之丧失。

对于随着构成要件演变为犯罪构成所带来的类型化观念与方法的缺失,因而消解了构成要件的应有之义与特定之义,我国学者并没有深刻地体认,反而心安理得,由此引申出一些荒谬的结论。例如,我国学者对资产阶级以前的国家是否存在犯罪构成这一问题进行讨论时,指出:奴隶制和封建制国家有没有作为犯罪规格的犯罪构成呢?回答应当是肯定的。当然,当时没有也不可能有资产阶级法学家所说的犯罪构成。如果硬说当时有资产阶级的犯罪构成,那不是历史唯物主义。同样,如果硬说当时不存在任何构成犯罪的规格(犯罪构成),也未必是历史唯物主义。因为这不符合历史资料所表明的历史事实。在两三千年的人类历史上定罪处刑毫无规格,这是不可想象的。③ 以上论述,把构成要件等同于犯罪构

---

① 参见[日]松宫孝明:"犯罪论体系再考",张小宁译,《中外法学》,2008(4),567页。
② 参见张文、杜宇:"刑法视域中'类型化'方法的初步考察",《中外法学》,2002(4),423~424页。
③ 参见樊凤林主编:《犯罪构成论》,335页,北京,法律出版社,1987。

成,然后又把犯罪构成等同于犯罪规格,同时把构成要件理论等同于犯罪成立条件的法律规定,由此而得出了奴隶社会与封建社会也存在犯罪构成的结论。在犯罪成立条件的意义上肯定奴隶社会与封建社会存在犯罪构成当然没有问题。但是,在构成要件论的意义上,奴隶社会与封建社会显然是不存在犯罪构成的。这个问题,如同奴隶社会与封建社会是否存在罪刑法定原则一样,如果把罪刑法定原则泛化为对犯罪与刑罚有法律规定,则只要存在成文化的刑法就存在罪刑法定原则。但是,如果把罪刑法定原则理解为通过法律对立法权与司法权加以限制从而保障公民个人的权利与自由的思想观念,则奴隶社会与封建社会是不存在罪刑法定原则的。构成要件也是如此,在其被泛化以后,其独特的价值内容与方法论意义被阉割,构成要件也就死亡了。因此,我才把苏俄及我国四要件的犯罪构成称为"没有构成要件的犯罪构成"。这个问题,不是对犯罪构成要件的增删所能解决的,必须回归以构成要件为前置条件的三阶层的犯罪论体系,构成要件的独特功能才能得以实现。

(二)没有出罪事由的犯罪构成

在三阶层的犯罪论体系中,违法性起着实质的价值判断的作用,在构成要件该当的基础上,将正当防卫、紧急避险等情形从犯罪中予以排除。因此,违法阻却事由成为违法性中讨论的主要内容。构成要件具有违法推定机能,因为构成要件本身是一种不法类型,由此保证了构成要件与违法性之间的衔接与协调。尽管在德日刑法学中,主张合并构成要件与违法性这两个要件的学者大有人在,例如消极的构成要件论,就认为构成要件不能仅包括对犯罪来说是典型的情况,而是要包括所有涉及违法性的情况。这里,合法化事由的先决条件被理解为消极的构成要件特征,它之所以被纳入构成要件,是因为只有当缺少它时,关于行为违法性的最终的判断才有可能。构成要件特征和合法化事由的先决条件以该方式被统一到总构成要件(Gesamttatbestcmd)之中,并被体系化地置于同一层面。对此,德国学者明确地提出了"我们必须拒绝消极的构成要件理论"的命题,指出:构成要件特征与合法化事由特征简单地互换是不恰当的。两者的区别更多地受到实体条件的限制。欠缺构成要件的行为之所以不受处罚,是因为它不具有刑

法上的重要性，而虽然符合构成要件，但被合法化的行为之所以不受处罚，则是因为尽管行为对受保护的法益造成了损害，但例外地不是实质的不法。对一般预防（Generalpraevention）重要的构成要件的呼吁功能（Appellfunktion）正是建立在此等价值差别上的。① 有鉴于此，德日刑法学界的通说仍然是三阶层而非二阶层。但在四要件的犯罪构成体系中，却不讨论正当防卫、紧急避险等问题。对此，特拉伊宁指出："在犯罪构成学说的范围内，没有必要而且也不可能对正当防卫和紧急避险这两个问题作详细的研究。在社会主义刑法的理论和现行的刑事立法中，正当防卫和紧急避险的状态免除刑事责任这一点，是大家所公认了的。"② 如果把犯罪构成理解为构成要件，正当防卫和紧急避险当然没有必要在构成要件中讨论。但是，当犯罪构成是犯罪成立条件总和时，正当防卫和紧急避险不在犯罪构成中予以排除，则必然会出现犯罪构成形式化的现象，即行为符合犯罪构成却还不一定构成犯罪，从而又否定了犯罪构成作为犯罪成立条件总和之性质。之所以会出现这样的逻辑漏洞，是由于在四要件的犯罪构成体系中，没有正确处理好社会危害性与违法性的关系。在四要件的犯罪构成体系中，以社会危害性取代三阶层的犯罪论体系中的违法性，承担实质的价值评判功能。但是，基于对社会危害性在犯罪构成体系中至尊地位的推崇，又没有把它当作犯罪构成的一个具体要件。例如，苏俄学者指出："既然社会危害性及违法性，是对整个行为的评定，也就是说，对整个犯罪构成的评定，那末，它们就不能同时又与其他特征并列而作为这一整体的犯罪构成的个别特征了。"③ 在这种情况下，就出现了两种在形式上符合犯罪构成，但由于没有社会危害性，因而不构成犯罪的情形：一是犯罪概念的但书规定，二是正当防卫、紧急避险等情形。犯罪概念的但书规定，是在犯罪概念中讨论的，在犯罪构成中并没有涉及。而正当防卫、紧急

---

① 参见［德］汉斯·海因里希·耶赛克、托马斯·魏根特：《德国刑法教科书》，徐久生译，309～310页，北京，中国法制出版社，2001。

② ［苏］A.H.特拉伊宁：《犯罪构成的一般学说》，王作富等译，272页，北京，中国人民大学出版社，1958。

③ ［苏］采列捷里、马卡什维里："犯罪构成是刑事责任的基础"，高铭暄译，载《苏维埃刑法论文选译》，第1辑，66页，北京，中国人民大学出版社，1955。

犯罪构成论：从四要件到三阶层

避险也是在犯罪构成以外讨论的，在犯罪构成体系中没有解决。苏俄学者认为这是一些例外情形。但是，这些例外情形的存在，极大地动摇了犯罪构成是刑事责任的唯一根据的原则，在逻辑上难以自圆其说。

我国学者也看到了犯罪构成与排除犯罪性事由之间的这种脱节，提出的解决方案是：对于排除犯罪性事由在犯罪构成要件中考察，但在犯罪构成以外加以集中论述，并指出，从我国犯罪构成要件是实质要件、而非如大陆法系国家刑法中那样仅是形式的要件这种特点来看，我国刑法中的犯罪构成要件之认定，积极和消极层面的评价实际上是合而为一的。即实践中对某一行为是否符合某个犯罪的构成要件之审查，是同时从正面和负面、肯定和否定两个方面进行的。如果在要件之外单独考察是否具有"排除犯罪性行为"，没有可能性。

将每一个排除犯罪性事由融合在构成要件中研究，诚然存在形式上的理论脱节现象——一方面要将排除犯罪性事由理论作为犯罪论的单独"一块"置于犯罪构成理论之外论述，另一方面在考察是否存在排除犯罪性行为时又要将之内涵于"要件的审查"中。但是，这种形式上的脱节，乃我国犯罪构成理论特征使然：排除犯罪性行为具有与其他引致犯罪不成立的因素所不同的特点，需要在理论上将这一类行为集中研究；但这一类行为作为阻却犯罪成立的事由，在具体案件的审查中只能融合于要件之中，而无独立存在的余地，因为要件之外是没有东西具有影响犯罪成立与否的功能的。[①] 这一想法当然是好的，但现在的问题是：排除犯罪性行为是犯罪构成要件吗？将排除犯罪性行为放在积极要件之外加以集中讨论是可以的。例如，周光权教授主张把犯罪成立要件分为犯罪客观要件、犯罪主观要件、犯罪阻却事由三个阶层，由此形成"新三阶层论"，指出：根据犯罪客观要件、犯罪主观要件、犯罪阻却事由三阶层体系，对行为的定性，首先是通过犯罪客观要件展示行为客观上符合构成要件且违法的侧面。然后由犯罪主观要件展示责任的侧面。最后，再例外地考虑是否存在足以排除犯罪的特殊情况。……犯罪客观要件、犯罪主观要件、犯罪阻却事由之阶层理论体系虽然与构成要件符

[①] 参见肖中华：《犯罪构成及其关系论》，230 页，北京，中国人民大学出版社，2004。

合性、违法性、责任的构造在形式上不同，但仍然满足了前田雅英教授所提倡的对犯罪成立与否的判断必须从客观到主观、从原则到例外的"阶层式"思考问题的方法，对于刑事司法实践的需要给予了积极回应。① 在周光权教授的三阶层中，犯罪阻却事由是在犯罪客观要件与犯罪主观要件以外研究的。但是，在逻辑上，犯罪阻却事由是犯罪成立的一个要件。而四要件的犯罪构成体系，即使主张在犯罪构成要件中考察排除犯罪性行为，在犯罪构成以外集中论述排除犯罪性行为，只要不承认排除犯罪性行为是犯罪构成的一个要件，则其逻辑矛盾仍然没有克服。如果承认排除犯罪性行为是犯罪构成的一个要件，则四要件的犯罪构成体系随之破局。对于四要件的犯罪构成体系的辩护者来说，这是一个难以逾越的两难悖论。

（三）没有归责的犯罪构成

美国学者乔治·弗莱彻教授曾经在评价苏联的四要件的犯罪构成理论时，提出过一个命题——"没有归责的罪过"，认为苏联曾经努力培植一种"无归责的罪过"的理论，此后随着德国归责的规范理论的影响，对没有归责的罪过提出了挑战。弗莱彻教授指出：我们知道，1950 年至 1955 年，苏联曾经就罪过和罪责的概念进行过一场大讨论。今天看来，这场大讨论弥漫着泛政治的基调，但还是给人留下了深刻印象，因为基本立场不同的观点终于可以在苏联的学术著作中公开表态了。

这场大讨论的背景中包含着两种重要的文化力量。首先是德国刑法理论的知识影响，特别是规范归责论的影响，这种理论在 20 世纪 40 年代晚期的德国学术界得到深刻阐明。无论德国和苏联的政治关系如何，德国法律理论在俄罗斯知识界一直享有崇高的声誉。这场大讨论的诱因是乌特夫斯基教授出版的《苏联刑法中的罪过》一书，与其他一些 20 世纪 50 年代出版的著作一起，促使苏联理论界采纳了关于罪责的归责的规范论。② 弗莱彻教授的上述论断所论及的归责的规范

---

① 参见周光权：《刑法总论》，104～105 页，北京，中国人民大学出版社，2007。
② 参见［美］乔治·弗莱彻：《反思刑法》，邓子滨译，364～365 页，北京，华夏出版社，2008。

论，是指规范责任论。20世纪30年代后期，德国完成从心理责任论向规范责任论的转变，由此对构成要件与有责性这两个要件的内容产生了重大影响。规范责任论传入苏联，苏俄学者乌特夫斯基教授作了理论上的回应，提出对四要件的犯罪构成体系中的罪过（故意与过失）概念加以改造，弗莱彻教授在转述乌特夫斯基教授的观点时指出："乌特夫斯基所雄辩主张的是一种比较广义的观点，不仅指罪责的基本要件，而且这一要件必须被概念化，以作为对故意或过失行为可责难性的规范判断。当罪责的概念像这样从故意和过失行为中抽象出来时，它就成为关于归责的基础理论。"① 乌特夫斯基教授将罪过内容分为两个部分：一是故意过失心理，二是以社会主义国家名义对所有这些情况作出否定的社会（道德—政治）的评价。② 这一观点，在苏俄刑法学中称为罪过评价论，受到猛烈的批判。例如，苏俄学者指出：唯心主义的罪过"评价"理论，也是为破坏犯罪构成服务的。根据这种"理论"，法院对被告人行为的否定评价，和对被告人行为谴责，被认为是罪过。罪过的评价概念是以新康德主义的"存在"和"当为"的对立为前提的。新康德派刑法学者们否认人的罪过是实际现实世界的确定的事实。按照他们的"理论"，当法院认为某人的行为应受谴责时，法院就可以以自己否定的评断，创造出该人在实施犯罪中的罪过。主观唯心主义的罪过评价理论，使得资产阶级的法官们可以任意对所有他们认为危险的人宣布有罪。③ 这一对罪过评价论的批判，使作者敏锐地看到了在罪过中引入评价性的归责要素可能对四要件的犯罪构成体系产生的颠覆性后果。因为四要件的犯罪构成是一种"没有归责的犯罪构成"，归责要素的缺失，使苏俄刑法学的罪过理论在很大程度上还停留在心理责任论阶段。为了在维持四要件的犯罪构成体系的前提下，在一定程度上容纳归责理论，特拉伊宁教授在《犯罪构成的一般学说》1951年第2版中，提

---

① ［美］乔治·弗莱彻：《反思刑法》，邓子滨译，366页，北京，华夏出版社，2008。
② 参见［苏］A.A.皮昂特科夫斯基等：《苏联刑法科学史》，曹子丹等译，75页，北京，法律出版社，1984。
③ 参见［苏］A.A.皮昂特科夫斯基："社会主义法制的巩固与犯罪构成学说的基本问题"，孔钊译，载《苏维埃刑法论文选译》，第1辑，孔钊译，77页，北京，中国人民大学出版社，1955。

出了"罪过在社会主义刑法中以两种品格出现：作为犯罪构成要件和作为刑事责任的根据"[1]。除罪过以外，特拉伊宁还把因果关系并列为刑事责任的根据，这一观点受到当时苏俄刑法学界的批判，因而特拉伊宁在《犯罪构成的一般学说》第3版中，又回归到"犯罪构成是刑事责任的唯一根据"这一命题上来。但是，在20世纪60年代以后的苏俄刑法学中，在四要件的犯罪构成体系之外发展出一种刑事责任理论，它不同于作为犯罪成立要件之一的三阶层的犯罪论体系中的有责性，而被认为是介乎于犯罪与刑罚之间的一个概念。我国学者甚至认为应当在犯罪论与刑罚论之间增加刑事责任论，以形成罪—责—刑的刑法学体系。[2] 但是，这一刑事责任理论在刑法学中的体系性地位的确立，并不能改变四要件的犯罪构成没有归责这一现实。而且，正如我国学者指出："由于犯罪构成论的体系决定，在认定犯罪的过程中，刑事责任实际上并不是一个举足轻重的范畴，它可以说生存于犯罪与刑罚的夹缝中，空洞无物的特性决定了其地位无关紧要甚至变得十分卑微。"[3] 四要件的犯罪构成体系不仅没有主观归责，而且也没有客观归责，因而在这一体系中也难以容纳客观归责理论。对此，我国学者指出：目前，也有许多学者认识到我国刑事责任理论存在的致命缺陷，大多数还将其进行了宏观的改造，把刑罚理论纳入了刑事责任理论中，但是，这种构建仍然没有解决罪责问题。当然，我们这里所说的"罪责"，是指主观归责。……还要解决客观归责的问题。我们的犯罪构成理论已到了不可不改的地步了，是全盘引进大陆法系的三阶层犯罪构成体系，还是建立我们的新体系，也是我们下一步要研究的重要问题。[4] 这个问题的提出是令人深省的。四要件的犯罪构成体系没有很好地解决归责问题，是一个"没有归责的犯罪构成"。只有三阶层的犯罪论体系，把责任

---

[1] [苏] A. A. 皮昂特科夫斯基等：《苏联刑法科学史》，曹子丹等译，44页，北京，法律出版社，1984。

[2] 参见敬大力："刑事责任一般理论研究——理论的批判与批判的理论"，载赵秉志等：《全国刑法硕士论文荟萃（1981届—1988届）》，21~22页，北京，中国人民公安大学出版社，1989。

[3] 肖中华："我国现行犯罪构成（成立）理论总置评——为我国现行犯罪构成（成立）理论的辩护"，载刘宪权主编：《刑法学》，第4卷，113页，北京，北京大学出版社，2007。

[4] 参见王扬、丁芝华：《客观归责理论研究》，187页，北京，中国人民公安大学出版社，2006。

作为犯罪成立的要件之一,在犯罪构成体系内解决归责问题,包括客观归责与主观归责,才能使犯罪构成合理化。

(四)没有阶层的犯罪构成

四要件的犯罪构成体系的平面性与三阶层的犯罪论体系的阶层性之间形成强烈的对照。犯罪构成体系没有阶层性是否可行?对此,我国为四要件的犯罪构成体系辩护的学者指出:

有的学者认为,我国犯罪构成理论体系逻辑上存在所谓"要件位阶关系"(或者阶层关系)的缺失。笔者认为,如果说要件的阶层关系对于任何一个国家的犯罪构成理论体系来说,都是必不可少的,那么,毫无疑问,我国犯罪构成理论体系的确存在根本性的缺陷,必须被推倒。问题是,体系不属于阶层,本身并不是缺陷,这是我国体系在形式上的特点。换个角度,我们也不能因为大陆法系国家犯罪成立理论体系中不存在要件平面关系、没有直接将行为分解为要件要素就指责阶层的犯罪论体系存在"平面关系的缺失",因为这种差别正是与我国犯罪构成理论的形式比较结果,形式的差别就是划分要件方法、组合要件途径的差别。重要的是,形式上要件不具备阶层关系的体系是否意味着其在逻辑上是不能自立的?在形式背后,是否存在因为形式属于要件平面关系而产生的根本的实用性缺陷?[①]

这里的问题是:阶层是什么?对于犯罪成立条件来说,阶层是否必不可少?只有令人信服地回答了这些问题,才能使四要件的犯罪构成体系与三阶层的犯罪论体系之间的优劣利弊得以凸显。因为阶层性,恰恰是两种犯罪成立条件理论之间的根本区别之所在。

我国刑法学界对于阶层存在一些误读与误解。例如,在论及阶层时,我国学者指出:"德日体系的所谓阶层递进,只是一些学者们的一种想象式理解。如果将德日体系理解为是一种递进路径,那中国体系又有何理由不能如此相称呢——

[①] 参见肖中华:"我国现行犯罪构成(成立)理论总置评——为我国现行犯罪构成(成立)理论的辩护",载刘宪权主编:《刑法学》,第4卷,108~109页,北京,北京大学出版社,2007。

从客体递进到客观方面,再递进到主体,最后达到主观方面——呈一种较德日体系更为清晰、更为合理的递进理路。"① 我以为,上述论断是把阶层与顺序相混淆,从而得出四要件的犯罪构成体系也存在递进理路的结论。其实,阶层,又称为位阶,是指一种不可变更的顺序关系。因此,阶层关系或者位阶关系,虽然也是一种顺序,但由各阶层之间的内在关系所决定,这种顺序是固定而不可变动的。例如,在因果关系中,原因在前,结果在后,两者之间存在前后不可变更的顺序关系,不能倒果为因。在阶层关系的情况下,各个犯罪成立条件之间呈现出这样一种递进关系:前者的存在不以后者为前提,而后者的存在则必然以前者为前提。概言之,没有前者必然没有后者,反之则不然。在构成要件该当性、违法性与有责性这三个要件之间,没有构成要件该当性,就不可能有违法性,因而违法性以构成要件该当性为前提。但是,具有构成要件该当性未必就有违法性,例如存在违法阻却事由的情形就是如此。再进一步推论,没有违法性,就不可能有有责性,因而有责性以违法性为前提。但是,具有违法性未必就有有责性,例如存在责任阻却事由的情形就是如此。在这种情况下,定罪过程因存在违法阻却事由、责任阻却事由而中断。这样一种阶层式的犯罪论体系安排,体现了事实判断先于价值判断、客观判断先于主观判断、形式判断先于实质判断、定型判断先于个别判断的定罪思维方法。正如日本学者指出:"犯罪论体系通过阶段性的深入,即由形式性判断进入实质性判断、由对客观性要素的判断进入对主观性要素的判断,从而力图确保裁判官的判断的正确、适当。根据上述解释,可以说,对于控制裁判官的思考过程,进而将刑法的适用限定于适当正确的范围之内,构成要件该当性、违法性、有责性这种犯罪论体系是一种行之有效的做法。"② 可以说,阶层性是德日犯罪论体系的精华之所在。无论是二阶层、三阶层还是四阶层,只要犯罪成立条件之间存在逻辑上的位阶关系,则可以保证定罪的正确性。那么,在四要件的犯罪构成体系中,各个要件之间是否存在上述位阶关系呢?回答是否

---

① 冯亚东:"中德〔日〕犯罪成立体系比较分析",《法学家》,2009(2),89页。
② 〔日〕西田典之:《日本刑法总论》,刘明祥、王昭武译,45页,北京,中国人民大学出版社,2007。

定的。四要件之间是一种共存关系，即一有俱有、一无俱无。① 虽然四要件通常是按照犯罪客体—犯罪客观方面—犯罪主体—犯罪主观方面这样一种顺序排列的，但这种顺序不是不可变更的，而是可以随意排列的。例如，除上述通行的排列顺序以外，至少还存在以下三种排列顺序②：一是犯罪主体—犯罪客体—犯罪主观方面—犯罪客观方面；二是犯罪客观方面—犯罪客体—犯罪主观方面—犯罪主体；三是犯罪主体—犯罪主观方面—犯罪客观方面—犯罪客体。以上这些对四要件的不同排列组合表明：四要件之间不存在逻辑上的位阶关系，各要件之间的顺序可以随意打乱。其结果是：价值判断往往先于事实判断、主观判断往往先于客观判断、实质判断往往先于形式判断、个别判断往往先于定型判断，由此造成定罪错误。例如，在赵金明等故意伤害案中，被告人赵金明等人持刀追赶被害人，被害人跳入河中溺水而亡。法院判决认为：被告人赵金明等人为报复被害人，主观上有故意伤害他人身体的故意，客观上实施了持刀追赶他人的行为，并致被害人死亡后果的发生，其行为均已构成故意伤害（致人死亡）罪。裁判理由在论证时指出："赵金明等人持刀追赶被害人马国超时已具有伤害的故意，且已着手实施犯罪，该伤害行为本身具有致人死亡的高度危险，其持刀追砍的行为与被害人死亡结果之间具有刑法意义上的因果关系。根据主客观相一致的定罪原则，可以对赵金明等人以故意伤害罪定罪处罚。"③ 在上述裁判理由中，法官是按照伤害故意→伤害行为→造成死亡结果→因果关系这样一种顺序进行判断的，表现为主观判断先于客观判断。把持刀追赶人的主观心理界定为伤害故意，然后推导出伤害行为等其他要件，这是一种较易入人以罪的思维方法。按照三阶层的犯罪论体系，定罪过程应当按照以下顺序递进：是否存在伤害行为→是否存在伤害结果→伤害行为与伤害结果之间是否存在因果关系→是否存在伤害故意。这是客观判断先于主观判断的思维逻辑，因为伤害行为的存在不以伤害故意为前提，而伤害故意则以伤害行为前提，这就是伤害行为与伤害故意之间的位阶关系。并

---

① 参见陈兴良：《刑法哲学》，598页，北京，中国政法大学出版社，1992。
② 参见赵秉志："论犯罪构成要件的逻辑顺序"，《政法论坛》，2003（6），18页以下。
③ 最高人民法院编：《刑事审判参考》，第55集，26页，北京，法律出版社，2007。

且，在定罪过程中，任何一个环节得出否定性判断，定罪过程就告中断。按照这样一种定罪思维方法，对于赵金明案，首先要判断的是：是否存在伤害行为？赵金明等人持刀追赶被害人能否认定为伤害行为？这里的关键是如何判断伤害行为的着手。追赶行为是为了伤害，但其本身还不能认定为伤害，因为追赶本身并不会造成他人的人身损伤。在这种情况下，不存在故意伤害罪的构成要件行为，故意伤害罪的定罪进程就结束了，本案不能认定为故意伤害罪。对赵金明等故意伤害案采用四要件与三阶层两种不同的犯罪成立条件理论加以分析，得出了完全不同的结论。结论之所以不同，就是由四要件的犯罪构成体系缺乏阶层性造成的，这难道不是一种实用性缺陷吗？

我国学者认识到了四要件的犯罪构成体系存在缺乏阶层性的缺陷，因而提出在现有的犯罪构成体系上，贯彻客观优先的阶层递进理念，因而认为犯罪构成体系不必重构。① 我认为，阶层关系是通过犯罪论体系加以确定的，犯罪论体系是阶层关系的一种制度性安排。如果犯罪成立条件之间不存在逻辑上的位阶关系，即使倡导客观优先的阶层递进理念，也是无济于事的。事实已经证明：没有阶层的犯罪构成并不能为事实判断先于价值判断、客观判断先于主观判断、形式判断先于实质判断、定型判断先于个别判断这些人类社会的进步成果和科学经验在定罪过程中的适用，提供制度性保障。因此，结论只有一个：

从四要件的犯罪构成理论到三阶层的犯罪论体系。

(本文原载《中外法学》，2010（1）)

---

① 参见黎宏："我国犯罪构成体系不必重构"，载《法学研究》，2006（1）。

犯罪主体的消解

——一个学术史的考察

一

犯罪主体是指犯罪人，因而它是与犯罪行为相对应的一个概念。没有犯罪人当然也就不会有犯罪，这是一个不争的事实。但犯罪主体是否应当成为一个独立的犯罪构成要件，这仍然是一个值得研究的问题。

在我国民国时期的刑法学中，没有形成现在意义上的犯罪构成体系，而是对犯罪成立条件加以罗列，称为犯罪之要素。而犯罪要素又分为犯罪的一般要素（犯罪成立之一般的要件）与犯罪成立的特别要素（构成犯罪之特别的要件）。前者为总则性的犯罪成立条件，后者为分则性的犯罪成立条件。而犯罪主体赫然地被列为犯罪成立的一般要素。例如，民国学者郗朝俊指出：凡一犯罪事实，必有惹起其犯罪者（犯罪主体），被受其犯罪者（犯罪客体）及惹起其犯罪之动作（犯罪行为）与处罚其行为之法令（明文），苟缺其一，法律上即不成立犯罪，此之谓犯罪成立之一般的要素（构成犯罪之一般的要件）。[①] 在此，犯罪主体是犯

---

① 参见郗朝俊：《刑法原理》，123页，上海，上海商务印书馆，1930。

罪成立一般要素中的第一个要素。当然，从以上郗朝俊关于犯罪成立一般要素的排列来看，采取的是一种直观的描述法，它与建立在形而上学的逻辑建构基础之上的具有教义学特征的犯罪论体系还是存在巨大差距的。那么，这里的犯罪主体的含义如何呢？郗朝俊指出：犯罪主体者，国法上具有犯罪之资格者也。古代宗教，最重迷信，对于禽兽，曾有科以刑罚者，今日犯罪主体，则独限于人类，而人有两种：即自然人与法人是也。① 由上可知，犯罪主体是指具备犯罪资格的人，因而其内容是较为空泛的。就其形式而言，与三阶层的犯罪论体系中的行为主体是相似的。在自然人的论述中，虽然涉及精神未成熟之幼年人、精神有障碍之病人，均为犯罪责任无能力者，不得为犯罪主体。但是，上述刑事责任年龄与刑事责任能力又是在犯罪行为要件中加以研究的，犯罪行为要件分为有责行为（精神的要素）与违法行为（法律的要素）。那么，什么是有责行为呢？郗朝俊指出：有责行为者，法律上足以负担责任之行为也。责任者，法律上一定之行为，联结于吾人之状态也，有此联结，自其行为所生之效果，始得附着于吾人，刑法使人负刑事责任者，亦因有此联结故也。而生此联结之要件有二：（1）责任能力，（2）责任条件。② 这里的责任能力，是指一定的精神状态。而责任条件，则是指故意或者过失。因此，民国刑法学中的犯罪主体虽与四要件中的犯罪主体之名称相同，而其内容却大相径庭，两者不得混淆。③ 我国目前四要件的犯罪构成体系中的犯罪主体要件，是从苏俄刑法学传入的。在沙俄时期，当时著名的刑法学家塔甘采夫就把行为人，即犯罪主体当作犯罪构成的一个独立要件，指出：（犯罪构成要件）可以分为三组：（1）行为人——犯罪行为中的犯罪人，（2）犯罪人的行为所指向的对象——客体或犯罪侵害的对象，（3）从内部和外部研究的犯罪侵害本身。④ 以上犯罪构成的结构，在现今的俄罗斯也还有学者主张，称为

---

① 参见郗朝俊：《刑法原理》，128 页，上海，上海商务印书馆，1930。
② 参见郗朝俊：《刑法原理》，132 页，上海，上海商务印书馆，1930。
③ 在民国其他学者的著作中，犯罪主体与责任能力也是相分离的。参见王觐：《中华刑法论》，姚建宗勘校，84、96 页，中国方正出版社，2005。
④ 转引自何秉松、［俄］科米萨罗夫、科罗别耶夫主编：《中国与俄罗斯犯罪构成理论比较研究》，9 页注 30，北京，法律出版社，2008。

三分法结构，具体要素是"客体—行为—主体"①。可以明显地看出，塔甘采夫关于犯罪构成的构造采用了社会关系的结构，即法律关系的主体—法律关系的客体—法律关系的内容。在这种结构中，行为人作为犯罪主体纳入犯罪构成。

在苏俄四要件的犯罪构成体系中，通说都把犯罪主体作为四要件之一，对此没有疑问。然而，值得我们注意的是，作为苏俄四要件的犯罪构成体系的缔造者，А. Н. 特拉伊宁在犯罪主体问题上所持的观点是十分独特的。而这一点恰恰与其对犯罪构成的理解有关。特拉伊宁曾经对犯罪主体问题，发表过以下评论意见：在苏维埃书籍中，对于犯罪主体的问题，过去和现在都没有予以充分的注意。不仅没有专门研究这个问题的专论，而且连主体在刑法体系中的地位，也还没有得到阐明；譬如，在所有五版的刑法总则教科书中，关于主体的学说，都是放在犯罪构成因素的体系中（客体、客观方面、主体和主观方面）来研究的。不管犯罪构成的学说具有怎样的意义，它当然不能把犯罪主体的学说吸收或溶解在自己的学说中。上述症结的根源是各种各样的：一部分表现出尽量同那些企图将全部刑法归结为犯罪人的反动的刑法学说断绝关系的倾向，而另一部分则无疑表现出对犯罪构成的一般学说研究不够。因此，必须完全肯定地指出，只要没有犯罪人就不会有是否存在犯罪构成的问题；此外，正如前面所指出的，没有到达法定年龄的有责任能力的人，也就没有刑事责任和犯罪构成的问题。② 在以上论述中，特拉伊宁认为在苏俄刑法理论中，连主体在刑法体系中的地位问题也没有解决，而特拉伊宁则主张犯罪主体不能视为犯罪构成的一个因素的观点。那么，如何理解特拉伊宁在以上论述中所指出的"只要没有犯罪人就不会有是否存在犯罪构成的问题"以及"没有达到法定年龄的有责任能力的人，也就没有刑事责任和犯罪构成的问题"等命题呢？如果从表面上来看，这些命题似乎是肯定犯罪主体是犯罪构成要件的，因而与其否认犯罪主体是犯罪构成的一个因素的观点相矛

---

① 转引自何秉松、[俄]科米萨罗夫、科罗别耶夫主编：《中国与俄罗斯犯罪构成理论比较研究》，9页，北京，法律出版社，2008。

② 参见[苏]А. Н. 特拉伊宁：《犯罪构成的一般学说》，王作富等译，60～61页，北京，中国人民大学出版社，1958。

盾。但是，如果我们把这里的犯罪构成解读为贝林的构成要件，而不是作为犯罪成立条件总和的犯罪构成，那么，其间的矛盾就不复存在矣。特拉伊宁在论及犯罪构成因素时，指出：犯罪主体只能是有责任能力的自然人这一点，是不用怀疑的。没有责任能力，刑事责任问题本身就不会发生，因而犯罪构成的问题本身也就不会发生。正因为如此，所以责任能力并不是犯罪构成的因素，也不是刑事责任的根据；责任能力是刑事责任的必要的主观条件，是刑事责任的主观前提：刑事法律惩罚犯罪人并不是因为他心理健康，而是在他心理健康的条件下来惩罚的。这个条件，作为刑事审判的一个基本的和不可动摇的原则规定在刑法典总则中，而在描述犯罪的具体构成的分则里，是不会有它存在的余地的。正因为如此，所以在任何一个描述构成因素的苏联刑事法律的罪状中，都没有提到责任能力，这是有充分根据的。正因为如此，所以关于无责任能力的问题，可以在解决是否有杀人、盗窃、侮辱等任何一个犯罪构成的问题之前解决。责任能力通常在犯罪构成的前面讲，它总是被置于犯罪构成的范围之外。[①] 从以上特拉伊宁对犯罪构成及其犯罪构成因素的描述来看，它都是指刑法分则规定的犯罪成立条件，即贝林所称的构成要件。只有对犯罪构成作如是的理解，我们才能读懂特拉伊宁关于责任能力不是犯罪构成因素，它是刑事责任的前提，是放在犯罪构成前面讲的这些论述。因此，按照特拉伊宁的这一观点，以责任能力为内容的犯罪主体概念就不是犯罪构成的要件。而特拉伊宁提出责任能力是刑事责任的必要的主观条件这一命题，又完全与贝林的把责任能力当作责任条件的观点是一致的。[②] 虽然否认犯罪主体是犯罪构成的要件，但特拉伊宁又阐述了表明犯罪主体的构成因素，指出——法律列入犯罪构成中的表明犯罪主体的特征，具有以下的目的：立法者利用这些特征缩小对某一个或者某一类犯罪应负刑事责任的人的范围，从而肯定下面这个原则——并不是任何一个有责任能力的自然人都可以作为某种或者某

---

① 参见［苏］A. H. 特拉伊宁：《犯罪构成的一般学说》，王作富等译，60～61页，北京，中国人民大学出版社，1958。

② 参见［德］恩施特·贝林：《构成要件理论》，王安异译，97页，北京，中国人民公安大学出版社，2006。

类犯罪的主体。这种限制的趋向，在法律中表现在以下两个方面：立法者规定有具体范围的主体的犯罪构成和特殊范围的主体的犯罪构成。[①] 在以上论述中，特拉伊宁所称表明犯罪主体的构成因素，在苏俄刑法学中称为特殊主体，也就是德日刑法学中所称的行为主体或者身份，它显然是由刑法分则所规定的，其功能正如特拉伊宁所说的那样，在于缩小刑事责任的范围。如果把犯罪构成看作是刑法分则规定的犯罪成立条件，那么，所谓特殊主体，显然应当纳入犯罪构成。由此可见，特拉伊宁是把以责任能力为内容的犯罪主体与以身份为内容的犯罪主体严格加以区分的：前者是刑法总则规定的，不是犯罪构成的因素；后者是刑法分则规定的，属于表明犯罪主体的构成因素，两者具有完全不同的刑法意义。特拉伊宁的这些观点，和贝林的古典派的犯罪论体系是那么相同，简直令人难以置信。对此，我国学者阮齐林指出：他（指特拉伊宁——引者注）把责任年龄、责任能力排除在构成因素之外，作为刑事责任的主观前提，加上他把罪过从构成要素中分立强调的观点，与西方古典理论中的有责性评价和构成要件分立的思路和方法也是一致的。[②] 正如阮齐林教授所言，特拉伊宁最终还是从狭义的构成要件转向了广义的构成要件。这里的广义的构成要件，就是包括犯罪主体在内的犯罪构成。在犯罪主体中，主要讨论刑事责任能力问题。而责任能力与年龄、精神状态有关。由此把刑法关于责任年龄、精神障碍以及其他生理疾病等影响刑事责任能力的规定纳入犯罪主体加以讨论，从而形成苏俄犯罪构成体系中犯罪主体论的内容。

应该说，在苏俄刑法学中对于犯罪主体概念本身也还是存在争议的。主要是能否采用犯罪人个性来取代犯罪主体。我国学者对苏俄刑法学中的这段争议的历史作了以下叙述，指出：在20世纪60年代的苏联就有人提出建议，拒绝使用法律概念"犯罪主体"，并在犯罪构成中废除描述犯罪主体的"刑事责任能力和年

[①] 参见［苏］A. H. 特拉伊宁：《犯罪构成的一般学说》，王作富等译，159页，北京，中国人民大学出版社，1958。

[②] 参见阮齐林：《评特拉伊宁的犯罪构成论》，载陈兴良主编：《刑事法评论》，第13卷，5页，北京，中国政法大学出版社，2003。

龄"的特征；主张"刑事责任年龄和刑事责任能力不属于犯罪构成的特征之一"。在批评传统的犯罪主体概念的同时，Б.С. 乌捷夫斯基提出要用"犯罪人个性"这个概念替换"犯罪主体"的概念。也有人提出反对意见，不同意使用"犯罪人个性"这个术语，认为在刑法理论中"犯罪主体"这个传统概念已经充分地反映了本身的内容，不需要替换。"犯罪主体"这个概念和"犯罪人个性"概念在范畴上是不同的，尽管他们之间有着紧密的联系，但也不是相吻合的，他们在刑法中具有不同的功能。

经过争论最后得出刑法的原则：犯罪构成的概念不能代替或取缔犯罪概念，而犯罪主体概念也不能代替或取缔犯罪人个性（也称犯罪个人）的概念。"犯罪主体"仅仅是反映了个人许多特性中的几个具有刑法意义的特征，刑法同这些特征相联系的只是主体承担刑事责任的能力。[①] 以上犯罪主体与犯罪人个性的概念之争，并不能动摇犯罪主体在苏俄四要件的犯罪构成体系中的地位。而且，犯罪人个性是对犯罪人的人身特征的犯罪学描述，它只对量刑具有一定作用，并不能影响定罪。因此，至今在俄罗斯的犯罪构成体系中，犯罪主体仍然属于四要件之一。

二

在20世纪50年代初，我国引入苏俄的四要件的犯罪构成理论，犯罪主体被确认为四要件之一。在20世纪70年代末我国刑法学恢复重建以后，四要件的犯罪构成理论得以成为主流观点，犯罪主体也同样成为四要件之一。例如，高铭暄教授主编的统编教材《刑法学》指出：犯罪主体是达到法定责任年龄、具有责任能力、实施了危害社会行为的自然人。虽然犯罪是危害社会的行为，但不是任何人实施了危害社会的行为都构成犯罪。根据我国刑法（指1979年刑法——引者注）第14条至第16条的规定，只有达到法定刑事责任年龄和具有刑事责任能力

[①] 参见赵微：《俄罗斯联邦刑法》，54~55页，北京，法律出版社，2003。

的自然人，才能成为犯罪主体。不符合犯罪主体条件的人，即使他的行为对社会造成了危害结果，也不负刑事责任。因此，研究犯罪主体所必须具备的条件，对于正确认定犯罪具有重要意义。① 在以上关于犯罪主体的界定中，存在引发争议的几乎所有问题。在犯罪主体的概念中，除达到法定责任年龄和具有责任能力以外，还包含实施了危害社会行为这一内容。危害社会行为是犯罪构成的客观方面要件，按照犯罪主体的这一概念，它实际上包含了犯罪构成的客观要件。那么，犯罪主体与犯罪客观要件不是就混为一谈了吗？如果在犯罪主体的概念中剔除实施了危害社会行为这一内容，将其界定为达到法定责任年龄、具有责任能力的自然人，则难以称之为犯罪主体。否则，必然得出没有实施危害社会行为的自然人，只要达到法定责任年龄，具有责任能力，就可以成为犯罪主体的荒谬结论。这一逻辑上的悖论是犯罪主体概念本身所包含的，也是从苏俄刑法学中继承下来的。可以说，犯罪主体是四要件中最为薄弱的理论环节，即使特拉伊宁也难以自圆其说，理所当然地受到质疑和批判。其中，对犯罪主体概念本身所包含的这一矛盾最为深刻地加以揭示的是杨兴培教授。在论及犯罪主体命题论上存在着逻辑错误时，他指出：把犯罪主体纳入犯罪构成之中作为一个必要要件，必然表明没有犯罪主体，就不符合犯罪构成，也就不可能存在犯罪构成。然而，犯罪主体的概念又明确表明只有实施了符合犯罪构成的犯罪行为的行为人才能成立犯罪主体，这又必然表明没有实施符合犯罪构成的犯罪行为，就不可能成立犯罪主体。于是，在这样一个命题论的逻辑结构中，就产生了一个无法协调、无法自圆其说的矛盾，即到底是犯罪主体决定了犯罪构成的成立，还是行为符合犯罪构成决定了犯罪主体的成立？如果说犯罪主体作为犯罪构成的一个要件相对独立于其他要件而存在于犯罪构成之中，那么犯罪主体怎么能够凭借他后起的犯罪行为加以评定？如果说符合犯罪构成的行为是确定犯罪主体成立的前提和基础，那么行为已经符合犯罪构成而构成了犯罪，又何必凭借犯罪主体这一构成要件加以评定？在这种充满矛盾的逻辑结构中，究竟何者为先，何者为后，简直就成了像先有鸡，

---

① 参见高铭暄主编：《刑法学》，修订本，136页，北京，法律出版社，1984。

还是先有蛋的历史之谜一样变得不可捉摸。① 其实，从20世纪80年代初开始，我国刑法学界就已经开始对犯罪主体是否属于犯罪构成要件这一问题提出了质疑，其中的理论资源就是特拉伊宁在《犯罪构成的一般学说》一书中对犯罪主体的论述。例如，我国学者在论及责任能力与刑事责任时，指出：无"责任能力"，刑事责任问题本身就不会发生，因而构成本身的问题也不会发生。"只有有责任能力的人，才能认定有罪或无罪。"因而，责任能力并不是构成的要件，也不是刑事责任的根据，而是刑事责任的主观前提。"刑事法律惩罚犯罪人并不是因为他心理健康，而是在他心理健康的条件下来惩罚的。"正因为如此，所以：（1）"责任能力"作为刑事审判的基本原则规定在总则中，而在描述具体的构成的分则里则没有它存在的余地；（2）关于有无"责任能力"的问题，可以在解决是否有"杀人""抢劫"等任何一个构成的问题之前解决；（3）"责任能力"问题是一个独立的问题，可以在构成范围以外解决。② 上述论断中所引的两段话，均出自特拉伊宁的《犯罪构成的一般学说》一书，因而是重述了特拉伊宁关于犯罪主体的观点。尤其是，以上论断的逻辑前提在于：犯罪构成就是刑法中的罪状。罪状规定犯罪构成，刑法典中的罪状可以说是每个犯罪构成的住所。而这些命题是特拉伊宁早期的观点。正是基于犯罪构成是刑法分则规定的具体构成，才能得出否认犯罪主体是犯罪构成的结论。因此，这个时期我国学者是采用苏俄的理论资源批判来自苏俄刑法学的犯罪主体理论的。

此外，我国学者还从行为与行为人这一对范畴切入，强调犯罪构成是行为构成，而犯罪主体是一个行为人的问题，两者不可混为一谈。我国学者还引用了马克思语录作为论据，作了以下论证：犯罪主体这一概念并不反映某人所实施的行为的性质，这种主体条件甚至与行为的危害社会性质没有直接联系。当然，犯罪行为是由人来实施的，但是，行为人和行为毕竟是两个不同的客观事实。马克思早就指出："我只是由于表现自己，只是由于踏入了现实的领域，我才进入受立

---

① 参见杨兴培：《犯罪构成原论》，66页，北京，中国检察出版社，2004。
② 参见李守芹：《论犯罪构成的要件》，载《河北学刊》，1983（3）。

法者支配的范围。对于法律来说，除了我的行为以外，我是根本不存在的。我根本不是法律的对象。"(《马克思恩格斯全集》第1卷第16~17页)这一论断充分说明了人和行为在法律上的不同意义及其二者之间的关系。可见，人，包括达到刑法规定的年龄，具有刑事责任能力的人，是独立于犯罪构成之外而存在的，某人是否犯了罪，是由该人的行为决定了的。因此，犯罪主体应当在犯罪构成确立之后才能认定，所以，实际上犯罪主体应当是：人（具有刑事责任能力）＋犯罪行为。即是说，犯罪主体就是罪犯。而犯罪构成"四要件说"中作为犯罪构成的一个要件的犯罪主体是一个把人和人的行为混在一起的一个概念，这就在理论上陷入混乱。① 在以上论述中，作者提出犯罪主体应当在犯罪构成确立之后才能认定的命题，在一定程度上涉及了两者之间的位阶关系。如果把这里的犯罪构成转换为贝林的构成要件，而将犯罪主体看作是一个责任的问题，那么其间的这个联系就不言自明了。当然，在犯罪主体＝人（具有刑事责任能力）＋犯罪行为这一公式中，又回到了犯罪主体包括犯罪行为的传统概念之中。

  如上所述，我国学者在引入行为与行为人这样一对范畴的时候，引用了马克思语录作为论据。而批判上述观点的学者，同样围绕马克思这段语录的解读展开攻防，指出：对马克思的这段话应当如何理解呢？我们认为，应当把这段话与马克思当时的法律思想及当时的思潮联系起来研究。在马克思写这篇文章的时候，他正处于由革命民主主义者向共产主义者转变的过程中，他当时的法学思想既有历史唯物主义法律观的萌芽，又不可避免地受到资产阶级早期先进思想家的法学思想的影响。从18世纪到19世纪中叶，在欧洲占主导地位的刑法思想是刑事古典学派。马克思处于这样的一个时代，当他还没有完全转变为共产主义者之前，他的刑法思想不能不受到刑事古典学派的影响。我们上面引用的马克思的那段话，从揭露普鲁士反动统治者破坏资产阶级早期建立的法制，反对惩治单纯的"思想犯罪"来说，自然是进步的，反映了他的革命立场；但从刑法思想上来说，可以看出，马克思当时还未彻底摆脱刑事古典学派的"行为构成"的理论的影

---

① 参见傅家绪：《犯罪主体不应是犯罪构成的一个要件》，载《法学评论》，1984 (2)。

响。可是，持犯罪构成是"行为构成"论点的同志，恰恰忽略了这个原则问题。① 这种打语录仗式的论辩，是在 20 世纪 80 年代初以前的我国学术论战中较为流行的样态。马克思主义经典作家的一两句语录，往往被一个学科奉为圣经，并且不容置疑。当然，在以上论述中，已经通过对经典语录重新解释的方法为我所用，以"我注六经"的方式对抗"六经注我"的模式。实际上，犯罪主体的问题与行为刑法、行为人刑法都无关系。行为刑法与行为人刑法是一个违法性的问题，而犯罪主体涉及的是有责性的问题。而在四要件中，违法性与有责性是混为一谈的，因而否认犯罪主体是犯罪构成要件的观点也并没有将犯罪构成还原为构成要件，更没有把犯罪主体归入责任要件。在犯罪构成是刑事责任的唯一根据的语境下，将责任能力排除在犯罪构成之外，明显存在逻辑上的漏洞。

为犯罪主体理论作出有力辩护，并在相当程度上深化了犯罪主体理论的是赵秉志教授，其博士论文《犯罪主体论》是在这一领域具有影响力的作品。赵秉志教授将那些否定犯罪主体作为犯罪构成要件之一的观点的主要理论归纳为以下三点：(1) 犯罪构成只能是行为的构成，而不能包括行为人。(2) 构成犯罪与承担刑事责任是两个不同的概念，犯罪构成是刑事责任的基础，解决是否构成犯罪的问题；犯罪主体是承担刑事责任的条件，解决是否适用刑罚的问题。犯罪是否成立，丝毫不受犯罪主体这种承担刑事责任的条件的影响。(3) 犯罪主体要件的内容已为犯罪主观要件所当然包括。② 对于上述三个理由，赵秉志教授进行了逐个反驳。当然，这种反驳是基于犯罪构成是刑事责任，因而也是犯罪成立的唯一根据这一立场。例如，关于犯罪与刑事责任的关系问题，在苏俄刑法学的理论中，两者是原因与结果的关系：犯罪当然导致刑事责任，刑事责任必然以犯罪为前提。因此，犯罪是原因，刑事责任是结果。这就是在刑事责任问题上的后果说。在这种情况下，犯罪主体作为刑事责任的条件必然归入犯罪的范畴而不是自外于犯罪的概念之外。而犯罪与犯罪构成又是一种抽象与具体的关系。在具备犯罪构

---

① 参见张文：《犯罪构成初探》，载《北京大学学报（哲学社会科学版）》，1984 (5)。
② 参见赵秉志：《犯罪主体论》，42~43 页，北京，中国人民大学出版社，1989。

成全部要件的情况下犯罪才能成立。如果缺乏犯罪主体，犯罪就不可能成立，因而必然得出结论：犯罪主体是犯罪构成的要件之一。然而，如果把犯罪构成理解为构成要件，而把刑事责任理解为有责性，那么，否认犯罪主体是构成要件，而将其归入有责性当中，一个行为只有同时具备构成要件该当性、违法性与有责性才能成立犯罪，则构成要件与责任能力的分离并不矛盾。显然，否定犯罪主体是犯罪构成要件的观点尚未能寻找到三阶层的犯罪论体系的理论资源，因而其对犯罪主体的否认本身也存在自相矛盾。

尤其值得注意的是，赵秉志教授在论及犯罪主体条件在犯罪构成中的地位这一问题时，提出了一个重要命题：从犯罪构成内部四方面要件在决定犯罪时的逻辑顺序看，犯罪主体要件处于首位。其论述指出：我国犯罪构成理论一般把犯罪构成四方面要件排列为犯罪客体、犯罪客观方面、犯罪主体和犯罪主观方面的顺序来研究，这是为了研究的便利。但是，犯罪构成四方面要件在实际犯罪中发生作用而决定犯罪成立的逻辑顺序却不是这样的，其实际逻辑顺序是：犯罪主体→犯罪主观方面→犯罪客观方面→犯罪客体。即符合犯罪主体条件的人，在其犯罪心理态度的支配下实施一定的犯罪行为，危害一定的客体即社会主义的某种社会关系。可见，在决定实际犯罪的逻辑顺序上，犯罪主体要件与其他要件相比，也是处于第一位的。[①] 以上论述指出了在四要件的犯罪构成体系中各个要件之间的逻辑顺序问题，并将犯罪主体排列在第一位。对于四要件的逻辑顺序的改变，虽然强调了犯罪主体的地位，但却暴露了四要件之间缺乏位阶性这一四要件的犯罪构成体系的根本缺陷，从而形成四要件的犯罪构成理论的致命之处。四要件的重新排列在赵秉志教授主编的刑法教科书中得以体现，并在我国刑法学界产生了较大影响。例如，赵秉志教授主编的《刑法学通论》一书首次按照犯罪主体、犯罪主观要件、犯罪客观要件、犯罪客体的逻辑顺序对犯罪构成进行叙述，指出：在这四个要件中，犯罪主体排列在首位，因为犯罪是人的一种行为，离开了人就谈不上犯罪行为，也说不上被行为所侵犯的客体，更谈不上人的主观罪过。因此，

---

① 参见赵秉志：《犯罪主体论》，49页，北京，中国人民大学出版社，1989。

犯罪主体是其他犯罪构成要件成立的逻辑前提。在具备了犯罪主体要件以后，还必须具备犯罪主观方面。犯罪主观方面是犯罪主体的一定罪过内容。犯罪行为是犯罪主体的罪过心理的外化，因而在犯罪主观方面下面是犯罪客观方面。犯罪行为必然侵犯一定的客体，因而犯罪客体是犯罪构成的最后一个要件。[1] 目前，对于四要件的排列顺序虽然存在各种不同的观点，但高铭暄等老一辈学者均坚持犯罪客体→犯罪客观方面→犯罪主体→犯罪主观方面的排列，例如高铭暄教授指出：就我个人而言，我一直坚持客体、客观方面、主体、主观方面的传统排列。我始终认为这种排列方式符合人们发现犯罪、认定犯罪的认识规律。[2] 尽管高铭暄教授认为四要件的排列顺序只是一个技术问题，但在四要件之间的不同排列顺序，还是集中折射出如何看待犯罪主体在犯罪构成中的体系性地位问题上的观点分歧。当然，还不尽如此。更重要的还涉及在犯罪认定中到底是客观判断先于主观判断，还是主观判断先于客观判断这一构成要件之间的位阶关系问题。在此，我主要讨论犯罪主体的地位问题。从没有人就没有犯罪的逻辑出发，将犯罪主体放在四要件的第一位似乎是言之成理的。但这里的人能够与犯罪主体等同吗？对于这个问题，我国学者杨兴培教授提出了犯罪的主体资格与犯罪的主体身份的分析框架，指出：在我们看来，作为犯罪的主体资格，它是行为人能否实施违法行为并决定这一行为能否构成犯罪的前提条件。司法实践对任何一个违法犯罪行为的评价，一开始就应该建立在行为人是否已经具备犯罪的主体资格基础上，首先查明行为人是否达到一定的刑事责任年龄，是否具备一定的刑事责任能力。不具备犯罪的主体资格，一切有关犯罪构成的问题就无从谈起。而作为犯罪的主体身份，则是建立在违法行为是否已经符合犯罪构成的基础上，是行为主体的行为已经构成犯罪后的必然结果。某个行为人已属于犯罪主体，其行为必定已先被认为构成了犯罪。由此我们现在可以得出十分确切的，也是唯一的结论，刑法中的犯

---

[1] 以上这段话虽然是我执笔的，但其观点出自赵秉志教授。参见赵秉志、吴振兴主编：《刑法学通论》，84~85页，北京，高等教育出版社，1993。

[2] 参见高铭暄：《对主张以三阶层犯罪成立体系取代我国通行犯罪构成理论者的回应》，载赵秉志主编：《刑法论丛》，8页，北京，法律出版社，2009。

罪主体，无论是犯罪的资格主体还是犯罪的确定（疑为身份——引者注）主体，都不是也不可能、不应该是犯罪构成的必要要件。①将犯罪主体区分为资格主体与身份主体，资格主体在逻辑上先于犯罪，身份主体在逻辑上后于犯罪。因此，犯罪主体不是犯罪构成要件，这就是杨兴培教授的分析思路。这一分析，相对于将犯罪主体界定为达到法定的刑事责任年龄、具有刑事责任能力、实施了犯罪行为的自然人的观点②，是有一定道理的。即在上述犯罪主体概念中，达到法定刑事责任年龄、具有刑事责任能力是资格主体，而实施了犯罪行为则是身份主体。换言之，资格主体存在于实施了犯罪行为之前，身份主体存在于实施犯罪行为之后。而犯罪构成是行为构成犯罪的规格和模型，因此，犯罪主体，无论是资格主体还是身份主体，都不是犯罪构成的要件，它自外于犯罪构成之外。在此，可以展开以下问题的讨论：

实施了犯罪行为是否属于犯罪主体的内容？

犯罪主体这一称谓表明该主体是实施了犯罪行为的人，没有实施犯罪行为怎么可以称为犯罪主体？因此，将实施了犯罪行为纳入犯罪主体的概念是一种不得已的选择。杨兴培教授由此引申出身份主体的概念，意在体现犯罪主体中实施了犯罪行为这一内容。但是，实施了犯罪行为，表明犯罪主体在时间顺序上是处于犯罪行为成立之后的，并且以已经成立犯罪为前提。在这种情况下，犯罪主体怎么又可能是犯罪客观方面之前的一个要件呢？更为重要的是，实施了犯罪行为是犯罪主体的内容，那么犯罪主体与犯罪客观方面的关系又如何协调？对此，赵秉志教授的解决方案是犯罪主体的特征与犯罪主体的要件相分离，指出：犯罪主体的概念概括地揭示犯罪主体的本质特征，犯罪主体的要件具体地反映其本质特征。因此，犯罪主体的要件应为犯罪主体的概念所包含，犯罪主体概念是确立犯罪主体要件的基本依据。但是，并非犯罪主体概念包含的所有内容都是犯罪主体的要件，而只有其中的实施犯罪和承担刑事责任者的人身特征才属于犯罪主体要

---

① 参见杨兴培：《犯罪构成原论》，73页，北京，中国检察出版社，2004。
② 参见赵秉志：《犯罪主体论》，10页，北京，中国人民大学出版社，1989。

件的范畴;至于与此相关联的实施犯罪行为的内容,则属于犯罪客观要件专题的研究范围。① 以上这种处理方法,当然能够在一定程度上克服犯罪主体概念不得不包含实施了犯罪行为这一内容所带来的尴尬。然而,犯罪主体概念的内容又不在犯罪主体要件中加以体现,这一处理本身又带来逻辑破绽。值得注意的是,在赵秉志教授主编的综述性著作中,对犯罪主体提出了以下鲜为人知的见解:

关于犯罪主体是不是犯罪构成的要件,我们是持肯定态度的,但是严格地说也应改变说法。我们主张以"行为人具备刑事责任能力"代替"犯罪主体"成为犯罪构成的一个要件。为什么不说犯罪主体是犯罪构成的要件而要说行为人具备刑事责任能力是犯罪的构成要件呢?我们认为,根据通说,所谓犯罪主体是指具备刑事责任能力故意或过失地实施了犯罪行为的人。这个定义等于说犯罪主体就是犯罪人。那么,再说犯罪主体是犯罪构成的要件,等于说犯罪人是犯罪构成的要件,这显然没有什么意义。而说行为人具备刑事责任能力是犯罪构成的要件,才能真正解决主体资格问题。② 以上论述对于犯罪主体理论是具有颠覆性的,它取消了犯罪主体这一称谓,而代之以"行为人具备刑事责任能力"的概念。这个概念与传统的犯罪主体概念相比,主要是删除了"实施了犯罪行为"这一内容,而且引入了主体资格,其实也是资格主体这一概念,试图破除犯罪主体带来的逻辑矛盾。当然,这一观点并未推广。例如,在赵秉志教授此后主编的刑法教科书中,仍然沿袭具备刑事责任能力、实施危害社会的行为并且依法应当负刑事责任的自然人这一犯罪主体概念。③

三

在犯罪主体理论中的以上种种困扰,我认为全部出自四要件之间的缺乏逻辑

---

① 参见赵秉志:《犯罪主体论》,11页,北京,中国人民大学出版社,1989年。
② 参见赵秉志主编:《刑法争议问题研究》,上卷,181~182页,郑州,河南人民出版社,1996。由于该书是集体合作作品,但并未标出上述论断所在的第8章第2部分的具体执笔人,所以无从判断上述观点是否是主编的见解,特此说明。
③ 参见赵秉志主编:《新刑法教程》,99页,北京,中国人民大学出版社,1997。

上的位阶性这一缺陷。在四要件的犯罪构成体系中,四个要件是互相依存的关系。这里的互相依存,是指四要件中的任何一个要件都以其他要件的存在为前提,即所谓"一有俱有,一无俱无"。以犯罪主体而言,它必然以实施犯罪行为为前提,因为只有在犯罪成立的情况下,才存在犯罪主体。反之亦然。因此,如果在犯罪主体的概念中不包含"实施了犯罪行为"这一内容,犯罪主体的概念就难以成立。但是,"实施了犯罪行为"又是犯罪客观方面的内容,在犯罪主体中不可能对此进行研究。在这种情况下,才有犯罪主体的概念与要件的分立。而在犯罪主体的要件中将"实施了犯罪行为"的内容予以排除,则犯罪主体只是一种"资格主体",从而使其"名实不副"。由此可见,在四要件的犯罪构成理论框架内,虽然犯罪主体本身存在各种争议,但这些争议都是由四要件的犯罪构成理论本身的缺陷所造成的。犯罪主体问题的解决,必须突破四要件的犯罪构成体系的局囿。

应当指出,我对犯罪主体的体系地位的理解也是存在一个演变过程的。这就是从四要件的犯罪主体否定论逐渐地发展到三阶层的行为主体与责任能力的分别归属论。例如,在《刑法哲学》一书中,我承继了否定犯罪主体是犯罪构成要件的观点,指出:把具有刑事责任能力,达到刑事责任年龄的人称为犯罪主体,作为犯罪构成要件也是不妥的。犯罪构成是犯罪事实的构成,而犯罪主体不属于犯罪事实的范畴,应作为构成犯罪的前提条件加以研究。[①] 以上论述基本上是重复了特拉伊宁的观点。但是,犯罪主体属于构成犯罪的前提条件,它的理论问题如何解决呢?对此,我对四要件的犯罪主体论与三阶层的有责性理论作了对比,指出:在我国刑法理论中,刑事责任能力问题通过在作为犯罪构成四大要件之一的犯罪主体中加以研究。在这一点上,颇不同于大陆法系国家,例如德日等国通常在有责性这一要件中将刑事责任能力与作为责任形式的犯罪故意和犯罪过失一并加以研究。我认为,后者是有一定道理的。因为刑事责任能力与罪过心理有着密切联系,如果没有以认识能力与意志能力为内容的刑事责任能力,就根本不存在

[①] 参见陈兴良:《刑法哲学》,550~551 页,北京,中国政法大学出版社,1992。

罪过心理。更为重要的是，刑事责任能力本身虽然对于承担刑事责任来说是绝对必要的，但不能认为是犯罪本体的因素。① 在以上论述中，我较为认同德日的三阶层的犯罪论体系在有责性中讨论刑事责任能力这一犯罪主体的主要内容的观点。但在当时，我国尚未形成责任主义的理论框架，而所谓刑事责任理论并无实体内容。在这种情况下，否定犯罪主体的学者往往主张在犯罪主观方面这一要件中讨论刑事责任问题。例如，我国学者在论及犯罪主体与犯罪主观方面的关系时，指出：只有具有刑事责任能力的人才存在"明知"，才存在"轻信能够避免"。显而易见，罪过的成立，必须以行为人具有刑事责任能力为前提条件，没有犯罪主体条件也就不可能具备犯罪构成主观方面的要件，然而更为重要的是：犯罪构成主观方面一旦成立，犯罪主体必定成立。也就是说，犯罪主体这一要件被犯罪构成主观方面这一要件的内容所包容。如此说来，还有什么必要把犯罪主体作为犯罪构成的一个独立的、与主观方面并列的要件呢？② 以上论述主张把犯罪主体中的核心要素——刑事责任能力纳入犯罪主观方面的要件之中，由此否定犯罪主体的独立要件的地位。

　　这一立论是以四要件之间的依存关系为前提的，因此，如果以犯罪主体是犯罪主观方面的前提为由否定犯罪主体的独立性，确实会引申出最终只归结为一个要件的荒谬结论，对此，赵秉志教授指出：若以此论推理，犯罪行为是符合主体条件者在犯罪主观心理态度支配下实施的危害客体之行为，则可以说犯罪主体、犯罪主观要件、犯罪客体的内容都包含在犯罪行为之中，那么犯罪构成只要犯罪行为一个要件即可，这样便取消了对犯罪构成有机整体内容的科学分类和分析，也否认了犯罪构成中各个要件客观上具有的相对独立的意义。③ 由此可见，在四要件的犯罪构成范围内，将犯罪主体纳入犯罪主观方面的确存在问题，因为犯罪主观方面是以罪过为内容的。而罪过存在广义与狭义之分，广义上的罪过与责任的含义相当，而狭义上的罪过是指故意与过失的类概念。我国刑法理论中的罪

---

① 参见陈兴良：《刑法哲学》，58页，北京，中国政法大学出版社，1992。
② 参见傅家绪：《犯罪主体不应是犯罪构成的一个要件》，载《法学评论》，1984（2）。
③ 参见赵秉志：《犯罪主体论》，47页，北京，中国人民大学出版社，1989。

过，主要是指狭义上的罪过，即行为人犯罪时的心理态度。① 因此，只有从德日刑法学中引入责任的概念，或者说将源自苏俄刑法学的刑事责任理论转换为德日刑法中的责任主义理论，刑事责任能力的内容才能有所依托，犯罪主体的概念才会消失。

我国学者冯军教授在其刑事责任的研究中，较早地完成了从苏俄刑法学的刑事责任到德日刑法学的责任主义的转变，并在责任理论中对责任能力问题进行了探讨。在责任能力问题上，存在责任前提说与责任要素说之争。前者认为，责任能力与具体犯罪行为无关，是本身能够独立进行判断的人格能力。而后者认为，责任能力是应针对具体行为来考虑的行为的属性，虽然它主要是从生物学的一面给非难可能性奠定基础，但它并非一般性能力，不是与具体行为无关的责任前提，而是针对具体行为的责任要素。对此，冯军教授采取责任要素说，指出：我认为，责任能力是责任的要素，它总是与具体的行为联系在一起的，脱离具体行为的责任能力是不存在的。既然我们要认定的是能否就具体行为谴责行为人，那么，我们就只能追问行为人是否具有能够决定、选择该具体行为的能力。② 由此可见，只有将四要件中的主观要件，即罪过，转换为三阶层的责任要件，作为犯罪主体主要内容的责任能力要素才能从主体中剥离出来，将其作为责任要素纳入责任要件。这样做的结果，是在不法之后考察责任能力，因为责任能力属于责任要素。而不法与责任的分离，并且不法在逻辑位阶上先于责任，这是三阶层的犯罪论体系的基本构造。然而，这一对于责任能力要素的体系性地位的安排，受到来自四要件论者的一个重要责难，就是在处理缺乏犯罪主体的案件中，仍然坚持从不法到责任，表现出某种烦琐。如果把犯罪主体作为一个独立要件，则径直可以否认犯罪的成立。将犯罪主体列为第一要件的学者，认为在犯罪主体并不适格的情况下，犯罪不能成立，因而必须查明其他犯罪构成要件。例如赵秉志教授指出：根据我国刑法的规定，未满14岁的人和因精神病而丧失辨认或者控制行为

---

① 参见姜伟：《犯罪故意与犯罪过失》，5页，北京，群众出版社，1992。
② 参见冯军：《刑事责任论》，122页，北京，法律出版社，1996。

能力的人都属于无刑事责任能力的人,他们不符合犯罪主体的要件,因而这些人无论实施任何在客观上触犯刑法的行为,都是既不构成犯罪,也无刑事责任可言;已满14岁不满16岁的人对刑法第14条第2款(指1979年刑法,现行刑法为第17条第2款——引者注)所列犯罪以外的犯罪来说,也不具有刑事责任能力,因而也是既不构成犯罪又不负刑事责任的。上述情况,都是仅仅根据行为人不具备犯罪主体条件,便可否定其犯罪的成立和刑事责任的存在,而无须再去查明行为人是否具备犯罪构成的其他要件。[①] 上述观点虽然是与四要件的排列顺序相吻合,并且也符合四要件的"一无俱无"的逻辑关系,但是,那些主张对四要件按照客体、客观方面、主体、主观方面的顺序排列的学者,也赞同上述思维路径。例如,我国学者指出:单独列示主体要件,可以凸显其在犯罪构成体系中的重要地位并专门展示其具体要求;司法定罪中对大多数未达刑事责任年龄的案件,其实只看这一点(一大要件明显缺损)即可迅速作出出罪判断,而并不一定必须依循由客体、客观方面再到主体的理论逻辑套路。[②] 以上论述表明,四要件之间是没有位阶关系的,而只存在排列顺序问题。在四要件中,即使是主体排列在客体、客观方面之后,但根据需要,随时可以越过客体、客观方面而对主体加以判断,并根据缺乏主体要件而予以出罪。现在的问题是,所谓犯罪主体真的可以先于犯罪其他要件而存在吗?这个问题如果采用德日刑法学的话语表达,就是,责任可以先于不法而存在吗?回答当然是否定的。

在一个案件中,在没有判断是否存在犯罪的其他构成要件之前,仅仅根据不满14周岁而缺乏主体要件就认定行为人不构成犯罪,则把以下两种情形混为一谈了:一是不仅不满14周岁因而缺乏主体要件,而且根本就没有实施构成要件该当的行为;二是虽然不满14周岁因而缺乏主体要件,但实施了构成要件该当的行为。以上两种情形在法律性质上存在重大差别。就第一种情形而言,虽然行为人存在缺乏主体要件与缺乏客观方面要件这两个出罪事由,但就这两个要件而

---

① 参见赵秉志:《犯罪主体论》,50页,北京,中国人民大学出版社,1989。
② 参见冯亚东等:《中国犯罪构成体系完善研究》,209页,北京,法律出版社,2010。

言，对于无罪来说，起决定性作用的到底是缺乏主体要件呢还是缺乏客观方面要件？显然是后者而非前者。因为在缺乏客观方面要件的情况下，根本不需考虑主体即可判断为无罪。这就是，没有不法，谈何责任。就第二种情形而言，虽然实施了构成要件该当的行为，但因缺乏责任能力而无罪，不能由此而否认其不法的存在。因此，第一种情形是既无责任又无不法，而第二种情形是虽有不法但无责任。显然，这两种情形在法律性质上是有所区别的。例如，我国《刑法》第17条第4款规定："因不满十六周岁不予刑事处罚的，责令他的家长或者监护人加以管教；在必要的时候，也可以由政府收容教养。"如果是上述第一种情形，则不适用以上收容教养的规定。如果是上述第二种情形，则应当适用以上收容教养的规定。但是，如果直接根据不满14周岁而判断无罪，根本就不去查明其是否实施了构成要件该当的行为，则必然会给适用《刑法》第17条第4款带来障碍。由此可见，四要件由于没有确立犯罪主体与其他犯罪构成要件之间的位阶关系，给刑法适用带来困难。尤其是对无罪的各种情形不加以区分，充分表明四要件的犯罪构成理论所具有的粗疏性。而这个问题，只有将犯罪主体予以分解，将责任能力从犯罪主体中分离出来，将其纳入责任要件才能得到科学的解决。因为行为主体是先于客观行为的，这一点在身份犯中体现得更为明显。例如，不具备国家工作人员的身份，行为人根本就不可能实施受贿行为。但责任能力却是在行为人实施了构成要件该当的行为以后才需要考察的，其目的是在认定存在不法以后，确定身份存在责任。而四要件的犯罪构成理论却把这两者混为一谈了，由此带来逻辑上的混乱。例如，当赵秉志教授提出没有行为人就不可能实施危害社会行为的时候，这里的行为人是指行为主体，根本就不能由此得出犯罪主体是犯罪构成的首要要件的结论。因为作为犯罪主体的主要内容，责任能力是可以而且应当在认定行为人已经实施了构成要件该当的行为以后才进行考察的。因此，按照三阶层的犯罪论体系，行为主体属于构成要件要素，并且排列在行为之前，由此体现没有行为人就没有行为的逻辑关系。但是，责任能力则属于责任要素，在逻辑上位于行为之后，其功能在于不法成立以后的责任追究问题。按照不法先于责任的逻辑构造，就可以十分合理地解决行为主体与责任能力的体系性地位问题。

四

如前所述，在特拉伊宁那里，刑事责任能力并不是犯罪主体要素，只有特殊主体才是表明犯罪主体的构成因素。① 当然，这一命题本身存在逻辑上的漏洞。没有一般主体何来特殊主体？因而此后的苏俄刑法学都把一般主体与特殊主体并列，成为犯罪主体的主要内容。在四要件的语境下，特殊主体理论是十分薄弱的。只有赵秉志教授在《犯罪主体论》一书中设专章讨论了犯罪主体的特殊身份与刑事责任问题。分别论述了特殊主体与定罪、量刑之间的关系。值得注意的是，赵秉志教授在此采用的是犯罪主体的特殊身份的概念。当然，两者其实是指同一事物。赵秉志教授在界定犯罪主体的特殊身份这一概念时，指出：刑法中形形色色具体犯罪的犯罪主体，按其要求的要件来区分，不外乎有两类：一类是要求行为人具备任何犯罪主体都必须具备的自然人与责任能力两个共同要件即可的那些犯罪的主体，称之为犯罪的一般主体或一般犯罪主体；另一类犯罪主体不但要求行为人应是有责任能力的自然人，而且行为人还必须具备法定的特殊身份，对这类犯罪的主体，我国刑法理论称之为犯罪的特殊主体或特殊犯罪主体，在中外刑法理论上，也往往称要求特殊主体即犯罪人须具备特殊身份的犯罪为身份犯。② 在以上论述中，赵秉志教授把特殊主体构成的犯罪称为身份犯，这是具有特殊意义的。因为在苏俄刑法学中，并无身份犯的概念，身份犯理论明显来自德日刑法学。事实上，我在1986年就对身份在定罪量刑中的意义作了专门研究，较早在我国刑法学界引入了身份的概念。我将刑法中的身份界定为，法律明文规定的对定罪量刑具有影响的一定的个人要素。尤其是在身份的分类中，我论及定罪身份与量刑身份，指出：我国刑法中规定的某些犯罪，以犯罪主体或者犯罪对象的一定身份作为其犯罪构成的要件。在这种情况下，身份成为行为之可罚性的

---

① 参见［苏］A. H. 特拉伊宁：《犯罪构成的一般学说》，王作富等译，159页，北京，中国人民大学出版社，1958。

② 参见赵秉志：《犯罪主体论》，269~270页，北京，中国人民大学出版社，1989。

基础，直接影响犯罪的成立，因此称为定罪身份。我国刑法还规定了以身份作为刑之从重、从轻、减轻，甚至于免除的根据。在这种情况下，身份决定着罪责之大小，直接影响刑罚的裁量，因此称为量刑身份。① 以上关于身份概念以及定罪身份与量刑身份的论述，显然已经超出了苏俄刑法学的理论疆域，而是借鉴了德日刑法学的知识。例如，当时在我国翻译出版的日本刑法教科书中就有关于身份犯的论述：

依据构成要件，行为人也必须具有一定身份作为要件的。从而把这种犯罪称为身份犯。所谓身份，是指特殊的地位或状态，而并非指的男女性别、亲属关系、公务员资格或他人财物占有者等普通人。身份犯如不具有其身份，则不构成犯罪或者构成其他罪。前者叫作真正身份犯，例如受贿罪；后者叫作非真正身份犯，例如业务上侵占罪或杀害尊亲罪。② 应当指出，身份犯以及身份与共犯的关系③成为我国刑法学中一个重要的研究领域，仅出版的专著就有：狄世深的《刑法中的身份犯》（北京大学出版社 2005 年版）；杜国强的《身份犯研究》（武汉大学出版社 2005 年版）；杨辉忠的《身份犯研究》（中国检察出版社 2007 年版）；阎二鹏的《共犯与身份》（中国检察出版社 2007 年版）；以及徐留成的《身份犯比较研究》（人民法院出版社 2008 年版）。这些著作在很大程度上吸收了德日刑法学的知识，成为我国刑法理论的一个亮点。

当然，在对于身份犯的探索中，我国学者主要是把身份犯当作一种犯罪类型加以研究的，例如我国学者指出：身份犯是根据法律的规定，以行为者是否具有刑法身份为标准对犯罪进行的一种分类。一方面，从犯罪构成的角度即从定罪的角度上说明有一部分犯罪，按照法律的规定，其行为者除具备一般主体条件以外，还必须具有一定的刑法身份条件，否则犯罪就不能成立。另一方面，从量刑

---

① 参见陈兴良：《论身份在定罪量刑中的意义》，载《法学研究》，1986（6）。
② 参见［日］福田平、大塚仁：《日本刑法总论讲义》，李乔等译，44～45 页，沈阳，辽宁人民出版社，1986。
③ 马克昌教授在 1986 年发表了《共同犯罪与身份》（载《法学研究》1986 年第 5 期）一文，是对此问题的发轫之作。我在 1991 年发表了《论身份在共同犯罪中定罪量刑的意义》（载《法学论丛》1991 年第 4 期）一文，也是较早对共犯与身份进行研究的论文。

角度上说明有一部分犯罪，有特定身份者和无特定身份者都能实施，但有特定身份者实施时，要处以不同于无特定身份者之刑罚，或从重或从轻、减轻甚至免除处罚。由此可见，无论身份犯表现为纯正身份犯还是不纯正身份犯，都说明身份犯是一类犯罪，是犯罪的一种模式，而不是指一般违法行为，更不是指实施犯罪者。[①] 正因为我国学者是从定罪与量刑两个方面展开对身份犯的研究的，因而从一开始身份犯的研究就超越了特殊主体犯罪的范畴：它不是一个犯罪主体问题，而是一个犯罪类型问题。例如，我国学者在论及特殊主体犯罪与身份犯的关系时指出：我国刑法中的特殊主体犯罪并不就是身份犯，因为，根据我国刑法理论的通说，特殊主体犯罪就是以犯罪主体的特殊身份为构成要件的犯罪。笔者认为，这种观点相当于身份犯中的"纯正身份犯"，特殊主体犯罪中主体的身份是一种构成要件的身份或者叫定罪身份，至于像我国刑法中的"非法拘禁罪"、"诬告陷害罪"、"非法搜查罪"以及"非法侵入住宅罪"，在我国刑法理论中，并不能称为特殊主体犯罪，但我们不能说这三种犯罪就不是身份犯，因为，它们是一种"不纯正身份犯"，也是身份犯的一种类型。因此，在"特殊主体犯罪"与"身份犯"的关系上，我们只能说"特殊主体犯罪"仅仅是"身份犯"的一类或者说是一个比较重要的方面。[②] 因此，特殊主体犯罪的概念只能涵括纯正身份犯，但不能包括不纯正身份犯。像作者以上所论及的罪名，就基本犯而言都是一般犯而非身份犯。但是，我国刑法明文规定国家机关工作人员犯上述罪的，从重处罚。因此，以上犯罪属于不纯正身份犯。

值得注意的是，我国以四要件为框架的刑法教科书在关于特殊主体的论述中，也吸收了我国刑法学界关于身份犯的研究成果，将犯罪主体改称为犯罪主体的特殊身份。在此名目下对身份犯进行研究。尤其是探讨了犯罪主体的特殊身份对定罪量刑的意义。[③] 显然，这一排列是以身份属于犯罪主体的要素为前提的，是在坚持四要件的前提下，对身份犯理论的吸收。当然，我国也有学者注意到从

[①] 参见徐留成：《身份犯比较研究》，10页，北京，人民法院出版社，2008。
[②] 参见杨辉忠：《身份犯研究》，96页，北京，中国检察出版社，2007。
[③] 参见高铭暄、马克昌主编：《刑法学》，99页以下，北京，北京大学出版社、高等教育出版社，2000。

构成要件上把握身份犯的合理性。例如，有学者指出：日本及我国台湾地区刑法学者对于身份犯均是从构成要件上进行把握，即在构成要件上，行为主体须具备一定的资格或条件，始得成立犯罪，这类犯罪称之为身份犯。按照这种理解，身份犯是与一般犯相对应的，即在构成要件中对行为主体进行了限制的犯罪类型，因此，依传统见解之立场而论，身份犯之身份，不论是纯正身份犯还是不纯正身份犯，其在刑法体系中的地位都属于客观构成要件中的主体要素。[1] 上述论述虽然是介绍日本及我国台湾地区刑法关于身份犯的理论，但作者主张对于身份犯应从构成要件上把握这一观点是具有见地的。作者提出的行为主体概念，与犯罪主体已经不同，犯罪主体是以行为人构成犯罪为前提的，具有对于犯罪的依赖性。而行为主体是指实施构成要件行为的资格条件，它并不以构成犯罪为前提。从犯罪主体到行为主体，对于身份犯之身份的这一认识转变，表明犯罪主体概念的逐渐消解。当然，真正实现从犯罪主体向行为主体的转变，必须以三阶层的犯罪论体系取代四要件的犯罪构成理论为前提。

在三阶层的犯罪论体系中，主体或者行为主体是构成要件要素。例如，日本学者指出：所谓行为主体，是指实施成为构成要件内容的行为的人即行为人。刑罚法规中规定的"实施……的人"，这里的人就是指行为的主体，通常是指自然人。虽然只要是自然人就没有其他限制，但是，构成要件上也有例外的情况，这就是以一定身份为必要的犯罪。另外，对于处罚法人自身的刑罚法规而言，法人也能成为行为主体。[2] 在以上论述中所说的例外的情况，就是指身份犯。因此，三阶层的犯罪论体系中的行为主体，与四要件的犯罪构成理论中所说的犯罪主体是完全不同的。在行为主体中已经把刑事责任能力剔除，将其纳入责任要件。因而在行为主体中的行为人或者法人，只是实施构成要件行为的一种资格。在行为主体中，重点讨论的是身份犯，因为一般犯没有专门加以讨论的必要。

从犯罪主体向行为主体的转变，是四要件的犯罪构成理论向三阶层的犯罪论

---

[1] 参见阎二鹏：《共犯与身份》，53 页，北京，中国检察出版社，2007。
[2] 参见 [日] 大谷实：《刑法讲义总论》，新版第 2 版，黎宏译，107 页，北京，中国人民大学出版社，2008。

体系演变的重要标志。例如，张明楷教授在其《刑法学》第 2 版中，虽然取消了犯罪客体要件，但仍然保留了犯罪主体要件，分别讨论犯罪主体的一般要件与特殊要件。① 但在《刑法学》第 3 版中，张明楷教授废弃了犯罪主体要件，在其客观（违法）构成要件与主观（责任）构成要件的二分体系中，将行为主体作为违法要素纳入客观构成要件，而将刑事责任能力作为责任要素纳入主观构成要件。在论及行为主体时，张明楷教授指出：一方面，行为主体，是刑法规定的实施犯罪行为的主体，首先是自然人。作为客观构成要件要素的行为主体，只要求是自然人，而不要求其他内容。法是人类共同体的规范，只有人的行为存在违法与否的问题。作为违法类型的客观构成要件，当然包括自然人这一主体要素。另一方面，根据客观的违法性论，只要自然人的行为符合客观构成要件，即使其没有达到法定年龄，不具有责任能力，也不影响对其行为的违法性的评价。所以，法定年龄、责任能力不是客观构成要件要素，而是主体的构成要件要素。② 以上论述中称法定年龄、责任能力是"主体的构成要件要素"也许是"主观的构成要件要素"的笔误。尽管张明楷教授没有直接采用三阶层而是将犯罪成立条件分为二个要件，但由于采用了不法与有责相区分的犯罪构成的框架与结构，对犯罪主体的分解与三阶层的犯罪论体系的处理是完全相同的。

我在《规范刑法学》第 1 版中，采用了罪体—罪责—罪量的犯罪构成体系，同样取消了犯罪主体这一要件，将责任能力作为罪责要素加以讨论。但在罪体中并未论及主体，这显然是存在缺陷的。③ 在《规范刑法学》第 2 版，我将主体作为罪体构成要素，指出：主体是指实施一定的构成要件行为的人，即行为人。因此，作为罪责要素的主体是行为主体分为以下两种类型：

1. 一般主体

一般主体是指刑法对行为主体没有身份上特殊要求的主体。因此，所有的自然人都可以成为一般主体。一般主体是由刑法总则规定的，因此，凡是刑法分则

---

① 参见张明楷：《刑法学》，第 2 版，185 页，北京，法律出版社，2003。
② 参见张明楷：《刑法学》，第 3 版，127 页，北京，法律出版社，2007。
③ 参见陈兴良：《规范刑法学》，北京，中国人民政法大学出版社，2003。

条文对主体未作特殊规定的,均为一般主体。

2. 特殊主体

特殊主体是指刑法对行为主体有身份上特殊要求的主体,没有某种特殊身份不能成为某一犯罪的主体。这种身份既包括自然身份,例如性别等;也包括法定身份,例如国家工作人员等。特殊主体是由刑法分则规定的,因此,应当依照刑法分则条文予以认定。①

在以上论述中,我虽然仍然采用一般主体与特殊主体这样的表述,但这里的主体已经不是犯罪主体而是行为主体。在这种情况下,身份犯中的身份才能获得在犯罪论体系中的科学定位。当然,在以上的叙述中,我所说的一般主体是由刑法总则规定的,这一提法尚值得推敲。刑事责任年龄和刑事责任能力等内容确实是由刑法总则规定的,但根据三阶层的犯罪论体系,它是责任要素。只有在四要件的犯罪构成理论中,这些规定才是犯罪一般主体的内容。由此可见,行为人作为一般主体,并非是刑法总则规定的,而是从逻辑上推导出来的。只有这样,才能彻底区分三阶层的行为主体和四要件的犯罪主体,从而真正完成从犯罪主体到行为主体的转换。

(本文原载《环球法律评论》,2011(1))

---

① 参见陈兴良:《规范刑法学》,第2版,117页,北京,中国人民大学出版社,2008。

犯罪客体的去魅

——一个学术史的考察

犯罪客体是四要件的犯罪构成体系中独具特色的一个要件,它具有强烈的意识形态色彩,是社会危害性理论在犯罪构成中的直接体现。随着我国刑法学的演进,犯罪客体要件面临着挑战,其何从何去成为犯罪构成改造的一个重大问题。本文拟以从犯罪客体到行为客体的发展为中心线索,进行学术史的考察。

一

犯罪客体中的客体是一个哲学概念,并且是与主体相对应的概念。因为主体与客体往往并称,只有在两者的对应关系之中,才能确定各自的内涵与外延。我国学者指出:"主体"和"客体"概念的内涵是什么呢?根据概念的语义性质可以理解:作为实践、认识活动中,两个既相对立又相联系的实体性要素,主体是指实践者、认识者,或实践、认识活动的行为本身,客体是指实践对象、认识对象,或主体行为的对象本身。简言之,主体是指某一关系行为中的行为者,客体是指这一关系中的行为对象。[1] 由此可见,在哲学上,主体是指行为者,而客体

---

[1] 参见李德顺:《价值论》,57页,北京,中国人民大学出版社,1987。

是指行为对象。在这个意义上说，客体与对象为同一之物。客体这个概念，较早就被引入刑法学。在我国民国时期刑法学中，在犯罪成立条件中就包含了客体这一要件。例如民国时期学者郗朝俊将犯罪成立条件分为一般的成立要素与特别的成立要素，在一般的成立要素中就包含了犯罪客体。那么什么是犯罪客体呢？郗朝俊认为，犯罪客体有以下两种含义：第一意义，指犯罪之标的物而言，申言之，为被害人之法律利益，即被害法益也。其法益之种类如何？则非所问。故凡依刑法所保护之一切利益，（法益）均得为犯罪客体，例如生命、身体、自由、名誉、贞操、信用、风俗、胎儿、法人，及一切财产者皆是也。第二意义，指犯罪受动的主体之被害者而言，被害者，即因犯罪而蒙损害者也，有广狭二义：一指直接间接为犯罪客体之国家；一指直接被其侵害法益之私人（自然人与法人）而犯罪之被害者，不以犯罪主体之诸种条件为必要，故如年龄幼稚者及精神障者无论矣，即有不治之病及受死刑宣告者，尚为法益之主体，故亦得为犯罪之被害者。又无人格者，例外上亦得直接之被害者，例如以法律组织之议会，得为诽毁罪之被害者，未出生之胎儿；得为堕胎罪之被害者是也。① 从以上论述可知，民国刑法学中的犯罪客体实际上相当于我们现在所说的行为客体，即犯罪行为所指向的人或物。这里应当指出，在论及物的时候，民国学者将物解释为法律利益，即法益。这里的法益，民国学者认为与犯罪之对象（Gegenstand）或标的（Objekt）同义。② 那么，法益之作为犯罪客体与被害人之作为犯罪客体，两者之间的关系如何处理呢？对此，民国学者指出：法益与被害人，意义不同，以被害法益为犯罪之客体与只以被害人为犯罪之客体，当然大有差异，通说主张以犯罪客体为法益，以被害人为法益之主体。以法益为犯罪客体时，有犯罪必有客体，不必另有被害人存在。例如，公然陈列猥亵文字图画物品之罪，风俗即其客体，不见有所谓一定的被害人。反之，窃取人之财物，则以财物为客体，而财物之所有者，占有者，即其被害人。侵入住宅，以居住自由为客体，以居住于住宅以内之

---

① 参见郗朝俊：《刑法原理》，131页，上海，上海商务出版社，1930。
② 参见陈瑾昆：《刑法总则讲义》，吴允锋勘校，72页，北京，中国方正出版社，2004。

人为被害人。杀人罪,以生命为客体,以被杀者为被害人。内乱罪,以秩序为客体,以国家为被害人。法益种类固多,而犯罪之被害人,亦有国家个人之别。以被害人为犯罪之客体,远不如以被害法益为客体,故余辈亦以通说为适当,从此用例而立论焉。[①] 从以上论述可以看出,民国时期学者对于法益与被害人的关系的解释,尤其是法益与目的物的关系的解释,还是存在一些逻辑上的混乱的。因为法益是一个规范概念,它与作为实体概念的人与物还是存在较大区分的。简言之,人与物主要决定行为的事实性质,而法益则决定行为的法律性质。这里实际上涉及保护客体与行为客体的区分,尤其涉及法益这一概念在刑法学中的地位。

较早提出法益概念的德国刑法学家李斯特,提出了"作为法益保护的刑法"的命题,把法益(Rechtsgueter)界定为由法律所保护的利益。[②] 在这种情况下,法益就不是一个犯罪客体的问题,而是刑法存在的根基问题,它决定着刑法的性质。为使法益与行为所具体指向的人与物加以区别,李斯特区分了保护客体与行为客体。我国学者指出:李斯特的法益论严格区分了保护客体与行为客体。在将法益理解为犯罪的客体(Objekt des Verbrechens)或侵害的客体(Angriffsobjekt)时,产生了以下的问题:以杀人罪为例,犯罪的客体是"人"即具有生命的他人身体呢,还是"人的生命"呢?"具有生命的他人身体"作为一种感觉的对象或自然的因果存在,是可以认识的外部现象,而"人的生命"是价值考察的概念,是价值的客体,二者是存在差异的。李斯特认为,法益作为法理论上的概念,不是指向的物的、外部的对象(人或物),而是指法所保护地价值的客体(Wertsobjekt),行为所指向的物的、外部的对象即人与物则是行为客体。即在杀人罪中,具有生命的他人身体是行为客体,他人生命则是保护客体即法益。根据李斯特的观点,将犯罪作为外部的经过来考察时,法益并不能进入视野;只有将犯罪作为法侵害来考察时,法益才能进入视野。在该法益侵害的领域,不能使用因果性的范畴。因此,法益在因果上是不可能受侵害的;认为"盗窃行为侵害

[①] 参见王觐:《中华刑法论》,姚过龙勘校,89~90页,北京,中国方正出版社,2005。
[②] 参见[德]李斯特:《德国刑法教科书》(修订译本),徐久生译,6、83页,北京,法律出版社,2006。

了法所保护的所有（权）这种利益"是严重的误解，所有（权）这样的法益，是目的思考观念下的权利本身，是一种概念；法益的侵害或者威胁（危险），只是在比喻的意义上使用的表述，因为法所保护的利益即法益化体系行为客体即人或者物中。总之，法益不属于因果法则支配的世界的现象，而行为客体则是属于因果法则支配的世界的现象。[①] 在以上论述中，李斯特意图将法益隐身在人或者物的背后，即法益外化为行为客体（人或者物）。这样，法益成为保护客体，而人或者物则是行为客体。当然，在李斯特的这一思想中，也存在一些过分哲理化的逻辑，即行为客体受因果法则支配，而法益不受因果法则支配，属于目的思考下的观念。这一句话的实际含义是指：行为客体属于事实范畴，而法益属于价值范畴。因而，行为客体与法益的区分，也就是事实与价值的区分。但难以理解的是，李斯特说法益在因果性上是不可能受到侵害的。这一理解与我们所具有的常识是矛盾的，通常我们恰恰认为，行为客体是不可能受到侵害的，真正受到侵害的是法益。其实，李斯特本人也曾经指出：就其本质而言，犯罪是一种特别危险的侵害法益的不法行为。[②] 因此，李斯特并不认为法益不可能受到侵害，而是"在因果性上"不可能受到侵害。这里的"在因果性上"可以理解为在物质层面上，这一思想与李斯特的法益精神化、价值化的思想有关。在法益的基础上，李斯特形成了实质的违法性理论，把法益侵害作为实质违法性的根据。

基于法益与行为客体是价值与事实的关系，在古典派的犯罪论体系中，构成要件是价值中立的，因此，在构成要件中只涉及行为客体而不作价值评判。价值评判是在违法性阶层完成的，而以法益为基础的实质违法性也就成为判断标准。在这种情况下，构成要件与违法性就成为形式与实质、事实与价值的关系。此后，随着构成要件的实质化，法益被纳入构成要件，成为对构成要件进行实质判断的主要根据。而违法性则相反，它似乎形式化了，即只有存在类型化的违法阻却事由，违法性才被排除；否则，就可以直接由构成要件推定其行为违法性的存

[①] 参见张明楷：《法益初论》，38、181页，北京，中国政法大学出版社，2000。
[②] 参见［德］李斯特：《德国刑法教科书》，修订译本，徐久生译，83页，北京，法律出版社，2006。

在。例如，德国学者在论及法益和行为客体的关系时，提出了法益是"被承认的构成要件结构和解释的基础"的命题，并对此作了论证，指出：法益不能够理解为可感知的对象，而是社会秩序的精神价值。建立在此基础上的社会现存的安全、福利和尊严均建立在其基础之上。符合构成要件的行为所涉及现实对象，被叫作行为客体（Handlungsobjekt）或攻击客体（Angriffsobjekt）。行为客体可以不同的形态出现，可作为身心的统一（人的身体或生命）、作为社会价值（被侮辱者的名誉要求）、作为经济价值（财产）、作为物（可狩猎之动物）、作为现实的状态（物的可使用性），等等。如理想和现象一样，法益和行为客体相互关联，但在概念上又相互区别。行为的结果非价存在于对行为客体的现实影响中。而法益作为理想的价值逃避了行为人的攻击，它虽然可能被蔑视，且在行为客体形态下还会受到攻击，但不会真正被"侵害"[1]。在这种情况下，法益就成为对构成要件进行实质理解的根据。它不是构成要件的具体要素，而是构成要件的内在形态，是对构成要件进行解释的一种工具。在罗克辛的客观归责理论出现以后，对构成要件的实质判断，主要通过客观归责承担。客观归责以风险为核心，形成一系列刑法教义学的判断规则，由此而贯穿法益观念。例如，罗克辛在论及风险减小时归责的排除的理论根据时，就认为排除一种结果归责，因为禁止这样一些行为本来就是不合理的，它们不仅没有使受保护的法益的状况变得更坏，反而是变得更好。[2] 通过客观归责理论，法益判断被教义学化。

二

苏俄刑法学中的犯罪客体，是犯罪构成要件之一，并且是犯罪构成的第一个要件，赋予其在犯罪构成中的重要地位。其实，犯罪客体这个概念，在沙俄刑法学中已经存在。例如，沙俄学者塔甘采夫在犯罪构成中划分出三个要素：第一，

---

[1] ［德］汉斯·海因里希·耶塞克、托马斯·魏根特：《德国刑法教科书》，徐久生译，317～318页，北京，中国法制出版社，2001。

[2] 参见［德］克劳斯·罗克辛：《德国刑法学总论》，第1卷，王世洲译，北京，法律出版社，2005。

行为人——犯罪人；第二，犯罪人行为所指向的事物——犯罪客体；第三，从内部和外部研究的犯罪行为本身。① 从上述观点中可以十分明显地看出，塔甘采夫所说的犯罪客体，是指犯罪行为所指向的事物，即行为客体。这种主体——客体——内容的结构，实际上是一种法律关系的分析方法。例如我国法理学教科书认为，法律关系是根据法律规范产生的、以主体之间的权利与义务关系的形式表现出来的特殊的社会关系。② 在这种法律关系中，包含主体、客体、内容等要素。法律关系的主体是指法律关系的参加者，是法律关系中权利的享受者和义务的承担者。法律关系的客体是指权利主体的权利与义务所指向的对象。法律关系的内容是指权利与义务。因为一般法律关系是以权利与义务为中心的法律关系，因而主体与客体都以权利与义务为中心展开。如果把这种法律关系的分析方法适用于对犯罪现象的分析，就形成犯罪主体、犯罪客体和犯罪行为这样一些基本要素。在这一层面上的犯罪客体，是指具有事实性的行为客体。但是，在另一层面上，犯罪客体又在价值性的、评价性的意义上使用，这实际上已经指向了保护客体。在苏俄刑法教科书中曾经将资产阶级刑法学者关于犯罪客体的观点分为规范观念与法益观念，并将塔甘采夫归入犯罪客体的规范学派，指出：革命前俄国刑法学者塔甘采夫确认犯罪为违犯在实际存在中的法律规范，犯罪的客体即表现在生活中的法律规范，此生活利益系属于主体权利范围，而受此规范保护者。③ 苏俄学者对塔甘采夫的上述观点进行了批判，认为这是唯心主义的学说。对比塔甘采夫关于犯罪客体是犯罪行为所指向的事物与犯罪客体是表现在生活中的法律规范，两者直接存在明显的差别。前者表述的是犯罪成立的事实要素，而后者表述的是犯罪的法律性质。但是，在一百年以后，俄罗斯学者又似乎在为塔甘采夫翻案，指出：Н.С.塔甘采夫本人在犯罪客体问题上的观点，尽管过去了差不多一

---

① 参见［俄］Н.Ф.库兹涅佐娃、И.М.佳日科娃：《俄罗斯刑法教程（总论）》，上卷·犯罪论，黄道秀译，175页，北京，中国法制出版社，2002。

② 参见沈宗灵主编：《法理学》，372页，北京，高等教育出版社，1994。

③ 参见［苏］苏联司法部全苏法学研究所主编：《苏联刑法总论》，下册，彭仲文译，326页，上海，大东书局，1950。

百年，仍然是最正确的和有意义的。这一观点如下："规范的生命表现形式只能是使它产生、赋予它内容，成为其证明的东西，这就是生命的利益，人类公共生活的利益，同时在决定着单个的人、社会、国家和整个人类在其身体、精神和道德领域内的存在与成功的全部事物这一极广泛的集合意义上使用这一表现。社会生活在其个别的和社会的表现形式上创造利益并引起对利益的法律保护，因此这些利益具有特殊的意义和结构，体现为法律财富的意义并且本身赋予法律规范以内容，同时成为法律规范的生命表现形式，以自己的总和构成法律秩序的生命表现。在这里，法将生命利益变成法律财富的同时，法不仅承认这种利益的存在，不仅给它保护和维护，而且改变其数量、形式、有时甚至是内容，减轻其局部的、个别的性质并使之具有社会的公共的意义……由此可见，对法律规范实际存在的侵害就是侵害法律所保护的利益，侵害法律财富。"[1] 从以上论述来看，塔甘采夫从规范的内容是利益这样一个视角，对违反规范的性质作了解读，其含义与李斯特的法益说大体上是相似的。[2] 由此可见，苏俄时期对塔甘采夫的犯罪客体的规范概念的批判并不科学。实际上，塔甘采夫虽然对所谓的犯罪客体作了具有事实与规范的双重解读，但由于当时并没有形成犯罪构成体系，因而作为犯罪成立条件的是行为客体，而价值论意义上的犯罪客体主要是在犯罪概念中讨论的。我国学者根据塔甘采夫犯罪构成三要件中包含犯罪客体这一要件，因而得出以下结论：在俄罗斯刑法史上，最早提出犯罪客体是犯罪构成的一个不可缺少的要件的不是 A. 皮昂特科夫斯基，也不是其他苏维埃刑法学者，而是沙皇俄国学者。毫无疑问，苏联的犯罪客体理论是在批判吸收资产阶级犯罪客体理论的基础上创新发展起来的。但是，需要明确，这里所言的资产阶级犯罪客体理论主要是指俄国的犯罪客体学说，其理论源头是德国早期的刑法理论。[3]

---

[1] ［俄］Н. Ф. 库兹涅佐娃、И. М. 佳日科娃：《俄罗斯刑法教程（总论）》，上卷·犯罪论，黄道秀译，204～205 页，北京，中国法制出版社，2002。

[2] 对此的详细论述，参见童伟华：《犯罪客体研究——违法性的中国语境分析》，7～8 页，武汉，武汉大学出版社，2005。

[3] 参见薛瑞麟：《犯罪客体论》，15 页，北京，中国政法大学出版社，2008。

笔者以为，以上结论并不正确。因为塔甘采夫在犯罪构成三要件中的犯罪客体是指行为客体，这一点是十分明确毋庸解释的。塔甘采夫关于犯罪客体是生活利益等观点是存在的，但它与作为犯罪构成三要件之一的犯罪客体是完全不同的。苏俄学者关于犯罪客体的理论受到沙俄时期刑法理论的影响当然是不可否认的，但明确地把犯罪客体——不是行为客体而是保护客体纳入犯罪构成，则仍然是苏俄学者的独创。例如，俄罗斯学者提出：苏维埃刑法学在几十年间坚持了犯罪客体概念，它起源于苏维埃国家最早的立法文件（其中包括1919年的《苏维埃刑法指导原则》）。这一概念的实质在于认识犯罪的客体是刑法保护的社会关系。① 一般认为，犯罪客体是苏俄学者皮昂特科夫斯基提出来的。1928年，皮昂特科夫斯基教授在《苏维埃刑法教科书》中第一次提出："从马克思主义的理论观点来看，把犯罪客体看作是某个具体阶级的社会关系是正确的。"② 在这一犯罪客体定义中，值得我们关注的是以下三点。

（一）理论根据

苏俄刑法学中的犯罪客体具有浓厚的政治意识形态色彩，主要表现为马克思主义的指导。苏俄学者在论及犯罪客体的时候无不以马克思《关于林木盗窃法的辩论》一文中的以下经典论断为其根据：犯罪行为（盗窃林木的行为——引者注）的实质并不是在于侵害了作为某种物质的林木，而在于侵害了林木的国家神经——所有权本身……③林木与林木所有权的关系，也就是财物与财产所有权的关系，就成为犯罪对象与犯罪客体的关系，由此确立了犯罪客体的地位。马克思上述对盗窃林木的实质分析，当然是十分深刻的，对于我们理解犯罪的本质具有指导意义。但是，能否从以上论断中直接引申出犯罪客体的理论根据，则是值得质疑的。对此，我国学者深刻指出：我们应当看到，这是马克思在对盗窃林木事件所进行的价值评判而非进行的事实评判。从传统的犯罪客体属于事实评价一

---

① 参见［俄］H. Ф. 库兹涅佐娃、И. M. 佳日科娃：《俄罗斯刑法教程（总论）》，上卷·犯罪论，黄道秀译，201～202页，北京，中国法制出版社，2002。
② 转引自何秉松主编：《刑法教科书》，279页，北京，中国法制出版社，2000年修订版。
③ 参见《马克思恩格斯全集》，第1卷，168页，北京，人民出版社，1956。

下子转移到其属于价值评价,这里依然缺乏必要的理论条件。即使马克思在上述文本中曾使用过"客体"一词,但这一概念的使用与对象含义是同一的。所以,我们认为现行的传统犯罪客体理论从它产生的第一天起,就有着一个理论根据的选择错误。[①] 以马克思经典作家的只言片语作为理论根据,这是当时苏俄法学界,乃至于整个苏俄人文社科学界的通病。这一点,我们可以从20世纪50年代苏俄刑法学的译著中得到印证。这种将政治意识形态作为学术根据的论证方式,是非科学的,对此今天在学术界已经成为共识。所以,从马克思关于盗窃林木法案的评论的只言片语中引申出来的犯罪客体理论可谓先天不足。

(二)阶级性

在皮昂特科夫斯基关于犯罪客体的概念中强调了犯罪客体的阶级性。这种阶级性实际上是社会危害性在犯罪构成中的体现。在这个意义上说,犯罪客体成为社会危害性的载体。在苏俄早期刑法学中,社会危害性被理解为阶级危害性,并且把社会危害性当作犯罪的本质特征。应当指出,在苏俄刑法学中,对于社会危害性是否属于犯罪构成的一个具体要件,是曾经存在争议的。有些苏俄学者把社会危害性当作犯罪构成的一个具体要件,以此强调社会危害性在犯罪构成中的地位。另有些学者则认为社会危害性并不是犯罪构成的一个要件,说如果把社会危害性看作是犯罪构成的一个具体要件,实际上是贬低了社会危害性的重要意义。社会危害性是通过各个犯罪构成要件体现出来的一种性质,它体现在犯罪构成的全部因素的总和中。[②] 但是,无论是哪一种观点,都强调犯罪客体对于社会危害性的决定性作用。

(三)社会关系

苏俄刑法学中的犯罪客体,最终以社会主义社会关系作为其实质性存在。社会关系是马克思主义理论的一个十分重要的范畴,是马克思主义经典作家对社会的一种基本分析方法。根据马克思主义的观点,可以从狭义和广义两个维度对社

---

① 参见杨兴培:《"犯罪客体"的反思与批判》,58页,北京,法律出版社,2009。
② 关于这一争论,参见[苏]A.H.拉伊宁:《犯罪构成的一般学说》,王作富等译,63～64页,北京,中国人民大学出版社,1958。

会进行解释。狭义的社会，是人们相互作用的系统，是社会关系的某种形式。这个意义上的社会关系，就是社会由于它本身才能存在的那种东西，就是规定社会本身的性质并构成社会基本内容的那种东西，把社会本身整合成整体系统的那种东西。广义的社会，是人们交互作用的产物。在这个意义上，社会是由各种社会观念，包括物质生产活动、集体实践的全部其他形式，社会和政治制度，家庭和阶级组织，精神文化，社会意识的全部内容构成的。苏俄学者认为，无论是狭义的社会还是广义的社会，都离不开社会关系，社会关系永远反映每一个社会的主要内容和基本特性，是社会现状和可能性的最重要标志。[1] 由此可见，苏俄学者几乎把社会关系视为社会的代名词，对社会的研究主要就是对社会关系的研究。在这样一个含义宽泛的社会关系背景下，犯罪客体具有较大涵括力，同时必然带来空泛性的缺陷。

犯罪客体成为苏俄刑法学四要件犯罪构成中的第一个要件，成为承载政治价值评判功能的一个重要要件。正如苏俄学者指出：把社会主义社会关系作为犯罪行为侵害的客体，这种提法具有政治上的意义。这里强调了苏维埃刑法的阶级性，因为符合并有利于苏联人民的社会关系被公开宣布是受到保护的客体。苏维埃刑法保护苏联人民的政权、社会主义财产和社会主义经济体系，而剥削阶级国家的刑法则保护剥削阶级的专政、生产工具和生产资料的私人所有制以及人剥削人的关系。犯罪客体比任何其他因素都更能判断危害社会行为的阶级的政治性质，判断它们的本质。正确理解犯罪行为侵犯的客体还具有重大的实际意义。它能够将犯罪行为同不是犯罪的行为区别开来，因为只有最重要的社会关系才是刑法保护的客体。[2]

苏联解体以后，在俄罗斯刑法学中，犯罪客体的观点受到了挑战，越来越多

---

[1] 参见［苏］П. А. 拉契科夫主编：《社会关系——一般理论问题》，王中宪、谭英秋译，2～4页，北京，东方出版社，1991。

[2] 参见［苏］Н. А. 别利亚耶夫、М. И. 科瓦廖夫主编：《苏维埃刑法总论》，马改秀、张广贤译，93页，北京，群众出版社，1987。

的学者的思想轨迹是朝着否定传统观点的方向发展的。[①] 当然主流的观点仍然坚持犯罪客体,并且把犯罪客体理解为社会关系。只不过这种社会关系的阶级性与政治性大为消解。例如,俄罗斯学者指出:刑法现在保护的客体非常多且刑法典第2条第1款只是个概括性的规定。根据俄罗斯宪法中规定的社会价值体系"个人——社会——国家"的体系结构,这些客体是按照三个基本的社会关系体系,根据他们的意义进行的分类。第一类体系包括的是个人的不可侵犯的关系:生命,健康,荣誉,尊严,性自由,人和公民的权利和自由。此外,还将社会中的职能经济关系也归入此类:财产权、从事企业和其他经济活动的规则。第二类是由保障社会安全的体系构成:人民生命、健康安全、适宜的自然环境,交通运输的正常职能发挥,计算机信息安全。第三类是指保障国家及其制度的职能发挥:俄罗斯联邦宪法制度和外部安全,政权机构和管理机构的正常活动,有效和公正地执行司法审判。[②] 从以上犯罪客体的内容来看,它与苏俄时期的犯罪客体已经大不相同。但是,犯罪客体的功能则是相同的,主要起到实质判断的作用。在四要件的犯罪构成体系中,如果去除犯罪客体,则该体系将崩溃瓦解。

三

我国刑法学引入苏俄的四要件的犯罪构成体系,因而犯罪客体是犯罪构成要件之一,这一点曾经是确定无疑的。但是,在我国刑法学中,对于四要件的犯罪构成的批判性反思,也恰恰是从否定犯罪客体入手的。在我国刑法学界,对于犯罪客体主要存在否定论和改善论。这两种观点几乎在同一个时间展开,甚至否定论的观点还要出现得更早一些,也许,正是否定论的观点才引发了肯定论者对于犯罪客体的反思与改造的热情。因此,我国刑法学界对于犯罪客体的学术史还是按照否定论与改善论的先后线索予以展开。

[①] 参见薛瑞麟:《俄罗斯刑法研究》,131页,北京,中国政法大学出版社,2000。
[②] 参见何秉松、科米萨罗夫、科罗别耶夫主编:《中国与俄罗斯犯罪构成理论比较研究》,49~50页,北京,法律出版社,2008。

最早对犯罪客体提出质疑的是张文教授。张文教授明确提出犯罪客体不应当作为一般的犯罪构成要件。正如同苏俄学者以马克思主义经典作家的语录作为犯罪客体的理论根据，否定犯罪客体也是以对上述语录的重新解读作为切入点的，由此可以降低政治风险，以此表明否定犯罪客体并不是政治上的反动。这是一种十分巧妙的论辩策略。因此，张文教授在引述了马克思《关于林木盗窃法的辩论》一文中的那段语录以后，作出了以下解读：在上面引用的马克思的那段话中，明明讲的是"犯罪行为的实质"，而不是讲的盗窃（林木）罪的构成。如果把马克思的话理解为"犯罪客体"，那恐怕未必符合马克思的原意。马克思在《关于林木盗窃法的辩论》中，挺身捍卫贫苦群众的物质利益，猛烈抨击了普鲁士林木盗窃法为了保护林木占有者的利益，而有意混淆罪与非罪界限的丑恶行径。当谈到有人主张对捡枯树枝的人也要处罚时，马克思写道："捡枯枝和盗窃林木是本质上不同的两回事。对象（着重号是引者加的）不同，作用于这些对象的行为也就不同，因而意图也就一定有所不同，除了行为的内容和形式以外，试问还有什么客观标准来衡量意图呢？"① 很清楚，马克思在区别盗窃（林木）的罪与非罪的界限时，并没有用"犯罪客体"，而只是提到了"对象""行为""意图"等。是的，马克思在论文中提到了"客体"。在说到林木看守人是否有权确定被窃的林木价值时，马克思说："作为看守人，他就是护林神的化身。""林木看守人不能估计被窃林木的价值，因为每当他在笔录中确定被窃物的价值时，他也就是在确定自己本身的价值，即自己本身活动的价值；因此，难道你们能够设想，他保护自己客体（着重号是我加的——引者注）的价值会不如保护自己的本体吗？"② 再清楚不过了，马克思在这里讲的"客体"实际上就是林木看守人保护的对象（即林木），而不是"社会关系"。因此，不能以马克思在《关于林木盗窃法的辩论》中写的那段话，作为现在人们所说的"犯罪客体"的理论根据。③ 应该说，以上对马克思语录的解读是更为完整的。在这段语录中，马克思当然也

---

① 《马克思恩格斯全集》，第1卷，138、151页，北京，人民出版社，1956。
② 《马克思恩格斯全集》，第1卷，151页，北京，人民出版社，1956。
③ 参见张文：《犯罪构成初探》，载《北京大学学报（哲学社会科学版）》，1984 (5)。

采用了对象与客体这样的概念，对象是相对于行为而言的，而客体是相对于本体而言，这里的本体其实就是主体。除去翻译上的原因，对象与客体的区分并不能直接引入犯罪构成。更何况在哲学上，对象与客体本身就是同一概念，只是在不同语境中采用而已。因此，张文教授对犯罪客体的否定性意见，仅从破除犯罪客体的理论根据上来说，是十分成功的。

在早期著作中，张明楷教授也否认犯罪客体是犯罪构成的独立要件。张明楷教授的主要理由在于：犯罪客体是犯罪概念包含的内容，而不是犯罪构成的一个要件。尤其是张明楷教授从犯罪构成各要件之间的逻辑关系上论证了犯罪客体否定论，指出：犯罪客体本身是被侵犯的社会关系，但要确定某些行为是否侵犯了社会关系以及侵犯了什么样的社会关系，并不能由犯罪客体本身来解决，而要通过犯罪客观要件、主体要件和主观要件总和反映出来。换言之，行为符合了犯罪客观要件、主体要件和主观要件，不仅表明行为侵犯了一定的社会关系，而且表明行为侵犯了什么样的社会关系。不可能出现符合了客观要件、主体要件和主观要件，而没有侵犯一定社会关系的要件。例如，已经达到法定年龄、具有辨认控制能力的某甲，如果以非法永久性剥夺他人财产的意图，秘密窃取了他人数额较大的财物，则其行为侵犯了他人的财产所有权。同样，如果某甲故意放火烧毁大量公私财物，则其行为危害了公共安全。如此等等。可见，犯罪客体是被反映、被说明的对象，而犯罪客观要件、主体要件和主观要件，都是从不同角度说明行为的社会危害性，说明行为侵犯的是何种社会关系。这正是犯罪构成的性质和作用。因此，不能把被说明现象——犯罪客体与说明他现象的犯罪客观要件、主体要件和主观要件并列起来作为犯罪构成的一个要件。[①] 张明楷教授是在说明与被说明的对应关系中阐述犯罪构成的其他三个要件与犯罪客体之间的逻辑关系的。犯罪构成是说明一个行为构成犯罪的要件总和，而犯罪客体是这种说明的对象，因而不能把它归入犯罪构成之中。这样的论述当然是有道理的。尤其是，对犯罪客体从经典语录的话语权争夺到逻辑论证，这不能不说是一个进步。在排除了犯

---

① 参见张明楷：《犯罪论原理》，135~136页，武汉，武汉大学出版社，1991。

罪客体以后，犯罪构成的四要件就成为三要件。这样一种三要件的犯罪构成，曾经在我国刑法学界存在一定的影响。当然，三要件的犯罪构成，虽然去除了犯罪客体，但三要件之间的逻辑关系并没有形成位阶性，因而从性质上来说，与四要件的犯罪构成并无根本的区别。

值得注意的是，还有一种观点虽然保留了犯罪客体的概念，但把犯罪客体界定为刑事被害人，指出：犯罪客体是法律权利和利益遭受犯罪行为侵害的，具有人格特征的自然人、单位以及国家和社会，也称刑事被害人。① 这一观点虽然还保留犯罪客体一词，但其含义与苏俄刑法学犯罪构成中的犯罪客体已经截然不同。在这个意义上，我们仍然可以把这种观点归入犯罪客体的否定论。

围绕着犯罪客体的存与废，主要争议在于犯罪客体的功能问题。否定论大多认为，犯罪客体的功能是表明行为的社会危害性，而这一功能是犯罪概念所承载的。笔者就曾经指出：客体中所讲的犯罪所侵害的社会关系，应该属于犯罪概念所要揭示的内容，是社会危害性命题中应有之义，并且是犯罪分类的基础。在这一点上，耦合式的结构（指四要件的犯罪构成——引者注）仍然没有把犯罪概念和犯罪构成区别开来。② 这里涉及犯罪概念和犯罪构成的关系，尤其是犯罪概念与犯罪构成的功能比较。我国传统刑法学理论，是把犯罪概念与犯罪构成视为抽象与具体的关系：犯罪概念是犯罪构成的基础，犯罪构成是犯罪概念的具体化。实际上，这还是把犯罪概念与犯罪构成看作是两个法律实体，这与德日刑法学对犯罪概念与犯罪构成合并为同一实体的处理是完全不同的。在德日刑法学中，犯罪是构成要件该当、违法、有责的行为。而构成要件该当、违法、有责正是犯罪成立的三个要件。在这种情况下，犯罪概念的内容与犯罪成立条件完全相同，只不过行为这一理论被放在犯罪概念中讨论，以此作为犯罪成立的实体性要素。正因为在德日刑法学中，犯罪概念实际上是空洞的，这与刑法所规定的犯罪形式概念是一脉相承的。所以，在构成要件中就必须具有价值判断的要件，这就是违法

---

① 参见刘生荣：《犯罪构成原理》，119 页，北京，法律出版社，1997。
② 参见陈兴良：《刑法哲学》，550 页，北京，中国人民大学出版社，1992。类似观点，又参见杨新培：《论我国传统犯罪客体理论的缺陷》，载《华东政法学院学报》，1999（1）。

性要件。我国学者通过对各种犯罪成立模式的比较，得出结论认为，规范评价要素的存在，是犯罪成立理论中的灵魂，是犯罪成立理论中评价行为的最重要的标准，没有规范评价要素的存在，犯罪成立就会没有标准，就会失去方向。① 根据这一观点，四要件的犯罪构成体系中的犯罪客体，在功能上相当于三阶层的犯罪论体系中的违法性。因此，如果将犯罪客体在四要件的犯罪构成中去掉，将使该犯罪构成丧失规范评价要素。这一为犯罪客体辩护的理由不能说毫无道理，但这一观点没有考虑到我国犯罪概念实际上在犯罪构成之外起到了价值评判的功能，这是由我国刑法中的实质概念所决定的。

我国学者提出了"犯罪概念与犯罪客体之不同定位功能"命题，以此作为犯罪概念与犯罪客体各有其独立存在的理由，指出：犯罪概念真实地发挥着犯罪构成及其要件所无法代替的对危害行为在国家整体法秩序下"大类定位"的功能——是刑法（刑事犯罪案件）、治安处罚（治安案件），还是民法（民事案件）或其他问题。在犯罪构成四要件中，犯罪客体只是要件之一。其意义在于表征行为直接侵犯刑法保护之何种法益，其功能在于"小类定位"——在刑法的范围之内进一步确定对危害行为该适用分则哪一条文（该当何罪）。② 以上关于犯罪概念与犯罪构成的功能分别定位的观点似乎有理，但其中存在一个明显的逻辑错位：以犯罪的一般犯罪概念与犯罪的具体构成的功能相对应，以此说明各有其不同功能：即犯罪概念的大类定位与犯罪构成的小类定位。如果是犯罪的具体概念还会具有大类定位的功能吗？与此同理，如果是犯罪的一般构成还会具有小类定位的功能吗？这种不经意间的逻辑错位，可以反映出作者结论先于论证的逻辑过程。事实上，在我国刑法学界，始终存在一个重大的理论误区：只是在研究犯罪的一般概念，而几乎从来不研究犯罪的具体概念，从而形成犯罪的一般概念与犯罪的具体概念之间的错位：犯罪的一般概念与犯罪构成是存在区别的，是两个不同的法律实体。但是，在犯罪的具体概念与犯罪的具体构成上，两者又是可以合

---

① 参见童伟华：《犯罪客体研究——违法性的中国语境分析》，113页，武汉，武汉大学出版社，2005。
② 参见冯亚东：《犯罪概念与犯罪客体之功能辨析——以司法客观过程为视角的分析》，载《中外法学》，2008（4）。

为一体的。例如，故意杀人罪是指故意非法剥夺他人生命的行为。从这一概念中，可以分离出故意杀人罪的构成要件。换言之，在犯罪的具体概念与犯罪的具体构成的关系上，与德日刑法学中把犯罪定义为构成要件该当、违法、有责的行为并无二致。在这个意义上，犯罪的一般概念才成为一个"巨大而空洞的价值符号"（杨兴培形容犯罪客体语）。因此，在目前我国犯罪概念与犯罪构成成为各自独立的两种法律实体的语境下，把犯罪客体的功能转移给犯罪概念，其根据是犯罪概念与犯罪客体的功能具有相当的重复性，这是可以成立的。当然，在具体犯罪中，其犯罪客体功能是转移给具体的犯罪概念的，例如故意杀人罪的客体转移给故意杀人罪的概念去讨论。在这样一个逻辑前提下，说犯罪的具体构成中的犯罪客体具有小类定位的功能，不能予以取消，显然是不能成立的。

当然，在我国目前的犯罪构成中，实质的价值评判功能也并不完全是犯罪客体承载的。正如我国学者指出：在我国犯罪构成理论中，与大陆法系犯罪论不同的是，行为的违法性就是犯罪的社会危害性，而犯罪的社会危害性全部由犯罪构成要件来反映，符合犯罪构成要件，也就是具有违法性、社会危害性；没有违法性的行为，肯定也就是不符合犯罪构成要件、没有犯罪的社会危害性的行为。因而大陆法系犯罪论中作为犯罪成立之独立要件的"违法性"，在我国犯罪构成理论中实际上已融入各种构成要件中，并不存在"缺损"的问题；犯罪主体要件、主观要件和客观要件有机统一起来，共同反映且足以反映行为的犯罪之社会危害性。亦即犯罪主体、主观要件和客观要件的有机统一，完全可以起到界定罪与非罪的作用，使犯罪构成具有犯罪成立的意义，而不是另需什么"犯罪客体要件"[①]。在以上论断中，作者揭示了在我国目前的犯罪构成中，实质评判功能实质上是由犯罪客观要件、犯罪主体要件与犯罪主观要件共同承担的，这与德日刑法学的三阶层犯罪论体系中的实质判断功能由违法性一个要件来承担是一种"殊途同归"的关系，以此论证即使去掉犯罪客体也不会影响我国犯罪构成的实质评判功能。在我国犯罪构成的语境中，这一论证也是能够成立的。当然，这种将实质评判

---

① 肖中华：《犯罪构成及其关系论》，181页，北京，中国人民大学出版社，2000。

功能分散到各个构成要件的设计是否可取,那是另外一个值得研究的问题。

去掉犯罪客体以后,会引起我国犯罪构成的功能缺失,这大概是肯定论的重要理由之一。围绕这一问题的讨论,存在一个从较为抽象的说理到较为具体的论证的转变过程。这也可以看作是在犯罪客体存废问题探讨的不断深入的一种表现,例如我国学者通过若干具体案例分析,表明犯罪客体对于具体犯罪认定并非可有可无。例如,在盗窃罪中,占有说与所有权说的差别,直接影响对盗窃本人被司法机关扣押财物行为的定罪。[①] 这里实际上涉及德日刑法学中的保护客体与我国刑法学中的犯罪客体的体系性地位问题。

在德日刑法学中,客体分为行为客体和保护客体。在一般意义上说的作为构成要件客观要素的客体,是指行为客体,也就是我国四要件的犯罪构成中的犯罪对象。但是,在某些情况下,论及保护客体。那么,什么是保护客体呢?保护客体就是法益,即刑法所保护的利益。那么,保护客体即法益,是否属于构成要件要素呢?对此,在日本刑法学界的理解不尽相同。通说认为法益不是构成要件要素,例如日本学者指出:从行为客体中区分出的保护客体即法益,是根据法律所保护的观念上的对象,是价值上的对象。因而与行为的对象不同,不必再构成要件中明确记载,即使有例外在被规定的情况,因为承担着法益,也不能直接称为构成要件要素。[②] 换言之,作为构成要件要素的是实体性的存在的对象,例如行为客体就是这样一种物理性存在的东西。而保护性客体则是一种观念性存在的对象,当然不是构成要件要素。也有个别学者例如西田典之教授,在刑法总论中把行为客体与保护客体并列加以讨论,强调尽管存在并无行为客体的犯罪,但不存在没有保护客体的犯罪。换言之,即便在并无客体这一物理性存在的犯罪中,也有保护客体。[③] 在刑法各论关于具体犯罪的讨论中,也专列保护法益这一标

[①] 参见薛瑞麟:《犯罪客体论》,112页以下,北京,中国政法大学出版社,2008。
[②] 参见[日]木村龟二主编:《刑法学词典》,顾肖荣、郑树周等译校,137页,上海,上海翻译出版公司,1991。
[③] 参见[日]西田典之:《日本刑法总论》,刘明祥、王昭武译,55~59页,北京,中国人民大学出版社,2007。

题。例如在盗窃罪中，他专门讨论了保护法益问题，指出：盗窃罪的客体是"财物"，行为的样态是对财物的"占有侵害"。但是，关于其保护法益，则存在本权说与占有说之间的对立。这一论争形式上可以归结于如何解释第 242 条的"他人占有"。并且除了盗窃罪、不动产侵夺罪、强盗罪之外，根据第 251 条的规定，本条还准用于诈骗罪、恐吓罪，故保护法益可以说是财物罪所通用的问题。[①] 从以上情况来看，西田典之教授是把保护客体与行为客体并列作为构成要件要素的。但是，在构成要件要素的目录中只有行为客体而没有保护客体，并且在阐述保护客体的功能时强调它对于犯罪类型的解释提供了指导性原理。[②] 综上所述，笔者以为在德日刑法学中，保护法益并不是构成要件要素，更不是独立的犯罪构成要件，它和违法性要件的功能也是不同的。至于法益在具体犯罪认定中的作用是客观存在的，但不是以构成要件要素的形式发生作用，而是以解释论原理的形式发挥作用。对此，张明楷教授对法益与犯罪客体的关系作了深入研究，提出了"法益的构成要件机能之否认"的命题，论证了法益的解释论机能，指出：法益的解释论机能，是指法益具有作为犯罪构成要件的解释结论，必须使符合这种犯罪构成要件的行为确实侵犯了刑法规定该犯罪所要保护的法益，从而使刑法规定该犯罪、设立该条文的目的得以实现。[③] 对于张明楷教授的上述观点，笔者是完全赞同的：作为保护客体的法益，只是一种解释方法论，它与被解释的构成要件要素作为一种实体性存在是不同的。例如，作为财产犯罪的保护法益，本权说与占有说，只是对财产犯罪的行为客体——财物的法律性质的一种界定，它对于定罪具有重大影响。又如，我国学者所认为的，如果甲故意放火烧毁大量公私财物，则其行为危害了公共安全。在大多数情况下，这样认定是正确的，但也有例外：如在某郊野外，甲故意放火烧毁自己大量的财物，其行为是否危害公共安全

[①] 参见［日］西田典之：《日本刑法各论》（第 3 版），刘明祥、王昭武译，117 页，北京，中国人民大学出版社，2007。

[②] 参见［日］西田典之：《日本刑法总论》，刘明祥、王昭武译，55～59 页，北京，中国人民大学出版社，2007。

[③] 参见张明楷：《法益初论》，修订版，216 页，北京，中国政法大学出版社，2008。

呢？显然，在类似的场合也不能不考虑犯罪客体。① 在此，是否危害公共安全正是对放火行为的一种价值判断。因此，公共安全作为一种保护客体，它本身不是放火罪的构成要件，而是在对放火行为认定的时候，需要根据放火烧毁的对象、周围状态、烧毁物是否有人居住等情形作出一种判断。由此可见，否认犯罪客体是犯罪构成的一个要件，并不影响对具体犯罪的司法认定。

四

我国刑法学界即使在犯罪客体肯定论那里，对于犯罪客体的解释也发生了重大变化。从整体上来说，犯罪客体的内容存在一个逐渐去政治化而向着规范化演变的历史过程。

如上所述，苏俄刑法学中的犯罪客体是以强调阶级性而著称的。在我国，1978年以后，尤其是在改革开放以后，阶级斗争的话语逐渐失去了其光环，而被边缘化。对于犯罪客体也不再强调其阶级性，但社会关系的内容还是被保留下来。因此，社会关系论就成为对犯罪客体的一种通常的解释。

首先对社会关系论提出质疑的是何秉松教授，何秉松教授主要是从社会关系不足以涵盖所有刑法所保护的客体这一角度，对犯罪客体的社会关系论进行批评的，指出：刑法不仅应当保护作为经济基础和上层建筑的所谓"社会主义的社会关系"，而且尤其应当保护社会生产力。同时，犯罪行为也不仅是侵犯了"社会主义社会关系"，而且还直接侵犯了生产力。因此，把犯罪客体只归结为"社会主义社会关系"，而把生产力完全放在外是完全错误的。② 上述观点对社会关系论提出了批评，认为它不能包括生产力，而生产力在很多情况下都是犯罪侵犯的客体。基于这一立场，何秉松教授认为，犯罪客体是指犯罪主体的犯罪活动侵害的、为刑法所保护的社会主义社会利益。这种观点可以称为社会利益说，何秉松

---

① 参见薛瑞麟：《犯罪客体论》，114页，北京，中国政法大学出版社，2008。
② 参见何秉松：《关于犯罪客体的再认识》，载《政法论坛》，1998（3）。

教授在阐述犯罪客体是社会主义社会利益这一命题时指出：利益是一个十分广泛的社会范畴。凡是满足人们生存和发展需要的都统称为利益。根据不同的角度和层次，利益可以划分为物质利益和精神利益，目前利益和长远利益，一般利益和根本利益，局部利益和整体利益，等等，但是最常见的是按照利益主体把利益划分为社会利益（国家和人民的利益）、集体利益和个人利益。这些不同的划分又可以交叉适用，如无产阶级的长远利益和无产阶级的目前利益，或者国家的经济利益、政治利益、军事利益、文化利益等。利益这个范畴与社会生产力、经济基础和上层建筑都有密切的联系。[①] 社会利益这个概念相对于社会关系，更具有实体性内容，尤其是我国《刑法》第7章危害国防利益罪以及《刑法》第420条明确地把军人违反职责罪定义为危害国家军事利益的行为都与利益有关，似乎为此提供了一定的法律根据。但是，从论证方法上看，基本上还是在上层建筑与经济基础、生产力与生产关系等马克思主义理论话语中寻求政治正确性。可以说，除了概念的变动之外，没有任何实质上的改变。

在此以后，我国学者基于规范立场的考虑，认为社会关系与社会利益都缺乏规范性，因此提出了法律关系说，以此取代社会关系说与社会利益说，并作了以下论证：作为犯罪成立与否的评价标准，犯罪客体的内容应该是评价性的而不是对某一事实的表述，这是最重要的一点。"犯罪行为所侵犯而为刑法所保护的社会关系"是对犯罪事实的说明，是从"存在论"而不是从"价值论"的角度说明犯罪。但是，作为犯罪构成的要素之一，犯罪客体属于"价值的世界""当为的领域"。具体来说，犯罪客体是对行为的判断或评价，评价实质上是对行为属性的判断。例如，我们可以说你这个行为是对的，或者是错误的，这就是一种评价，"对""错"就是评价的结果，行为就是评价的对象。同样，作为一种评价机制，犯罪客体应该有自己的表达范式。这个表达范式应当具有三个要素：评价对象、评价标准以及由此构成的评价本身。[②] 相对于社会关系与社会利益，法律关

[①] 参见何秉松主编：《刑法教科书》，2000年修订·上卷，286～287页，北京，中国法制出版社，2000。

[②] 参见童伟华：《犯罪客体研究——违法性的中国语境分析》，52页，武汉，武汉大学出版社，2005。

系当然是一个具有规范性的概念。从作为一种保护法的性质上来说，刑法确实是具有对其他法律关系的保护机能。但是，如果试图让犯罪客体发挥三阶层的犯罪论体系中违法性的机能，作为实质违法性的判断，则法律关系取代社会关系和社会利益，也同样说明不了问题。

对犯罪客体的理解从法律关系说又进入利益说。应当指出，是张明楷教授率先提出利益说，认为犯罪客体实质上就是刑法上的法益，即犯罪客体的内容应当是刑法所保护的利益（法益），而不宜表述为社会关系。① 但是，张明楷教授是否定将犯罪客体作为犯罪构成要件的，他的本意是要以法益取代犯罪客体，因此张明楷教授的观点不能认为是犯罪客体的完善论。在坚持犯罪客体是犯罪构成的独立要件的基础上，主张法益说的是冯亚东教授。冯亚东教授提出应以"法益"取代"社会关系"，指出：将社会关系（限制解释为法律关系）作为犯罪客体的上位概念，在具体犯罪构成及具体事案的分析中显然难得要领。既曰："关系"，便当然存在关系之双方主体：在有被害人的案件中（如杀人、伤害、盗窃），犯罪一方主体是对关系整体的侵犯，还是置身于关系之中给对方主体或对方权利造成侵犯，难以厘清；犯罪方同所"侵犯的社会关系"之间是否又形成新的关系及形成何种关系，也平添疑虑。因此，为消解这类在"规范注释"层面并无太大实际意义的理论问题，可借鉴目前较流行而源自德日刑法学的提法，改成"法益"。"法益"这一概念既有极强烈的针对性，也有非常宽泛的涵盖力，可兼容"社会关系""制度""权利""秩序"等犯罪所侵犯的不同内容；既能包容各种犯罪场合对客体之不同表述，又使分析思想始终盯住某种具体实在的生活现象。② 从社会关系说到社会利益说，再从法律关系说到法益说，犯罪客体的内容不断向着规范化的方向演进，直至采用具有德日刑法学印记的法益概念。但是，只要犯罪客体还是犯罪构成的一个独立要件，无论采用何种说辞，终究还是摆脱不了四要件的犯罪构成的樊篱。

---

① 参见张明楷：《法益初论》，修订版，181页，北京，中国政法大学出版社，2008。
② 参见冯亚东：《我国犯罪构成体系的完善性分析》，载《现代法学》，2009（4）。

我国晚近学者力图将犯罪客体改造成为类似于三阶层的犯罪论体系中的违法性要件。这一意图在童伟华博士的《犯罪客体研究》一书中表现得更为明显，该书的副标题是"违法性的中国语境分析"。对此，该书作者指出：由于本书主张犯罪客体实际上相当于大陆法系犯罪成立要件之一的违法性，故附以副标题"违法性的中国语境分析"在此予以说明。① 然而，犯罪客体将其内容从社会关系改为法律关系以后，真的能够改造成为三阶层犯罪论体系中的违法性吗？童伟华博士试图把犯罪客观方面要件界定为事实判断，而把犯罪客体界定为规范判断（或价值判断），由此在两者之间形成事实判断与规范判断的关系。② 这一初衷是好的，但这一初衷的实现涉及对四要件的重新界定，其成本过高。例如，在四要件中，犯罪客观方面的核心要素是危害行为，这一概念本身已经包含了价值判断。而一种受到刑法保护的社会关系（或者法律关系）只有在受到犯罪行为侵犯的情况下，才能成为犯罪客体。在这种情况下，犯罪客观方面与犯罪客体这两个要件是相互依存的。若不改变这种逻辑关系则很难形成这两个要件之间的位阶关系。而在保持四个要件的前提下，形存而实异，反而容易造成误解，不如另起炉灶。

综上所述，在四要件的犯罪构成体系中，犯罪客体是争议最大的一个要件，即使主张保留犯罪客体这一要件的，也对其内容作了重新界定，可谓面目全非。近些年来，在我国学者提出以下的犯罪构成新体系中，都没有犯罪客体的一席之地。

（一）张明楷教授的两要件（两阶层）说

张明楷教授对犯罪客体持明确的否认态度，已如前所述。因此，在张明楷教授的犯罪构成体系中不存在犯罪客体这一要件。张明楷教授的犯罪构成体系由客观构成要件和主观构成要件组成，在前者中考察违法性，在后者中考察有责性。③ 在这一犯罪构成中，客观构成要件是由客观事实要素与规范评价要素合而为一构成的，其本质是法益侵害性，犯罪客体的功能通过违法性的判断而得以实现，因而不再有犯罪客体的存在余地。

---

① 参见童伟华：《犯罪客体研究——违法性的中国语境分析》，3页，武汉，武汉大学出版社，2005。
② 参见童伟华：《犯罪客体研究——违法性的中国语境分析》，155页，武汉，武汉大学出版社，2005。
③ 参见张明楷：《刑法学》，第3版，108页，北京，法律出版社，2007。

(二) 周光权教授的新三阶层说

周光权教授对犯罪客体持明确的批判立场,认为通说的刑法理论中客体作为犯罪成立的首要条件,所谓客体是刑法所保护而为犯罪所侵害的社会关系,这就涉及实质判断。此判断一旦完成,行为就被定性,被告人无法为自己进行辩护,这是一种过分强调国家权力的作用的做法,它可能会导致司法适用上先入为主的危险,不利于保障人权和实现法治。[1] 周光权教授把犯罪构成分为犯罪客观要件、主观要件和犯罪阻却事由。在犯罪客观方面要件中,又分为两个层次:第一层次的内容是判断行为的构成要件的符合性。行为是否符合构成要件与行为的事实构造有关,即凡是在外观上符合罪状规定的行为(罪状符合性),都应当被认定为客观上存在危害性的行为,强调行为的罪状符合性,有利于贯彻罪刑法定主义。第二层次是对行为进行实质性评价,以及确定其是否具有违法性,通过对具有危害性的行为进行惩罚来确保规范的有效性,从而在根本上保护法益,贯彻法益保护主义。[2] 因此,在周光权教授的犯罪构成体系中,实质判断也是在犯罪客观要件中通过违法性完成的,由此而摒弃了犯罪客体的要件。

(三) 笔者的三要件说

笔者构造的犯罪构成分为罪体、罪责和罪量这样三个要件:罪体要件相当于客观违法的构成要件,罪责要件相当于主观责任的构成要件。在罪体中又分为罪体构成要素与罪体排除要素。在罪体排除要素中对罪体构成要素进行实质判断,从而起到出罪作用,以此取代犯罪客体的功能。

总之,犯罪客体是我国四要件的犯罪构成体系中的一个独特要件,它充满政治意识形态的性质,对该要件的抨击由来已久,即使主张保留犯罪客体要件的,也都对它进行改造,可以说,犯罪客体是四要件中争议最大的要件。笔者认为,犯罪客体应从犯罪成立条件中去除,这是必然趋势,同时这也是犯罪客体的去魅过程。

(本文原载《政治与法律》,2009 (12))

---

[1] 参见周光权:《犯罪构成理论与价值评价的关系》,载《环球法律评论》,2003年秋季号。
[2] 参见周光权:《刑法总论》,103~104页,北京,中国人民大学出版社,2007。

论犯罪构成要件的位阶关系

犯罪构成是犯罪成立条件的总和,尽管在各种不同的犯罪构成模型中,犯罪成立条件的划分是有所不同的,但这些犯罪成立条件之间的关系始终是应当予以关注的。日本学者大塚仁在对犯罪构成,也就是他所说的犯罪论体系进行评价时,曾经提出两个标准:一是逻辑性,二是实用性。[①] 这里的实用性,又称为经济性,实际上是指犯罪构成在对犯罪认定的司法过程中的可操作性及便利性。因为犯罪构成是一种犯罪的法律规格,其目的在于为犯罪的司法认定提供法律标准,因而实用性是一个重要的评价指标。如果说,对于犯罪构成的实用性理解起来较为容易,那么,对于犯罪构成的逻辑性就不那么容易理解。事实上,大塚仁本人在其论著当中对犯罪构成也语焉不详。我认为,这里的逻辑性是指犯罪构成要件本身设置的科学性和犯罪构成要件之间的位阶性。因此,犯罪构成要件之间的位阶关系是犯罪构成的逻辑性的应有之义。

在我国刑法学界关于犯罪构成的讨论中,起初关注的是犯罪构成要件的设置本身,例如犯罪主体是否属于犯罪构成要件或者犯罪客体应否成为犯罪构成要件

[①] 参见[日]大塚仁:《刑法概说(总论)》,冯军译,107页,北京,中国人民大学出版社,2003。

等，并对此展开了有益的探讨，但是，关于犯罪构成要件之间的位阶关系却鲜有论及。我国刑法学界曾经对犯罪构成要件的排列顺序问题进行过讨论。我国传统的犯罪构成理论，是将犯罪构成要件分为犯罪客体、犯罪客观方面、犯罪主体、犯罪主观方面这样四个要件。这一排列顺序的根据，被认为是犯罪的认定过程。因为认定犯罪的过程一般是：首先发现了某种客体遭受侵害的事实，如某人死亡，所以犯罪客体放在第一位。这时需要查明的是，某种客体遭受侵害是不是由于人的行为。在查明是由于人的侵害行为（犯罪的客观方面）所造成，如他杀之后，就要查明谁是行为人以及行为人的情况（犯罪主体）。在确定了行为人是有刑事责任能力的人以后，还必须查明行为人实施行为时是否出于故意或过失（犯罪主观方面），只有确定行为人具有故意或过失，才可能认定行为构成犯罪，如故意杀人。可见，通说的排列顺序符合认定犯罪的过程，有利于查明和确定犯罪。[①] 这一说法似乎是能够成立的。当然，之所以将犯罪客体放在犯罪构成的首要位置上，也是与苏联及我国的犯罪构成理论强调犯罪客体在犯罪构成要件中的重要性是分不开的。例如，苏联学者指出："犯罪的社会危害性程度主要取决于犯罪客体的重要程度。因此，正确地确定犯罪客体对于正确定罪具有重大意义。"[②] 当然，这种排列顺序也受到一些学者的质疑，认为通说的观点将犯罪客体排在首位，在没有论述犯罪行为之前就突如其来地谈犯罪客体，不符合犯罪构成各要件之间的逻辑关系。犯罪构成要件的排列，应以犯罪构成要件之间的逻辑关系作为排列标准。

据此，犯罪构成要件应当按照犯罪主体要件—犯罪主观要件—犯罪客观要件—犯罪客体要件进行排列。因为犯罪构成要件在实际犯罪中发生的作用而决定犯罪成立的逻辑顺序是这样的：符合犯罪主体要件的人，在其犯罪心理态度的支配下，实施一定的犯罪行为，危害一定的客体即社会主义的社会关系。在这四个要件中，犯罪主体要件是其他犯罪构成要件成立的逻辑前

---

① 参见高铭暄、马克昌：《刑法学》，105～106 页，北京，中国法制出版社，1999年。
② ［苏］H. A. 别利亚耶夫、M. Л. 科瓦廖夫：《苏维埃刑法总论》，马改秀、张广贤译，83 页，北京，群众出版社，1987。

提。在具备了犯罪主体要件以后，还必须具备犯罪主观要件。犯罪主观要件是主体的一定罪过内容。犯罪行为是犯罪主体的罪过心理的外化，因而在犯罪主观要件下面是犯罪客观要件。犯罪行为必然侵犯一定的客体，因而犯罪客体是犯罪构成的最后一个要件。[①] 这种观点实际是按照犯罪发生的逻辑顺序对犯罪构成要件进行排列的。但主张这种观点的学者认为犯罪构成要件的传统排列方式不符合犯罪构成各要件之间的逻辑关系的指责是不能成立的。其实，两种排列方法各有其逻辑根据：前者是按照犯罪认定的逻辑过程排列的，后者是按照犯罪发生的逻辑过程排列的。因此，我国学者赵秉志认为，这两个标准从不同角度不同侧面论述了犯罪构成四要件之间的排列逻辑，因而具有不同的功用。两者可谓并行不悖，具有彼此不可替代的作用。[②] 但是，这种犯罪构成要件的排列顺序，是否可以等同于犯罪构成要件之间的位阶关系呢？我的回答是否定的。

我国刑法中犯罪构成要件的排列顺序，只是一个理论表述问题。至于在犯罪认定的司法过程中，是否一定按照这一顺序进行判断则无特殊要求。换言之，在定罪活动中，各个犯罪构成要件之间的位阶关系是根本不存在的。一般是按照人们的思维习惯，哪一个要件有，先肯定哪一个要件。因此，定罪过程是一个寻找犯罪构成要件的过程。如果犯罪构成四个要件都找到了，犯罪就足以成立。如果犯罪构成要件不齐备，除非犯罪的未完成形态，否则不构成犯罪，定罪过程即告终止。至于这些犯罪构成要件之间的先后顺序在定罪过程中是不予考虑的。之所以存在这种现象，与我国犯罪构成本身的构造有关。我曾在《刑法哲学》一书中将我国传统的犯罪构成体系称为是一种耦合式的逻辑结构。在这种耦合式的犯罪构成体系中，犯罪构成要件之间的关系被确定为一种共存关系，即一有俱有、一无俱无。[③] 在这种情况下，犯罪构成要件是不能独自存在的。正如我国学者指出：在我国犯罪构成理论体系中，各要件之间互为前

---

① 参见赵秉志等：《刑法学通论》，84~85页，北京，高等教育出版社，1993。
② 参见赵秉志：《论犯罪构成要件的逻辑顺序》，载《政法论坛》，2003（6）。
③ 参见陈兴良：《刑法哲学》，修订3版，598页，北京，中国政法大学出版社，2003。

提、互相作用，任何一个方面的要件，如若离开其他三个方面的要件或其中之一，都将难以想象，要件的齐合充分体现在要件的同时性和横向联系性；撇开论述上的逻辑顺序不谈，四个要件哪个也不能独立在先、独立在后。[1] 在这种犯罪构成要件不能独立存在的情况下，犯罪构成要件之间的位阶关系当然是不存在的。

相比较而言，大陆法系的犯罪构成体系则呈现出一种递进性，因而犯罪构成各要件之间存在严格的位阶关系。构成要件该当性—违法性—有责性，这三个要件分别是对行为的三重评价。正如日本学者小野清一郎所言：第一，是否符合构成要件的评价，这是法律的抽象的评价。第二，违法性的评价，这是对行为本身的具体评价，但也是将行为大体上与行为人分离开来后的评价。第三，道义责任的评价，这是把行为作为"行为人的行为"的最具体的评价。至此，法的伦理性、道义性的本质，才完全地展现出它的全貌。[2] 这三重评价并非同时进行，而是依次进行，从而呈现出犯罪构成要件之间的位阶性：首先是对行为进行构成要件该当性的评价。如果行为不具有构成要件该当性，则定罪进程即告中断。只有行为具有构成要件该当性，进而才能进行违法性的评价。在违法性这一要件中，主要考察行为是否具有违法阻却事由，例如正当防卫、紧急避险等。如果具有违法阻却事由，则定罪过程即告中断。只有不存在违法阻却事由，进而才能进行有责性的评价。在有责性这一要件中，主要考察责任能力与责任形式。如果行为人不具备有责性这一要件，则定罪过程即告中断。只有具备有责性，犯罪才能成立。由此可见，前一要件是后一要件的前提，无此前提则不能进入后一要件的判断，后一要件则依附于前一要件而存在。在这种情况下，犯罪构成三个要件之间的位阶关系是十分明确的，从构成要件该当性到违法性，从违法性到有责性，这样一种依次评价的逻辑关系是不可动摇的，并且有司法逻辑蕴含其中。正如日本学者小野清一郎指出：以客观的、记叙性的构成要件的行为，进而再

---

[1] 参见肖中华：《犯罪构成及其关系论》，213 页，北京，中国人民大学出版社，2000。
[2] 参见 [日] 小野清一郎：《犯罪构成要件理论》，王泰译，38～39 页，北京，中国人民公安大学出版社，2004。

去考虑它的违法性和责任,这种思考过程与现代刑事审判中的审理过程是一致的,是反映了构成要件理论的实践品格的。① 我认为,正是这种犯罪构成要件之间的位阶关系,使大陆法系犯罪构成体系呈现出动态性,真正反映定罪的司法逻辑。

犯罪构成要件之间的位阶关系,对于定罪过程中充分发挥犯罪构成的人权保障功能具有重要意义。大陆法系的犯罪构成要件之间由于存在这种位阶关系,因而对定罪过程中从一个构成要件的判断进入下一个构成要件的判断具有某种制约作用,为被告人的辩护留下了一定的余地。根据犯罪构成要件之间的位阶关系,在定罪过程中应当坚守以下三个原则。

一、客观判断先于主观判断

犯罪构成是主客观要件的统一,这是不容否认的。无论是大陆法系的犯罪构成体系还是我国的犯罪构成体系,均是如此,只不过表现形式有所不同而已。在大陆法系犯罪构成体系中,构成要件该当性本身就是主客观统一的,既包括客观要素又包括主观要素,但是两者之间存在严格的位阶关系,这就是客观判断先于主观判断。以故意杀人罪为例,客观要素是构成要件该当的杀人行为和构成要件该当的杀人结果以及行为与结果之间的因果关系。主观要素是构成要件该当的杀人故意,包括直接故意与间接故意。就故意杀人罪的客观要素与主观要素的关系而言,客观要素是可以独立于主观要素进行判断的,反之则不然。在客观要素中,行为、结果与因果关系这三者又存在先后顺序。只有经过判断存在杀人行为,方能查明是否存在杀人结果。在此基础上,才进行行为与结果之间因果关系的判断。在此,绝对禁止以结果推论行为的性质。例如,吴某(男,45 岁)为减少继承父亲遗产的法定继承人的人数,以便分得更多的遗产,便极力怂恿其兄

---

① 参见[日]小野清一郎:《犯罪构成要件理论》,王泰译,24 页,北京,中国人民公安大学出版社,2004。

乘坐飞机出差。为达到此目的，吴某甚至自己掏钱为其兄购买一飞机票，因为最近一段时间，民航客机频繁出事，吴某便希望通过让其兄乘坐飞机而失事，达到杀死其兄的目的。其兄为吴某表面的热情所动，遂乘坐飞机外出。果然，飞机因遇到强烈风暴坠毁，其兄也死于空难。在这样一起案件中，根据我国犯罪构成理论往往容易得出有罪的结果，其逻辑思维过程大体如下：在此案中，行为人有故意杀人的主观罪过，又实施了一定的行为，而被害人又因为听了吴某的怂恿乘坐了飞机并发生了死亡结果，吴某的行为与其兄的死亡之间存在因果关系。所以，吴某的行为符合故意杀人罪的构成要件。在这一有罪的论证过程中，明显地呈现出从主观判断到客观判断这样一种逻辑进程。如果根据大陆法系的犯罪构成理论，基于客观判断先于主观判断的位阶关系，本案行为人能否被定罪，首先需要解决的是其行为是否属于杀人行为的问题。关于何谓杀人行为，在我国刑法理论中一般界定为非法剥夺他人生命的行为，但对于非法剥夺的含义未作进一步解释。在这种情况下，将在客观上引起他人死亡的行为都理解为杀人行为，也就在所难免。因此，在本案中，吴某怂恿其兄乘坐飞机的行为也就自然归属于杀人行为。在大陆法系刑法理论中，杀人的行为本身必须包含引起被害人死亡结果的现实危险性，没有该危险性的行为缺乏杀人的实行行为性，是不能犯。① 因为怂恿其兄乘坐飞机的行为本身没有造成他人死亡的现实危险性，根据德国学者罗克辛的说法，该行为没有制造法律禁止的风险，在这种情况下即使发生了他人死亡的结果，也不具有客观上的可归咎性。② 因此，根据先客观判断后主观判断的位阶关系分析本案，自然就会得出被告人无罪的结论。事实上，在本案中吴某是否具有杀人故意也是一个值得深入研究的问题，想让他人死亡的故意与杀人故意是不能等同的。吴某充其量只有想让人死的故意而没有杀人故意，因为在没有杀人行为的情况下是不可能有杀人故意的。由此可见，客观判断先于主观判断对于正确定罪具有重要意义。

---

① 参见［日］大塚仁：《刑法概说（各论）》，冯军译，30页，北京，中国人民大学出版社，2003。
② 参见［德］罗克辛：《客观归责理论》，许玉秀译，载《政大法学评论》，1994（50）。

二、定型判断先于非定型判断

在定罪判断中,既有定型判断又有非定型判断。那么,定型判断与非定型判断孰先孰后呢?对此,日本学者大塚仁指出:在研讨各种犯罪要素时,在思考及判断的经济上,应该从一般的犯罪要素开始,其后研讨具体的、特殊的犯罪要素。而且,对由定型的、形式的判断能够认识的东西,要先于非定型的、实质的判断予以处理,这才是所希望的。[①]那么,定型与非定型如何区分呢?这里涉及类型的概念,构成要件本身就是一种类型,对此,日本学者小野清一郎指出:构成要件在将行为的违法性加以类型化的同时,也要将行为人的道义责任类型化,还要将违法并且有责的行为中具有可罚性的行为用法律概念加以规定。构成要件是违法并且有道义责任的行为的定型。在小野清一郎看来,构成要件是实定法上的,并且是成文法上的概念,在此意义上,可以说它属于形式的东西。与之相反,违法性和道义责任,则是处于实定法概念规定背后的伦理性的、法理性的理念,其本质意义自然是一般性的概念。[②]由此可见,定型要素是指构成要件该当性,非定型要素是指违法性与有责性。对定型要素的判断,具有形式判断的特征;对非定型要素的判断,则具有实质判断的特征。因此,这里又涉及形式判断与实质判断的关系。在罪刑法定原则制约下,法律是否有明文规定,是行为之有罪与否的根本标准。因此,在定罪过程中首先需要对刑法是否有明文规定进行形式的判断。刑法对行为的规定具有类型化的特征,因而这种构成要件该当性的判断是一种定型判断。只有在此基础上,才能进一步进行非定型判断。定型判断之所以应当先于非定型判断,是因为定型判断具有明确的法律标准可以遵循,因而更易把握,而非定型判断相对来说不易把握。例如,违法性判断实际上不是形式违法性的判断而是实质违法性的判断,也就是法益侵害性的判断。这种法益侵害

[①] 参见[日]大塚仁:《刑法概说(总论)》,冯军译,108页,北京,中国人民大学出版社,2003。
[②] 参见[日]小野清一郎:《犯罪构成要件理论》,王泰译,28~29页,北京,中国人民公安大学出版社,2004。

性的判断不似形式违法性的判断那样标准明确。因此，在大陆法系犯罪构成理论中，实质判断是在形式判断之后进行的，如果行为没有法益侵害性即可出罪，行为具有法益侵害性则还应进一步进行有责性判断。而在我国犯罪构成理论中，定型判断与非定型判断是不受界分的。同时，形式判断与实质判断也没有严格的位阶关系。在司法实践中，实质判断先于形式判断甚至优于形式判断的情形时有发生。显然，这是有悖于罪刑法定原则的，对此必须予以高度关注。

三、事实判断先于法律判断

在定罪活动中，既存在事实判断又存在法律判断。应该说，这两种判断是有所不同的：事实是一个有没有的问题，而法律是一个评价问题。在大陆法系犯罪构成理论中，构成要件该当性属于事实的范畴，包括行为事实与心理事实。而违法性是对行为事实的规范评价，有责性是对心理事实的规范评价。在这种情况下，定罪就可以分为两个逻辑层次：一是事实认定，二是法律评价。法律评价必须严格建立在事实基础之上，因而事实判断必然先于法律判断。而在我国犯罪构成理论中，事实判断与法律判断之间是没有严格界限的，在某些情况下甚至混淆了事实问题与法律问题，从而以法律判断代替事实判断，这都会导致出入人罪的后果。

（本文原载《法学》，2005（4））

犯罪论体系的位阶性研究

位阶是指客观事物之间的一种位置安排，由此形成事物之间具有内在逻辑关系的秩序。在犯罪论体系中，犯罪成立要件之间具有位阶性，这种位阶性决定了犯罪论体系的内在逻辑结构。无论是三阶层的犯罪论体系（以下简称三阶层），还是四要件的犯罪构成理论（以下简称四要件），都是对刑法所规定的犯罪成立要件的一种理论塑造。犯罪成立要件是由刑法而不是由理论规定的，三阶层与四要件的区别并不在于其理论形态所呈现出来的犯罪成立要件的差别，而在于这些犯罪成立要件之间的逻辑关系的不同。正是犯罪成立要件之间的位阶性，决定了三阶层的犯罪论体系的整体架构。以此反观四要件的犯罪构成理论，可以说，四要件是没有位阶的犯罪构成。犯罪成立要件之间是否存在位阶关系是三阶层与四要件的根本区别之所在。本文从位阶的观念切入，对三阶层与四要件进行结构性的对比研究。

一、犯罪论体系位阶性的学术史考察

犯罪成立要件是由刑法规定的，这种规定可以分为分则性规定与总则性规

定。在一般情况下，分则所规定的是犯罪成立的特殊要件，总则所规定的是犯罪成立的共通条件。犯罪成立的特殊要件，主要是指犯罪成立的客观要件；而犯罪成立的共通条件，通常是指犯罪成立的主观要件。因此，犯罪成立要件可以分为客观要件与主观要件。在刑法理论上，对犯罪成立要件进行理论概括，最初形成的就是这种犯罪的客观要件与主观要件相区分的理论。例如意大利在18世纪的自然法理论的基础上，形成所谓古典的二分理论（Lateoriabipartitaclassica）。意大利学者在介绍古典的二分理论时指出："从犯罪是一个'理性的实体'（ente-diragione）的前提出发，古典大师们认为犯罪由两种本体性因素构成。他们称这些因素为'力'（forza），包括'物理力'（forzafisica）和'精神力'（forzamorale）。尽管有不尽然之处，这两种'力'大致相当于现代刑法学中的犯罪的'客观要件'和'主观要件'。根据古典学派的理解，这两种力又包含一个客观方面和主观方面：'物理力'的主观方面即主体的行为，而其客观方面则是犯罪造成的危害结果；'精神力'的主观方面指的是行为人的意志，而其客观方面表现为犯罪造成的'精神损害'（如在社会中引起了恐慌或者为公民所树立的坏榜样）。在这种'力'的二分模式中，犯罪的本体性因素与评价性因素合成了一个整体。但是，合法化原因在这种体系中却无存身之处，后来只好将其勉强解释为因主体受'强制'而排除精神力的原因。"[①] 古典的二分理论是十分简陋而原始的犯罪构成理论，在这一理论中，客观要件与主观要件之间的位阶关系并未确定。

费尔巴哈与施就别尔虽然对犯罪坚持二分结构，但初步确定了客观要件与主观要件之间的顺序关系。苏联学者特拉伊宁在论及犯罪构成时，将古典学派关于犯罪构成的理论称为客观结构，认为古典学派十分肯定地提到首要地位的并不是主观因素，而是客观因素行为的质，而不是主体的质。特拉伊宁在评论费尔巴哈时指出："如A.费尔巴哈给犯罪构成下了如下的定义'犯罪构成乃是违法的（从法律上看来）行为中所包含的各个行为的或实施的诸要件的总和……'。可

[①] ［意］杜里奥·帕多瓦尼：《意大利刑法学原理》，注评版，陈忠林译评，92页以下，北京，中国人民大学出版社，2004。

见，A. 费尔巴哈在这里十分肯定地列入犯罪构成的只是表明行为的特征。A. 费尔巴哈并没有忽略责任的主观根据罪过的意义。可是，根据他所下的定义，罪过却处在犯罪构成范围之外，也就是说：只有那些第一，实现了犯罪构成，第二，行动有罪的人，才负刑事责任。"[1] 在以上的论述中，费尔巴哈所说的犯罪构成，是指刑法分则规定的犯罪成立的客观要件。所谓实现了犯罪构成，是指行为符合刑法分则规定的犯罪成立的客观要件。客观要件是放在第一位的，第二位的才是罪过，即主观要件。当然，特拉伊宁在意的并不是客观要件与主观要件之间的位阶关系，而是费尔巴哈将罪过放在犯罪构成的范围以外这一问题。其实，费尔巴哈这里所说的犯罪构成是指特殊的构成要件，即刑法分则规定的犯罪成立要件。从犯罪成立要件总和的视角出发，去看费尔巴哈关于犯罪构成的定义，确实给人一种难以理解的感觉。只有在刑法分则规定的犯罪成立要件的意义上，才能透彻地领悟费尔巴哈的思想。特拉伊宁还对德国刑法学家施就别尔关于犯罪构成的理论作了以下描述："A. 费尔巴哈的同代人施就别尔（Stübel）在1805年出版的犯罪构成的专著中，也只把客观因素引入犯罪构成。施就别尔说：'犯罪构成，乃是那些应当判处法律所规定的刑罚的一切情况的总和，因为这些事实是同责任能力无关的。'同时，在施就别尔看来，责任能力的概念包括一切主观因素，首先包括罪过。由此可见，无论是 A. 费尔巴哈或者是施就别尔，都不容许在没有罪过的情况下负刑事责任，但同时又都把罪过置于犯罪构成的范围之外。在他们看来，犯罪是：（1）实现犯罪构成的行为；（2）有罪的行为。"[2]

施就别尔关于犯罪构成的定义与费尔巴哈的如出一辙。这反映了18世纪后期至19世纪初期在德国通行的构成要件是指特殊的构成要件，因而是刑法分则规定的、客观的并且是事实的，并不包括主观因素。对此，日本学者小野清一郎曾经作过以下评论："在19世纪的刑法学中，还没有出现与今天完全一致的构成

---

[1] ［苏］A. H. 特拉伊宁：《犯罪构成的一般学说》，王作富等译，15页，北京，中国人民大学出版社，1958。
[2] ［苏］A. H. 特拉伊宁：《犯罪构成的一般学说》，王作富等译，15页，北京，中国人民大学出版社，1958。

要件理论。Tatbestand 一词仅限于在犯罪事实或法律上制约着成立犯罪的诸条件的意义上加以使用，而且它又被分成了一般构成要件和特殊构成要件，或是主观构成要件和客观构成要件。例如，弗朗克的《注释书》中，最清楚而又直截了当地表现出这一点。他认为，所谓一般构成要件，是指成立犯罪所必需的要素的总和；所谓特殊构成要件，则是各种犯罪所特有的要素。作为一般构成要件，有人的一定态度在内，并且它必须是有意志的行为或者有责任的行为。而有责任，往往说的是主观的构成要件，是与客观的、外部的构成要件相对立的。弗朗克的上述观点，被认为是 19 世纪的通说。在这个时期，虽有构成要件的概念，但并没有考虑它的特殊理论机能，所以还不是今天这种意义上的构成要件理论。"① 小野清一郎所说的今天这种意义上的构成要件，是指在贝林以后的构成要件概念，而这一构成要件概念与 19 世纪刑法学中的特殊构成要件的概念是较为接近的。例如，李斯特指出："如果说到刑法中的构成要件，通常是指特殊的构成要件，它表明分则章节中规定的具体不法类型特征的总和。特殊的构成要件让我们知道，立法者是如何规定谋杀、抢劫、贿赂和叛国罪等的。易言之，特殊的构成要件为刑警（kriminalist）了解对从刑法上确定犯罪种类具有重要意义的特别之违法性和其后为适用刑法而确定罪责，打开了方便之门。"② 在整个 19 世纪，虽然客观上的构成要件与主观上的责任的区分是十分明显的，但对两者关系的界定仍然是模糊不清的。因此，犯罪论体系尚处在一个前位阶时代。

　　犯罪成立要件之间的位阶关系的真正确立，肇始于李斯特。李斯特将犯罪界定为符合犯罪构成的、违法的和有责的行为。在论及违法性与有责性的关系时，李斯特指出："符合犯罪构成的违法性并不构成'犯罪'这种否定评价的理由。犯罪还是一种有责的行为（Schuldhafte Handlung）；也就是说，有刑事责任能力的犯罪人是故意或过失地实施了符合犯罪构成的违法行为，也即刑法中的罪责问题涉及符合犯罪构成的违法行为。因此，也就必然得出这样一个结论：刑法制度

---

① ［日］小野清一郎：《犯罪构成要件理论》，王泰译，4 页以下，北京，中国人民大学出版社，2004。

② ［德］李斯特：《德国刑法教科书》，徐久生译，205 页，北京，法律出版社，2006。

中的罪责只能在违法性学说之后来探讨。"① 在此，李斯特提出了"刑法制度中的罪责只能在违法性学说之后来探讨"这一重要命题，首次明确地界定了违法性与有责性之间的位阶关系。违法性与有责性之间的位阶关系的形成，可以说是古典犯罪论体系诞生的标志。正是在这个意义上，我们可以把李斯特称为古典的犯罪论体系的创始人之一。对此，我国台湾地区学者许玉秀指出："如今被称为古典的犯罪阶层体系，是刑法理论史上第一个成形的犯罪阶层体系。这个体系又称为贝林—李斯特体系（Beling Lisztsches System），因为完整的体系结构固然是贝林于1906年发表的，但李斯特于1881年第一版教科书中区分违法性（Rechtswidrigkeit）和罪责（Schuld），被视为最早区分刑法体系阶层之作，后世因而将贝林与李斯特合称为第一个犯罪阶层体系的创始者。"②

违法性与有责性的区分，即不法与责任的分野，是围绕客观违法论与主观违法论而展开的，并且涉及刑事不法与民事不法的界分，这是一场亘贯19世纪的学术争论，它对三阶层的犯罪论体系的形成产生了深刻的影响。一般认为，不法理论可以追溯到黑格尔，黑格尔提出的不法理论，尤其是民事不法与犯罪的区分学说，为此后的主观违法论与客观违法论之争埋下了伏笔。黑格尔明确地把不法区分为以下三类：（1）无犯意的不法，（2）诈欺，（3）犯罪，指出："法作为特殊的东西，从而与其自在地存在的普遍性和简单性相对比，是繁多的东西，而取得假象的形式时，它或者是自在的或者直接的假象，即无犯意的或者民事上的不法，或者被主体设定为假象，即诈欺，或者简直被主体化为乌有，即犯罪。"③ 黑格尔把不法看作是对法的否定，而这种对法的否定又可以分为不同的发展阶段，由此形成不同的不法形态。尤其是黑格尔对民事上的不法和刑事上的不法加以区分。我国学者在评论黑格尔的不法理论时指出："他（指黑格尔——引者注）把民事上的不法同刑事上的不法，都看作是同一不法的不同的发展阶段，力求从不法本身找出它们之间的内在联系，力求把它看作是一个过程；并把不法区分为

---

① ［德］李斯特：《德国刑法教科书》，徐久生译，168页，北京，法律出版社，2006。
② 许玉秀：《当代刑法思潮》，63页以下，北京，中国民主法制出版社，2005。
③ ［德］黑格尔：《法哲学原理》，范扬、张企泰译，92页，北京，商务印书馆，1961。

无犯意的不法、部分无犯意的不法和完全的不法,或者说是对法说来的假象、对我说来的假象和对法对我说来都不是假象,而是真正的不法,是对法的完全否定,因而对自在的法说来它完全是一种虚假的东西,而不是真实的东西,总是要被扬弃的。"[1] 黑格尔指出的"无犯意的不法"概念,被认为是客观违法论的肇始。由于受到黑格尔的客观精神法哲学以及"无犯意的不法"概念的深刻影响,客观违法论在德国法学界处于通说的地位。[2] 黑格尔的客观违法论是建立在他关于法的学说基础之上的。黑格尔把法分为抽象法与道德法,这是法的辩证发展的两个阶段,抽象法是指客观法,而道德法是指主观法。而不法属于客观法领域的问题,责任则属于主观法领域的问题。客观法与主观法的区分,也就是法与道德的区分。

在黑格尔之后,德国学者阿道夫·默克尔(Adolf Merkel)教授于1867年发表了《可罚不法与民事不法之关系》一文,这里所称的可罚不法,就是指刑事不法,即犯罪。默克尔摆脱了黑格尔关于抽象法这样一种抽象的描述,而把法看作是一种命令规范,并且寻求可罚不法与民事不法的上位概念不法。默克尔指出,不法的内容主要由两个要素组成。一是否定了法所包含的客观化的共同意思或侵害法所保护的共同利益;二是归责可能性要件。如果认为法是由国家制定并由国家强制力保障实施的,那么就不得不承认国家的权威,而藐视法的权威、否定国家意思则是一切不法的特征。法规范表现为命令性规范或禁止性规范,不法则是对命令性或禁止性规范的侵害,然而命令只向具有责任能力的人下达,故侵害此等命令即可认定为违法。为此,法的义务只能附加于具有责任能力之人,即义务只有在客观可能的情况下才有意义,人类在不可能实现的无法预见或无法避免的情况下不具有义务性,即使发生损害实施,行为人并没有否定法的共同意思,而是尊重了法本身。[3] 由是,默克尔主张主观违法论,即认为只存在"有责的不法"而否认"无责的不法"。在默克尔看来,任何不法都必然以违法主体具

---

[1] 武步云:《黑格尔法哲学:法与主体性原则的理论》,193页,北京,法律出版社,1995。
[2] 参见肖吕宝:《主、客观违法论在刑法解释上的展开》,20页,哈尔滨,黑龙江人民出版社,2008。
[3] 参见余振华:《刑法违法性理论》,15页,台北,台湾元照出版有限公司,2001。

有责任能力与故意或者过失为前提。而无责任能力人的行为或者缺乏故意与过失的行为，都不能评价为不法。由此可见，主观违法论实际上是把可归责性纳入不法要件，从而将不可归责的行为从不法概念中予以排除。尤其是主观违法论强调主体对于法的理解能力，因而得出"有责的不法"的结论。

在1876年默克尔提出主观违法论的同时，德国著名学者耶林在《罗马私法中的责任要素》一文中提出了与主观违法论对立的客观违法论，进一步引发了主观违法论与客观违法论之争。客观违法的概念就是耶林为与默克尔的主观违法论相抗衡而制造出来的概念。① 耶林是从民法上的善意占有与恶意占有的性质区分入手开始其论证的，认为善意占有他人之物绝不是合法的，只能认为是不法的。这种不法相对于恶意占有的主观违法而言，是一种客观的违法。因此，耶林论证了客观违法的存在，同时没有完全否认主观违法，而是为主观违法留下了存在空间。在这个意义上，耶林是赞同客观违法论的，但并非完全的绝对客观违法论者。② 应该说，耶林的客观违法论是不彻底的，并且在民法领域展开对主观违法论的批判，对刑法的贡献不是直接的。当然，耶林对把责任要素纳入违法范畴的主观违法论的抨击，对于古典派的犯罪论体系建构阶层理论仍然具有启迪意义。

在刑法中坚持客观违法论的李斯特，也是从对法的理解上入手的。李斯特提出了法具有双重功能的命题，这里的双重功能是指命令规范与评价规范。李斯特在评论主观主义的强制理论时指出："此等主观主义的强制理论的结果可能是，当行为是由无责任能力或其他不负责任之人实施时，行为的不法特征即告消灭。该理论的不正确性源于它的武断的片面性。它忽略了法律的双重功能，即法律不只是命令，即命令规范，而且，从逻辑上的必要性出发，法律也是评价规范。仅就此点而言，法律以抽象的价值标准的面目出现，其适用可能性完全不取决于被评价的对象、人的行为所发生的方式（有责或无责）。"③ 李斯特在此所批评的主观主义的强制理论，实际上就是指主观违法论。李斯特认为主观违法论的错误在

---

① 参见[日]泷川幸臣：《犯罪论序说》，王泰译，47页，北京，法律出版社，2005。
② 参见肖吕宝：《主、客观违法论在刑法解释上的展开》，27页，哈尔滨，黑龙江人民出版社，2008。
③ [德]李斯特：《德国刑法教科书》，徐久生译，199页，北京，法律出版社，2006。

于片面地把法律理解为命令规范,由此否认无责的不法。但如果把法律同时理解为评价规范,则完全可以成立"无责的不法"。根据李斯特的观点,在不法阶层,主要是对行为是否具有法益侵害性进行客观外在的判断,因而应当承认客观违法。李斯特指出:"法律是作为一个客观评价规范的整体出现在我们面前的。依据这些规范,人类行为的特征作为客观上合法或违法而出现。"① 只有在有责性阶段,才涉及行为人的内心世界与将该行为评价为非法的法律规范之间的联系。正是在主观罪责的意义上,法律的规范功能的性质才得以彰显。

在李斯特将不法与罪责分离,并且正确地界定了不法与罪责的位阶关系的基础上,贝林进一步地阐述了构成要件在犯罪论体系中所处的指导形象的地位,从而正式宣告阶层式的犯罪论古典体系的诞生。贝林把犯罪类型与刑法分则规定的法律的构成要件加以区分,法律的构成要件是一种指导形象,它在逻辑上是先于犯罪类型的,这就是构成要件对于其他犯罪成立条件所具有的位阶上的优先性。贝林指出,"每个法定构成要件肯定表现为一个'类型',如'杀人'类型、'窃取他人财物'类型等。但是,并不意味着这种纯粹'构成要件'的类型与犯罪类型是一样的。二者明显不同,构成要件类型绝不可以被理解为犯罪类型的组成部分,而应被理解为观念形象(Vorstellungsgebild),其只能是规律性的、有助于理解的东西,逻辑上先于其所属的犯罪类型"②。贝林把构成要件确定为首要的构成要素,它在逻辑上是先于其他犯罪构成要素的。他还形象地把构成要件比喻为一个钩子,阐述了构成要件在定罪的司法过程中的优先作用,指出:"实务中,法官首先会在犯罪种类(独立的犯罪类型)范畴内一如既往地考察,某行为可以构成哪些犯罪类型。法官就相当于有了一个钩子,他可以把案件悬挂在这样一个钩子上面。因为所有犯罪类型(独立、直接的或者附属、间接的)都离不开一个作为指导形象的法定构成要件,然后分别进行排除,即客观方面的相关行为是否充足(genügen)法定构成要件(一般称为构成要件符合性,这是由揭示犯罪形

---

① [德]李斯特:《德国刑法教科书》,徐久生译,251页,北京,法律出版社,2006。
② [德]恩施特·贝林:《构成要件理论》,王安异译,5页以下,北京,中国人民公安大学出版社,2006。

象而与构成要件建立联系的问题），也即是处于优先考虑地位的问题，因为所有后续研究都有赖于该问题的解决，该问题本身相对于其解决的答案则具有独立性。"① 构成要件对于犯罪成立其他要件的优先性与独立性，这是贝林对构成要件性质的重要界定。由此，古典派的犯罪论体系确立了"违法是客观的，责任是主观的"这一命题，并将客观要件置于主观要件优先的位阶，形成了犯罪论体系的不法与责任两大支柱。

在古典派的犯罪论体系之后，新古典的犯罪论体系提出了主观违法要素，打破了"违法是客观的"这一命题。但主观违法要素只是例外的情形，它并不能否定在一般情况下违法是客观的这一事实。即使是目的主义的犯罪论体系，将故意与过失等主观要素纳入构成要件，形成所谓主观的构成要件，在这种情况下，仍然没有改变三阶层的体系，也没有动摇不法与责任这两大支柱。

二、犯罪论体系位阶性的实际功能

犯罪成立要件是多元的并且互相联结，由此形成一种金字塔型的结构。贝林指出："在方法论上，人们按照合目的的方式提出了六个有此特征的犯罪要素，其顺序和结构为：'构成要件符合性'需要置于'行为'之后，然后依次就是'违法性'——'有责性'——'相应的法定刑罚威慑'/'刑罚威慑处罚的条件'。构成要件符合性应当是先于违法性和有责性的，这样后续其他概念才能完全定义于刑法意义上。"② 在以上犯罪成立的六个条件中，构成要件符合性、违法性与有责性是最为基本的，由此形成犯罪论体系的逻辑框架。尽管在具体要素的归属上，古典的、新古典的、目的主义的和目的理性的犯罪论体系之间存在各自不同的见解，但是，犯罪论体系的框架仍然是三阶层。犯罪成立要件的位阶性是各种犯罪论之间的最大公约数。犯罪论体系的位阶性，具有以下功能。

---

① ［德］恩施特·贝林：《构成要件理论》，王安异译，30页，北京，中国人民公安大学出版社，2006。
② ［德］恩施特·贝林：《构成要件理论》，王安异译，62页以下，北京，中国人民公安大学出版社，2006。

(一) 位阶的结构支撑功能

在刑法学说史上，对犯罪的认识是一个逐步深化的过程，具体可以分为以下两个阶段：

第一阶段是犯罪成立要件的主客观相统一的认知过程。在这一期间经历了主客观相分离，即主观归罪与客观归罪的惨痛教训，最终达致主客观相统一、犯罪成立需要同时具备客观要件和主观要件、两者缺一不可的见解。贝卡里亚对犯罪成立问题上的意图说和罪孽说进行了猛烈的抨击，强调法律不惩罚犯意，只有犯罪对社会的危害才是衡量犯罪的标尺。[①] 而费尔巴哈将构成要件（客观要件）与罪过（主观要件）确认为犯罪成立条件，从实体法上获得了犯罪的主客观相统一的认知结论。

第二阶段是犯罪成立要件之间位阶关系的认知过程。在这一期间确立了不法与责任的位阶关系，由此开创了犯罪论体系的知识进路。前一阶段解决的是犯罪成立需要哪些要件的问题，后一阶段解决的是犯罪成立要件之间究竟是何种关系的问题。后一问题的解决以前一问题的解决为前提。犯罪论体系的形成是以犯罪成立要件之间的位阶关系的确立为标志的。

德国学者提出了区分不法与责任是否具有超越实定法基础这样一个问题。在德国学者看来，不法与责任的区分，是"物本逻辑的结构"，无论刑法学者是否认识到不法与责任的区分，这种区分本身都是客观存在的。就此而言，区分不法与责任并不是一个超越实定法的问题，而只是在刑法规定基础上的一种理论构造。德国学者指出："然而这绝非意味着，不法与罪责的区分出于上述的考虑已经在个别的情况先行确定，以及甚至可能确立超越实定法的基础。因为我们还可能高估了规范性指导原则与物本结构间的一致性效果，而且也可能重蹈目的行为论通常犯下的那个错误。我借用不甚精确的建筑学用语或是拱形支架的名词，这种情形称呼为超越支撑限度的托架（Hyper-überkragung）。"[②] 以上论述包含较

[①] 参见［意］贝卡里亚：《论犯罪与刑罚》，黄风译，67页，北京，中国大百科全书出版社，1993。
[②] ［德］许逎曼：《区分不法与罪责的功能》，彭文茂译，载许玉秀、陈志辉主编：《不移不惑献身法与正义——许逎曼教授刑事法论文选辑》，445页，台北，台湾新学林出版股份有限公司，2006。

为深刻的哲理，它一方面阐明了不法与责任的区分并非一种理论臆断，而是刑法的"物本逻辑的结构"。就此而言，是刑法自身所具有的不法与责任相区分的性质而决定了在犯罪论体系中应当将两者加以区分，后者只不过是对前者的反映而已。另一方面，德国学者还引入了一个拱形支架的概念，认为它具有对结构的支撑功能，并且指出：托架不能超越支撑限度。这两方面的思想都是令人深思的。

就不法与责任的区分是刑法的"物本逻辑的结构"而言，它表明对刑法规定的理解不能停留在法条表象，而应当深刻地解释法条背后的法逻辑。这也就是所谓的"物本逻辑"。在此，德国学者明显采用了现象与本体的二元思维方法，认为法条规定本身只是一种表象，隐含在背后的是"物本逻辑"。我们通常只看到法条表象，认为犯罪成立的要件是由刑法规定的，这一点没有问题。而犯罪成立要件之间的关系，例如不法与责任的位阶关系，则是由刑法理论所形塑的。德国学者指出：不法与责任的区分本身仍然是由刑法自身的逻辑所决定的。这一观点具有重大的启迪意义。

就不法与责任的区分是拱形支架这一比喻而言，它是十分形象的。犯罪成立要件是多种多样的，但在所有犯罪成立要件中，只有不法与责任这两个要件具有拱形支架的功能，对于整个刑法体系起到支撑作用。不法与责任被称为犯罪论体系的两大支柱[①]，这种支柱作用是由不法与责任之间的位阶关系所决定的。如果只有不法与责任这两个要件，但并不存在两个要件之间的位阶关系，那么就难以支撑犯罪论体系，因为在犯罪成立要件之间缺乏有意义的架构。不法与责任之间形成位阶关系：责任以不法为前提，不法对责任形成制约。在这种情况下，犯罪论体系才是具有内在逻辑性的，并且构成恢宏的理论大厦。

（二）位阶的价值取向功能

三阶层的犯罪论体系是以不法与责任这两大支柱为托架的。但不法又是以构成要件该当为前提的，因而形成构成要件该当性、违法性与有责性这样三个阶层。在刑法理论上，对于构成要件该当性与违法性的区分是否必要，存在各种不

---

① 参见张明楷：《以违法与责任为支柱构建犯罪论体系》，载《现代法学》，2009（6）。

同的观点。相当有力的观点认为,这种区分是不必要的,只有在古典派的犯罪论体系中将构成要件形式化,才存在这种区分的必要。随着构成要件的实质化,这种区分的必要性随之丧失。例如,日本学者西原春夫指出:"纵观德国与日本构成要件论发展的历史,简直就是构成要件论向违法论靠近的历史。"① 西原春夫主张将构成要件并入违法性,选择并不承认构成要件或者构成要件该当性是独立的犯罪要件的立场。但是,通说仍将构成要件该当性与违法性加以区分,因为两者的功能并不相同。实际上,犯罪论体系的三个要件分别对应于三个原则,体现对三种价值的保护。

1. 构成要件该当性对应于罪刑法定原则,其所体现的是刑法的人权保障价值。

罪刑法定原则的基本含义是"法无明文规定不为罪"。因此,法律,这里主要是指刑法分则,是否有明文规定,就成为区分罪与非罪的基准。我国学者在论述构成要件与罪刑法定的关系时,深刻地指出:"纵观犯罪构成(指构成要件——引者注)的形成史,我们可以发现,构成要件本来就是在罪刑法定主义的基础上产生和形成的,罪刑法定化必定要求构成要件法定化。……构成要件是将客观的案件事实和罪刑法定化后的刑法规范联系起来的枢纽,通过审视案件事实是否符合法定的构成要件'样板',决定行为是否该纳入刑事领域。……可以说,正是借助于作为不法类型的构成要件,'罪刑法定'方得以从逻辑的世界走向经验的世界。"② 以上论述十分真切地解释了构成要件与罪刑法定的关系。罪刑法定原则是以人权保障为使命的,因而构成要件所具有的人权保障价值也是十分明显的。

构成要件之所以能够发挥罪刑法定原则所要求的人权保障机能,主要是由构成要件的类型性特征所决定的。例如贝林指出:"立法者首先已对所有人们的行为给出了特定的形象、类型、抽象的法律形式指导,这些东西指示着具体的犯罪类型('谋杀罪''盗窃罪'等),还指示着这些类型彼此之间的价值关系。按照

---

① [日]西原春夫:《犯罪实行行为论》,戴波、江溯译,25页,北京,北京大学出版社,2006。
② 劳东燕:《罪刑法定本土化的法治叙事》,204页以下,北京,北京大学出版社,2010。

立法者的意志，这些东西同时扮演着这样的角色，即未符合上述形象之一的行为（非类型性行为），也就不具有刑罚可罚性。"① 类型具有某种封闭性，它使行为形成一个封闭的区间，从而将不具有构成要件该当性的行为排除在犯罪之外，起到了第一道关卡的作用。正是在这个意义上，构成要件成为罪刑法定原则的实现途径。当然，在刑法学上对于贝林的构成要件能否起到人权保障的机能，也是存在质疑的。例如西原春夫指出："贝林的构成要件论旨在实现人权保障，强调罪刑法定主义，与此相对，他的构成要件论到底起到了怎样的作用呢？如前所述，他之所以将构成要件作为客观的、描述性的概念来把握，乃是为了据此在确定构成要件符合性之时尽可能地排除法官的价值判断。如果说在贝林以前，违法性的确定是在与实定法没有任何关联的情况下任意进行的；那么，贝林这种试图在确定违法性之前，首先将不符合构成要件的情形排除在违法性判断对象之外的见解，我认为是应当听取的。但是，第一，当时，德国刑法学在费尔巴哈以后已经意识到了罪刑法定主义思想，在脱离实定法的情况下恣意地确定违法性的罪刑擅断主义已经被排除了。如果是这样，那么，即使在判断构成要件符合性之时排除了包含有价值判断以及行为人主观方面的判断，由于在进行如下的违法、责任判断之时仍然必须作出这种判断，因此，可以说贝林的构成要件论并不能如其所期待的那样，实质性地发挥人权保障的机能。"② 在以上论述中，西原春夫虽然肯定构成要件论的初衷是限制罪刑擅断，强调罪刑法定主义，但是，他又认为在罪刑法定主义被接受、罪刑擅断主义被排除的情况下，构成要件论的作用就丧失了。笔者认为，这一理由是较为牵强的。因为正如上文所述，罪刑法定主义正是通过构成要件来发挥其限制机能的。在某种意义上说，取消构成要件也就是在一定程度上削弱罪刑法定主义。即使贝林所主张的事实的而非规范的、客观的而非主观的、形式的而非实质的构成要件论在某种程度上被改变，出现了规范的构成要件与主观的构成要件，尤其是构成要件的实质化，对构成要件论带来深刻的变

---

① ［德］恩施特·贝林：《构成要件理论》，王安异译，59 页，北京，中国人民公安大学出版社，2006。
② ［日］西原春夫：《犯罪实行行为论》，戴波、江溯译，32 页以下，北京，北京大学出版社，2006。

革，但这并不能从根本上否认构成要件所具有的人权保障机能。

2. 违法性对应于法益保护原则，其所体现的是刑法的社会保护价值。

阶层的犯罪论体系的违法性，不是指违反刑法，即刑事违法性，而是指实质违法。实质违法是与形式违法相对的，形式违法是通过构成要件而确认的：凡是具备构成要件该当性的行为，当然就具有形式违法性。因为构成要件本身就是违法行为类型。而实质违法则与之不同，它是指对法益的危害。对此，李斯特曾经指出："实质违法是指危害社会的（反社会的）行为。违法行为是对法律保护的个人或集体的重要利益的侵害，有时是对一种法益的破坏或危害。对重要利益的保护是法律的首要任务。通过对因受法律保护而上升为法益的重要利益进行认真的界定，利益之矛盾、法益之冲突也不可能被完全排除。构成法制最后和最高任务的人类共同生活目标的要求，在此等矛盾、冲突中牺牲价值低的利益，如果只有以此为代价才能维护价值高的利益的话据此可以得出以下结论：只有当其违反规定共同生活目的之法秩序时，破坏或危害法益才在实体上违法；对受法律保护的利益的侵害是实体上的违法，如果此等利益是与法秩序目的和人类共同生活目的相适应的。"①

对于违法性之违法，不能从规范上加以考察，而应当从实质上加以界定。它是指违反法秩序，其根本性质在于对法益的侵害。法益侵害不是绝对的，对法益的保护是通过解决法益冲突来实现的。在李斯特的以上论述中，也论及利益之矛盾和法益之冲突的问题。在违法性中，主要讨论违法阻却事由，即合法化事由，而这些合法化事由是以具备构成要件该当性为前提的。对此，德国学者指出："合法化事由不是以规范的一般之例外为基础，而是为了解决社会矛盾冲突情况，要求在具体情况下进行价值权衡（Wertabwaegungen），基于这样的价值权衡，不受影响地维持被保护的法益的利益，必要时必须退却到同样被法秩序承认的其他价值之后。但这不是绝对的，而只是在必要性和适当性的范围内有效的等价没有包含对一般禁止的总的限制，而是在具体情况下独立处理禁止规范及其固有的

---

① ［德］李斯特：《德国刑法教科书》，徐久生译，200 页以下，北京，法律出版社，2006。

价值内容。"① "违法阻却的基本法理是法益衡量，而法益衡量是以法益冲突为前提的。构成要件的设置本身也具有法益侵害的考量。因此，在一般情况下，可以从构成要件推定违法性。但在法益冲突的情况下，需要通过违法阻却而达致保护更为重要法益的刑法机能。因此，缺乏构成要件该当性的行为与违法阻却的行为在性质上是有所不同的。"② 也就是说，缺乏构成要件该当性的行为根本没有侵害刑法所保护的法益。但违法阻却事由之所以不受处罚，是因为尽管行为对刑法保护的法益造成了损害，但例外地不是实质的不法。

3. 有责性对应于责任主义，其所体现的是刑法的伦理或者公正价值。

基于"责任是主观的"这一命题，心理责任论认为，责任能力和故意、过失是责任的全部要素。从心理责任论向规范责任论转变以后，故意、过失不再被看作是责任要素，目的行为论的犯罪论体系甚至将其逐出责任概念，纳入构成要件，而把体现法敌对性意识的违法性认识和可非难性条件的期待不可能作为主观上的归责要素。及至目的理性的犯罪论体系，又进一步地将罪责改造成为包含了预防必要性的实质性罪责概念。例如，德国学者罗克辛指出："规范罪责概念仅仅说，一种有罪责的举止行为必须是'可谴责的'。但是，这个概念仅仅具有形式上的性质，而还没有回答这个问题：这种可谴责性应当取决于哪一些内容上的条件。这是一个关于实质性罪责概念的问题。"③

这里的实质性罪责概念是与形式性罪责概念相对应的。罗克辛认为规范责任论仍然是一个形式性的罪责概念，没有涉及可谴责性的根据。那么，什么是可谴责性的根据呢？这个可谴责性根据是指预防必要性。我国台湾地区学者在论及罗克辛的负责性的罪责概念时指出："Roxin 认为，在传统'罪责'（Schuld）这个阶层要问的是：是否在刑法的观点下，对个别的行为人加以制裁是必要的？从这

---

① ［德］汉斯·海因里希·耶塞克、托马斯·魏根特：《德国刑法教科书》，徐久生译，309 页，北京，中国法制出版社，2001。
② ［德］汉斯·海因里希·耶塞克、托马斯·魏根特：《德国刑法教科书》，徐久生译，309 页以下，北京，中国法制出版社，2001。
③ ［德］克劳斯·罗克辛：《德国刑法学总论》，第 1 卷，王世洲译，562 页，北京，法律出版社，2005。

个观点来看，以'罪责'（Schuld）这个概念来称这个阶层就是不适当的。因为Roxin认为，刑法中的'罪责'只能意味着'行为人可以为合法行为的能力'。而他认为这个意义下的罪责，并不是以作为刑罚制裁必要性的概念。Roxin主张，刑事制裁的必要性不只取决于行为能力，亦取决于立法者的刑事政策观点，两者合称为负责性（Verantwortlichkeit）。"[1] 从以报应为内容的罪责概念到包含了一般预防的负责性的罪责概念，这是责任理论的一个巨大变化。尽管如此，以责任限定犯罪成立范围，从而限制刑罚发动的机能并无改变。只不过从规范责任论用单纯的非难可能性来限定犯罪成立，到实质性罪责概念采用非难可能性与预防必要性这双重标准来限定犯罪成立，其宗旨都是为使刑法的公正价值得以实现，防止刑罚滥用。

以上所述犯罪论体系的三个阶层，体现刑法的三种价值：人权保障、社会保护和刑法公正。但是，刑法的这三种价值不是并列的，也不是我们通常所说的那样，是辩证统一的。刑法的这种价值是存在位阶关系的。其中，刑法的人权保障价值处于优先地位，也是刑法所追求的首要价值。刑法的社会保护价值处于第二位，它受到罪刑法定原则的限制，这就意味着，当人权保障与社会保护这两种价值发生冲突时，应当将人权保障置于优越地位。对于那些法无明文规定、不具有构成要件该当性的行为，即使造成了再大的法益侵害结果，也不能构成犯罪。至于有责性，它是一个责任归咎问题，应当充分考虑行为人的个人要素，尤其是非难可能性与预防必要性，从而将犯罪概念建立在公正的基础之上。这里应当指出，罗克辛虽然在责任的概念中引入了刑事政策的价值内容，包括预防必要性等因素，但由于它是以行为人具有非难可能性为前提的，因而预防必要性是对罪责的进一步限制而非扩张。就此而言，负责性的罪责概念具有合理性。这也体现了从存在论的责任概念向价值论的责任概念的转变，从形式上的责任概念向实质性的责任概念的转变。

（三）位阶的思维方法功能

犯罪论体系的位阶关系使犯罪论体系不仅是犯罪成立条件的总和，而且成为

---

[1] 李文健：《罪责概念之研究 非难的实质基础》，222页，作者自印行，1998。

对定罪的司法活动具有引导功能的思维方法,这就是所谓位阶式的思维。日本学者西田典之在论及三阶层的犯罪论体系的作用时指出:"在如何保证裁判官作出正确、适当的判断这一意义上,构成要件该当性—违法性—有责性这一判断顺序也具有相应作用。理由在于,是否该当于可罚性行为类型这构成要件该当性的判断,在某种程度上具有形式性、明确性,正因为如此,若由此首先设定个限制性框架,即便其后对违法性、有责性进行实质性判断,也不会扩大处罚范围;接着进行的违法性判断是一种实质性判断,即便如此,由于原则上是基于客观性要素所作的判断,仍有可能相对明确地进行判断;相反,由于有责性判断考虑的是行为人的主观,因而在其认定中,包含有使之归于不明确的要素。正是出于这种考虑,犯罪论体系通过阶段性的深入,即由形式性判断进入实质性判断,由对客观性要素的判断进入对主观性要素的判断,从而力图确保裁判官的判断的正确、适当。根据上述解释,可以说,对于控制裁判官的思考过程,进而将刑法的适用限定于适当正确的范围之内,构成要件该当性、违法性、有责性这种犯罪论体系是一种行之有效的做法。"[①] 根据西田典之的以上论述,三阶层的犯罪论体系有助于保证法官判断结论的正确性,而这种正确结论的获得,主要是遵循了位阶式的思维方法。正是在这个意义上,三阶层的犯罪论体系是行之有效的。在此,所谓位阶式的思维方法,是指层层递进式的逻辑思维方法。这种思维方法不仅规定了定罪的阶层与顺序,而且使后一阶层的判断结论受到前一阶层的判断结论的严格限制,从而使定罪的司法过程呈现出一种递进式结构,并把那些非罪行为从犯罪中予以逐个排除。

三阶层的犯罪论体系创造了一种在定罪的司法过程中的体系性思维。因此,位阶式思维方法不仅具有阶层性,而且具有体系性。德国学者指出:"体系方法,乃是将一个思考的任务(无论是要解答一个抽象的问题,还是要判断一个具体的个案)分解成了一个个单一个别的思维步骤或决定步骤,并且将这些步骤合乎逻辑地整理排列好。这特别像德国谚语所指出的:第二步不会先于第一步。第二

[①] [日]西田典之:《日本刑法总论》,刘明祥、王昭武译,45页,北京,中国人民大学出版社,2007。

步,是指所有逻辑上以第一步为前提的步骤。体系方法,本质上也就是一种逻辑的运用。随而,体系方法在很大程度上也承担了逻辑在法学方法论中的命运。"[1] 德国学者罗克辛大力倡导刑法教义学体系性思考方法,并将体系性思考与问题性思考结合,还对体系性思考的优劣作了辩证的考察。[2] 我们可以循着罗克辛的思路,对体系性思考的优点进行分析。

1. 减少审查案件的难度

犯罪论体系是一种审查案件的体系性模式(罗克辛语),它为审查案件提供了一种具有操作性的方法,因而减少了审查案件的难度。那么,这种审查案件的难度是如何减少的呢?罗克辛指出了以下两点:

一是定罪审查的程式安排,不会遗留重大问题。罗克辛指出:"面对一个行为,人们首先应当审查行为构成(即构成要件——引者注)是否得到满足,然后是违法性、罪责性和其他刑事可罚性条件。在这个由符合逻辑顺序的确定思维步骤而形成的构造中,首先能够保障所有与刑事可罚性的评价有关的重要问题,都能够真正得到审查。"[3] 犯罪论体系是定罪经验的总结,将与定罪有关的各种要素都提炼出来,并且形成一个体系。在各种情况下,我们只要按照这个体系按部就班地进行,就能在程式化的模式中保证定罪的正确性,而不至于陷入混乱或者面对各种各样的犯罪要素无所适从。在这个意义上说,具有位阶性的犯罪论体系恰似一幅定罪的路线图,使复杂的定罪活动能够按图索骥地展开。

二是定罪审查的经济性。按照三阶层的犯罪论体系进行思考,只有那些构成犯罪的行为才需要完成对三个阶层的全部考察。如果是不构成犯罪的行为,则在定罪的不同阶层停顿下来,不需要再继续对此后的阶层进行考察。对此,罗克辛指出:"审查案件的体系性模式,对于思考的经济性来说,也是有帮助的:例如,

---

[1] [德] Ingeborg Puppe:《法学思维小学堂:法学方法论密集班》,蔡圣伟译,253页,台北,台湾元照出版有限公司,2010。
[2] 参见[德] 克劳斯·罗克辛:《德国刑法学总论》,第1卷,王世洲译,126页以下,北京,法律出版社,2005。
[3] [德] 克劳斯·罗克辛:《德国刑法学总论》,第1卷,王世洲译,127页,北京,法律出版社,2005。

如果正式行为构成不能得到满足，那么，就完全不需要再考察违法性和罪责。如果存在正当化的根据，那么，就可以从一开始就停止进行（可能是困难和费时的）寻找排除罪责理由的工作。"① 显然，这种定罪思维的经济性，同时是定罪活动的效率性，正是由位阶式思维方法所带来的。尤其是把那些对于犯罪成立来说更为重要的要件放在前面，则可以最初就将非罪行为予以排除，而不至于浪费司法资源。对于定罪来说，首先需要考察的是行为人是否实施了刑法分则所规定的犯罪行为，这是一个构成要件该当性的问题，其逻辑是"不符合构成要件，免谈"。由此可见，对犯罪成立要件的这种位阶式安排，体现了定罪思维的经济性。

2. 体系性秩序作为平等和有区别地适用法律的条件

体系性的定罪模式，对各种犯罪成立要件进行平等而有区别地加以安排，这样就能使相同的情况得到相同的处理，也同时实现了不同的情况不同的处理。对此，罗克辛曾以正当化与免责的区分为例加以说明。如果有人受到抢劫犯的攻击，在自己进行防卫时，射杀了这个侵犯者，那么就属于正当防卫。但如果射中的是一个不相干的第三人，则不能认为其行为是正当的；换言之，其行为具有违法性，只能根据德国刑法典第 35 条被免责。那么这种区分的意义何在呢？意义在于侵犯者对他人的防卫行为不能实施正当防卫，因为该行为是正当的。但第三人对他人射杀侵害而误中自己的行为可以实施正当防卫，因为该误射行为是具有违法性的。对此，罗克辛指出："根据正当化和免责根据，体系性秩序就可以使大量的事实性陈述（Sachaussagen），具有在刑事政策上令人满意的、同时照顾到各种利益状态不同点的规定。如果我们没有这个体系，那么，我们对于每个具体的可以想象的紧急情况，就需要对其法律条件和法律后果规定一种特殊的规则。这就需要很多条文，并且，就像在缺乏主导性体系原则时那样，还会产生大量同样漫无头绪、无法互相衔接或者有缺陷的条款来。因此，体系性秩序的贡献，就像在例子中所表明的那样，是保证法律得到平等和理性适用的重要手段。"②

---

① ［德］克劳斯·罗克辛：《德国刑法学总论》，第 1 卷，王世洲译，127 页，北京，法律出版社，2005。
② ［德］克劳斯·罗克辛：《德国刑法学总论》，第 1 卷，王世洲译，127 页，北京，法律出版社，2005。

3. 法律的简化和更好的操作性

体系性的审查案件模式将定罪要件分解为构成要件该当性、违法性和有责性，并在这三个要件之间设置位阶关系，从而把各种相关的犯罪要素都纳入这三个犯罪成立要件，由此使法律得以简化，并且也提供了更好的操作性。这里所称更好的操作性，是指在讨论一个问题的时候要明确其体系性地位，从而在不同的阶层予以解决。例如我国《刑法》第 16 条规定的不可抗力与意外事件这两者是有所不同的。在三阶层的犯罪论体系中具有不同的体系性地位：不可抗力是一个行为论的问题，是在构成要件该当性之前需要解决的问题；而意外事件是一个责任论的问题，并不否认其行为的存在。对此，应当在不同的阶层予以解决而不能混淆。否则，就容易出现差错。例如，在关于奸淫幼女是否必须以明知幼女年龄为必要的讨论中，苏力教授持否定见解，在阐述理由时，苏力指出："如果强调男性行为人对 14 岁幼女的'年龄认知'，由此势必推断或认定 14 岁以下的幼女在与确实不知其年龄的男子发生性关系时的'自愿'意思表示是法律上认为有效的（valid）自愿，因此可以豁免行为男子的罪责或罪错；而当她同一位知道或应当知道其年龄的男子发生性关系时的'自愿'意思表示则在法律上是非自愿，因此不能豁免该男子之刑事责任。这两个推断在逻辑上不可避免，但在社会规范层面上是无法成立的。因为这很可能导致，同为与 14 岁以下幼女发生性行为，行为人对不足 14 岁这一点的'知'（或'应当知'）与'不知'就可能决定了他的命运相当甚至完全不同——当他'知'或'应当知'时，他的最高刑有可能是死刑，而当他'确实不知'时，他的这一行为甚至不认为是犯罪。仅仅这样一个有关年龄的认知就决定了同样的行为可能穿越从无罪到死刑的全部刑事惩罚的跨度，如此巨大的差别，我想没有一位刑事法律人能够接受。"[1] 以上论述听起来有理，但又似是而非。按照苏力的逻辑，行为人在不知幼女年龄的情况下之所以无罪，是因为幼女性承诺有效；而行为人在明知幼女年龄的情况下之所以有罪，

---

[1] 苏力：《司法解释、公共政策和最高法院——从最高法院有关"奸淫幼女"的司法解释切入》，载《法学》，2003（8）。

是因为幼女性承诺无效。那么，幼女的性承诺有效与无效是否以行为人对幼女的年龄是否明知为转移呢？答案是否定的。苏力之所以得出这一结论，是混淆了犯罪论体系的位阶关系。性承诺是否有效，这是一个构成要件该当性的问题。妇女的性承诺是有效的，因而强奸妇女构成犯罪应以违背妇女意志为前提。如果妇女同意与他人发生性关系，则强奸罪的构成要件该当性不具备。而幼女的性承诺是无效的，这一点与男性是否明知其年龄无关，即使幼女同意发生性关系，奸淫幼女的构成要件该当性也是具备的。明知的问题则是一个有责性的问题。根据构成要件的故意规制机能，凡是纳入构成要件的要素，故意都是必须认识的。因此，奸淫幼女的故意必然包含了对幼女年龄的明知。如果不具有这种年龄的明知，并不是幼女性承诺有效而使男性行为人无罪，而是缺乏故意不能对其进行主观归责而无罪。由此可见，采用位阶式的思维方法，就不会发生类似的逻辑混乱。

4. 体系性思考作为深化法学的路标

体系性思考不仅对于案件审查是十分重要的，对于法学研究也同样具有指导意义。法学不是脱离司法实践而存在的，而是由对司法实践知识进行专门的体系化整理而形成的。因此，三阶层的犯罪论体系所具有的这种位阶性的定罪模式，对于深化刑法理论研究具有引导功能。例如，共犯理论，很大程度上就是以犯罪成立要件的阶层性为前提的。共犯的从属性，历来区分为最小从属性说（对应于构成要件该当性）、限制从属性说（对应于违法性）、极端从属性说（对应于有责性）。没有犯罪成立条件的位阶性，也就不可能产生共犯的各种从属形式。同样，关于共犯处罚根据论，存在因果共犯论（对应于构成要件该当性）、不法共犯论（对应于违法性）、责任共犯论（对应于有责性），也是以犯罪成立条件的位阶性为前提的。由此可见，体系性思考方法是法学研究的重要方法。

尽管体系性思考方法存在罗克辛所指出的那些缺陷[①]，但其优越性是十分显著的。体系性思考是以犯罪成立要件的位阶性为前提的，因此，体系性思考也是位阶式方法的应有之义。

---

① 参见［德］克劳斯·罗克辛：《德国刑法学总论》，第1卷，王世洲译，北京，法律出版社，128页以下，2005。

三、四要件与三阶层理论的结构对比

苏联刑法学的四要件犯罪构成理论,是在继承沙俄时期关于 Tatbestand (构成要件) 概念的基础上逐渐形成的。如前所述,费尔巴哈只把客观要素纳入构成要件,而把主观要素排除在构成要件以外,作为另一个犯罪成立的要件。这一观点中包含了犯罪成立的客观要件与主观要件之间的位阶性的思想萌芽。但这一观点受到特拉伊宁的批判,将其指责为一种人为地割裂犯罪构成统一概念的做法。① 在主客观相统一原则的指导下,特拉伊宁对犯罪构成作出如下界定:"犯罪构成乃是苏维埃法律认为决定具体的、危害社会主义国家的作为(或不作为)为犯罪的一切客观要件和主观要件(因素)的总和。"② 在这种情况下,构成要件就被改造为犯罪构成,而犯罪构成涵括了犯罪成立的所有客观与主观要件,犯罪构成成为犯罪成立的一切客观要件和主观要件的总和。这里的"总和"一词表明,犯罪构成只是犯罪成立要件的简单相加,而这些犯罪成立要件之间的位阶性不复存在。

四要件的犯罪构成理论把犯罪构成分为以下四个要件:犯罪客体、犯罪客观方面、犯罪主体、犯罪主观方面。显然,在四要件之间是存在一定顺序性的,但这种顺序性并不能等同于位阶性。那么,如何区分顺序性与位阶性呢?位阶本身也是一种顺序,但顺序不能等同于位阶。顺序只是一种确立前后关系的概念,而位阶则具有逻辑蕴含。在三阶层的犯罪论体系中,构成要件该当性、违法性和有责性,这三者之间显然存在一定的顺序,但这种顺序是不可变更的。因为后要件的存在以前一要件为前提,前一要件则可以独立于后要件而存在。这样一种前后要件之间的关系,就是犯罪论体系的位阶关系。而在四要件的犯罪构成理论中,显然四个要件的排列是存在一定的顺序的,但四要件之间是一种互相的依存

---

① 参见 [苏] A. H. 特拉伊宁:《犯罪构成的一般学说》,王作富等译,15 页,北京,中国人民大学出版社,1958。
② [苏] A. H. 特拉伊宁:《犯罪构成的一般学说》,王作富等译,48 页以下,北京,中国人民大学出版社,1958。

关系：不仅后一要件的存在以前一要件的存在为前提（这是位阶性所要求的），而且前一要件的存在也以后一要件的存在为前提（这一点是不同于位阶性的），因而形成一有俱有、一无俱无的依存关系。依存性是四要件之间的关系，它与三阶层的位阶性是存在本质区别的。

我国学者对三阶层与四要件的结构作了对比，指出："在德日三阶层体系下，是将一个整体平面的刑法规范裁分为三块：构成要件该当性与中国体系的客观方面大致相似——均系对客观外在之事实特征的符合性分析；违法性实质上是讨论刑法规范中必然隐含的法益侵损问题——与中国体系的客体要件意义极为相似而只是排序不同；有责性涉及的是主体的一般性资格及具体心态问题——中国体系之主体和主观方面两要件可以完整将其包容。由此可见，德日体系的所谓阶层递进，只是一些学者们的一种想象式理解。如果将德日体系理解为是一种递进路径，那中国体系又有何理由不能如此相称呢——从客体递进到客观方面，再递进到主体，最后达到主观方面——呈一种较德日体系更为清晰、更为合理的递进理路。"[1] 以上论述充满了似是而非之处。

首先，三阶层与四要件的要素对比并不能说明两种犯罪成立体系的相似或者相同，因为这些犯罪成立条件是由刑法规定的，而不是由犯罪论体系规定的。唯有如此，才能说明同一个法律规定是可以采用不同的犯罪论体系加以诠释的。因此，从三阶层与四要件所指称的犯罪成立要件相似甚至相同，无论如何也不能得出"德日体系的所谓阶层递进只是一些学者们的一种想象式理解"这样的结论。因为阶层递进并不是由犯罪成立要件本身决定的，而是由犯罪成立要件互相之间的关系决定的。就三阶层之间的关系而言，从构成要件该当性到违法性，再到有责性，这样一种递进关系是客观存在的：在逻辑上，不法是先于责任的，而不可能相反。因此，只有在确立了行为不法以后，才能考查责任追究的问题。责任的存在以不法为前提，而不法的存在则不以责任为前提，即所谓存在"无责的不法"，但不存在"没有不法的有责"。这难道不是一种实实在在的阶层递进关系吗？

---

[1] 冯亚东：《中德（日）犯罪成立体系比较分析》，载《法学家》，2009 (2)。

其次，四要件之间确实存在一定的顺序，但不能将这种顺序错误地理解为位阶，因为四要件中后一个要件的存在并不以前一个要件的存在为前提，而前一个要件也不能独立于后一个要件而存在。例如，以正当防卫杀人而言，按照三阶层的犯罪论体系，具备杀人罪的构成要件该当性但因不具备违法性而出罪；但如果是精神病人杀人，则不仅具备杀人罪的构成要件该当性而且具备违法性，但是因为缺乏有责性中的责任能力而出罪。只有同时具备构成要件该当性、违法性和有责性这三个要件的杀人行为才构成杀人罪。但根据四要件的犯罪构成理论，正当防卫杀人与精神病人杀人是没有区分的，都是犯罪构成要件不具备。而且，正当防卫杀人和精神病杀人都是四要件不具备，因而与杀人罪之间没有任何关联。换言之，正当防卫杀人仅仅在形式上符合杀人罪的客观要件，而实质上是不具备杀人罪的犯罪构成的，因而连杀人这一事实本身也被否定了。这样一种犯罪成立要件之间的关系，怎么可能存在层层递进关系？因此，四要件的犯罪构成理论的所谓阶层递进，才是一些学者的一种想象式理解。

更为重要的是，三阶层的犯罪论体系中，尽管某些要素可以在不同阶层之间进行调整，例如故意与过失是属于责任要素还是构成要素，对此是存在争议的，但无论如何，三个阶层之间的顺序是不能前后颠倒的，这说明在三个阶层之间存在位阶关系。而且，即使故意与过失纳入构成要件，在构成要件内部，客观构成要件与主观构成要件之间的位阶关系也是客观存在的，即客观判断先于主观判断，但对于四要件理论来说，四要件之间的顺序是可以随意调整的，这是四要件不存在位阶关系的明证。

我国刑法学界曾经讨论过四要件的排列顺序。我国从苏联引入的四要件的传统排列顺序是犯罪客体—犯罪客观方面—犯罪主体—犯罪主观方面，这是我国刑法学界的通说。对于这一顺序，有学者认为，这是一种从立法者认识犯罪行为的角度出发得出的排列顺序。[1] 也有学者认为，这是一种侦查逻辑顺序。[2] 对于这

---

[1] 参见王充：《从理论向实践的回归——论我国犯罪构成中构成要件的排列顺序》，载《法制与社会发展》，2001（3）。

[2] 参见储槐植、高维俭：《犯罪构成理论结构比较论略》，载《现代法学》，2009（6）。

种传统的四要件的排列顺序,有学者提出了批评并提出了新的排列顺序,指出:"通说的观点将犯罪客体排在首位,在没有论述犯罪行为之前就突如其来地谈犯罪客体,不符合犯罪构成各要件之间的逻辑关系。犯罪构成要件的排列,应以犯罪构成要件各要件之间的逻辑关系作为排列标准。据此,犯罪构成要件应当按照犯罪主体要件—犯罪主观要件—犯罪客观要件—犯罪客体要件进行排列。因为犯罪构成要件在实际犯罪中发生作用而决定犯罪成立的逻辑顺序是这样的:符合犯罪主体要件的人,在其犯罪心理态度的支配下,实施一定的犯罪行为,危害一定的客体即社会主义的社会关系。"①

这是一种以犯罪主体为中心的犯罪构成要件的排列顺序,其根据是犯罪构成要件在实际犯罪中发生作用而决定犯罪成立的逻辑顺序。② 笔者认为,这是一种犯罪发生顺序,其仅具有犯罪学意义而不具有刑法学意义。③ 值得注意的是,也有学者把这种排列顺序称为审判逻辑顺序,指出:"司法人员首先审查的是被告人是否具备相应的刑事责任能力(即主体要件),如否,则指控罪名不成立;如是,则继续审查该行为人是否实施了受指控的行为(客观要件),侵害了刑法所保护的社会关系(客体要件);最后,再审查其主观罪过(主观要件)是否成立,如否,则宣告无罪;如是,则判定为犯罪。"④ 以上描述并不是定罪的司法过程的真实反映。在任何一起案件中,首先引起关注的都是刑法上的行为,即构成要件行为,其他一切要素都是以此为依据的,没有构成要件行为就没有犯罪。如果认为犯罪主体是犯罪成立的第一个要件,那么我们每个人都具备犯罪主体要件,只是在犯罪构成的客观要件,才将没有实施犯罪行为的人从犯罪中排除出来。反之,一个不具备犯罪主体要件的人,从第一个要件就被排除,而与根本就没有实施犯罪行为的人完全相同。例如我国学者认为,对于实行行为人明显不满 14 周

---

① 赵秉志:《论犯罪构成要件的逻辑顺序》,载《政法论坛》,2003(6)。
② 参见王充:《从理论向实践的回归——论我国犯罪构成中构成要件的排列顺序》,载《法制与社会发展》,2001(3)。
③ 对这一犯罪构成要件排列顺序的批评性意见,参见冯亚东:《对我国犯罪构成体系的完善性分析》,载《现代法学》,2001(4)。
④ 储槐植、高维俭:《犯罪构成理论结构比较论略》,载《现代法学》,2009(6)。

岁的案件，司法人员首先就从主体要件上对其行为作出非犯罪性的评价，无须从客观要件、更谈不上从所谓客体要件开始审查。[1] 这种观点显然不妥，它完全抹杀了一个没有实施杀人行为的不满 14 周岁的人与一个实施了杀人行为的不满 14 周岁的人之间的差别。例如，一个不满 14 周岁的人被指控为杀人，首先需要解决的是该人到底是否杀人的问题，而不是简单地根据不满 14 周岁而不考虑其到底有没有实施杀人行为就判其无罪。正确的判断是：先判断是否实施了构成要件该当的杀人行为，如果不具有构成要件该当的杀人行为，则该人不是因为不满 14 周岁而无罪，而是因为不具备构成要件该当性而无罪。那么，这两种情形是否存在差别呢？当然是有差别的。这种差别表现在：如果是具有构成要件该当性而仅仅由于不满 14 周岁而无罪，则应该适用刑法第 17 条第 4 款的规定："因不满十六周岁不予刑事处罚的，责令他的家长或者监护人加以管教；在必要的时候，也可以由政府收容教养。"如果是因为不具备构成要件该当性而无罪，即使对于不满 14 周岁的人也不能适用上述规定。

对于四要件的犯罪构成理论来说，四要件是可以按照不同的逻辑关系进行排列的。正因为如此，四要件之间只有顺序性而没有位阶性。这种顺序性并非四要件之间的逻辑关系的反映，而仅仅是出于表述上的安排。就四要件之间的逻辑关系而言，它们之间是相互依存的：犯罪客体是犯罪行为所侵犯的刑法所保护的社会关系，没有犯罪行为，也就不可能存在犯罪客体。反之，一种没有侵犯犯罪客体的行为也不可能是犯罪行为。这就是犯罪客体与犯罪行为之间的依存关系。犯罪主体也是如此，没有实施犯罪行为的人不可能是犯罪主体，因为犯罪主体是具有刑事责任能力、达到刑事责任年龄并且实施了犯罪行为的人。反之，没有犯罪主体也不可能实施犯罪行为。这就是犯罪主体与犯罪行为之间的依存关系。至于犯罪行为与犯罪故意或者过失之间的依存关系更是明显：因为犯罪故意是行为人明知自己的行为会发生危害社会的结果，并且希望或者放任这种结果发生的一种主观心理态度，没有犯罪行为，怎么可能存在犯罪故意呢？反之，犯罪行为（也

---

[1] 参见赵秉志：《论犯罪构成要件的逻辑顺序》，载《政法论坛》，2003 (6)。

称危害行为）是指在人的意志支配下实施的危害社会的身体动静。① 在没有明确区分上述定义中的意志支配与故意心理的关系的情况下，很容易得出没有犯罪故意就没有犯罪行为的结论。四要件之间的依存关系在陈忠林教授的以下论断中体现得最为明显："犯罪构成要件的实质是各种犯罪行为特殊本质在不同侧面的体现，它们分别从不同的角度说明了罪与非罪、此罪与彼罪的区别。犯罪构成是有内在必然联系的浑然不可分的整体。任何一个犯罪构成要件的成立都有赖于整个犯罪构成的成立，任何一个犯罪构成要件的成立也标志着整个犯罪构成的成立。犯罪构成各要件间存在着一种既相互联系又相互限制，既相互包含又相互转化的辩证关系。"② 在以上论断中，陈忠林教授采取的是整体性思维，它是以犯罪已经成立为前提的。③ 在犯罪已然成立的情况下，对犯罪的构成要素从四个方面加以描述。显然，这种思维方法不能反映定罪的动态过程。定罪的司法过程，是一个从无罪到有罪的过程，在寻找犯罪成立条件中不断地把非罪行为予以排除。只有在三阶层的犯罪要件同时具备的情况下，犯罪才能成立。这一定罪过程是符合无罪推定原则的，并且与诉讼程序设计和举证责任分配相匹配。如果说在上述论断中把四要件的犯罪构成称为一个整体还可以理解，那么把四要件的犯罪构成要件界定为相互转化的辩证关系，则无论如何难以捉摸。

陈忠林教授还主张一种以犯罪主观要件为中心建立犯罪构成体系的观点，提出了主观罪过是犯罪构成的核心的命题，指出："当我们分别把犯罪构成各要件与犯罪的本质与犯罪的法律后果（刑事责任）和犯罪构成其他要件的相互关系联系起来考察时，我们就不能不得出一个与现行犯罪构成理论大相径庭的结论：犯罪构成的核心不是构成中的客观要件——'行为'，而是犯罪构成的主观要件——行为中所包含的主观罪过（故意和过失）。"④ 在上述命题的论证中，理由

---

① 参见高铭暄、马克昌主编：《刑法学》，68 页，北京，北京大学出版社，2000。
② 陈忠林：《刑法散得集》，267 页，北京，法律出版社，2003。
③ 关于犯罪构成的整体性，参见何秉松主编：《刑法教科书》，上卷，214 页，北京，中国法制出版社，2000。
④ 陈忠林：《刑法散得集》，269 页，北京，法律出版社，2003。

之一是：犯罪主观要件是唯一直接包含了全部构成要件内容的构成要件。在一般情况下，我们很难想象一个构成要件可以包含另一个构成要件。如果是这样的话，犯罪成立只要一个构成要件即足矣，何必要其他被包含的构成要件呢？陈忠林教授认为犯罪构成要件之间存在相互包含的关系。[1] 既然是相互包含，何以犯罪主观要件与其他要件存在包含与被包含的关系，其他要件为什么不能包含主观要件呢？这在逻辑上是存在明显漏洞的。关键是：这里的包含如何界定？陈忠林教授认为存在两种包含关系：直接包含（即根据一要件可以推出另一要件）与间接包含（即一要件通过其他要件才能推出另一要件）。[2] 根据这一包含关系，那么犯罪主观要件就不是唯一直接包含了全部构成要件内容的构成要件。任何一个犯罪构成要件都可以包含全部构成要件内容。例如，犯罪主体可以包含犯罪客观要件，因为行为是犯罪主体的行为。犯罪主体可以包含犯罪主观要件，因为故意与过失都是犯罪主体的主观心理态度。犯罪主体还可以包含犯罪客体，因为犯罪客体是犯罪主体所侵犯的社会关系。如此等等，依此类推。这些结论都是从犯罪构成要件之间相互依存的关系中推导出来的，也是否定犯罪构成要件之间的位阶性的必然结果。

犯罪构成要件之间的位阶关系是以不法与责任为支柱的，基于"违法是客观的，责任是主观"的命题，不法与责任的位阶性，也就是客观要件与主观要件的位阶性。对此，陈忠林教授提出质疑，认为司法实践在认定犯罪主观方面的内容之前，先认定犯罪客观方面的要件，这是一个任何人都不可能完成的任务。陈忠林教授提出了以下这个他自认为无法回答的问题："面对某甲砍了某乙一刀这一客观事实，在认定行为人主观方面是否有犯罪的故意或过失，有何故意或过失（即如果不先确定某甲主观上是否有伤害、杀人或危害公共安全等方面的故意或过失）之前，谁可能认定某甲的行为是否具备犯罪的客观要件，具备何种犯罪行为的客观要件？"[3] 其实这个问题也可以反过来问：面对某甲砍了某乙一刀这一

---

[1] 参见陈忠林：《刑法散得集》，272页，北京，法律出版社，2003。
[2] 参见陈忠林：《刑法散得集》，272页，北京，法律出版社，2003。
[3] 陈忠林：《现行犯罪构成理论共性比较》，载《现代法学》，2010（1）。

客观事实，在认定行为人客观方面是否具备杀人罪、过失致人死亡罪或者危害公共安全罪的行为之前，谁可能认定某甲的主观上是否具备犯罪的主观要件，具备何种犯罪行为的主观要件？按照陈忠林教授的逻辑，犯罪客观要件与犯罪主观要件是互相依存的：没有犯罪客观要件，也就没有犯罪主观要件，反之亦然。因此，在没有认定行为人主观方面是否有犯罪的故意或过失以及具有何种故意或过失之前，无法认定其行为是否具备犯罪的客观要件以及具备何种犯罪行为的客观要件。反之亦然。因为客观上没有犯罪行为，主观上也就没有犯罪故意，犯罪故意是支配着犯罪行为的主观心理状态，并且有何种犯罪行为就有何种犯罪故意：客观上是杀人行为，主观上则有杀人故意；客观上是盗窃行为，则主观上有盗窃故意。由此可见，从犯罪构成要件之间相互依存的关系出发，必然陷入循环论证的陷阱而无法自拔。

陈忠林教授提出的客观要件能否在位阶上先于主观要件的问题，其实是是否存在"无责的不法"的问题。应该说，在绝大部分情况下，客观要件是不以主观要件为转移的，因而不法是在位阶上先于有责的。例如秘密窃取，这是盗窃罪的构成要件，它并不以主观要件为转移。而恰恰相反，主观要件受客观要件性质的制约，支配着秘密窃取的故意，只能是盗窃故意而不可能是其他犯罪的故意。因此，构成要件具有个别化机能。日本学者在论及构成要件的个别化机能时指出："为了保障人权，就要求犯罪个别化、明确化。如行为即便在人为地断绝他人的生命这一点上相同，但是，同犯罪构成要件的事实不同而分别成立杀人罪、伤害致死罪、过失致死罪一样，必须实行犯罪个别化，构成要件必须具有能够进行个别化的机能。这一机能就是构成要件的个别化机能。"[①] 应该说，在绝大多数情况下，客观构成要件本身就可以实现个别化。但在同一行为，既处罚故意又处罚过失的情况下，例如放火罪与失火罪，在客观上均具有引起火灾的行为，如果不考虑主观上的故意或者过失，是无法实现个别化机能的。此外，像故意杀人罪与过失致人死亡罪，客观上都具有非法剥夺他人生命的行为，如果不考虑主观上的故

[①] [日] 大谷实：《刑法讲义总论》，黎宏译，102页以下，北京，中国人民大学出版社，2008。

意与过失，同样也无法实现个别化机能。如果再加入故意伤害致人死亡这一情形，个别化就更加困难。正因为如此，有些学者主张将故意与过失纳入构成要件。例如日本学者在论及故意、过失在犯罪论体系上的地位时，指出："在构成要件符合性、违法性以及责任的犯罪成立要件之中，故意、过失应当属于哪一个要件呢？如后所述，理论上有不同意见。故意、过失是行为人的应当受到谴责的心理状态，本来是属于责任条件或形式的责任要素之内的，所以，认为故意、过失完全属于责任要素的见解很有力。但是，正如杀人罪（第 199 条）和过失致人死亡罪（第 210 条）的区别在于主观要素（故意、过失）的不同一样，故意、过失作为构成要件的主观要素，具有犯罪个别化的机能（通说）。"①

我认为，犯罪个别化机能是分阶层实现的。构成要件承担了绝大多数犯罪的个别化机能，极少数犯罪的个别化机能留待有责性阶层实现，并不会从根本上影响定罪。因此，没有必要以犯罪个别化为由将故意与过失纳入构成要件。而且，即使将故意与过失纳入构成要件，在犯罪的客观构成要件要素与主观构成要件要素之间仍然存在位阶关系。因此，就甲砍乙一刀的行为如何定罪而言，首先需要确定将人砍伤这一事实，如果根本没有伤害（轻伤或者重伤）发生，则不可能构成犯罪。在确认伤害事实存在以后，如果没有考虑其主观故意的内容，则依其客观事实确认其具备伤害罪的构成要件，在有责性中如果认定甲系处于伤害故意而砍乙，则构成故意伤害罪；如果认定甲系出于杀人故意而砍乙，则属于故意杀人罪的未遂。而未遂属于构成要件的修正形式，即构成要件不齐备，对于杀人罪的未遂来说，就是死亡结果没有发生。但在某些情况下，虽然杀人行为没有造成死亡结果，却造成了伤害结果。此时，存在未遂的杀人行为与伤害行为的竞合。对此，日本学者指出："在未遂成为犯罪时，即使其行为本身符合其他的犯罪，也不另外定罪处罚。例如，被承认是杀人罪的未遂时，即使其行为相当于伤害罪，也不能追究伤害罪的责任。"② 因此，不能以未遂的杀人行为与伤害行为在构成

---

① ［日］大谷实：《刑法讲义总论》，黎宏译，118 页，北京，中国人民大学出版社，2008。
② ［日］大塚仁：《刑法概说（总论）》，冯军译，251 页，北京，中国人民大学出版社，2003。

要件上的竞合这种极为特殊的、个别的情形否认客观要件对于主观要件的位阶性，否则就是以偏概全。

四、犯罪论体系位阶性的实效性分析

三阶层的犯罪论体系的位阶性与四要件的犯罪构成理论的平面性之间的对立，是一个不容否定的事实。虽然笔者在理论上论证了犯罪成立要件之间位阶性的科学性，但其实效性如何，仍然是需要加以证明的。为四要件的犯罪构成理论辩护的学者指出："有的学者认为，我国犯罪构成理论体系逻辑上存在所谓'要件位阶关系'（或者阶层关系）缺失。笔者认为，如果说要件的阶层关系对于任何一个国家的犯罪构成理论体系来说都是必不可少的，那么毫无疑问，我国犯罪构成理论体系的确存在根本性缺陷，必须被推倒。问题是，体系不属于阶层，本身（疑系'平面'之笔误——笔者注）并不是缺陷，这是我国体系在形式上的特点。换个角度，我们也不能因为大陆法系国家犯罪成立理论体系中不存在要件平面关系，没有直接将行为分解为要件要素就指责阶层的犯罪论体系存在'平面关系的缺失'，因为这种差别正是与我国犯罪构成理论的形式比较结果，形式的差别就是划分要件方法、组合要件途径的差别。重要的是，形式上要件不具备阶层关系的体系是否意味着其在逻辑上是不能自立的？在形式背后，是否存在因为形式属于要件平面关系而产生的根本实用性缺陷？"[①] 在此，作者提出了一个实用性缺陷的问题。以下，笔者通过相关案例来分析缺乏位阶性的四要件的犯罪构成理论的实用性缺陷，同时就是论证具有位阶性的三阶层的犯罪论体系的实效性。

（一）思维经济性问题

犯罪论体系是一种定罪的思维方法论，思维的经济性是衡量一个犯罪论体系优劣的标准之一。三阶层的犯罪论体系所具有的位阶式思维能够提供一个较为经

[①] 肖中华：《我国现行犯罪构成（成立）理论总置评 为我国现行犯罪构成（成立）理论的辩护》，载刘宪权主编：《刑法学研究》，第4卷，109页，北京，北京大学出版社，2007。

济的思维方法。其优点是首先找到问题所处的阶层，然后集中精力解决该问题。尤其是在前一阶层的构成要件不存在的情况下，就无须再作下一阶层的判断。而在前一阶层的构成要件存在的情况下，可以通过推定来认定下一阶层。例如构成要件就具有违法性的推定机能，在一般情况下，具备构成要件该当性即可推定违法性的成立，除非存在违法阻却事由。但四要件的犯罪构成理论，不仅在构成犯罪的情况下需要作全部犯罪成立要件的逐一判断，而且在不构成犯罪的情况下也要作全部犯罪成立要件的逐一判断，甚至在区分此罪与彼罪时也要作全部犯罪成立要件的逐一判断。从思维的经济性来考察，这显然是存在缺陷的。例如顾永波非法拘禁案，公诉机关以绑架罪向人民法院提起公诉，人民法院审判后改变了公诉机关的定性以非法拘禁罪定罪处罚。对于被告人顾永波的行为不构成绑架罪，有关裁判理由是这样论述的："1. 行为人顾永波没有以勒索他人财物为目的的主观要件；2. 行为人顾永波没有以扣押人质为目的的主观要件；3. 行为人顾永波在客观方面没有使用暴力、胁迫或其他方法，绑架被害人的行为。"[①] 以上论述是按照绑架罪的定义"绑架是以勒索财物或者以扣押人质为目的，使用暴力、胁迫或其他方法，绑架他人的行为"所提供的犯罪成立要件的顺序展开的：（1）没有勒索财物的目的；（2）没有以扣押人质为目的；（3）没有使用暴力、胁迫或其他方法，绑架他人的行为，因此不构成绑架罪。但是，这一论述根本就没有厘清前述目的与后述绑架行为之间的逻辑关系。使用暴力、胁迫或其他方法，绑架他人这一行为是不以行为人主观上是否具有勒索财物、扣为人质的目的为转移的。上述目的是主观违法要素，是一种超过的主观要素。因此，按照三阶层的犯罪论体系，在构成要件该当性中首先考察是否存在绑架行为。如果没有绑架行为，又怎么可能具有通过绑架而向他人勒索财物或扣为人质的主观目的呢？因此，在判断没有绑架行为以后，其绑架罪已然被否定，不再需要对主观上是否具有勒索财物的目的或扣为人质的目的进行考察。通过对两种定罪思维方法的对比，何种定

[①] 国家法官学院、中国人民大学法学院编：《中国审判案例要览》（2008年刑事审判案例卷），276页，北京，人民法院出版社、中国人民大学出版社，2009。

罪的思维方法具有经济性难道不是一目了然吗？

以上裁判理由还进一步论述了绑架罪与非法拘禁罪之间的区分，指出："在审判实践中常把'索债型'的绑架行为或'以一定行为为目的'的扣押人质的非法拘禁罪与以勒索财物为目的的扣押、绑架人质的绑架罪相混淆。二者均侵犯了人身自由权利，客观上均实施了扣押、绑架人质等行为。但二者是有区别的，主要区别有三点：一是犯罪的主观目的不同。前者以逼索债务为目的，后者以勒索财物为目的。二是犯罪的对象不同。前者的犯罪对象大多数是有过错的，后者的犯罪对象基本上是无过错的。三是实施的客观行为不同。前者是以扣押、拘禁人质等作为索债的手段，其实施的行为比后者的轻，不包括轻伤以上的暴力行为。在实施行为中致被害人轻伤、重伤、死亡的，以结果论罪，可定故意伤害或故意杀人罪。后者暴力、胁迫手段突出，直接危害被害人的生命健康，社会危害性较大，完全可致被害人轻伤、重伤、死亡，并可能触及数罪，可以进行数罪并罚。"[①] 应该说，以上论述前后是自相矛盾的。前面说"索债型"的绑架行为属于非法拘禁，后面又说绑架行为与非法拘禁行为存在区别。那么，绑架行为与拘禁行为是否存在区别呢？其实，绑架和拘禁都是采取强制手段使他人丧失人身自由，并在一定期限内维持这种状态。因此，就客观行为而言，绑架与拘禁之间存在竞合关系。两者之间的区分，仅仅在于主观目的之不同。因此，对于绑架罪与非法拘禁罪的关系可以这样来表述：绑架罪是以勒索财物为目的的非法拘禁，而非法拘禁罪是不以勒索财物为目的的绑架。对于本案中被告人顾永波的行为构成非法拘禁罪而不构成绑架罪，在认定被告人客观上实施了将他人扣押使其丧失人身自由的基础上，再确认行为人主观上是否具有勒索财物的目的即可，而根本没有必要对各个要件逐一分析。这样，反而模糊了焦点问题，不利于对疑难问题的解决。

（二）客观判断与主观判断的关系问题

在三阶层的犯罪论体系中，客观要素与主观要素之间存在位阶关系，只有先

[①] 国家法官学院、中国人民大学法学院编：《中国审判案例要览》，2008年刑事审判案例卷，276页，北京，人民法院出版社、中国人民大学出版社，2009。

进行客观判断，然后才能进行主观判断。贝林指出："从主观到客观要素的适用，司法上并不是以此为基本考察；该考察虽符合人们行为的道德考察，而不符合法律的本意，法律在社会生活中是直接规范外在要素，只是结合外在要素才间接考虑内在心理要素。"① 之所以应当坚持客观判断先于主观判断的原则，是因为在一般情况下，客观要素可以独立于主观要素而存在，但主观要素却在很大程度上依附于客观要素而存在。例如，杀人行为是指剥夺他人生命的行为，只要在客观上能够引起他人死亡的行为都可以评价为杀人行为，甚至过失致人死亡的行为也是一种杀人行为，即过失杀人。而故意伤害致人死亡，是故意伤害罪与过失致人死亡罪的竞合。因此，故意伤害致人死亡罪在客观上也包含了过失杀人行为。至于主观要素，如果是故意，只有其所支配的是杀人行为，该主观故意才能被认定为人的故意。因而，脱离客观上的杀人行为，杀人故意是不能成立的。如果是过失，也同样取决于客观要素：对于致人死亡这一结果存在过失，其主观过失才能认定为过失致人死亡的过失。在司法实践中，如果不是严格遵循客观判断先于主观判断这一位阶式思维的基本要求，那就会导致定性上的错误。

例如王某职务侵占案，该案基本案情如下：2008 年 8 月，王某以虚假的身份证、驾驶证到某服装公司应聘驾驶员，应聘后上班第一天，王某接受公司指派，驾驶公司的小轿车送公司办事员外出，借机将该车开走，占为己有。其后，王某采取同样手段又非法占有了三家公司的三部小轿车。经查，非法所得小轿车价值 10 万余元至 20 万余元不等。②

对王某的行为如何定性存在三种意见：第一种意见认为，该案构成诈骗罪。因为王某主观上有骗取被害单位小轿车的犯罪故意，客观上使用虚假身份证和驾驶证去被害单位应聘，骗取被害单位的信任，使被害单位陷入错误认识，而自愿将车辆交由其驾驶、保管，由此得以非法占有他人财物。第二种意见认为，该案

---

① ［德］恩施特·贝林：《构成要件理论》，王安异译，31 页，北京，中国人民公安大学出版社，2006。
② 参见许少宇：《以虚假身份应聘司机开走单位汽车如何定性》，载《检察日报》，2009-10-24。

构成职务侵占罪。因为王某虽然在应聘驾驶员职位时使用了虚假身份证和驾驶证,但一旦成为驾驶员,就获得了实际驾驶、控制车辆的职务上的便利,并利用这种职务上的便利,将本单位的车辆非法占为己有,数额特别巨大,应以职务侵占罪认定。第三种意见认为,该案属于"诈骗型盗窃",应以盗窃罪认定。因为即使行为人在实施犯罪过程中采用了诈骗手段,使他人相信某种虚假事实从而产生某种错误的理解,甚至上当受骗,但只要被害人在整个过程中未交付财物,或者虽交出财物但未处分该财物,行为人趁被害人不备或对财物的支配暂时松懈而秘密窃取财物的,就仍应视为盗窃而非诈骗。况且,王某利用的只是工作便利,而非职务之便,王某并不具有经手、保管车辆之职务便利。

  从司法实践的情况来看,对王某的行为应以诈骗罪论处的意见占有相当的比例。在本案中,王某的行为当然不可能是盗窃罪,所谓诈骗型盗窃的概念是不能成立的。那么,王某的行为到底是诈骗罪还是职务侵占罪?笔者认为,这取决于王某使用虚假身份证件应聘取得司机职位的性质,即这一身份能否因为是采取欺骗手段获得的而无效。对此,2004年3月30日最高人民法院研究室《关于对行为人通过伪造国家机关公文、证件担任国家工作人员职务并利用职务上的便利侵占本单位财物的、收受贿赂、挪用本单位资金等行为如何适用法律问题的答复》指出:"行为人通过伪造国家机关公文、证件担任国家工作人员职务以后,又利用职务上的便利实施侵占本单位财物、收受贿赂、挪用本单位资金等行为,构成犯罪的,应当分别以伪造国家机关公文、证件罪和相应的贪污罪、受贿罪、挪用公款罪等追究刑事责任,实行数罪并罚。"由此可见,采用欺骗手段获得职位,并且利用这一职位上的便利侵占本单位财物的,如果骗取的是国家工作人员的职位,则定贪污罪;如果骗取的是公司、企业或者其他单位工作人员的职位,则定职务侵占罪。按照这一司法解释,对王某认定职务侵占罪是没有任何问题的。对于本案,如果从客观上来分析,从王某实施的行为入手,就会发现王某实施了先后衔接的两个行为:第一是骗取司机职位的行为,第二是利用骗取的司机职务上的便利,非法占有公司车辆的行为。前一行为,如果存在伪造证件等犯罪,应当依法认定。后一行为,明显就是一种职务侵占行为。那么,为什么会把王某的行为认定为诈骗罪呢？笔者认为，这与没有按照客观判断先于主观判断原则有直接的关系。例如，有论者在对本案分析时指出："王某的行为应当以诈骗罪论处，理由如下：首先，王某诈骗犯罪的主观故意贯穿全案始终。王某非法占有的主观故意产生于获取驾驶员职务之前，其在虚构事实、隐瞒真相的掩护下，带着'骗走财物'的主观故意，实施了'应聘—任职接近财物—获取财物'等一系列行为，其目标明确、行动周密，行为过程中贯穿着明确的诈骗故意。其次，王某在客观方面的表现符合诈骗犯罪的特征。正是因为王某所采取的隐瞒真相、虚构事实手段，让被害人陷入错误认识，从而自愿交付、处分财物，才使得王某犯罪目的得以顺利实现，这一客观表现行为完全符合诈骗犯罪的特征。"① 在上述论述中，论者采取了从主观判断到客观判断的次序。问题在于：没有认定其行为是诈骗之前，怎么可以将行为人的主观故意认定为诈骗故意呢？事实上，诈骗故意是依附于诈骗行为而存在的，是行为人在实施诈骗行为时的主观心理状态。从论者的分析来看，所谓诈骗故意是指占有公司财物的意图，这是王某使用虚假身份应聘的动机。由此可见，论者是把行为人的动机与犯罪故意混为一谈了。如果按照客观判断先于主观判断的原则，这样的错误就是可以避免的。当然由于四要件的犯罪构成理论在客观要件与主观要件之间并不存在逻辑上的位阶关系，因此，出现上述错误也是可以理解的。

应当指出，在我国目前的司法实践中，从客观到主观的判断位阶并没有确立。相反，司法人员习惯于从主观到客观的判断过程。其结果往往是具有浓厚的主观主义色彩的，导致定罪上的错误。例如赵金明等故意伤害案。② 在该案中，被告人赵金明等人持刀追砍被害人，被害人跳入河中溺水而亡，法院判决认为：被告人赵金明等人为报复被害人，主观上有故意伤害他人身体的故意，客观上实施了持刀追赶他人的行为，并致被害人死亡后果的发生，其行为均已构成故意伤害（致人死亡罪）。法院在论证裁判理由时指出："赵金明等人持刀追砍被害人马

---

① 许少宇：《以虚假身份应聘司机开走单位汽车如何定性》，载《检察日报》，2009-10-24。
② 参见最高人民法院编：《刑事审判参考》第55辑，21页以下，北京，法律出版社，2007。

国超时已具有伤害的故意,且已着手实施犯罪,该伤害行为本身具有致人死亡的高度危险,其持刀追砍的行为与被害人死亡结果之间具有刑法意义上的因果关系。根据主客观相一致的定罪原则,可以对赵金明等人以故意伤害罪定罪处罚。"在上述裁判理由中,是按照伤害故意—伤害行为—造成死亡结果—因果关系这样一种顺序进行判断的,表现为主观判断先于客观判断,把持刀追赶人的主观心理界定为伤害故意,然后推导出伤害行为等其他要件,这是一种较易入人以罪的思维方法。按照三阶层的犯罪论体系,定罪过程应当按照以下顺序递进:是否存在伤害行为—是否存在伤害结果—伤害行为与伤害结果之间是否存在因果关系—是否存在伤害故意。这是客观判断先于主观判断的思维逻辑,因为伤害行为的存在不以伤害故意为前提,而伤害故意则以伤害行为为前提,这就是伤害行为与伤害故意之间的位阶关系。并且,在定罪过程中,任何一个环节得出否定性判断,定罪过程就告中断。按照这样一种定罪思维方法,对于赵金明案,首先要判断的是:是否存在伤害行为?赵金明等人持刀追赶被害人能否认定为伤害行为?这里的关键是如何判断伤害行为的着手。追赶行为是为了伤害,但其本身还不能认定为伤害,因为追赶并不会造成他人的人身损伤。在这种情况下,不存在故意伤害罪的构成要件行为,故意伤害罪的定罪进程就结束了,本案就不能认定为故意伤害罪。通过对赵金明等故意伤害案采用四要件与三阶层两种不同的犯罪成立条件理论加以分析,得出了完全不同的结论。结论之所以不同,就是由四要件的犯罪构成体系缺乏阶层性造成的,这难道不是一种实用性缺陷吗?

我国学者认识到了四要件的犯罪构成理论存在缺乏阶层性的缺陷,因而提出在现有的犯罪构成体系上,贯彻客观优先的阶层递进理念,并且认为犯罪构成体系不必重构。[①] 笔者认为,阶层关系是通过犯罪论体系加以确定的,犯罪论体系是阶层关系的一种制度性安排。如果犯罪成立要件之间不存在逻辑上的位阶关系,即使倡导客观优先的阶层递进理念,也是无济于事的。正如我国学

---

① 参见黎宏:《我国犯罪构成体系不必重构》,载《法学研究》,2006 (1)。

者指出:"刑法学通说认为,坚持从客观到主观认定犯罪是人类社会的进步成果和科学经验,并意图在犯罪构成要件的排列顺序上,加以具体落实和说明。遗憾的是,由于受各种因素的影响,这种观念在其对具体问题的说明当中,并没有得到充分的展现。"[1] 事实已经充分证明没有阶层的犯罪构成并不能为客观判断先于主观判断、形式判断先于实质判断、类型判断先于个别判断这些人类社会的进步成果和科学经验在定罪过程中的适用,提供制度性保障。犯罪成立要件之间是否具有位阶性是三阶层与四要件之间的根本区别之所在。如果对四要件进行阶层式改造,那么四要件的犯罪构成理论就不复存在,而变成三阶层的犯罪论体系了。这也正是四要件的犯罪构成理论的改造说不能成立的根本原因。

(三) 违法性判断的体系性地位问题

在三阶层的犯罪论体系中,违法性是犯罪成立要件之一,在犯罪构成中予以讨论。但在我国刑法学中,违法性只是犯罪概念的特征之一,在犯罪概念中进行讨论,而在犯罪构成的四要件中并没有违法性的一席之地。当然,这并不意味着在四要件的犯罪构成理论中不存在实质判断,而只是在四要件之外进行这种实质判断。其中社会危害性作为犯罪的本质特征,起着重要作用。但由于社会危害性是游离于并且凌驾于四要件之外、之上的,因此在具体案件的判断过程中,往往容易产生逻辑上的混乱。例如陈某强奸卖淫女案。[2] 在该案中,陈某(男,33岁)通过网络聊天结识了卖淫女李某(27岁),商定嫖娼价格为一次300元、包夜800元。二人上午8时见面后,陈某先支付800元,并与李某发生了一次性关系。下午3时许,因有其他人出更高价格嫖宿李某,李某遂要求陈某离开。陈某要求退还500元,李某不同意,陈某遂强行与李某发生了性关系。对于陈某第二次强行与李某发生性关系的行为是否构成强奸罪,实践中有两种意见:一种意见认为,陈某事先与李某达成了包夜协议,且已支付嫖资,但李某反悔,且拒不返

---

[1] 黎宏:《刑法总论问题思考》,64页以下,北京,中国人民大学出版社,2007。
[2] 参见方文军:《刑事违法性的判断逻辑——由一起先嫖娼后强奸案展开》,载《人民法院报》,2008-07-30。

还500元嫖资，陈某强行与其发生性关系具有正当性，不构成强奸罪。另一种意见认为，陈某强行与李某发生性关系的行为，完全符合强奸罪的构成要件，不能因陈某多给付了500元嫖资就认为其行为具有正当性，对陈某的行为仍应认定为强奸罪。

　　上述案件，根据四要件的犯罪构成理论，四要件都是具备的，由此可以简单地得出结论：陈某的行为构成强奸罪。但这种结论并不是建立在充分的法理论证基础之上的。因为在上述案件中，不同于一般的强奸案的特殊性在于：陈某事先已经支付了包夜的嫖资，李某不履行协议，而拒不退还500元嫖资。在这种情况下，陈某强行与之发生性关系的行为到底是否具有违法性？这个问题，在四要件的犯罪构成理论中，往往是在四要件之外进行社会危害性的判断。但这种社会危害性的判断是含混的，如果说陈某的行为具有社会危害性，那么李某的反悔而拒不退还嫖资的行为是否也具有社会危害性呢？如果结论是都具有社会危害性，那么就要对这两种社会危害性进行比较，陈某的行为是否构成强奸罪，就取决于社会危害性比较的结果。在这种情况下，四要件的犯罪构成对于罪与非罪的决定作用就完全被社会危害性所架空。而按照三阶层的犯罪论体系，本案就能够获得逻辑上的清晰论证，即使存在不同见解，互相之间的逻辑对立也是十分明确的。例如，我国学者在论述本案时指出："若以这种犯罪构成体系来判断陈某行为的性质，可以发现争议的焦点实际上就是陈某的行为是否具有违法性的问题。否定论者的论证逻辑是，陈某已经支付了800元嫖资，李某应允，双方达成了嫖宿合意，但李某违约后又拒不退还陈某多支付的嫖资，陈某强行与李某发生性关系，系以实现二者事先约定为基础，故阻却其行为的违法性，不构成强奸罪。这种判断逻辑以陈某的行为在伦理、道德上不属于'恶'行为根据，显然是行为无价值论的立场。肯定论者的论证逻辑是，李某违反约定又拒不返还陈某多支付的嫖资，在情理上的确对双方矛盾激化有责任，但陈某的行为侵害了李某的性自决权，即使承认陈某对多支付的嫖资享有债权，但500元的债权与李某的性自决权相比是较小法益，不可能具有阻却陈某行为违法性的效力，故陈某的行为构成强奸罪。这种以是否侵害法益及比较法益大小的判断逻辑显然又是结果无价值论的

立场。"①

  由此可见，按照三阶层的犯罪论体系，可以在违法性这一阶层中对本案展开讨论。如果主张行为无价值的观点，就会通过否定违法性而将陈某出罪；如果坚持结果无价值的立场，则可以通过肯定违法性而使陈某进入有责性阶层的判断。因此，上述案例充分说明了违法性要件在犯罪认定中的作用。这也说明，四要件的犯罪构成理论对简单的犯罪案件在认定上不会出现太大问题，例如一般的强奸案件，只要简单地罗列四要件即可论证强奸罪的成立。但遇到类似本案这样较为复杂的强奸案件，由于在四要件的犯罪构成理论中，事实性要件与价值性要件之间没有形成位阶关系，因此在认定上就会出现疑惑而难以排除。因此，犯罪论体系的位阶性不仅是一种逻辑关系，缺乏这种位阶性也绝不是无关紧要的，而是会对定罪的司法过程产生重大影响。正是在这个意义上，笔者认为具有位阶性的犯罪论体系与没有位阶性的犯罪构成理论之间存在质的区分，而犯罪论体系的位阶性具有司法上的实用功能，这是无可否认的。对此，我国台湾地区学者许玉秀指出："犯罪阶层理论提供的犯罪判断阶层构造，从分析和定位构成要件要素，可以提供一个精确判断犯罪成立与否以及处罚与否的步骤，借以确保刑罚制裁制度的合理和有效。"② 所言甚是。

（本文原载《法学研究》，2010（4））

---

① 方文军：《刑事违法性的判断逻辑——由一起先嫖娼后强奸案展开》，载《人民法院报》，2008-07-30。

② 许玉秀：《当代刑法思潮》，59页，北京，中国民主法制出版社，2005。

犯罪论体系的去苏俄化

犯罪论体系是刑法知识的主轴，因此，我国目前通行的是四要件的犯罪论体系，这一犯罪论体系源自苏俄，它对我国刑法学的发展具有束缚作用。在这种情况下，我国面临着犯罪论体系的去苏俄化这一历史使命。应当指出，这里所说的去苏俄化是指废黜20世纪50年代传入我国的苏俄四要件的犯罪论体系，而不涉及对目前俄罗斯刑法学的评价。本文拟在对苏俄犯罪论体系形成过程加以描述的基础上，揭示我国犯罪论体系的苏俄化性质，并加以反思性考察。

一、苏俄犯罪论体系的历史还原

苏俄犯罪论体系的源头可以追溯到德国学者费尔巴哈的构成要件（Tatbestand）概念。我国学者指出：犯罪构成理论对于俄罗斯来说是舶来品。[1] 如果把这里的犯罪构成界定为犯罪成立条件总和，以上说法也许是不确切的。因为，作

---

[1] 参见薛瑞麟：《俄罗斯刑法研究》，115页，北京，中国政法大学出版社，2000。

为犯罪成立条件总和的犯罪构成概念是苏俄学者创立的。当然，如果把这里的犯罪构成界定为构成要件（Tatbestand），那么，以上说法是可以成立的。因为在苏俄的犯罪构成概念与费尔巴哈的构成要件（Tatbestand）概念之间，确实存在某种渊源关系。

俄罗斯学者对费尔巴哈的构成要件（Tatbestand）一词传入俄国的学术迁移过程作了以下叙述："19世纪中叶，俄国的刑法学家接受并将 Tatbestand 引入到了学术用语中，这个词译成俄语后就是犯罪构成。这样，这一问题（以及其他问题）就迁移到了俄国的刑法理论中。"[①] 那么，如何理解以上语境中的构成要件（Tatbestand）与犯罪构成这两个概念之间的关系呢？对此，需要对费尔巴哈关于构成要件（Tatbestand）的论述与苏俄十月革命前塔甘采夫等沙俄学者关于犯罪构成的概念进行对比，这对于我们正确地理解苏俄的犯罪论体系具有重要参考价值。在此，笔者是以苏俄学者特拉伊宁的视角切入，引入特拉伊宁心目中的构成要件（Tatbestand）图景，也许更能看清其中的误解与误读。

特拉伊宁是在犯罪构成的客观结构这一命题下论及费尔巴哈等人关于构成要件的论述的，这里潜藏着一个逻辑前提：犯罪构成是主客观相统一的，而费尔巴哈等人关于犯罪构成的论述则割裂了主客观的统一。特拉伊宁指出：古典学派的代表们的犯罪构成学说，永远是在这种客观根据上建立起来的。如 A. 费尔巴哈给犯罪构成下了如下的定义："犯罪构成乃是违法的（从法律上看来）行为中所包含的各个行为的或事实的诸要件的总和……" A. 费尔巴哈的同代人施就别尔（stübel）在1805年出版的犯罪构成的专著中，也只把客观因素列入犯罪构成。施就别尔说："犯罪构成，乃是那些应当判处法律所规定的刑罚的一切情况的总和，因为这些事实是同责任能力无关的。"同时，在施就别尔看来，责任能力的概念包括一切主观因素，首先包括罪过。由此可见，无论是 A. 费尔巴哈或者是

[①] 何秉松、[俄] 科米萨罗夫·科罗别耶夫：《中国与俄罗斯犯罪构成理论比较研究》，5页，北京，法律出版社，2008。

施就别尔,都不容许在没有罪过的情况下负刑事责任,但同时都把罪过置于犯罪构成的范围之外。①

如果我们把费尔巴哈和施就别尔的论述中的犯罪构成理解为构成要件(Tatbestand),那么,费尔巴哈和施就别尔的以上论述,尤其是为什么把主观责任要素置于构成要件之外,就是十分容易理解的。也就是说,在费尔巴哈那里,构成要件(Tatbestand)并不是犯罪成立条件的总和,而只是犯罪成立的客观条件,当然不可能包括主观责任要素。费尔巴哈把刑罚根据分为客观的绝对可罚性根据和主观的绝对可罚性根据:可罚性的客观根据在于,存在受到刑法规定的刑罚威慑的犯罪事实;未被刑罚法规规定为犯罪的行为,没有可罚性。只有具备行为概念的特征,法律将刑罚作为其法律后果的行为,才可能被规定在刑法中。特定行为特征的整体,或者包含在特定种类的违法行为的法定概念中的事实,叫作犯罪的构成要件(der Tatbestand des verbrechens, corpus delicti)。因此,客观的可罚性取决于犯罪构成要件是否存在,而具体法律的适用则取决于适用法律已将其作为法律后果的条件加以规定的构成要件的特定事实。② 在以上论述中,犯罪的构成要件不能等同于犯罪成立条件总和的犯罪构成,它是指行为特征的总和,因而在一般情况下是指客观要素。值得注意的是,费尔巴哈还在构成要件中论及违法行为的特定的主观(存在于犯罪人的内心)根据,包括以下两种情形:(1)特定的意图(目的),(2)特定的意思决定的种类。③ 对此,特拉伊宁在其注释中指出:"这样一来,这里的犯罪构成的概念,似乎已经包含了罪过的因素。"④ 实际上,费尔巴哈在此所指的构成要件的主观要素,是指规定在刑法分则条文中的

---

① 参见[苏]A.H.特拉伊宁:《犯罪构成的一般学说》,王作富等译,15页,北京,中国人民大学出版社,1958。

② 参见[德]安塞尔姆·里特尔·冯·费尔巴哈:《德国刑法教科书》,第14版,徐久生译,83~84页,北京,中国方正出版社,2010。

③ 参见[德]安塞尔姆·里特尔·冯·费尔巴哈:《德国刑法教科书》,第14版,徐久生译,85页,北京,中国方正出版社,2010。

④ [苏]A.H.特拉伊宁:《犯罪构成的一般学说》,王作富等译,15页,北京,中国人民大学出版社,1958。

主观违法要素。在该书注释中，关于特定的意图（目的），列举时指在盗窃犯罪情况下获得财物的意图，也就是非法占有目的。关于特定的意思决定的种类，列举时指出：故意杀人的概念取决于杀人是否因为情绪激动。如果法律将故意纳入犯罪的概念，那么，这种因为情绪激动的过失犯要么从来就不构成犯罪，要么虽然构成犯罪，但罪名一定不同。因此，故意同样属于犯罪的构成要件。如同过失一样，在此情况下，故意仅是决定可罚性轻重的一个根据。[①] 这里的故意，并不是指作为可罚性主观根据的故意，而是规定在刑法分则条文中的故意，这是一种特定的主观要素。例如，德国刑法典第212条关于故意杀人罪的规定，把本罪的构成要件规定为故意杀人。在此，故意是本罪的构成要件，以此在构成要件上区别于德国刑法典第223条规定的过失杀人罪。这种在刑法分则条文中明确规定故意或者过失的构成要件具有不同于其他构成要件的特殊性。

在费尔巴哈时代，主观违法要素理论尚未形成，因此对于在构成要件中出现主观要素，被认为是客观构成要件论的不彻底性的一种表现。例如，费尔巴哈《德国刑法教科书》（第14版）的出版者（米特迈尔）在注释中指出："费尔巴哈在论述绝对可罚性的根据而且是可罚性的客观根据的时候论及犯罪构成（应为构成要件，下同——引者注），因此，似乎只是要求将外在行为的特征作为构成要件的内容，这一观点并没有始终坚持，因为我们可以看到，在下文中费尔巴哈将主观的内在特征也纳入犯罪构成。"[②] 特拉伊宁也具有类似表述，认为费尔巴哈关于犯罪构成的客观性见解，并没有坚持到底，犯罪构成的概念似乎已经包括了罪过的因素。[③] 如果费尔巴哈一方面只有客观要素，主要是指把行为特征纳入构成要件，另一方面又把主观要素纳入构成要件，那就不是构成要件客观论未能坚持到底的问题，而是其理论自相矛盾的问题。对此，我们应当跳出客观与主观这

---

① 参见［德］安塞尔姆·里特尔·冯·费尔巴哈：《德国刑法教科书》，第14版，徐久生译，85页，北京，中国方正出版社，2010。

② ［德］安塞尔姆·里特尔·冯·费尔巴哈：《德国刑法教科书》，第14版，徐久生译，84页，北京，中国方正出版社，2010。

③ 参见［苏］A.H.特拉伊宁：《犯罪构成的一般学说》，王作富等译，15页，北京，中国人民大学出版社，1958。

样一种分析框架，而是引入总则规定与分则规定这样一种考察视角。实际上，费尔巴哈关于构成要件的论述，是以罪刑法定原则为前提的，费尔巴哈把权利保护和法律威吓视为刑法的最高原则，并从这一最高原则中引申出无法无罪（法无明文规定不为罪，keine strafe chne Verbrechen；Nalla poena sine crimine）的罪刑法定原则，指出："法律规定对特定的行为给予刑罚威慑，是法律上的必要的前提条件。"① 显然，这里的法律亦称为刑罚法规，是指刑法分则。因此，构成要件也是指刑法分则规定的可罚性的客观根据。在这个意义上说，费尔巴哈所称的构成要件是刑法分则规定的犯罪成立条件，即所谓特殊的构成要件。日本学者小野清一郎指出：直到费尔巴哈时，构成要件才明确地被当作实体刑法上的概念来使用。但是，在19世纪的刑法学中，还没有出现与今天完全一致的构成要件理论。Tatbestand 一词仅限于在犯罪事实或法律上制约着成立犯罪的诸条件的意义上加以使用，而且它又被分成了一般构成要件和特殊构成要件，或是主观构成要件和客观构成要件。② 可以说，这种一般的构成要件和特殊的构成要件的划分是费尔巴哈以后才出现的，并且与客观的构成要件和主观构成要件的区分混杂在一起。对于费尔巴哈来说，只有把他所称的构成要件理解为特殊的构成要件，从刑法分则对具体犯罪的规定中发现在某些特殊情况下包含了对主观要素的规定，才能消除费尔巴哈关于构成要件论述的矛盾。

费尔巴哈的《德国刑法教科书》第1版出版于1801年，这是19世纪初期。而费尔巴哈的构成要件（Tatbestand）理论传入沙俄，是在19世纪中叶，乃至19世纪末。在这期间，欧洲的刑法思潮发生了一个巨大变化，这就是刑事实证学派的兴起。当然，刑法思潮上的刑事古典学派（旧派）与刑事实证学派（新派）之争和犯罪论体系之间并无直接对应关系。不过，刑事实证学派，尤其是刑事人类学派对于犯罪论体系，包括构成要件理论的影响也是不可否认的。例如，沙俄学者塔甘采夫指出："不言而喻，在从法律上研究犯罪行为时，不能仅限于

---

① ［德］安塞尔姆·里特尔·冯·费尔巴哈：《德国刑法教科书》，第14版，徐久生译，31页，北京，中国方正出版社，2010。
② 参见［日］小野清一郎：《犯罪构成要件理论》，王泰译，4页，北京，中国人民大学出版社，2004。

行为本身，而忽略了对犯罪人人身的研究；犯罪人的特征和品质，决定着犯罪的条件，并影响到量刑，譬如在再犯、未成年等情况下就是；但是，不难看出，这种人身之所以属于刑法研究的范围，只是因为它表现在犯罪行为中，而且正因为它表现在这种行为中。"① 特拉伊宁把这一论述归结为犯罪构成作为主客观因素的总和的观点。② 这可以说是主客观相统一的思想渊源。但是，如同特拉伊宁指出：沙俄学者都没有研究犯罪构成的一般学说。在这一论断之下，特拉伊宁有一个注脚，引述了塔甘采夫关于犯罪构成要件的以下经典命题："同任何法律关系一样，犯罪行为的重要要件可以归结为三大类：（1）行为人——实施犯罪行为的人，（2）犯罪人的行为所指向的东西——侵害的客体或对象，（3）应当从形式上和实质上受到审理的犯罪的侵害行为本身。"③ 这是迄今我们见到的塔甘采夫关于犯罪构成要件的唯一论述。这一论述中，塔甘采夫采用了法律关系的分析框架：主体、客体与行为。其中把行为人纳入犯罪构成要件体现了塔甘采夫强调犯罪人人身的这一学术立场。这里的客体或对象，与此后的四要件中的犯罪客体完全是不同的，只不过是行为客体即对象而已。至于犯罪行为本身，也并不能看出包含主观要素的内容。因此，沙俄时期刑法学者关于构成要件的研究并没有为苏俄犯罪论体系的形成贡献更多的学术资源。这一点也是被特拉伊宁所强调的，并将犯罪构成问题称为是一个在颇大程度上"被人遗忘和无人过问"的问题。

苏俄犯罪论体系的形成存在一个曲折的演变过程。在十月革命胜利初期，取消法律（包括刑法）的法律虚无主义思想盛行。及至1919年颁布《苏俄刑法指导原则》和1922年颁布《苏俄刑法典》，刑事立法初步告竣。苏俄刑法学才得以创立，犯罪构成的研究也随之展开，并且在刑事责任根据这一命题下确定犯罪构成的体系性地位。苏俄学者指出："刑事责任及其根据问题是苏维埃刑法科学的

---

① ［苏］A. H. 特拉伊宁：《犯罪构成的一般学说》，王作富等译，17页，北京，中国人民大学出版社，1958。

② 参见［苏］A. H. 特拉伊宁：《犯罪构成的一般学说》，王作富等译，17页，北京，中国人民大学出版社，1958。

③ ［苏］A. H. 特拉伊宁：《犯罪构成的一般学说》，王作富等译，5页，北京，中国人民大学出版社，1958。

犯罪论体系的去苏俄化

核心问题。在苏维埃刑法科学发展的历史上,有很多年曾经围绕这个问题进行过热烈的讨论,并从理论上进行过激烈的争辩。刑事责任的根据问题以及从理论上正确解决这个问题具有极其重要的实践意义,因为它与加强我国社会主义法制的任务是密切相关的。"[1] 事实上,苏俄犯罪论体系与社会主义法制之间存在一损俱损、一荣俱荣的依存关系。由于苏俄社会主义法制屡遭厄运,因而苏俄犯罪论体系亦命运多舛。在苏俄犯罪论体系的发展过程中,不能不受到德国学说的影响。

俄罗斯学者在回顾俄国犯罪论体系演变过程时,曾经揭示了德国犯罪论体系与俄国犯罪论体系之间的差别,指出:18世纪至19世纪的刑事古典学派对犯罪构成理论进行了最详尽的理论研究。革命前俄国的刑法传统上受到德国刑法最大的影响,德国学派,如宾丁、贝林等人的犯罪构成学说没有得到发展。德国理论从开始到现在始终把犯罪构成理解为"法律构成",将它与刑法规范的处理等同起来。俄国刑法在解释刑事法律总则的制度时重视的不是犯罪构成,而是作为刑事责任根据的犯罪。苏维埃刑法理论中,犯罪构成论在 А. Н. 特拉伊宁的著作中得到最基础的研究,这种学说至今在学术界还是有争议的。一些作者把犯罪构成解释为"立法模式""科学的抽象",即像德国理论一样,讲刑法规范中的处理同犯罪构成等同起来。另一些作者认为犯罪构成是犯罪的结构,是犯罪的系统化了的社会危害性。[2] 以上论述为我们考察苏俄犯罪论体系提供了一条线索。在苏俄刑法学中,始终存在犯罪构成的规范学派与犯罪构成的实体学派之间的对立:前者以特拉伊宁为代表,后者以皮昂特科夫斯基为代表,又称为教科书派。[3] 苏俄犯罪构成的规范学派被认为是与德国宾丁、贝林的学说相关联的一个学派,它把犯罪构成理解为法律构成,因而是一种立法模式。这里的法律构成,也就是贝林

---

[1] [苏] А. А. 皮昂特科夫斯基等:《苏联刑法科学史》,曹子丹等译,36页,北京,法律出版社,1984。

[2] 参见[俄] Н. Ф. 库兹涅佐娃、И. М. 德日科娃:《俄罗斯刑法教程(总论)》,上卷·犯罪论,黄道秀译,172~173页,北京,中国法制出版社,2002。

[3] 我国学者认为存在 А. А. 皮昂特科夫斯基为代表的教科书派与 А. Н. 特拉伊宁为代表的反教科书派之间在犯罪构成理论上的争论。参见高铭暄主编:《刑法学原理》,第1卷,441页,北京,中国人民大学出版社,1993。

所说的法定的构成要件或者法律的构成要件。贝林把构成要件看作了法律所规定的犯罪类型的指导形象：具有独立研讨价值犯罪类型的构成要件，已被揭示为具有规范每个此类各个独立类型的指导形象之意义。因此，构成要件的外延没有得到充分拓展。法定的构成要件更多的是一个在其足够的广度和深度上支配刑法的基础概念。该结论之得出，是因为：如果无关独立的犯罪类型，所有刑法性思考都会陷于空洞（除掉刑法整个"分则"，根本就再也没有刑法，当然是在不动摇"无法律则无刑罚"原则的前提下）；犯罪类型反过来也与法定的构成要件存在联系。① 由此可见，贝林强调法定的构成要件是刑法分则设定的犯罪类型的指导形象，它本身不是犯罪实体，而是犯罪的观念形态。正如日本学者小野清一郎指出：构成要件，是一种将社会生活中出现的事实加以类型化的观念形象，并且进而将其抽象为法律上的概念。如此一来，它就不是具体的事实。德语中的 Tatbestand 一词不仅用来表示法律上的构成要件，也有符合要件的事实的意思。这是因为在历史上它曾经作为诉讼法上的用语，主要指的是事实性的东西。因此，在学说中，为了将它明确起来，贝林主张把一种叫作"概念性的"Tatbestand，其他的叫作"具体性的"Tatbestand。麦耶尔则主张，把一种称为"法律性的"Tatbestand，其他的叫"事实性的"Tatbestand。②

在苏俄受到贝林影响的特拉伊宁，在其犯罪构成的观念中强调了构成要件的规范特征。例如，特拉伊宁在 1925 年出版的《苏俄刑法教科书》（分则）中指出："有一条基本原则始终是不可动摇的，即行为只有符合分则罪状规定的犯罪构成才能受到刑事惩罚。"③ 特拉伊宁以上所界定的犯罪构成，与贝林的法定的构成要件是完全相同的，它指出了构成要件的刑法分则规定性，是作为犯罪成立的一个法定标准而存在并发挥作用的。在特拉伊宁的学说中，引人注目的是关于

---

① 参见［德］恩施特·贝林：《构成要件理论》，王安异译，10 页，北京，中国人民大学出版社，2006。
② 参见［日］小野清一郎：《犯罪构成要件理论》，王泰译，11~12 页，北京，中国人民大学出版社，2004。
③ ［苏］A. A. 皮昂特科夫斯基等：《苏联刑法科学史》，曹子丹等译，40 页，北京，法律出版社，1984。

犯罪构成与犯罪构成因素的二元区分。特拉伊宁指出，"犯罪构成乃是苏维埃法律认为决定具体的、危害社会主义国家的作为（或不作为）为犯罪的一切客观要件和主观要件（要素）的总和"[①]。在此，特拉伊宁所说的苏维埃法律，是指刑法分则条文。而犯罪构成是具体的，这是指犯罪构成的分则规定性。在特拉伊宁的犯罪构成概念中，所谓犯罪的一切客观要件和主观要件的总和，并不是犯罪成立条件的总和，而是刑法分则条文规定的某一犯罪成立的具体条件的总和。因此，特拉伊宁所说的犯罪构成，在很大程度上接近于贝林的构成要件。只不过在理解上，例如是否包含主观要素，有所不同而已。这一点，从特拉伊宁关于犯罪构成因素的论述中看得更为清楚。关于犯罪构成的因素，特拉伊宁指出，为了理解犯罪构成因素的性质，必须注意下面一点：只有法律赋予它刑法意义，并因而列入分则规范罪状中的那些特征，才是犯罪构成的因素。立法者在制定所有这些特征时，使他们连起来能形成危害社会的、应受惩罚的行为。例如，法律用下面三个特征（因素）来确定偷盗罪，（1）秘密的或公开的，（2）窃取，（3）公民的个人财产；用五个特征来确定诽谤罪，（1）散布，（2）明知，（3）虚假的，（4）足以侮辱他人的，（5）言论，等等。由此可见，犯罪构成的因素就是决定苏维埃法律所规定的犯罪，对社会主义国家有社会危害性并决定其程度的全部事实特征中的每一个特征。[②] 在此，特拉伊宁明确揭示了犯罪构成的因素是刑法分则规定的特征，是具体的犯罪构成，也就是贝林所说的构成要件。阮齐林教授认为特拉伊宁的犯罪构成论中存在广义犯罪要件论与狭义构成因素论的区分，指出：特拉伊宁的犯罪构成论一反苏俄刑法理论的传统，着眼于分则法定罪状的要素，往往把犯罪构成与分则条文的罪状规定相提并论。在体系上，他反对把"构成"划分客体与客观方面、主体与主观方面的做法，认为分则法定罪状中表明XX方面的构

[①] ［苏］A. H. 特拉伊宁：《犯罪构成的一般学说》，王作富等译，48～49页，北京，中国人民大学出版社，1958。

[②] 参见［苏］A. H. 特拉伊宁：《犯罪构成的一般学说》，王作富等译，68～69页，北京，中国人民大学出版社，1958。

成要素的划分方法，实际把罪状当作构成、重视犯罪构成是分则条文规定法律因素的理论特色。也正是在这一点上，有理由认为特拉伊宁理论的特征之一是以分则规范为中心的解释论，具有西方三要件论重视分则条文特殊的构成要件的特点。[1] 阮齐林教授深刻地揭示了特拉伊宁犯罪构成论的性质。当然，在特拉伊宁的犯罪构成论中，是否存在广义的犯罪要件论，即特拉伊宁的犯罪构成概念是否等同于犯罪要件还是值得商榷的。如果说，皮昂特科夫斯基把犯罪构成等同于犯罪要件，因而主张广义的犯罪要件论是没有问题的。而特拉伊宁的犯罪构成仍然是分则性的，是犯罪构成因素的上位概念。因此，如果说在苏俄刑法学中存在广义的犯罪要件论与狭义的构成因素论之争，也许是更为确切的。不过，当特拉伊宁在遭受批判后，不得已接受了犯罪构成是刑事责任的根据这一观点后[2]，其学术立场确实接近广义的犯罪要件论。特拉伊宁在犯罪构成论上的学术特色，毋宁说是主客观相统一的构成要件论，即把主观罪过纳入构成要件，由此与其主张的分则性的构成因素论之间存在一定的矛盾。因为故意或者过失一般情况下在刑法分则中是不作规定的。如果严格坚持罪状作为认定犯罪构成因素的立场，则故意或者过失在一般情况下就不能纳入犯罪构成因素的范畴。特拉伊宁却认为故意或者过失是每个犯罪构成的必要因素，这个原理是不会有什么怀疑的：在分则的各个规定中，这个原理并不一定都直接有立法上的表现。在许多叙述式的犯罪构成中，法律明文规定，某种罪过形式——故意或过失——是某一犯罪构成所必须具备的。但是，在分则的很多规范中，并没有回答哪种罪过形式是某种犯罪构成所必须具备的问题。但是，既然没有故意或过失这个因素就不可能具备犯罪构成，那么，由此便可以直接得出结论——法律不规定罪过形式，并不是说要取消罪过的问题，而是要确切地阐明立法精神，以便确定该构成所必须具备的罪过形

---

[1] 参见阮齐林："评特拉伊宁的犯罪构成论——兼论建构犯罪构成论体系的思路"，载陈兴良主编：《刑事法评论》，第13卷，10~11页，北京，中国政法大学出版社，2003。
[2] 参见[苏] A. A. 皮昂特科夫斯基等：《苏联刑法科学史》，曹子丹等译，44页，北京，法律出版社，1984。

式。① 在以上论述中，作为推理前提的"没有故意或过失这个因素就不可能具备犯罪构成"这一命题，就是建立在犯罪构成是犯罪成立条件总和这一逻辑基础之上的，从而背离了只有刑法分则规定的犯罪成立条件才是犯罪构成（确切些说是构成要件）的立场，因而向广义的犯罪要件论靠拢了。由此可见，确如阮齐林教授所说，特拉伊宁是动摇于广义的犯罪要件论与狭义的犯罪构成论之间的，形成深刻的内在矛盾。

苏俄犯罪构成的实体学派，又称为教科书派，以皮昂特科夫斯基为代表，从一开始就与贝林的特殊的构成要件论划清了界限，竭力构筑一般的犯罪构成论，也就是广义的犯罪要件论。皮昂特科夫斯基倡导一般的犯罪构成概念，指出：苏维埃刑法理论中犯罪构成的一般概念，对于揭露各个犯罪构成的内容，具有重大的科学的认识上的意义。犯罪构成的一般概念和任何科学的抽象概念一样，在认识苏维埃刑事法所规定的各个犯罪构成的过程中，是一个必要的阶梯。它是正确揭露各个犯罪构成的内容和在实践中正确适用苏维埃刑事法律的理论基础；它是为巩固社会主义法制和提高社会主义国家审判检察机关的工作质量的斗争而服务的。因此，为了有利于工作，必须摒弃任何取消关于犯罪一般构成学说的企图，摒弃任何把这种概念归结为用以区别各个犯罪构成的、没有原则性意义的某些技术指示的企图。实际上，正是出于这样的企图，才会提出建议，要我们在犯罪构成的范围以外去研究关于犯罪主体、责任能力、行为的违法性、作为刑事责任基础的罪过以及因果关系等问题。②

以上论述中所说的犯罪构成的一般概念，实际上是指一般的犯罪构成概念。对于两者的区分，将在下文论及。不可否认，皮昂特科夫斯基以上论述的矛头明显是指向特拉伊宁的，该论述中所批判的将犯罪构成归结为刑法分则所规定的犯罪成立条件，在犯罪构成以外研究犯罪主体、责任能力、行为的违法性、作为刑

---

① 参见［苏］A. H. 特拉伊宁：《犯罪构成的一般学说》，王作富等译，171～172页，北京，中国人民大学出版社，1958。
② 参见［苏］A. A. 皮昂特科夫斯基："社会主义法制的巩固与犯罪构成学说的基本问题"，载中国人民大学刑法教研室编译：《苏维埃刑法论文选译》，第1辑，80～81页，北京，中国人民大学出版社，1955。

447

事责任基础的罪过、以及因果关系等问题都是特拉伊宁的观点。教科书派的教科书是指全苏法学研究所集体编写的《刑法总则教科书》，该书于 1938 年、1939 年、1943 年出版了 3 版①，我国 1950 年就有该书的中译本，由上海大东书局出版。该教科书奠定了苏维埃刑法总论的基本框架，成为其通说。该书的犯罪构成论部分是皮昂特科夫斯基执笔的，皮昂特科夫斯基把犯罪构成定义为犯罪要件的总和，指出："每一犯罪构成系由以下四种基本因素形成起来的：（1）犯罪的客体，（2）犯罪的客观因素，（3）犯罪的主体，（4）犯罪的主观因素。这四种犯罪构成的要件，缺少一种犯罪构成即不能成立。"② 这就是四要件的犯罪构成论的概括。在此，皮昂特科夫斯基强调犯罪构成是犯罪要件，是犯罪成立条件的总和。从这一犯罪构成概念很容易引申出犯罪构成是刑事责任唯一根据的命题，而这恰恰是教科书派的标志性观点。尤其值得指出的是，教科书派反对从刑法分则意义上理解犯罪构成，而主张一般的犯罪构成概念。例如，在论及个别的犯罪构成与一般的犯罪构成的关系时，皮昂特科夫斯基指出：个别犯罪构成列于刑法法典分则之内，我们将个别犯罪构成加以概括化，由此而创造出关于犯罪构成的一般概念。犯罪构成的一般概念，其自身应包含每一个别犯罪构成所具有之一切基本因素。只有在这个条件下，犯罪构成概念才不是空洞的概念，而是其本身含有个别犯罪实质要件的实质概念。因此，关于犯罪构成一般概念的研究，应该包含着对每一犯罪构成之所有上述四种因素的研究。在关于犯罪构成的概说中，要研究一切犯罪所具有和所具备的犯罪客体、犯罪构成之客观因素、犯罪主体与犯罪构成主观因素等等之通性。这一论断同时就否定了关于犯罪构成概说的错误意见，例如，在这些错误意见中，有的认为犯罪构成概说只是研究犯罪构成之客观因素，而把罪过的形式的理论剔除于犯罪构成的论述范围以外，有的则把关于犯

---

① 参见 [苏] A. A. 皮昂特科夫斯基等：《苏联刑法科学史》，曹子丹等译，43 页，北京，法律出版社，1984。

② [苏] 苏联司法部全苏法学研究所主编：《苏联刑法总论》，下册，彭仲文译，315 页，上海，大东书局，1950。

罪主体的论述从关于犯罪构成的概说中分离出去。① 皮昂特科夫斯基所称的错误意见，显然是指特拉伊宁的观点。

苏俄犯罪构成的实体学派把犯罪构成视为犯罪实质概念的具体化，是行为的社会危害性的载体。对于这种把犯罪构成等同于犯罪的实体性存在的观点，特拉伊宁从犯罪构成与犯罪构成因素的区分上作了批判，指出，问题的实质在于：与教科书所说的相反，客体、客观方面、主体、主观方面绝不是犯罪构成的因素，其实，构成并没有这些因素，因此它们也不能"组成"构成。事实上可以而且应当在犯罪中划分客观与客观方面、主体与主观方面，不过这只是在犯罪中，而不是在构成中划分。犯罪构成的使命是揭示犯罪的具体内容，因此在构成中可以而且应当划分的是表明犯罪的客体及其客观方面、犯罪的主体及其主观方面的因素。《刑法总则教科书》（1932年版），部分地考虑了对于把客体与客观方面、主体与主观方面错误地划分为构成因素的做法的批判。可是在这本教科书中，犯罪构成和犯罪仍然相互混淆，因而问题仍然没有弄清。② 特拉伊宁在以上论述中所指的教科书，就是苏联司法部全苏法学研究所主编的《苏联刑法总论》一书。当然，特拉伊宁的以上论述也是颇令人费解的。只有一点是明确的，犯罪与犯罪构成应当加以区分，因而犯罪存在客体与客观方面、主体与主观方面的划分。但是，犯罪构成不存在上述划分，只存在表明犯罪的客体及其客观方面、犯罪的主体及主观方面的因素的划分。只有因素才是犯罪构成需要研究的内容，这就是特拉伊宁的构成因素论。这是其犯罪论体系中保留下来的贝林的构成要件论的影子，当然它与苏俄主流的犯罪论体系是不符合的，因为苏俄主流的犯罪论体系是没有构成要件的犯罪构成。

在皮昂特科夫斯基与特拉伊宁之间，存在对犯罪构成概念理解上的重大分歧。皮昂特科夫斯基始终强调一般的犯罪构成概念，由此引申出犯罪构成的共同

---

① 参见［苏］苏联司法部全苏法学研究所主编：《苏联刑法总论》，下册，彭仲文译，315～316页，上海，大东书局，1950。

② 参见［苏］А. Н. 特拉伊宁：《犯罪构成的一般学说》，王作富等译，99页，北京，中国人民大学出版社，1958。

要件，并把犯罪客体、犯罪客观方面、犯罪主体、犯罪主观方面确定为犯罪构成的共同要件，这是犯罪构成理论所要研究的，因而将犯罪构成视为犯罪成立条件的总和，是刑事责任的唯一根据。但是，特拉伊宁则始终坚持犯罪构成的具体性、个别性与分则性，以此区别于皮昂特科夫斯基所主张的犯罪构成的一般性、共同性与总则性。特拉伊宁所确定的犯罪构成并不是犯罪成立条件的总和，而只是刑法分则条文规定的具体犯罪的客观要件和主观要件的总和。特拉伊宁指出："犯罪构成是具体犯罪的诸因素的总和；无论是在它的'种'或'类'上，都不可能是一般的。犯罪构成永远是现实的，永远是具体的。"① 特拉伊宁指责教科书派是把两个不同的概念——一般犯罪构成的概念和犯罪构成的一般概念——混淆在一起了。也就是说，皮昂特科夫斯基所称的犯罪构成的一般概念实际上是指一般的犯罪构成概念。一般的犯罪构成概念是不能成立的，因为犯罪构成总是具体的、个别的，不可能是一般的。但是，犯罪构成的一般概念是存在的，这是对刑法分则条文规定的具体犯罪的构成因素的抽象概念，正如特拉伊宁把自己著作的书名确定为《犯罪构成的一般学说》一样。这里的一般学说，也就是一般理论，当然是以承认犯罪构成的一般概念为前提的。在19世纪的德国刑法学中，存在一般的构成要件与特殊的构成要件之分。例如，德国学者弗兰克认为，所谓一般构成要件，是指成立犯罪所必需的要素的总和；所谓特殊构成要件，则是各个犯罪所特有的要素。② 皮昂特科夫斯基的犯罪构成相当于弗兰克所说的一般构成要件，是犯罪成立条件的总和。而特拉伊宁所说的犯罪构成则相当于弗拉克所说的特殊构成要件，是指具体犯罪成立的要件。贝林的构成要件论就是在特殊构成要件概念的基础上发展起来的。由此可见，皮昂特科夫斯基与特拉伊宁在犯罪构成基本立场上存在根本性的分歧。对于这一点，我们以往并没有深刻地认识到，这不得不说是一种遗憾。

---

① ［苏］A. H. 特拉伊宁：《犯罪构成的一般学说》，王作富等译，81页，北京，中国人民大学出版社，1958。

② 参见［日］小野清一郎：《犯罪构成要件理论》，王泰译，7页，北京，中国人民大学出版社，2004。

二、苏俄犯罪论体系的理论清理

苏俄犯罪论体系迄今已有近百年的历史，它至今还在俄罗斯延续，并仍然占据着我国刑法学通说的地位。这当然具有历史文化和意识形态诸方面的原因，在此我想从学术上对苏俄犯罪论体系进行反思性思考。

（一）分则与总则：犯罪论体系的规范分析

日本学者大塚仁指出："刑法学上，把以有关犯罪的成立及形式的一般理论为对象的研究领域称为犯罪论（Verbrechenslehre）。"[1] 因此，犯罪论是以犯罪成立为研究对象的。在这个意义上说，犯罪论体系是犯罪成立条件的体系。犯罪成立条件是刑法分则与刑法总则共同规定的：刑法总则规定的是各种犯罪成立的共同条件。对此，无论是德日三阶层的犯罪论体系还是苏俄四要件的犯罪论体系都是承认的。因为这些犯罪成立条件都是由法律规定的，犯罪论体系只不过对这些法律（包括刑法总则与刑法分则）所规定的犯罪成立条件加以系统化整理。但是，这些犯罪成立条件并不是简单的组合，而是按照一定的逻辑关系建构而成的。这里涉及一个基本问题，就是在定罪的时候，应从刑法分则规定的具体构成要件开始还是从刑法总则规定的一般构成要件开始。

三阶层犯罪论体系中的构成要件该当性是犯罪成立的第一个条件，其分则性规定的性质是极为明显的。例如，贝林的构成要件，就是刑法分则规定的某种具体犯罪的客观轮廓，贝林称为犯罪典型的指导形象；该指导形象是法律的构成要件。每个法定构成要件肯定表现为一个"类型"，如"杀人"类型、"窃取他人财物"类型等。但是，并不意味着这种——纯粹"构成要件"的——类型与犯罪类型是一样的，二者明显不同，构成要件类型绝不可以被理解为犯罪类型的组成部分，而应被理解为观念形象（vorstellung geblidd），其只能是规律性的、有助于

---

[1] ［日］大塚仁：《刑法概说（总论）》，第3版，冯军译，118页，北京，中国人民大学出版社，2003。

理解的东西，逻辑上先于其所属的犯罪类型。① 因此，贝林的构成要件是刑法分则规定的，具有相对于其他犯罪成立条件的逻辑先在性。在构成要件性质上，贝林主张的是行为类型说，此后又先后出现了违法行为类型说和违法有责行为类型说，构成要件也从形式性的构成要件向实质性的构成要件转变，在构成要件中盛放了越来越多的内容，以至于日本学者西原春夫惊呼：构成要件论发展的历史实际上也正是构成要件论崩溃的历史。② 这一判断是言过其实的。因为只要构成要件的框架尚在，容纳更多的要素也是受构成要件这一框架的限制的。因此，并不会从根本上突破构成要件的限制。三阶层的犯罪论体系之所以把分则性的构成要件作为犯罪成立的第一个条件，使定罪的认知活动始于刑法分则的规定，这是具有深刻含义的，而绝不是一个简单地定罪顺序问题。如前所述，费尔巴哈将罪刑法定确立为刑法基本原则，其含义是无法无刑，费尔巴哈指出："未被刑罚法规规定为犯罪的行为，没有可罚性。"③ 这里的刑罚法规，就是指刑法分则，刑法分则正是通过构成要件将行为规定为犯罪的。这里的犯罪，就是指具有构成要件该当性。因此，罪刑法定原则的"无法无刑"，就演变为"没有构成要件就没有犯罪"，这就是构成要件的人权保障机能。正如日本学者指出："如果认为构成要件这一犯罪成立要件是出于罪刑法定主义的要求，构成要件最为重要的机能便在于'没有构成要件该当性则无犯罪'这种保障机能。"④ 由此可见，三阶层的犯罪论体系将分则性的构成要件放在犯罪成立条件的首位，定罪过程从刑法分则的构成要件开始，这本身就包含了罪刑法定原则的实现路径。

苏俄教科书派的犯罪论体系没有构成要件的观念，它是以一般的犯罪构成为逻辑前提的，因而其定罪是从刑法总则开始的，这里涉及苏俄刑法学中犯罪构成与犯罪概念之间的关系。十月革命胜利以后，苏俄刑法学界对于是否需要制定刑

---

① 参见［德］恩施特·贝林：《构成要件理论》，王安异译，5~6页，北京，中国人民大学出版社，2006。
② 参见［日］西原春夫：《犯罪实行行为论》，戴波、江溯译，56页，北京，北京大学出版社，2006。
③ ［德］安塞尔姆·里特尔·冯·费尔巴哈：《德国刑法教科书》，第14版，徐久生译，83页，北京，中国方正出版社，2010。
④ ［日］西田典之：《日本刑法总论》，刘明祥、王昭武译，53页，北京，中国人民大学出版社，2007。

法典曾经存在争议。人民司法委员 Д. И. 库尔斯基曾经一度主张制定一部"不包含各种犯罪确切定义"的法典①，这里的"不包含各种犯罪确切定义"的法典，就是指没有分则的刑法典。只要在刑法中规定一个犯罪的实质概念，提供认定犯罪的实质根据，即行为的社会危害性，至于具体犯罪则由司法人员加以裁量。因此，Т. И. 沃尔科夫斯基指出："由于苏维埃刑事立法是从实质上理解犯罪，必然得出不要规定具体犯罪行为的刑事责任制度。"② 虽然 1922 年《苏维埃刑法典》仍然保留了分则，但该刑法典第 6 条规定了一个更加扩展的、实质的和阶级的概念："威胁苏维埃制度基础及工农政权在向共产主义制度过渡时期所建立的法律秩序的一切危害社会的作为或不作为，都被认为是犯罪。"与此同时，苏维埃刑法典还规定了类推制度。事实上，类推制度的存在也是以犯罪的实质概念为前提的。犯罪实质概念的核心是社会危害性，社会危害性就成为联结犯罪概念与犯罪构成的桥梁。在苏维埃刑法学中，犯罪概念也称为犯罪的一般概念，从而区别于犯罪的具体概念。与此相适应，犯罪构成也存在一般构成或者一般概念。皮昂特科夫斯基指出："犯罪一般构成不是别的，而正是社会主义刑法上关于犯罪构成的一般概念。这个概念是利用将各个犯罪构成的各个特征加以抽象，并从苏维埃刑事立法所规定的每一犯罪构成所固有的相互联系中，抽出基本的一般特征的方法而制定出来的。"③ 在这种情况下，犯罪构成演化为社会危害性构成，因此，定罪的出发点就是行为的社会危害性的一般性判断。苏俄四要件的犯罪构成论作为一般的犯罪构成，它遵循了从一般到个别，即从总则到分则的判断思路。

应该指出，究竟是从刑法分则规定的具体构成要件开始还是从刑法总则规定的一般构成要件开始，去认定犯罪对定罪的结果存在重大影响。下面以刊登在

---

① 参见［苏］А. А. 皮昂特科夫斯基等：《苏联刑法科学史》，曹子丹等译，13 页，北京，法律出版社，1984。
② ［苏］А. А. 皮昂特科夫斯基等：《苏联刑法科学史》，曹子丹等译，21 页，北京，法律出版社，1984。
③ ［苏］А. А. 皮昂特科夫斯基：《社会主义法制的巩固与犯罪构成学说的基本问题》，载中国人民大学刑法教研室编译：《苏维埃刑法论文选译》，第 1 辑，80 页，北京，中国人民大学出版社，1955。

《最高人民法院公报》2004年卷的朱建勇故意毁坏财物案为例加以说明。2002年4月29日至5月10日，被告人朱建勇利用事先获悉的账号和密码，侵入被害人陆正辉、赵佩花夫妇在证券营业部开设的股票交易账户，然后篡改密码，并利用陆赵夫妇的资金和股票，采取高进低出的方法进行股票交易，造成资金损失19.7万余元。在判决书中，法官以对被告人朱建勇的行为能否用刑法评价为题专门作了论证，该论证首先引用了我国《刑法》第2条关于刑法任务的规定和《刑法》第13条关于犯罪概念的规定，最后引用《刑法》第275条关于故意破坏财物罪的规定，由此得出结论："被告人朱建勇为泄私愤，秘密侵入他人的账户操纵他人股票的进出，短短十余日间，已故意造成他人账户内资金损失19.7余万元。这种行为，侵犯公民的私人财产所有权，扰乱社会经济秩序，社会危害性是明显的，依照刑法第275条的规定，已构成故意毁坏财物罪，应当受刑罚处罚。"[①] 以上论证，十分典型地反映了从总则性规定到分则性规定的定罪思维方法论。因为社会危害性是犯罪的本质特征，也是犯罪构成的价值标准，四要件只不过是对行为社会危害性及其程度的说明。因此，按照苏俄犯罪构成论，首先要对行为是否具有社会危害性及其这种社会危害性是否达到犯罪程度进行一般性的判断。而社会危害性是一种外在于并且先在于构成要件的实质判断，容易形成先入之见，从而将刑罚没有规定的行为予以入罪，违反罪刑法定原则。如果按照三阶层的犯罪论体系，被告人朱建勇的行为是否构成犯罪，首先需要判断的是其行为是否具有故意毁坏财物罪的构成要件该当性。因此，本案需要讨论的是这种利用高进低出买卖股票的方法使被害人的股票市值降低的行为是否属于毁坏财物的行为？如果属于毁坏行为，则进一步考虑构成犯罪的其他要素。如果不属于毁坏行为，则其他要素不必再考虑，行为人的行为不可能构成犯罪。通过以上案例，十分清楚地反映了从总则性规定的一般构成要件开始还是从分则性规定的具体构成开始，对于定罪结论具有重大影响。

三阶层的犯罪论体系无论其内部要素如何调整，都是以分则性的构成要件为

---

① 《中华人民共和国最高人民法院公报》，2004年卷，305页，北京，人民法院出版社，2005。

基础的，由此形成一种分则性的思维方法，是永远不会改变的。但是，四要件的犯罪构成论摈弃了分则性的构成要件概念，构建了一种没有构成要件的犯罪构成，并形成了一种总则性的思维方法，由此使总则性的社会危害性成为犯罪构成的基础。笔者认为，分则性的具体构成要件概念具有人权保障的特殊机能，而总则性的一般构成要件概念则使这种人权保障机能丧失。因此，在我国刑法确认了罪刑法定原则的背景下，我们应当选择更有利于罪刑法定原则司法化的三阶层的犯罪论体系而去除苏俄四要件的犯罪论体系。

（二）违法与责任：犯罪论体系的结构描述

如果说，分则与总则是一个法律规范层面的问题，那么，不法与责任就是一个犯罪的内在逻辑结构的问题。三阶层的犯罪论体系是以违法与责任的分立为前提的，是以违法与责任为支柱的犯罪论体系。① 德国学者李斯特指出："符合犯罪构成的违法性并不构成'犯罪'这种否定评价的理由。犯罪还是一种有责的行为（schulclhafte Handlung）；也就是说，有刑事责任能力的犯罪人是故意或过失地实施了符合犯罪构成的违法行为，也即刑法中的罪责问题涉及符合犯罪构成的违法行为。因此，也就必然得出这样一个结论：刑法制度中的罪责只能在违法性学说之后来探讨。"② 由此可见，违法与责任不仅应当分立，而且两者之间还应当建立起逻辑上的位阶关系。

不可否认，在古典的犯罪论体系那里，违法与责任的关系曾经对应于客观与主观的关系。这种思想在"违法是客观的，责任是主观的"这一命题中体现得极为明显。这一立场是以客观违法性论为前提的。客观违法性论将法规范视为评价规范，所有法规范均是客观的评价规范，它们使得从共同秩序的立场出发来评价人的行为成为可能。法律并不包含针对个人的命令。该理论更多的是认定一个"非个人的应当规范"③。因此，违法是对某一事件或者某一状态的客观判断，它

---

① 参见张明楷："以违法与责任为支柱构建犯罪论体系"，载《现代法学》，2009（6）。
② ［德］李斯特：《德国刑法教科书》，修订译本，徐久生译，168页，北京，法律出版社，2006。
③ ［德］安塞尔姆·里特尔·冯·费尔巴哈：《德国刑法教科书》，第14版，徐久生译，231页，北京，中国方正出版社，2010。

与行为人的主观要素无关。客观违法性论承认"没有责任的违法",从而将违法与责任加以区隔,并且将违法作为责任的前提,责任作为违法的后果,从而否认"没有违法的责任"。相反,主观违法性论则将法规范视为决定规范,刑法秩序由立法者的意思表示所构成,它要求法成员(Rechtsgenosse)为特定的行为,因此,它的规范被理解为针对每一个人的应当规范(Sollenssaztze)。[1] 在这种情况下,违法含有归责可能性的特征,甚至由此可以推导出"归责可能性是违法的本质"的命题。[2] 因此,主观违法性论否认"没有责任的违法",承认违法与责任的同一性。目前较为通行的观点,是在客观违法性论的基础上,肯定主观违法要素。主观违法要素在某种意义上也可以说是主观构成要素,例如目的犯之目的、倾向犯之倾向和表现犯之表现等。这些主观违法要素通常是在刑法分则条文中规定的,对于违法性判断具有重要意义,因而属于违法要素而非责任要素。当然,目的行为论的犯罪论体系把故意与过失亦纳入构成要件,将主观心理要素与主观归责要素加以分离。在这种情况下,违法与有责仍然是分立的,后者以前者为前提的逻辑结构并没有改变。

在苏俄犯罪论体系中,并不存在违法与责任的概念,违法与责任的概念被客观与主观的概念所涵盖。尤其是以主客观相统一作为苏俄犯罪论体系的标识,并且将主客观统一于社会危害性。应该说,这一观念的形成存在一个演变过程。在早期,皮昂特科夫斯基把社会危害性看作是客观的,而把责任看作是主观的,认为社会危害性(违法性)乃是一切犯罪的客观属性。因此,在行为中如无社会危害性(违法性)的因素存在,就应承认其中无犯罪构成之存在。[3] 皮昂特科夫斯基在这里所说的社会危害性,相当于三阶层犯罪论体系中的违法性。因为皮昂特科夫斯基还批判了贝林关于属于犯罪构成的只是那些说明该犯罪特征的实际情

---

[1] 参见[德]汉斯·海因里希·耶赛克、托马斯·魏根特:《德国刑法教科书》,徐久生译,292页,北京,中国法制出版社,2001。

[2] 参见[日]泷川幸辰:《犯罪论序说》,王泰译,47页,北京,法律出版社,2005。

[3] 参见[苏]苏联司法部全苏法学研究所主编:《苏联刑法总论》,下册,彭仲文译,331页,上海,大东书局,1950。

况，违法则不属于构成要件的观点，认为这种把违法性剔除于犯罪构成的范围以外的观点是新康德主义的观念。与此同时，皮昂特科夫斯基又主张罪过乃是刑事责任的条件，指出："为了确认某种有责任能力的人对其所为危害社会的作为或不作为负刑事责任，仅确定该行为系由某人所实行是不够的。为了构成犯罪，必须还要确定某人在实行该犯罪行为时之罪过，确定犯罪构成主观因素之存在，亦即该有责任能力者对其所为之犯罪行为在故意或过失形式上的心理关系。"[1] 在以上论述中，客观上的社会危害性（违法性）与主观上的罪过相分立，两者同时具备才能构成犯罪。这一主客观要件的关系与三阶层的违法与责任的逻辑构造是相类似的，即社会危害性与罪过是相分离的，并且后者以前者为前提。但是，在此后的著作中，随着犯罪构成是刑事责任的唯一根据这一命题的确立，以犯罪概念—社会危害性—犯罪构成—刑事责任为中心线索，形成了主客观相统一的原理。例如，皮昂特科夫斯基指出，"人们行为中的主观和客观的辩证统一，乃是正确了解社会主义刑法上的犯罪构成的基础。犯罪构成永远是犯罪行为必要的客观特征和主观特征的统一"[2]。在这种情况下，犯罪构成的主观要件与客观要件就被改造成一种相互印证的对应性关系。皮昂特科夫斯基在以上论述中提到一个概念——辩证统一。特拉伊宁在论及犯罪构成的客观因素与主观因素的关系时，也称为"辩证地结合"[3]。这可以说是辩证法在犯罪构成论中的运用。对此，我国学者指出，苏维埃学者之所以坚持主客观要件相统一的犯罪构成，主要是采用了"唯物辩证法"[4]。应当指出，在德国刑法学中，存在一个从新康德主义到新黑格尔主义转变的过程，而苏俄刑法学也不能不受此影响。但是，在此时，黑格尔主义因为意识形态而获得官方地位，其方法论在犯罪构成论中大行其道，而新

---

[1] [苏] 苏联司法部全苏法学研究所主编：《苏联刑法总论》，下册，彭仲文译，366页，上海，大东书局，1950。
[2] [苏] А. А. 皮昂特科夫斯基："社会主义法制的巩固与犯罪构成学说的基本问题"，载中国人民大学刑法教研室编译：《苏维埃刑法论文选译》，第1辑，86页，北京，中国人民大学出版社，1955。
[3] [苏] А. Н. 特拉伊宁：《犯罪构成的一般学说》，王作富等译，15页，北京，中国人民大学出版社，1958。
[4] 薛瑞麟："对话《刑法知识去苏俄化》的作者"，载《政法论坛》，2008（11）。

康德主义方法论则屡受批判，并以此成为抵制德国刑法学的理由。[①] 在黑格尔的方法论中，包括了对立统一原理。因此，所谓犯罪构成中主客观要件的辩证统一，是指对立统一。这里的对立，是指互相分立；这里的统一，是指互相依存。苏俄学者往往采用整体与部分的哲学原理来说明犯罪构成与各个构成要件之间的关系。例如，苏俄学者指出："每个犯罪都是由一切说明行为、该行为所产生的结果以及犯罪人的客观和主观要件组成的统一体。从理论上分析，允许对犯罪的组成部分——犯罪客体和客观方面，犯罪主体和主观方面进行分开和个别的研究。犯罪构成描述了犯罪的各个组成部分的特征，从而有可能触及犯罪构成的各个组成部分。"[②] 在这种整体与部分的结构中，某一犯罪构成要件依赖另一犯罪构成要件而存在，形成一种耦合式的逻辑结构。此后，苏俄学者还在犯罪论体系的研究中引入系统论的分析方法。

犯罪构成不仅是犯罪要件的总和，而且是犯罪要件的严密的系统。犯罪构成反映犯罪特有的构成犯罪要素的内部联系。刑法科学的最大成就就是揭示了各个罪的统一的共同结构，并在这一基础上由表明犯罪的客体、犯罪的主体、犯罪的客观方面和犯罪的主观方面的四类基本要件组成每一个犯罪构成。犯罪构成的结构性质对于定罪有着原则性的意义，因为这种性质使我们能够拟定定罪的某些共同原则。[③] 至今，在俄罗斯的犯罪论体系研究中，这种系统论的分析方法仍然被坚持。犯罪构成——这是行为的必要客观要素和主观要素的体系，它们形成行为的社会危害性，在结构上分为四个分体系，其要件在刑法典总则和分则规范的处理中予以规定。作为体系，即若干事物的统一的整体（而不单是总和），犯罪构成由一系列相互联系的分体系及其要素组成，缺少犯罪构成的任何一个分体系或

---

① 参见 [苏] A. A. 皮昂特科夫斯基："社会主义法制的巩固与犯罪构成学说的基本问题"，载中国人民大学刑法教研室编译：《苏维埃刑法论文选译》，第1辑，85页，北京，中国人民大学出版社，1955。
② [苏] H. A. 别利亚耶夫、M. И. 科瓦廖夫主编：《苏维埃刑法总论》，马改秀、张广贤译，83页，北京，群众出版社，1987。
③ 参见 [苏] B. H. 库德里亚夫采夫：《定罪通论》，李益前译，71页，北京，中国展望出版社，1989。

者要素都会导致体系的解体,即整个犯罪构成的不存在。① 从犯罪构成的整体与部分关系到犯罪构成的系统论,犯罪构成的结构越来越虚幻。我国学者引入了这一犯罪构成的系统论方法,形成犯罪构成系统论,并主张采用犯罪构成的整体性原则来取代我国刑法理论历来强调所谓主客观相统一的原则。主体与客体的相互联系相互作用,是通过联结它们的中介即犯罪活动的主观方面和犯罪活动的客观方面的相互联系、相互作用完成的。由于犯罪主体、犯罪客体、犯罪主观方面、犯罪客观方面都是由各个要素组成的系统,由于各个层次之间以及各个层次的诸要素之间存在双向的相互关系,这样就使通过中介联结起来的主客体之间的相互关系成为一个多层次、多要素、多变量的复杂结构和动态过程,使犯罪构成的系统结构和整体性能呈现出多样性。② 面对这些令人眼花缭乱的系统论术语,我茫然。然而,这种非教义学化的话语到底能否为我们认识犯罪构成的结构增添新知,我怀疑。尤其是提出犯罪构成作为过程而存在的命题,强调犯罪构成处在产生、发展和灭亡的不断变化之中,我无语。当在政治意识形态的裹挟下,以辩证法与系统论这样一些庸俗的分析工具为内容的哲学帝国主义长驱直入地侵入刑法学地盘的时候,我惭愧。对于苏俄犯罪论体系中四要件之间的关系,我只能用四个字来形容:混乱不堪。

我国的四要件犯罪论体系同样强调四个方面要件的有机统一、密切结合。我国学者指出:"任何犯罪都是犯罪主体所实施的危害社会的行为,因此任何犯罪构成都必然包含表明主体和行为特征必不可少的主观要件和客观要件。主体和行为永远不能分离,主观要件和客观要件总是结合成一个统一的整体来反映社会危害性及其程度的。"③ 在以上对于四要件关系的抽象论述中并不能发现各要件之间的真实关系。我们只要对四要件的内容稍作分析,就可以发现它们之间的相互依存关系:(1)犯罪客体对于犯罪客观方面的依存性——没有犯罪行为,也就没

---

① 参见[俄]Н. Ф. 库兹涅佐娃、И. М. 德日科娃:《俄罗斯刑法教程(总论)》,上卷·犯罪论,黄道秀译,178页,北京,中国法制出版社,2002。
② 参见何秉松:《犯罪构成系统论》,119页,北京,中国法制出版社,1995。
③ 高铭暄主编:《刑法学》,修订本,100页,北京,法律出版社,1984年第2版。

有犯罪客体。在四要件的犯罪构成论中,犯罪客体是指刑法所保护而为犯罪行为所侵害的社会主义社会关系。根据这一概念,社会主义社会关系是客观存在的,如果没有被犯罪行为所侵害,还不能说它就是犯罪客体。犯罪客体和犯罪行为是紧密相连的。没有犯罪行为就谈不到犯罪客体;只有刑法所保护的社会关系被犯罪行为所侵害时,才能成为犯罪客体。[①] 在这种情况下,认定犯罪客体以犯罪行为的存在为前提,反之亦然。(2)犯罪主体对犯罪客观方面的依存性——没有犯罪行为,也就没有犯罪主体。在四要件的犯罪构成论中,犯罪主体是指达到法定责任年龄、具有责任能力、实施了危害社会行为的自然人。在这一犯罪主体的概念中,包含了实施危害社会行为这一内容。对此,我国学者指出:"犯罪主体的概念中应当包含实施危害社会行为或犯罪行为的内容,舍此便不足以揭示犯罪主体的本质特征,便不足以反映构成犯罪的主体、客观方面、客体、客观方面诸内容的本来联系。"[②] 如同犯罪客体一样,犯罪主体也是以行为人实施了犯罪行为为前提的。(3)犯罪主观方面对犯罪客观方面的依存性。在四要件的犯罪构成中,犯罪主观方面又称为罪过,其罪过形式包括犯罪故意与犯罪过失。而罪过又是以犯罪行为的存在为前提的,因为犯罪主观方面是犯罪主体对他所实施的危害社会的行为及其危害结果所持的心理态度。因此,"任何危害行为的行为,无不受行为人主观意识的支配;否则,就不成其为犯罪。另外,一个人企图危害社会的主观意识,如果没有表现为危害社会的行为,也就谈不到是罪过,从而也不可能构成犯罪"[③]。(4)犯罪客观方面对其他三个要件的依存性。在四要件中,犯罪客观方面被认为是犯罪构成的基本要件,其他三个要件都依存于犯罪客观方面而存在。与此同时,犯罪客观方面对于犯罪客体、犯罪主体、犯罪主观方面同样存在依存性。也就是说,犯罪客观方面也是以犯罪成立为前提的。而不满14周岁的人的杀人行为,既然不具备犯罪主体要件,故意杀人罪的客观方面要件也就不具备。综上所述,四要件之间存在相互依存性,因而四要件的犯罪

---

① 参见高铭暄主编:《刑法学》,修订本,107页,北京,法律出版社,1984年第2版。
② 赵秉志:《犯罪主体论》,9页,北京,中国人民大学出版社,1989。
③ 高铭暄:《中国刑法学》,122~123页,北京,中国人民大学出版社,1989。

构成论就是一种循环论证的关系。对此,我国学者作了以下生动的说明:"我国犯罪构成理论体系是要件'齐合填充'式的,各要件之间互为前提、互相作用,任何一个方面的要件,如若离开其他三个方面的要件或其中之一,都将难以想象,要件的齐合充分体现出要件的同时性和横向联系性;撇开论述上的逻辑顺序不说,四个要件哪个也不能独立在先、独立在后。"① 这里的四要件的同时性恰好与三阶层的位阶性形成明显的对照。在三阶层的结构设置中,构成要件处于第一的顺序,而构成要件又是以刑法分则规定的具体犯罪成立条件为内容的。只有在具备构成要件以后,才考察违法性与有责性,后两个要件当然以构成要件为前提,因而各个要件之间的逻辑关系是十分明确的,有利于对犯罪的认定。

犯罪论体系的逻辑结构,并不单独是一个犯罪成立条件的排列顺序问题,而是一种定罪的思维方法论的问题。三阶层是对犯罪成立条件的渐次审查过程,三个要件就成为三道程序,一个行为只有经过三次审查,同时具备构成要件该当性、违法性和有责性,犯罪才能成立。但是,对于四要件来说,由于四个要件之间是相互依存的,因而一有俱有,一无俱无。对于认定犯罪来说,只要论证存在一个要件,其他要件自在其中。尤其是在犯罪客观要件与犯罪主观要件之间没有形成违法与责任之间的位阶关系,因而从犯罪主观方面论证犯罪客观方面的定罪思维方法大行其道。例如,被告人王某于2008年8月以虚假的身份证、驾驶证到某服装公司应聘驾驶员,应聘后上班第一天,王某接受公司指派,驾驶公司的小轿车送公司办事员外出,即借机将该车开走,占为己有。关于本案被告人王某行为的定罪,存在诈骗罪与职务侵占罪两种意见。主张诈骗罪的意见认为,王某主观上具有骗取被害单位小轿车的犯罪故意,客观上使用虚假身份证和驾驶证去被害单位应聘,骗取被害单位的信任,使被害单位陷入错误认识,而自愿将车辆交由其驾驶、保管,由此得以非法占有他人财物。主张职务侵占罪的意见认为,王某虽然在应聘驾驶员职位时使用了虚假身份和驾驶证,但他一旦成为驾驶员,

---

① 肖中华:《犯罪构成及其关系论》,213页,北京,中国人民大学出版社,2000。

就获得了实际驾驶、控制车辆的职务上便利,并利用这种职务上的便利,将本单位的车辆非法占为己有,数额特别巨大,应以职务侵占罪认定。① 以上两种意见的分歧,虽然与对诈骗罪与职务侵占罪的理解有关,但笔者认为更是与客观先于主观还是主观先于客观的思维方法有关。显然,主张诈骗罪的意见采用了主观先于客观的思维方法,先认定王某主观上具有诈骗故意,然后再认定其客观上具有诈骗行为。但是,实际上,王某在应聘时具有非法占有财物的目的,主张诈骗罪的意见正是把这种目的误解为诈骗故意,然后顺理成章地把客观行为认定为诈骗。其实,诈骗故意取决于客观上实施的是否为诈骗行为,而不是相反。而主张职务侵占罪的意见则采用了客观先于主观的思维方法,先确定王某的行为是否具备职务侵占罪的构成要件,然后再认定主观上的故意。从客观上来说,王某的行为可以分为两个阶段,第一是虚假应聘阶段,这一行为本身并不符合诈骗罪的构成要件。第二是担任司机以后利用司机的职务便利非法将单位汽车占为己有的阶段,这一行为恰恰符合职务侵占罪的构成要件。因此,只有采用违法与责任(在一般情况下对应于客观与主观分立的逻辑结构),才能更好地保证定罪结论的正确性。而在主客观相统一的原则下,将主客观要件塑造成为依存关系,则使个别与分别的犯罪构成要件的判断演变为整体性判断。两相对比,苏俄犯罪论体系的劣势明显。

(三)出罪与入罪:犯罪论体系的功能考察

犯罪论体系是在刑法所规定的犯罪成立条件的基础上建构起来的,犯罪成立条件为认定犯罪提供了法律标准,凡不具有犯罪成立条件的,则不构成犯罪,因此,犯罪成立条件本身具有入罪与出罪的双重功能。在三阶层的犯罪论体系中,出罪与入罪经过三重审查:在构成要件该当性阶层,将那些不具备构成要件的行为予以删除。在违法性阶层,将那些虽然具备构成要件该当性但不具有违法性的行为予以排除。在有责性阶层,将那些虽然具备构成要件该当性和违法性,但不具备有责性的行为予以删除。在三阶层的犯罪论体系的构造中,前一要件独立于

---

① 参见许少宇:"以虚假身份应聘司机开走单位汽车如何定性",载《检察日报》,2009-10-14。

后一要件，因此每一个阶层的判断都是独立的判断。尤其是在违法性和有责性中，将违法阻却事由和责任阻却事由予以排除，在入罪过程中实现出罪功能，使入罪与出罪两者有机地结合起来。

苏俄犯罪论体系，如前所述是以社会危害性为中心的，犯罪构成就是社会危害性的构成。在苏俄犯罪论体系中，社会危害性的功能与三阶层犯罪论体系中的违法性相类似，都是一种实质判断。但是，在上述两种犯罪论体系中，社会危害性（违法性）的体系性地位却完全不同。在三阶层的犯罪论体系中，违法性是构成要件该当性之后的一个独立阶层，对具有构成要件该当性的行为进行实质审查，以此排除违法阻却事由。因此，构成要件与违法性具有不同功能定位。① 在苏俄犯罪论体系中，对于社会危害性在犯罪论体系中的地位存在较大争议。其中，特拉伊宁认为，社会危害性不是犯罪构成的一个因素，而是对犯罪全部因素的评价：行为的社会危害性都是决定每个犯罪构成的基本的、本质的属性。只有危害社会的行为才能形成犯罪构成，由此可以直接得出结论——社会危害性不能是犯罪构成的一个因素。社会危害性的意义比犯罪构成的一个因素的意义要大得多，因为社会危害性明显地表现在犯罪构成的全部因素的总和中，它是在刑法上对整个作为（或不作为）的评价。②

特拉伊宁的这一观点，犯罪构成要件与社会危害性之间是一种事实与评价的关系。皮昂特科夫斯基把特拉伊宁的上述观点概括为：认为行为的违法性（社会危害性）并不是犯罪构成的特征，而是犯罪构成以外的东西。行为的违法性好像是处在犯罪构成以外的惩罚的基础、前提和条件。皮昂特科夫斯基对这一观点进行了批判，指出：对犯罪构成和行为的社会危害性（违法性）的相互关系作如此的理解，这首先就和苏维埃法学建立基本法律概念的原则相抵触。犯罪构成是犯罪的法律概念，犯罪构成如果只是相应行为的事实特征的总和，那么，它就是一种不能反映犯罪——危害苏维埃国家基础或社会主义法律程序的行为——本质的

---

① 参见杜宇："分合之道：构成要件与违法性的阶层关系"，载《中外法学》，2011（4）。
② 参见［苏］A. H. 特拉伊宁：《犯罪构成的一般学说》，王作富等译，63~64页，北京，中国人民大学出版社，1958。

空洞概念，在这种犯罪构成的概念里，行为的事实属性和它的社会属性机械地被割裂开来。这种观念和那种认为犯罪构成成为刑事责任唯一基础的主张不可调和。这种原理的逻辑结论，就是硬说着某些不是刑事责任基础的形式的犯罪构成。① 皮昂特科夫斯基指责特拉伊宁的犯罪构成是形式的犯罪构成，并不完全符合实际。特拉伊宁的犯罪构成仍然是包含社会危害性的，只不过它是犯罪构成因素的属性而不是犯罪构成的一个独立要件。因此，即使在特拉伊宁的犯罪论体系中，也并没有把犯罪构成与社会危害性分割开来。

在苏俄犯罪论体系中，确实可能导致形式的犯罪构成，这主要是由四要件中未能单独地设立违法性这一要件所造成的，由此导致苏俄犯罪论体系的出罪机制不畅。例如，苏俄学者在确立人的行为中具有刑法典分则条文所载的犯罪构成的各种特征时，也就意味着这一行为具有危害社会的和违法的性质这一规则以后，又指出：没有例外的规则是没有的。这种例外，首先是指苏俄刑法典第6条附则的规定，即"行为在形式上虽符合本法典分则某一条文的特征，但由于显著轻微且无损害结果而丧失社会危害性质的，不是犯罪行为"。其次是苏俄刑法典第13条规定："法院如确定某人的行为系属于抵抗对苏维埃政权之侵害、对个人身体或他人权利之侵害之正当防卫，而在此行为中并未超出正当防卫之界限时，则该人所行之违犯刑事法律规定之行为，不得加以刑罚。"由此，苏俄学者 T.B. 采列捷里、B.T. 马卡什维里得出如下结论："在某些例外的场合，某人所实施的行为，虽然形式上也符合刑法典所载的犯罪构成的各项特征，但是由于特殊情况的存在，它就不再是危害社会的及违法的行为了。在这种场合，符合犯罪构成的诸事实特征的总和，就成为一种不能作为刑事责任基础的空洞的形式。"② 其实，上述论断中的犯罪构成是指刑法分则规定的构成

---

① 参见［苏］A.A. 皮昂特科夫斯基：" 社会主义法制的巩固与犯罪构成学说的基本问题"，载中国人民大学刑法教研室编译：《苏维埃刑法论文选译》，第1辑，83～84页，北京，中国人民大学出版社，1955。

② ［苏］T.B. 采列捷里、B.T. 马卡什维里：《犯罪构成是刑事责任的基础》，载中国人民大学刑法教研室编译：《苏维埃刑法论文选译》，第1辑，68页，北京，中国人民大学出版社，1955。

要件。特拉伊宁在论及犯罪构成与正当防卫、紧急避险的关系时，也是从刑法分则规定的构成要件意义上考虑的，指出："在犯罪构成学说的范围内，没有必要而且也不可能对正当防卫和紧急避险这两个问题作详细的研究。"[①] 这里的犯罪构成显然是指刑法分则规定的构成要件。正当防卫和紧急避险是符合构成要件的，当然不可能在构成要件中研究。在三阶层的犯罪论体系中，正当防卫和紧急避险作为违法阻却事由，是在构成要件该当性之后的违法性阶层研究的。因而正当防卫和紧急避险虽然不在构成要件中研究，但仍然是在犯罪论体系中研究的。在这种情况下，三阶层的犯罪成立条件全部具备的情况下，就必然构成犯罪，而不可能存在例外的情形。但是，在苏俄犯罪论体系中，犯罪构成是社会危害性的构成，主要是从正面论述行为具备犯罪构成，因而具有社会危害性就构成犯罪。因而，犯罪构成具有入罪功能。而正当防卫和紧急避险作为排除社会危害性行为，是在犯罪构成以外研究的，从反面说明行为没有社会危害性就不构成犯罪。如此处理犯罪构成与排除社会危害性行为的关系，就出现了行为具备犯罪构成但还可能不构成犯罪的现象，因而直接与犯罪构成是刑事责任的唯一根据的命题相矛盾。为解决这一矛盾，皮昂特科夫斯基把狭义上的犯罪构成提升为广义上的犯罪要件，指出："如果已实施的行为没有违法性（社会危害性），那就永远不会有犯罪构成。因此，例如某人合法地实行正当防卫时，就没有犯罪构成；当某人的行为显著轻微且无损害结果而失去社会危害性质时，也没有犯罪构成（《苏俄刑法典》第 6 条附则）。"[②] 以上论述中所说的犯罪构成是指广义上的犯罪要件。但是，在这种情况下，正当防卫和紧急避险作为犯罪成立的反面，它并不是在犯罪构成中予以排除的，因而苏俄犯罪构成论的入罪与出罪未能统一于同一过程，这是一个结构性缺陷。

我国现行的犯罪论体系将正当防卫和紧急避险称为排除社会危害性的行为，

---

① ［苏］A. H. 特拉伊宁：《犯罪构成的一般学说》，王作富等译，272 页，北京，中国人民大学出版社，1958。
② ［苏］A. A. 皮昂特科夫斯基："社会主义法制的巩固与犯罪构成学说的基本问题"，载中国人民大学刑法教研室编译：《苏维埃刑法论文选译》，第 1 辑，83 页，北京，中国人民大学出版社，1955。

认为这种外表是犯罪，而实质上并不具有社会危害性，不具有犯罪构成，并且对国家和人民有益的行为，就是排除社会危害性的行为。[①] 这里的外表是犯罪，指的就是外表上似乎符合某种犯罪构成，而实质上不具有犯罪构成，又主要取决于行为实际上没有社会危害性。在这一界定中，排除社会危害性行为与犯罪构成之间的关系似是而非，模糊不清。但是，就排除社会危害性行为没有纳入犯罪构成论而言，则是明白无误的。我国学者在评价这种正当化事由缺乏的犯罪构成模式时指出，"这种四要件的犯罪构成论致使形式违法性与实质违法性之间的冲突，抽象的、僵硬的法条规定与具体的、灵活的社会现实差异的矛盾，法律与情理的对抗在所难免。由此决定，法定的犯罪构成体系在实现刑法一般公正的同时，面临着可能丧失个别公正的危险"。[②] 之所以会出现这种后果，主要是出罪机制不畅造成的。只有采用三阶层的犯罪论体系，将出罪与入罪这两种功能合理配置，才能彻底解决这个问题。

苏俄的犯罪论体系在我国特定的历史阶段曾经发生过重要的作用，这种作用是积极的和正面的，对此不可否认。去苏俄化不是要否认这段苏俄犯罪论体系在我国传播并发生影响的历史本身。同样不可否认的是，苏俄的四要件的犯罪论体系存在自身的结构性缺陷，相比较之下，德日的三阶层的犯罪论体系更具有其理论上的合理性。在这种情况下，以三阶层的犯罪论体系取代四要件的犯罪论体系就是一种必然的选择。这一选择，无关历史，无关政治，仅仅关涉学术，关涉逻辑。

(本文原载《政法论坛》，2012（4）)

---

① 参见高铭暄主编：《刑法学》，修订本，162页，北京，法律出版社，1984年第2版。
② 田宏杰：《刑法中的正当化行为》，144页，北京，中国检察出版社，2004。

转型中的中国犯罪论体系

一、中德犯罪论体系的比较视角

犯罪论体系,在德国也往往称为刑法体系,是我们这次中德刑法学者联合会学术研讨会的主题之一。这个主题之设,主要还是考虑到中国目前正处在从苏俄的四要件到德日的三阶层的犯罪论体系的转型过程之中,因此对此的讨论是具有现实意义的。而在德国,正如希尔根多夫教授在其论文中所指出的那样,刑法体系问题已经不是学界讨论的焦点问题。对于犯罪论体系在中德两国刑法学界的重要程度的这种差别,正好反映出中德两国在犯罪论体系研究进展方面的差距。

在这次研讨会上,梁根林教授提交的论文《中国犯罪论体系建构:叙事与评说》[①],可以说是全面、客观地描述了中国刑法学在犯罪论体系上的流变过程,对于理解中国当前在犯罪论体系上的理论现状具有重要参考价值。在梁根林教授的这篇论文中,我也是其中一个角色,该文对我的学术演变过程进行了描述,基

---

① 参见梁根林:《中国犯罪论体系建构:叙事与评说》,载梁根林、[德]希尔根多夫主编:《刑法体系与客观归责:中德刑法学者的对话(二)》,北京,北京大学出版社,2015。

本上符合我的实际情况,对此我表示认同。而希尔根多夫教授提交的论文《刑法的体系构成》[1]一文,则对德国的犯罪论体系进行了深入的介绍,尤其是涉及对美国与苏俄的犯罪论体系的对比,这对我国关于犯罪论体系的思考提供了重要的借鉴。可以说,这两篇论文反映了中德之间在犯罪论体系研究上的不同状态与阶段,其中不乏引人深思之处。在我看来,梁根林教授与希尔根多夫教授的这两篇论文,在以下三个方面形成了对比的视角。

(一)叙述性与思辨性

梁根林教授的论文更多的是描述性的文字,其对中国当前正在进行的四要件与三阶层之争,进行了极为细致的学术描述,给人留下深刻的印象。例如,梁根林教授描述了中国刑法学界从师从苏俄到效法德日的犯罪论体系的演变过程,这也就是从四要件的一统天下到四要件与三阶层的体系之争的转变过程。这里应当指出,清末中国法律变革中断了延续了数千年的中华法系传统,引入了大陆法系制度,包括刑法制度。这一重大的法律变革是以日本法律制度为借鉴对象的,也在很大程度上参考了日本学者的意见。此后,中国的刑法理论始终受到日本理论的影响。在民国时期(20世纪20年代至20世纪40年代),先后制定的两部刑法典(1928年刑法典与1935年刑法典)都是以日本刑法典为摹本而制定的,基于刑事立法对日本的倚重,在犯罪论体系上也复制了日本理论。例如,民国时期的犯罪论体系所讨论的犯罪主体、犯罪客体、犯罪行为、责任能力、责任形式等概念就来自日本。而这个时期的日本刑法理论也在很大程度上受到德国的影响,在这个意义上说,民国时期的犯罪论体系是间接地受到德国影响的。在20世纪50年代以后,中国政权更迭,废除旧法统,开始全面采用苏俄法律理论。在刑法上亦概莫能外,在这一背景下,中国引入了苏俄刑法学的四要件的犯罪论体系,一直影响到今天。这是中国犯罪论体系的历史背景,相对于梁根林教授所描述的中国犯罪论体系从师从苏俄到效法德日的演进过程,这是一段中国犯罪论体系发展

---

[1] 参见[德]希尔根多夫:《刑法的体系构成》,载梁根林、[德]希尔根多夫主编:《刑法体系与客观归责:中德刑法学者的对话(二)》,北京,北京大学出版社,2015。

的前史。而希尔根多夫教授的论文则对犯罪论体系进行了具有思辨性的论述,例如对犯罪论体系的功能性的强调,指出了犯罪论体系本身具有对于刑法恣意的限制功能,其刑法教义学的整合功能同样是不可否定的。这些见解,对于我们深刻认识犯罪论体系的实践意义具有重要启迪。在构成要件产生初期,就是以罪刑法定原则为依归的,在此基础上形成的犯罪论体系对于实现罪刑法定原则来说,是不可或缺的制度保障。犯罪论体系是一整套精致的话语体系,以此为依托,将刑法中的各种概念组合在一起,由此发挥其辅助定罪的适用功能,对于法治国来说,具有十分重要的理论意义与现实意义。因此,犯罪论体系所具有的思辨性并不是玄学式的理论,而是切合法治建设的学说。

(二)本土性与普世性

梁根林教授的论文是以叙述中国的犯罪论体系的变革为其论文主线的,更多展示的是犯罪论体系的地方性知识。例如,梁根林教授在其论文中揭示了中国犯罪论体系之争的文化与法治的背景。当然,中国的犯罪论体系之争明显受到自20世纪90年代初引入的德日刑法学的深刻影响。因此,在中国发生的犯罪论体系之争,其意义远远超过了中国的国界,也是在世界范围内刑法教义学知识传播的一个个案。梁根林教授在论文中讨论了犯罪论体系的本土化的重要性。应该说,本土化的问题,在中国刑法学界也始终是一个存在争议的问题。自从清末中国引入大陆法系国家的法律制度以后,中国的法律制度已经在一定程度上与世界接轨。在犯罪论体系问题上也是如此。其实,无论是苏俄的四要件的犯罪论体系还是德日的三阶层的犯罪论体系,对于中国刑法学界来说,都是舶来品。问题只是在于:如何在借鉴与吸收西方刑法知识的基础上,使其尽可能地切合中国的刑事立法与刑事司法的实际状况,以此满足中国刑事法治建设的客观需求。因此,只有在这个意义上理解犯罪论体系的本土化,才能推进中国犯罪论体系的演变与发展。梁根林教授也是在这个意义上理解犯罪论体系的本土化命题的,这对于中国犯罪论体系的健康发展具有参考价值。在目前中国刑法学界关于犯罪论体系的本土化的讨论中,本土化是相对于苏俄化和德日化而言的。这里涉及一个问题:本土化与苏俄化和德日化之间究竟是一种什么关系?我个人认为,本土化与苏俄

化和德日化并不是对立的,所谓的本土化也是指对于苏俄犯罪论体系和德日犯罪论体系的本土化。因此,去苏俄化和引入德日三阶层的犯罪论体系之间,并不存在与本土化的矛盾关系或者对立关系。在我国刑法学界,对于犯罪论体系的本土化问题,存在两种值得反思的思想认识。一是坚持四要件的犯罪论体系,认为苏俄犯罪论体系已经本土化,没有必要再引入德日犯罪论体系。因此,提出了中国犯罪构成理论不必移植德日理论的命题,本土化就成为排拒德日犯罪论体系的一个理论根据。例如有中国学者指出:"不能过于强调我国现行平面的犯罪构成体系(四要件的犯罪论体系)的缺陷与不足,对西方国家刑法的犯罪构成体系的优点大加赞赏,乃至于照搬大陆法系或者英美法系的层次性犯罪构成体系。"[1] 二是强调中国的主体性,认为苏俄的犯罪论体系与德日的犯罪论体系都存在缺陷,因此应当创制具有中国特色的犯罪论体系。例如有中国学者指出:"中国刑法学完全可以在借鉴和吸收域外犯罪构成理论体系和犯罪构成规格模型之后,博采众长,走自己的路,形成中国自己的犯罪构成理论体系和建构自己的犯罪构成规格模式,服务于我国的刑事司法实践。"[2] 我认为,犯罪论体系具有跨越国界的性质,这只是一种对刑法规定的犯罪成立条件的分析工具,它与各自的文化传统、思维习惯或者生活经验虽然具有一定的关联性,但更多的是与法治建设的实际需求之间的联动性。苏俄的四要件犯罪论体系与德日三阶层犯罪论体系对于中国来说都是外来的东西,我们当然应该借鉴与吸收。但这里涉及一个对苏俄四要件犯罪论体系与德日三阶层犯罪论体系的优劣比较问题,我们应该择其优者而学习之。在我看来,苏俄四要件犯罪论体系在方法论是存在严重缺陷,相比较之下,德日三阶层犯罪论体系更为精致与精细,因此应该学习与参考德日三阶层的犯罪论体系。在此基础之上,建立中国的犯罪论体系。这一犯罪论体系是建立在德日犯罪论体系的话语体系基础之上的,可以吸收德日刑法学的知识成果而为我所用。至于那种认为中国应当建立一种具有特殊的犯罪论体系的观点,虽然其意可

---

[1] 彭文华:《犯罪构成本原论及其本土化研究——立足于文化视角所展开的比较与诠释》,292页以下,北京,中国人民公安大学出版社,2010。

[2] 杨兴培:《反思与批判——中国刑法的理论与实践》,117页,北京,北京大学出版社,2013。

嘉，但并不必要，也无可能。这一论述是对梁根林教授关于犯罪论体系本土化论述的一个补充，也可以佐证梁根林教授的观点。希尔根多夫教授的论文在较为广阔的视界中，展示了在不同法系特征之下，犯罪论体系的局限性与通用性。美国实行判例法，遵循案例到案例的思维路径，因此不可能形成一个犯罪论的体系模式，美国的犯罪成立条件体系更具有受制于其法系的局限性。而德国建立在成文法基础之上的犯罪论体系具有明显的教义学特征，更能够超越具体法条与个案，因此具有超越国界传播的可能性。

（三）实践性与逻辑性

犯罪论体系并不是一个纯理论问题，它在刑法所规定的犯罪成立条件的基础上进行理论归纳与抽象，形成了一个具有内在逻辑的体系。这个体系本身具有解决实际问题的功能，这就是犯罪论体系的实践性。正是这种实践性表明犯罪论体系要建立在具体法律规定的基础之上，对于这种实践性的强调也是梁根林教授的论文的特点之一。而希尔根多夫教授的论文则更强调刑法体系的逻辑性，认为这种逻辑性和严谨性是德国刑法体系的优点，这种逻辑严谨性在四要件那里是不存在的。逻辑性使刑法体系远离政治，也使刑法体系能够更好地发挥对于刑罚权的限制功能。例如希尔根多夫教授在论及苏俄四要件的犯罪论体系时指出："（苏俄四要件的犯罪论体系）可罚性前提被划分为四要件：一、犯罪主体，二、犯罪主观方面，三、犯罪客体，四、犯罪客观方面。在'犯罪主体'范畴要讨论的问题是在德国被视为问题的归责能力理论。'犯罪主观方面'包含了故意以及过失的问题。在'犯罪客体'中探讨的问题是犯罪行为所侵害的利益，而'犯罪客观方面'则涉及犯罪实施的方式、因果关系以及正当事由，如正当防卫、紧急避险以及同意。对于我们而言重要的是，这些要件几乎不能相互联系，以至于它们的顺序排列完全无关紧要。"这里，希尔根多夫教授对四要件的犯罪论体系进行了描述，最后这句话也许是最为要害的，因为它点出了四要件之间不具有逻辑上的位阶性。在我看来，犯罪论体系的实践性与逻辑性并不是相互对立的，其逻辑性是实践性的基础。只有具有逻辑性的犯罪论体系才能在司法实践中充分发挥其对定罪的引导功能。因此，对于犯罪论体系的逻辑性的确定无论如何都是不过分的。

毫无疑问，以上这些视角都是在考察与判断犯罪论体系时必须具备的。当然，对于这些视角的不同侧面的优先考量，则是取决于不同国家对犯罪论体系的不同理论需求。犯罪论体系永远都是刑法学中的一个热门话题，只是因为中国目前所处的特定历史阶段，对犯罪论体系更为关注。我以为，通过梁根林教授和希尔根多夫教授的这两篇论文，可以引发我们对犯罪论体系更为深入的思考。

二、中国犯罪论体系的学术个案

犯罪论体系，中国在苏俄刑法学意义上称之为犯罪构成体系，是刑法学理论大厦的基石，它在相当程度上决定着一个国家的刑法学的理论品格。中国目前正处在从苏俄的四要件到德日的三阶层的犯罪论体系的转型过程之中，面对这种转型，中国的刑法学者不得不进行站队选择。这导致中国刑法学者的阵营从一块铁板到二水分流，呈现出某种分化的趋势。梁根林教授的论文《中国犯罪论体系建构：叙事与评说》一文，较为全面、客观地描述了中国刑法学在犯罪论体系上的流变过程，对于理解中国当前在犯罪论体系上的理论现状具有重要参考价值。在梁根林教授的这篇论文中，我也是其中一个角色，此文对我的学术演变过程进行了叙述，基本上符合我的实际情况，对此我表示认同。在某种意义上可以说，我是中国犯罪论体系转型过程中的一个学术个案。

正如梁根林教授所言，我是在四要件的犯罪论体系的熏陶下成长起来的刑法学者，在我的大学本科阶段，在北京大学就是以四要件的犯罪论体系为刑法学入门的摹本。在硕士研究生和博士研究生阶段，我在中国人民大学师从中国著名的刑法学者高铭暄教授和王作富教授，他们是苏俄四要件的犯罪论体系在中国的传人。因此，四要件的犯罪论体系以其对称性和辩证性深深吸引了我，成为我在20世纪80年代进行刑法学研究的主要分析工具。在20世纪90年代初期，从日本传入了三阶层的犯罪论体系，这是一种完全不同的思维方法，给我留下了深刻的印象。在初期研究中，我试图对这两者进行对比研究，在1992年出版的《刑法哲学》一书中，我将四要件的犯罪论体系称为耦合式的逻辑结构，而将三阶层

称为递进式的逻辑结构。在对这两种犯罪论体系的比较研究中，我在评论三阶层的犯罪论体系时指出："犯罪构成的递进式结构，在对犯罪的认定上采取排除法，这是比较符合人们的思维习惯的。构成要件的该当性、违法性和有责性，环环相扣、层层递进，各要件之间的逻辑关系明确，易于区分罪与非罪，具有一定的长处。尤其是将有责性作为构成要件之一，把刑事责任问题纳入犯罪构成，较好地解决了犯罪与刑事责任的关系问题。这种递进式的犯罪构成结构的缺陷在于将违法与有责区分开来，认为违法是客观的，责任是主观的，这是一种主观与客观相分离的表现。在我们看来，违法性不是犯罪构成的一个要件，而是犯罪特征之一，整个犯罪构成实际上是刑事违法的构成。因此，将违法性作为犯罪构成的一个具体要件，是降低了违法性的意义。同时，犯罪构成作为一种定罪的法律模式，主要解决什么行为构成犯罪的问题，而违法阻却事由中研究的正当防卫、紧急避险等情况，主要是解决什么行为不构成犯罪的问题。显然，什么行为构成犯罪与什么行为不构成犯罪这是两个虽有联系又有区别的问题，不可混为一谈。"[①]

在以上评价中，我对于三阶层的这种递进式的逻辑结构是赞同的，对于将责任要素纳入犯罪构成也是肯定的，但也指出了三阶层的三个缺陷：一是对于违法性与有责性的分离提出质疑，认为违反了主客观相统一原则。二是对于违法性在犯罪论体系中的地位进行了否定，认为违法性不是构成要件而是犯罪特征。三是对于将正当防卫与紧急避险纳入犯罪构成表示怀疑，认为这混淆了构成犯罪与不构成犯罪这两个问题。从这三点来看，当时我主要还是站在四要件的立场上对三阶层进行批判。例如，主客观相统一被认为是四要件的核心价值，并且在四要件中并无违法性的要素，违法性是犯罪特征。由此可见，我的思想观念还是受到四要件的束缚。同时，我也对四要件的犯罪论体系进行了以下评论："犯罪构成的耦合式结构，将四大要件先分而论之，然后加以整合，其长处是简单易懂，便于司法人员掌握。从内容上说，不像递进式结构那样，把违法性作为犯罪构成的一个具体要件，而是将其作为犯罪特征加以研究，在这个意义上说是正确处理了犯

---

① 陈兴良：《刑法哲学》，572～573 页，北京，中国政法大学出版社，1992。

罪构成与犯罪概念之间的关系。但这种耦合式结构也存在缺陷,主要是将犯罪构成要件之间的关系确定为一种共存关系,即一有俱有、一无俱无。只有四要件全部具备了,才说得上是犯罪构成的要件。但在具体论述时,又分别作为犯罪构成的要件加以阐述。这样,在部分与整体的关系上存在逻辑混乱的现象。"① 四要件的犯罪构成一直被奉为唯一正确的犯罪论体系,但在三阶层的对比关照下,我还是发现了四要件的体系性缺陷,这就是基于耦合式的犯罪构成结构,各个犯罪构成的要件之间关系的混乱,没有正确处理犯罪构成的部分与整体的关系。在对四要件与三阶层这两种犯罪论体系进行评价的时候,我还是站在较为客观的立场上发表评论意见的。严格来说,此时我还没有对犯罪论体系的独立见解。而且,关于三阶层的犯罪论体系当时只有来自日本的资讯,尚未见到德国的资料。因此,我们对三阶层的认识本身也是较为肤浅的。但不管怎么样,随着三阶层犯罪论体系传入中国,对四要件的理性思考已经展开。

在对四要件与三阶层的犯罪论体系深入思考的基础上,我开始试图创设自己的犯罪论体系,这当然是一种狂妄的想法,但在当时的中国这是一种普遍的风气。在2001年出版的《本体刑法学》一书中,我尝试着创立了罪体与罪责的对应式的犯罪论体系。其中,罪体是犯罪构成的客观要件,指刑法分则条文规定的、表现为客观外在事实的构成要件。罪体的内容包括行为、客体、因果关系等。② 罪责意味着行为人主观上的罪过,是在具备罪体的情况下行为人的可归责性。因此,罪责是一种责任。罪责的内容包括责任能力、责任形式之一——故意责任、责任形式之二——过失责任等。以上罪体与罪责的对应式体系,在逻辑结构上是客观要件与主观要件的二分结构。在主客观相统一这个意义上,罪体与罪责的体系受到四要件的深刻影响。但重塑了罪责要件,在很大程度上又是偏向于三阶层的。尤其是将罪体定义为刑法分则规定的客观事实,而又将罪责奠定在罪体的基础之上,使两者之间呈现出某种位阶性,因而使罪体与罪责的体系具有一

---

① 陈兴良:《本体刑法学》,226页,北京,商务印书馆,2001。
② 参见陈兴良:《规范刑法学》,58页,北京,中国政法大学出版社,2003。

定三阶层的结构特征。

可以说，罪体与罪责的对应式体系只是一种草创，其理论的粗糙性自不待言。不过，在2003年出版的《规范刑法学》一书中，在罪体与罪责的基础上又增加了罪量要件，这是对中国刑法中罪量规定的一种理论回应。不同于西方国家刑法的"立法定性，司法定量"的立法模式，中国刑法是"立法既定性又定量"，因此在中国刑法中存在大量的罪量要素。例如，根据中国刑法的规定，诈骗罪只有达到数额较大才构成犯罪。如果数额没有达到较大程度，则不能作为犯罪处理。在此，数额较大就是诈骗罪的罪量要素。在中国刑法中，绝大多数犯罪都必须具备罪量要素才能构成犯罪，只有故意杀人罪等少数严重的犯罪才无须罪量要素就能构成犯罪。一般认为，罪量要素是司法权与行政权的分界：达到罪量要素的行为构成犯罪，进入司法程序进行刑事处罚；没有达到罪量要素的行为不构成犯罪，通常作为治安违法、行政违法的行为进行行政处罚。因此，犯罪与违法的区分是由中国刑事与行政的二元处罚体制所决定的。为此，应当在犯罪论体系中安排罪量要素的特殊地位。我在论述罪量要件时指出：我国刑法中的犯罪成立要件是表明行为侵害法益的质的构成要件与表明行为侵害法益的量的构成要件的有机统一。表明行为侵害法益的质的构成要件是犯罪构成的本体要件，包括罪体与罪责。罪体是犯罪构成的客观要件，罪责是犯罪构成的主观要件，两者是客观与主观的统一。由于我国刑法关于犯罪的规定，存在数量因素，因而犯罪成立要件除罪体与罪责以外，还应当包括罪量，罪量是在具备犯罪构成的本体要件的前提下，表明行为对法益侵害程度的数量要件。由此，我建构了一个罪体—罪责—罪量三位一体的犯罪构成体系。在这一犯罪构成体系中，给予犯罪成立的数量因素以独立的构成要件的地位，从而使之更加切合我国刑法的规定。[①]

在以上论述中，我试图将罪量要素纳入犯罪论体系，赋予其独立的体系性地位。当然，对于罪量要素如何确定其在犯罪论体系中的地位，还是存在较大争议的，这种争议主要表现为构成要件说与处罚条件说之争。我对这两种观点进行了

---

① 参见樊凤林，《犯罪构成论》，335～336页，北京，法律出版社，1987。

以下描述与评论:第一种观点是构成要件说,认为犯罪的数量要素是犯罪成立的条件,如果不具备犯罪的数量因素,不能构成犯罪。由此,犯罪的数量因素属于犯罪构成要件。第二种观点是处罚条件说,认为犯罪的数量因素是处罚条件。在大陆法系刑法理论中,客观的处罚条件是指那些与犯罪成立无关,但却能决定行为是否应受刑罚处罚的外部条件。客观处罚条件的特点在于:它本身不是犯罪的构成条件,缺乏客观的处罚条件,犯罪仍可成立,只是不产生刑罚效果而已。就此而言,客观的处罚条件是刑罚发动的事由。在上述两种观点中,我赞同犯罪的构成要件说。处罚条件说将犯罪成立与应受处罚两者相分离,认为在不具备客观的处罚条件的情况下,犯罪是可以成立的,但不应受到刑罚处罚。只有在具备客观的处罚条件的情况下,犯罪才应当受到刑罚处罚,即发生刑罚之效果。这种观点与我国刑法关于犯罪概念的规定显然是不相符合的。因为根据我国《刑法》第13条的规定,应当受刑罚处罚是犯罪的重要特征之一。这就意味着,应受惩罚性本身是犯罪成立的条件,如果缺乏应受惩罚性,就不构成犯罪。因此,在我国刑法中,不能承认构成要件之外的客观处罚条件。[①] 我在这里所说的构成要件是指犯罪成立条件,在我看来,罪量是犯罪成立条件,它决定着罪与非罪的界限,而不是对犯罪成立没有影响,只是决定如何进行处罚的要件。当然,罪量既不属于罪体要素又不属于罪责要素,作为一种独立的犯罪成立条件,需要厘清它与罪体、罪责之间的关系。而在这一点上,还有许多理论上的障碍需要克服。

从我的罪体、罪责和罪量的犯罪论体系的形成过程,可以明显地看出受到了三阶层的犯罪论体系的逻辑性的深刻影响,这也是我国刑法学继受德日刑法学的犯罪论体系的一个例证。三阶层的犯罪论体系主要吸引我的还是其逻辑性,这种逻辑性我称之为逻辑上的位阶性。正是这种逻辑上的位阶性使各种犯罪成立条件得以整合,形成一个有机的整体。在这个意义上说,具体的犯罪成立条件只是外在的东西,是所谓形而下的"器";而犯罪条件之间的逻辑关系才是内在的东西,

---

① 参见[日]小野清一郎:《犯罪构成要件理论》,王泰译,1页,北京,中国人民公安大学出版社,2004。

是所谓形而上的"道"。

三、犯罪论体系的方法论意义

希尔根多夫教授在其《刑法的体系构成》一文中,为我们展示了犯罪论体系内在的逻辑关系,对于我们深刻理解三阶层的犯罪论体系具有重要的参考价值。其中,希尔根多夫教授对于所谓刑法体系论,亦即犯罪论体系的功能的阐述,就是具有启发性的观点之一。希尔根多夫教授将犯罪论体系的功能归纳为以下九点:(1)制度功能;(2)综合功能;(3)科学构造功能;(4)启发功能;(5)讲授功能;(6)法律适用功能;(7)法治国透明功能;(8)批判功能;(9)评价功能。以上对于犯罪论体系功能的阐述当然是极为全面的,既有犯罪论体系的实质概念,例如制度功能与法治国透明功能等;亦有犯罪论体系的形式功能,例如综合功能与讲授功能等。这些概念对于全面了解犯罪论体系具有重要的参考价值。当然,我最为关注的还是犯罪论体系的刑法方法论功能,亦即犯罪论体系对于刑法教义学理论建构所具有的支撑功能,这一功能对于转型中的中国犯罪论体系的建构与发展也许是具有根本性意义的,因此需要加以强调。

在中国传统刑法理论中,涉及对于四要件的犯罪构成体系的性质理解的观点,存在以下三种:(1)法定说,认为犯罪构成是刑法所规定的、决定某一具体行为的社会危害性及其程度而为该行为构成犯罪所必需的一切客观和主观要件的总和。根据这一观点,犯罪构成是一个法律概念,是犯罪的规格,它是由法律加以明文规定的。(2)理论说,认为犯罪构成是根据刑法规定并结合司法实践,对法律条文所做的学理性解释。根据这一观点,犯罪构成不是刑法条文中规定的概念,而是一个较系统、较详尽地研究刑法条文中规定的构成犯罪的各种条件的理论概念。(3)折中说,认为犯罪构成既是由法律规定的一系列事实要件的总和,又是一种理论。根据这种观点,犯罪构成是依照刑法应受刑罚制裁的危害社会的行为的主客观条件的总和,是刑法理论的重要组成部分,是定罪量刑的基本理论

依据。① 从传统的主流观点来看，还是把犯罪构成视为法律规定，因为基于犯罪构成的定义，犯罪构成是刑法所规定的一切犯罪成立的主客观要件的总和，其落脚在法律规定。因此，在中国刑法学界也经常将犯罪构成称为犯罪构成要件，这里的要件就是成立条件。在罪刑法定原则的语境中，犯罪的成立条件当然是刑法明文规定的，由此犯罪构成的法定说在中国刑法学界获得了通说的地位。

犯罪构成的法定说表明，中国四要件的犯罪构成理论是从犯罪成立的实体条件的意义上界定的；因此，在很大程度上将犯罪构成与刑法规定相混淆。这里的问题是：犯罪构成与刑法规定究竟是一种什么样的关系？犯罪构成离不开刑法规定，这是没有疑问的，但犯罪构成又不能等同于法律规定。如果犯罪构成等同于法律规定，就必然会得出只要有刑法对犯罪成立条件的规定，就存在犯罪构成的结论，由此导致犯罪构成概念的泛化。例如，中国学者在论及犯罪构成的历史沿革时，指出："作为犯罪规格的犯罪构成，是以刑法对构成犯罪必要条件的规定为存在前提的。只要有刑法（不论其表现形式如何），只要刑法规定了犯罪的必要条件（不论是否完善），使之成为构成犯罪的规格，就有犯罪构成。"② 在此，犯罪构成已经成为刑法规定的同义词。如此理解犯罪构成，必将在极大程度上消解犯罪构成的理论功能。其实，犯罪构成这一概念是从贝林的构成要件概念转化而来的，因此，只有从构成要件的概念出发，才能真正领会犯罪构成的含义。

建立在构成要件之上的犯罪论体系，并不仅仅是或者说根本就不是一种犯罪规定，而是一种理论。对于构成要件以及犯罪论体系的理论性的充分强调，是我们所必须坚持的一个理论信念。日本学者小野清一郎在论述构成要件理论的功能时，曾经指出："犯罪构成要件理论，是指在刑法总论亦即刑法的一般理论中，重视'特殊'构成要件的概念并试图以此为契机来构筑犯罪论体系的一种理论。"③ 在此，小野清一郎明确地把犯罪构成要件理论看作是一种理论，对于我

---

① 参见高铭暄：《新中国刑法科学简史》，84页，北京，中国人民公安大学出版社，1993。
② 许德风：《法教义学的应用》，载《中外法学》，2013（5）。
③ ［德］克劳斯·罗克辛：《德国刑法学总论》，第1卷，王世洲译，271页，北京，法律出版社，2005。

们正确地理解犯罪构成要件理论具有重要意义。我认为，犯罪论体系的理论意义在于其方法论的引导功能。只有从刑法方法论角度认识犯罪论体系的理论意义，才能将犯罪论体系置于刑法理论的核心地位。

对于任何一门学科来说，方法论都是最为基本的。是否具有独特的方法论，成为一门学科是否成熟的标志。在法学当中，法教义学是基本的方法论。例如，中国学者提出了形式推理是法教义学的基本方法的命题，并对此进行了深入的阐述。根据论者的观点，法教义学之所以强调形式推理，是因为"从法律实践的角度看，在经历了体系化、逻辑化的立法演进及判例积累之后，在面对具体案件时，大多可以容易地找到可据以裁判的规则，因此，法律适用者在裁判时依该规则做出决定即可，而无须援引政治、伦理、宗教或其他外部的、实质主义的标准，后者作为一种推理方式，只包含'对人类或法律秩序提出宗教或者伦理要求的因素，却不包含对现有的法律秩序进行逻辑上的系统整理的因素'"[①]。在此，论者区分了法教义学的形式判断与价值判断：法教义学的形式判断是以规则为依据的一种逻辑推理，而价值判断是不受规则约束的实质推理。当然，法教义学并不是排斥价值判断，事实上，法教义学规则本身就包含着价值内容，这是一种法内的价值判断，法教义学规则使这种价值判断得以规范化与确定化，减少法官的判断难度。但在法教义学之外还存在法外的价值判断，它对法教义学起到补充作用的功能。中国学者认为私法是法教义学发挥作用的代表领域，而刑法则具有特殊性，其受到罪刑法定原则的限制。但是，正如论者所言："尽管刑法教义学的范围被'罪刑法定'这一原则'砍掉'了一个重要的枝干，但在'罪刑法定'原则本身上却长出了极为复杂的法教义学的内容，形成一块几乎可与枝干相比的巨型'树瘤'。"[②] 以上描述是极为生动的，也是十分传神的。我认为，这里所说的在罪刑法定原则机体上生长起来的法教义学的"树瘤"，应该就是指犯罪论体系。犯罪论体系与其说是法律规定，不如说是刑法定罪的方法论。例如，贝

---

① 许德风：《法教义学的应用》，载《中外法学》，2013（5）。
② 许德风：《法教义学的应用》，载《中外法学》，2013（5）。

林的构成要件就是建立在罪刑法定原则基础之上,为罪刑法定原则的司法化提供保障的。以构成要件为基础建立的三阶层的犯罪论体系,对定罪来说具有直接的指导意义。犯罪论体系所具有的方法论意义,主要体现在以下三个方面。

(一)作为操作规程的犯罪论体系

犯罪论体系的方法论意义首先表现为操作规程,它是定罪的司法活动的操作规程。定罪活动是一种法律适用活动,所谓法律适用并非像司法机械主义所理解的那样,是一个简单的在自动售货机中投入货币、取得货物的操作过程,而是一个法律规定与案件事实的耦合过程。这一司法过程既要遵循刑事实体法中的罪刑法定原则,又要遵从程序法中的无罪推定原则,因此是一个极为复杂的过程。犯罪论体系为这一定罪的司法活动提供了操作规程。犯罪论所具有的三个阶层之间存在一种递进式的逻辑关系,其实是提供了一张定罪的司法路线图。只有严格地按照三阶层的逻辑径路进行演绎,才能保证结论的准确性。例如,对于不满14周岁的人是否构成故意杀人罪的问题,不满14周岁当然是不具备刑事责任年龄的,因而不可能构成犯罪。那么,能不能说对于指控不满15周岁的人故意杀人的案件,在庭审中发现其不满14周岁,就可以径直宣告无罪呢?按照中国《刑法》第17条的规定,15周岁的人对于故意杀人罪是应当负刑事责任的,但当发现其不满14周岁,根据中国刑法其对故意杀人罪不负刑事责任,在这种情况下,是否还要查清其是否实施了故意杀人行为以及是否具有违法阻却事由呢?对此,我认为,还是要先审查是否具备故意杀人罪的构成要件,其次再考察是否具有违法阻却事由。只有前两个要件都具备的情况下,才能根据不满14周岁、没有达到刑事责任年龄这一理由,宣告该人无罪。因为,一个人基于没有实施构成要件的行为而无罪、违法阻却而无罪与不满刑事责任年龄而无罪,在刑法上的含义是完全不同的。实际上,当我们对一个人因为不满14周岁而宣告无罪的时候,我们已经确认了该人实施了构成要件的行为并且不存在违法阻却事由。由此可见,三阶层的犯罪论体系提供了一种定罪的操作规程,按照三个阶层进行逻辑推演,就能够圆满地完成定罪的职责。如果没有这样一套体系完整、逻辑严密的犯罪论体系作为定罪的操作规程,定罪活动的科学性就难以

保障。

(二) 作为检验工具的犯罪论体系

定罪活动在较为简单的刑事案件中,不会发生差错,因此,即使没有犯罪论体系作为操作规程,也不会发生错误。但在那些较为复杂的刑事案件中,出现差错的可能性还是较大的。在这种情况下,涉及对于定罪结论的检验问题。尤其是在上诉审的程序中,这种检验更是必不可少的。对于定罪结论的检验离不开犯罪论体系。在这个意义上,犯罪论体系是一种对于定罪结论十分正确的检验根据。例如,在李某放火案中,李某因为与工厂主管之间在工作上发生矛盾,遂起意报复。某日,李某潜入工厂仓库,点燃纸质包装箱,然后潜逃。大火燃烧以后,消防队前来灭火。正当火势被压制的时候,风向突然发生改变,致使大火失控,将两名消防队员烧死,并将工厂烧毁,造成财产损失 6 000 余万元。对于本案,检察机关以放火罪对李某提起公诉。在庭审中,律师对李某烧毁工厂造成 6 000 余万元财产损失并无异议,但对于烧死两名消防队员是否应当由被告人李某承担刑事责任进行了辩解,认为李某的放火行为与消防队员的死亡之间没有因果关系。但控方认为,李某的放火行为导致发生重大火灾,两名消防队员系在扑灭被告人李某造成的火灾时死亡,李某对于其放火行为所造成的危害后果具有放任的主观心理态度,因此被告人李某应当对两名消防队员的死亡承担刑事责任。对于本案,法院认为,消防队员救火完全按照救火规范进行操作,只是因为风势突然发生改变,而被烧死。对于消防队员的死亡,消防队员本身没有过错,因此被告人李某应当对此承担刑事责任。最终,法院以放火罪判处被告人李某死刑,立即执行。根据中国《刑法》第 114、115 条的规定,放火罪属于危害公共安全罪,分为危险犯与实害犯。其中,实害犯的实害结果是致人重伤、死亡或者使公私财产遭受重大损失,因此,致使两名消防队员死亡属于刑法所规定的放火致人死亡的实害结果,据此法院判处李某死刑。本案对于被告人李某的量刑是否准确,关键问题是李某是否应当对两名消防队员的死亡承担刑事责任。辩护律师以消防队员的死亡与被告人的放火行为之间没有因果关系为由,否认李某应对两名消防队员的死亡承担刑事责任。但控方则以李某对于两名消防队员的死亡具有放任的主观

481

心理态度为由，肯定了李某对此应当承担刑事责任。法院对于李某是否应当承担刑事责任，主要考虑的是消防队员在救火过程中是否存在过错。根据法院的认定，消防队员在灭火过程中完全遵守操作规程，没有过错，因此李某对于两名消防队员的死亡应当承担刑事责任。那么，如何评价以上控辩审三方对于本案被告人李某是否应当承担两名消防队员在救火时死亡的刑事责任的判断呢？我们可以看到，三方对此的切入点是不同的：辩护人是说没有因果关系，这是一个客观构成要件的问题；控方说具有放任心理，这是一个主观责任的问题；法院说消防队员没有过错，这是一个否定被害人的自我答责问题，属于客观构成要件。这三个问题，分别属于三阶层的犯罪论体系的不同环节。正确的检验方式是根据三阶层提供的逻辑径路，以此进行验证。关于辩护律师所说的没有因果关系，根据刑法因果关系判断的条件说，只要存在"若无前者，即无后者"的关系，即认为存在因果关系。那么，应该肯定本案中李某的放火行为与两名消防队员死亡之间的因果关系。至于放任心理是以存在因果关系为前提的，在没有讨论是否具有因果关系的情况下，跨越式地进入主观要素的讨论，显然是不合适的。本案的关键还在于：在肯定李某的放火行为与两名消防队员死亡有关联的基础上，考察能否将消防队员的死亡在客观上归责于被告人李某的问题。在这个意义上，法院的考察视角是正确的。但是，法院以消防队员的救火行为没有过错而肯定地将消防队员的死亡在客观上归责于李某，这是存在疑问的。在客观归责理论中，对于这个问题进行了充分的讨论。例如在罗克辛教授的刑法教科书中，这个问题被归入对他人责任范围的分配这样一个领域。罗克辛教授论及假如一名过失造成火灾的房屋主人，在采取拯救措施时，造成一名消防队员死亡，其应当由于过失杀人而受刑事惩罚吗？罗克辛指出，主流观点认为可以，因为在这个结果中实现了一种不能允许的危险，同时，主流观点认为，没有理由在构成要件的作用范围内不包括这种结果。但是，根据罗克辛教授的客观归责理论，构成要件的保护范围并不包括那种处于他人责任范围之内加以防止的结果。罗克辛教授指出："在这类案件排除归责的道理在于，确定的职业承担者在自己的职权范围之内，以一种局外人不应干涉的方式，对消除和监督危险的渊源负责。但是，这样一种职权分配在刑事政

策上富有意义的结果，应当是解除（en-tlasten）了第一个原因造成人对这个由职业承担者的损害性举止行为所造成的结果的责任。"① 因此，按照罗克辛教授的客观归责理论，过失造成火灾的人对于消防队员在救火中的死亡不应当承担刑事政策。但像本案这样放火行为，是否对于消防队员的死亡结果也不承担刑事责任呢？这就是一个值得讨论的问题。至于被害人的自我答责则是另外一个理论问题。总之，犯罪论体系为这些疑难复杂案件的结论审查，提供了各种法教义学的规则，因此具有重要的方法论意义。

（三）作为思维方法的犯罪论体系

犯罪论体系在司法实践中的实际功用究竟如何，这也是一个经常争论的问题。否定者的意见是：在办案过程中，法官并不考虑三阶层的犯罪论体系。因此，犯罪论体系在法官办案过程中并没有实际功效。应该说，这种意见从表面来看，似乎有一定道理。可以想象，一个司法经验丰富的法官在处理案件的时候，不会像一个初入本行的法官一样，严格地按照三阶层对定罪过程进行操作。那么，能否由此而认为三阶层的犯罪论体系就没有实际功效了呢？我的意见是否定的。在此，涉及对犯罪论体系的功效的正确理解。我认为，犯罪论体系是一种定罪的思维方法，是在定罪过程中必须遵循的逻辑。虽然经验丰富的法官在定罪过程中并不考虑三阶层的犯罪论体系，但这并不能成为否定三阶层的犯罪论体系在定罪活动中具有实际功效的根据。正如形式逻辑是一般的思维方法，一种正确的思维过程都必须符合形式逻辑的各种规则。但是，人们在思维过程中并不需要熟记各种形式逻辑的推理规则，那么，由此就可以否认形式逻辑在人类思维过程中的作用吗？显然不能。其实，犯罪论体系的实际功效也应当作如是观。

（本文原载《现代法学》，2014（1））

---

① ［德］克劳斯·罗克辛：《德国刑法学总论》，第1卷，王世洲译，271页，北京，法律出版社，2005。

刑法阶层理论：三阶层与四要件的对比性考察

刑法阶层理论即是我们通常所说的三阶层的犯罪论体系。在我国当前刑法学界，三阶层对应于四要件。而这里的四要件是指四要件的犯罪论体系。三阶层与四要件的对立与论争，成为近些年来我国刑法理论的一个重要争点之一。本文在对三阶层的阶层概念及其内容进行阐述的基础上，对刑法阶层理论在司法实践中的适用问题结合具体案件进行探讨。

一、三阶层与四要件比较视野中犯罪论体系的位阶性

阶层是对事物进行分类的一个概念，是指事物的不同等级。不同阶层的事物构成现实世界。然而，阶层更为普及的含义是政治学的概念。例如论及阶层，人们通常会把它与阶级的概念相勾连，认为阶层是阶级的下位概念，即同一阶级里因社会经济地位不同而分成不同的层次。本文讨论的阶层，并不是政治学意义上的阶层，而是犯罪论体系意义上的阶层。这个意义上的阶层是指犯罪的下位概念，即一定的犯罪由不同的要件构成，而这些要件之间存在位阶关系。换言之，具有位阶关系的犯罪成立条件，称之为犯罪论体系中的阶层。三阶层，就是指犯

罪由三个具有位阶关系的要件所构成。由此可见，阶层只是对犯罪成立条件的现象描述，而隐藏在这种现象背后的是位阶。因此，犯罪论体系意义上的阶层具有双重含义：第一重含义是指处于犯罪论体系中的一定的犯罪成立要件，这个意义上的阶层具有实体性。第二重含义是指犯罪成立要件之间的关系，这个意义上的阶层具有逻辑性。就刑法阶层理论而言，我们所要重点强调的是犯罪成立要件之间的关系，是在逻辑性的意义上使用阶层概念的。因此，从阶层这个概念进入位阶的概念，才能揭示刑法阶层理论的逻辑蕴含。

那么，什么是位阶呢？位阶是指事物之间的一种序列关系。例如，古代官衔具有位阶性，现代军衔也具有位阶性。这种官衔或者军衔从高到低排列，形成一定的秩序。同样法律也具有位阶性，位阶高低直接决定了法律效力的等级。例如，宪法是母法，处于一个国家法律体系的顶端，具有最高的法律效力。刑法、民法、行政法等部门法则属于二级法，从属于宪法。在这些部门法之下，又有三级法，例如刑法之下有监狱法等，其又从属于刑法。这些不同阶层的法律共同形成一个国家的法律体系。简言之，位阶是事物之间的序列关系。

刑法阶层理论对于犯罪成立要件之间设立了逻辑上的位阶关系，从而使犯罪成立要件形成一个具有内在逻辑关系的体系。日本学者大塚仁教授在论述犯罪论体系的时候，就将逻辑性与实用性确定为犯罪论体系的两大基本特征，并作为评价犯罪论体系优劣的标准。[①] 其中的逻辑性就是指犯罪成立要件之间的位阶关系。

犯罪成立要件之间的位阶性是指犯罪成立要件之间存在以下两种关系：就前一要件与后一要件的关系而言，存在"即无后者，亦有前者"的关系；就后一要件与前一要件的关系而言，存在"若无前者，即无后者"的关系。"即无后者，亦有前者"是指前一要件独立于后一要件，即使没有后一要件，前一要件也可以独立存在。"若无前者，即无后者"是指后一要件依附于前一要件，如果没有前一要件就不存在后一要件。在三阶层的犯罪论体系中，存在构成要件该当性、违

---

① 参见［日］大塚仁：《刑法概说（总论）》，第3版，冯军译，121页，北京，中国人民大学出版社，2003。

法性和有责性三个阶层。因此,构成要件该当性与违法性之间形成前一要件与后一要件之间的关系。其中,构成要件该当性独立于违法性,即使不具有违法性要件,构成要件该当性也可以独立存在。因此,对于构成要件该当性和违法性的关系来说,即具有"即无后者,亦有前者"的关系。而违法性则依附于构成要件该当性,如果没有构成要件该当性,违法性也就不存在,即具有"若无前者,即无后者"的关系。在具备违法性的前提下,就违法性与有责性的关系而言,两者之间又形成前一要件与后一要件之间的关系。其中,违法性独立于有责性,即使不具有有责性,违法性也可以独立存在。因此,对于违法性和有责性的关系来说,即具有"即无后者,亦有前者"的关系。而有责性则依附于违法性,如果没有违法性,有责性也就不存在,即具有"若无前者,即无后者"的关系。如此,在构成要件该当性、违法性和有责性这三个要件之间,就存在这种层层递进的关系,此谓位阶关系。正是在这个意义上,我们可以把三阶层的犯罪论体系称为阶层理论。

四要件的犯罪论体系,其中的四要件在实体上与三阶层是相同的,都是犯罪成立要件,只是划分的标准与方法不同而已。因此,三阶层与四要件之间的区分,并不在于犯罪成立要件的三个还是四个,而在于犯罪成立要件之间是否具有位阶关系。四要件分别是:犯罪客体、犯罪客观方面、犯罪主体、犯罪主观方面。以下,我们对四要件的内容进行分析,以此观察在四要件之间是否存在位阶关系。

根据四要件的犯罪论体系,所谓犯罪客体是指我国刑法所保护的、为犯罪行为所侵害的社会关系。[①] 在这一犯罪客体概念中,实体性的内容是社会关系,而某种社会关系之所以确定为犯罪客体,主要是由以下两项所决定的:第一是刑法所保护;第二是犯罪行为所侵害。这两项都对社会关系做了某种程度的限制,而凸显犯罪客体的性质。如果说,刑法规定反映了犯罪客体的法定性,由此将刑法

---

① 参见高铭暄、马克昌主编:《刑法学》,第5版,52页,北京,北京大学出版社、高等教育出版社,2011。

没有规定的社会关系从犯罪客体中予以排除,那么,犯罪行为所侵害就是对刑法所保护的社会关系做了某种事实性的限制,将那些未被犯罪行为所侵害但被刑法所保护的社会关系从犯罪客体中予以排除。对此,四要件的犯罪论体系认为:"在我国社会主义制度下所有重要的社会关系都受到我国刑法的保护,但并不能因此称这些社会关系就是犯罪客体,这些社会关系只有受到危害行为的危害时,才能称之为犯罪客体。"[1] 由此可见,犯罪客体在逻辑上是以犯罪行为为前置要件的。换言之,犯罪客体依附于犯罪行为,在犯罪行为与犯罪客体之间存在"若无前者,即无后者"的位阶关系。按照这种逻辑关系,犯罪行为(在犯罪客观方面的意义上采用犯罪行为的概念)在位阶上先在于犯罪客体。因此,犯罪客体应当置于犯罪客观方面之后。但根据四要件的犯罪论体系,犯罪客体又前置于犯罪客观方面,由此形成内在逻辑混乱。也就是说,犯罪客观方面与犯罪客体之间虽然存在"若无前者,即无后者"的关系,但反之则不存在"即无后者,亦有前者"的关系。因此,在犯罪客体与犯罪客观方面这两个犯罪成立要件的关系上,就出现了逻辑关系与排列顺序之间的矛盾:按照逻辑关系,应当是犯罪客观方面排列在犯罪客体之前,但在四要件的犯罪论体系中,犯罪客体却排列在犯罪客观方面之前。

关于犯罪客观方面的概念,根据四要件的犯罪论体系,是指刑法所规定的、说明行为对刑法所保护的社会关系造成损害的客观外在事实特征。[2] 在此,客观外在事实特征是犯罪客观方面的实体性要素。但决定这一实体性要素的有两项内容:第一是刑法所规定的,这是法定性的特征;第二是行为对刑法所保护的社会关系造成损害,这是犯罪客体的内容。由此可见,在犯罪客观方面与犯罪客体之间,虽然从犯罪客体的概念来看,其以犯罪行为为前置条件,具有对犯罪行为的依附性,但如果从犯罪客观方面的概念来看,其亦以犯罪客体的存在为前提,因

---

[1] 高铭暄、马克昌主编:《刑法学》,第 5 版,53 页,北京,北京大学出版社、高等教育出版社,2011。

[2] 参见高铭暄、马克昌主编:《刑法学》,第 5 版,60 页,北京,北京大学出版社、高等教育出版社,2011。

此，两者之间的关系并不是位阶关系，而是互相依存关系。易言之，就是"你中有我，我中有你"的关系。因此，犯罪客体和犯罪客观方面只有同时存在，而不可能存在只有犯罪客体而没有犯罪客观方面或者相反的情形。在这个意义上说，在犯罪客体与犯罪客观方面之间并不存在位阶关系。

接下来讨论犯罪主体。根据四要件的犯罪论体系，犯罪主体是指实施危害社会的行为并应负刑事责任的自然人和单位。[①] 在这一概念中，除了"应负刑事责任的自然人和单位"的实体性内容以外，犯罪主体概念中，正如在犯罪客体的概念中一样，也包含了"实施危害社会的行为"的要素。因此，只有在构成犯罪的情况下，犯罪主体的要件才能成立。就此而言，犯罪主体具有对犯罪客观方面的依附性，即以犯罪客观方面为前提。因此，犯罪客观方面在位阶上似乎前置于犯罪主体。四要件的犯罪论体系之所以将实施危害行为这明显属于犯罪客观方面的要素纳入其中，是因为如果没有这一要素的限制，每一个达到刑事责任能力、具有刑事责任能力的自然人都将成为犯罪主体，而这显然是荒谬的。对此，特拉伊宁也已经意识到。在其论著中，特拉伊宁指出："刑事法律惩罚犯罪人并不是因为他心理健康，而是在他心理健康的条件下来惩罚的。"[②] 因此，特拉伊宁将犯罪主体置于犯罪实体之外，而只是把犯罪人的身份等要素视为表明犯罪构成的要素。这些要素属于刑法分则规定的特殊犯罪成立的要件，它与刑事责任年龄与刑事责任能力等刑法总则规定的一般犯罪成立的要件，在性质上就是不同的，两者不能混为一谈。因此，根据四要件的犯罪论体系，犯罪主体包含了犯罪客观方面的要素，由此形成对犯罪客观方面的依附性。在这样一种逻辑中，犯罪主体的成立是以犯罪客观方面的存在为前提的，似乎犯罪主体在位阶上先于犯罪客观方面。然而，在犯罪客观方面的概念中，虽然没有犯罪主体的要素，在逻辑上却不能不承认，犯罪客观方面的成立同样是以犯罪主体为前置要件的。换言之，如果

---

① 参见高铭暄、马克昌主编：《刑法学》，第5版，82页，北京，北京大学出版社、高等教育出版社，2011。
② ［苏］A.H. 特拉伊宁：《犯罪构成的一般学说》，王作富等译，80页，北京，中国人民大学出版社，1958。

不具备犯罪主体，则犯罪客观方面也是难以成立的。例如，四要件的犯罪论体系认为："任何犯罪都有主体，即任何犯罪都有犯罪行为的实施者和刑事责任的承担者。离开了犯罪主体就不存在犯罪，也不会发生刑事责任问题。"[1] 在以上论述中，"离开了犯罪主体就不存在犯罪"的命题，把犯罪主体与犯罪的关系界定为部分与整体的关系，这也正是四要件与犯罪关系的真实写照。同样，这种部分与整体的关系也在逻辑上确立了四要件之间所具有的互相依存的关系。

最后是犯罪主观方面。根据四要件的犯罪论体系，犯罪主观方面是指犯罪主体对自己的行为及其危害社会的结果所抱的心理态度。[2] 根据这一概念，犯罪主观方面在逻辑上是以犯罪主体与以危害行为及其结果为内容的犯罪客观方面为前提的，对于这两个要件具有依附性。然而，并不能由此得出犯罪主观方面与犯罪主体和犯罪客观方面之间具有位阶性的结论。因为，四要件的犯罪论体系是把犯罪主观方面与犯罪客观方面之间的关系界定为互相决定的有机联系，指出："一方面，人的客观上危害社会的活动，只有受到主观故意或者过失的心理态度支配和决定时，才是刑法中的犯罪行为；另一方面，人的危害社会的故意或者过失的犯罪心理态度，永远表现于刑法所禁止的危害社会的行为当中。"[3] 这样，犯罪主观方面与犯罪客观方面之间就形成互相依存关系。

互相依存关系是四要件之间关系的最为确切的描述，我曾经将这种互相依存关系界定为耦合式的逻辑关系，以此区别于三阶层的递进式的逻辑关系。[4] 如果说，三阶层的犯罪论体系属于阶层理论；那么，四要件的犯罪论体系就属于耦合理论。犯罪成立要件之间的位阶性虽然只是一种逻辑关系，但这种逻辑关系的背后，乃事物之间的实体关系。

---

[1] 高铭暄、马克昌主编：《刑法学》，第5版，83页，北京，北京大学出版社、高等教育出版社，2011。

[2] 参见高铭暄、马克昌主编：《刑法学》，第5版，103页，北京，北京大学出版社、高等教育出版社，2011。

[3] 高铭暄、马克昌主编：《刑法学》，第5版，104页，北京，北京大学出版社、高等教育出版社，2011。

[4] 参见陈兴良：《刑法哲学》，第5版，714~716页，北京，中国人民大学出版社，2015。

二、以事实与价值为基础的形式与实质之间的位阶关系

构成要件是三阶层的犯罪论体系的核心,具有对其他犯罪成立要件的前置性。构成要件是以事实与价值为内容的,在事实与价值的关系中,事实是价值的载体,没有价值的载体也就不可能存在价值本身,这是基本的哲学原理。在构成要件该当性与违法性之间,最初德国古典学者是将其设立为事实与价值的关系:构成要件该当性是事实性要件,而违法性是评价性要件。这里需要指出,构成要件与构成要件该当性之间是存在差别的。构成要件本身是一种观念形象,由于构成要件是由法律规定的,因而可以称之为法定的构成要件。德国古典学者贝林在论述法定的构成要件时指出:该指导形象是法律的构成要件。每个法定构成要件肯定表现为一个"类型",如"杀人"类型、"窃取他人财物"类型等。[1] 因此,构成要件是一个类型化的标准。至于构成要件该当性则是指事实符合构成要件,它是一个实体性的概念。在贝林的设想中,构成要件该当性的事实是纯粹的事实,即客观的,并且是形式的事实,其本身并不包含价值评价。而违法性则是评价性要件,构成要件该当的事实只有经过违法性的评价,才能成为不法类型。当然,在贝林之后,经过构成要件的实质化运动,构成要件被改造成为不法行为类型,其本身具有违法性的推定机能,而违法性成为排除违法阻却事由的否定性要件。即使在这种事实与价值存在于同一构成要件的情况下,事实与价值之间的位阶关系仍然是客观存在的。因此,在构成要件该当性这一阶层,需要完成的是对行为事实的筛选:只有那些依照刑法规定,值得处罚的行为才具有构成要件该当性。在此,事实判断是首要的,只有在存在构成要件该当的事实的前提下,才能进行法益侵害性的价值判断。日本学者西田典之教授在论述构成要件该当性的功能时,指出:"构成要件该当性是由罪刑法定主义所导出的要件。为了保障国民的行动自由,必须事先告知哪种行为作为犯罪具有可罚性。为此,该当于作为可

---

[1] 参见 [德] 恩施特·贝林:《构成要件理论》,王安异译,5页,北京,中国人民大学出版社,2006。

罚性行为类型的构成要件，这是犯罪成立的第一要件。"[1] 因此，在三阶层的犯罪论体系中，第一阶层本身包含了以刑法明文规定为边界的构成要件以及符合构成要件的事实，这是第一层面的判断；在此基础上，对符合构成要件的事实再进行法益侵害性的价值判断，这是第二层面的判断。以上事实和价值两个阶层共同而形成构成要件该当性的完整判断。在构成要件该当性这个阶层中，不仅规定了判断的内容，而且确定了判断的位阶。

在四要件的犯罪论体系中，事实判断被纳入客观构成要件之中。因此，犯罪构成客观方面显然包含了事实性要素。这里存在一个四要件理论无法回避的问题，这就是所谓犯罪构成——这里主要是指犯罪构成客观方面——和社会危害性之间的关系问题。社会危害性被四要件理论认为是犯罪的本质特征，是在犯罪概念中讨论的。那么，社会危害性与犯罪构成究竟是一种什么样的逻辑关系呢？换言之，社会危害性是存在于犯罪构成之外，还是存在于犯罪构成之中的？如果存在于犯罪构成之中，社会危害性是哪一个犯罪构成要件的要素？更为重要的是，犯罪构成与社会危害性之间是否是形式与实质之间的关系？这些问题，在苏俄刑法学中始终是存在争议并且难得统一的问题。

苏俄刑法学对社会危害性与犯罪构成的关系曾经进行过讨论，存在不同观点。[2] 例如，苏俄刑法学家特拉伊宁对社会危害性与犯罪构成采取二元区分的观点。在界定犯罪构成时，特拉伊宁指出："犯罪构成是说明该行为是危害社会的和依苏维埃刑事立法应受惩罚的一切客观因素和主观因素的总和。"[3] 在这一定义中，社会危害性是犯罪构成说明或者证明的对象，两者之间存在一种外在的关系。根据特拉伊宁的逻辑，一个行为符合构成要件但还不一定具有社会危害性。特拉伊宁以《苏俄刑法典》第6条和第8条作为根据加以论证。《苏俄刑法典》第6条规定："凡一行为，形式上虽与本法典分则任何条文所规定之要件相符合，

---

[1] [日] 西田典之：《日本刑法总论》，刘明祥、王昭武译，44页，北京，中国人民大学出版社，2007。
[2] 参见相关分析，参见米铁男：《特拉伊宁的犯罪论体系》，260页以下，北京，北京大学出版社，2014。
[3] [苏] A. 特拉伊宁："犯罪的实质定义与'苏俄刑法典'第6条附则和第8条"，宋金波译，载中国人民大学刑法教研室编译：《苏维埃刑法论文选译》，第3辑，1页，北京，中国人民大学出版社，1957。

但因其显著轻微，且缺乏损害结果而失去社会危害性者，不认为是犯罪行为。"该规定相当于我国刑法中的但书条款，或者说，我国刑法中的但书条文来源于该规定。在该规定中，社会危害性确实起到了出罪的作用，将那些虽然形式上符合犯罪构成，但实质上不具有社会危害性的行为排除在犯罪之外。而《苏俄刑法典》第8条规定："具体行为，在实施的时候，依照本法典第6条的规定是犯罪，但在进行侦查或法院审理的时候，由于刑事法律的修改或社会—政治情势变更的一种事实，已失去危害社会性质；或者依照法院的意见，在进行侦查或法院审理的时候，不能认为实施这种行为的人是对社会有危害的。"该规定涉及社会危害性从有到无的变化，法院判决应当应因这种变化，作出无罪宣告。确实，在特拉伊宁的以上论述中，如果把犯罪构成理解为三阶层的构成要件，则符合构成要件但不具有社会危害性，因此不能认定为犯罪。这里的构成要件是贝林所称的形式的构成要件，而不是在构成要件实质化以后的构成要件。但如果把犯罪构成理解为四要件的犯罪构成，则存在矛盾：既然犯罪构成是刑事责任的根据，怎么可能存在符合犯罪构成但又因不具有社会危害性而不构成犯罪的情形呢？因此，苏俄刑法学者对特拉伊宁的观点进行了批判，经过讨论得出了一个共同的结论："犯罪构成与社会危害性和违法性之间是密切相联系的，人的行为具备犯罪构成是刑事责任的唯一根据，没有社会危害性和违法性也就没有犯罪构成。人的行为具有犯罪构成，是以该人实施了有社会危害性和违法性、应受法律惩罚的行为为前提的。承认犯罪构成是刑事责任的唯一根据，意味着只应在犯罪构成的范围以内，在犯罪构成狭小的圈子里来辨别刑事责任的客观的和主观的根据，犯罪构成以外的刑事责任的根据是没有的。把行为的社会危害性和违法性置于犯罪构成之外，是意味着掩盖犯罪构成的本质，使犯罪构成变为失去社会—政治内容的空洞的概念。犯罪构成的一般概念反映出犯罪的本质，反映出它的社会—政治内容和它的社会危害性和违法性。"[①] 因此，苏俄刑法学界的通说还是将

---

① [苏] B. M. 契柯瓦则："苏维埃刑法中犯罪构成的概念和意义"，宋金波译，载《苏维埃刑法论文选译》，第3辑，14~15页。

社会危害性纳入犯罪构成，作为犯罪构成的内在要素。不可否认，特拉伊宁将社会危害性置于犯罪构成之外，具有将虽然具有犯罪构成但因不具有社会危害性的行为出罪的功能。但由此却出现了犯罪构成与社会危害性之间的断裂，形成形式的犯罪构成的结论，因此不见容于苏俄刑法学界的主流观点。而苏俄刑法学界的主流观点将社会危害性纳入犯罪构成体系之内，但并没有科学地解决社会危害性在犯罪构成中的体系性地位问题，因此，社会危害性往往凌驾于犯罪构成的具体要件之上，由此形成对构成要件的压迫之势，造成事实与价值的位阶错位。

从逻辑上说，事实是前提，价值依附于事实，事实通过价值评判而成为价值性事实。因此，事实与价值的逻辑关系是不可能错位的。之所以会发生错位，是因为在刑法中存在立法与司法两个环节，而立法思维与司法思维之间存在较大差异。立法是价值导向的，社会危害性当然是立法上的入刑标准。因此，价值先行具有合理性。然而，在司法是以事实为根据的，尤其是在罪刑法定原则的限制下，司法认定必须以事实为基础，只有在事实的基础上，才能进行价值判断。因此，刑法立法中的价值判断是不受法律限制的，而刑法司法中的价值判断则是以构成要件事实的存在为前置条件的。构成要件该当性的判断，主要是一个犯罪的司法认定问题，当然应该在事实的基础上进行价值判断，因此社会危害性只有出罪功能而不应具有入罪功能。苏俄刑法学四要件的犯罪论体系是以社会危害性为主导的，并没有科学地厘清社会危害性与犯罪构成之间的关系，亦即事实与价值之间的关系。这种建立在不受限制的社会危害性基础之上的犯罪概念也就是《苏俄刑法典》中犯罪实质概念的理论写照。即使后来苏俄刑法学界因《苏俄刑法典》从犯罪的实质概念向混合概念的转向，对社会危害性与犯罪构成之间的关系进行了某些调整，但在总体上并没有改变社会危害性的中心地位，没有建立起在犯罪论体系中事实与价值的位阶关系。

我国四要件的犯罪论体系是从苏俄引入的，社会危害性同样成为刑法学的基础性概念。在1997年刑法确立罪刑法定原则之前，社会危害性成为类推的根据，刑法理论中的社会危害性具有无可动摇的决定性地位。在1997年刑法确立了罪

刑法定原则以后，社会危害性与罪刑法定原则之间的矛盾日益凸显，由此产生对社会危害性理论的否定性评价。即使如此，在司法实践中社会危害性的观念还是根深蒂固，对犯罪认定具有不可估量的影响。在社会危害性观念的主导下，事实与价值之间的位阶关系被扭曲，在司法实践中的主要表现就是在以社会危害性为导向的处罚必要性的驱使下，构成要件发生变形与走样。社会危害性的主导功能，使得在认定犯罪的时候，往往存在实质判断先于形式判断，价值内容突破构成要件的边界而强行入罪的情形。这种现象，在面对现实生活中出现新型危害行为亟待刑法惩罚的情况时，表现得尤为突出。例如，随着我国互联网的迅速发展，出现了各种各样的网络违法行为，所谓刷单行为，就是其中之一。刷单，就其含义本身而言，是指网络虚假交易，即在没有发生网络交易的情况下，采取伪造交易记录等方法，虚构网络交易。应当指出，刷单行为本身并不是我国刑法规定的一个罪名，因此，对于刷单行为是否应当按照犯罪进行惩罚，关键是看刷单行为是否符合犯罪构成要件以及符合何种犯罪的构成要件。在司法实践中，对于采取刷单方式骗取财物的行为认定为诈骗罪，这是没有问题的。例如，被告人李某的老公是出租车司机，平时使用滴滴公司司机端承揽业务。李某原先只是用乘客端领取优惠券，但因为一个号码只能领取一次，于是就用自己的手机反复更换号码领取优惠券，后被滴滴公司封号。李某找人解锁滴滴账号，并学会了刷单挣钱的方法。此后，李某通过自己的老公、老公的朋友、自己弟弟等5人的司机端账号，并购买一定量的乘客账号，由乘客端发起用车请求，司机端接收后由乘客付款，并在付款时使用优惠券以获得滴滴公司的补贴，共骗取乘车优惠券1.4万余元。滴滴公司后台监控数据显示，大量订单存在优惠券使用异常情况，部分订单均通过优惠券支付，司机接单频率高，且每单金额均与优惠券相等或略高，存在刷单骗取优惠的可能。后经核实，乘客下单使用的手机号IP地址相同，手机IMEI串号相同，且观察订单司机的行驶轨迹，下车地点均为虚拟。滴滴公司报警，警方通过刷单账号锁定李某老公，并最终在青岛抓获李某。北京市海淀区人民检察院指控李某构成诈骗罪。北京市海淀区人民法院经审理认为，李某以非法占有为目的，虚构事实骗取他人财物，数额较大，其行为已构成诈骗罪。考虑到

其能如实供述自己的罪行，认罪态度较好，且将涉案赃款全部退赔，最终，法院判处被告人李某有期徒刑 8 个月，罚金 4 000 元。[①] 上述判决完全是正确的，因为以非法占有为目的刷单骗取财物的行为，符合我国刑法中诈骗罪的构成要件，认定为诈骗罪是正确的。

在现实生活中，还大量存在以炒信为目的的刷单行为。这种刷单炒信就是指在网络商城上，行为人利用虚假交易，炒作商家信用。网络商店刚开业的时候，商品既没有销量，也没有历史评价，因此消费者不敢光顾。在这种情况下，商家就会雇人刷单，提高商家的信用，为商品打开销路。刷单炒信的泛滥，极大地破坏了网络经营秩序，具有较大的社会危害性。对于网络刷单炒信行为，2014 年 1 月 26 日国家工商行政管理局颁布的《网络交易管理办法》（以下简称《办法》）做了规定，该《办法》第 19 条规定：网络商品经营者、有关服务经营者销售商品或者服务，应当遵守《反不正当竞争法》等法律的规定，不得以不正当竞争方式损害其他经营者的合法权益、扰乱社会经济秩序。同时，不得利用网络技术手段或者载体等方式，从事下列不正当竞争行为：……（4）以虚构交易、删除不利评价等形式，为自己或他人提升商业信誉。由此可见，《办法》将虚构交易、删除不利评价的刷单炒信行为规定为不正当竞争行为，对此应当按照《反不正当竞争法》第 24 条的规定处罚。根据《反不正当竞争法》第 24 条的规定，经营者利用广告或者其他方法，对商品作引人误解的虚假宣传的，监督检查部门应当责令停止违法行为，消除影响，可以根据情节处以 1 万元以上 20 万元以下的罚款。由此可见，对于刷单炒信行为是按照虚假宣传的不正当竞争行为进行处罚的，处罚力度较低，不足以打击网络刷单炒信行为。尤其是在网络刷单炒信形成灰色产业链的情况下，只是按照行政违法行为处罚确实难免存在罚不当责的现象。对此，刷单炒信行为应当入刑的呼声在网络业界越来越大。但是，在刑法没有明文规定的情况下，如果仅仅根据网络刷单炒信行为具有较大的社会危害性而将其入罪，这是值得商榷的。

---

① 参见"滴滴刷单首案司机被判诈骗获刑 8 个月罚款 4 000 元"，载《北京日报》，2016 - 05 - 19。

目前，在司法实践中对网络刷单炒信行为认定为犯罪，主要存在以下两种情形：第一种是所谓反向刷单而被认定为破坏生产经营罪，第二种是组建刷单炒信网络平台而被认定为非法经营罪。

反向刷单案，例如南京首例网络刷单案。2013年9月，北京某科技有限公司在淘宝网注册成立网上店铺，主要经营论文相似度检测业务。同在淘宝网经营论文相似度检测业务的董某，为了"打击竞争对手"，雇用并指使大学生谢某，多次以同一账号在竞争对手的网店恶意刷单，总计多达1 500笔。淘宝网认定北京某科技有限公司的淘宝网店从事虚假交易，对其店铺作出了商品搜索降权处罚，也就是说，网友通过淘宝搜索"论文检测"，无法搜索到原本排名前三的该店铺。经统计，北京某科技有限公司因该处罚而导致其订单交易额损失为人民币15万余元。2015年4月，南京市雨花台区人民法院作出一审判决：董某犯破坏生产经营罪判处有期徒刑1年6个月，缓刑2年；谢某犯破坏生产经营罪判处有期徒刑1年，缓刑1年2个月。董某、谢某因不服判决向南京市中级人民法院上诉。2016年12月，此案又在南京市中级人民法院开庭审理。在二审过程中，董某和谢某的辩护人辩称，董某和谢某不具有破坏生产经营罪所要求的"报复泄愤"的主观目的，仅是"打击竞争对手"的商业惯例；不属于破坏生产资料、生产工具、机器设备的经营行为，不属于"以其他方法破坏生产经营"；行为后果并未造成"生产经营活动无法进行"。行为与后果间介入淘宝公司降权处罚的因素，不具有刑法上的因果关系，因而不构成破坏生产经营罪。二审法院经审理后认为，董某和谢某主观上具有报复和从中获利的目的，客观上实施了通过损害被害单位商业信誉的方式破坏被害单位生产经营的行为，被害单位因其行为遭受了10万元以上的损失，且董某和谢某的行为与损失间存在因果关系，其行为符合破坏生产经营罪的犯罪构成，应以破坏生产经营罪定罪处罚。第三方因素的介入并不影响因果关系的认定。故该相关上诉理由、辩护意见不能成立，法院不予采纳。由于二审期间出现新的证据，原审判决认定二上诉人造成的损失数额不当，法院予以纠正。据此，南京市中级人民法院作出二审判决：董某犯破坏生产经营

罪，判处有期徒刑 1 年，缓刑 1 年；谢某犯破坏生产经营罪，免予刑事处罚。[①]该案判决以后，引起广泛关注。我国学者对网络恶意注册账号等网络违法行为应当构成破坏生产经营罪做了论证，指出："在信息时代，应当对破坏生产经营罪进行客观和扩张解释：破坏不等于毁坏，妨害也是一种破坏；生产经营不仅包括生产活动，还包括组织管理活动，生产经营可以包括业务。因此，破坏生产经营罪可以包容妨害业务罪，进而打击恶意注册行为。"[②]按照这种思路，既然网络恶意注册账号行为可以认定为破坏生产经营罪，那么，反向刷单行为认定为破坏生产经营罪更没有问题。我认为，从性质上来说，反向刷单与正向刷单一样，都是一种商家之间的不正当竞争行为，只不过手段不同而已：反向刷单是损害他人的商誉，而正向刷单是虚增自己的商誉。反向刷单固然会造成竞争对手的财产损失，但并不是只要造成他人财产损失就构成故意毁坏财物罪。关键在于，这种采取反向刷单的方法致使他人财产损失的行为是否符合破坏生产经营罪的构成要件？这里涉及对破坏生产经营罪的构成要件的理解，该罪的本质是故意毁坏财物罪的特别规定，是指采用故意毁坏财物的方法破坏生产经营的犯罪，两罪之间存在特别法与普通法之间的法条竞合关系。因此，只有采取故意毁坏财物的方法破坏生产经营，才能构成破坏生产经营罪。而反向刷单行为虽然造成了他人的财产损失，破坏了他人的生产经营活动，但这是通过损害他人商誉的不正当竞争方法造成的，因而不构成破坏生产经营罪。

组织刷单炒信案，例如刷单炒信第一案。浙江省杭州市余杭区人民检察院指控，2013 年被告人李某某创建零距网商联盟网站，其前身为迅爆军团，利用 YY 语音聊天工具建立刷单炒信平台，吸纳淘宝卖家注册账户成为会员，并收取 300 元至 500 元不等的保证金和 40 元至 50 元的平台管理维护费及体验费。李某某在

[①] 参见薛庆元："南京中院发布 2016 十大案例全国首例·淘宝刷单'案入选"，载《中国消费者报》，2017 - 01 - 17，转引自中国消费网，http：//www.cn.com.cn/329/930723.html，最后访问时间：2017 年 9 月 4 日。

[②] 高艳东："破坏生产经营罪包括妨碍业务行为——批量恶意注册账号的处理"，载《预防青少年犯罪研究》，2016（2），14 页。

网站平台上制定了刷单炒信规则与流程,组织会员通过该平台发布或接受刷单炒信任务。会员缴纳会费承接任务后,通过与发布任务的会员在淘宝网上进行虚假交易并给予虚假好评的方式赚取任务点,使自己能够采用悬赏任务点的方式吸引其他会员为自己刷单炒信,进而提升自己淘宝店铺的销量和信誉,欺骗淘宝买家。每单任务网站都要收取 0.1 的任务点,该任务点可以在网站内流通也可以货币化。浙江省杭州市余杭区人民法院经审理查明,从 2013 年 2 月至 2014 年 6 月,被告人李某某共收取平台管理维护费、体验费及任务点销售收入至少人民币 30 万元,另收取保证金共计人民币 50 余万元。法院认为,被告人李某某违反国家规定,以营利为目的,明知是虚假的信息仍通过网络有偿提供发布信息等服务,扰乱市场秩序,情节特别严重,其行为已构成非法经营罪。浙江省杭州市余杭区人民法院一审判处李某某有期徒刑 5 年 6 个月,犯侵犯公民个人信息罪被判有期徒刑 9 个月,两罪并罚,决定执行有期徒刑 5 年 9 个月,并处罚金 92 万元。[①] 本案被告人李某某建立刷单炒信的网络平台,组织他人进行刷单炒信活动,使刷单炒信规模化和产业化,其社会危害性要比单个的刷单炒信行为的更为严重,这是毋庸置疑的,应该是法律打击的重点。但本案将组织他人进行刷单炒信的行为认定为非法经营罪,还是应当符合该罪的构成要件。在非法经营罪的构成要件中,包括以下要件:第一是违反国家规定,第二是非法经营,第三是扰乱市场经济秩序。在这三个要件中,前两个要件都属于构成要件中的形式判断,而第三个要件属于构成要件中的实质判断。在本案中,扰乱市场秩序这一实质要件当然是具备的。关键在于,是否具有违反国家规定和非法经营这两个形式要件。对此,本案判决进行了论证。关于违反国家规定,法院认为,被告人李某某的行为违反全国人民代表大会常务委员会《关于维护互联网安全的决定》(以下简称《决定》)和国务院颁布的《互联网信息服务管理办法》(以下简称《办法》)。被告人李某某创建并经营的零距网商联盟以收取平台维护管理费、体验费、销售任

[①] 参见"刷单炒信第一案,法官详解为何定性为非法经营罪",载《法制日报》,2017-06-21,第 8 版。

务点等方式牟利，属于提供经营性互联网信息服务，根据《办法》相关规定，应当取得互联网信息服务增值电信业务经营许可证。这一论证是存在逻辑错误的。组织刷单炒信平台并收取费用，该行为不可能属于提供经营性互联网信息服务。因为这种互联网信息服务是指法律允许的经营活动，所以经过申请，相关管理部门会发给互联网信息服务增值电信业务经营许可证。如果没有取得这种经营许可证进行经营，则属于违反国家规定的经营行为。但在本案中，刷单炒信是《不正当竞争法》所禁止的违法行为，即使申请有关部门也不可能发给经营许可证。在这种情况下，根本就不存在违反经营许可的问题，正如卖淫是法律所禁止的，因此不存在违反经营许可的问题一样。对于法律禁止的活动是不存在经营许可的，这是行政许可的基本原理。此外，法院还认为，在本案中，在炒信行为即发布虚假好评的行为虽系在淘宝网上最终完成，但被告人李某某创建炒信平台，为炒信双方搭建联系渠道，并组织淘宝卖家通过该平台发布、散播炒信信息，引导部分淘宝卖家在淘宝网上对商品、服务作虚假宣传，并以此牟利，其主观上显具在淘宝网上发布虚假信息的故意，且系犯意的提出、引发者，客观上由平台会员即淘宝卖家实施完成发布虚假信息，其行为符合《决定》第3条规定的"利用互联网……对商品、服务作虚假宣传"，构成犯罪的，依照刑法有关规定追究刑事责任。在此，《决定》第3条属于提示性规定，对于利用互联网实施刑法已有规定的犯罪行为，做了列举性的规定。第1项规定："利用互联网销售伪劣产品或者对商品、服务作虚假宣传"，这里的利用互联网对商品或者服务作虚假宣传，是指利用互联网为伪劣产品做虚假宣传。本案涉及的是刷单虚假交易，使商家虚增交易量，由此获得交易信用。我认为，这种行为不能认定为是在互联网上进行虚假宣传。可以说，法律对刷单炒信行为并没有做规定，由此也就不存在违反国家规定构成非法经营的问题。刷单炒信行为违反《反不正当竞争法》的规定，并不可能因此而构成非法经营罪。因此，在本案中，非法经营罪的违反国家规定这一要件就不符合。至于本案被告人的行为是否属于刑法规定的非法经营行为，我国《刑法》第225条规定了4种非法经营行为，分别是：（1）未经许可经营法律、行政法规规定的专营、专卖物品或者其他限制买卖的物品的；（2）买卖进出口许可证、进出

口原产地证明以及其他法律、行政法规规定的经营许可证或者批准文件的;(3)未经国家有关主管部门批准非法经营证券、期货、保险业务的,或者非法从事资金支付结算业务的;(4)其他严重扰乱市场秩序的非法经营行为。前三种都不符合,只能认定为第4种非法经营行为。而根据最高人民法院《关于准确理解和适用刑法中"国家规定"的有关问题的通知》第3条的规定,对被告人的行为是否属于《刑法》第225条第4项规定的"其他严重扰乱市场秩序的非法经营行为",有关司法解释未作明确规定的,应当作为法律适用问题,逐级向最高人民法院请示。由此可见,其他严重扰乱市场秩序的非法经营行为的认定权应当归属最高人民法院。当然,本案不能定罪的主要根据还是在于刷单炒信行为缺乏违反国家规定的要件。在缺乏形式要件的情况下,基于社会危害性的考量,将组织刷单炒信行为认定为非法经营罪,与罪刑法定原则存在相悖之处。

三、以客观与主观为基础的不法与责任之间的位阶关系

三阶层的犯罪论体系是以不法与责任作为基本架构的,而且在这两者之间存在位阶关系。正是在这个意义上,我国学者张明楷教授提出了"犯罪的实体是不法与责任"的命题。[1] 不法,亦称违法,是客观意义上的犯罪。在三阶层的犯罪论体系中,构成要件该当性和违法性共同构成不法要件。其中,构成要件该当性是从正面确证不法的存在,而违法性则是从反面确证不法的存在。从逻辑上来说,不法是惩罚的根据。一个人之所以受到惩罚,首先是因为他实施了客观上的不法。这里的不法是不法事实和不法评价的统一。所谓不法事实,也就是构成要件该当的事实;而不法评价则是指对构成要件该当的事实所做的价值评判。不法与责任之间可以理解为一种因果关系:不法是因,责任是果。只有存在不法的前提下,才应当对不法承担责任。因此,没有不法也就没有责任。就此而言,责任具有对不法的依附性。反之,不法却是独立于责任的,即使没有责任,不法仍然

---

[1] 参见张明楷:"以违法与责任为支柱构建犯罪论体系",载《当代法学》,2009(6)。

存在，即不法的存在不以责任为转移。因此，存在没有责任的不法，不法与责任的这种关系，就是位阶关系，位阶关系是客观存在的。例如杀人行为是一种不法行为，这是没有问题的。至于是故意杀人还是过失杀人，这是一种责任的问题。同样，杀人者身份具有责任能力以及是否达到刑事责任年龄，这也是一种责任的问题。这些责任要素都不影响杀人行为的客观存在。在杀人者的认定中，首先都要考虑的是是否存在杀人行为，在此基础上再考虑杀人者是否以及如何对杀人行为承担责任，这两者是不能倒置的。关于不法与责任，亦即构成要件与有责性的逻辑关系，日本学者小野清一郎指出："道义责任的评价，是对已被客观地、外部地判断为违法的行为进一步去考虑行为人主观的、内部的一面；亦即行为人精神方面的能力、性格、情操、认识、意图、动机等，而来评价其伦理的、道义的价值。这就是说，要以有违法行为为前提，再去追究责任。"[①] 这种不法与责任的关系，显然是符合犯罪构成原理的。

在三阶层的犯罪论体系中，不法主要是通过构成要件该当性和违法性这两个要件来体现的；而责任则在有责性要件中体现。通过三阶层的安排，不法与责任之间的位阶性确定下来。即使是将故意或者过失纳入构成要件之中，构成要件被塑造为违法有责行为类型，不法与责任之间这种位阶关系也是不可动摇的。

在四要件的犯罪论体系中，并没有明确的不法与责任的划分，取而代之的是客观与主观的划分。因为客观与主观之间未能形成严格的位阶关系，所以也就谈不上不法与责任之间的位阶关系。在四要件中，并没有不法的要件，因此也就没有违法阻却事由的内容。正当防卫等违法阻却事由是在犯罪构成之外讨论的，因此出现了符合犯罪构成但仍然可能因为存在正当防卫而不构成犯罪的情形。至于责任要件，只是包括故意或者过失等罪过形式，在主观方面并不专门讨论归责问题。这里需要指出，三阶层中的责任概念与四要件中的刑事责任概念是完全不同的两个概念。在三阶层中，责任是指有责性要件，它是犯罪成立要件，无责任则无犯罪。但在四要件中，刑事责任并不是犯罪成立要件之一，而是被界定为犯罪

---

① ［日］小野清一郎：《犯罪构成要件理论》，王泰译，32页，北京，中国人民公安大学出版社，2004。

与刑罚之间的中介：刑事责任处于犯罪之外，并对刑罚适用形成某种限制，即犯罪并不直接导致刑事责任的承担，存在构成犯罪但不承担刑事责任的情形。

不法与责任在一定程度上对应于客观和主观，在某种意义上说，客观和主观是不法和责任的内容和载体。当然，就这两者的关系而言，经历过一个复杂的演变过程。古典学派曾经主张违法是客观的，责任是主观的，由此将客观对应于不法，将责任对应于主观。此后，随着主观违法要素的发现，客观违法论受到冲击。在目的行为论出现以后，随着故意和过失这些责任要素纳入构成要件，不法就成为主客观的统一体。当然，仍然也有些刑法学者坚持将不法界定为对客观的评价，除了主观违法要素；同时，将故意或者过失作为责任的基础。我是赞同这种观点的，认为客观与主观在一定程度上还是对应于不法与责任。因此，不法与责任之间的位阶性必然贯彻于客观与主观的关系之中，由此也就引申出客观与主观之间的位阶关系。

任何犯罪都是由客观和主观这两个方面的内容构成的。如果从事实层面考察，则客观是指行为事实，主观是指心理事实。如果从评价层面考察，则客观是指客观归责，主观是指主观归责。客观与主观之间的关系，可以进行合理的排列组合。在三阶层的犯罪论体系中，客观判断先于主观判断，这应该是不可变更的逻辑。但在四要件的犯罪论体系中，虽然四要件通常是按照客观在前、主观在后这样的顺序排列的，但在客观与主观之间没有形成严格的位阶关系，因此，主观方面要件也是可以排列在客观要件之前的，由此形成主观先于客观的定罪思维，在我国司法实践中具有较大的影响。例如，成俊彬诈骗案[①]，就是一个较为典型的案例。2006年2月至11月，上诉人成俊彬、原审被告人黄承基使用假身份证和驾驶证在佛山市各地的一些工厂应聘司机一职。进厂后即利用外出送货之机将被害单位的车辆开走，并将部分赃车销售给原审被告人唐海斌。综上，被告人成俊彬共侵占财物价值272 080.7元，被告人黄承基参与侵占财物价值221 419.6元。

---

① 参见最高人民法院中国应用法学研究所：《人民法院案例选》，第2辑（总第68辑），北京，人民法院出版社，2009。

对此，广东省佛山市南海区人民检察院以佛南检刑诉〔2007〕492号起诉书指控被告人成俊彬、黄承基犯诈骗罪，于2007年4月24日向广东省佛山市南海区人民法院提起公诉。广东省佛山市南海区人民法院经审理认为，被告人成俊彬身为被害单位的司机，利用职务上的便利，伙同被告人黄承基将被害单位的财物非法占为己有，数额较大，其行为均已构成职务侵占罪。公诉机关指控被告人成俊彬、黄承基构成诈骗罪罪名有误，予以纠正。一审法院以职务侵占罪分别判处被告人成俊彬、黄承基有期徒刑3年6个月、2年。一审宣判后，广东省佛山市南海区人民检察院抗诉及广东省佛山市人民检察院支持抗诉称：一审判决对原审被告人成俊彬、黄承基的行为定性有误。理由是：主观上，原审被告人成俊彬、黄承基在进入各被害单位之前就已具有骗取被害单位车辆的犯罪故意；客观上，两被告人在意图非法占有被害单位车辆的思想指导下，首先使用假身份证和驾驶证到职介所登记，再去被害单位应聘，既虚构了其身份及其遵纪守法的事实，又隐瞒了其"并非想从事司机职务"及其曾经诈骗其他单位车辆的真相，骗取了被害人的信任，使被害人陷入错误认识，"自愿"将车辆交其保管，从而实现其非法占有被害单位财物的目的。综上，原审被告人成俊彬、黄承基的行为已构成诈骗罪，且诈骗数额巨大。一审判决将原审被告人成俊彬、黄承基的行为定性为职务侵占罪，脱离了两原审被告人主观上具有诈骗犯罪故意的事实，割裂了两原审被告人实施诈骗行为的整体性，忽视了本案作为整体对社会的危害程度，从而直接造成了量刑畸轻的结果。广东省佛山市中级人民法院经审理认为，原审被告人成俊彬伙同原审被告人黄承基，以非法占有为目的，虚构事实，隐瞒真相，骗取他人财物，数额巨大，其行为均已构成诈骗罪。广东省佛山市南海区人民检察院及广东省佛山市人民检察院认为原审被告人成俊彬、黄承基的行为应定性为诈骗罪的抗诉及支持抗诉意见有事实和法律依据，予以采纳。对于原审被告人成俊彬的辩护人提出原审被告人成俊彬的行为应构成职务侵占罪的辩护意见，经查，原审被告人成俊彬伙同原审被告人黄承基，以非法占有为目的，使用假身份证和驾驶证骗取被害单位招聘成俊彬作司机，后成俊彬利用给被害单位送货之机，伙同黄承基将被害单位的车辆非法占为己有；成俊彬没有为被害单位从事司机一职的主

观愿望，其骗取司机一职只是其骗取被害单位财物的一种手段，原审被告人成俊彬、黄承基的行为已构成诈骗罪。故对原审被告人成俊彬的辩护人提出原审被告人成俊彬的行为构成职务侵占罪的辩护意见不予采纳。原审判决认定事实清楚，证据确实、充分，审判程序合法，但对原审被告人成俊彬、黄承基的行为定罪不准及对原审被告人成俊彬的量刑稍轻，应予纠正。广东省佛山市中级人民法院撤销广东省佛山市南海区人民法院（2007）南刑初字第851号刑事判决的定罪部分及第一项的量刑部分。被告人成俊彬犯诈骗罪，判处有期徒刑4年，并处罚金人民币4 000元。被告人黄承基犯诈骗罪，判处有期徒刑2年，并处罚金人民币2 000元。

在上述成俊彬诈骗案中，成俊彬等人的行为究竟是构成诈骗罪还是职务侵占罪，在检察院和法院以及一审法院和二审法院之间存在意见分歧。我认为，这种意见分歧主要反映了是采取客观先于主观还是主观先于客观的不同定罪思维方法之间的差异。如果承认客观与主观之间的位阶性，坚持客观先于主观的判断径路，则可以将本案被告人的行为从客观上分为前后衔接的两个环节：第一个环节是假冒身份进行虚假应聘，由此获得司机职位。第二个环节是担任司机以后利用职务上的便利，将单位车辆非法占为己有。第一个环节并不构成单独的犯罪，因为我国刑法对虚假应聘行为并没有规定为犯罪，它只不过是后一犯罪的预备行为而已。第二个行为则完全符合我国刑法中的职务侵占罪的构成要件，因此一审法院的判决结论是正确的。但如果从主观先于客观的判断方法进行分析，就会如同抗诉理由所认为的那样，认为被告人在进入各被害单位之前就已具有骗取被害单位车辆的犯罪故意，因此把诈骗行为的起点确定为虚假应聘之时，把虚假应聘和担任司机以后取得单位车辆认定为是在诈骗故意支配下的欺骗行为和取得财物行为，从而满足了诈骗罪的构成要件。以上两种观点的分歧就在于：犯罪实行行为从何时着手？而犯罪实行行为的着手首先是一种客观判断而不是主观判断。因此，只有被告人骗取司机身份担任司机以后，基于司机的职务便利取得对单位车辆的支配，被告人才有可能利用职务上的便利将单位车辆非法据为己有，这时才有犯罪实行行为的着手可言。

对于这种认为行为人在采取虚假身份骗取司机职务时,其主观上就存在诈骗的故意,而其后利用骗取的司机职务占有单位财物均是在诈骗的故意下实施的,所以应当将其后续的利用职务便利侵占看作是诈骗行为的继续,作为诈骗行为整体看待的观点,该案评析意见指出:"判断行为人行为时出于何种主观故意,不能先入为主,而应结合行为人对行为及其结果的认识来进行判断。行为人在实行虚假身份证明骗取被害单位职务时,其认识到其行为的性质及结果是欺骗并骗取被害单位的职务,而其骗取单位职务的行为并非诈骗罪中的诈骗行为,又何来诈骗罪的故意?而行为人在利用骗得的职务占有财物时,其主观上则是认识到其行为是利用职务侵占被害单位财物的心理状态,即职务侵占的犯罪故意。因此,行为人在采取虚假身份骗取单位职务时,其主观上的目的是非法占有单位财物,也就是说行为人在行为时主观上存在的是非法占有的目的,进而选择了利用虚假身份获得单位职务,利用职务之便占有单位财物。正是由于非法占有目的的支配,行为人选择骗取职务的方法与利用职务之便侵占之间形成了方法行为与目的行为之间的牵连,但是由于行为人利用虚假身份骗取职务的行为并不成立犯罪,故对于方法行为应当作为目的行为即职务侵占罪的一部分而作一体评价。"[1] 对于这一评析意见,我是完全赞同的。这里涉及客观行为与主观故意之间的位阶关系。事实上,在认定犯罪的时候,我们首先应当对行为的性质进行构成要件的判断,即被告人的行为符合哪一种犯罪的构成要件,这是一种客观判断。只有确定了行为性质符合构成要件以后,我们才能据此进一步判断行为人主观上是否具有故意,至于故意的内容则是由行为的性质所决定的。例如,某一致人死亡的行为,我们需要分析这是杀人行为还是伤害行为致人死亡的行为。以往,对此区分在刑法理论上往往认为在于是否具有杀人故意:如果有杀人故意就是杀人行为,没有杀人故意就是伤害行为。这样,行为的客观性质就会取决于主观要素,显然是不合适的。其实,究竟是杀人行为还是伤害行为,还是应当从客观要素进行判断,

---

[1] 最高人民法院中国应用法学研究所:《人民法院案例选》,第 2 辑(总第 68 辑),北京,人民法院出版社,2009。

例如使用工具、捅刺部位、死亡原因等。只有在确认了行为性质以后，我们才能进一步分析主观责任形式，即行为系出于故意还是过失？至于故意或者过失的内容则是由客观行为的性质所决定的：如果客观行为是杀人，主观故意当然是杀人故意；如果客观行为是伤害，主观故意当然是伤害故意。在此，故意内容对于客观行为具有依附性，主观故意或者过失的内容是被客观行为的性质所决定的。这也正是犯罪构成的客观要件与主观要件之间具有位阶关系的根本原因之所在。

（本文原载《清华法学》，2017（5））

对话：刑法阶层理论的中国司法前景[①]

    长期以来，我国刑法学界通行的是 20 世纪 50 年代从苏联引进的犯罪构成四要件体系，这一体系大致上能够满足当时刑事司法的需要。但是，我国在改革开放后经历了急速而深刻的社会转型，四要件体系在与这一转型相呼应的过程中开始暴露出逻辑性不足、理论定位模糊等固有缺陷。有鉴于此，部分学者借鉴德日的刑法学理论，主张引入犯罪阶层体系取代四要件体系，由此开启了犯罪论体系之争的滥觞。近年来，刑法学界围绕四要件与阶层体系的利弊优劣、何去何从而展开的争论如火如荼，已经成为刑法学研究最热门的话题。其实，现有的犯罪论体系需要改造，这一点已经不存异议，有异议的只是改造的方向而已。在这一过程中当然不能拘泥于传统的或者一国一地的经验，而必须以全球视野进行比较法研究，以对话的方式消弭差异获取共识。在"北大法宝—刑事法宝"发布会上，陈兴良、周光权、付立庆、车浩四位学者的这篇对话就是这样一种努力。本篇对话不仅总结了传统的四要件理论的缺陷与阶层体系的优点，还指出犯罪论体系的选择实际上是刑法知识论的一种现代转型，刑法学研究只有完成这种现代转型才

[①] 本文系陈兴良、周光权、车浩、付立庆四人的对话录音整理稿。

能实现知识结构的更新,走上学术发展的康庄大道。这种从刑法学研究的范式转换的角度进行的观察,对于阶层体系的支持者而言固然是有力的学术支撑;对四要件体系的支持者而言也是一个难以回避的挑战。总而言之,只有通过对话实现理论上的百花齐放,我国的犯罪论体系研究才能结出丰硕的果实。

车浩:今天的主题是"刑法阶层理论的司法前景"。阶层理论是一种比较有代表性的犯罪构成理论,所谓犯罪构成理论就是关于犯罪成立的各种条件及其关系的理论体系。

在中国古代并没有形成这样一套概念明确、逻辑连贯的体系性理论。从清末开始,中国以日为师变法修律,从外国引入了关于犯罪构成理论的知识。20世纪上半叶,战火纷飞,法典本身的废立也很快。理论的火种虽然被点燃,但是始终微弱,并没有得到充分和长足的发展。1949年之后,在民国时引入的大陆法系的犯罪构成理论被很多学者带到中国台湾地区,一直延续到今天,所以中国台湾地区今天使用的犯罪构成理论的基本架构,就是100年前清末民初时期引入中国的犯罪构成理论,即我们今天讲的阶层理论体系。

新中国成立后,废除了国民党的六法全书,以往的德日刑法学知识在学界基本荡然无存。从那时起,新中国刑法学以苏联为师,请苏联专家来华讲学,编译大量的苏联著作,派人到苏联学习等。在这个过程中,新中国本土培养的刑法学者承继了苏联的理论,并在此基础上发展成了今天的四要件犯罪构成理论。特别是在1979年刑法制定之后,四要件理论迅速奠定了理论地位,成为中国刑法学界的通说。

大概自2000年开始,情况发生了一些变化。随着学术开放的步伐越来越大,德日刑法学知识开始以前所未有的广度和深度进入中国刑法学者的视野中。有的学者提出,在今天这样大面积开放的背景下,为什么现在的刑法理论始终无法脱离苏俄刑法的影响?很多学者如陈兴良教授开始提出引入德日的三阶层理论。学术开放的大门一旦打开,学术进步的脚步就再也挡不住了。今天,诸如三阶层犯罪论体系,或者不法—有责两阶层的犯罪论体系,包括陈兴良老师自己构建的罪体—罪责—罪量的体系,都有一个共同的特征,那就是都属于阶层性的犯罪构成

理论。我们今天的主题就是围绕阶层理论体系展开的，展开的方式就是讨论这个阶层理论在中国的司法前景。阶层体系引入中国后遇到的一个主要问题就是它在司法实践中应该怎么应用的问题。它会不会与以往的实务经验发生冲突或者有矛盾？在中国推行阶层犯罪论体系对于司法实务工作来说有没有必要性和可行性？这是现在摆在很多实务人员面前，迫切希望得到学界回应的问题。

所以，今天几位老师坐下来一起讨论这个问题。今天沙龙的基本环节是，首先请清华大学的周光权老师做沙龙的引题嘉宾，然后请陈兴良老师和付立庆老师一起参与讨论这个题目。

周光权：非常感谢车浩老师！我主要讲三个问题：第一，为什么需要阶层理论，其必要性在哪里？这是要回应很多人的如下疑问：我们原来的理论用得很好，为什么"画风"突然变了？第二，阶层理论有数十种，我们要的是哪一种？第三，如果采用阶层理论，司法怎么应对？司法人员怎么适应这种变化，在实务当中应该有哪些相应的改变？

我们原本熟悉的是四要件理论。在座的很多司法人员，还有很多研究生，他们接受的刑法学教育都是以四要件理论为蓝本，教科书也是按这个叙述，老师也是这么讲的。运用四要件理论处理99%的案件都没问题，但在处理剩下的1%时可能会产生疑问。中国每年刑事案件有100多万件，如果1%有疑问的话则是一个很大的数字。很多时候，司法人员以及不同环节的其他诉讼参与者所使用的语言如果不是一套体系，对话起来就非常困难。有人认为四要件理论就是一套体系，但四要件理论中有四个要件，其先后顺序往往能决定案件的审理结果。

第一，必须采用阶层理论的理由，包括以下三层含义。

一是在处理案件时，要把是否做错事情和被告人是否值得谴责清楚地分开。这一点只有阶层体系能够做到，四要件理论做不到。例如，一个13岁的孩子把别人价值2万元的电视机砸了，尽管数额符合故意毁坏财物罪的规定，但按照四要件理论，因为这个孩子没有达到刑事责任年龄，刑法就不能予以处罚。可是，这样的司法会向社会发出不好的信号，即行为人因为没有达到刑事责任年龄，所以刑法就不闻不问。另外，四要件理论首先判断案件主体是否符合条件。假设这

个孩子故意毁坏财物的行为是受其母亲指使的,按四要件理论的分析,孩子不构成犯罪,但对其母亲则要予以处理。此时的理论矛盾在于:四要件说要求所有参与者的行为都要符合构成要件,如果某个参与人的行为并不符合四个构成要件,他就不能成立共犯。在本案中,13岁的孩子不符合犯罪主体要件,不成立犯罪,那么,按照四要件说,教唆这个孩子实施危害行为的人也就不能成立共犯。但是这个案件又不得不处理,最后解释处理理由时,就会相互矛盾。

多年以来我一直认为,尽管四要件理论看起来似乎没有严重的问题,但在进行体系思考时就会产生疑问。换句话说,不能在处理这个案件时,仅注意眼前的案子,而是应该同时照应别的问题。共犯和单独犯之间的问题是整个理论体系中的一环,四要件理论不能很好地解决这个问题,这就是四要件理论所面临的挑战。有人认为四要件理论很容易排除犯罪,我认为这其实是没有很好地进行体系思考。这是必须采用阶层理论的第一个理由。

二是只有采用阶层理论,才能在司法判决中充分说理。实践中很多案件的判决书写得很简单。最高人民法院提出要打造全球最大的裁判文书网,这一点做到了,因为中国每年都有海量的案件。但这只是司法公开的第一步,接下来需要做裁判改革的升级版。刑事案件为什么判决有罪,为什么是判故意杀人而不是故意伤害,理由是什么?为什么认定被告人无罪?当四要件理论讲不清其中的道理时,就需要阶层理论了。例如,一个精神病人被司法机关抓了,到审判阶段律师以此人有精神病为由要求鉴定。鉴定完毕后发现行为人当时确实没有责任能力,法官就要判无罪。正如前述的13岁的未成年人故意毁坏财物案一样,法官应该在裁判文书中说明该精神病人虽然无罪,但其行为是对社会有害的,别人不能模仿。但四要件理论只能得出无罪的结论,不能清晰地向民众传达这层意思。而阶层理论能够在违法性阶层告诉国民行为对错的标准,引导国民去学习好的行为而不要去实施具有社会危害性的行为。民众如果实施了,在具备刑事责任能力的情况下,就要承担刑事责任。

所以,阶层理论和四要件理论的处理结论虽然相同,但传递给国民的信息并不相同。四要件理论在针对未成年人、精神病人、正当防卫的人杀人这类案件

时，都向国民传递了被告人无罪的信息。但是在法官的判决书里，他原本应该按照阶层理论的逻辑告诉国民行为对错的标准。《刑法》第 20 条第 3 款规定，防卫人遭受抢劫的时候如果人身安全受到威胁，把抢劫犯杀了，法官的无罪判决书里同样要告诉别人，防卫人的行为是法律规定的正当行为，要鼓励、表扬，其他人遇到这种情况还可以向其学习。因此，在处理正当防卫杀人、精神病人杀人和 13 岁的未成年人杀人案件时，判决提供给公众的信息是不一样的，所以不能简单地认为四要件理论和阶层理论的结论是相同的。这在中国当下有特殊意义。几年前，南京市有一个中学生到埃及游玩，在一块三千多年前的碑上刻了"到此一游"几个字。此时，四要件理论会以孩子未达到刑事责任年龄而认定其无罪；阶层理论则会宣告这个中学生的所作所为是错的，一旦他达到刑事责任年龄，刑法就会追究责任。因此，阶层理论中的违法性是告诉人们这个行为的刑法评价。

三是阶层理论有助于防止错案。在 99% 的案件中，无论按照阶层理论或四要件理论处理都是同样的，但有 1% 左右的案子却可能存在问题。在四要件理论中，各个要件的先后没有排序，所以很多人主张把犯罪主观要件排在最前面。如果这个说法成立的话，刑事司法就会面临危险。实务人员很容易接受犯罪主观要件排在前面的说法，因为这种说法很符合实务当中的定罪需要——从犯罪主观要件出发进行推理最容易得出有罪结论。这种思维是刑法主观主义的产物，即从主观的危险性去思考定罪的问题，这是很危险的。司法如果不从客观切入就很危险，而阶层理论对案件的判断就是从犯罪的客观要件切入的，而且能确保行为的客观性和结果性。三阶层的逻辑是这样，二阶层的违法/责任的逻辑更是如此，即先把客观的危害确定下来，然后再谈主观的故意过失、责任年龄等。所以，主观判断一定是推迟到客观判断之后进行的，这样的判断只有阶层理论才能做到，四要件理论则很难做到。

在讨论各罪时，应当把犯罪行为的客观危害分析清楚，这样就很容易判断罪与非罪。如果这个行为结果反映的事实无法确定，法官就不能先去考虑人的主观方面。以骗取贷款罪为例。甲为经营公司向银行贷款，但银行的贷款通则规定上一年度利润率要达到 7% 以上才能贷款，而甲的公司上一年度亏损。银行工作人

员用铅笔在贷款申请表上将甲的公司上一年度的利润率改为7%以上,因此甲得到了贷款。后来因贷款用途被改变,甲不能还款而被定罪。但是,此时被告人提出了两个抗辩事由:一是利润率数据是银行工作人员改的;二是贷款有足额、真实的担保,如果银行将担保物处理则足以偿还债务。基于这样的客观事实,我认为在这个案件里没有客观的犯罪行为,因为银行工作人员参与了作假,所以从客观来看银行并没有被骗;另外,因为贷款的担保是真实的,不存在贷款风险,所以行为没有造成危害后果。但是按照四要件理论,法官可能会认为,甲具有诈骗的故意,因为甲一开始就知道贷款不符合条件,后来又改变了用途。阶层理论就是要去除实务上过于主观以及主观优先的结论,这对当代中国来讲特别重要,因为这样才能从根本上解决防止错案的方法论的问题。

第二,我们需要哪一种阶层理论?阶层理论在国外有数十种,要把国外理论的来龙去脉搞清楚要花很多时间,在这里就不详细论述了。我大概讲一下究竟应当采用三阶层还是两阶层。三阶层是流传最广的;两阶层是区分违法和责任的理论。三阶层与两阶层没有太大差别,从教义学上看,差别在于解决假想防卫时的说理不同。我个人倾向于三阶层,理由在于:

一是构成要件该当性符合中国的传统理念。很多人看过包青天的电视剧,包青天经常问受审讯的人:"该当何罪?"这实际上是在问构成要件该当性、符合性。重视构成要件的该当性还有指引国民行为的附带作用。刑法描述的行为实际是对该当性的描述,例如不得杀人、不得诈骗、不得偷抢等,这是在对国民发出指引。构成要件对国民有引导作用,对司法也有引导作用。在三阶层的实务运用中,一个重要环节就是去寻找法律,此时就得看行为最接近哪一条,也就是探索行为究竟对应哪个构成要件的该当性。

二是三阶层稍微抽象化一些。三阶层对构成要件的解释和违法性是有细微差别的。构成要件是告诉国民普遍情况,例如杀人是不对的;违法性是要告诉国民的是在哪些情况下杀人不违反刑法,例如你生命受到他人威胁时,可以杀了威胁你的人。我国每年故意杀人案有好几万件,完全因正当防卫而杀人的案件很罕见。所以,构成要件和违法阻却这两个要件并不是一个等量级的,区分开来其实

是有意义的。

三是三阶层区分了构成要件该当性和违法性。举个最经典的例子，打死一只蚊子和因正当防卫而杀人是有区别的，但两阶层未对这个问题予以区分。有人认为这对司法行为没有影响，其实是有间接影响的。比如，短时间的"使用盗窃"行为，按照两阶层的理解，这个行为不违法，但按三阶层则可以说这个行为对财产有损害。虽然在刑法上不符合构成要件，也没有违法行为，但民法是保护个人财产的，所以这个行为是具有违法性的，需要防卫。这个防卫如果按照三阶层没问题，但按两阶层则有疑问。三阶层和两阶层对很多细小问题的处理不一样。那些赞同两阶层的人所讲的理论，其实意义很有限。因为对两阶层来说，违法性的判断实际上还是要以构成要件的判断为前提的，所以两阶层和三阶层并没有实质的区别，没有必要非得去采取两阶层的体系。

采用三阶层则未必一定要使用三阶层的术语。换句话说，教科书上的犯罪论体系没有严格按照三阶层去写。其实，按照先客观、后主观，先一般、后特殊，先形式、后实质，先一般的定罪事由、后特殊的辩护事由的逻辑，就能够得出和三阶层相同的结论。现在国内主要的教科书，包括陈老师的教科书也不是照搬三阶层的术语，而是独创了罪体、罪责、罪量三部分；张明楷教授的教科书是不法、责任两阶层。这些理论都是阶层的逻辑，并没有区别。因此，做接近于三阶层的思考，未必就一定要使用它的术语。但无论如何，在有关犯罪思考的逻辑和方法上是一定要根据阶层理论进行的。我们这次和"北大法宝"合作研发的"刑事法宝"也是这样，在分析每一个罪名的时候，应当先讲客观的构成要件，再讲主观的构成要件，有的案件有一些特殊的违法事由，或者特殊责任事由时，也需要进行分析。这等于是先讨论违法、再讨论责任，先讲客观、后讲主观，先讲一般的东西、再讲另外的东西，先讲形式的东西、再讲实质判断，先讲法律描述、再讲最后的规范和逻辑。我认为，这就是阶层的理论，所以采用阶层理论未必意味着就要使用阶层理论的用语。这样的思考实际上在很大程度上也是吸纳了四要件当中合理的成分，因为四要件里的很多要素同样需要阶层理论来作判断。换句话说，赞成四要件的人也可以说，三阶层也考虑了四要件理论中的这些要件，但

阶层理论在作司法判断时必须确保这些要件哪些在前面判断、哪些在后面判断。如果能坚持这一点，那四要件理论在方法论上和阶层理论基本没有实质差别，这是可以接受的。所以我认为，阶层理论和四要件理论的争论在很大程度上是可以化解的，关键是方法论和解释的问题。

第三，实践中怎么运用阶层理论的问题。这点和第二点紧密关联，改造阶层理论时不必照搬三阶层的术语，但要把它的方法论融合到司法实务中去。在实践中处理任何案子都不要先讨论主观要素，这一点侦查人员和检察人员都要注意。这些人员接触被告人比较早，而越早接触嫌疑人，嫌疑人获得律师辩护的机会就越小。嫌疑人对自己行为的认识和判断往往不太清晰，他在没有律师在场的情况下进行的陈述，司法人员不认可。很多司法人员特别是一线侦查人员，一接触嫌疑人就很容易认为其特别可恶，因为有的嫌疑人有前科，甚至屡教不改。以这样的出发点来判断犯罪是否成立是有问题的，四要件理论中主观判断优先可能导致的危险就在于此。实践中有很多"调包"的案子，为什么在中国实务中对大量的调包案件都按诈骗定罪呢？很大程度上就是因为先从主观出发，司法工作人员会认为被告人一开始就想骗人，最后又得逞了，所以就是诈骗。但是，诈骗罪的逻辑构造所讲的阶层论是要优先考虑不法要件——基于欺骗使对方陷入错误，对方陷入错误后交付财物，犯罪人取得财物，被害人遭受财产损失。如果对调包诈骗的案子按这一尺度衡量，那就不具备客观要件，被告人的行为就应该构成盗窃罪。所以，很多错案的发生原因其实就是司法人员只从主观出发，不运用阶层理论，也不按阶层方式进行思考。如果有了阶层思考，客观要件就要绝对优先，这个判断结束以后才是主观的责任要件。在一般性地判断构成要件该当性、违法性之后，另外再判断违法阻却事由和责任阻却事由，同时行为的判断通常是形式的判断，按照这条线梳理下来，又给被告相应的辩解机会，整个司法的逻辑就成为阶层理论在实务中的贯彻。所以，我的结论是，阶层理论没有那么复杂，就是要先确定行为人做的事是不是违法，再来说如何处理违法的人，即把违法和责任区分开。这个思路理清楚了，就会发现阶层理论没有漏洞，也很容易操作。现在很多坚持四要件理论的人一直认为四要件简便易行，容易被人掌握，通行了几十年

好像没有什么问题。但是，我认为三阶层更简便易行，逻辑线索更清楚，更容易掌握，而且在实践中更容易防止错误、实现人权保障，更容易让法官思考问题时瞻前顾后，作有体系的思考并确保不出错。所以，它是更好的体系，对于未来的实践更有价值。

车浩：刚才周老师讲得很精彩。首先谈到阶层理论体系性思维的基本特征，其次谈了两阶层与三阶层的比较，最后重申阶层体系简单易行。我很赞成他的观点。阶层体系的理论精髓在于不法和责任的区分，而且这个区分有递进关系，不法是讲行为违法不违法，责任是在违法的基础上，再讲行为人要不要负责任以及负多大责任。这个思维方法可以贯穿于方方面面。我听他讲的时候就想起这两天刚结束的高考当中出现的一个事件。高考英语听力考试要求13：45入场，结果一个考生13：46到，迟到了一分钟就取消了他的考试资格。对这个事件网上有各种声音。在我看来，如果按照阶层犯罪论体系，评价很多社会问题就会下意识地使用这种不法—责任的递进关系：首先会问这个学生做的事情对不对？回答是不对，迟到了肯定不对。后来人家问他为什么迟到？他还撒谎说打车的问题，这个也不对，迟到且说谎话。接下来要考虑的是，对这个错误的行为，要给他什么样的惩罚？这时候会考虑一个人承担责任受到惩罚的程度，要和之前做错事的程度相对应，比如通常说的"杀人偿命、欠债还钱"，这讲的就是一种不法与责任的对应关系。杀人可能判死刑，但是欠债就判死刑，那就是罪责刑不相适应。所以，责任以不法为前提，惩罚一个人的程度也不能超过他的不法程度。那么，对于这个学生，他离规定的入场时间晚到了一分钟，而正式考试还要在29分钟之后才开始，由于他这一点点错误，就直接取消了他的考试资格，两者之间是不是相称？这个惩罚程度是不是超过了他犯错的程度？

这个思维方式是刑法教给我们的。日本有一个刑法学家叫西原春夫，他80多岁了，当过教授、校长，做过一些行政管理事务，他说他这一生中的很多事情，都是用刑法理论的思维支配其思考，并处理人生的各种问题的。对于阶层理论中的递进关系，先要看一个行为对不对，再谈如果错了就要承担什么责任，这是整个阶层理论的核心。其他的问题都是在这个基础上展开的。刚才周老师提到

各种各样的阶层体系,陈兴良老师其实是刑法知识转型和犯罪论体系变更的主要推手和关键人物,他是德日三阶层理论的坚决支持者,同时在自己的教科书里面自创了一套"罪体—罪责—罪量"的体系,这是两种不同的阶层理论。不知道陈老师对这个问题怎么看?

陈兴良:刚才周光权教授做了很好的发言,周教授对阶层理论有很深入的思考,他几年前出版了《犯罪论体系的改造》的专著,核心命题就是要对犯罪论体系进行阶层化的改造。尤其是今天的主题"刑法阶层理论的司法前景"也是周教授提出的。刚才周教授围绕这个主题做了十分到位的阐述,尤其是周教授不仅对刑法阶层理论本身所包含的理论问题做了精彩的说明,还结合有关的具体案例做了分析,表明阶层理论在司法实践中具有广泛的应用性,我们相信刑法阶层理论在司法实践中也会逐渐推广。

应该说,我对阶层理论也非常感兴趣,较早就开始思考这个问题,我曾经发表过一篇文章,题目是《犯罪论体系的位阶性研究》。下面,我围绕犯罪论体系的位阶关系做一个阐述。

第一,如何从理论上揭示三阶层的方法论?我认为阶层背后指的是位阶,位阶是逻辑学概念,两个事物之间存在不同的关系,其中有一种关系叫位阶关系。位阶关系不同于事物之间的依存关系,所谓依存关系是两个事物之间彼此不可分离的关系,其中一个事物的存在以另外一个事物为前提,另一个事物的存在又以这个事物的存在为前提,两者是不可分离、互相依存的关系,这种关系在社会生活中非常普遍。与这个关系不同的另外一种关系是位阶关系。位阶关系的特点是,前一个事物的存在不以后一个事物的存在为前提,但后一个事物的存在则以前一个事物的存在为前提,没有前一个事物就没有后一个事物,这种关系是位阶关系。位阶这个用语在对法律现象的描述中也经常使用,例如,在法律位阶关系中,宪法的位阶是最高的,民法、刑法、行政法等部门法的位阶要比宪法的低。宪法是母法,民法、刑法、行政法等部门法是子法,两者之间是母子关系,宪法的存在不以民法、刑法、行政法的存在为前提,这样的逻辑关系就是位阶关系。

位阶关系可以引入犯罪论体系中,并以此描述犯罪成立条件之间的位阶关

系。犯罪成立条件具有若干种，其中有的处于前面，有的处于后面。前一个犯罪成立条件不以后一个犯罪成立条件为前提，但后一个犯罪成立要件的存在必须以前一个犯罪成立条件为前提。犯罪成立条件之间之所以存在位阶关系，关系到一个核心问题，刚才光权教授和车浩都提到了，这就是不法和责任的关系。不法和责任是犯罪实体的两大支柱，整个犯罪论体系都是围绕不法和责任展开。不法和责任之间就是位阶关系，先判断是不是存在不法，如果存在不法，再考虑是否对不法承担责任。从不法与责任的关系可以看出，不法的存在不以责任为前提，但责任却必须以不法为前提。没有不法是不可能有责任的。所以，责任对于不法具有依附性，两者之间具有位阶关系，不能先考虑有没有责任，再来考虑是不是不法，这就完全颠倒了。

因此，从逻辑上来说，存在没有责任的不法，就是刚才光权教授提到的不满13岁的行为人故意毁坏财物的情况，行为人没有达到法定责任年龄所以没有责任，这即是没有责任的不法。但反过来说，却不存在没有不法的责任。不法和责任之间的关系就是一种逻辑上的位阶关系，由此出发奠定了犯罪论体系阶层性。早期，将不法和责任简单地归结为客观和主观的关系，因为当时有一句法律格言：不法是客观的，责任是主观的。就是说，一个人是不是不法应当从客观角度来考察是不是违反法律规定，这就是所谓客观违法性说。而责任是主观的，所以说不法是客观的，责任是主观的。后来又有很多演变，尽管不法与责任的内容发生了重大变化，但不法和责任的逻辑关系，确定了整个三阶层的犯罪论体系是一种内在的逻辑关系，三阶层的犯罪论体系就是在这样一种位阶关系的基础之上形成的。

三阶层的犯罪论体系只是不法和责任的犯罪成立条件的外在表现，完全可以进行排列组合。三阶层是通常的表述，也可以改为两阶层，即不法构成要件和责任构成要件。也可以分为四阶层，因为在客观构成要件里面有肯定要件还有排除要件，主观构成要件里面有肯定要件还有排除要件。但不管怎么排列，只要把握这些构成要件之间的位阶性，尤其是建立在不法和责任的基础之上的位阶性，我认为就掌握了三阶层理论的精髓，这是我对什么是三阶层理论的简要说明。

第二,三阶层与四要件之间到底有什么区别?关于三阶层和四要件,刚才光权教授提到了,事实上对于99%的案件来说四要件理论的判断是对的,有疑问的可能只是1%的案件。我比较赞同这个说法。为什么会出现这个问题?因为我们依据法律规定来定罪,而不是根据三阶层或者四要件来定罪。而事实上,99%的案件没有三阶层理论、没有四要件理论,定罪也不会出现错误,也就是说,99%的案件不需要这些理论。其实,犯罪构成理论从产生到现在也不过100年,而四要件理论也不过只有50年。过去好几千年人类从来没有三阶层或者四要件理论,照样完成了定罪活动。实际上,真正需要用理论来指导的恰恰就是这1%的疑难案件,四要件理论如果解释不了这1%的疑难案件,那这个理论就一点用都没有,这1%的疑难案件才是真正检验各种犯罪论体系的试金石。

不管是三阶层还是四要件理论,都根据这种理论逻辑得出一个定罪结论,以此指导定罪活动,这是犯罪论体系的定罪指导功能。这是过去我的观点,现在看来这个问题还是值得进一步思考的:犯罪论体系究竟是指导定罪的还是检验定罪结论的工具?其实,在大部分情况下,定罪可能凭经验,未必就严格按照三阶层或者四要件理论,但三阶层或者四要件理论主要起到一个检验作用。简单案件不需要检验,特别复杂的案件才需要检验,采用三阶层或者四要件理论进行检验,尤其要能够说明定罪的法理根据和逻辑根据。也就是说,过去的四要件理论过于简单,很多复杂的理论问题难以进行有效论述,而三阶层理论相对来说比较复杂,里面包含逻辑关系、价值关系,更容易进行有效说理。从某种意义上来说,犯罪论体系是用来说理、检验的。

第三,三阶层和四要件的差别在哪里?我觉得两者之间的差别并不在于入罪,而在于出罪。四要件理论更容易入罪,三阶层理论更容易出罪,三阶层理论为辩护提供了出罪的空间。也就是说,对于犯罪成立来说,四要件是四个要件必须具备,三阶层是三个阶层要件必须具备,两者并无根本区别。差别在于无罪。如果采用四要件理论,四个要件之间并不存在位阶关系,而是存在依存关系。比如,犯罪主体在四要件中是指已经达到法定刑事责任年龄、具备刑事责任能力并且实施了犯罪行为,这样的犯罪主体概念就很奇怪。所谓实施了犯罪行为是客观

要件的内容，怎么归入犯罪主体中了呢？如果在犯罪主体中去掉实施了犯罪行为的内容，只剩下具备刑事责任年龄和具备刑事责任能力，那么每个达到刑事责任年龄、具备刑事责任能力的人就是犯罪主体。因此，把犯罪主体限制在实施犯罪行为的前提下，犯罪主体的概念也就包含了犯罪客观方面，当行为人成立犯罪主体时，事实上犯罪已经成立。这些犯罪成立要件是互相依存的。比如，一个不满14周岁的人杀人，肯定是无罪，在无罪的情况下，是不是四个要件都不存在呢？当然会说四个要件都不存在。但事实上，在这种情况下，犯罪客体、犯罪客观要件、犯罪主观要件都是存在的，仅仅是犯罪主体不存在而已。但是，三阶层与四要件不同，三阶层理论在犯罪不成立的情况下，会精确到基于哪一个构成要件要素而不成立犯罪。或者是因为没有不法而不成立犯罪，或者是因为虽然有不法但没有责任而不成立犯罪。所以无罪分为很多情形，不能简单地说无罪，而是要说基于什么理由无罪，是因为没有不法而无罪还是因为没有责任而无罪，这两者是不一样的：没有不法而无罪说明没有做错事，但没有责任而无罪是做错事了，只是因为缺乏承担责任的条件而无罪。因此，刑法阶层理论更精致，对犯罪的分析判断更加精细，社会意义更大。就无罪来说，它不是简单地认定无罪，而是又区分出不同的无罪，这些不同的无罪意义不一样，传递给社会的信息也不一样。这是三阶层和四要件理论的根本差别，不仅仅是形式上的差别，还是思维方法和逻辑关系的不同，最后表现出来的价值取向也不同，因此，对这两者应该有所取舍。

第四，为什么要采用刑法阶层理论？这也是刚才光权教授提到的问题，即阶层理论是不是非常复杂的教义学，实践当中有没有运用前景，有没有实用性。我认为，运用前景很广阔，很多情况下之所以出现错案，很大程度上是没有运用阶层理论处理案件所致。对于根据阶层理论在判断时必须要坚持的原则，我也写了很多文章，做了一些讲座，比如，客观判断先于主观判断，事实判断先于价值判断，事实判断先于实质判断，类型判断先于个别判断等。因为在客观和主观之间，类型和个别之间存在位阶关系，不能颠倒。不能首先说有主观，而要首先考虑有没有客观。杀人行为和杀人故意之间存在位阶关系，有没有杀人是首先要考

虑的。如果杀人了，再来考虑杀人是不是故意的。所以，杀人故意具有对杀人行为的依附性，杀人故意的存在必须以杀人行为存在为前提。在这种情况下，不能首先考虑有没有杀人故意，再来考虑有没有杀人行为，否则，很容易造成错误。至于价值判断和事实判断的关系，首先要有事实，然后考虑这个事实具有什么价值，因为事实是价值判断的载体，载体都没有的话怎么考虑价值？所以，要考虑有没有这个事实，再来说这个事实对不对。如果事情都没搞清楚就说对不对，那就会产生混乱。没搞清事实就贸然下判断的话，这个判断就会缺乏事实根据，事实应该永远放在价值判断的前面。

车浩：陈老师刚刚主要围绕着位阶性的概念深刻地阐述了犯罪阶层体系的本质特点，特别是不法和责任的关系，存在没有责任的不法，不存在没有不法的责任。这是一个很重要的关系，阶层不仅仅是简单的几个层次之间的累积，而是各个层次之间有一个递进关系，也就是位阶性。两位老师都提到了一点，那就是三阶层和四要件理论在绝大多数案件中都不存在重大差异，而是在极少数案件中才存在差异，而恰恰是这极少数案件才是需要刑法理论来解决的部分。接下来请中国人民大学法学院的付立庆教授谈谈他对这个问题的看法。

付立庆：如果说陈老师这些年来是倡导以阶层理论改造传统理论的旗手，周光权教授是传统理论阶层化改造的先锋的话，我自认为是阶层理论改造的马前卒，十余年来也为阶层体系的改造写了一本书和一些文章。刚才周光权教授和陈老师讲的内容涉及阶层体系的必要性，周教授概括为是体系化思考的必要，是裁判说理、避免错案的必要，我认为这些概括都是非常中肯的。

在我看来，阶层体系的特征、实质或者主要优势在于，由于不法和责任的区分，因而存在违法意义上的犯罪和违法有责意义上犯罪的区分，从而存在不同意义上犯罪的差别。这一点是四要件理论不可能具备的。正是犯罪的多义性，违法意义的犯罪概念被突出，使得阶层体系比四要件理论有优势，使得在1%的案件当中，四要件理论捉襟见肘，阶层体系得心应手。

为了说明这个问题，我举个实践中比较常见的例子。2012年3月5日下午，经同案人谢某某（盗窃的时候已满15周岁未满16周岁）提议本案被告人陆某某

跟随谢某某至某室盗窃,在谢某某安排下,陆某某在外放风,谢某某钻窗进入该室实施盗窃,共窃得人民币11万元。盗窃得手后,未满16周岁的谢某某分给陆某某人民币6千元。后谢某某因本次盗窃被公安机关收容教养。已满15周岁、未满16周岁的人提起犯意,并且直接入室盗窃,安排已满16周岁的人放风,赃款11万元分给放风的人6千元。这一案件中,如果按照四要件理论就会得出这样的结论:由于实施盗窃的谢某某未满16周岁,不符合盗窃罪的主体要件,因而不构成盗窃罪;而在外望风的陆某某要么也不构成盗窃罪,要么单独构成盗窃罪(因为两人不可能构成共同犯罪)。可是如果认为陆某某不构成盗窃罪,客观上他帮助了行为人实施了严重盗窃行为,入室盗窃并且数额巨大,不构成盗窃罪不合适;但如果构成盗窃罪,按照单独犯处理,在根据四要件理论理解时就会出现问题,因为他并没有盗窃的实行行为,充其量只能单独按照盗窃预备行为处理,但实践中显然不会这样做。这时四要件理论可能借助于所谓的间接正犯理论。可是,陆某某是被他人提议,由别人安排,仅仅在外面望风,实行者虽未满16周岁,但确实是整个盗窃的倡议者,且实行者分赃更多,这个案件中难以认定陆某某有控制他人行为,难以认定未满16周岁的实行者谢某某是被他利用的工具。这样就会出现处罚的漏洞,勉强按照四要件理论处罚的话也无法获得合理说明。

而按照阶层体系的话,这样的案件就很好解决。在阶层体系中,实行人谢某某实施了符合盗窃罪的构成要件,并且是违法行为的行为人,因此他的行为是违法意义上的犯罪。违法是连带的,在外面为他望风的陆某某因为谢某某的行为也就连带具有违法性;与此同时,责任是个别的,谢某某虽然没有达到盗窃罪的刑事责任年龄而不处罚,但陆某某的行为因是本人行为具有了可谴责性,所以完全可以按照盗窃罪来处罚。因此,在阶层体系下关于共同犯罪成立范围的理解中,典型的限制从属性说主张的结论,就是实行者如果实施了符合构成要件且违法的行为,就构成违法意义上的犯罪;背后属于二次责任类型的参与者(教唆者或者帮助者),只要是教唆、帮助了违法意义上的犯罪就可以当共犯处理。这时候实行犯虽然因为没有责任而不处罚,但是却存在共犯,这既解决了陆某某的定罪问

题,又可以避免按照四要件理论导致量刑过重的问题。将陆某某作为从犯处理,按照《刑法》第 27 条的规定从轻、减轻处罚,定罪和量刑的问题都可以迎刃而解。

严重危及人身安全的暴力犯罪是不是也包括没有达到刑事责任年龄的人所实施的行凶、杀人、抢劫、强奸等行为,是不是也包括不具有辨认、控制能力的精神病人所实施的严重威胁人身安全的行为,也涉及对于"犯罪"的理解。对于《刑法》第 269 条转化型抢劫罪中"犯盗窃、诈骗、抢夺罪"的理解,即已满 14 不满 16 周岁的行为人,实施了盗窃、诈骗、抢夺的行为之后为了窝藏赃物、抗拒抓捕、毁灭罪证,而当场使用暴力或者以暴力相威胁,是不是能够转化为抢劫罪的问题,同样涉及对于"犯盗窃、诈骗、抢夺罪"如何理解的问题。比如,明知是 15 周岁的人偷来的东西,明知是 13 周岁的人抢来的东西,还为其掩饰隐瞒,是否构成《刑法》第 312 条的掩饰、隐瞒犯罪所得、犯罪所得收益罪?再比如,你阻止了一个人实施犯罪活动,事后查明你阻止的人确实是偷了东西,但只有 15 周岁,没有达到盗窃罪的责任年龄,算不算阻止他人犯罪?能不能构成《刑法》第 68 条规定的立功?这也涉及对于"犯罪"概念的理解。这些场合如果运用四要件理论,都会认为由于没有达到犯罪主体的年龄,因而不是犯罪所得,不是第 269 条要求的犯盗窃、诈骗、抢夺罪,可是这会带来不合理的结论。这样的行为完全侵害了相应犯罪所保护的法益却没有办法按照犯罪处理,明显是处罚漏洞。而按照阶层体系,这些就是违法意义上的犯罪,15 周岁人的盗窃,13 周岁人的抢劫,就是违法意义上的盗窃罪、抢夺罪,就是违法意义上的犯罪所得,就是违法意义上的犯罪人、犯罪活动。因此,从这个意义上来说,根据阶层体系的思考方法,将相应的行为理解为犯罪,完全可以做到对于相关联行为的处理,这可能是周老师和陈老师所说的 1‰ 案件里面涉及的一部分问题,就是在法典中提到"犯罪"这个词的时候,如果并没有直接规定相关联的法律后果的场合,犯罪是完全可以通过阶层体系之中的违法意义上的犯罪来理解的——如果采用三阶层体系,就是构成要件符合性、违法性这个意义上理解的犯罪;如果采用二阶层体系,就是不法(违法)意义上的犯罪。这样的理解对于共同犯罪、连累犯以及

正当防卫等场合就会释放出巨大的解释空间，使得一些疑难问题迎刃而解。

今天除了讲阶层体系，还要讲阶层体系的司法前景问题。大家不要以为构成要件符合性、违法性、有责性的阶层体系在中国是很遥远的、将来的事。实际上，可以明确地说，阶层体系在中国的司法实践中正在发生。比如，2015年最高人民法院《关于审理掩饰、隐瞒犯罪所得、犯罪所得收益刑事案件适用法律若干问题的解释》规定，"认定掩饰、隐瞒犯罪所得、犯罪所得收益罪，以上游犯罪事实成立为前提。上游犯罪尚未依法裁判，但查证属实的，不影响掩饰、隐瞒犯罪所得、犯罪所得收益罪的认定。上游犯罪事实经查证属实，但因行为人未达到刑事责任年龄等原因依法不予追究刑事责任的，不影响掩饰、隐瞒犯罪所得、犯罪所得收益罪的认定"。也就是说，最高人民法院明确对"犯罪所得"采取了"犯罪行为所得"的理解，而没有说是犯罪人的犯罪行为所得，换句话说，就是采取了罪行说而不是罪名说。大家也不要仅仅认为只是个别司法解释采取了这种解释，事实上，在没有司法解释的场合，一些司法实践中的法官已经在用阶层体系的思考方式解决案件，比如前面刚提到的陆某某的盗窃案件中，法院判决就恰当地运用了阶层体系的思考方式，将陆某某的行为认定为盗窃罪的帮助犯，在肯定了双方成立违法意义上的共同犯罪的前提之下，认定陆在其中起次要作用，是帮助犯。

再举一个例子。前面已经提到《刑法》第269条的"犯盗窃、诈骗、抢夺罪"，涉及已满14周岁不满16周岁的行为人所实施的盗窃、诈骗、抢夺行为能否转化的问题。在2002年就有法院判决认定一个已满14周岁、不满16周岁的人所实施的盗窃行为，在面临抓捕而使用暴力造成对方轻伤的场合，完全可以转化成抢劫罪。这表明，在2003年最高人民检察院研究室的相关答复中对于这个问题采取肯定态度之前，司法实践中已经对这个问题先行采取了与四要件理论不同的犯罪概念的立场。可能有朋友注意到，对已满14周岁不满16周岁的行为人的行为能否转化为抢劫的问题，2006年最高人民法院的司法解释只是说这部分行为人如果实施了盗窃、诈骗、抢夺行为造成重伤、死亡的，按照故意伤害、故意杀人处理。按照司法解释的逻辑，实际对这个问题采取了否定态度。但是也应

该看到，同样是最高人民法院的司法解释，也认为已满 14 周岁不满 16 周岁的行为人实施盗窃、诈骗、抢夺行为，没有达到盗窃、诈骗、抢夺的"数额较大"的要求，如果实施了后面的暴力抗拒抓捕等行为，也可能转化成抢劫，事实上也肯定了其也可能是"犯盗窃、诈骗、抢夺罪"，就是说司法解释在数额的场合实际上对于"犯盗窃、诈骗、抢夺罪"也采取了阶层理论的理解方法，肯定了没有达到有责性要求或者其他罪量要求的场合也要按照犯某罪处理的结论。

总之，上述例子表明，正如两位老师说的那样，阶层体系的改造或者阶层思维方式本身并不是多么复杂，也并不是多么遥远。只要是肯定客观优先，避免先入为主，承认客观意义上的犯罪、违法意义上的犯罪，这样就求得了周教授提出的四要件理论和阶层体系改造之间的最大公约数，这也是不同的阶层体系论者之间的基本共识。换句话说，采取何种阶层并不那么重要，即便维持四要件的外壳也无关紧要，重要的是接受不需要承担刑事责任，但在评价意义、规范指引意义上的犯罪概念，而这种犯罪概念会使得相关问题的讨论更加深入，使得裁判文书的说理更充分，为律师在辩护空间的挖掘上释放出更大的空间，这就是阶层体系的巨大优势。

（本文原载《中国应用法学》，2017（4））

论我国刑法中的情节加重犯

我国刑法所规定的每一犯罪都具有其独立的罪质，一定的罪质必然产生一定的罪责，两者不可分离。根据我国刑法的罪刑相适应的基本原则，罪质和罪责之间存在一种均衡和等价的关系。因此，罪责是我国刑法对一定的罪质的否定的社会政治和法律的评价，表现为犯罪的应受刑罚处罚性。罪质和罪责的统一，就是犯罪和刑罚的关系在我国刑法中的具体体现。

罪质和罪责的统一并不是简单的对等，而是存在某种复杂的情形。在少数情况下，一个罪质具有一个罪责，在法律条文上表现为一个罪状和一个法定刑构成一个罪刑单位。而在大多数情况下，同一罪质的犯罪在其社会危害性程度上具有一定的差别，我国刑法对此区别情节轻重规定了相应的法定刑。这样，罪质就呈现出一定的层次。因此，罪责也就具有一定的等级。罪质的一定层次和罪责的一定等级互相对应，在罪刑相适应原则上达到平衡和统一。无论罪质和罪责之间的关系如何复杂，一定的犯罪总具有一个基本的罪责，我们称之为基本犯。在基本犯的基础上，由于具有某种严重情节，就构成情节加重犯。例如，我国《刑法》第154条规定："敲诈勒索公私财物的，处三年以下有期徒刑或者拘役；情节严重的，处三年以上七年以下有期徒刑。"我国刑法把敲诈勒索分为两个罪刑单位：

第一个罪刑单位规定了敲诈勒索罪的基本犯,而第二个罪刑单位则规定了敲诈勒索罪的情节加重犯。这种实施一定的犯罪,因为具有某种严重的情节,法律加重其罪质而使其罪责加重的情形,就是我国刑法中的情节加重犯。

情节加重犯在法律规定上有别于结果加重犯。所谓结果加重犯,是指行为人实施一定的犯罪行为而发生法律所规定的加重结果,因法律另有加重刑罚之规定,而负担重于基本犯之罪责的情形。例如,我国《刑法》第134条规定的故意伤害致死罪,就是典型的结果加重犯。对于结果加重犯的加重结果,我国刑法都有明文规定,例如,第139条强奸罪规定的致人重伤、死亡,第179条暴力干涉婚姻自由罪规定的引起被害人死亡,第182条虐待罪规定的引起被害人重伤、死亡,等等。凡实施上述犯罪行为而发生了我国刑法所规定的这些加重结果,就应以结果加重犯论处。我国刑法在某些情况下,把情节加重犯和结果加重犯规定在同一条文中,说明两者是并列关系。例如,我国《刑法》第150条第2款规定:犯前款抢劫罪,情节严重的或者致人重伤、死亡的,处10年以上有期徒刑、无期徒刑或者死刑,可以并处没收财产。所以,我们不能把情节加重犯混同于结果加重犯。

情节加重犯在法律规定上还有别于数额加重犯。所谓数额加重犯,是指行为人实施一定的侵犯财产的犯罪行为,其数额达到法律所规定的巨大程度,因法律另有加重刑罚之规定,而负担重于基本犯之罪责的情形。例如,我国《刑法》第151条和第152条的盗窃罪规定,数额较大,处5年以下有期徒刑、拘役或者管制;数额巨大的,处5年以上10年以下有期徒刑。在此,前者是基本犯,后者就是数额加重犯。我国刑法在某些情况下,把情节加重犯和数额加重犯规定在同一条文中,说明两者是并列关系。例如,我国《刑法》第155条规定,犯贪污罪数额巨大、情节严重的,处5年以上有期徒刑。所以,我们不能把情节加重犯混同于数额加重犯。

情节加重犯,不仅在法律规定上有别于结果加重犯和数额加重犯,而且在犯罪构成的属性上也不同于结果加重犯和数额加重犯。从犯罪构成上说,结果加重犯和数额加重犯之所谓结果和数额显然都属于犯罪构成的客观要件,它可以而且

应该包括在犯罪构成的客观要件之中。因此，在刑法理论上称之为"客观的加重处罚条件"（Objektive Bedingungen der erhohten Strafbarkelt）。而情节加重犯之所谓加重情节则是一个主观和客观相统一的综合指标。从法律效果上说，结果加重犯和数额加重犯，只要具备法律所规定的这一结果和数额，就足以使其法定刑升格。而情节加重犯，则要对主观和客观的事实因素加以综合考虑，以决定是否加重其罪责。

我国刑法广泛地规定了情节加重犯。据统计，规定情节加重犯的条文达28条之多，约占我国刑法分则规定罪刑单位的法律条文的30%。所以，我们有必要从刑法理论上深入研究情节加重犯，为司法机关正确地掌握和运用情节加重犯的法律条文，提供一定的理论依据。

一

之所以加重情节加重犯其罪责，就在于它具有一定加重其罪质的情节。所以，研究情节加重犯，不能不探讨加重情节的内涵和外延以及它在犯罪构成中的地位。

情节加重犯之所谓加重情节是以主观和客观相统一的形式，体现一定犯罪的社会危害性程度，以决定加重其罪质的综合指标。具有一定的社会危害性并且能够衡量一定犯罪的社会危害性程度，这是情节加重犯之所谓加重情节的本质特征。根据我国刑法理论，犯罪的本质特征是行为的社会危害性。罪质之有无和大小，莫不决定于社会危害性程度。情节加重犯之所谓加重情节标志着一定犯罪的社会危害性程度的增加，从而决定其法定刑的升格。因此，只有那些能够衡量一定犯罪的社会危害性程度的主观和客观的事实因素，才能成为情节加重犯之所谓加重情节。

情节加重犯之所谓加重情节是那些能够决定一定犯罪的罪质之大小的主观和客观的事实因素。因此，决定一定犯罪的罪质之有无的情节不是情节加重犯之所谓加重情节，而是基本犯的构成要件之一。例如，我国《刑法》第189条规定：

"司法工作人员违反监管法规,对被监管人实行体罚虐待,情节严重的,处三年以下有期徒刑或者拘役,情节特别严重的,处三年以上十年以下有期徒刑。"对于我国刑法中的体罚、虐待被监管人罪来说,只有具备情节严重这一要件才能构成。否则,就是我国《刑法》第10条但书所指出的"情节显著轻微危害不大的,不认为是犯罪"的情形。因此,该情节是决定体罚、虐待被监管人罪的罪质之有无,从而划分罪与非罪的标志,而不是情节加重犯之所谓加重情节。我国《刑法》第189条规定的第二个罪刑单位中的情节特别严重,才是体罚、虐待被监管人罪的情节加重犯。

情节加重犯之所谓加重情节是一个综合指标,它在犯罪构成中具有特殊的地位。根据我国犯罪构成理论,犯罪构成一般具有主观和客观的四个基本要件。凡具备这四个基本要件的,就构成基本犯。在充足基本犯的犯罪构成的基础上,如果具有加重情节,就构成情节加重犯。因此,情节加重犯之所谓加重情节,为犯罪构成的四个基本要件所不能容纳。它以主观和客观相统一的形式衡量一定犯罪的社会危害性程度,可以说是一个综合指标。它既可能是犯罪手段残酷,也可能是犯罪动机恶劣。这些主观和客观的事实因素综合在一起说明一定犯罪的社会危害性程度。因此,该加重情节不属于犯罪构成的任何一个基本要件,但又在犯罪构成的范畴以内,是一个加重的特别构成要件。

情节加重犯是以基本犯为基础的,其加重情节不能否定基本犯的罪质。所以,加重情节要受其罪质的制约。情节加重犯之所谓加重情节,只能是在基本犯的基础上,加重其罪质的主观和客观的事实因素。凡超出其罪质的范围,则该情节构成其他犯罪。这时,应该解决的是犯罪的单复数问题,而不是情节加重犯的问题。因此,某一情节已经触犯其他法律条文而单独构成其他犯罪,就不能再以情节加重犯论处,而应实行数罪并罚。例如,我国《刑法》第141条规定:"拐卖人口的,处五年以下有期徒刑;情节严重的,处五年以上有期徒刑。"这里的情节严重与否,应该在拐卖人口罪的罪质范围内考虑。例如,拐卖人口的次数、获利多少、造成后果是否严重等,综合这些因素以决定情节是否严重。如果犯罪分子在拐卖人口过程中,强奸了被拐卖的妇女,则这一情节又触犯了强奸罪,应

按拐卖人口罪和强奸罪实行数罪并罚,而不得把强奸妇女作为加重情节构成拐卖人口罪的情节加重犯。

如果某一犯罪情节虽然触犯其他法律条文,但根据刑法理论或者司法实践,这一情节并不构成单独的犯罪,而是按照从一重罪从重处罚的原则处理,则其触犯其他法律条文的情节可以作为情节加重犯的情形适用加重的刑罚。因此,在法律规定情节加重犯的情况下,牵连犯和连续犯都可以作为情节加重犯论处。所谓牵连犯,是以实施某一犯罪为目的,而其犯罪的方法行为或者结果行为又触犯其他罪名的情形。例如,我国《刑法》第148条规定的伪证罪和第167条规定的伪造公文、证件、印章罪分别具有基本犯和情节加重犯两个罪刑单位。如果某证人在审判过程中,伪造国家机关的公文、证件、印章,对与案件有重要关系的情节制造伪证,意图陷害他人,则其行为分别触犯了伪证罪和伪造公文、证件、印章罪,并且两者之间具有方法行为与结果行为的牵连关系,是刑法理论上的牵连犯。在司法实践中,对牵连犯不实行数罪并罚,而是从一重罪从重处罚。从伪证罪和伪造公文、证件、印章的法定刑看,后者高于前者。所以,从一重罪应以伪造公文、证件、印章罪论处,至于其所牵连的伪证情节则可以视为加重情节,作为伪造公文、证件、印章罪的情节加重犯处以3年以上10年以下有期徒刑。所谓连续犯,是连续数个行为犯同一罪名的犯罪的情形。确切地说,出于同一或概括的犯罪故意,连续实施数个独立的犯罪行为而触犯同一罪名的,是连续犯。该数个独立的犯罪行为,每一个都可以充足基本构成,本为数罪,由于行为人出于同一或概括的犯罪故意反复实施同一犯罪行为而并合为一罪,所以,对连续犯不实行数罪并罚。在法律规定情节加重犯的情况下,可以把连续犯作为情节加重犯论处。例如,我国《刑法》第169条规定的引诱、容留妇女卖淫罪,分为基本犯和情节加重犯两个罪刑单位。如果某一犯罪分子以营利为目的,在一定的时间内多次引诱、容留多名妇女卖淫,是为引诱、容留妇女卖淫罪的连续犯,可以按照引诱、容留妇女卖淫罪的情节加重犯处5年以上有期徒刑。

总之,情节加重犯之所谓加重情节,是一个复杂的问题。在司法实践中,应该根据各种犯罪的特点,正确地把握加重情节,这对于刑法实施无疑具有重大的意义。

二

情节加重犯之所谓加重，表现为一定罪责的等级性，它以一定罪质的层次性为前提。因此，其所谓加重，不仅是罪责的加重，而且是罪质的加重。这里存在一个关于加重情节的性质问题：它是加重罪质之条件，抑或只是加重罪责之条件？我认为，情节加重犯不只是一个量刑幅度的问题，而应该从犯罪和刑罚的关系，也就是从罪质和罪责的关系上理解加重情节的性质。所以，我国刑法中的情节加重犯之所谓加重，是罪质的加重和罪责的加重的统一。

情节加重犯是在充足基本构成的基础上，因具有某种严重情节而加重其罪责的情形。因此，情节加重犯和基本犯具有同一的罪质。而罪质决定于一定犯罪的社会危害性。社会危害性具有程度上的差别，这就为我们衡量罪质的轻重提供了一定的可能性。犯罪的罪质不是一成不变的，随着犯罪情节的变化，社会危害性程度就会发生变化，从而引起罪质的变化。在情节加重犯的情况下，由于出现了一定的加重情节，从而影响了犯罪的社会危害性程度，罪质发生了变化。这时，基本犯的犯罪构成已不足以容纳其罪质，罪质的增加突破了基本犯的量刑幅度。只有通过加重其罪责，才能达到罪质和罪责的重新平衡。正是在这个意义上，我国刑法关于情节加重犯的规定，体现了罪刑相适应的基本原则。

根据罪质的层次性，我们可以把犯罪划分为基本犯和情节加重犯。在基本犯和情节加重犯之间，即具有犯罪的质的同一性，又具有犯罪的量的差别性。这种同一和差别，构成基本犯和情节加重犯在罪质上的对立统一。我认为，基本犯和情节加重犯之间罪质的差别，是情节加重犯的罪责加重的客观基础。如果否定了基本犯和情节加重犯之间这种罪质上的差别，就无由说明加重其罪责的根据。因此，我们认为情节加重犯不单纯是一个加重罪责的问题，而且是一个罪质变化的问题。我们应该从犯罪和刑罚即罪质和罪责的关系上正确地理解情节加重犯的本质。

基本犯和情节加重犯具有同一的罪质，因此属于同一个犯罪。那么，其犯罪

构成是否也只是一个呢？我们认为，一个犯罪可以具有几个犯罪构成。这里存在着犯罪和犯罪构成这两个概念之间的区别：犯罪是一个，但法律规定着几个犯罪构成。正如苏联刑法学家A. H. 特拉伊宁指出的："在对同一种犯罪的各个构成按照它们的社会危害程度进行分类时，必须把它们的三种形式加以区别：（1）基本构成；（2）社会危害性较大的构成；（3）社会危害性较小的构成。"[①] 我们认为，基本犯和情节加重犯之间的罪质上的差别，不能不表现为犯罪构成上的差别。所以，根据我国刑法关于情节加重犯的规定，在犯罪构成的分类上，可以分为基本构成和加重构成。情节加重犯不仅是刑事责任的加重，而且是犯罪构成的加重。对犯罪构成的这种分类，有助于我们理解我国刑法中的情节加重犯。

三

情节加重犯，既然是在基本构成充足基础上的加重构成，那么，在刑法的适用上它具有一定的独立性，我们应该把情节加重犯视为一个独立的罪刑单位。

情节加重犯作为一个独立的罪刑单位，对于决定我国刑法中的减轻处罚具有重大意义。我国《刑法》第59条规定："犯罪分子具有本法规定的减轻处罚情节的，应当在法定刑以下判处刑罚。"那么，在法律规定了情节加重犯的情况下，如何减轻处罚呢？对此，我国刑法学界存在两种观点：第一种观点认为，所谓在法定刑以下判处刑罚，是指在基本犯的法定刑以下判处刑罚。第二种观点认为，所谓在法定刑以下判处刑罚，既可能在基本犯的法定刑以下判处刑罚，也可能在情节加重犯的法定刑以下判处刑罚。至于究竟在哪个法定刑以下判处刑罚，应该视犯罪情节的轻重而决定。我们认为，以上两种观点的根本分歧在于是否把情节加重犯视为一个独立的罪刑单位。第一种观点否认情节加重犯是一个独立的罪刑单位，把它和基本犯视为一个整体，认为所谓在法定刑以下判处刑罚，就是在最低量刑幅度以下判处刑罚。第二种观点则认为情节加重犯是一个独立的罪刑单

---

① [苏] A. H. 特拉伊宁：《犯罪构成的一般学说》，王作富等译，85页，北京，中国人民大学出版社，1958。

位。凡具有减轻处罚情节的,首先应该区别情节轻重,以此决定是在基本犯还是在情节加重犯的法定刑以下判处刑罚。我们认为,第二种观点是可取的。只有这样,我们才能根据犯罪的事实、犯罪的性质、情节和对于社会的危害程度,依照法律的有关规定正确地适用刑罚,真正做到罪刑相适应。

情节加重犯作为一个独立的罪刑单位,对于决定我国刑法中的追诉时效也具有重大的意义。我国《刑法》第76条规定:"犯罪经过下列期限不再追诉:(一)法定最高刑为不满五年有期徒刑的,经过五年;(二)法定最高刑为五年以上不满十年有期徒刑的,经过十年;(三)法定最高刑为十年以上有期徒刑的,经过十五年;(四)法定最高刑为无期徒刑、死刑的,经过二十年。"那么,在法律规定情节加重犯的情况下,如何确定某一犯罪的法定最高刑,从而决定其追诉时效的期限呢?追诉时效的长短,应当与犯罪行为的社会危害性程度和刑罚的轻重相适应。社会危害性较大、法定刑重的犯罪,追诉时效期限就应当较长;反之,追诉时效期限就应当较短。这是我国刑法确定追诉时效期限的基本原则。根据这一原则,我认为应该把情节加重犯视为独立的罪刑单位,以便正确地解决其追诉时效期限的问题。例如,我国刑法中的贪污罪,其法定最低刑为拘役,法定最高刑为死刑,其间幅度甚大。如果否定情节加重犯的独立的罪刑单位的意义,那么,只要犯贪污罪,不论其贪污数额大小,尽管可能只判处拘役,仅因其法定最高刑为死刑,其追诉时效期限一律为20年。这就违背了我国刑法确定追诉时效期限的基本原则。所以,我认为,在法律规定情节加重犯的情况下,追诉时效期限应以其所对应的罪刑单位的法定最高刑为准。在实体审理以前能够决定其是否属于情节加重犯,以决定追诉时效期限的,应该照此办理。某些犯罪,在实体审理前不能决定其是否属于情节加重犯,因而不能决定其追诉时效期限的,应在实体审理后实事求是地决定其是否已过追诉时效期限。如果在实体审理后确定已过追诉时效期限,按照我国《刑事诉讼法》第11条的规定办理。

可以说,规定情节加重犯是我国刑法的一大特色。世界上其他国家的刑法大多明文列举加重情节以解决罪刑相适应的问题。我国刑法没有采取这种世界上通行的立法方式,而是概括性地以情节轻重作为划分罪质的层次从而区分相应的罪

责的等级的标志。至于情节的具体内容，则由司法机关掌握。我国刑法对情节加重犯的这种立法形式，对我国刑法理论提出了任务，这就是在司法实践所提供的大量素材的基础上，对情节加重犯进行深入的研究，以便于情节加重犯的法律适用。本文只是在情节加重犯问题上进行了一些初步的探索，但愿对于这个问题的研究有所裨益。

（本文原载《法学研究》，1985（4））

作为犯罪构成要件的罪量要素
——立足于中国刑法的探讨

犯罪构成是犯罪成立之条件,这已是刑法理论上的共识。然而,各国刑法对犯罪成立条件的设置是有所不同的,犯罪构成理论对此必须予以足够的关注。

在大陆法系国家,通行的是"立法定性,司法定量"的方法,因此,根据行为性质区分罪与非罪的界限。任何犯罪都是一种行为,这种行为具有特定的性质,是否属于刑法规定的某种行为,就成为定罪的根据。在这种情况下,犯罪构成是行为的质的构成,而不涉及行为的量。因此,犯罪构成要件是罪质要素。当然,日本刑法理论上也有"可罚的违法性说"之倡导,主张对轻微的法益侵害行为不予处罚。但是,在犯罪构成体系上,是通过构成要件阻却与违法性阻却的方法解决的,而没有设置一般性的罪量要素。[1] 我国对犯罪成立条件的设置不同于大陆法系国家,在立法上不仅定性而且定量。我国《刑法》第13条犯罪概念中有但书之规定:情节显著轻微危害不大的,不认为是犯罪。在刑法分则具体犯罪的规定中,大体上有两种情形:一是刑法没有定量规定,而只是对行为作了规定,例如《刑法》第232条关于故意杀人罪的规定,只要实施了故意杀人行为,

---

[1] 参见刘为波:《可罚的违法性论——兼论我国犯罪概念中的但书规定》,载陈兴良主编:《刑事法评论》,第10卷,67页以下,北京,中国政法大学出版社,2002。

都应构成犯罪而无论情节轻重。即便如此,故意杀人行为仍有按照《刑法》第13条的但书规定不认为是犯罪的情形。例如,1986年发生在汉中的我国首例安乐死案件,1991年4月陕西省汉中市人民法院对涉嫌故意杀人罪被起诉的蒲连升、王明成作出"情节显著轻微,危害不大不认为是犯罪"的无罪判决;1992年3月25日,陕西省汉中地区中级人民法院维持了一审判决。[1] 二是刑法有定量规定,例如《刑法》第307条第2款帮助毁灭、伪造证据罪规定,构成本罪不仅要有帮助当事人毁灭、伪造证据的行为,而且这种行为还必须达到情节严重的程度。这里的情节严重,就是该罪的罪量要素。

在我国传统的耦合式的犯罪构成体系中,没有专门的罪量要件。在我国刑法理论上,对于这些犯罪的数量要素的性质还存在不同认识,主要存在以下两种观点[2]:第一种观点是构成要件说,认为犯罪的数量要素是犯罪成立的条件,如果不具备犯罪的数量要素,不能构成犯罪。因此,犯罪的数量要素属于犯罪构成要件。第二种观点是处罚条件说,认为犯罪的数量要素是客观的处罚条件。在大陆法系刑法理论中,客观的处罚条件是指那些与犯罪成立无关,但都能决定行为是否应受刑罚处罚的外部条件。客观的处罚条件的特点在于:它本身不是犯罪的构成条件,缺乏客观的处罚条件,犯罪仍可成立,只是不生刑罚之效果而已。就此而言,客观的处罚条件是刑罚发动的事由。在上述两种观点中,我赞同构成要件说。处罚条件说将犯罪成立与应受处罚两者相分离,认为在不具备客观的处罚条件的情况下,犯罪是可以成立的,但不应受到刑罚处罚。只有在具备客观的处罚条件的情况下,犯罪才应当受到刑罚处罚,即发生刑罚之效果。这种观点与我国刑法关于犯罪概念的规定显然是不相符合的。因为根据我国《刑法》第13条的规定,应当受刑罚处罚是犯罪的重要特征之一。这就意味着,应受惩罚性本身是犯罪成立的条件,如果缺乏应受惩罚性,就不构成犯罪。因此,在我国刑法中,不能承认构成要件之外的客观处罚条件。

---

[1] 参见《刑法问题与争鸣》,第2辑,428~430页,北京,中国方正出版社,2000。
[2] 参见高铭暄、王作富主编:《新中国刑法理论与实践》,594~595页,石家庄,河北人民出版社,1988。

将犯罪的数量要素作为犯罪构成条件,还会存在一个值得研究的问题,就是它到底是客观要件还是主观要件,抑或是独立的犯罪构成要件?在我国传统的刑法理论中,对于这个问题并无共识。一般将犯罪数额等客观性的罪量要素归入犯罪的客观要件,犯罪情节由于主要是客观性的要素因而也被视为犯罪的客观要件,故未将罪量当作一个独立的犯罪构成要件。个别学者考虑到犯罪情节中既有客观要素又有主观要素,因而将其视为犯罪成立的一个综合性要件,既独立于犯罪的客观要件,又独立于犯罪的主观要件。我个人赞同将犯罪的数量因素看作是一个独立的罪量要件。罪量要素之所以不能归入客观要件,除了在罪量要素中不单纯是客观性要素而且包括主观性要素以外,还有一个重要的理由:客观要件是行为人认识的对象,因而对于判断犯罪故意或者犯罪过失具有重要意义。如果将罪量要素当作是客观要件,如行为人对此没有认识就不能成立犯罪故意而属于犯罪过失,由此而使罪过形式的判断造成混乱。例如,我国《刑法》第397条规定的滥用职权罪与玩忽职守罪在构成要件中都包含"致使公共财产、国家和人民利益遭受重大损失"这一构成要素。对于玩忽职守罪来说,这一构成要素当然属于其犯罪结果,因为玩忽职守罪是过失犯罪,过失犯罪都是结果犯,没有这一犯罪结果犯罪就不能成立。但是,在滥用职权罪的情况下,如果将这一构成要素看作是犯罪结果,在行为人对这一犯罪结果有认识的情况下应当构成故意犯罪;而对这一犯罪结果虽没有认识,但如果是应当认识而没有认识的,就应当构成过失犯罪。因此,我国刑法理论上,往往认为滥用职权罪是复合罪过,既可以由故意构成,又可以由过失构成。我不赞同复合罪过的观点,一种犯罪要么是故意犯罪,要么是过失犯罪,而不可能既是故意犯罪又是过失犯罪。主张滥用职权罪是复合罪过的观点,究其原委,就是将致使公共财产、国家和人民利益遭受重大损失这一构成要素简单地看作是其犯罪结果。我认为,这一构成要素对于滥用职权罪来说,并非犯罪结果而是独立的罪量要素。没有出现这一构成要素,仍然属于滥用职权行为,只是刑法不予以处罚而已。只有当具备了这一构成要素,刑法才加以处罚。因此,这一构成要素是表明滥用职权行为的法益侵害程度的数量因素。这一构成要素不属于罪体,因而不属于行为人主观认识的内容,对于确定行为的故

意或者过失没有关系，而应当根据对于行为的故意或者过失来确定其罪过形式。正因为如此，滥用职权罪的罪过形式是故意而非过失。

我认为，我国刑法中的犯罪成立要件是表明行为侵害法益的质的构成要件与表明行为侵害法益的量的构成要件的有机统一。表明行为侵害法益的质的构成要件是犯罪构成的本体要件，包括罪体与罪责。罪体是犯罪构成的客观要件，罪责是犯罪构成的主观要件，两者是客观与主观的统一。① 由于我国刑法关于犯罪的规定，存在数量因素，因而犯罪成立要件除罪体与罪责以外，还应当包括罪量。罪量是在具备犯罪构成的本体要件的前提下，表明行为对法益侵害程度的数量要件。由此，我建构了一个罪体—罪责—罪量三位一体的犯罪构成体系。在这一犯罪构成体系中，给予犯罪成立的数量因素以独立的构成要件的地位，从而使之更加切合我国刑法的规定。

罪量具有以下特征。

（一）法定性

罪量是由刑法明文规定的，因而具有法定性。刑法对于罪量的规定包括两个方面：一是刑法总则关于犯罪概念中的但书规定，情节显著轻微危害不大的不以犯罪论处。这一规定被认为是犯罪概念中的数量因素。二是刑法分则关于具体犯罪的规定中，有关于数额较大、情节严重的规定，这些规定对于认定犯罪具有重要意义。这里应当指出，在刑法分则中没有规定罪量要素的犯罪，并不表示只要行为一经实施就一概构成犯罪。因为刑法总则关于情节显著轻微危害不大不以犯罪论处的规定同样适用于这些犯罪，所以司法解释对这些犯罪同样规定了罪量要素。

（二）综合性

罪量既不同于罪体的客观性，也不同于罪责的主观性，就其内容而言是既有主观要素又有客观要素，因此是主客观的统一，具有综合性。当然，在罪量要件中客观要素所占比重较大，例如犯罪的数额就属于客观要素。但是，在罪量要件

---

① 关于罪体与罪责，参见陈兴良：《本体刑法学》，226页以下，北京，商务印书馆，2001。

中仍然包含一些主观要素，例如情节严重或者情节恶劣中的情节，就包括反映行为人的主观恶性的情节。

（三）程度性

罪量不同于罪体与罪责这两个犯罪构成的本体要件，它反映的是行为的法益侵害程度。如果说，罪体与罪责是犯罪构成的质的要件，那么，罪量就是犯罪成立的量的要件。因此，罪量具有程度性的特征。

二

数额是我国刑法规定的最为常见的罪量要素。在以数额较大作为罪量要素的情况下，没有达到数额较大的标准就不构成犯罪。因此，数额对于犯罪成立具有重要意义。在财产犯罪和经济犯罪中，数额在通常情况下表现为一定财产的价值，因而具有可计量性。当然，刑法关于数额的规定是有所不同的。

从我国刑法的规定来看，数额具有以下类型。

（一）违法所得数额

违法所得数额是指通过犯罪而实际得到的非法利益的数量。财产犯罪和经济犯罪，从行为人的主观目的来说，都是为了牟取非法利益，而犯罪所得数额的大小正是反映了这一目的的实现程度，因而对于定罪具有重要意义。我国刑法中关于违法所得数额的规定，在大部分情况下表述为数额较大，这里的数额较大就是违法所得数额较大。例如，《刑法》第267条规定，"抢夺公私财物，数额较大的，处三年以下有期徒刑、拘役或者管制，并处或者单处罚金"。在个别情况下明确规定违法所得数额，例如《刑法》第383条规定个人贪污5 000元以上的构成贪污罪。此外，违法所得数额在某些情况下不是货币数额，而是违法所得财物本身的数量。例如，《刑法》第345条规定，"盗伐森林或者其他林木，数量较大的，处三年以下有期徒刑、拘役或者是管制，并处或者单处罚金"。2000年11月17日最高人民法院《关于审理破坏森林资源刑事案件具体应用法律若干问题的解释》的第4条规定：盗伐林木数量较大，以2至5立方米或者幼树100至

200 株为起点。无论上述规定存在何种表现形式上的差别，其共同之处都是具有违法所得数额，因而都能够在一定程度上反映行为人非法占有财物之主观目的的实现程度和行为的法益侵害程度。①

（二）违法经营数额

违法经营是指经营型经济犯罪中存在的货币和物品的数量。经济犯罪的经营数额表明经济犯罪的规模，它对于确定行为的法益侵害程度具有一定的影响，因而对于定罪具有重要意义。应当说，经营型经济犯罪也必然具有违法所得数额，但立法者之所以不以违法所得数额而以违法经营数额作为犯罪成立条件，主要是考虑到在经营型经济犯罪中，由于犯罪的发展进程不同，违法所得数额往往难以确定。尤其是在经营亏损的情况下，营利目的未能实现，不利于司法机关对经济犯罪的定罪，因此，刑法规定以经营数额作为犯罪成立条件。例如，《刑法》第140 条规定，"生产者、销售者在产品中掺杂、掺假，以假充真，以次充好或者以不合格产品冒充合格产品，销售金额五万元以上不满二十万元的，处二年以下有期徒刑或者拘役，并处或者单处销售金额百分之五十以上二倍以下罚金"。这里的销售金额，根据 2001 年 4 月 5 日最高人民法院、最高人民检察院《关于办理生产、销售伪劣商品刑事案件具体应用法律若干问题的解释》第 2 条第 1 款的

---

① 我国刑法中以违法所得数额为犯罪成立条件的，主要有以下情形：(1)《刑法》第 163 条规定的公司、企业人员受贿罪。(2)《刑法》第 165 条规定的非法经营同类营业罪。(该罪构成犯罪的罪量要素是获取非法利益，数额巨大。这里的数额巨大相当于数额较大。)(3)《刑法》第 171 条第 1 款规定的出售、购买、运输假币罪。(4)《刑法》第 175 条规定的高利转贷罪。(5)《刑法》第 192 条规定的集资诈骗罪。(6)《刑法》第 193 条规定的贷款诈骗罪。(7)《刑法》第 194 条第 1 款规定的票据诈骗罪。(8)《刑法》第 196 条规定的信用卡诈骗罪。(9)《刑法》第 197 条规定的有价证券诈骗罪。(10)《刑法》第 198 条规定的保险诈骗罪。(11)《刑法》第 201 条规定的偷税罪，偷税数额占应纳税额的 10% 以上不满 30% 并且偷税数额在 1 万元以上不满 10 万元。(12)《刑法》第 204 条规定的骗取出口退税罪。(13)《刑法》第 217 条规定的侵犯著作权罪。(14)《刑法》第 218 条规定的销售侵权复制品罪（该罪构成犯罪的罪量要素是违法所得数额巨大。这里的数额巨大相当于数额较大。)(15)《刑法》第 224 条规定的合同诈骗罪。(16)《刑法》第 264 条规定的盗窃罪。(17)《刑法》第 266 条规定的诈骗罪。(18)《刑法》第 267 条规定的抢夺罪。(19)《刑法》第 268 条规定的聚众哄抢罪。(20)《刑法》第 270 条规定的侵占罪。(21)《刑法》第 271 条规定的职务侵占罪。(22)《刑法》第 272 条规定的挪用资金罪。(23)《刑法》第 274 条规定的敲诈勒索罪。(24)《刑法》第 345 条第 1 款规定的盗伐林木罪。(25)《刑法》第 345 条第 2 款规定的滥伐林木罪。(26)《刑法》第 396 条第 1 款规定的私分国有资产罪。

规定,是指生产者、销售者出售伪劣产品后所得和应得的全部违法收入。这里的所得和应得的全部违法收入,实际上是指伪劣产品的货值,因而是一种经营数额。

(三) 特定数额

我国刑法除了规定犯罪所得数额和犯罪经营数额以外,还规定了某些特定数额,例如《刑法》第158条规定的虚报注册资本的数额,第159条规定的虚假出资、抽逃出资的数额,第160条规定的欺诈发行股票、债券的数额,第342条规定的非法占用耕地的数量,第348条规定的非法持有毒品的数量等。

数额作为犯罪构成的罪量要素,对于犯罪的成立具有重要意义。尤其是在财产犯罪和经济犯罪中,犯罪所得数额和犯罪经营数额反映了行为的法益侵害程度,刑法以犯罪数额的大小作为区分罪与非罪的标准。

二

情节是指犯罪的情状。我国刑法中的犯罪情节,可以分为定罪情节和量刑情节。而定罪情节又可以分为基本情节与加重或者减轻情节。前者是区分罪与非罪的情节,后者是区分轻罪与重罪的情节。

这里的情节是指基本情节,也就是作为罪量要素的情节。这种情节是指刑法明文规定的,表明行为的法益侵害程度而为犯罪成立所必需的一系列主观与客观的情状。在我国刑法中,以一定的情节作为犯罪构成要件的,称为情节犯。而情节犯又可以分为纯正的情节犯与不纯正的情节犯:前者是指刑法规定以情节严重或者情节恶劣作为犯罪构成要件的情形;后者是指刑法规定以一定的条件(例如造成严重后果等)作为犯罪构成要件的情形。情节和数额有所不同,它以综合的形式反映行为的法益侵害程度。从我国刑法的规定来看,情节具有以下类型。

(一) 情节严重

以情节严重作为犯罪成立条件,是我国刑法中最为常见的一种情形。例如,《刑法》第216条规定:"假冒他人专利,情节严重的,处三年以下有期徒刑或者

拘役，并处或者单处罚金。"根据 2001 年 4 月 18 日最高人民检察院、公安部《关于经济犯罪案件追诉标准的规定》，这里的假冒他人专利情节严重，是指具有下列情形之一：(1) 违法所得数额在 10 万元以上的；(2) 给专利人造成直接经济损失数额在 50 万元以上的；(3) 虽未达到上述数额标准，但因假冒他人专利，受到行政处罚两次以上，又假冒他人专利的；(4) 造成恶劣影响的。在上述四种情形中，既有违法所得数额、经济损失数额，又有其他情节，只要具备其中之一，就可以构成假冒专利罪，因而情节的内涵较之数额的更为宽泛。①

---

① 刑法中以情节严重为犯罪成立条件的，主要有以下情形：(1)《刑法》第 130 条规定的非法携带枪支、弹药、管制刀具、危险物品危及公共安全罪。(2)《刑法》第 158 条规定的虚报注册资本罪中的有"其他严重情节"。(3)《刑法》第 159 条规定的虚报出资、抽逃出资罪中的"有其他严重情节"。(4)《刑法》第 160 条规定的欺诈发行股票、债券罪中的"有其他严重情节"。(5)《刑法》第 179 条规定的擅自发行股票、公司、企业债券罪的有其他严重情节。(6)《刑法》第 180 条规定的内幕交易、泄露内幕信息罪。(7)《刑法》第 182 条（修正）规定的操纵证券、期货交易价格罪。(8)《刑法》第 206 条规定的伪造、出售伪造的增值税专用发票罪中的"有其他严重情节"。(9)《刑法》第 213 条规定的假冒注册商标罪。(10)《刑法》第 215 条规定的非法制造、销售非法制造的注册商标标识罪。(11)《刑法》第 216 条规定的假冒专利罪。(12)《刑法》第 221 条规定的损害商业信誉、商品声誉罪中的"有其他严重情节"。(13)《刑法》第 222 条规定的虚假广告罪。(14)《刑法》第 223 条规定的串通投标罪。(15)《刑法》第 225 条规定的非法经营罪。(16)《刑法》第 226 条规定的强迫交易罪。(17)《刑法》第 227 条第 2 款规定的倒卖车票、船票罪。(18)《刑法》第 228 条规定的非法转让、倒卖土地使用权罪。(19)《刑法》第 229 条规定的提供虚假证明文件罪。(20)《刑法》第 230 条规定的逃避商检罪。(21)《刑法》第 243 条规定的诬告陷害罪。(22)《刑法》第 244 条规定的强迫职工劳动罪。(23)《刑法》第 244 条之一（修正）规定的雇用童工罪。(24)《刑法》第 246 条规定的侮辱罪。(25)《刑法》第 246 条规定的诽谤罪。(26)《刑法》第 248 条规定的虐待被监管人罪。(27)《刑法》第 249 条规定的煽动民族仇恨、民族歧视罪。(28)《刑法》第 251 条规定的非法剥夺公民宗教信仰自由罪。(29)《刑法》第 251 条规定的侵犯少数民族风俗习惯罪。(30)《刑法》第 252 条规定的侵犯通信自由罪。(31)《刑法》第 254 条规定的报复陷害罪。(32)《刑法》第 256 条规定的破坏选举罪。(33)《刑法》第 268 条规定的聚众哄抢罪中的"有其他严重情节"。(34)《刑法》第 273 条规定的挪用特定款物罪。(35)《刑法》第 275 条规定的故意毁坏财物罪中的"有其他严重情节"。(36)《刑法》第 281 条规定的非法生产、买卖警用装备罪。(37)《刑法》第 290 条第 1 款规定的聚众扰乱社会秩序罪。(38)《刑法》第 291 条规定的聚众扰乱公共场所秩序、交通秩序罪。(39)《刑法》第 293 条规定的寻衅滋事罪（第 3 项）。(40)《刑法》第 307 条第 2 款规定的帮助毁灭、伪造证据罪。(41)《刑法》第 311 条规定的拒绝提供间谍犯罪证据罪。(42)《刑法》第 313 条规定的拒不执行判决、裁定罪。(43)《刑法》第 314 条规定的非法处置查封、扣押、冻结的财产罪。(44)《刑法》第 315 条规定的破坏监管秩序罪。(45)《刑法》第 322 条规定的偷越国（边）境罪。(46)《刑法》第 324 条第 2 款规定的故意损毁名胜古迹罪。(47)《刑法》第 326 条规定的倒卖文物罪。(48)《刑法》第 329 条第 2 款规定的擅自出卖、转让国有档案罪。(49)《刑法》第 336 条第 1 款规定的非法行医罪。(50)《刑法》第 336 条第 2 款规定的非法

(二) 情节恶劣

在我国刑法中,除以情节严重作为犯罪成立条件的情形以外,还有以情节恶劣为犯罪成立条件的情形。例如,《刑法》第260条规定:"虐待家庭成员,情节恶劣的,处二年以下有期徒刑、拘役或者管制。"这里的情节恶劣与情节严重的含义大体相同,只是情节恶劣更强调伦理道德上的否定评价。我国刑法中以情节恶劣为犯罪成立条件的,主要有以下情形:(1)《刑法》第250条规定的出版歧视、侮辱少数民族作品罪。(2)《刑法》第255条规定的打击报复会计、统计人员罪。(3)《刑法》第260条规定的虐待罪。(4)《刑法》第261条规定的遗弃罪。(5)《刑法》第293条规定的寻衅滋事罪(第1项、第2项)。(6)《刑法》第443条规定的虐待部属罪。(7)《刑法》第444条规定的遗弃伤病军人罪。(8)《刑法》第448条规定的虐待俘虏罪。

(三) 特定情节

在我国刑法中,除情节严重和情节恶劣这样的盖然性规定以外,在某些情况

(接上页续)进行节育手术罪。(51)《刑法》第340条规定的非法捕捞水产品罪。(52)《刑法》第341条第2款规定非法狩猎罪。(53)《刑法》第345条第3款(修正)规定的非法收购盗伐、滥伐的林木罪。(54)《刑法》第364条第1款规定的传播淫秽物品罪。(55)《刑法》第373条规定的煽动军人逃离部队罪。(56)《刑法》第373条规定的雇用逃离部队军人罪。(57)《刑法》第374条规定的接送不合格兵员罪。(58)《刑法》第375条第2款规定的非法生产、买卖军用标志罪。(59)《刑法》第376条第1款规定的战时拒绝、逃避征召、军事训练罪。(60)《刑法》第376条第2款规定的战时拒绝、逃避服役罪。(61)《刑法》第379条规定的战时窝藏逃离部队军人罪。(62)《刑法》第380条规定的战时拒绝、故意延误军事订货罪。(63)《刑法》第381条规定的战时拒绝军事征用罪。(64)《刑法》第387条规定的单位受贿罪。(65)《刑法》第392条规定的介绍贿赂罪。(66)《刑法》第398条规定的故意泄露国家秘密罪。(67)《刑法》第398条规定的过失泄露国家秘密罪。(68)《刑法》第399条第2款(修正)规定的民事、行政枉法裁判罪。(69)《刑法》第402条规定的徇私舞弊不移交刑事案件罪。(70)《刑法》第407条规定的违法发放林木采伐许可证罪。(71)《刑法》第410条规定的非法批准征用、占用土地罪。(72)《刑法》第410条规定的非法低价出让国有土地使用权罪。(73)《刑法》第411条规定的放纵走私罪。(74)《刑法》第414条规定的放纵制售伪劣商品犯罪行为罪。(75)《刑法》第418条规定的招收公务员、学生徇私舞弊罪。(76)《刑法》第432条规定的故意泄露军事秘密罪。(77)《刑法》第432条规定的过失泄露军事秘密罪。(78)《刑法》第435条规定的逃离部队罪。(79)《刑法》第436条规定的武器装备肇事罪。(80)《刑法》第441条规定的遗失武器装备罪中的"有其他严重情节"。(81)《刑法》第442条规定的擅自出卖、转让军队房地产罪。

下，还规定了表明行为的法益侵害程度的特定情节。这些情节的特点是，它们不属于罪体的范畴，因而不需要行为人对其的主观认识。它们不决定行为的质，但决定行为的量。因而，其功能类似于情节，是立法者从刑事政策出发，对于某一行为构成犯罪的范围的一种限制。例如，我国《刑法》第129条规定："依法配备公务用枪的人员，丢失枪支不及时报告，造成严重后果的，处三年以下有期徒刑或者拘役。"这一规定中的"造成严重后果"并非本罪的犯罪结果，而是本罪构成的罪量要素。没有造成严重后果的丢失枪支不及时报告行为并不构成犯罪。因此，它具有限制犯罪成立的功能，属于本罪的数量界限，也是罪与非罪的界限。[①] 情节作为犯罪构成的罪量要素，对于犯罪成立具有重要意义。值得注意

[①] 我国刑法中的特定的情节，主要有以下情形：(1)《刑法》第128条第3款规定的非法出租、出借枪支罪中的"造成严重后果"。(2)《刑法》第129条规定的丢失枪支不报罪中的"造成严重后果"。(3)《刑法》第146条规定的生产、销售不符合安全标准的产品罪中的"造成严重后果"。(4)《刑法》第147条规定的生产、销售伪劣农药、兽药、化肥、种子罪中的"使生产遭受较大损失"。(5)《刑法》第148条规定的生产、销售不符合卫生标准的化妆品罪中的"造成严重后果"。(6)《刑法》第158条规定的虚报注册资本罪中的"后果严重"。(7)《刑法》第159条规定的虚假出资、抽逃出资罪中的"后果严重"。(8)《刑法》第160条规定的欺诈发行股票、债券罪中的"后果严重"。(9)《刑法》第161条规定的提供虚假财务报告罪中的"严重损害股东或者他人利益"。(10)《刑法》第162条规定的妨害清算罪中的"严重损害债权人或者他人利益"。(11)《刑法》第166条规定的为亲友非法牟利罪中的"使国家利益遭受重大损失"。(12)《刑法》第168条（修正）规定的国有公司、企业、事业单位人员滥用职权罪中的"造成国有公司、企业破产或者严重损失，致使国家利益遭受重大损失"。(13)《刑法》第169条规定的徇私舞弊低价折股、出售国有资产罪中的"致使国家利益遭受重大损失"。(14)《刑法》第179条规定的擅自发行股票、公司、企业债券罪中的"后果严重"。(15)《刑法》第181条第1款（修正）规定的编造并传播证券、期货交易虚假信息罪中的"造成严重后果"。(16)《刑法》第181条第2款（修正）规定的诱骗投资者买卖证券、期货合约罪中的"造成严重后果"。(17)《刑法》第186条第1款规定的违法向关系人发放贷款罪中的"造成较大损失"。(18)《刑法》第186条第2款规定的违法发放贷款罪中的"造成重大损失"。(19)《刑法》第187条规定的用账外客户资金非法拆借、发放贷款罪中的"造成重大损失"。(20)《刑法》第188条规定的非法出具金融票证罪中的"造成较大损失"。(21)《刑法》第189条规定的对违法票据承兑付款、保证罪中的"造成重大损失"。(22)《刑法》第219条规定的侵犯商业秘密罪的给商业秘密的权利人造成重大损失。(23)《刑法》第221条规定的损害商业信誉、商品声誉罪中的"给他人造成重大损失"。(24)《刑法》第264条规定的盗窃罪中的"多次盗窃"。(25)《刑法》第270条规定的侵占罪中的"拒不退还或者拒不交出"。(26)《刑法》第277条规定的妨害公务罪中的"造成严重后果"。(27)《刑法》第282条第2款规定的非法持有国家绝密、机密文件、资料、物品罪中的"拒不说明来源与用途"。(28)《刑法》第284条规定的非法使用窃听、窃照专用器材罪中的"造成严重后果"。(29)《刑法》第286条规定的破坏计算机信息系统罪中的"造成计算机信息不能正常运行，后果严重"。(30)《刑法》第288条规定

是，在 1979 年刑法中，规定的大多是纯正的情节犯，情节严重或者情节恶劣等盖然性的规定给司法人员留下了自由裁量的广阔空间。在 1997 年刑法修订中，除保留了纯正的情节犯以外，还增设了大量的不纯正的情节犯。不纯正的情节犯不像纯正情节犯那样概括，而是对构成犯罪的罪量要素作了较为明确的规定。当然，这些现象也在刑法理论上引起了某些争议，例如，这些构成要素在犯罪构成中的归属以及这些犯罪的责任形式的确定等。对此，应当从刑法理论上加以解决。在司法实践中，根据罪刑法定原则，应当严格地认定这些情节，正确地区分罪与非罪的界限。

(本文原载《环球法律评论》，2003 (3))

(接上页续)的扰乱无线电通讯管理秩序罪中的"经责令停止使用后拒不停止使用、干扰无线电通讯正常进行，造成严重后果"。(31)《刑法》第 290 条第 1 款规定的聚众扰乱社会秩序罪中的"致使工作、生产、营业和教学、科研无法进行，造成严重损失"。(32)《刑法》第 290 条第 2 款规定的聚众冲击国家机关罪中的"致使国家机关工作无法进行，造成严重损失"。(33)《刑法》第 301 条第 1 款规定的聚众淫乱罪中的"首要分子或者多次参加的"。(34)《刑法》第 304 条规定的故意延误投递邮件罪中的"致使公共财产、国家和人民利益遭受重大损失"。(35)《刑法》第 337 条规定的逃避动植物检疫罪中的"引起重大动植物疫情"。(36)《刑法》第 339 条第 2 款规定的擅自进口固体废物罪中的"造成重大环境污染事故，致使公私财产遭受重大损失或者严重危害人体健康"。(37)《刑法》第 342 条（修正）规定的非法占用农用地罪中的"造成耕地、林地等农用地大量毁坏"。(38)《刑法》第 343 条规定的非法采矿罪中的"经责令停止开采后拒不停止开采，造成矿产资源破坏"。(39)《刑法》第 371 条第 1 款规定的聚众冲击军事禁区罪中的"严重扰乱军事禁区秩序"。(40)《刑法》第 371 条第 2 款规定的聚众扰乱军事管理区秩序罪中的"致使军事管理区工作无法进行，造成严重损失"。(41)《刑法》第 377 条规定的战时故意提供虚假敌情罪中的"造成严重后果"。(42)《刑法》第 397 条第 1 款规定的滥用职权罪中的"致使公共财产、国家和人民利益遭受重大损失"。(43)《刑法》第 403 条规定的滥用管理公司、证券职权罪中的"致使公共财产、国家和人民利益遭受重大损失"。(44)《刑法》第 404 条规定的徇私舞弊不征、少征税款罪中的"致使国家税收遭受重大损失"。(45)《刑法》第 405 条第 1 款规定的徇私舞弊发售发票、抵扣税款、出口退税罪中的"致使国家利益遭受重大损失"。(46)《刑法》第 405 条第 2 款规定的违法提供出口退税凭证罪中的"致使国家利益遭受重大损失"。(47)《刑法》第 407 条规定的违法发放林木采伐许可证罪中的"致使森林遭受严重破坏"。(48)《刑法》第 416 条第 1 款规定的不解救被拐卖、绑架妇女、儿童罪中的"造成严重后果"。(49)《刑法》第 427 条规定的指使部属违反职责罪中的"造成严重后果"。(50)《刑法》第 428 条规定的违令作战消极罪中的"造成严重后果"。(51)《刑法》第 441 条规定的遗失武器装备罪中的"不及时报告"。

三、构成要件

构成要件的理论考察

自从 1906 年德国学者贝林提出构成要件理论至今 100 年来，构成要件概念几经变迁，成为犯罪论体系的基石。中国经过继受苏俄犯罪构成理论，目前正处在犯罪构成理论的"拨乱反正"阶段。在这一刑法知识转型的重要历史关头，对构成要件的理论考察具有重要意义。

一、构成要件的客观性与主观性

构成要件存在一个从客观到主观的转变过程，这里的从客观向主观转变，是指构成要件从纯客观的要件到同时包含主观的要件。这一转变的影响是巨大的，它使构成要件几乎成为主导犯罪认定的司法过程的基本架构。令人惊诧的是，这一从客观到主观的转变过程，在构成要件理论的缔造者贝林的有生之年就已经完成了。贝林面对兴起的主观的构成要件论，在其晚年不得不修改其构成要件理论。在早期，贝林把构成要件定义为犯罪类型的外部轮廓，把行为的主观方面专

门作为责任问题来对待,并把它排除在构成要件之外。① 因此,贝林主张的是客观的构成要件论。但后来麦耶尔、迈兹格等刑法学家注意到了在刑法分则关于具体犯罪规定中的主观要素,由此肯定构成要件中应当包含主观要素,确立了主观的构成要件论。面对这一挑战,贝林对其早期关于构成要件是犯罪类型的外部轮廓的命题作了修改,指出:犯罪类型不是法定构成要件,法定构成要件是犯罪类型先行存在的指导形象(vorgelagertesLeitbild)。不可以把构成要件该当性(或构成要件相关性)当作犯罪类型的同义词。② 从犯罪类型的外部轮廓到犯罪类型的指导形象,这是对构成要件与犯罪类型关系的重新界定,贝林试图以此维系构成要件的客观性。但与此同时,构成要件作为犯罪的一般概念要素的地位却被否定了。此后,随着目的性行为理论的兴起,构成要件的概念才被进一步主观化。对此,罗克辛指出,这样就得出了一个体系性的结论:故意,虽然在古典体系(贝林)和新古典体系(迈兹格)中被理解为罪责形式,并且人们在理解不法意识时也把它作为必要的构成部分,但是,在一个归结为因果控制的形式中,它就已经作为构成要件的要素部分表现出来了。这就意味着不法被进一步地主观化了,相反,对于罪责来说,却意味着逐渐地非主观化和规范化(Entsubjektivierungund Normativierung)。③ 构成要件概念的这一演变过程,是构成要件的客观性逐渐丧失的过程。

贝林虽然也承认主观要素的客观存在,但并不主张将主观要素纳入构成要件的范畴。对于构成要件的主观化,贝林提出了"一个方法论的歧途"的警告。贝林指出:如果硬要把"内在要素"从行为人精神层面塞入构成要件之中,那么就会陷入一个方法论的歧途。因为,这种不纯粹的构成要件根本不可能再发挥其作为客观方面和主观方面共同指导形象的功能。果真如此,则不仅心理因素会混迹于实行行为中也即在客观行为方面出现了,而且主观方面就成了一个完全受压迫

---

① 参见[日]小野清一郎:《犯罪构成要件理论》,王泰译,50页,北京,中国人民公安大学出版社,2004。
② 参见[德]贝林:《构成要件理论》,王安异译,27页,北京,中国人民公安大学出版社,2006。
③ 参见[德]罗克辛:《德国刑法学总论》,第1卷,王世洲译,122页,北京,法律出版社,2005。

的形象而受到挤对，责任也必须扩张，直至所有的犯罪成立要素责任必须同时扩展到一个责任自己的构成要素上面。① 贝林从维护"方法论上的明确性"出发，为构成要件的客观性辩护。也就是说，在构成要件中考察的是客观要素，而主观要素则是在责任中考察的。如果在构成要件该当性中，同时考察客观要素与主观要素，那么在责任中再考察主观要素，就会变成同义反复。并且，如果照此推理，责任的内容也必须扩张，使所有犯罪成立要素，包括客观要素与主观要素都成为责任的构成要素，这就会使所有方法论上的明确性荡然无存。应该说，这一辩解是以心理责任论为前提的。在心理责任论的逻辑架构中，主观要素是责任形式，如果将主观要素同时作为构成要件的内容考虑，则主观要素既是构成要件的内容，又是责任的内容，这就会混淆构成要件与责任之间的关系。但是在规范责任论出现以后，主观要素不再是责任内容，责任内容是责任能力与归责要素（违法性认识和期待可能性）。在这种情况下，将主观要素划入构成要件不会出现贝林所担忧的方法论上的混乱。

贝林之所以坚持构成要件的客观性，还与《德国刑法典》第 59 条规定有关。该条规定："不知道属于法律上的构成要件的情况存在时，不能追究刑事责任。"这里的构成要件是故意所认识的内容，因而是客观的构成要件。因此，贝林指出，如果硬要在构成要件中塞入行为人的主观观念，根据《德国刑法典》第 59 条规定，则认为人的故意就已经包含了该观念（指构成要件——引者注），即故意中本来就有故意的观念。此种同义反复，使得方法论的明确性荡然无存。比方说，如果人们把行为人的某种观念放到构成要件之中，那么根据《德国刑法典》第 59 条的规定，行为人相关的故意就包括了下述观念，即他本来就有这样的观念。果然如此，所有方法论上的明确性就已荡然无存。② 应该说，《德国刑法典》第 59 条关于构成要件的规定，确实是继承了自费尔巴哈以来的客观构成要件论。在对《德国刑法典》第 59 条进行解释时，这里的构成要件当然是指客观的构成

---

① 参见［德］贝林：《构成要件理论》，王安异译，16～17 页，北京，中国人民公安大学出版社，2006。
② 参见［德］贝林：《构成要件理论》，王安异译，17 页，北京，中国人民公安大学出版社，2006。

要件。但作为犯罪论体系中的构成要件是否也必须作与法条相同的理解，这是值得考虑的。对此，日本刑法学家小野清一郎指出：这种观点，从根本上说，只能是一种概念的、形式的观点。可是，如果要考虑被称为"犯罪"的违法有责行为的实体的话，即使在犯罪类型的轮廓亦即它的法律定型中，也理应在被抽象化了的形式下存在规范性和主观性。并且，这与其说是各个不同的要素，莫如说是构成要件全面地存活着，这一点在类型化和抽象化之中反而被忽略了。但是，贝林就没有想到这一点。这在理论上，是法律实证主义的必然结果，在其背后，存在自由主义的、法治国家的思想，认为在刑事司法中必须以法律保障个人自由的罪刑法定主义，必然地要求着纯客观的、记叙性的构成要件，即使不能完全实行，至少也不能否定这种倾向。① 在这里，小野清一郎指出了贝林坚持构成要件客观性中存在的两个动因：一是法律实证主义，即追求构成要件的形式化与抽象化；二是罪刑法定主义，强调对个人自由的保障。

　　对于贝林的构成要件客观性理论，西原春夫教授显然是持否定态度的。在西原春夫的方法论取向中，始终存在抽象化与个别化这样一对分析框架，并且表现出对于个别化的追求。由于贝林是在类型性的方法指导下对构成要件进行定性分析的，因而在贝林的理论中明显地表现出构成要件的抽象化特征。贝林虽然认为构成要件不能等同于犯罪类型，而只是犯罪类型先行存在的指导形象，但贝林显然十分重视类型性概念，在《犯罪论》一书中贝林已经提道：当前的刑法已经压缩在类型之中，即是说，"类型性"是犯罪的一个概念性要素。贝林明确地提出了犯罪是类型化的违法有责行为的命题。② 但西原春夫教授认为，犯罪并不能仅仅从一般性的意义上把握，而个别性始终是在犯罪认定中应当关切的一个问题。西原春夫教授指出贝林并不希望其构成要件论发挥犯罪个别化的作用，认为贝林前期的构成要件论不仅隐藏着自我矛盾之处，而且并未指向犯罪的个别化。在西原春夫教授看来，只要遵从其本来的机能、使构成要件发挥犯罪个别化的作用，

---

① 参见［日］小野清一郎：《犯罪构成要件理论》，王泰译，51 页，北京，中国人民公安大学出版社，2004。

② 参见［德］贝林：《构成要件理论》，王安异译，27 页，北京，中国人民公安大学出版社，2006。

这一点实际上就是不言而明的。① 这里所谓这一点，是指将主观要素纳入构成要件的概念之中。因此，主观性要素例如主观性违法要素或者故意逐渐被导入构成要件之中，构成要件逐渐服务于犯罪个别化的过程。② 由此可见西原春夫教授对于犯罪个别化的重视与强调。

那么，什么是犯罪个别化，它与构成要件又有什么关系，即为什么在构成要件中包含主观要素就能实现犯罪个别化？这是我们在理解西原春夫教授关于构成要件理论时需要解决的问题。笔者所见到的有限资料中，没有发现西原春夫教授关于犯罪个别化的直接阐述。因此，关于犯罪个别化只能从学理上作出某种猜测性的解说。在刑法学中，存在刑罚个别化的概念，它是和刑罚一般化相对应的。刑罚一般化追求的是等量或者等价的报应，是报应主义、客观主义的刑罚观念。而刑罚个别化强调的是行为人的人身危险性，是功利主义、主观主义的刑罚观念。当今的刑罚个别化原则已经受到报应主义的限制，因而为各国刑法所承认。以此作为思考犯罪个别化的出发点，我以为犯罪个别化更为强调的是行为的动机、人格等影响犯罪成立的要素，在现实生活的基础上思考犯罪问题，而不是仅仅将犯罪当作一种抽象的法律概念，割裂犯罪与人与社会、与生活的活生生的联系。例如，西原春夫教授指出：作为我的思考方向，我认为，特别是有可能从行为的起源即与动机形成相关的生物学、心理学、社会学等各方面进行考察的犯罪论，对于现代刑法学而言是很重要的。为此，成为犯罪概念基底的行为概念，必须是可能从整体上把握从动机形成到犯罪完成这一产生发展过程的行为。因此，我只想论述如下事实：像符合构成要件的行为或者构成要件行为这样的概念，一方面学者们认为它被片段地截成暴行、伤害、杀人之类的各种犯罪；另一方面则认为它并非实行行为和预备行为、正犯与教唆犯、从犯之类被片段地来理解的行为。③ 虽然西原春夫教授的上述论断是就行为的理解而言的，但它对于我们理解犯罪个别化的命题也是有帮助的。这里还可以进一步追溯到西原春夫教授在学派

---

① 参见［日］西原春夫：《犯罪实行行为论》，戴波、江溯译，32页，北京，北京大学出版社，2006。
② 参见［日］西原春夫：《犯罪实行行为论》，戴波、江溯译，35页，北京，北京大学出版社，2006。
③ 参见［日］西原春夫：《犯罪实行行为论》，戴波、江溯译，47页，北京，北京大学出版社，2006。

之争上的立场。西原春夫认为，现代的刑法理论已经不可能再是纯粹的古典学派的刑法理论，而必须汲取近代学派的某些成果。例如，虽然仍然应该像古典学派那样把责任解释为非难可能性，但是，应当像近代学派那样重视导致犯罪人实施犯罪行为的内在的和外在的原因，把这些原因视为影响责任大小的要素，虽然仍然应当把刑罚的本质解释为报应，但是，应当在与规范性责任相对应的报应的范围内追求刑罚的目的性运用，实现犯罪人的改善更生、社会复归等刑事政策的目的。① 西原春夫教授力图解除构成要件的抽象性所带来的遮蔽，强调行为人的主观要素、人格要素与动机要素对于定罪的意义。正是在此基础上，才有可能实现犯罪个别化。

如何从构成要件的抽象性中获得犯罪的个别化，这确实是一个值得重视的问题。这个问题在我国刑法学中也没有得到很好的解决，在犯罪论体系的建构中，应当对犯罪个别化的要求加以考虑。

二、构成要件的记述性与规范性

构成要件的记述性，是指对构成要件事实要素所作的客观描述。贝林认为，构成要件是"纯粹记述性的"。贝林在解释这里的记述性时指出：人的行为只是通过构成要件，根据其特有类型而对其进行特征处理，而不是已经被规定为违法、为了对某一行为进行特征化处理，立法者可以采取下述各种可能的标准：身体举止、行为产生的生活状况、行为时的各种情状、各种行为结果。因此，运用行为之合法性关系构建犯罪类型，无可置疑；只要该合法性关系有助于构成要件界定相关犯罪之行为，则仍不失其"记述性"，而无关其特殊的情事（Umstaende）问题，也即无关记述性行为的违法性问题。当然，也不能阻止立法者利用行为与类型性形象的关系来处理。对立法者而言，只要这些类型性形象有助于概括相关犯罪类型意义上的共同行为，它们就保留着其"记述性"功能，而没有

---

① 参见［日］西原春夫：《刑法总论》，改订版，上卷，转引自李海东主编：《日本刑事法学者》。

提前介入那些性质特别的情节（Umstaende）问题，这种记述性的行为是否被规定为违法，与那些情节无关。① 贝林的这一论断具有为构成要件的记述性这一命题进行辩解的意味。因为在贝林提出构成要件的记述性特征以后，麦耶尔发现了所谓规范的构成要件要素，例如盗窃罪中的他人"动产"，诽谤罪中"有害"他人名誉的不实事实。这里的"动产"与"有害"等概念，都非纯记述性的，而是与一定的规范评价相关。贝林本人在其著作中也曾经引用过拉斯克（Lask）的一句话：所有法律概念都是"披上了规范的绸缎"②。麦耶尔提出了主观违法要素这一概念，而且这种主观要素又往往是规范要素，具有双重性，即既是规范的（不真正的）构成要件要素，又是客观的（真正的）违法性要素。③ 尽管贝林对构成要件的记述性命题作了辩解，但构成要件中的规范要素的发现，对于如何处理构成要件与违法性的关系带来了一定的冲击。西原春夫教授甚至认为，既然不得不承认构成要件的一部分包含了违法性要素，构成要件该当性的调查同时成为违法性调查的一部分，那么，就不得不说贝林的根本主张——严格区分构成要件该当性与违法性——的一部分已经崩溃了。④ 这一命题并非危言耸听，而是言之有理的。当然，面对这一可能发生的崩溃，采取何种理论应对仍有讨论的余地。

构成要件与违法性到底能不能区分，这是在对大陆法系犯罪论体系理解时不得不面对的一个问题。显然，贝林认为构成要件与违法性是可以区分的。正如杀人是构成要件该当的行为，但它并非不法类型，只有非法杀人才是不法类型。因此，是否杀人这是在构成要件中所要解决的问题，在此基础上才能进一步地解决是否非法杀人的问题。尽管在构成要件中存在规范要素，但它和违法性这一规范评价要件是有所不同的。即使是目的行为论的倡导者威尔泽尔也从与贝林不同的理由出发赞同构成要件与违法性之间的区分。在威尔泽尔看来，构成要件客观地

---

① 参见［德］贝林：《构成要件理论》，王安异译，14～15页，北京，中国人民公安大学出版社，2006。

② ［德］贝林：《构成要件理论》，王安异译，13页，北京，中国人民公安大学出版社，2006。

③ 参见许玉秀：《当代刑法思潮》，67页，北京，中国民主法制出版社，2005。

④ 参见［日］西原春夫：《犯罪实行行为论》，戴波、江溯译，31～32页，北京，北京大学出版社，2006。

描述了什么是刑法所禁止的东西，从而构成禁止的素材（Verbotsmaterie）。因此，构成要件该当性意味着规范（禁止）违反性。但是，法秩序不只是由规范所构成的，而是经容许命题即合法化事由之后，它才能成为违法的。① 因此，威尔泽尔是以禁止规范与允许规范这样一个分析框架来考察构成要件与违法性的关系：构成要件该当性记述的是一种被规范所禁止的行为。但这种规范违反性还不能等同于违法性，如果存在允许规范，则允许规范具有高于禁止规范的效力，可以抵消禁止规范。因此，允许规范就成为违法阻却事由，也是一种合法化或者正当化事由。对于威尔泽尔的这一观点，西原春夫教授显然是不赞同的，西原春夫教授认为允许规范本身就是禁止规范的一部分。法律并非"禁止杀人"，而是禁止"无故杀人"。因此，威尔泽尔所谓的命题，仍然是（禁止）规范的一部分，它是与构成要件一道决定作为规范违反性的违法性的法律命题。西原春夫教授指出：如果从这种立场出发，我们就无法赞同威尔泽尔的这种体系了。② 这里所谓这种体系，是指构成要件与违法性相区分的犯罪论体系。西原春夫的体系是采取并不承认构成要件或者构成要件该当性是独立的犯罪要素的立场。换言之，西原春夫采取的是行为、违法、责任这种三要素的犯罪论体系，构成要件并入违法性，成为违法性认定的根据。西原春夫这种观点从是构成要件的规范性出发，使构成要件成为违法性的一部分，将构成要件与违法性这两个要件合而为一，这对于我们理解某些具体犯罪构成的要件还是具有启发意义的。例如侵入住宅的犯罪。我国《刑法》第245条规定：非法侵入他人住宅的，处3年以下有期徒刑或者拘役。这里的非法，是指无权或者无理进入他人住宅而强行闯入或者拒不退出。③《日本刑法》第130条规定：无正当理由侵入他人的住宅的，处3年以下拘役或者10万日元以下罚金。这里的"无正当理由"与我国刑法规定的"非法"在含义上基本相同，都是犯罪成立要件中的规范要素。问题在于：这里的"非

---

① 转引自［日］西原春夫：《犯罪实行行为论》，戴波、江溯译，47页，北京，北京大学出版社，2006。
② 参见［日］西原春夫：《犯罪实行行为论》，戴波、江溯译，48～49页，北京，北京大学出版社，2006。
③ 参见胡康生、郎胜主编：《中华人民共和国刑法释义》，385页，北京，法律出版社，2006。

法"或者"无正当理由"到底是构成要件要素还是违法性的要素。对此，无论是我国学者还是日本学者都解释为违法性要素。例如我国学者张明楷教授在论述侵入住宅行为的非法性时指出：法令行为、紧急避险行为，阻却违法性。例如，司法工作人员基于法令，以扣押、搜查等目的，进入他人住宅的；警察为了执行逮捕令，进入嫌疑人住宅逮捕嫌疑人的；为了避免狂犬等的袭击而侵入他人住宅的，这些都阻却违法性。[①] 日本学者也认为，"无正当理由"，是指无阻却违法的事由。有正当理由的，即使违反居住权人的意思，也不构成本罪。[②] 如果根据这种解释，侵入住宅是构成要件行为，非法或者无正当理由是违法性要素，但西原春夫则把它称为规范的构成要件，因此把构成要件称为违法类型。西原春夫教授指出：虽然对于侵入住宅罪的"无正当理由"这一要件的性质仍存在争议，但是，学说上基本一致的看法是，这并不意味着它们是一般的违法阻却事由，而是具有对于社会生活中经常发生的此类行为，从最初就在类型上进行可罚性限定的注意性特征。因此，在侵入住宅罪的场合，仅仅在外形上有侵入住宅的行为，构成要件的该当性和违法性均无法确定，只有在"无正当理由"侵入的场合，才能够确定。但是，自不待言，这里的"无正当理由"要素，是在外部不可能决定的评价性要素，即规范性构成要件要素。[③] 因此，西原春夫认为，侵入住宅罪的构成要件行为并非侵入住宅，而是"无正当理由"侵入住宅，"无正当理由"即是构成要件的要素，又是违法性判断的根据。正是在这个意义上，在作出违法判断以前，无法对构成要件作出判断。当然，这一命题也存在可质疑之处：是否侵入住宅还是可以独立于并且先于是否"非法"侵入住宅进行判断的。不过，对于这一观点我是赞同的：非法侵入住宅罪的"非法"，从正面说是构成要件的要素，即规范的构成要件；从欠缺这一要素则认为无违法性这一意义上说，又是违法性

[①] 参见张明楷：《刑法学》，674页，北京，法律出版社，2007。
[②] 参见［日］西田典之：《日本刑法总论》，刘明祥、王昭武译，80页，北京，中国人民大学出版社，2007。
[③] 参见［日］西原春夫：《犯罪实行行为论》，戴波、江溯译，57～58页，北京，北京大学出版社，2006。

判断的根据。

构成要件中的规范要素如何与违法性相区分,这确实是一个值得研究的问题。在贝林时代,刑法中占主导地位的是自然犯。在自然犯的构成要件中,其行为一般是具有伦理上的违法性的,因而无须更多的规范要素便可确定这种行为的犯罪性。例如杀人行为99%是犯罪,具备杀人行为一般即可推定其行为的违法性。具备违法阻却事由的杀人只是例外,可以通过违法性判断加以排除。但当今刑法中的法定犯的数量越来越多,甚至超过了自然犯。法定犯具有双重的违法性:首先是违反经济行政法规范,然后才是违法刑法规范。例如,我国《刑法》第225条规定的非法经营罪,是指违反国家规定,非法经营,扰乱市场秩序,情节严重的行为。对于非法经营罪来说,违反国家规定是构成犯罪的前提。显然,它和杀人罪是有所不同的:在杀人罪中,杀人行为就是构成要件的行为,至于杀人是否非法,这是在违法性判断中完成的。但在非法经营罪中,违反国家规定的经营行为才是构成要件的行为,而不能认为经营行为是构成要件的行为。因为经营行为在99%的情况下是正常的经济行为,只有极个别是非法的经营行为,所以不能直接从经营行为中推定其违法性。因此,在法定犯的构成要件中,规范要素是其行为成其为构成要件行为的逻辑前提。那么,具备了构成要件的规范要素是否就不需要违法性判断了呢?例如,在认定非法经营行为以后,是否还要进一步通过违法性的判断以确定是否存在违法阻却事由?这个问题是值得思考的。笔者认为,法定犯中的规范要素表明了违法性的判断提前到构成要件该当性中进行,这就使构成要件的规范要素与违法性的功能逐渐重合。在这个意义上,西原春夫教授关于严格区分构成要件该当性与违法性的主张——至少一部分已经崩溃的命题,是可以成立的。笔者以为,这里的一部分是对法定犯而言的。随着法定犯数量的增加,构成要件与违法性的关系确实应当被重新审视。

三、构成要件的形式性与实质性

西原春夫教授从违法类型论出发,将构成要件作为违法类型加以把握,将

构成要件并入违法性,由此构成要件丧失了在犯罪论体系中独立存在的地位,由此而印证了西原春夫教授关于"构成要件论发展的历史,实际上同时是构成要件崩溃的历史"的命题。曾根威彦教授在评论西原春夫教授的构成要件论时指出:在这种对于构成要件理论史的理解之下,作者(指西原春夫教授——引者注,下同)认为有两条道路可供现代刑法学选择:第一,像作者那样,积极地接受构成要件论的发展过程,在违法性的内部论述构成要件该当性(实质的构成要件);第二,回到构成要件论的原点,将价值性、规范性的要素排除在构成要件概念之外,追求构成要件独立于违法性的独有地位和机能(形式的构成要件)。作者坚决拒绝了后者的立场。这是因为,在作者看来,构成要件之所以与具有价值性的违法性之间存在表里关系,乃是由本来内在于构成要件概念的本质属性所决定的,构成要件论崩溃的历史乃是一种必然的趋势。① 在此,曾根威彦教授,实际上是西原春夫教授,指出了构成要件发展的两条道路:形式的构成要件与实质的构成要件。而实质的构成要件又等同于违法性,因而使构成要件失去存在的价值。当然,我们也看到另一种使构成要件实质化,并将违法性并入构成要件的学术努力,这就是日本刑法学家前田雅英教授的实质的犯罪论。前田雅英教授认为,行为成立犯罪必须符合两个实质要件:一是存在值得处罚的恶害,二是就行为对行为人具有非难可能性。前田雅英教授反对形式的构成要件论,而主张构成要件包含成立犯罪的实质内容,并认为符合主客观构成要件的行为原则上成立犯罪,只是在具有违法或责任阻却事由时,才例外地不成立犯罪。② 我们可以看到,前田雅英教授和西原春夫教授都主张构成要件的实质化,但从相同的立场出发却得出了截然相反的犯罪论体系,这是令我们深思的。

我国犯罪构成理论是从苏俄传入。在苏俄刑法学中,犯罪构成这一概念是在

---

① 参见[日]曾根威彦:"西原刑法学与犯罪实行行为论",载[日]西原春夫:《犯罪实行行为论》,戴波、江溯译,295页,北京,北京大学出版社,2006。
② 参见[日]西原春夫:《刑法总论》,改订版,上卷,转引自李海东主编:《日本刑事法学者》。参见[德]贝林:《构成要件理论》,王安异译,14~15页、329页,北京,中国人民公安大学出版社,2006。

改造构成要件这一概念的基础上形成的，改造的方向也是使构成要件实质化，最终成为犯罪成立要件的总和。苏俄刑法学家特拉伊宁指出：犯罪构成乃是苏维埃法律认为决定具体的、危害社会主义国家的作为（或不作为）为犯罪的一切客观要件和主观要件（因素）的总合。[①] 在苏俄构成要件概念的实质化过程中，存在明显的政治化和意识形态化的倾向，例如强调犯罪的阶级性等。同时，构成要件实质化过程中，基于主客观相统一的命题，将主观要件也纳入犯罪构成体系，在这一点上承认了主观的构成要件。这里尤其需要指出的是，违法性这一要件，是苏俄犯罪构成理论处理得最为失败的一个问题。由于苏俄刑法典规定了犯罪的实质概念，曾经否认违法性是犯罪的形式特征，违法性的命运由此可见一斑。在犯罪的实质概念中确立了犯罪的本质特征是行为的社会危害性，因此，社会危害性就起到了实质的违法性要件的功能。但在苏俄犯罪构成理论中，社会危害性又不是犯罪成立的一个具体要件，而是每一个要件所具有的性质。换言之，具体的构成要件及要素与社会危害性是合为一体的，例如行为是具有社会危害性的行为，结果是具有社会危害性的结果，故意是明知行为、是危害社会而有意实施的主观心理状态。可以说，苏俄犯罪构成理论中的社会危害性，其功能相当于大陆法系犯罪论体系中的违法性。但作为排除社会危害性的情形，正当防卫和紧急避险又不是在犯罪构成中解决的。对此，特拉伊宁指出："在犯罪构成学说的范围内，没有必要而且也不可能对正当防卫和紧急避险这两个问题作详细的研究。"[②] 这一说法似乎有些武断，为什么没有必要？又为什么不可能？尽管特拉伊宁揭示了正当防卫排除的是行为的社会危害性，而紧急避险排除的是行为的违法性，因而这两种行为的性质是有所不同的。[③] 但这些论述都没有科学地解决正当防卫与紧急避险和犯罪构成之间的关系，以至于出现犯罪构成解决什么行为构成犯罪，排

---

① 参见［苏］A.H. 特拉伊宁：《犯罪构成的一般学说》，王作富等译，48～49 页，北京，中国人民大学出版社，1958。
② ［苏］A.H. 特拉伊宁：《犯罪构成的一般学说》，王作富等译，272 页，北京，中国人民大学出版社，1958。
③ 参见［苏］A.H. 特拉伊宁：《犯罪构成的一般学说》，王作富等译，273、275 页，北京，中国人民大学出版社，1958。

除社会危害性行为解决什么行为不构成犯罪这样一种分离的状态,使犯罪构成出现形式化之虞。

这里提出了一个构成要件的形式性与实质性的问题。贝林的构成要件是具有形式化特征的,实质考察是在违法性中完成的。贝林的构成要件的形式性是一种客观的、事实的形式性。到威尔泽尔的目的行为论,虽然责任论发生了变化,构成要件的内容也变成主观与客观的事实要素的统一,但仍然维持了构成要件的形式化。以后,随着犯罪论体系的流变,构成要件的实质化的趋势越来越明显,西原春夫教授的观点当然是一种较为极端的学术径路,直接取消了构成要件的独立地位,将其作为违法性的实质判断的一部分。特拉伊宁又是另外一个极端,使构成要件完全实质化,作为犯罪成立条件的代名词,尽管其在逻辑上是不圆满的,因为没有将正当防卫、紧急避险纳入犯罪构成体系中考察。但特拉伊宁把构成要件转换成犯罪构成,这一构成要件的实质化过程,也就是构成要件丧失自我的过程。当然,在上述两种极端的径路以外,也还有另一种较为中庸的构成要件实质性的安排,这就是罗克辛的目的理性的犯罪论体系。罗克辛在论及构成要件的演进时指出:构成要件,对于古典体系来说,详细阐述了构成要件的内容,对于新古典体系的草案来说,仅仅补充了主观性的构成因素,对目的性主义则是补充了故意。在所有这三个体系性方案中,构成要件在结果性犯罪上,基本都减少为坚持在纯粹的因果关系上。与此同时,目的理性的角度使得对构成要件的一种结果归责,取决于"在构成要件的作用范围内实现了一种不可允许的危险",并且,在这里第一次使用一种以法律评价为导向的规则性工作(Regelwerk),来代替因果关系所具有的自然科学的即逻辑的范畴。[1] 换言之,构成要件从形式上的归因功能转变为具有实质意义的归责功能。这就是在构成要件中引入客观归责理论,从而在一定程度上实现了构成要件的实质化。

构成要件实质化以后,如何处理构成要件与违法性的关系,这是一个关系到构成要件的体系性地位的问题。按照西原春夫教授的观点,违法性本来就是要解

---

[1] 参见[德]罗克辛:《德国刑法学总论》,第1卷,王世洲译,124~125页,北京,法律出版社,2005。

决构成要件的实质评价问题,因此构成要件的审查与违法性的审查是重合的,并且违法性是构成要件判断的前提。西原春夫教授指出:如果不从实质的违法性出发,就很难确定行为(特别是公然猥亵、名誉毁损、过失不作为等)是否符合构成要件;构成要件该当性的判断必须与违法性的判断同时进行,构成要件该当性不是独立的犯罪要素,而是存在于违法这一要素之内。因此,根据法令实施的行为等本来就不是违法的,没有必要像通说那样,先肯定其构成要件该当性并推定其具有违法性之后,再说它具有正当事由,被排除了违法性。① 根据西原春夫教授的这一观点,构成要件的认定与违法性的排除,是完全同一的思维过程。当然,更多的德国刑法学家虽然主张构成要件的实质化,但仍然将违法性作为犯罪成立的独立要件。在违法性中更多的是处理违法阻却事由,因为正面的违法审查已经转移到构成要件当中去。

在我国目前的犯罪构成理论中,从构成要件抽象概括而形成的犯罪构成概念,已经成为犯罪成立要件的总和。在犯罪构成中又区分为客观方面的要件与主观方面的要件,笔者认为这种主客观要件的区分本身是合理的,关键是如何解决主客观要件中的事实与评价以及主客观要件互相之间的对应关系。从苏俄引入的犯罪构成理论,虽然在我国司法实践中曾经发挥过重要的作用,但由于它没有处理好事实与价值、主观与客观和类型与个别等要件或者要素之间的位阶关系,存在一定程度的逻辑混乱,因而,主张对传统的犯罪构成理论加以改造,以及直接引入大陆法系的递进式的三阶层理论的呼声越来越高。在这种情况下,我国学者提出了犯罪构成的三阶层理论的本土化的命题。② 当然,本土化并不意味着概念术语的简单转换,更不是要件增删合并的文字游戏,而是应当在领悟犯罪论体系的精髓基础上,采用适合于中国人思维方法的表述。近年来,我国越来越多的学者主张直接采用大陆法系的犯罪论体系,我也是其中的积极推动者。例如,我和周光权教授主编出版的《刑法学》(复旦大学出版社2003年版)一书,就是我国

---

① 参见[日]西原春夫:《刑法总论》,改订版,上卷,转引自李海东主编:《日本刑事法学者》,126页。
② 参见李立众:《犯罪成立理论研究——一个域外方向的尝试》,177页,北京,法律出版社,2006。

第一部直接采用大陆法系递进式的犯罪论体系的刑法教科书。尽管该书出版以后也有不以为然的讥评,但我仍然坚持学术上对外开放的立场。与此同时,我国也出现了建构独特的犯罪构成体系的学术努力。例如,张明楷教授在犯罪构成体系上坚持一种渐进式探索的学术进路。在1991年出版的《犯罪论原理》(武汉大学出版社1991年版)一书中,张明楷教授就将传统的四要件的犯罪构成体系改为三要件的犯罪构成体系,认为犯罪客体不是独立的犯罪构成要件,坚持犯罪主体是犯罪构成的独立要件。[1] 此后,在法律出版社出版的《刑法学》第一版(1997年)和第二版(2003年)中张明楷教授均坚持了上述立场。但在2007年出版的《刑法学》第三版中,张明楷教授将犯罪构成的共同要件确定为两个:一是客观构成要件,二是主观构成要件。前者是违法构成要件,后者是责任构成要件。[2] 此外,周光权教授在其新近出版的《刑法总论》中,将犯罪构成要件确定为:一是客观构成要件,二是主观构成要件,三是犯罪阻却事由,在犯罪阻却事由中又区分为违法阻却事由与责任阻却事由。[3] 这一犯罪构成要件的特点在于将犯罪排除事由作为一个单独的构成要件加以确立。在犯罪构成体系上的这种探索,我是极为赞同的。在这方面,我也是身体力行地推进犯罪构成体系的探索,甚至是在某种意义上的探险。在2001年出版的《本体刑法学》一书中,我提出了罪体—罪责这样一个两分的犯罪论体系,在2003年出版的《规范刑法学》一书中进一步完善了这一体系,根据我国刑法中的犯罪存在数量因素的这样一个特点,在犯罪论体系中增补了罪量要件,从而形成了罪体—罪责—罪量这样一个三位一体的犯罪论体系。在罪体要件中讨论犯罪成立的客观要件,包括行为事实与违法两个层次的内容。在罪责要件中讨论犯罪成立的主观要件,包括心理事实与归责两个层次的内容。在上述体系中,正当防卫与紧急避险作为正当化事由是在罪体—罪责—罪量的体系以外讨论的。这样一种安排主要是考虑到正当化事由是在定罪过程中予以排除的,但其内容较为庞杂,如果纳入犯罪论体系中讨论,可能会混淆

---

[1] 参见张明楷:《犯罪论原理》,134页以下,武汉,武汉大学出版社,1991。
[2] 参见张明楷:《犯罪论原理》,108页以下,武汉,武汉大学出版社,1991。
[3] 参见周光权:《刑法总论》,100页以下,北京,中国人民大学出版社,2007。

有关内容。但把正当化事由放到犯罪论体系之外考察，容易引起犯罪论体系没有完全解决罪与非罪问题的误解，犯罪论体系就会出现逻辑上的漏洞。基于这一考虑，我现在认为还是应当将正当化事由纳入犯罪论体系。这样，罪体包括行为事实与罪体阻却事由，罪责包括心理事实与罪责阻却事由。罪体与罪责是犯罪构成的必备要件，而罪量则是犯罪构成的选择要件。只是在刑法规定以情节严重或者数额较大为犯罪成立条件的犯罪中，才需要罪量要件。

(本文原载《清华法学》，2008（1）)

构成要件：犯罪论体系核心概念的反拨与再造

构成要件（Tatbestand）是整个犯罪论体系的基石范畴与核心概念。尽管从古典派的犯罪论体系到新古典派的犯罪论体系，以及后来的目的主义的犯罪论体系，构成要件的内涵与外延发生了重大的嬗变，然而，构成要件的基本功能并没有被废弃，它仍然是三阶层的犯罪论体系的基础。苏俄刑法学从一开始就把构成要件转换为犯罪构成，而犯罪构成是犯罪成立条件的总和，因而四要件并不是建立在构成要件基础之上的，笔者称之为没有构成要件的犯罪构成。本文拟以构成要件这一概念的曲折演变为中心线索，考察我国刑法学从犯罪构成论向构成要件论回归的过程。

一、构成要件论的观念史

构成要件作为当代刑法学中的一个基石范畴，存在一个逐渐进化的过程。在此，笔者对构成要件的前史不想过分溯源，而是将构成要件观念的肇始追溯到费尔巴哈。在费尔巴哈那里，犯罪成立要件被称为适用刑法的法律可能性，亦即惩处刑罚的根据，或者被称为绝对的可罚性根据。绝对的可罚性根据又分为客观的

绝对可罚性根据和主观的绝对可罚性根据。[1] 这里的客观的绝对可罚性根据相当于犯罪成立的客观要件，而主观的绝对可罚性根据则相当于犯罪成立的主观要件。客观的绝对可罚性根据与主观的绝对可罚性根据的区分，可以说是不法和有责区分的雏形，因而已然具备三阶层的犯罪论体系的原始面目。因为客观的绝对可罚性根据对应于不法，所以对于构成要件的观念只能到客观的绝对可罚性根据中去寻找。费尔巴哈指出：Ⅰ.可罚性的客观根据在于，存在受到刑法规定的刑罚威慑的犯罪事实；Ⅱ.未被刑法规定为犯罪的行为，没有可罚性。只有具备行为概念的特征、法律将刑罚作为其法律后果的行为，才可能被规定在刑法中。特定行为特征的整体，或者包含在特定种类的违法行为的法定概念中的事实，叫作犯罪的构成要件（der Tatbestand des Verbrechens，corpus delicti）。因此，客观的可罚性取决于犯罪构成要件是否存在，而具体法律的适用则取决于拟适用法律已将其作为法律后果的条件加以规定的构成要件的特定事实。[2] 在以上论述中，费尔巴哈遵循的是行为—构成要件这样一种逻辑径路：行为是在构成要件之前考虑的。行为是构成要件的前置性条件，没有行为也就没有构成要件。构成要件是对行为事实的一种法律规范，因而构成要件具有事实性与违法性两个特征，这就是费尔巴哈对构成要件的界定：包含在特定种类的违法行为的法定概念中的事实。

值得注意的是，费尔巴哈在表述构成要件概念时，采用"corpus delicti"这一词语来注释。该书的出版者C.J.A.米特迈尔为此特意作了以下注释："corpus delicti"（本意是物证）是中世纪的法学家发明的关于物证的表述，而在杀人犯罪的情况下，如果被杀者的尸体被发现的话，该表述便是指犯罪构成。在日耳曼法中，在杀人情况下提供尸体具有一定的程序意义，法学家们通过将罗马人的观点和德国人的观点相融合，便产生出这样一个观念，在杀人情况下如果没有找到尸体，就缺乏犯罪构成。后来，犯罪构成这一表述被逐渐扩展至其他犯罪，以便表

---

[1] 参见［德］安塞尔姆·里特尔·冯·费尔巴哈：《德国刑法教科书》，徐久生译，83页，北京，中国方正出版社，2010。
[2] 参见［德］安塞尔姆·里特尔·冯·费尔巴哈：《德国刑法教科书》，徐久生译，83页以下，北京，中国方正出版社，2010。

示属于特定犯罪的特征已经具备,如果这些特征属于刑法规定的话。[①] 由此可见,"构成要件(Tatbestand)"一词来源于意大利中世纪法学中的"corpus delicti"一词,而该词是以拉丁语出现的,亦译为犯罪事实。因此,构成要件的观念与意大利存在某种渊源关系。不过,随着德国三阶层的犯罪论体系在20世纪传入意大利,构成要件一词又重返故国。此时,"Tatbestand"被译为意大利语"fatto tipico",其含义为符合犯罪规范所描述的行为模型的具体事实。它的作用是说明禁止性规范与命令性规范的具体内容,同时是区别具有刑法意义与非刑法意义的行为的基础。我国学者陈忠林教授将"fatto tipico"译为"典型事实",并作如下评注:原文"fatto tipico"源于德语中的"tatbestand",相当于日本刑法学中的"构成要件"或"构成要件相当性"。鉴于译为"典型事实"不仅更符合意语和德语原意("tatbestand"直译应为"行为的状态"或"典型行为"),且不易与中国刑法中的犯罪构成或犯罪构成要件相混淆,加之意大利语中还有与"构成要件"相对应的单词"fattispecie"和与"犯罪构成要件"相对应的词组"fattispecie incrinmintrice"(注意:和典型事实一样,它们的内容实质上都是指刑法分则条文中的罪状,与中国刑法中的构成要件和犯罪构成的含义不同),故未采用"构成要件"或"构成要件相当性"等译法。[②] 由此可见,意大利刑法学中的"典型事实"其实就是构成要件,并且是从德国倒流回去的。这个意义上的构成要件来源于"crops delici",是一个具有事实性与客观性的概念,而与主观要素无关。这也是以往我们对费尔巴哈的构成要件理论的通常理解。

苏俄学者往往将费尔巴哈的构成要件论称为客观结构。例如特拉伊宁指出:A.费尔巴哈给犯罪构成下了如下的定义:"犯罪构成乃是违法的(从法律上看来)行为中所包含的各个行为的或事实的诸要件的总和……"可见,A.费尔巴

---

① 参见[德]安塞尔姆·里特尔·冯·费尔巴哈:《德国刑法教科书》,徐久生译,84页,注1,北京,中国方正出版社,2010。
② 参见[意]杜里奥·帕多瓦尼:《意大利刑法学原理》,注评版,陈忠林译评,94页,注1,北京,中国人民大学出版社,2004。

哈在这里十分肯定地列入犯罪构成的只是表明行为特征的事实，A. 费尔巴哈并没有忽略责任的主观根据——罪过——的意义，可是，根据他所下的定义，罪过却处在犯罪构成的范围之外，也就是说：只有那些，第一，实现了犯罪构成，第二，行动有罪的人，才负刑事责任。① 在以上论述中，犯罪构成是指 Tatbestand，因而就是构成要件，它与四要件的犯罪构成是有所不同的。我们注意到特拉伊宁在引用费尔巴哈上述论断的时候有一个注解：但是，必须指出，费尔巴哈对犯罪构成的这种见解，并没有坚持到底。的确，A. 费尔巴哈在作出犯罪构成的上述定义之后，接着又谈道："一定的违法的结果，通常是属于犯罪构成的；行为违法性的某种主观（属于犯罪人的心理方面的）根据，即（1）某种故意，或（2）某种意思表示，也往往属于犯罪构成。行为的外部特征，永远属于犯罪构成。"② 对于费尔巴哈在构成要件理解上的这种前后矛盾，如何作出一个合理的解释，这是值得关注的。费尔巴哈一方面把构成要件作为客观的绝对可罚性根据，另一方面把违法行为的特定的主观（存在于犯罪人的内心）根据也列为构成要件的要素。这里的违法行为的特定的主观根据，是指（1）特定的意图（目的）；（2）特定的意思决定的种类。③ 这里特定的意图也就是目的，也就是此后被称为主观违法要素的目的，被纳入构成要件还可以理解。那么，什么是特定的意思决定的种类呢？对此，在费尔巴哈的《德国刑法教科书》中有一个注释，指出：例如，故意杀人的概念取决于杀人是因为情绪激动。如果法律将故意纳入犯罪的概念，那么，这种因为情绪激动而产生的过失行为要么从来就不构成犯罪，要么虽然构成犯罪，但罪名一定不同。因此，故意同样属于犯罪的构成要件。对于那些可以由过失构成的犯罪来说，就不能将故意算作构成要件。如同过失一样，

---

① 参见［苏］A. H. 特拉伊宁：《犯罪构成的一般学说》，王作富等译，15 页，北京，中国人民大学出版社，1958。
② ［苏］A. H. 特拉伊宁：《犯罪构成的一般学说》，王作富等译，15 页，注 1，北京，中国人民大学出版社，1958。
③ 参见［德］安塞尔姆·里特尔·冯·费尔巴哈：《德国刑法教科书》，徐久生译，85 页，北京，中国方正出版社，2010。

在此情况下，故意仅是决定可罚性轻重的一个根据。① 从以上论述来看，费尔巴哈并没有一般地将故意与过失纳入了构成要件。而且，费尔巴哈在论及绝对可罚性的主观根据时，把故意或者过失称为责任的特定种类。② 因此，如果笔者没有误解的话，费尔巴哈是把刑法分则条文规定的目的或者故意等主观要素纳入了构成要件。因为当时把构成要件理解为特殊的构成要件，即刑法分则规定的犯罪成立条件。在通常情况下，刑法分则规定的犯罪条件都是客观的，但也在个别情况下规定了主观要素。这些主观要素就被费尔巴哈当作构成要件的主观要素，这是从特殊的构成要件进行逻辑推理的结果。不可否认，在费尔巴哈时代，构成要件的观念还不够成熟，因而存在一些矛盾也是可以理解的。

费尔巴哈的《德国刑法教科书》是1801年出版的，在该书中费尔巴哈对构成要件的概念作了初步阐述，可谓构成要件论的肇始。而构成要件论的真正定型，应当以贝林在1906年出版的《犯罪论》一书为标志。从1801年到1906年，这两个年份相差了整整一个19世纪。日本学者小野清一郎对构成要件在德国19世纪的演变作了以下概要性的描述：直到费尔巴哈时，构成要件才明确地被当作实体刑法上的概念来使用。但是，在19世纪的刑法学中，还没有出现与今天完全一致的构成要件理论。Tatbestand一词仅限于在犯罪事实或法律上制约着成立犯罪的诸条件的意义上加以使用，而且它又被分成了一般构成要件和特殊构成要件，或是主观构成要件和客观构成要件。例如，在弗兰克的《注释书》中，最清楚而又直截了当地表现出这一点。他认为，所谓一般构成要件，是指成立犯罪所必需的要素的总和；所谓特殊构成要件，则是各种犯罪所特有的要素。作为一般构成要件，有人的一定态度在内，并且它必须是有意志的行为或者有责任的行为。而有责任，往往说的是主观的构成要件，是与客观的外部的构成要件相对应的。弗兰克的上述观点，被认为是19世纪的通说。在这个时期，虽有构成要件

---

① 参见［德］安塞尔姆·里特尔·冯·费尔巴哈：《德国刑法教科书》，徐久生译，85页，注3，北京，中国方正出版社，2010。

② 参见［德］安塞尔姆·里特尔·冯·费尔巴哈：《德国刑法教科书》，徐久生译，89页，北京，中国方正出版社，2010。

的概念,但并没有考虑它的特殊理论机能,所以还不是今天这种意义上的构成要件理论。① 小野清一郎在此所说的"今天这种意义上的构成要件理论",是指贝林所建构的构成要件论。在贝林之前,19世纪的构成要件概念在一般的构成要件的名目之下确实存在着泛化的倾向,逐渐地接近于犯罪成立条件。当然对此还是存在争议的。例如 C. J. A. 米特迈尔在费尔巴哈《德国刑法教科书》的出版者注中指出:对犯罪构成的新的划分,是将犯罪构成分为一般的犯罪构成和特殊的犯罪构成(der allgemeine Tatbestand und besonedere Tatbestand),前者表明了犯罪构成的特定的本质特征和前提条件,没有这些本质特征和前提条件,根本就不可能存在犯罪行为,而后者主要表明具体的犯罪区别于其他犯罪的特有特征,例如盗窃、侵占、诈骗等。由于人们对犯罪构成又有不同的理解,所以,对于哪些特征和前提条件(比如责任能力)属于一般的犯罪构成仍然有很多争论,这是可以理解的。②

除了一般的构成要件与特殊的构成要件的划分以外,19世纪还有客观的构成要件与主观的构成要件的划分。而当时在司法实践中将构成要件仅仅理解为客观的构成要件,并以此来区别于所有涉及行为人内心世界的特征,这是通常的做法。对于上述两种构成要件的划分,米特迈尔指出:如果人们首先将犯罪构成划分为客观的构成要件和主观的构成要件,然后再将两者进一步分为一般的构成要件和特殊的构成要件,也许会得出清晰的结论。③ 以上论断是意味深长的。因为客观的构成要件是存在于行为的外在表现中的特征,而主观的构成要件则是指与行为内在根据有关的特征。这是对犯罪成立条件,也就是当时所称的犯罪特征的基本划分。在此基础上,再考虑将构成要件划分为一般的构成要件和特殊的构成要件。实际上,它只是对客观的构成要件的进一步划分。在这个意义上的一般的

---

① 参见[日]小野清一郎:《犯罪构成要件理论》,王泰译,4页以下,北京,中国人民公安大学出版社,2004。
② 参见[德]安塞尔姆·里特尔·冯·费尔巴哈:《德国刑法教科书》,徐久生译,84页以下,出版者注5,北京,中国方正出版社,2010。
③ 参见[德]安塞尔姆·里特尔·冯·费尔巴哈:《德国刑法教科书》,徐久生译,84页以下,出版者注7,北京,中国方正出版社,2010。

构成要件就不能等同于犯罪成立条件的总和。尽管如此，在整个19世纪，德国刑法学对构成要件的概念充满争议，这是毋庸置疑的。

贝林之前的李斯特，对古典的犯罪论体系作出了重要的贡献。当然，李斯特在违法性论上的贡献远远大于在构成要件论之上的。李斯特的最重要贡献是确立了不法与责任之间的位阶关系。但是李斯特在其刑法教科书中还是对构成要件作出了较多的论述，尤其是提出了构成要件必须成为刑法学的出发点的命题。李斯特在对构成要件的概念与特征作了一般性论述的基础上，重点强调了一般的构成要件与特殊的构成要件，指出：一般构成要件是指每一个犯罪中都必须具备的特征。属于此等一般构成要件特征的有"人的行为""违法性""罪责"。"一般构成要件"的价值，用弗罗伊登塔尔的话来说，在于"属于一般构成要件的犯罪特征被同等对待"，不需要在具体的刑法规定中每次强调此等一般之构成要件；在将一行为纳入刑法规定的情况下，得对一般构成要件的特征作"从属理解"（弗兰克如是说）。如果谈到刑法中的构成要件，通常是指特殊的构成要件，它表明分则章节中规定的具体不法类型特征的总和。特殊的构成要件让我们知道，立法者是如何规定谋杀、抢劫、贿赂和叛国等的。如果我们在上文中强调构成要件该当性与违法性相联系作为犯罪行为的必要条件，那么，现在就可以清楚地知道，行为的"构成要件该当性"就必然意味着"特殊"之构成要件之一。易言之，特殊的构成要件为刑警（criminalist）了解对从刑法上确定犯罪种类具有重要意义的特别之违法性和其后为适用刑法而确定罪责，打开了方便之门。因此，特殊的构成要件对刑法释义学具有重大价值，该得到承认且源自科学的价值，这是贝林的无可争议的功绩。[①] 在以上关于构成要件的论述中，李斯特还是论及一般的构成要件与特殊的构成要件这一分类，但李斯特明显是偏向于特殊的构成要件的，并且在其符合犯罪构成的、违法的和有责的行为这一犯罪概念中，也可以看出李斯特是采用特殊的构成要件概念的。此外，李斯特还承认主观违法性要素，也就是

---

① 参见［德］李斯特：《德国刑法教科书》，徐久生译，205页以下，北京，法律出版社，2006。

主观的构成要件。当然，这是在特殊的构成要件意义上而非一般的构成要件意义上。① 由此可见，李斯特对构成要件的讨论仍然围绕着一般构成要件与特殊构成要件、客观构成要件与主观构成要件这些问题展开，具有19世纪构成要件论的特色。

正如李斯特所述，贝林对构成要件论作出了无可争议的功绩。笔者以为，贝林对构成要件论的突出贡献在于重新塑造了构成要件的学术形象。贝林的构成要件论具有以下三个特征。

（一）构成要件的指导形象功能

贝林认为，在构成犯罪的各种要素中，构成要件具有特殊的功能，它是一种观念指导形象。这里的观念指导形象，是指犯罪的客观轮廓或者形构。贝林曾经形象地把构成要件比喻为一个钩子，指出：法官相当于有了一个钩子，他可以把案件悬挂在这样一个钩子上面。因为所有犯罪类型（独立、直接的或者附属、间接的）都离不开一个行为指导形象的法定构成要件，然后分别进行排除，即客观方面的相关行为是否充足（genuegen）法定构成要件（一般称为构成要件符合性，这是由揭示犯罪形态而与构成要件建立联系的问题），也即是处于优先考虑地位的问题，因为所有后续研究都有赖于该问题的解决，该问题本身相对于其解决的答案则具有独立性。② 由此可知，构成要件相对于其他犯罪成立条件具有优位性。只有存在构成要件，其他犯罪成立条件才能依附于构成要件而存在。在某种意义上说，构成要件是犯罪的基本框架，它与犯罪成立其他条件的关系犹如骨架与血肉的关系。当然，贝林还有一个更为生动的比喻：犯罪类型的首要构成要素不是法定构成要件，而是行为的构成要件符合性，法定构成要件只是规定了这种首要的构成要素。可以音乐作品与音乐会的关系来类比，演奏音乐作品不仅不同于音乐会，更多情况下，音乐作品不是简单地构成音乐会的一个部分，而是构成了音乐会组织者的思想结晶。③ 在此，贝林将法定构成要件与行为的构成要件

---

① 参见［德］李斯特：《德国刑法教科书》，徐久生译，209页，北京，法律出版社，2006。
② 参见［德］恩施特·贝林：《构成要件论》，王安异译，30页，北京，中国人民公安大学出版社，2006。
③ 参见［德］恩施特·贝林：《构成要件论》，王安异译，6页，北京，中国人民公安大学出版社，2006。

符合性的关系比喻为音乐会与音乐作品的关系。法定构成要件是贝林时代的一个术语，它不同于构成要件。法定构成要件是广义上的构成要件，而构成要件是狭义上的构成要件。法定构成要件是指刑法分则规定的犯罪成立要件，而刑法分则对具体犯罪的规定往往包含主观要素，这就是主观构成要件要素问题。贝林是不承认主观构成要件要素的，因此把这种包含主观构成要件要素的规定称为法定构成要件，不同于纯客观的构成要件，贝林指出：因为刑法典中规定的文本词汇含有精神的组成部分，"主观的构成要件要素"命题也就受到了支撑。淫欲的目的不可能从"猥亵"行为中分离出来，同样猥亵罪的法定构成要件也同时包含着该目的。这一结论并不正确，因为在该命题中，一个具有淫欲目的的故意（刑法第 59 条）在心理上存在独特性。本质上，语言具有一定的覆盖面，人们可以将描述相关行为之法律的用语理解为"法定的构成要件"[①]。法定的构成要件是对某一犯罪的完整描述，因而提供了犯罪类型的形象，犹如音乐会。但在法定构成要件中，真正决定着犯罪性质的还是构成要件，如同音乐作品。正是音乐作品决定着场音乐会的艺术品位，也只有构成要件才决定着某一犯罪的基本轮廓。

（二）构成要件的类型性特征

犯罪本身是一种类型性的存在，各种犯罪都是一种犯罪类型。因为构成要件只是犯罪的指导形象，所以它并不能等同于犯罪类型。如果说贝林在早期曾经把构成要件与犯罪类型画等号，那么，在晚期贝林已经纠正了这一观点。尽管如此，构成要件的类型性还是贝林反复强调的一个特征。在贝林看来，构成要件类型在很大程度上决定着犯罪类型，因而构成要件是前置于犯罪类型而存在的。贝林指出：每个法定构成要件肯定表现为一个"类型"，如"杀人"类型、"窃取他人财物"类型等。但是，并不是意味着这种——纯粹"构成要件"的——类型与犯罪类型是一样的。二者明显不同，构成要件类型绝不可以被理解为犯罪类型的

[①] ［德］恩施特·贝林：《构成要件论》，王安异译，18 页，北京，中国人民公安大学出版社，2006。

构成要件：犯罪论体系核心概念的反拨与再造

组成部分，而应被理解为观念形象（vorstellungsgebild），其只能是规律性的、有助于理解的东西，逻辑上先于其所属的犯罪类型。① 在此，贝林提出了构成要件表现为一个类型的命题。贝林关于构成要件的类型性的观点，是从其关于犯罪是一个类型性概念的认知中推导出来的。贝林在对犯罪论的论述中，明显地采用了类型性的分析方法，认为"类型性"是一个本质的犯罪要素。②

（三）构成要件的客观性属性

在贝林的构成要件论中，构成要件具有客观性的属性。这里的客观性是从构成要件的事实性中推衍出来的，因而对构成要件的客观性的理解，必然回溯到 Tabestand 这一概念的原始含义本身。如前所述，构成要件一词最初是对行为情况的一种描述，而这里的行为情况应是指案件事实。因此，构成要件具有事实性的特征。这里的事实，指的就是客观事实。当然，构成要件的事实性行为与存在的事实本身还是有所区分。这里涉及作为一种观念形象的构成要件与事实本身的关系问题，贝林提出了观念印象与事实存在的叠加（Zusammenwerfang）的命题，指出："杀人"的观念形象系从与此相对应的真实事象中推导出来的。但是，一旦推导出来，那么逻辑上可以明确：该观念形象不仅不同于其涵摄（subsumierbar）的犯罪事实（Vorkommennisse），而且在该形象未出现于犯罪事实中的时候还保留着其内容。由此可知，谋杀概念的首要要件不是"杀人"而是实施杀人的行为。③ 尽管构成要件与犯罪事实之间存在上述区分，但并不能否认构成要件具有事实性。在这个意义上，应当把构成要件的事实性与该当构成要件的事实加以区分：前者是指构成要件是对事实的类型化概念，属于观念形象，具有对于事实的依从性；后者则是指采用构成要件对事实加以适用，使事实具有构成要件该当性。日本学者小野清一郎曾经对法律的构成要件与事实的构成要件加以辨析，

---

① 参见［德］恩施特·贝林：《构成要件论》，王安异译，5页以下，北京，中国人民公安大学出版社，2006。
② 参见［德］恩施特·贝林：《构成要件论》，王安异译，2页，北京，中国人民公安大学出版社，2006。
③ 参见［德］恩施特·贝林：《构成要件论》，王安异译，6页，北京，中国人民公安大学出版社，2006。

指出：我们在构成要件理论中所指的构成要件，是法律上的概念。这个"构成要件"本身必须与符合构成要件的事实明确地区分开来。构成要件，是一种将社会生活中出现的事实加以类型化的观念形象，并且进而将其抽象为法律上的概念。如此一来，它就不是具体的事实。德语中的 Tatbestand 一词不仅用来表示法律上的构成要件，也有符合要件的事实的意思。这是因为在历史上它曾经作为诉讼法上的用语，主要指的是事实性的东西。因此，在学说中，为了将它明确起来，贝林格（指贝林——引者注）主张把一种叫作"概念性的"Tatbestand，把其他的叫作"具体性的"Tatbestand。麦耶尔则主张，把一种称为"法律性的"Tatbestand，其他的叫"事实性的"Tatbestand。[1]

构成要件当然是一种观念形象，但它是对事实的一种概括，这就是构成要件的事实性。从构成要件的事实性可以合乎逻辑地引申出构成要件的客观性。应当指出，构成要件的客观性是相对于构成要件的主观性而言的。贝林恪守"违法是客观的，责任是主观的"原则，将不法与责任加以区隔，在构成要件中只讨论犯罪成立的客观要素，至于主观要素则在有责性中讨论，那是一个如何对违法后果承担责任的问题。因此，构成要件的客观性，意味着纳入构成要件的只能是客观要素，而不包括主观要素。贝林明确反对将主观要素纳入构成要件，指出：那些被称为"主观构成要件要素"的情节在法律上的重要性固然毋庸置疑，但其方法论的立场则另当别论了：它们是犯罪类型本身的要素，而不是从犯罪类型中提炼出来的指导形象的要素。[2] 构成要件的客观性，是贝林的构成要件论最遭人诟病之所在。此后，新古典派的犯罪论体系发现了主观的构成要件要素，这主要是指主观违法要素。而目的行为论则完成了从心理责任论向规范责任论的转变，并将故意与过失这些心理要素从责任中分离出来，并将其纳入构成要件，由此使构成要件成为同时包含客观要素与主观要素的内容，在很大程度上颠覆了贝林的构成

---

[1] 参见［德］恩施特·贝林：《构成要件论》，王安异译，11页以下，北京，中国人民公安大学出版社，2006。

[2] 参见［德］恩施特·贝林：《构成要件论》，王安异译，17页，北京，中国人民公安大学出版社，2006。

要件论。①

尽管在贝林以后，犯罪论体系又经历了从新古典到目的行为论，再到目的理性这样一个演变过程，但从费尔巴哈到贝林，可以说是对于构成要件论形成最为关键的历史时期，此后的构成要件论的发展无不以贝林建立的构成要件概念为其逻辑起点。德国学者在评价贝林的构成要件论时指出：贝林认为，构成要件是特征的总称，它表明涉及何种典型的犯罪："典型性和构成要件该当性，作为行为的特征，成了犯罪的概念特征。"作为违法性和有责性判断的连接点和作为刑法保障功能的最重要载体，构成要件以这种方法获得了犯罪结构的统治地位。②

二、构成要件论的苏俄改造

苏俄刑法学中的犯罪构成概念并非独创，而是承继了沙俄时期刑法学的理论成果，尤其是塔甘采夫的观点。如果进一步追溯，塔甘采夫的思想又来自费尔巴哈。因此，苏俄刑法学中的犯罪构成理论具有某种意义上的德国学术"血统"。只不过，几经改造，苏俄刑法学中的犯罪构成理论与德国的构成要件观念已经相去甚远。俄罗斯学者指出：犯罪构成是刑法的基本概念之著名的刑事法学家如H.C. 塔甘采夫、A.H. 特拉伊宁、A.A. 皮昂特科夫斯基和 H.A. 杜尔曼诺夫等都很关注犯罪构成问题。③ 在以上四位为犯罪构成理论作出重要贡献的学者中，塔甘采夫是沙俄学者，后三位则是苏俄学者。关于塔甘采夫的犯罪构成理论，现在难以恢复其原貌，只能从苏俄学者的转述中略见。例如特拉伊宁在论及沙俄时期的犯罪构成研究状况时，指出：革命前俄国的著作，对犯罪构成问题也很少注意。在俄国革命前的刑法著作中，没有关于犯罪构成的专门书籍或专题研

---

① 关于在贝林以后构成要件论的发展，参见郑军男：《德日构成要件理论的嬗变——贝林及其之后的理论发展》，载《当代法学》，2009（6）。

② 参见［德］汉斯·海因里希·耶赛克、托马斯·魏根特：《德国刑法教科书》，徐久生译，249页以下，北京，中国法制出版社，2001。

③ 参见［俄］A.B. 伊诺加莫娃-海格主编：《俄罗斯联邦刑法（总论）》，黄芳等译，34页，北京，中国人民大学出版社，2010。

究。塞尔盖耶夫斯基教授的教科书和塔甘采夫教授的教程对犯罪的学说很为重视，但都没有研究犯罪构成的一般学说。在波兹内舍尔教授和普斯多罗斯列夫教授合著的教科书中，这个问题只占了一页的篇幅。1918 年出版的涅米洛夫斯基教授的刑法教科书，则根本没有提到犯罪构成的一般学说。[①] 在以上论述中，特拉伊宁对沙俄时期的犯罪构成研究基本上是持否定态度的。笔者注意到，在以上论述中有一个注释，专门对塔甘采夫的观点作了介绍，指出：如 H. C. 塔干采夫（指塔甘采夫——引者注）教授在《刑法教程（第 1 卷）》（1902 年版）巨著中谈到犯罪行为的"要件"时写道："同任何法律关系一样，犯罪行为的重要要件可以归结为三大类：（1）行为人——实施犯罪行为的人，（2）犯罪人的行为所指向的东西——侵害的客体或对象，（3）应当从形式上和实质上受到审理的犯罪的侵害行为本身。"[②] 特拉伊宁引述塔甘采夫的以上论述是为了证明其判断：革命前俄国的著作都没有研究犯罪构成的一般学说。确实，塔甘采夫对犯罪要件的分析，采用的是主体—客体—内容这样一种法律关系模式。事实上，塔甘采夫也是把犯罪与法律关系作类比的。在此，连犯罪构成或者构成要件这个术语都不见踪影。不过，特拉伊宁在后文论述犯罪构成理论演变时再次论及沙俄时期对犯罪构成的研究，指出：前面已经指出，俄国革命前的刑法著作，对于犯罪构成的一般学说没有予以很大的注意。但是，不能不指出，在俄国的著作中，却把犯罪构成作为主、客观因素的总和，作了比较深刻的论述。如别洛格里茨·科特里亚列夫斯基教授在自 1883 年到 1903 年讲课用的讲义中指出："所谓犯罪构成，就是那些形成犯罪概念本身的、外部和内部的突出的特征或条件的总和。"在更早以前（1875 年），季斯甲科夫斯基教授就有这种看法。塔干采夫（指塔甘采夫——引者注）教授写道："不言而喻，在从法律上研究犯罪行为时，不能仅限于行为本身，而忽略了对犯罪人人身的研究；犯罪人的特征和品质，决定着归罪的条件，

---

① 参见［苏］A. H. 特拉伊宁：《犯罪构成的一般学说》，王作富等译，5 页，北京，中国人民大学出版社，1958。

② ［苏］A. H. 特拉伊宁：《犯罪构成的一般学说》，王作富等译，5 页，注 2，北京，中国人民大学出版社，1958。

并影响到量刑，譬如在再犯、未成年等情况下就是如此；但是，不难看出，这种人身所以属于刑法研究的范围，只是因为它表现在犯罪行为中，而且正因为它表现在这种行为中。"① 在此，特拉伊宁是把犯罪构成的一般学说与犯罪构成内容本身加以区分的，认为沙俄时期对犯罪构成的一般学说缺乏研究，但对于犯罪构成本身还是做了较为深刻的论述。从以上所引的观点来看，都是把犯罪构成当作犯罪主客观特征总和来对待的，即把犯罪构成等同于犯成立条件，而构成要件一词的本意却被遮蔽了。事实上，特拉伊宁从一开始就是在犯罪成立条件总和的意义上界定构成要件的，因而作为犯罪成立条件之一的构成要件就被改造成作为犯罪成立条件总和的犯罪构成。在犯罪构成的话语体系中，构成要件不复存在。更为荒唐的是，特拉伊宁还站在犯罪构成的立场上，对贝林的构成要件论进行了批判，指出："犯罪学说"这一专著的作者贝林提出了下面的一般原则："凡是违法地和有罪过地实现某种犯罪构成的人，在具备可罚性的条件下，就应当受到相应的惩罚。"贝林把犯罪构成同那种能够作为犯罪构成而不具有任何主观色彩的行为混为一谈，使主体的抽象行为达于极限。贝林说："犯罪构成是一个没有独立意义的纯粹的概念。违法的有罪过的行为在形成犯罪构成后，就成了犯罪行为。犯罪构成本身存在于时间、空间和生活范围之外。犯罪构成只是法律方面的东西，而不是现实。"犯罪构成是犯罪的无形的反映。这样一来，贝林就把犯罪构成由日常生活中的事实变成了脱离生活实际的抽象的东西，变成了"时间、空间和生活以外的"一个概念。② 在此，特拉伊宁显然是对贝林作了误读。特拉伊宁把贝林的构成要件误解为其所谓犯罪构成。因为贝林主张违法是客观的，所以纳入构成要件的只能是犯罪成立的客观性要素，由此而被特拉伊宁称为犯罪构成的客观结构。其实，在犯罪成立条件上，犯罪当然同时包含客观要素和主观要素，也就是不法与责任。

---

① ［苏］A. H. 特拉伊宁：《犯罪构成的一般学说》，王作富等译，17 页，北京，中国人民大学出版社，1958。
② 参见［苏］A. H. 特拉伊宁：《犯罪构成的一般学说》，王作富等译，15 页以下，北京，中国人民大学出版社，1958。

当然，特拉伊宁的犯罪构成论也不是铁板一块，其自身也存在矛盾之处，而这种矛盾之所以产生恰恰在于犯罪构成与构成要件这两个概念的混淆。我国学者阮齐林提出了特拉伊宁将犯罪构成概念广义化的命题，认为从特拉伊宁理论发展的过程看，其原本也是接近西方狭义构成要件观念的，只是到后来就转向了广义的犯罪构成概念。广义的犯罪构成是指四要件的犯罪构成，而与广义的犯罪构成论相对应的是特拉伊宁狭义的犯罪构成因素论。在犯罪构成因素上，特拉伊宁采用的又是贝林的构成要件的概念，由此形成理论上的内在冲突。阮齐林教授指出：特拉伊宁一方面批评"三要件"论从构成要件概念中抽走了实质内容，另一方面又力图证明苏俄刑法典第 6 条附则规定的合理性，以及与自己确立的犯罪构成概念的一致性。同样的东西（即分则条文规定的构成要素）当被三要件论作了形式化处理时，遭到了他的批评；当被苏俄刑法典第 6 条附则作了形式化处理时，则被赞扬、被肯定、被其犯罪构成的概念证明为合理。这种做法，只能认为是作者在意识形态对立情绪支配下的违心之论，可是，不仅徒然增加理论的篇幅，而且使他的理论在这个问题上自相矛盾。[①]

如果说特拉伊宁在其理论体系中的这种矛盾还是一种深刻性的体现，那么，此后克服了这矛盾的苏俄四要件的犯罪构成论则连这点深刻性亦不复存在。经过改造以后的苏俄犯罪构成论，虽然仍然存在犯罪构成要件一词，但这里的构成要件与贝林的构成要件是完全不同的。四要件中的构成要件只是犯罪成立条件的泛称，而不是刑法分则规定的犯罪成立条件的特指。例如，苏俄学者在论及犯罪构成的要件时指出：每个犯罪都是由一切说明行为、该行为所产生的结果以及犯罪人的客观和主观要件组成的统一体。从理论上分析，允许对犯罪的组成部分——犯罪客体和客观方面、犯罪主体和主观方面进行分开和个别的研究。犯罪构成描述了犯罪的各个组成部分的特征，从而有可能触及犯罪构成的各个组成部分。立法者在描述具体的犯罪构成时所使用的各种各样要件，总是同犯罪构成的成分有

[①] 参见阮齐林：《评特拉伊宁的犯罪构成论——兼论建构犯罪构成论体系的思路》，载陈兴良主编：《刑事法评论》，第 1 卷，14 页，北京，中国政法大学出版社，2003。

关的。每个犯罪构成要件都能决定犯罪构成某成分。因此，犯罪构成的一切要件则与犯罪客体及其客观方面、犯罪主体及其主观方面有关。[①] 在此，作者把犯罪构成与犯罪构成的要件看作是整体与部分的关系，至于四要件之间则是一种平行、平面与平等的关系。因此，四要件的犯罪构成体系是一种平面结构。四要件之间完全不具有三阶层的位阶关系，而只存在各要件之间的顺序关系。基于不同的逻辑构造，四要件与三阶层虽然都是对法律所规定的犯罪成立条件的归纳与概括，但其功能存在重大差别。主要原因就在于构成要件转变为犯罪构成以后，构成要件所具有的犯罪指导形象功能全然丧失。

在当今俄罗斯刑法学中，四要件的犯罪构成理论作为一种苏俄学术遗产被完整地继承，没有批判，没有反思。在俄罗斯刑法学中，犯罪构成同样是一个犯罪成立条件的总和。例如俄罗斯学者在论述犯罪构成要件时指出：对于犯罪构成要件，《俄罗斯联邦刑法典》的总则和分则都作了规定。总则规定的是适用于所有犯罪的具有普遍性和共同性的构成要件。对于所有犯罪来说，相同的构成要件包括：刑事责任能力或限制责任能力的划分（第21条、第22条）、开始承担刑事责任的年龄（第20条）、故意犯罪或过失犯罪（第25条、第26条）。分则条文的罪状部分规定了构成要件的特殊性，据此能够确定犯罪行为的社会危害性的本质特征和危害程度。这些通常是犯罪客观方面的要件、犯罪客体要件和犯罪特殊主体的要件。在刑法典分则条文中也规定了犯罪主观方面的要件，包括故意、过失、动机、目的等。如果行为的社会危害性取决于实施犯罪的某种目的和动机，那么，犯罪构成中应相应包括这些目的动机。犯罪构成由主观要件和客观要件的总和组成一个整体，规定在《俄罗斯联邦刑法典》的总则和分则条文之中。不能将犯罪构成同刑法典分则条文的罪状混为一谈，因为构成要件也包括总则部分的内容。[②] 俄罗斯学者对犯罪构成要件与刑法总则与分则的关系作了较为详尽的论

[①] 参见［苏］H. A. 别利亚耶夫、M. H. 科瓦廖夫主编：《苏维埃刑法总论》，马改秀、张广贤译，83页，北京，群众出版社，1987。

[②] 参见［俄］A. B. 伊诺加莫娃-海格主编：《俄罗斯联邦刑法（总论）》，黄芳等译，37页，北京，中国人民大学出版社，2010。

述，其核心意思是：犯罪构成要件是由刑法总则与分则共同规定的。刑法总则规定的是犯罪构成的一般要件，刑法分则规定的是犯罪构成的特殊要件。尤其引起笔者注意的是之后一句话：不能将犯罪构成同刑法典分则条文的罪状混为一谈。其实，特拉伊宁就有过这种混淆，曾经提出罪状是犯罪构成的"住所"的命题，指出，在苏维埃刑法教科书中对刑法典分则规定的结构，通常都描述如下：每个规定都由罪状和罚则两个部分组成，其中罪状规定犯罪构成，罚则规定适合该犯罪构成的刑罚。一般说来，现行的各共和国刑法典中的罪状可以说是每个构成的"住所"：这里（在罪状中），安插了形成具体犯罪行为构成的一切因素。① 特拉伊宁所说"居住"在罪状中的犯罪构成，其实就是贝林的构成要件。因此，在特拉伊宁的犯罪构成论中还隐约残存着构成要件的意象。经过改造以后的苏俄以及当今俄罗斯刑法学中的犯罪构成论，已经完全消除了构成要件的影响。

三、构成要件论的中国蜕变

在我国民国刑法学中，就已经存在犯罪构成要件之类的概念，初时，要件与要素这两个概念是不加区分的。当时把犯罪成立要素或者要件分为一般的要素（要件）与特别的要素（要件）。例如民国学者郗朝俊指出：凡一犯罪事实，必有惹起其犯罪者（犯罪主体）、被受其犯罪者（犯罪客体）及惹起其犯罪之动作（犯罪行为）与处罚其行为之法令（明文），苟缺其一，法律上即不成立犯罪，此之谓犯罪成立之一般的要素（构成犯罪之一般的要件）。而各种犯罪，如内乱、杀人、强盗、强奸等，其种类样态，各不相同，其构成之也，必各有特别要件，此之谓犯罪成立之特别的要素（构成犯罪之特别的要件）。② 郗朝俊所说的构成犯罪的一般要件和特别要件，是根据刑法总则规定与分则规定来进行划分的：凡刑法总则规定的，就是一般要件；凡刑法分则规定的，就是特别要件。但是，构

---

① 参见［苏］A. H. 特拉伊宁：《犯罪构成的一般学说》，王作富等译，218页，北京，中国人民大学出版社，1958。

② 参见郗朝俊：《刑法原理》，123页，上海，上海商务印书馆，1930。

成犯罪的一般要件与特别要件之间,究竟是一种什么关系,郗朝俊并没有论及。此后,民国学者明确提出了构成要件一词,指出:犯罪之要素亦称犯罪之要件;即谓犯罪之成立上或处罚上所必要之元素或条件也。广义言之,则并指关于犯罪之成立及处罚者,狭义言之,则单指关于犯罪之成立者关于犯罪成立之要件,又称曰犯罪构成要件,简称曰成立要件或构成要件。[①]

  民国学者所说的犯罪构成要件,是指犯罪成立条件,大体上是指犯罪构成要素,这些概念均来自日本。例如日本著名刑法学家牧野英一的《日本刑法通义》一书,于1913年由上海商务印书馆出版。在该书中,牧野英一对犯罪之要件作了以下论述:若以行为为中心,而观察犯罪时,犯罪自主观的要件与客观的要件而成立。于主观的关系即为犯人之人格与行为之关系者,须有责任能力及犯意(或过失)。于客观的关系即为结果(法益侵害)与行为之关系者,须有因果关系及行为之为不法之事。于犯罪得区别构成要件、处罚要件及追诉要件。以犯意(或过失)及行为,为构成要件,盖犯人恶性之表示者,以此两者而成立者也;以实害发生之事实,有如结果者,为处罚要件,盖因是而始生法益侵害之一定事实也;而如于亲告罪之告诉者,则但为裁判上诉追犯人之要件,故名诉追要件。[②] 在以上论述中,区分犯罪的构成要件与处罚要件,而构成要件又区分为主观的要件与客观的要件。由此可知,这里的犯罪的构成要件还是指犯罪成立条件。我国学者车浩曾经把当时的犯罪构成理论称为要素集合的体系而非阶层的体系,指出:总的来看,这一时期(指民国时期——引者注)中国刑法学,在引进和吸收日本刑法理论的基础上,开始关注犯罪成立的一般性要素。主体、客体、违法性、责任等近现代刑法学中关于犯罪构成理论的一些关键性和普遍性的要素都已经开始从具体的、特殊的分则条文中被抽离出来;但是,对于这些要素之间的关系研究仍然付之阙如,整体上也没有形成有内在逻辑关系的理论。概言之,犯罪成立的条件就是包括主体、客体、律有正条等各种要素都具备,因此这种犯

[①] 参见陈瑾昆:《刑法总则讲义》,吴允锋勘校,64页,北京,中国方正出版社,2004。
[②] 参见[日]牧野英一:《日本刑法通义》,陈承泽译,李克非点校,45页以下,北京,中国政法大学出版社,2003。

罪构成理论的实质其实就是要素集合。①

从整体结构上考察，要素集合与阶层体系之间确实存在差别。但更为重要的是，当时的构成要件还是前贝林时代的概念。也就是说，当时日本及我国民国的刑法学中使用的构成要件都是指犯罪成立条件而非贝林意义上的构成要件。笔者特别注意到车浩博士在以上这段话下面有一个注释，说明了这一学术史的背景，指出：对这一理论现象的理解要结合当时学术史进展的时间表，中国刑法学的进展一直是以比邻的日本为师的，而同时期在日本刑法学界，比较有影响力的代表人物有牧野英一、大岛茂场、宫本英修等，从他们的著作和主要观点中都看不到对于犯罪构成理论的有力主张。事实上，在日本，对于犯罪构成理论的真正的、有力的引进者和倡导者是小野清一郎，但是直到《犯罪构成要件理论》一书出版，小野清一郎方才完成关于犯罪构成理论的系统论述，其时已是1953年。②

可以说，在民国时期贝林的构成要件论并没有传入我国，当时的犯罪构成要件这一概念是在犯罪成立一般条件的意义上使用的。这也就可以理解，1949年共和国成立以后，苏俄刑法学的四要件的犯罪构成论传入我国，我国学者为什么那么容易接受。因为民国时期的犯罪构成要件本身就包含了犯罪主体、犯罪客体、犯罪行为以及责任条件（即故意、过失）等要素，与苏俄刑法学的犯罪构成之四要件几乎可以一一对应，只要稍作调整就可以采用。关于1949年以后我国全盘照搬苏俄刑法学的犯罪构成理论这段历史，我国学者指出：我国的犯罪构成理论就是在于学习、模仿苏联的犯罪构成理论模式的过程中，演变为全盘照搬、整体移植后，在我国的刑法理论园地里生根、发芽、成长。在50年代，各种版本的苏联刑法教科书充斥于我国的刑法教学领域，而当时全国各政法院校自行编写的刑法教材中涉及的犯罪构成理论部分，几乎毫无例外地都是苏联式犯罪构成理论的翻版（只是表述内容的符号形式由俄文变成了中文）。对于中华人民共和

---

① 参见车浩：《犯罪构成理论：从要素集合到位阶关系》，载陈兴良主编：《犯罪论体系研究》，70页，北京，清华大学出版社，2005。

② 参见车浩：《犯罪构成理论：从要素集合到位阶关系》，载陈兴良主编：《犯罪论体系研究》，70页，注3，北京，清华大学出版社，2005。

构成要件：犯罪论体系核心概念的反拨与再造

国成立初期对苏俄犯罪构成理论全盘照搬、整体移植所具有的必要性、必然性和积极性，人们早有所阐述。但是，这一全盘照搬、整体移植所具有的教条性、消极性的作用，至今仍然或多或少、或强或弱地影响我们的犯罪构成理论，甚至整个刑法理论。① 应该说，以上评论是十分中肯的，从学术史的角度来说，我国在20世纪50年代从苏俄引入四要件的犯罪构成论，使我国接触贝林的构成要件论的时间整整推迟了30多年。而在20世纪80年代我国刑法学恢复重建，也是对20世纪50年代从苏俄引入的四要件的犯罪构成论作了重新阐释。在当时的刑法教科书中对资产阶级犯罪构成理论的批判中，我们隐约可见被歪曲了的贝林的构成要件论的影子。例如我国有关刑法教科书指出：刑事古典学派犯罪构成理论的基本特征，是把犯罪行为作为犯罪构成的基本内容而放到首要的地位，宣称刑罚的对象是行为，而不是行为者。这种犯罪构成要件客观结构论，在刑法思想发展中，并不是一种偶然的现象，它是当时盛极一时的"天赋人权""平等、自由、博爱"等资产阶级民主思想在刑罚领域里的表现。②

这一批判性描述几乎是重复了特拉伊宁的论调，而被称为刑事古典学派犯罪构成理论，即犯罪构成要件客观结构论，也就是指贝林的构成要件论。在此，我们还看不到贝林的构成要件论的完整面貌。此后，我国学者也有对构成要件论的介绍，但由于语言较为晦涩，未能引起关注。③ 而贝林的构成要件论以一种正面形象出现，是在1986年翻译出版，日本学者福田平、大塚仁所著的《日本刑法总则讲义》一书中。在该书中，日本学者对贝林的构成要件论作了以下较为完整的介绍，指出：着眼于特别构成要件而把它提到犯罪论的中心地位的是贝林格（指贝林——引者注）。他在"犯罪的理论"上，如此来阐述他的构成要件论，他认为，构成要件是犯罪类型的轮廓（所谓类型论），只有行为有该当类型的构成要件，才可以叫作犯罪。他这种构成要件论的思想基础，就是依据法治国的国家观的罪刑法定主义。这种观点，就把构成要件与法律上的价值判断割裂开来了，

---

① 参见杨兴培：《犯罪构成原论》，38页以下，北京，中国检察出版社，2004。
② 参见杨春洗等：《刑法总论》，104页，北京，北京大学出版社，1981。
③ 参见甘雨沛、何鹏：《外国刑法学》，上册，269页以下，北京，北京大学出版社，1984。

581

并且形成客观的、记述的、无价值的类型。从他的构成要件来看，它将排除主观要素和规范要素，因而他的构成要件就被认为与违法性毫无相关。贝林为了解决自己理论所遭到的许多批判或怀疑，在其晚年的论文《构成要件的理论》中，修订了他的早期理论，重新形成了构成要件概念。就是说，他把构成要件与犯罪类型严加区别，认为构成要件就是观念上的指导形象，它是从各法条的犯罪类型中加以抽象化了的，在理论上应当先于各种具体的犯罪类型，成为观念上的指导形象，使犯罪类型的主观要素和客观要素一致，对两个要素起着制约的作用。他把这种构成要件的要素限定在客观的、记述的范围之内。在这点上，他仍抱早期态度。[1] 尽管初见以上这些文字，还不能深刻地把握贝林构成要件论的内容，但对于从一开始就接受苏俄四要件的犯罪构成论的笔者来说，冲击还是十分巨大的，笔者从中看到了对构成要件的不同理解。当然，一直到1991年日本小野清一郎的《犯罪构成要件理论》（王泰译，中国人民公安大学出版社1991年版）一书出版，才使我们全面地了解三阶层的犯罪论体系，尤其是构成要件的基本原理。而2006年贝林的《构成要件理论》（王安异译，中国人民公安大学出版社2006年版）一书的出版，才使我们深刻地掌握贝林的构成要件论。

在贝林的构成要件论引入我国的初期，犯罪构成论与构成要件论是一种中外关系，即把犯罪构成论视为是中国理论，把构成要件论视为是外国理论，把构成要件论视为是犯罪构成论的"他者"，由此纳入比较刑法学的视野。例如我国学者姜伟较早对德日刑法学的构成要件与苏俄刑法学的犯罪构成这两种不同的理论进行比较，将德日刑法学的犯罪构成称为异体论构成，认为这种犯罪构成仅论述行为的事实特征，是犯罪论体系的出发点；而将苏俄及我国刑法学的犯罪构成称为一体论构成，认为这种犯罪构成是负刑事责任的根据，犯罪构成本身就是犯罪成立的条件，二者同一化，只要行为人的行为具备某罪的犯罪构成，就意味着成立犯罪。[2] 从一体论与异体论这一命名本身就可以看出作者对构成要件的态度。

---

[1] 参见［日］福田平、大塚仁：《日本刑法总论讲义》，李乔等译，41页以下，沈阳，辽宁人民出版社，1986。

[2] 参见姜伟：《犯罪构成比较研究》，载《法学研究》，1989（3）。

当然，以上比较只是披露了一个基本事实：犯罪构成是犯罪成立条件总和，而构成要件只是犯罪成立条件之一。而这一事实在苏俄刑法学中始终是混淆的，当然对此的彻底清算还是在若干年后，肖中华教授对于从苏俄到我国在构成要件与犯罪构成上用语的混乱与误解进行了深入的分析，指出：在中国刑法理论界介绍德、日刑法学的犯罪论的有关论述（包括译著）中，由于"犯罪构成"一词存在使用混乱的情形，因而直接影响到我们从比较意义上和从世界各国刑法理论之整体意义上对犯罪构成理论范畴的理解。如有的学者将实际上译成"构成要件"或"构成要件事实"更为妥当的 Tatbestand 一词，有意或无意地译成"犯罪构成"，他们要么误认德文中 Tatbestand 即是"犯罪成立"之意，将"构成要件"视同意指"犯罪成立"的"犯罪构成"，甚至明确地在同一意义上使用"构成要件"和"犯罪构成"；要么赋予按照中国刑法理论通说意指"犯罪成立"的犯罪构成这个范畴在德、日刑法理论中的另一番意义："犯罪构成"的该当仅为犯罪成立的一个要素，与违法性、有责性并列，而并不等于"犯罪成立"。赋予"犯罪构成"另一番意义，即认为它除了可以指"犯罪成立"以外还可以指与违法性、有责性相并列的"构成要件"。这种见解，理应受到摒弃，因为这种见解和做法除了徒增概念指称的混乱外，毫无意义。①

犯罪构成与构成要件之间用语上的混乱，是引入贝林的构成要件论以后才出现的。在此以前，苏俄学者曾将贝林的构成要件称为犯罪构成并加以批判，我国学者由于对贝林的构成要件概念并不了解，因而跟着一错到底，以讹传讹。直到贝林的构成要件论传入我国，才出现上述用语的混乱并需要加以澄清。可以说，用语混乱是一种表面现象，并不足虑。贝林的构成要件论引入我国，尤其是三阶层的犯罪论体系进入我国刑法学的视野，为我国刑法学打开了一扇窗户，也使我们能够客观地对三阶层与四要件这两种不同的犯罪成立理论进行比较，为我国犯罪论体系的发展提供了另一种可能性。

---

① 参见肖中华：《犯罪构成及其关系论》，2 页以下，北京，中国人民大学出版社，2000。

四、构成要件论的本土转换

构成要件与犯罪构成的区分逐渐为我国刑法学所接受,并且构成要件由我国刑法学的"他者"开始向"自我"转化,这正是我国犯罪构成理论去苏俄化的过程,也是构成要件论本土化的过程。

在对四要件与三阶层进行对比性研究的基础上,笔者在 2003 年主编的《刑法学》(复旦大学出版社 2003 年版)一书中首次采用三阶层的犯罪论体系,从而将构成要件引入我国刑法教科书。该书指出:构成要件该当性,是指行为与构成要件之间的符合性和一致性,本书简称该当性。应当指出,这里使用的构成要件一词,是指狭义的构成要件,与我国刑法学通说目前所使用的犯罪构成要件有所不同。我国刑法理论中的犯罪构成要件是指犯罪成立条件,而本书所使用的构成要件,仅仅是犯罪成立条件之一。一般认为,构成要件就是指刑罚法规描述的犯罪类型,即立法者就各种犯罪行为的构成事实经过类型化、抽象化、条文化,而规定于刑法分则性规范中。构成要件的任务就在于具体描述刑法所禁止的典型不法内容,以确定其是否归责可罚。所谓构成要件符合性或者构成要件该当性,就是指行为人的行为必须与法定的构成要件的不法描述完全一致。具有构成要件该当性的行为在刑法领域进行犯罪判断时即可被称为构成要件该当行为。构成要件该当性是成立犯罪的条件之一,也是第一要件。[1]

直接采用三阶层的犯罪论体系,引入构成要件论,这当然是一种较为激进的做法,我国学者称为激进的重构论。[2] 笔者认为,在我国犯罪构成体系的重构论中,构成要件论的复活是至关重要的。因为四要件是没有构成要件的犯罪构

---

[1] 参见陈兴良主编:《刑法学》,54 页以下,北京,复旦大学出版社,2003。采三阶层的犯罪论体系的还有李洁教授等吉林大学法学院的学者。参见李洁等:《犯罪构成的解构与结构》,315 页以下,北京,法律出版社,2010。

[2] 参见付立庆:《犯罪构成理论:比较研究与路径选择》,105 页,北京,法律出版社,2010。

的[1]，只有引入构成要件才能使犯罪构成合理化。应当指出，我国刑法学界目前处在一种犯罪构成论的多元化时代，除四要件的维持论以外，各种犯罪构成的重构论都提出了各自别具特色的犯罪论体系。这是一种学术争鸣，值得充分肯定。从这些犯罪论不同体系中，我们也可以清楚地看到构成要件论本土化的学术努力。

（一）构成要件之罪状论

以罪状取代构成要件，是构成要件论本土化中最具影响的观点之一。例如，阮齐林教授通过分析批判特拉伊宁的犯罪构成论，提出了其建构犯罪构成论体系的思路，指出：可以把犯罪成立的概念表述为，犯罪是该当罪状、违法、有责任（或者有罪过）的行为。罪状，是法条中明文禁止的行为；违法性是在行为该当罪状的基础上，考虑有无法律允许的正当行为和实质的危害性责任考察行为人对违法行为有无可谴责性（罪过）。这也是一个模仿三要件论的体系。[2] 阮齐林教授也承认，这个体系是模仿三要件论的，其中最大的区别是将构成要件替换为罪状。至于为什么以罪状取代构成要件，是因为在我国现在的犯罪构成论中引入狭义的构成要件概念，存在两套话语体系的冲突。值得注意的是，我国学者李立众教授同样主张以罪状取代构成要件，重要理由也是在引进三阶层理论时，直接采用构成要件，就有引起理论混乱的危险，他为采用罪状一词作了辩解，指出：在我国，将德语 Tatbestand、日语"構成要件"本土化为"罪状"可能会遭受质疑。在我国刑法学中，罪状从来都不是总则性概念，或者说罪状始终是一个分则性概念，亦即罪状都是指像故意杀人、抢劫这样的具体、特定、个别的罪状。因此，"罪状"能否满足概念一般化的要求，能否与德日刑法学的"构成要件"画上等号，学界会产生怀疑。本书认为，罪状这一分则性概念的地位，是由我国犯罪论体系所导致的必然结果；要贯彻罪刑法定原则，必须使罪状上升为总则性概念，使之在刑法总则的舞台上发挥其应有的作用。如果罪状成了一个总则性概

---

[1] 参见陈兴良：《四要件：没有构成要件的犯罪构成》，载《法学家》，2010（1）。
[2] 参见陈兴良主编：《刑法学》，20页以下，上海，复旦大学出版社，2003。

念,在我国自然就可以将 Tatbestand 翻译为"罪状"。那么,如何使罪状上升为一个总则性概念呢?既然我国刑法总则中的"犯罪构成",是对刑法分则中所有个罪的"犯罪构成"进行理论抽象后产生的;既然德日刑法学是在分则"特殊构成要件"的基础上,归纳出总则的"一般构成要件"的;那么,我们也完全可以遵循这一路径,对我国刑法分则中所有个罪的罪状进行进一步的理论概括,这样便产生一个抽象的、共通的罪状概念,由此总则性的罪状概念就产生了。[①] 应该说,在现有的中文中,除构成要件以外,罪状是 Tatbestand 的最好译法。尤其是罪状一词所具有的分则条文(即德日学者所称刑罚法规)性,使 Tatbestand 彻底消解犯罪构成的总则性和一般性。

(二)构成要件之罪行论

以罪行取代构成要件,是曲新久教授的观点。曲新久教授在早期将犯罪构成分为客观构成要件与主观构成要件,指出:犯罪由一系列法定要件所组成,是一系列法定构成要件的整体,组成这一整体的各种各样的具体犯罪构成要件,可以抽象为两个基本方面——客观事实要件和主观心理要件,这是所有犯罪不可缺少的两个方面。[②] 以上把犯罪成立条件区分为犯罪的客观要件与犯罪的主观要件,是对四要件的一种简化处理,因而犯罪的客观要件并不能等同于构成要件。此后,曲新久教授又将犯罪的客观要件与犯罪的主观要件简称为罪行与罪责,指出:本书采取传统而简明的主客观二分法,将犯罪的基本面分解为客观罪行与主观罪责两个基本方面,这是危害行为构成犯罪的两个最基本的、最高层次的必要条件。[③]

值得注意的是,曲新久教授在罪行与罪责之外设专章讨论正当化事由,将正当化事由界定为行为在形式上与客观罪行具有相似性,但在实质上不具有法益侵害性,因而在定罪过程中应当予以排除的情形。[④] 这一结构,曲新久教授称为双

---

① 参见李立众:《犯罪成立理论研究——一个域外方向的尝试》,182 页,北京,法律出版社,2006。
② 参见曲新久:《刑法的精神与范畴》,152 页,北京,中国政法大学出版社,2003。
③ 参见曲新久:《刑法学》,75 页,北京,中国政法大学出版社,2009。
④ 参见曲新久:《刑法学》,113 页,北京,中国政法大学出版社,2009。

层次的二元结构。双层次，是指将构成要件与正当化事由并列，判断危害行为构成犯罪（犯罪构成），需要从正反两个方面进行；二元，是指将规范意义上的犯罪分解为客观罪行与主观罪责两大要件。在该书中，曲新久教授主张放弃犯罪构成的概念，取而代之的是构成要件的概念，它是罪行与罪责的统一，其实无异于犯罪构成，即犯罪成立条件的总和。因此，曲新久教授的罪行不能等同于贝林的构成要件。尽管如此，曲新久教授的这种变革仍然是具有意义的，正如付立庆教授指出：曲新久教授在其个人独著的教材中采取不同于通行的平面四要件犯罪论体系的所谓双层次二元结构的犯罪论体系这一点，足以表明，中国传统的犯罪论体系之缺陷正被越来越多的有识之士所认识，即便是在感官意义上也应该认为，传统的四要件犯罪论体系这种自认为"有存在的现实合理性""已经为广大实务工作者所接受"的犯罪论体系可谓越来越不得人心，"四要件理论的一统天下"的局面，其实，早就不存在了，其变革与重构可谓是大势所趋。[1] 当然，曲新久教授的改造是不彻底的，构成要件的本来面目并没有恢复。

（三）构成要件之罪体论

罪体论是笔者的观点，这一观点也经历了一个演变过程，在早期的《刑法哲学》（中国政法大学出版社1992年版）中，笔者通过对犯罪构成的递进式结构（三要件）与耦合式结构（四要件）进行比较，提出以下定罪模式：犯罪主体是定罪的前提，犯罪的客观要件是定罪的客观依据，犯罪的主观要件是定罪的主观依据。[2] 由于犯罪主体不是犯罪构成的内容，而是定罪的前提，因而，在以上构想中就包含了客观要件与主观要件相对应的结构。此后，在《本体刑法学》（商务印书馆2001年版）一书中，笔者提出犯罪构成的二分体系，即罪体与罪责。罪体是犯罪构成的客观要件，罪责是犯罪构成的主观要件，两者是客观与主观的统一。关于罪体概念，笔者作了以下阐述：罪体是犯罪构成的客观要件，指刑法

---

[1] 参见付立庆：《犯罪构成理论：比较研究与路径选择》，124页，北京，法律出版社，2010。
[2] 参见陈兴良：《刑法哲学》，599页，北京，中国政法大学出版社，2004。

分则条文规定的、表现为客观外在事实的构成要件。罪体这一犯罪构成的本体要件，在英美法系犯罪构成理论中称为犯罪行为，指受到指控的犯罪定义中所指的行为（有时是不作为或其他事件）与有关情况的结合，是在广义上理解的犯罪行为。在大陆法系犯罪构成理论中，相当于罪体的是构成要件该当性。当然由于大陆法系的犯罪构成体系采递进式结构，因而构成要件该当性与这里所说的罪体仍然存在性质上的区别，不能完全对应。在苏联及我国的犯罪构成理论中，罪体可以对应于犯罪的客观方面，包括行为、结果、因果关系、犯罪的时间、地点等因素。[1] 在以上论述中，笔者试图把罪体与构成要件相等同。应该说，罪体这个术语也是较具中国本土特色的，并且能够与传统的刑法分则意义上使用的罪状一词加以区别，因而也具有相当的可取性。当然，笔者所采用的罪体一词与贝林的构成要件在何种程度上相契合，这仍然值得推敲。尤其是，笔者在《规范刑法学》第二版中，将罪体界定为犯罪成立的客观不法要件，是罪体构成要素与罪体排除事由的统一。[2] 在这种情况下，罪体实际上相当于构成要件与违法性这两个要件的合并，因此距离构成要件的原始含义更远了。尽管如此，构成要件的意念还是罪体的骨架，对其具有形构的功能。

　　构成要件在中国的命运，这是一个问题。自贝林首倡构成要件论以来，构成要件始终成为犯罪论体系争议的焦点问题。德日刑法学中的构成要件论可谓命运不同，日本学者西原春夫教授甚至提出构成要件论发展的历史实际上也正是构成要件论崩溃的历史，指出：在贝林看来，构成要件论本来应当服务于强调罪刑法定主义以及人权保障，在这个意义上，它具有与违法论相区别的独立机能。但是，如前所述，不包含价值的、纯客观的、描述性的构成要件论，本身在贝林那里就已经归于失败了。因此，对于构成要件，我们不得不选择如下两条道路中的一条：第一，像后期贝林所主张的那样，将构成要件归结为犯罪类型的指导形象这一极其抽象、实质上作用甚小的概念；第二，将构成要件理解为与违法论紧密

---

[1] 参见陈兴良：《本体刑法学》，226页以下，北京，商务印书馆，2001。
[2] 参见陈兴良：《规范刑法学》，114页，北京，中国人民大学出版社，2008。

相关、其本身包含着价值的概念。贝林以后构成要件论的发展正好选择了后一条道路，只要是想保持构成要件概念的实质机能，那么就不得不说这是理所当然的。[①] 事实上，西原春夫教授就采取了将构成要件并入违法性论的犯罪论体系，构成要件不再具有独立评价的意义，而只不过是违法性的凭证。尤其是德国学者兰格·亨利库森（Lang Hinrichsen）提出所谓的"总体的构成要件"（Gesamttatbestand）概念[②]，使构成要件的独特性荡然无存，反而是越来越接近于苏俄的犯罪构成要件的概念。尽管如此，我们还是必须对贝林的构成要件论抱有足够的尊重。中国尚处在罪刑法定主义的启蒙时代，人权保障仍然是我国刑法的根本机能，因而与罪刑法定主义及人权保障机能相关联的构成要件论在我国具有理论意义与现实意义。从这个意义上说，我国还处在贝林时代，我们应当而且必须从贝林的构成要件论中汲取学术养分。因此，从犯罪构成向构成要件转变，以构成要件论为逻辑起点建构我国的犯罪论体系，这应当成为我国刑法学界的共识。

（本文原载《法学研究》，2011（2））

[①] 参见［日］西原春夫：《犯罪实行行为论》，戴波、江溯译，34页，北京，北京大学出版社，2006。

[②] 参见郑军男：《德日构成要件理论的嬗变——贝林及其之后的理论发展》，载《当代法学》，2009（6）。

图书在版编目（CIP）数据

刑法研究. 第六卷, 刑法总论. Ⅰ/陈兴良著. --
北京：中国人民大学出版社，2021.3
（陈兴良刑法学）
ISBN 978-7-300-29098-0

Ⅰ.①刑… Ⅱ.①陈… Ⅲ.①刑法—中国—文集
Ⅳ.①D924.04-53

中国版本图书馆 CIP 数据核字（2021）第 081878 号

国家出版基金项目
陈兴良刑法学
刑法研究（第六卷）
刑法总论Ⅰ
陈兴良　著
Xingfa Yanjiu

出版发行	中国人民大学出版社				
社　　址	北京中关村大街 31 号		邮政编码	100080	
电　　话	010-62511242（总编室）		010-62511770（质管部）		
	010-82501766（邮购部）		010-62514148（门市部）		
	010-62515195（发行公司）		010-62515275（盗版举报）		
网　　址	http://www.crup.com.cn				
经　　销	新华书店				
印　　刷	涿州市星河印刷有限公司				
规　　格	170 mm×228 mm　16 开本		版　次	2021 年 3 月第 1 版	
印　　张	37.5　插页 4		印　次	2021 年 3 月第 1 次印刷	
字　　数	558 000		定　价	2 980.00 元（全十三册）	

版权所有　侵权必究　　印装差错　负责调换